著作权法

原理解读与审判实务

杨柏勇／主编
北京市高级人民法院知识产权庭／编著

UNDERSTANDING AND APPLICATION OF CHINESE COPYRIGHT LAW:
INTERPRETATION OF PRINCIPLES
AND
ISSUES IN THE TRIAL PRACTICE

法律出版社
LAW PRESS·CHINA
北京

编辑委员会

主　编

杨柏勇

（ 北京市高级人民法院审判委员会专职委员、知识产权庭庭长 ）

成　员

谢甄珂

（北京市高级人民法院知识产权庭副庭长）

亓　蕾

（北京市高级人民法院知识产权庭审判长）

曹丽萍

（北京市高级人民法院知识产权庭法官）

苏志甫

（原北京市高级人民法院知识产权庭法官）

冯　刚

（北京知识产权法院审判委员会委员、法官）

杨德嘉

（北京市海淀区人民法院知识产权庭庭长）

万　迪

（北京市丰台区人民法院知识产权庭副庭长）

谭乃文

（北京市朝阳区人民法院知识产权庭法官）

执行编辑

谢甄珂　亓　蕾

序

在《著作权法》实施31年之际，我很高兴读到北京市高级人民法院年轻法官们推出的新作《著作权法原理解读与审判实务》。这是他们辛勤工作的经验总结，也是他们在繁重工作之余，牺牲个人的空间、时间和精力，刻苦学习、深入思考、持续研究的体系化的思想结晶。无疑，这也是对我国知识产权法治的重要贡献。

本书以《著作权法》为主线，理论与实践相结合，理念与制度相结合，实体法与程序法相结合，尊重事实，鞭辟入里，是融理论、立法与实践，对《著作权法》富于生命力的系统的"司法解释"。我认为，与传统学院式的教材相比，这还是一本颇具可读性的著作权法教科书。我向各界尤其是知识产权法律界推荐此书，本书深入浅出，既有助于增进专业研究的深入，也有益于提高公众关于著作权的法律意识。本书具有以下几个特点。

一、全书贯彻对《著作权法》立法宗旨的深刻理解，彰显了知识产权司法者应有的清醒理念

立法宗旨是一部法律中居于"王座"地位的条款，《著作权法》第1条明确指出："为保护文学、艺术和科学作品作者的著作权，以及与著作权有关的权益，鼓励有益于社会主义精神文明、物质文明建设的作品的创作和传播，促进社会主义文化和科学事业的发展与繁荣，根据宪法制定本法。"这一规定是《著作权法》的"法眼"和理念，如人之神经系统，隐于条文之后，支配法律全身。从1990年我国第一部《著作权法》发布，本条文表述至今一字未动，不改初衷。根据本条规定，《著作权法》的宗旨有二：一是终极目标，即本条中有关"鼓励"和"促进"的内容，这是实现直接目标后产生的必然结果。二是直接目的，即保护基于作品而产生的权利。保护创作是《著作权法》的核心，《著作权法》的全部内容，自始至终都是围绕创作者权利的对象、产生、客体、行使、限制、变更、消灭和保护这一系列任务设计规定的。需要指出的是，有媒体将《著作权法》宗旨描述为“维护创作者、传播者、使用者权益”。这看似不经意的提法，却是对《著作权法》的一种误读。如不纠正，会有误导社会之虞。事实上，《著作权法》开宗明义的核心和一以贯之的原则就是保护创作者。著作权制度中没有“传播者权”和“使用者权”的概念。遍览《著作权法》六章共67个条文，自始至终没有出现“传播者权”的概念。被坊间误读为“传播者权”的《著作权法》中的“与著作权有关的权利”，实质上是被人为地归入的另类著作权。毫无疑义，创作产出作品，方可踏入《著作权法》的门槛，这是《著作权法》不可动摇的基本逻辑。表演者、录音录像制作者、广播电台、电视台，成为著作权法的主体的唯一理由，是他们奉献的对象是作品，而不是传播行为。纯传播行为，无理由登著作权法律之堂。至于我国《著作权法》第四章，把图书、报刊的出版这种纯粹基于合同从著作权人处继受得来的相对权，误入《著作权法》的法定权利之堂，是特定条件下特殊处理的结果。如今，我国经济高质量发展，法治进步，就暴露出它的缺陷，应当在未来作出符合法律逻辑和实践的修正。

二、视野开阔，理论与实践相结合，是本书的另一特色

《著作权法》是知识产权诸单行法中最复杂的制度，它涉及人类知识的全部领域，还开枝散叶，不断繁衍，形成一个繁复而开放的、发展着的知识体系和利益关系网络。与此相关，对上述事实的认识和解读，以及对复杂利益关系与时俱进的调整，就成为《著作权法》研究持久弥新的课题。其中，关于何谓作品、何谓艺术、何谓创作，以及作品的本质、界限和范围等一系列问题，千百年来不仅吸引世世代代杰出的哲学家、艺术家不断地探索与深究，自《著作权法》诞生以来，还引发了法学家的极大兴趣。本书的诸位作者，思维开放，视野广阔，尽其所能，广泛涉猎了中外著作权法的论述，结合司法实践中的具体案件，不仅对《著作权法》修改涉及的问题进行深入探讨，而且对作品定义、独创性等《著作权法》的核心问题作了深刻的诠释。例如，对构成作品是否需要具备何种“创作高度”等有争议的问题，本书根据逻辑推理，得出了理性的结论，发表了有价值的观点。再如，本书对《著作权法》修改后的“视听作品”概念作了详细的考察和分析；还对《著作权法》修改中出现的争议作了有见地的评论。鲜活、生动而丰富的司法案例，使本书不因偏重理论而单薄；理性深入的思维辨析和审慎严密的逻辑推理，让本书彰显思想的高度。

三、实体法和程序法相结合，是本书的突出特色

理论是概念的体系，实体法律是规范体系的文本化表现。程序法则是诉讼活动的公法保障。因此，没有程序正义，实体正义就无法保障。知识产权司法是在审理具体个案纠纷时，集理论、制度、实体法、程序法于一身的实践活动。因此，借助司法活动诠释法律，是法官得天独厚的优势。本书作者正是充分利用这一优势，形成了本书的这一特色。因而使本书贴近社会实践，贴近生活，更具可读性。因而它的教化作用更强，也会吸引更多的读者。

长于思辨，钻研问题，是北京市高级人民法院知识产权法官的优良传统。著书立说，也是全国表率。进入新时代，我国面对一个复杂多变的国际、国内环境，经济发展需要构建新的格局。随着我国经济进入高质量发展阶段，创新成为财富增长的主要手段，因而需要一个健全完善的知识产权保护体系。知识产权司法作为立法的继续，也面临着全面创新、贡献智慧的历史任务。其中，案例指导制度给知识产权司法提出了更严峻的任务，给司法者展示了更为广阔的空间。我相信，北京市高级人民法院的法官以及全国的法官直面实践、蓄势待发，一定会为中国的法治建设、为中国的现代化，提供更多、更高水平的学术成果。

中国人民大学教授　知识产权学院院长

中国知识产权法学研究会会长

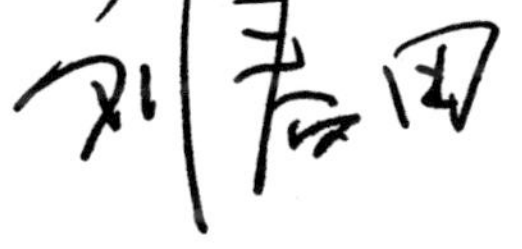

目录

第一章　著作权纠纷的裁判原则

著作权与每个人的生活息息相关。从文字、照片、图画到视频、音频以及雕塑、造型、创意与设计等，每个人都在创造、传播、使用作品的过程中，与著作权结下不解之缘。作为知识产权领域的重要组成部分，与著作权相关的法律问题日益受到社会各界的广泛关注。随着互联网技术的迅猛发展，新生的作品样态和与之相关的侵权纠纷屡屡出现，如体育赛事节目视频、网络游戏直播、短视频等新类型著作权纠纷，均受到理论界和实务界的热烈讨论。

著作权司法保护作为知识产权保护体系的重要力量，发挥着不可或缺的重要作用。本章将以《著作权法》第三次修改为契机，立足著作权纠纷审判实践，从《著作权法》的立法目的、修法历程、《著作权法》与其他法律的关系三个方面入手，对著作权纠纷的裁判原则及审理思路进行梳理、提炼和总结。

第一节　《著作权法》立法目的与修法历程

一、国家政策与立法目的

（一）国家政策与司法精神

加强知识产权保护是推动科技创新和文化繁荣发展的重要举措，习近平总书记指出，“要加大知识产权保护力度，提高侵权代价和违法成本，震慑违法侵权行为”。[①]《著作权法》是知识产权的重要组成部分，加强著作权和与著作权有关权利的保护意义重大。

第一，加强著作权和与著作权有关权利的保护，与我国社会经济发展要努力

---

① 2016年4月19日，习近平总书记主持召开网络安全和信息化工作座谈会上的讲话。

实现的主要目标密切相关。2020 年 10 月 29 日通过的《中共中央关于制定国民经济和社会发展第十四个五年规划和二〇三五年远景目标的建议》中明确,社会经济发展要努力实现的主要目标之一是“社会文明程度得到新提高。社会主义核心价值观深入人心,人民思想道德素质、科学文化素质和身心健康素质明显提高,公共文化服务体系和文化产业体系更加健全,人民精神文化生活日益丰富,中华文化影响力进一步提升,中华民族凝聚力进一步增强”。著作权及与著作权有关权利的保护对于文化建设具有规范、引导、促进和保障作用,有利于激发全民族文化创新创造活力,提升我国整体文化软实力和国际竞争力。

第二,加强著作权和与著作权有关权利的保护,有利于繁荣中国特色社会主义文化。习近平总书记提出,“要以时代精神激活中华优秀传统文化的生命力,推进中华优秀传统文化创造性转化和创新性发展,把传承和弘扬中华优秀传统文化同培育和践行社会主义核心价值观统一起来,引导人民树立和坚持正确的历史观、民族观、国家观、文化观,不断增强中华民族的归属感、认同感、尊严感、荣誉感”。[①] 著作权及与著作权有关权利的保护有利于弘扬社会主义核心价值观,更涉及维护国家文化安全及公共道德建设。

第三,加强著作权和与著作权有关权利的保护,有利于充分发挥著作权审判对于优秀文化的引领和导向功能。加强文化创造者权益保护,维护作品传播者的合法权益,切实保障权利人和受让人依法行使诉权,有利于促进作品的传播利用,切实增强人民群众对于文化创新创造的获得感。

在司法保护层面上,2021 年 3 月 8 日,最高人民法院向全国人民代表大会所作的工作报告中特别提出,要服务创新驱动发展,严惩盗版抄袭等侵害著作权行为,审理一批涉及非物质文化遗产、中华老字号和文创产业知识产权保护案件,传承中华优秀传统文化,促进文化产业繁荣发展。促进数字经济健康发展,通过依法公正裁判为数字经济发展和技术创新明晰规则,引导新技术新业态新模式在法治轨道上健康有序发展。合理确定平台责任和行为边界,促进平台经济、共享经济依法规范发展。联合开展网络直播行业专项整治,净化网络生态。审理视频网站付费超前点播案,规范商业模式创新,保护用户合法权益。开放司法区块链,支持著作权人上传作品,预防和惩治网络抄袭。上述内容,体现了对于著作权案件

---

① 2015 年 12 月 30 日,习近平总书记在中央政治局第二十九次集体学习上的讲话。

审理的司法政策。

(二)著作权法的立法目的

法学家富勒在《法律的道德性》中指出,“每一种类型的法律都是在诱导或阻遏人们做出某种特定类型的行为”。[①] 相比任何其他人类活动,法律可能更具有目的性。立法目的既贯穿于整部法律的制定过程,又是司法裁判的价值追求。面对纷繁复杂的著作权事实和法律问题,法官不仅要以法律条文的文本为基础,更要正确理解和把握法律条文背后所体现的立法目的,对法律条文作出符合立法目的的理解和解释,从而在个案处理中准确认定事实和适用法律。

2020 年 11 月 11 日修正的《著作权法》(以下简称 2020 年《著作权法》)第 1 条规定:“为保护文学、艺术和科学作品作者的著作权,以及与著作权有关的权益,鼓励有益于社会主义精神文明、物质文明建设的作品的创作和传播,促进社会主义文化和科学事业的发展与繁荣,根据宪法制定本法。”上述条文作为整部著作权法的价值取向和目标导向,自 1990 年《著作权法》颁布,历经三次修法均并未作出修改沿用至今。

对于《著作权法》立法目的的理解,是我们解读《著作权法》其他条款的基础,也是在处理具体案件时需要最终把握的方向。立法目的,又称为立法宗旨,“是指制定一部法律所要达到的任务目标。立法宗旨决定着一部法律具体规范的内容,统领着一部法律的全部规范的价值取向。立法宗旨通常列为一部法律的第一条,明确宣示制定这部法律的目的,以开宗明义、总揽全法”。[②] 具体来说,根据上述条文可知,《著作权法》的立法目的主要体现在以下三个方面:

一是进一步保护作者因创作作品而产生的正当权益。保护作者的合法权益,是著作权法立法目的的实现的源泉和基础。“文学、艺术和科学作品的作者是民族文化的承袭者,社会精神财富的创造者。他们的创造性智力劳动,应当受社会尊重,他们因创作作品而产生的正当权益,应当受到保护。作者、传播者和公众之间的关系,只有首先保护作者的权利,才能调动从事教育、文化、艺术、科学、技术和其他事业的广大知识分子的创作积极性,创造出更多更好的作品,从而使传播者

---

① [美]富勒:《法律的道德性》,郑戈译,商务印书馆 2005 年版,第 72 页。

② 参见吴高盛主编:《〈中华人民共和国侵权责任法〉释义及实用指南》,中国民主法制出版社 2014 年版,第 19 页。

有取之不尽的作品向公众传播，以满足人民群众日益增长的文化生活的需要。也只有保护作者的权利，才能繁荣文化和科学事业。"[①]

二是保护与著作权有关的权益。出版者、表演者、录音录像制作者和广播电台、电视台是作品的主要传播者，在作者和公众之间起到了不可缺少的桥梁作用，他们在传播作品的过程中付出了自己创造性的劳动，从而使被传播的作品以一种新的方式表现出来，创造性的劳动应受到鼓励，因传播作品而产生的正当权益也应受到保护，只有这样，才能调动传播者的积极性，促进文化和科学的交流，使公众得以通过各种喜闻乐见的方式感知作者的作品，从而获得知识，丰富精神文化生活。[②] 知识产权制度"保证了创新活动在新的高度上不断向前发展，从而促进创新成果所蕴藏的先进生产力的快速增长"。[③]

三是鼓励有益于社会主义精神文明和物质文明建设的作品的创作和传播，促进社会主义文化和科学事业的发展与繁荣。这是著作权法最终所要实现的目的。[④]《著作权法》的立法依据是宪法，《宪法》序言中明确，要"推动物质文明、政治文明、精神文明、社会文明、生态文明协调发展，把我国建设成为富强民主文明和谐美丽的社会主义现代化强国，实现中华民族伟大复兴"。《著作权法》的最终立法目的，当然与《宪法》中的原则和宗旨契合。习近平总书记在中央政治局第二十五次集体学习时也强调，"要形成便民、利民的知识产权公共服务体系，让创新成果更好惠及人民"。

"司法是立法的延伸和继续。司法机关必须沿着立法指引的道路前行，这是司法的责任和使命。"[⑤]2020 年 11 月 17 日，《最高人民法院关于加强著作权和与著作权有关的权利保护的意见》强调，要切实加强文学、艺术和科学领域的著作权保护，充分发挥著作权审判对文化建设的规范、引导、促进和保障作用，激发全民族文化创新创造活力，推进社会主义精神文明建设，繁荣发展文化事业和文化产业，提升国家文化软实力和国际竞争力，服务经济社会高质量发展。在著作权案

---

① 黄薇、王雷鸣主编：《〈中华人民共和国著作权法〉导读与释义》，中国民主法制出版社 2021 年版，第 44～45 页。

② 黄薇、王雷鸣主编：《〈中华人民共和国著作权法〉导读与释义》，中国民主法制出版社 2021 年版，第 45 页。

③ 吴汉东：《科技、经济、法律协调机制中的知识产权法》，载《法学研究》2001 年第 6 期。

④ 黄薇、王雷鸣主编：《〈中华人民共和国著作权法〉导读与释义》，中国民主法制出版社 2021 年版，第 45 页。

⑤ 孔祥俊：《商标法适用的基本问题》，中国法制出版社 2012 年版，第 18～19 页。

件的审理中,《著作权法》的立法目的应当贯穿于著作权审理的全过程,并在此基础上提炼出著作权案件的审理原则和审理思路,用于指导具体案件的裁判。这对于确保《著作权法》贯彻执行、《著作权法》立法目的得以实现,具有重要意义。

二、修法的背景与历程

(一)《著作权法》第三次修改的背景

《著作权法》自1990年颁行以来,分别于2001年10月27日和2010年2月26日历经两次修改。2011年7月,《著作权法》的第三次修改正式启动,本次修法历时10年。《著作权法》于2020年11月11日经过第十三届全国人大常委会第二十三次会议表决通过,自2021年6月1日起施行。

根据2020年11月10日《全国人民代表大会宪法和法律委员会关于〈中华人民共和国著作权法修正案(草案)〉审议结果的报告》可知,本次修法旨在"贯彻落实了党中央关于加大知识产权保护力度的决策部署,围绕完善作品定义、加强网络空间著作权保护、加大侵权行为惩治力度、加强与其他法律的衔接、落实有关国际条约义务等问题,进一步完善了著作权保护制度,有利于加强著作权的保护,促进作品的传播,有利于提升著作权领域治理效能,有利于推进文化和科学事业繁荣发展"①。

基于上述报告的分析,《著作权法》第三次修改主要为解决以下三个方面的问题:

首先,《著作权法》第三次修改是实现国家政策的主动选择。近年来,加大知识产权保护被提升至前所未有的高度。特别是党的十八大以来,党中央从加强顶层设计、完善法律法规、改革体制机制、加强司法和行政保护等方面,对知识产权制度作出决策部署。习近平总书记在主持中共中央政治局第二十五次集体学习时强调:"知识产权保护工作关系国家治理体系和治理能力现代化,关系高质量发展,关系人民生活幸福,关系国家对外开放大局,关系国家安全。全面建设社会主义现代化国家,必须从国家战略高度和进入新发展阶段要求出发,全面加强知识产权保护工作,促进建设现代化经济体系,激发全社会创新活力,推动构建新发展

---

① 《全国人民代表大会宪法和法律委员会关于〈中华人民共和国著作权法修正案(草案)〉审议结果的报告》,载中国人大网2020年11月10日,http://www.npc.gov.cn/npc/c30834/202011/16a796a57f1649d2959939519c4701df.shtml。

格局。”[①]因此，相较《著作权法》的前两次修改，更多的动因来自世界贸易组织的要求、国际社会的压力等，本次修改更多是基于国家政策和实际发展需要的主动选择。

其次，《著作权法》第三次修改是著作权现实发展的客观需要。随着国家知识产权强国战略的实施，包括著作权在内的知识产权日益受到创新产业和创新主体的重视，从2006年至2019年我国版权产业占全国GDP比重不断增大，人民法院受理的知识产权案件特别是著作权案件的数量也不断攀升。以北京为例，2016年至2020年5年来，北京法院共审结与文化创意产业相关的著作权案件141,303件，占知识产权案件的62.6%。法院判决著作权案件的平均判赔数额较此前5年有明显上升，从25,443元增加到39,645元。[②] 2020年《著作权法》第三次修改的一个重要背景在于回应著作权人及相关产业界的现实需求。一方面，通过修改来适应目前以网络化、数字化等为代表的新技术的高速发展和应用，解决现行著作权法部分规定难以涵盖新事物、无法适应新形势等问题；另一方面，本次修改重点在于有效遏制著作权侵权行为，让权利保护的实际效果进一步满足权利人的期待，破解著作权维权成本高、侵权赔偿数额低、执法手段不足等沉疴。

最后，《著作权法》第三次修改也部分来自国际条约、其他法律衔接的助力推动，距离上次《著作权法》修改已逾10年，在此期间，我国加入了《视听表演北京条约》（以下简称《北京条约》）等国际条约并颁布了《民法典》等法律。《著作权法》第三次修改也为了进一步做好与国际条约及其他法律的衔接。

（二）《著作权法》第三次修改的历程

作为知识产权法律体系中法律关系最为复杂、法律内容丰富、各种利益交锋激烈的一部法律，《著作权法》的历次修改都历时较长、过程艰巨。自1990年《著作权法》颁布以来，每次修改的间隔都在10年左右。

根据国务院领导批示和国务院2011年立法工作计划，《著作权法》修改工作被列入国务院当年立法工作计划三档——需要积极研究论证的项目。2011年7

---

① 习近平：《全面加强知识产权保护工作　激发创新活力推动构建新发展格局》，载《求是》2021年第3期。

② 参见《北京市高级人民法院院长寇昉报告全市法院知识产权审判工作情况》，载微信公众号“北京人大”2020年9月24日，https://mp.weixin.qq.com/s/PqxmXAnvzR1e622hQFI60Q。

月13日，国家版权局召集相关部门和专家在京举行了“《著作权法》第三次修订启动会议暨专家聘任仪式”，标志着《著作权法》第三次修订工作正式启动。2012年2月1日，国务院办公厅发布《关于印发国务院2012年立法工作计划的通知》（国办发〔2012〕12号），其中将《著作权法》修订从三档提升为二档——需要抓紧工作、适时提出的项目。

2012年3月，国家版权局完成并公布《著作权法（修改草案）》（第一稿），并向社会各界公开征求修改意见和建议。根据《国家版权局关于〈中华人民共和国著作权法〉（修改草案）的简要说明》，该草案的修改基本思路是“坚持一个理念，遵循三个原则，追求三个效果”。“坚持一个理念”，即坚持集思广益，解决问题的理念。“遵循三个原则”，即遵循独立性、平衡性和国际性原则。“追求三个效果”，即追求高效率、高质量和高水平的效果。该草案一经发布即引起了社会各界的广泛关注和热烈讨论，中外政府相关部门、权利人组织、产业界以及教学科研机构等通过各种途径和方式表达对修法工作的关注。在征求意见期限2012年4月30日届满之后，国家版权局仍不断收到各方面关于修法的意见和建议。据统计，截至2012年5月31日，国家版权局已经收到社会各界的意见和建议1600余份。

2012年7月31日，国家版权局完成并公布《著作权法（修改草案）》（第二稿），并向社会各界公开征求修改意见和建议。此后，该稿并未如第一稿简要说明中所希望的“以只争朝夕的精神，争取在尽可能短的时间内完成修法工作”。2014年，原国务院法制办公室向社会公众就《著作权法（修订草案送审稿）》（以下简称2014年《送审稿》）征求意见。之后，《著作权法》的修改又进入了迟缓状态。2017年12月，国家版权局对2014年《送审稿》进行了修改，形成了送审稿修改稿，并征求各方意见。根据意见，原国务院法制办公室会同国家版权局对送审稿修改稿做了修改。2018年，党和国家机构改革后，重新组建的司法部又会同中宣部进一步修改，形成了《著作权法修正案（草案）》，经国务院常务会议审议通过后，于2020年4月提请第十三届全国人大常委会第十七次会议初次审议。[①] 直至2020年才进入了《著作权法》修改的“快车道”。

2020年4月至11月，全国人民代表大会宪法和法律委员会向地方人大、中央有关部门、法学教学研究机构和有关社会团体征求意见，并在中国人大网全文公

---

① 黄薇、王雷鸣主编：《〈中华人民共和国著作权法〉导读与释义》，中国民主法制出版社2021年版，第22页。

布草案征求社会公众意见后，修改稿历经三次审读。2020 年 11 月 11 日，《全国人民代表大会常务委员会关于修改〈著作权法〉的决定》经过第十三届全国人大常委会第二十三次会议表决通过。

（三）《著作权法》第三次修改的主要内容

在上述《著作权法》修改的背景下，《著作权法》第三次修改自 2011 年 7 月启动至 2020 年 11 月完成，修改的基本理念发生了较大变化，由最初的“能改就改”到“能不改则不改”。在最初启动《著作权法》修订时希望尽可能“立足国情、顺应技术变革和产业发展诉求而在制度上作出主动性安排，求变意识强烈”[①]，到 2020 年《著作权法》最终通过时的理念变为对于修法尽可能符合现阶段发展实际，只有基本成熟的内容才纳入修改范畴。

2020 年《著作权法》相比于 2010 年《著作权法》，不仅进行了一些必要的文字修改和条款顺序调整，还在以下三个方面增加了新的内容：

第一，根据实践发展需要修改有关概念表述和新增制度措施。其中包括：一是将“电影作品和以类似摄制电影的方法创作的作品”修改为“视听作品”。二是增加作品登记制度，方便公众了解作品权利归属情况。三是修改广播权的有关表述，以适应网络同步转播使用作品等新技术发展的要求。

第二，加大著作权执法力度和对侵权行为的处罚力度。具体包括：一是对于侵权行为情节严重的，可以适用赔偿数额 1 倍以上 5 倍以下的惩罚性赔偿。二是将法定赔偿额上限由 50 万元提高到 500 万元。三是增加权利许可使用费的倍数作为赔偿金额的计算参照，增加责令侵权人提供与侵权有关的账簿、资料制度。四是增加著作权主管部门询问当事人、调查违法行为、现场检查，查阅、复制有关资料以及查封、扣押有关场所和物品等职权。五是增加滥用著作权或者与著作权有关的权利、扰乱传播秩序的行为的法律责任，进一步明确侵犯著作权损害公共利益行为的法律责任。

第三，加强与其他法律的衔接，落实我国近年来加入的有关国际条约义务。具体包括：一是将“公民”修改为“自然人”，将“其他组织”修改为“非法人组织”。二是删去违约责任、诉讼权利和保全等条款，增加“当事人因不履行合同义务或者

---

① 吴汉东：《〈著作权法〉第三次修改的背景、体例和重点》，载《法商研究》2012 年第 4 期。

履行合同义务不符合约定而承担民事责任，以及当事人行使诉讼权利、申请保全等，适用有关法律的规定”的衔接性条款。三是明确出租权的对象是视听作品、计算机软件的原件或者复制件等。

第二节　著作权案件的审理原则

司法实践中，著作权案件的当事人往往更关注法院在具体案件中的裁判结果，鲜少关注案件的审理原则。然而，侵害著作权案件审理原则是著作权法立法目的在司法裁判中的具体体现。面对纷繁复杂的具体案情，尤其是层出不穷的新类型案件，著作权案件审理原则更是指引法官分析法律关系、正确作出裁判的灯塔与向导。在知识产权案件中，50%以上的案件为著作权案件，而著作权案件中90%以上的案件为侵害著作权案件①。因此，法院应在正确理解和把握著作权法立法目的的基础上，进一步细化提炼出侵害著作权案件的具体审理原则。

一、侵害著作权案件的四大审理原则

2018年4月20日，北京市高级人民法院发布的《侵害著作权案件审理指南》（以下简称《北京高院著作权审理指南》），第1.1条即对审理原则作出规定：“审理侵害著作权案件，在行使裁量权时，应当加大对著作权的保护力度，鼓励作品的创作，促进作品的传播，平衡各方利益。”简言之，即“加大保护、鼓励创作、促进传播、平衡利益”。上述审理原则体现在《北京高院著作权审理指南》后续规定的具体规则之中，并贯穿整个案件审理过程。

（一）加大保护原则

我们认为，侵害著作权案件的审理原则中，加大保护原则应被列为首位。2018年2月27日，《中共中央办公厅、国务院办公厅关于加强知识产权审判领域改革创新若干问题的意见》印发，着重指出要“加大知识产权司法保护力度，有效遏制侵犯知识产权行为”。2020年4月21日，《北京市高级人民法院关于侵害知识产权及不正当竞争案件确定损害赔偿的指导意见及法定赔偿的裁判标准》（以

---

① 参见《北京市高级人民法院院长寇昉报告全市法院知识产权审判工作情况》，载微信公众号“北京人大”2020年9月24日，https://mp.weixin.qq.com/s/PqxmXAnvzR1e622hQFI60Q。

下简称《北京高院损害赔偿指导意见》)发布,该意见强调知识产权损害赔偿应遵循填平原则,体现补偿为主、惩罚为辅的损害赔偿司法认定机制,着力破解“赔偿低”的难题。2020 年《著作权法》修改的一大亮点,是增加了惩罚性赔偿的内容,并将法定赔偿的上限提高到 500 万元,同时增加了法定赔偿数额的下限为 500 元。①

加大保护原则,在司法程序上体现为不断完善证据规则、优化知识产权诉讼制度;在实体认定上体现为充分考虑著作权无形性、价值弹性,侵权行为高发性、隐蔽性等特点,加大对著作权的司法保护力度;在损害赔偿上体现为坚持知识产权市场价值导向,着力破解知识产权案件审理中“举证难、赔偿低、周期长”的沉疴痼疾,进一步完善类型化裁判赔偿规则,依法合理确定侵权赔偿数额。

(二)鼓励创作原则

鼓励创作原则,是指鼓励智力成果的多样性,突出体现为作品独创性的认定标准不宜过于严苛。一方面,独创性的有无与作品的价值无关。大师名作往往价值不菲,普通人的随手涂鸦可能价值有限,但在满足作品最低独创性标准的情况下,均可受到著作权法的保护,以此激励作者创作出更丰富、更多元的作品,进而促进社会主义文化和科学事业的发展繁荣。另一方面,不宜设置过高的作品认定门槛。在著作权案件的审理中,独创性是构成作品的本质要求,对于独创性较低,但满足著作权法要求的独创性最低标准的比例,即可认定为受著作权法保护的作品。况且,与作品的独创性判断标准相对稳定不同,侵权行为成立与否的判定并非处于静态和绝对状态。在个案判断中,其既与巧合概率大小相关,也与被控侵权内容与权利作品的相似程度相关。作品受著作权法保护的程度和范围,与其独创性高低正相关,以此协调著作权人的权利保护与促进传播、利益平衡原则三者之间的统一关系。

(三)促进传播原则

第一,促进传播原则的重要体现在于著作权具体权项的设置。“著作权法的一大特点是它对信息技术进步高度敏感。在活字印刷技术之后,信息复制和传输技术的每一次重大进步,都在版权法上留下烙印。”②根据 2020 年《著作权法》第

---

① 参见 2020 年《著作权法》第 54 条第 1 款、第 2 款。

② 崔国斌:《著作权法原理与案例》,北京大学出版社 2014 年版,第 3 页。

10条的规定,著作权法包含的共17项著作人身权和财产权中,其中众多权项如复制权、发行权、出租权、展览权、信息网络传播权等均与传播密切相关。

第二,在信息网络传播权的保护中,促进传播的原则体现得尤为明显。一方面,信息网络技术的迅猛发展,使得传播成本不断下降,客观上促进了作品传播速度的裂变式增长,随着技术的进步与文化的繁荣,人们可以更方便、更自由地享受到更多的作品,这是历史发展进步的客观结果。著作权司法裁判应当顺应历史发展的潮流,坚持技术中立原则,在具体的司法实践中,则包括体现在"分工合作提供作品构成侵权"的认定标准;搜索引擎、网络存储空间服务商的界定标准;直播平台责任确定等具体问题。

第三,我国著作权法设置了邻接权制度,"邻接权制度是大陆法系国家在传播技术迅速发展时代的产物"①。对于表演活动、录音录像制品的制作、广播组织的播送等缺乏独创性的传播活动予以著作权法保护,其重要的正当性即在于体现促进传播原则。

第四,司法审判实践中应当致力于运用司法智慧解决纠纷、完善规则,处理和协调加大保护与促进传播之间的关系。随着互联网技术和商业模式的不断发展,互联网内容提供者与服务提供者之间进行多种形式的合作已经成为行业常态,从音乐搜索引擎到游戏网络直播,从云存储技术到短视频,对于这些层出不穷的著作权领域新问题的判定,应当坚持保护网络环境下著作权人合法权利和注重促进互联网内容有效传播的平衡,从而进一步保障社会公众获取信息的自由,推动互联网技术和互联网商业模式的创新发展。在具体规则的实施和判定中,既要维护该规则对于网络环境下知识产权保护的基本价值,又要注意该规则对网络用户的重大影响,防止权利人滥用该规则妨碍正当日常行为。

(四)平衡利益原则

利益平衡原则与促进传播原则关系紧密,属于一个问题的不同角度。"著作权法理应在著作权和邻接权密集的丛林中画出一块公共领地,让公众能够自由利用,分享作品创作和传播带来的成果。"②利益平衡原则主要体现在对于法律法规、历法公式、通用数表、通用表格等具有社会公共属性、一般社会常识的内容,《著作

---

① 王丽娜:《邻接权扩张研究》,华东政法大学2017年博士学位论文。

② 李扬:《著作权法基本原理》,知识产权出版社2019年版,第9页。

权法》不予保护。2020年《著作权法》第5条对此专门作出规定:"本法不适用于:(一)法律、法规,国家机关的决议、决定、命令和其他具有立法、行政、司法性质的文件,及其官方正式译文;(二)单纯事实消息;(三)历法、通用数表、通用表格和公式。"根据著作权法领域中思想与表达的二分原则,作者不得垄断思想与主题,也不得侵占公有领域的常见元素与表达。当作品中使用的特定场景、有限表达、常见元素源于公有领域的内容时,不应被一个作者垄断占有。例如,在北京知识产权法院(2016)京73民终472号"李某、尤某诉北京唯实知新教育咨询有限公司侵犯著作权纠纷"二审民事判决中,对于李某与尤某主张的其对涉案数学题的题干及解题方式享有著作权这一问题,法院认为该解题方式所运用的思路属于思想范畴,一旦给予保护将造成对思想的垄断,不利于科学的发展,因此不应受到著作权法保护。同时,对于一些尚未达到著作权法最低限度独创性,即不能体现作者的个性化取舍、选择、安排、设计的表达,不宜将其作为作品给予著作权法的保护,否则将与著作权法鼓励创作及传播、促进社会主义文化和科学事业发展、繁荣的立法目的相悖。

此外,利益平衡原则还体现在侵害著作权案件中停止侵害责任的例外情形上。在侵害著作权案件中,原告主张被告侵权成立的,侵权人一般应当停止侵害。实践中,在个别情形下若判令侵权人停止侵害,会造成社会资源的极大浪费、原被告之间的利益极度不平衡等情况出现。对于此类情形,可以例外地不判令停止侵权已经成为实务界的共识。此时,可以通过采取相对提高经济赔偿数额的方式作为对不判令停止侵权的弥补,尽可能地用经济补偿的方式弥补不停止侵权行为可能给权利人增加的损失,体现对侵权者的惩罚,进而平衡双方当事人之间的利益。2009年发布的《最高人民法院关于当前经济形势下知识产权审判服务大局若干问题的意见》第15条规定:"如果停止有关行为会造成当事人之间的重大利益失衡,或者有悖社会公共利益,或者实际上无法执行,可以根据案件具体情况进行利益衡量,不判决停止行为,而采取更充分的赔偿或者经济补偿等替代性措施了断纠纷。"

二、《著作权法》与《民法典》《反不正当竞争法》的关系

(一)《著作权法》与《民法典》的关系

2020年5月28日,第十三届全国人民代表大会第三次会议审议通过了《民法典》,并于2021年1月1日起施行。"这是新中国成立以来第一部以'法典'命名

的法律，是新时代我国社会主义法治建设的重要成果。”[①]

对于《著作权法》与《民法典》的关系，我们认为，第一，著作权法具有民法的基因。著作权法等知识产权法实际上是《民法典》的有机组成部分。目前，《民法典》在体例设置中虽未设置知识产权编，但“总则部分开宗明义把知识产权纳入其中，归为私权利，并通过分则各个相关的编、章、节等具体制度、规范，对知识产权做出全面、系统的安排，并牢牢地绑在《民法典》的宏大战车中，徒知识产权法律无以自行”[②]。第二，《民法典》为著作权法提供了理论指南和法律依托。2020 年《著作权法》修改期间，恰逢《民法典》颁布、实施，2020 年《著作权法》从法律术语的使用到惩罚性赔偿等制度的设计等，均能够看到《民法典》对于著作权法修改的重要影响。

（二）《著作权法》与《反不正当竞争法》的关系

著作权法等知识产权诸法与反不正当竞争法的关系，目前有两种代表性观点，第一种观点是独立说，又叫平行说。依据《反不正当竞争法》和《著作权法》等知识产权专门法对侵权行为提起诉讼时各自独立和平行的两个请求，二者并非补充关系，不存在优先适用问题。知识产权专门法的适用也并不排斥《反不正当竞争法》的适用，知识产权专门法无法制止的行为依然有可能依据《反不正当竞争法》得到禁止。[③] 第二种观点是补充说，认为二者是相辅相成的互动关系，《反不正当竞争法》为知识产权提供“兜底保护”，目前补充说为主流观点。[④]

根据《最高人民法院关于充分发挥知识产权审判职能作用推动社会主义文化大发展大繁荣和促进经济自主协调发展若干问题的意见》第 24 条的规定，“妥善处理好知识产权专门法与反不正当竞争法的关系……反不正当竞争法补充保护作用的发挥不得抵触知识产权专门法的立法政策，凡是知识产权专门法已作穷尽性规定的领域，反不正当竞争法原则上不再提供附加保护，允许自由利用和自由

---

① 参见习近平：《充分认识颁布实施民法典重大意义，依法更好保障人民合法权益》，载《求是》2020 年第 12 期。

② 刘春田：《〈民法典〉与著作权法的修改》，载《知识产权》2020 年第 8 期。

③ 具体观点可参见张伟君：《从“金庸诉江南”案看反不正当竞争法与知识产权法的关系》，载《知识产权》2018 年第 10 期；李顺德：《试论反不正当竞争法的客体和法律属性》，载唐广良主编：《知识产权研究》第 8 卷，中国方正出版社 1999 年版。

④ 具体观点参见吴汉东：《论反不正当竞争中的知识产权问题》，载《现代法学》2013 年第 1 期；郑友德、万志前：《论商标法和反不正当竞争法对商标权益的平行保护》，载《法商研究》2009 年第 6 期。

竞争,但在与知识产权专门法的立法政策相兼容的范围内,仍可以从制止不正当竞争的角度给予保护”。在我国现行的知识产权法律体系中,一般认为,《反不正当竞争法》对于《著作权法》起到兜底和补充的作用。

上述观点包含两层含义:一是《反不正当竞争法》的适用不应与《著作权法》的立法政策相抵触,如果《著作权法》等知识产权专门法已经作出了穷尽性的规定,此时《反不正当竞争法》原则上将不再提供附加保护,应允许自由利用和自由竞争;二是仅在《反不正当竞争法》与《著作权法》等知识产权专门法立法政策兼容的范围内,当事人可以同时主张。且如果一项被诉侵权行为已经被认定为构成侵害著作权的行为,则不宜再适用《反不正当竞争法》予以救济。在法律体系中,通常认为《反不正当竞争法》对于《著作权法》《商标法》起到兜底和补充的作用。《反不正当竞争法》原则性条款的适用,不应与著作权法的立法政策相冲突,否则即有在著作权法之外另设反不正当竞争法之罗网、进而阻碍创作自由之嫌。《北京高院著作权审理指南》也采用该种观点,认为在同一案件中,针对同一被诉侵权行为,原告既主张侵害著作权又主张违反《反不正当竞争法》第 2 条规定的,可以一并审理。如果原告的诉讼主张能够依据《著作权法》获得支持,则不再适用《反不正当竞争法》进行处理。

第三节　著作权案件的审理思路

“徒法不足以自行”,司法审判是著作权法运行的核心枢纽。某种程度上,司法裁判中著作权案件的审理思路,决定着抽象的法律条文如何在鲜活的事实中落地实践。“当一个法律条文遇到一个对应的案件事实,它就从一个点,连出了一条线,而当这个案件中关涉的其他条文分别与案件事实对应,它们就会形成一个平面,当这些法律与事实共同进入司法这个庞杂而宏大的体系时,它们就构成了一个完整而丰富的立体空间。”①

一、一般著作权案件的审理思路

审理著作权案件,一般包括程序审查和实体审理两方面的内容。程序审查包

---

① 《16 年本土观察:中国法院如何运转,中国法官如何思考》,载微信公众号“麦读”2021 年 3 月 24 日,https://mp.weixin.qq.com/s/QZTs6Zi1Zpt1kjRFtmKHZg。

括是否属于法院主管、受理法院是否具有管辖权、当事人主体是否适格等。实体审查包括原告起诉的案由、原告的权利基础及范围、被诉侵权行为、被告抗辩事由是否成立、被告承担民事责任的方式等。

(一)程序审查

程序审查是案件审理的基础,也是侵害著作权案件进入法院审理的第一步。一方面,法院由过去“重实体、轻程序”转向了“程序与实体并重”,对于程序的审查日益规范;另一方面,对于当事人来说,包括管辖、主体等程序问题审查与其诉讼成本、维权时长关系密切,当事人对于司法程序问题也日益关注。

具体来说,著作权案件的审查按照案件流转时间分为两个阶段,第一阶段是立案时的审查,第二阶段是诉讼时的审查。

1. 立案审查

立案审查,又称诉前审查。顾名思义,立案审查往往由法院的立案部门完成,其功能在于:一是保障权利人的诉讼权利;二是依法受理案件,启动著作权案件司法审查流程;三是为了过滤不符合立案条件的案件,提升法院的工作效率。2015年4月15日,《最高人民法院关于人民法院推行立案登记制改革的意见》公布,把保障当事人诉权作为立案工作的出发点和落脚点,落实立案登记制,规范立案流程、推动立案公开、加强监督管理,坚决杜绝“有案不立”“有诉不理”“拖延立案”“增设门槛”“不立不裁”等现象,切实解决“立案难”的问题。

“立案登记制”是否意味着,对于当事人来起诉的案件,无须审查即可直接登记立案?这是对“立案登记制”的误读。最高人民法院在立案登记制改革的意见中,明确了登记立案的范围和登记立案的程序,对于以下四种情形,不予登记立案:一是违法起诉或者不符合法定起诉条件的;二是诉讼已经终结的;三是涉及危害国家主权和领土完整、危害国家安全、破坏国家统一和民族团结、破坏国家宗教政策的;四是其他不属于人民法院主管的所诉事项。对于当事人提交的起诉材料不符合规定的,应当告知其在指定期限内补正;对于不符合起诉条件的,应当在法定期限内出具不予受理或者不予立案裁定。

立案审查的具体内容有哪些?根据《民事诉讼法》第119条、第121条及相关司法解释的规定,立案须审查以下主要方面:(1)明确的原告,当事人应提供原告信息的必要记载事项;(2)原告有直接利害关系;(3)明确的被告,提供被告信息的必要事项;(4)具体的诉讼请求;(5)具体的事实;(6)具体的理由;(7)符合法院主管规定;(8)符合法院管辖规定;(9)原告应当在收到交费通知次日起7日内,预交受理费和其他费用;(10)实质既判力的消极要求,不属于"一事不再理"的情形;(11)没有仲裁协议;(12)一般情况下应当递交诉状及副本,应当提供证据信息;(13)保全情形的处理,包括财产保全、行为保全等。对于上述内容的具体审查情况,本书将在第二章展开论述。

2. 诉讼审查

其一,司法实践中,对于著作权案件的程序审查在立案庭和审判庭有着不同分工,但并不意味着上述13项内容仅有立案庭审查,对于案件进入审判庭后,仍然需要对上述如原告主体是否适格、管辖是否成立、是否属于"一事不再理"等问题进一步审查。

其二,立案庭和审判庭在审查上述要件的时间和标准上也有不同侧重。对于立案庭来说,其程序审查的时限较短,主要依据原告起诉的主张进行审查;对于业务庭来说,其程序审查的时间相对充裕,此时也可结合双方当事人的主张进行审查,如被告方的管辖权异议主张等。对于当事人主张不明确的内容,如是否属于"一事不再理"、当事人是否与本案具有利害关系等,法官也可以根据案件的具体情况,对案件的程序问题行使释明权。

其三,对于程序性的审查既须依据当事人的主张,法院也应当依据职权予以审查。对于有较强公益性质的诉讼要件的审查,如是否属于法院主管的范围、当事人的行为能力等问题,不以当事人的自认或者各方当事人均无异议即予以认可,仍需要法院依据相关法律的规定,依据职权予以审查。

(二)实体审理

对于侵害著作权案件的实体审理来说,一般分为以下"三个模块",简言之,即为"权利审查—行为认定—责任承担"。

1. 权利审查

权利审查主要审查的是原告诉讼请求和权利请求基础,其具体包括:(1)原告主张的权利客体,是作品还是制品或其他《著作权法》包含的客体;(2)原告是否享有其主张的著作权或者与著作权有关的权利,具体包括是原始权利人还是继受权利人,如果是被许可人则需审查著作权许可的具体类型,权利授权的链条是否完整等;(3)原告享有著作权权项所控制的范围。

2. 行为认定

行为认定主要在于审查被告侵权行为认定和抗辩事由是否成立,其具体包括:(1)认定被诉侵权行为的性质,以侵害信息网络传播权纠纷为例,需要审查被诉侵权行为是作品提供行为,还是服务提供行为,如接入服务、自动缓存、信息存储空间、搜索、链接等;(2)被诉侵权行为是否落入原告主张的著作权权项所控制的范围;(3)被告的抗辩事由是否成立,包括是否属于合理使用、法定许可等。

3. 责任承担

责任承担包括如果被控侵权行为成立,则被告应承担的侵权责任以及原告合理开支的支持情况,其具体包括:(1)具体的责任承担方式;(2)损害赔偿数额的计算;(3)合理开支情况。对于上述内容,本书将在各章节中展开讨论。

对于著作权合同案件的审理,在《民法典》颁布实施的背景下,合同案件裁判思路由于法律修改进行了一定程度的调整和转变,围绕《民法典》合同编的规定,著作权合同案件分为以下主要内容:(1)合同的类型;(2)合同效力的认定;(3)违约行为的认定;(4)合同解除权的行使;(5)合同的相对性与意思自治的干预;(6)违约责任的确定与调整。对于上述内容,本书将在相关章节中展开讨论。

二、涉外著作权案件的审理思路

(一)涉外著作权案件的识别与判断

随着知识产权司法国际化趋势的日益明显,我国法院审理的包括涉外著作权在内的涉外知识产权案件数量不断攀升。以北京地区为例,“2016 年至 2020 年上半年,北京法院共新收知识产权案件 24.2 万件,审结 22.6 万件,其中审理的涉外知识产权案件占比约 30%,当事人涉及 90 多个国家和地区”①。“正确理解和适用相关法律规定,公平有效地解决涉外知识产权民事纠纷,向世界充分展示我国在知识产权司法保护方面开放、自信、包容和负责任的大国形象,是人民法院涉外知识产权审判工作所面临的重要任务。”②

---

① 参见《北京高院向市人大常委会报告全市法院知识产权审判工作情况并接受专题询问》,载微信公众号“京法网事”2020 年 9 月 29 日,https://mp.weixin.qq.com/s/ZlwOaByOB4cqodsFJxKADg。

② 吴文灵、朱理:《涉外知识产权关系的法律适用——以〈涉外民事关系法律适用法〉第七章为中心》,载《人民司法》2012 年第 9 期。

什么样的著作权案件属于涉外案件？有观点认为，只要原告、被告或者第三人任意一方的国籍或者住所地是中华人民共和国领域外的，即为涉外案件。这种判断方法虽然简便易行，但缺乏严谨性，对涉外案件的界定也不甚准确和全面。

涉外民事关系是指具有涉外因素的民事关系。具有涉外因素的民事关系通常会涉及冲突规范及实体法的适用。因此，确认案件是否属于涉外民事关系是审理著作权案件的前提和基础。2012 年 12 月 10 日，《最高人民法院关于适用〈中华人民共和国涉外民事关系法律适用法〉若干问题的解释（一）》第 1 条规定："民事关系具有下列情形之一的，人民法院可以认定为涉外民事关系：（一）当事人一方或双方是外国公民、外国法人或者其他组织、无国籍人；（二）当事人一方或双方的经常居所地在中华人民共和国领域外；（三）标的物在中华人民共和国领域外；（四）产生、变更或者消灭民事关系的法律事实发生在中华人民共和国领域外；（五）可以认定为涉外民事关系的其他情形。"值得注意的是，上述规定的第 4 项，如果各方当事人及标的物不具有涉外因素，但是导致著作权或者侵权行为发生、变更或者消灭的法律事实产生在域外的，也属于涉外知识产权民事案件。例如，北京知识产权法院（2015）京知民终字第 1814 号项某诉彭某《醉荷》侵害著作权纠纷一案中，双方当事人均是中国公民，但因项某主张彭某在俄罗斯联邦莫斯科市、德意志联邦共和国柏林市展览的《荷中仙》系擅自复制其《醉荷》作品，本案产生的侵权民事关系的法律事实发生在俄罗斯莫斯科、德国柏林，由于被诉侵犯著作权的行为发生在外国，该案也属于涉外知识产权民事案件。

（二）涉外著作权案件的法律适用

对于侵害著作权的涉外案件，应当依据《涉外民事关系法律适用法》、《著作权法》及相关司法解释等进行审理。《涉外民事关系法律适用法》对涉外知识产权关系的法律适用问题作了具体规定。

其一，关于知识产权的归属和内容的确定。《涉外民事关系法律适用法》第 48 条规定："知识产权的归属和内容，适用被请求保护地法律。"知识产权的归属，是指涉案的知识产权归谁所有。知识产权的内容，是指著作权、专利权、商标权的具体权利内容等。被请求保护地，可理解为被请求保护的权利地，[①]也就是当事人

---

① 参见陈锦川：《著作权审判原理解读与实务指导》，法律出版社 2014 年版，第 349 页。

认为其享有权利并请求对该权利给予保护的地方,该地一般为侵权行为地,也可能为法院地。一般可根据原告援引何地的法律予以认定。

其二,关于侵权责任所适用的法律。《涉外民事关系法律适用法》第 50 条规定:"知识产权的侵权责任,适用被请求保护地法律,当事人也可以在侵权行为发生后协议选择适用法院地法律。"《最高人民法院关于适用〈中华人民共和国涉外民事关系法律适用法〉若干问题的解释(一)》第 6 条规定,当事人在一审法庭辩论终结前协议选择或者变更选择适用的法律的,人民法院应予准许。各方当事人援引相同国家的法律且未提出法律适用异议的,人民法院可以认定当事人已经就涉外民事关系适用的法律作出了选择。第 17 条规定,涉及我国香港特别行政区、我国澳门特别行政区的民事关系的法律适用问题,参照适用本规定。

一般来说,在中国起诉的案件当事人往往会选择适用中国法律,如果当事人主张适用外国法律的,人民法院应当听取各方当事人对应当适用的外国法律内容及其理解与适用的意见,当事人对该外国法律的内容及其理解与适用均无异议的,人民法院可以予以确认;当事人有异议的,由人民法院审查认定。当事人应当提供外国法律,其在人民法院指定的合理期限内无正当理由未提供该外国法律的,可以认定为不能查明外国法律。如果人民法院通过由当事人提供、已对中国生效的国际条约规定的途径、中外法律专家提供等合理途径仍不能获得外国法律的,可以认定为不能查明外国法律。根据《涉外民事关系法律适用法》第 10 条第 2 款的规定,不能查明外国法律或者该国法律没有规定的,适用中华人民共和国法律。

(三)涉外著作权案件审理的具体步骤

《民事诉讼法》《涉外民事关系法律适用法》等均是从程序性、冲突法的角度规定涉外案件中的法律适用,实体结论意义上,涉外著作权案件中当事人的权利能否受到我国著作权法的保护,还需要考虑我国《著作权法》的规定以及当事人所在国家与我国签订国际条约的情况。2020 年《著作权法》第 2 条相较于 2010 年《著作权法》原有条款未作改变。

对于受理法院而言,外国人向我国法院提起知识产权民事诉讼时,法院需要从程序和实体上分别进行审查:

首先,根据我国《民事诉讼法》第 119 条的规定,审查其起诉是否符合受理条件:(1)原告是与本案有直接利害关系的公民、法人和其他组织;(2)有明确的被告;(3)有具体的诉讼请求和事实、理由;(4)属于人民法院受理民事诉讼的范围和受诉人民法院管辖。

其次,结合当事人的主张及在案证据,审查其主张的知识产权的归属和内容以及知识产权的侵权责任适用的法律是否符合我国《民事诉讼法》以及《涉外民事关系法律适用法》等相关法律的规定。

最后,2020 年《著作权法》第 2 条第 2 款、第 3 款明确了外国人作品在我国受到《著作权法》保护的法律依据。2020 年《著作权法》第 2 条第 2 款、第 3 款规定:"外国人、无国籍人的作品根据其作者所属国或者经常居住地国同中国签订的协议或者共同参加的国际条约享有的著作权,受本法保护。外国人、无国籍人的作品首先在中国境内出版的,依照本法享有著作权。"第 2 条第 4 款规定:"未与中国签订协议或者共同参加国际条约的国家的作者以及无国籍人的作品首次在中国参加的国际条约的成员国出版的,或者在成员国和非成员国同时出版的,受本法保护。"依据上述规定,对于外国人、无国籍人的作品,能否受到我国法律的保护,一是需要审查其作者所属国或者经常居住过的国家。二是需要审查该国家是否与我国签订过有关知识产权的国际条约,如《保护文学和艺术作品伯尔尼公约》(以下简称《伯尔尼公约》)、《世界版权公约》或者《与贸易有关的知识产权协定》(《TRIPS 协定》)等。三是未与我国签订协议或者共同参加国际条约的国家的作者的作品欲得到我国法律保护,须符合以下条件之一:(1)该外国人的作品首先在中国出版;(2)该外国人的作品首次在我国参加的国际条约的成员国出版,或者在成员国和非成员国同时出版。

【典型案例 1】

在北京知识产权法院审理的(2015)京知民初字第 877 号奥托恩姆科技有限公司(以下简称奥托恩姆公司)诉北京成捷迅电子技术有限责任公司(以下简称成捷迅公司)侵害计算机软件著作权纠纷一案中,法院认定:第一,鉴于本案原告为外国法人,且其主张著作权的涉案软件创作完成于外国,故本案为涉外知识产权民事纠纷案件。根据《涉外民事关系法律适用法》第 48 条、第 50 条的规定,鉴于被请求保护地为中华人民共和国,关于涉案软件是否具有著作权、是否受《著作权法》保护、权利归属及内容以及侵权责任等问题均应适用中华人民共和国法律。

第二,根据2013年《著作权法实施条例》第2条的规定,涉案软件属于著作权法意义上的作品。第三,根据2010年《著作权法》第2条第2款的规定,涉案软件的著作权人系美利坚合众国法人,而中华人民共和国与美利坚合众国均为1971年《伯尔尼公约》成员国和《TRIPS协定》成员方,且上述两个国际条约中均规定了国民待遇原则,故涉案计算机软件受我国《著作权法》的保护。

第四节 审查权利客体及权利范围

"每一种法律秩序都存在两样东西——权利主体与权利客体。"[①]除案由、管辖等程序问题外,如上文所述,"三大模块"的审理思路中首先是权利审查,这是侵害著作权案件中最重要的审查内容之一,即对原告的权利客体及权利范围的审查。上述内容的审查主要来自原告的诉讼主张及理由,审查的内容主要来自原告的举证。

一、审查权利客体

对原告主张的权利客体进行审查,该步骤是用于判断原告所主张的权利客体是否属于著作权或者与著作权有关权利范畴的关键。具体来说,即原告主张保护的对象是否属于作品还是制品,主张的权利是著作权还是邻接权。司法实践中,法院一般采取以下的具体审查步骤。

(一)要求原告明确其在著作权案件中所主张的具体内容是作品还是制品

在侵害著作权案件的审理中,法院审查权利客体的基础来自当事人的主张,因此,应当要求原告明确其在著作权案件中所主张的具体内容是作品还是制品,进而要求其明确所主张的权利是属于著作权还是邻接权。司法实践中,当事人可能囿于认知能力所限或者基于诉讼策略考量,往往笼统地说由法院来认定,该种情况下法院一般会释明当事人予以明确,是择一主张还是针对同一权利客体同时主张。

---

① [德]迪特尔·梅迪库斯:《请求权基础》,陈卫佐等译,法律出版社2012年版,第16页。

（二）原告应当提交承载该作品或者制品的具体载体

著作权法保护的客体是无形的，而非具体的物质载体，换言之，著作权法中的客体与其物质载体是可分离的。但是，该客体能够受到著作权保护的前提，在于该客体能够通过一定的载体而被人们所客观感知。承载该作品或者制品的具体载体一般包括纸张、光盘、移动介质等。如果经过反复释明，原告无法提供或者明确其主张权利的载体，则其诉讼请求难以得到支持。

例如，在北京市朝阳区人民法院审理的（2018）京0105民初68545号汪某与霍尔果斯鲲池影业有限公司等以及第三人青岛唐赫影视股份有限公司侵害著作权纠纷一案中，汪某主张其作为电影《绳角》的故事原型人物，对于其亲身经历的故事享有著作权。最终，法院根据在案证据认定，汪某与其主张的诉讼请求及事实之间不存在法律上的利害关系，即汪某不具有提起本案诉讼的主体资格。故裁定驳回汪某的起诉。上述案例中，原告主张的权利内容是“亲身经历的故事”，但无法提供该故事的完整内容，也不能提供任何关于该故事的载体。该主张属于不符合著作权法规定的模糊主张，也无法通过一定的载体而被客观感知。在此情况下，法院只能以原告未能就其主张提交相应证据为由予以驳回。

（三）要求原告尽可能地明确其所主张权利的类型

尤其对于当事人主张权利客体为作品时，法院应当要求当事人明确具体属于2020年《著作权法》第3条规定的哪类作品。有观点认为，诉讼中当事人无须明确对于作品类型的准确定位，著作权的权利内容虽然遵循“权利法定”的要求，对于受著作权保护的客体是相对封闭的，但对于作品类型而言，著作权法还有兜底条款，整体上是相对开放的，法院仅需对原告主张的客体是否属于作品进行明确，进而可进入行为认定的环节。

对于上述观点，我们持有不同的意见。我们认为，在侵害著作权案件中，要求当事人明确其主张的作品类型对案件的审理具有实质意义。一方面，不同作品类型的独创性角度各不相同，明确作品类型对于认定作品与否密切相关；不同作品类型享有的权项并不完全相同，作品类型的确定也与权利范围的认定紧密相连。因此，案件审理中法院应当要求当事人明确具体属于2020年《著作权法》第3条规定的哪类作品。另一方面，我们也认识到在文化创意产业日新月异的背景下，出现越来越多的文学、艺术表达形式，有些确实难以精准对应到法律规定的作品类型。此时，仍要求当事人必须明确所主张作品的类型，对于当事人而言不甚公平。因此，对于确实难以找到相应作品类型的，也可以不要求当事人明确具体作品类型，仅需明确载体，由法院依法进行认定。

二、审查权利范围

著作权作为知识产权的一种，属于对世权，其特点之一在于权利的法定性，权利的具体权项、内容、保护期限等须由法律规定。在审理著作权案件中，当事人除明确其主张的权利客体的载体、尽可能明确作品类型等内容外，还应当明确其主张的具体权项。明确权项的目的在于判断原告的权利基础。不同的权项控制的行为不同，该步骤可为被诉侵权行为的认定确定前提。

如果著作权人授予被许可使用人的权利内容超出著作权法规定的范围，该约定基于合同意思自治原则仅具有相对性，被许可使用人不能以此为依据对外提起侵权之诉。例如，根据2020年《著作权法》第10条第8项的规定，展览权的范围仅限于美术作品、摄影作品的原件或者复制件，如文字作品的著作权人主张展览权，则该权利内容已超出了著作权法规定的范围而无法得到支持。

由于侵害著作权行为日益复杂，侵权样态也不断推陈出新，如电视节目直播、在线游戏直播、主播在线直播等。2020年《著作权法》第52条在2010年《著作权法》第48条的基础上进行了充分扩充，将侵权行为进一步细化，有利于当事人在诉讼中明确被诉侵权行为。当事人明确被诉侵权行为的具体内容，则是后续法院审查案件事实的前提和基础，直接影响被诉行为的定性和损害赔偿的确定。

第二章　著作权案件的程序审查

著作权案件的程序审查，是法院审理著作权案件和作出裁判的必要前提。与一般民事案件的程序审查相比，著作权案件的程序审查具有以下主要特点：一是案件管辖规则复杂；二是原告起诉资格多样；三是涉诉著作权案件比重日益增大。本章将针对著作权案件的上述主要特点，立足于著作权案件程序审查实务予以分析。

第一节　审 查 管 辖

一、管辖权的变化背景及现状

"随着知识产权法律体系的不断完善，我国知识产权专业化审判经历了从无到有，从专门审判庭到'三审合一'综合审判庭，再到专门知识产权法院的演进历程。"[①]近年来，最高人民法院知识产权法庭，北京、上海、广州及海南自由贸易港知识产权法院，各地知识产权法庭以及杭州、北京、广州互联网法院的陆续建立，知识产权审判格局不断发生新的变化。

截至 2021 年 3 月，我国已构建起了以最高人民法院知识产权审判业务庭为龙头，以北京、上海、广州、海南自由贸易港知识产权法院为重点，以杭州、北京、广州三家互联网法院为特色，以省会城市和中心城市 22 家知识产权法庭为支撑的"1 +4 +3 +22"知识产权专业化审判格局。

2019 年 1 月 1 日，最高人民法院知识产权法庭挂牌成立，统一集中审理全国技术类知识产权二审案件。2013 年 11 月，党的十八届三中全会作出探索设立知识产权法院的重大决策部署。2014 年 6 月，中央全面深化改革领导小组第三次会

---

① 黎淑兰：《论知识产权专业化审判新格局的构建与实现》，载《法律适用》2015 年第 10 期。

议审议通过《关于设立知识产权法院的方案》。2014 年 8 月,第十二届全国人大常委会第十次会议通过《关于在北京、上海、广州设立知识产权法院的决定》,决定在北京、上海、广州设立知识产权法院,三家知识产权法院相继成立。2020 年 12 月,第十三届全国人大常委会第二十四次会议通过《关于设立海南自由贸易港知识产权法院的决定》,2020 年 12 月 31 日,海南自由贸易港知识产权法院揭牌办公。2017 年 6 月 26 日,中央全面深化改革领导小组第三十六次会议审议通过了《关于设立杭州互联网法院的方案》。2017 年 8 月 17 日,杭州互联网法院正式挂牌成立。2018 年 7 月,中央全面深化改革委员会审议通过了《关于增设北京互联网法院、广州互联网法院的方案》,决定在北京、广州两地增设互联网法院。2018 年 9 月 9 日、28 日,北京互联网法院、广州互联网法院分别挂牌成立,用以探索互联网司法新模式,探索信息技术与司法审判融合发展的新路径,明确网络空间司法治理的新规则,成为知识产权审判中不可或缺的一级。

上述法院、法庭的设立,带来了著作权案件管辖的变化。这种变化一方面强调遵循确定管辖权的基本原则,如“原告就被告”的一般管辖原则、“方便人民群众诉讼”和“方便人民法院审判”的两便原则、明确管辖确定性和可预期性的管辖权恒定原则等;另一方面管辖权的相对集中,也有利于进一步加强知识产权审判的专业化、规范化,促进司法尺度的统一。

二、管辖权确定的主要规则

受理法院对案件有管辖权是审理案件的前提。最高人民法院在(2008)民三终字第 7 号蓝星化工新材料股份有限公司江西星火有机硅厂与山东东岳邮寄硅材料有限公司等侵犯实用新型专利权纠纷一案中指出,“当确定诉讼主体与确定管辖权发生冲突时,受理法院应当首先就管辖权问题作出裁定”。[①] 具体来说,确定案件管辖是案件审理的重要步骤,而司法实务中,如果因管辖权异议或者其他事由导致案件的移送管辖,不仅流转过程耗时费力,而且将大大增加权利人的维权成本,故合理确定管辖对于著作权案件的审理意义重大。

(一)约定管辖的相关问题

著作权案件中约定管辖的问题,与一般民事案件约定管辖的处理情形是一致

---

① 《最高人民法院知识产权审判案例指导》(第 1 辑),中国法制出版社 2010 年版,第 29 页。

的。在著作权合同纠纷和侵害著作权纠纷案件中,当事人可以书面约定与争议有实际联系的地方作为管辖法院。

第一,《民事诉讼法》第 34 条规定,"合同或者其他财产权益纠纷的当事人可以书面协议选择被告住所地、合同履行地、合同签订地、原告住所地、标的物所在地等与争议有实际联系的地点的人民法院管辖,但不得违反本法对级别管辖和专属管辖的规定"。上述规定中的"等"字含有开放性的含义,即"与争议有实际联系的地点"不限于《民事诉讼法》明确列举的 5 类地点。例如,总公司在签订的合同中约定分公司所在地法院管辖的,可认定分公司所在地为与争议有实际联系的地点。但约定无实际联系地点的人民法院管辖的,约定管辖条款无效,例如以风景优美为由约定某旅游城市法院管辖。

第二,法院受理案件后,当事人双方就管辖法院达成一致意见的,能否依据该协议确定管辖?答案是否定的。《最高人民法院关于适用〈中华人民共和国民事诉讼法〉的解释》(以下简称《民事诉讼法司法解释》)第 29 条规定:"民事诉讼法第三十四条规定的书面协议,包括书面合同中的协议管辖条款或者诉讼前以书面形式达成的选择管辖的协议。"第 30 条第 1 款规定:"根据管辖协议,起诉时能够确定管辖法院的,从其约定;不能确定的,依照民事诉讼法的相关规定确定管辖。"根据上述规定,有效的管辖协议应当在诉讼前达成。在诉讼中双方就地域管辖达成的一致意见不能视为有效的管辖协议,不能据此主张移送管辖。

第三,合同存在效力瑕疵时,能否依据合同中的协议管辖条款确定管辖?《民法典》第 507 条规定:"合同不生效、无效、被撤销或者终止的,不影响合同中有关解决争议方法的条款的效力。"据此可以认为,协议管辖条款作为合同中关于争议解决方法的条款具有独立性,合同是否存在效力瑕疵不影响管辖条款的效力,即使合同无效、被撤销或者终止,仍应依据协议管辖条款确定案件的管辖法院。

(二)级别管辖、专属管辖与应诉管辖的有关问题

在著作权案件的管辖中,级别管辖与专属管辖情形复杂,根据相关司法解释,对于知识产权法院、互联网法院的专属管辖的内容均是根据案由或者法律关系的性质确定的。而该两种情形系法院需要依职权审查的内容,不以当事人对此达成一致意见而予以确定。

第一,当案件法律关系的性质影响案件管辖的确定时,应如何处理?当案件

法律关系的性质影响案件管辖的确定时，应根据原告诉讼请求所指向的法律关系，结合原告提供的初步证据认定案件争议法律关系的性质，并据以确定案件管辖。在同一合同中既包含买卖、租赁等普通民事合同条款，又包含知识产权合同条款的，应根据当事人诉讼请求所指向的法律关系确定争议的法律关系性质进而确定案件管辖。但是，在审理管辖权异议案件时，法院依据当事人的诉讼请求以及基本证据认定的法律关系性质与当事人主张的法律关系性质不一致的，人民法院应依据认定的法律关系性质确定管辖。

第二，一个案件中，多个被告分别提出管辖权异议时，法院应当对本案管辖权问题统一审查，一并处理，一般不会针对不同被告分别出具管辖权异议裁定。但法院针对管辖权异议作出裁定后，又追加其他被告的，新追加的被告仍然有权针对管辖权提出异议。此外，司法实践中，一般认为无论有独立请求权第三人，还是无独立请求权第三人，在参加诉讼后均无权对受诉法院的管辖权提出异议。

第三，在管辖权异议阶段，法院审查的范围不限于当事人提出的异议理由。除了违反级别管辖和专属管辖的规定外，应诉管辖权可及于其他著作权纠纷案件。根据北京市高级人民法院 2018 年 12 月 4 日发布的《关于立案审判适用法律若干问题的解答(一)》第 29 条的规定，受诉法院受理案件后，应当先向被告送达起诉状副本，在不构成应诉答辩的情形下，法院发现本院无管辖权的，才可依职权移送管辖。如果被告方在答辩期内未提出管辖异议，且进行了实体答辩的，则受诉法院因此取得案件的管辖权，不得再以本院无管辖权为由移送管辖。

三、北京地区知识产权案件管辖权的梳理

(一)北京地区知识产权案件管辖整体格局

1993 年 8 月 5 日，北京市高、中两级人民法院在全国法院系统率先成立知识产权审判庭，随后逐步形成三级法院均有专门知识产权审判庭的审判格局。具体包括北京第一、二、三中级人民法院知识产权法庭，下辖东城、西城、朝阳、海淀、丰台、崇文、宣武、昌平、怀柔、房山、大兴法院知识产权庭，仅密云、通州和延庆三个区县未设立知识产权庭。此时，对于知识产权案件的管辖划分主要依据标的额。根据 2008 年 6 月 3 日印发的《北京市高级人民法院关于北京市各级人民法院受理第一审知识产权民事纠纷案件级别管辖的规定》，对知识产权合同纠纷案件及权属、侵权纠纷案件的级别管辖设置了不同情形的标的额管辖规则。

2014 年 11 月 6 日,经全国人大常委会授权、最高人民法院批准,北京知识产权法院作为首家知识产权专业法院成立,对全市特定知识产权案件集中管辖。此时,根据相关司法解释,对于著作权案件管辖未依据案件标的额,而是根据案由以及法律关系来划分。

2017 年 11 月 2 日,《北京市高级人民法院关于调整本市知识产权民事案件管辖的规定》,对于案件管辖除案由及法律关系外,增加了关于标的额的管辖划分。2018 年 9 月 9 日,北京互联网法院经授权、批准成立并实行跨行政区划管辖。东城、西城、朝阳、海淀、丰台、石景山及北京互联网法院的第一审知识产权民事案件的上诉,仍由北京知识产权法院受理。

2019 年 1 月 1 日,最高人民法院知识产权法庭成立,北京知识产权法院审理的绝大部分涉技术类的知识产权一审案件的上诉,由最高人民法院知识产权法庭受理,其余知识产权一审案件的上诉,仍由北京市高级人民法院受理。

至 2019 年,北京市高级人民法院为集中全市知识产权审判优势力量,将基层法院知识产权庭的整体格局由原来的 11 家调整为 6 家。北京市形成"三级三类"知识产权审判格局,即北京市高级人民法院知识产权庭、北京知识产权法院、6 家基层法院知识产权审判庭和北京互联网法院。

(二)判断著作权案件管辖的几个步骤

知识产权案件管辖确定的专业化和复杂化特征,在著作权案件的管辖方面体现得尤为明显。以北京地区为例,著作权案件的管辖涉及级别管辖、专属管辖以及跨区管辖等多重问题。具体判断著作权案件管辖应分为以下步骤:

第一步,看案由。先根据案由判断是否属于北京知识产权法院一审专属管辖、最高人民法院负责二审的案件。与著作权相关的主要涉及"计算机软件著作权民事案件",一审应由北京知识产权法院专属管辖。上述案由具体分为四类,即(1)计算机软件权属纠纷;(2)计算机软件著作权合同纠纷;(3)侵害计算机软件著作权纠纷;(4)确认不侵害计算机软件著作权纠纷。根据《最高人民法院关于北京、上海、广州知识产权法院案件管辖的规定》以及《最高人民法院关于知识产权法庭若干问题的规定》,无论标的额大小,上述案由的案件均由北京知识产权法院一审专属管辖,二审上诉至最高人民法院知识产权法庭。

第二步,看是否涉及网络。"在互联网上首次发表作品的著作权或者邻接权权属纠纷”或者“在互联网上侵害在线发表或者传播作品的著作权或者邻接权而产生的纠纷”由北京互联网法院专属管辖。根据《最高人民法院关于互联网法院审理案件若干问题的规定》第2条第4项、第5项，上述两类案件由北京互联网法院一审专属管辖，二审上诉至北京知识产权法院。上述规定实践中还存在以下具体问题：一是如何认定“首次发表”？在互联网上首次发表作品与传统作品发表不同，实践中，并没有明确的法律规定予以遵循，也没有相应的主管部门或权威第三方进行登记或认定。从立案的角度看，对某个作品，一方主张自己享有互联网上作品著作权或者邻接权权属，原告提出证据予以证明权属、发表时间、载体等，同时附互联网初步检索材料和首次发表的承诺书，立案受理后由审判庭在审理中予以查明。二是侵权行为的时间是在在线发表、传播之前还是之后，对管辖有无影响？一般认为，侵权行为的时间是在在线发表、传播之前还是之后不是确定管辖的条件，而是需要通过审理查明是否构成侵权的条件。

第三步，看跨区管辖。自2016年1月1日起，根据《北京市高级人民法院关于北京市基层人民法院知识产权民事案件管辖调整的规定》，东城法院管辖本辖区并跨区域管辖通州、顺义、怀柔、平谷、密云法院辖区内的第一审知识产权民事案件；西城法院管辖本辖区并跨区域管辖大兴法院辖区内的第一审知识产权民事案件；丰台法院管辖本辖区并跨区域管辖房山法院辖区内的第一审知识产权民事案件；石景山法院管辖本辖区并跨区域管辖门头沟、昌平、延庆法院辖区内的第一审知识产权民事案件。朝阳法院、海淀法院第一审知识产权民事案件的管辖不作调整，仍继续审理本辖区内的第一审知识产权民事案件。

（三）管辖权异议处理的几个突出问题

对管辖权异议的处理，以下几个问题较为突出：

1. 原告“虚列”被告情形的处理。该情形俗称“拉管辖”，即在侵害著作权案件中，原告“人为”制造管辖连接点，将数个主体作为共同被告，但存在所列被告明显不构成共同侵权的情况。一般情况下，在管辖权异议阶段，由于尚未确定受理法院对案件有无管辖权，故不宜对案件的实体问题进行审查。但对于“虚列”被告的情形，如果某一被告以其与其他被告不构成共同侵权为由提出管辖异议，则需要对被告是否适格进行审查。如果不适格的被告系本案唯一管辖连接点，则应裁定驳回对该被告的起诉，并再裁定将案件移送至有管辖权的法院。

【典型案例2】

在浙江省宁波市中级人民法院审理的(2010)浙甬知初字第338-1号北京瑞亚阳光文化传媒有限公司(以下简称瑞亚公司)诉浙江讯唯网络发展有限公司(以下简称讯唯公司)、宁波成功多媒体通信有限公司(以下简称成功公司)侵犯著作权纠纷一案中,法院经审理认定,法院受理该案后,讯唯公司和成功公司在答辩期内提出管辖权异议。从瑞亚公司提供的证据看,播放涉案电视剧的"星空宽频"网站系讯唯公司所有并自主经营,网站页面系由讯唯公司设计控制,且讯唯公司明确表示涉案电视剧系其自行上传,与成功公司无涉。瑞亚公司仅以讯唯公司在其"星空宽频"网站上将涉案电视剧的提供商标注为"九州",即推断该"九州"为成功公司,从而将成功公司列为被告,依据不足。瑞亚公司现有举证尚不能证明成功公司系涉案电视剧的提供商,故成功公司不是适格被告,宁波市中级人民法院对本案不享有管辖权,且为避免当事人虚列被告选择管辖法院,本案移送丽水市中级人民法院审理更为适宜。故裁定:(1)驳回瑞亚公司对成功公司的起诉;(2)本案移送丽水市中级人民法院处理。

此外,根据最高人民法院在(2019)最高法民终899号上诉人北京紫玉山庄房地产开发有限公司与被上诉人宁波雅戈尔新城置业有限公司、北京搜房网科技发展有限公司(以下简称搜房公司)等侵害注册商标专用权纠纷一案中明确,"如果根据搜房公司住所地确定管辖权,宁波雅戈尔新城置业有限公司等以搜房公司并非适格被告为由提出管辖权异议的情况下,人民法院应当对搜房公司作为本案被告是否适格进行审查。人民法院在同一裁定中对被告是否适格及管辖权异议是否成立进行审查并作出认定,并不违反法律程序"。从节约诉讼资源、提高诉讼效率的角度考量,法院可以在同一裁定中对上述两个事项一并处理。

2. 信息网络侵权行为的管辖权规则适用。《民事诉讼法》第28条规定,因侵权行为提起的诉讼,由侵权行为地或者被告住所地人民法院管辖。因此,侵权案件的原告对于管辖连接点的选择主要有两项,一是侵权行为地,二是被告住所地。一般来说,被告住所地相对清楚明确,但对于原告而言可能并不便利诉讼。侵权行为地包括了侵权行为实施地和侵权结果发生地,侵权行为地通常更便于原告维权诉讼。但是,网络环境没有清晰的地域范围,与网络密切相关的信息网络传播行为,如何判断侵权行为实施地或侵权结果发生地存在一定的困难。

相较于其他侵害著作权案件的管辖，侵害信息网络传播权案件管辖的特殊之处在于，除了适用《民事诉讼法》关于侵权案件的一般管辖规则外，还可以按《民事诉讼法司法解释》第25条的规定，以被侵权人住所地作为管辖连接点。《民事诉讼法司法解释》第25条规定，信息网络侵权行为实施地包括实施被诉侵权行为的计算机等信息设备所在地，侵权结果发生地包括被侵权人住所地。

司法实践中，在涉及“信息网络侵权行为”认定的侵害著作权案件中，还存在以下具体问题：

其一，如果侵害信息网络传播权的行为既有线上形式又有线下形式，一般来说不适用于互联网案件的专属管辖，应结合当事人的诉讼请求，侵害的对象、手段、结果以及利用网络平台载体的程度等情况进行综合审慎地判断。若原告在一案中同时主张被控侵害著作权的行为既包括线上又包括线下的，如对同一被告既存在销售侵权实体图书，又在互联网上销售图书电子版的，必要时可将被诉侵权的线上、线下行为分开起诉。

其二，如果网上传播的信息本身被诉侵犯著作权，原告住所地可以视为侵权结果发生地，例如被告未经许可通过互联网销售图书电子版的情况。

其三，如果网上传播的信息本身未被诉侵犯著作权，原告住所地不能视为侵权结果发生地。例如被告未经许可将他人作品改编为戏剧作品并且表演，同时在网络上宣传涉案被控侵权的戏剧作品的播出时间等，此时相关宣传信息本身未侵害他人著作权，则原告住所地不能视为侵权结果发生地。

其四，通过网络购买被控侵权商品的，也不应仅以买受人指定的收货地为由认定该地为侵权行为地。被侵权人住所地这一管辖连接点为原告提供了较为灵活的选择便利，但也不意味着原告有权随意确定自己的住所地，特别是网络购物收货地等明显非被侵权人住所地的地点，无法作为管辖连接点对待。《北京高院著作权审理指南》第9.28条规定了“通过互联网购买被诉侵权商品的，不应仅以买受人指定的收货地为依据认定侵权行为地”。

【典型案例3】

在最高人民法院审理的(2020)最高法知民辖终218号广东三维家信息科技有限公司(以下简称三维家公司)诉杭州群核信息技术有限公司(以下简称群核公司)侵害计算机软件著作权及不正当竞争纠纷管辖权异议一案中，三维家公司起诉主张,群核公司通过信息网络向公众提供软件代码的行为构成著作权侵权行为。法院根据在案公证书认定,三维家公司在群核公司的网站上可以直接获得并使用被诉侵权软件,还可以下载该软件的目标程序,并且通过第三方软件将目标程序进行反编译。基于三维家公司提交的初步证据,公众可以在个人选定的时间和地点获得被诉侵权软件,群核公司涉嫌实施了将被诉侵权软件进行信息网络传播的行为。被侵权人三维家公司住所地即侵权结果发生地是广东省广州市,在广州知识产权法院管辖范围内,据此,广州知识产权法院对本案具有管辖权。

第二节 审查案由

一、案由确定的一般规定

民事案件的案由是民事案件名称的重要组成部分,其能够反映案件所涉及的民事法律关系的性质,是对诉讼争议所包含的法律关系进行的概括,是法院进行民事案件管理的重要手段。民事案件案由应当依据当事人主张的民事法律关系的性质来确定。

(一)同一诉讼中涉及两个以上法律关系的案由处理

如果同一诉讼中涉及两个以上法律关系的,应当依当事人诉争的法律关系性质确定案由。如果该两个以上的法律关系均为诉争法律关系的,则按诉争的两个以上法律关系确定并列的两个案由。例如,著作权权属、侵权纠纷。

(二)当事人的诉请在《民事案件案由规定》中没有相应案由的处理

根据《最高人民法院关于印发修改后的〈民事案件案由规定〉的通知》,法院不得将《民事案件案由规定》等同于《民事诉讼法》第119条规定的受理条件,不得以当事人的诉请在《民事案件案由规定》中没有相应案由可以适用为由,裁定不予受理或者驳回起诉。因此,在请求权竞合的情形下,法院应当按照当事人自主选择行使的请求权,根据当事人诉争的法律关系的性质,确定相应的案由,而不宜仅以此为由裁定不予受理或者驳回起诉。

(三)当事人起诉的法律关系与实际诉争的法律关系存在不一致的处理

根据2019年10月14日修正的《最高人民法院关于民事诉讼证据的若干规

定》(以下简称《民事证据规定》)第53条的规定,诉讼过程中,当事人主张的法律关系性质或者民事行为效力与人民法院根据案件事实作出的认定不一致的,人民法院应当将法律关系性质或者民事行为效力作为焦点问题进行审理。但法律关系性质对裁判理由及结果没有影响,或者有关问题已经当事人充分辩论的除外。存在前款情形,当事人根据法庭审理情况变更诉讼请求的,人民法院应当准许并可以根据案件的具体情况重新指定举证期限。司法实践中,法院一般会向当事人予以释明,告知其法院查明的当事人之间实际存在的法律关系的性质,并允许其变更相应的案由及诉讼请求。如当事人仍然坚持以错误案由及错误的法律关系主张的,因为法院审理民事案件不得超出当事人的诉讼请求,如果径行对原告未予主张的法律关系予以裁判,不但擅自代替当事人行使了起诉权利,又剥夺了被告的抗辩权利。故基于人民法院审理民事案件的法定程序,应判决驳回其诉讼请求。

二、同一案件中同时主张侵害著作权及其他权利的处理

实践中,著作权与商标权、外观设计专利权等其他知识产权发生冲突的情况日益增多,例如,原告将自身享有著作权的作品注册为商标后,被告未经允许在同一种或者类似商品上使用该商标的,该行为可能同时侵害原告的著作权和商标权。又如,美术作品与外观设计专利权的保护范围也有可能存在交叉。实践中,对于原告既主张被诉行为侵害著作权,又主张侵害商标权、专利权或构成不正当竞争的处理,存在以下几种情形:

第一,同一案件中,原告针对不同被告的不同被诉行为,分别主张侵害著作权又主张侵害商标权、专利权甚至合同违约责任等的,并不属于请求权竞合的情形。对于此类情况,法院一般认为在一个案件中处理多个民事法律关系不利于及时便捷地查清事实及确定相应的权利义务,往往会告知当事人分案处理,但分案应当符合有关管辖的法律规定。

第二,如果原告的起诉涉及若干个独立的民事法律关系,其中有一个或几个民事法律关系不属于同一法院管辖范围,一并审理存在规避管辖的嫌疑。法院在向原告释明后,如果原告仍坚持在一个诉讼中主张若干个独立的法律关系,且包括多个不属于该法院管辖范围的法律关系,拒绝分案处理或选择其中一个法律关系诉讼,法院可以认定其起诉不符合《民事诉讼法》第119条第3项规定的起诉条

件,应予驳回。

第三,同一案件中,针对同一主体的多个被诉侵权行为,在不存在前述违反级别管辖或者专属管辖规定的情况下,如原告主张被告的部分行为侵害著作权、部分行为构成不正当竞争的,则可以根据案件情况决定是否一并审理。

第四,同一案件中,针对同一被诉侵权行为,在请求权竞合的情形下,法院应当按照当事人自主选择的请求权进行审理。如果原告既主张侵害著作权又主张违反《反不正当竞争法》第2条的,可以一并审理。如果被诉的一个行为已经被认定为构成侵害著作权的行为,则不宜再适用《反不正当竞争法》第2条等条款予以救济。如果原告的主张不能依据《著作权法》获得支持,在与《著作权法》立法政策不冲突时,可以依据《反不正当竞争法》第2条进行审理。

【典型案例4】

在北京市西城区人民法院审理的(2018)京0102民初30540号云南杨丽萍信息科技发展有限公司(以下简称杨丽萍公司)诉北京心正意诚餐饮管理有限公司(以下简称心正意诚公司)等三公司著作权权属、侵权纠纷及不正当竞争纠纷一案中,杨丽萍公司主张三被告经营的"云海肴·云南菜"餐厅什刹海店中使用原告享有著作权的涉案舞蹈作品《月光》的侵权行为构成对其享有的著作权的侵害。同时,三被告被诉侵害著作权的同一行为,由于使用了杨丽萍具有一定影响的舞蹈人物形象,造成了消费者的混淆,亦构成不正当竞争。法院经审理认为,在被诉行为已通过《著作权法》予以评判,现无证据证明被诉行为除了侵害杨丽萍公司的相关著作权之外,还对杨丽萍公司的其他合法权益造成损害,故不再适用《反不正当竞争法》对同一行为再次评判。对于杨丽萍公司提出的与不正当竞争相关的主张,应不予支持。

第五,违约责任与侵权责任的竞合,著作权人授予被许可使用人的权利内容属于《著作权法》规定的著作权权项,被许可使用人违反合同中关于权利行使方式等约定的,著作权人既可以提起侵权之诉,也可以提起违约之诉。《民法典》第186条规定:"因当事人一方的违约行为,侵害对方人身权益、财产权益的,受损害方有权选择请求其承担违约责任或者侵权责任。"依据上述规定,受损害人可以在违约责任与侵权责任竞合时择一请求对方承担。但违约责任的承担和侵权责任的承担因分别适用不同的法律要件,在此情形下,根据原告选择的请求权基础所依据的法律分别予以判断。例如，根据2020年《著作权法》第52条第1项的规定，未经著作权人许可，发表其作品的，应当根据情况，承担停止侵害、消除影响、赔礼道歉、赔偿损失等民事责任。如果当事人选择行使著作权侵权责任请求权，需满足“未经著作权人许可”这一前提。

【典型案例5】

在北京市朝阳区人民法院审理的(2018)京0105民初7594号张某诉北京工业大学出版社有限责任公司(以下简称北工大出版社)侵害著作权纠纷一案中，张某主张北工大出版社出版发行涉案图书侵害了其对涉案图书享有的著作权。法院经审理认为，通过张某报送选题、委托排版及设计封面、发送排版后书稿及其封面设计等行为，结合双方长期合作的交易习惯，北工大出版社已基于张某的上述行为，对其行使涉案图书的相关著作权项产生了合理预期，张某的行为已构成对北工大出版社出版涉案图书的默示许可。在此情形下，张某选择以侵权责任的请求权基础提起诉讼的前提并未成就。人民法院审理民事案件不得超出当事人的诉讼请求。经法院多次释明，张某仍然坚持以侵权作为本案提起诉讼的理由，如径行对张某未予主张的法律关系予以裁判，既替代了张某的起诉权利，又剥夺了北工大出版社的抗辩的权利。故法院依法驳回张某的诉讼请求，并指出，如果当事人对于涉案图书稿酬支付存在争议的，可另行予以解决。

第三节　诉讼主体的审查与确定

对诉讼主体的审查与确定，是审理侵害著作权案件的重要一环。民事诉讼法中关于诉讼担当的理论，是审查当事人是否具有诉讼资格的基本理论，即“权利主体可以以自己之名义，向公权力的执行者就权利客体提出给予保障的要求，这种请求是司法保障请求权，为此产生了诉之过程。该过程最为重要的任务是，确认个体在诉中所主张的权利是否存在”。[①] 司法实践中，关于当事人主体资格的审查内容包括：(1)当事人是否具有民事权利能力，此为抽象意义上的诉讼当事人资格，与具体的诉讼内容无关；(2)当事人是否适格，多数学者或者传统观点认为，当

① [德]汉斯-约阿希姆·穆泽拉克：《德国民事诉讼法基础教程》，周翠译，中国政法大学出版社2005年版，第7页。

事人适格的判断标准是当事人对涉案事实是否具有“诉之利益”[①];(3)当事人是否具有诉讼行为能力,即当事人可以通过自己的行为行使诉讼权利和承担诉讼义务。满足此种三位一体的结构便是符合诉讼要求的当事人。[②] 本节将从司法实务的角度,着重阐述当事人是否适格的审查与判断。

一、著作权被许可人诉讼主体资格的审查

根据《民事诉讼法》第119条第1项的规定,原告是与本案有直接利害关系的公民、法人和其他组织,是原告起诉必须符合的条件,否则法院可以“原告与本案缺乏直接利害关系,并非适格主体”为由,裁定驳回原告的起诉。关于被许可人实施诉讼的性质问题,学界尚无定论。目前主流观点认为,独占许可人及排他许可人系基于自身实体权利而享有的诉讼实施权,所以其基于该实体上的管理权、处分权,可以成为适格的实体当事人;普通被许可人在著作权实体上的期待利益并不明确,其可以基于任意诉讼担当的适用而成为适格当事人。[③] 因此,对于权利主体的审查,应当审查原告对其主张保护的作品或者制品是否享有相应实体权利,包括完全权利、不完全权利(独占许可、排他许可、普通许可等)。

(一)被许可人的主体资格审查

根据2020年《著作权法》第26条第2款第2项的规定,著作权许可使用合同分为两大类,即专有许可使用权和非专有许可使用权。司法实践中,根据许可的具体内容参考《商标法》的相关规定,还可以将非专有许可使用权细分为排他许可和普通许可。根据《最高人民法院关于审理商标民事纠纷案件适用法律若干问题的解释》第4条的规定,《商标法》第60条第1款规定的利害关系人,包括注册商标使用许可合同的被许可人、注册商标财产权利的合法继承人等。在发生注册商标专用权被侵害时,独占使用许可合同的被许可人可以向人民法院提起诉讼;排他使用许可合同的被许可人可以和商标注册人共同起诉,也可以在商标注册人不起诉的情况下,自行提起诉讼;普通使用许可合同的被许可人经商标注册人明确授权,可以提起诉讼。

---

① 参见李峣:《诉讼担当人法律地位研究》,对外经济贸易大学2016年博士学位论文。

② 参见李浩:《民事诉讼法学》,法律出版社2014年版,第91页。

③ 肖建国、黄忠顺:《任意诉讼担当的类型化分析》,载《北京科技大学学报》2009年第1期。

因此，参考《最高人民法院关于审理商标民事纠纷案件适用法律若干问题的解释》的上述规定，侵害著作权案件中，无论被许可人是专有许可人还是非专有许可人，其以自己名义提起诉讼的情况，可分为以下几种情形：

1. 专有许可合同的被许可人，有权根据著作权许可合同单独提起诉讼。被许可人可以根据合同的约定，在一定期限或者条件下排除包括著作权人在内的其他任何人的使用，此种被许可人即为专有使用被许可人。专有使用被许可人对于发生在独占使用权范围内的侵权行为，有权以自己名义单独提起诉讼。以专有被许可人身份起诉的原告，主体资格审查时一般应审查：(1)涉案作品的专有许可合同，确保授权链条完整；(2)专有许可的授权地域、时间、使用方式等，以判断被控侵权行为是否落入专有许可使用的授权范围内。

2. 排他许可合同的被许可人，既可以和著作权人共同起诉，也可以在著作权人不起诉的情况下自行提起诉讼。排他被许可人可以根据合同的约定，在一定期限或者条件下，禁止除著作权人以外的其他人的使用。对于排他被许可人的起诉资格，又区分以下三种情况：一是著作权人和排他被许可人作为共同原告起诉，主体资格审查时，除了提交证明著作权权属的证据外，还须提交著作权排他许可合同。二是在著作权人不起诉的情况下，排他被许可人有权自行提起诉讼，但须提交关于著作权人不起诉的声明或者排他许可合同中有关于著作权人不起诉的明确约定。三是著作权人单独起诉时，排他被许可人不得就同一被诉行为另行提起诉讼。排他被许可人发现著作权人已经起诉的，可以申请参加诉讼。

3. 普通许可合同的被许可人，在经过著作权人明确授权后，可以以自己名义在被许可的实体权利范围内提起诉讼。此种情形下，法院对于普通许可合同的被许可人的主体资格的审查重点，在于著作权人是否对于其单独提起诉讼进行了明确授权[①]。值得注意的是，如果著作权人未将著作权实体权利转让或者许可他人，仅授权他人起诉的权利，此时该被许可人不具有以自己名义提起诉讼的主体资格。根据民事诉讼法“诉讼担当”理论以及损害赔偿填平损失的基本原则，被授权人如果仅具有维权的诉讼权利而无实体权利的基础，此时其既缺乏获得损害赔偿

---

① 理论界对于“任意诉讼担当”扩张的呼声较高，主张应当将诉权的主体范围不断扩大，普通许可合同的被许可人也可以无须明确授权即可以自己名义提起诉讼。但上述观点尚未被立法所吸纳。具体可参见李峣：《诉讼担当人法律地位研究》，对外经济贸易大学2016年博士学位论文；李凌：《论任意的诉讼担当之法律构造》，载《广西政法管理干部学院学报》2013年第5期。

的权利基础，亦无应予填补的实际损失，且在司法实践中还可能存在被许可人借维权之名、行牟利之实的滥诉情况。

4. 著作权人将著作权转让或者专有许可他人后，对于转让或者许可之前发生的侵权行为，可否由受让人或者被许可人以自己的名义提起诉讼？我们认为，如果合同有明确约定受让人或者被许可使用人对于转让或者许可之前发生的侵权行为可以维权或者事后追认的，可以认定受让人或者被许可人系适格主体，有权单独起诉。该认定的理由在于：其一，著作权属于私权，应当在未违反法律规定的情况下，对著作权人权利处分予以充分尊重；其二，著作权人将作品转让或者许可他人后，受让人或者被许可人成为与涉案作品利益最为密切的利害关系人，此时即使发现许可或者转让之前的侵权行为，著作权人往往也无心维权，如果不认可著作权人对于起诉权利的处分，不利于打击侵权违法行为及加大当事人的合法权益的保护。如果合同未明确约定受让人或者被许可使用人对于转让或者许可之前发生的侵权行为可以维权或者事后追认的，我们认为，法院在案件处理时应当释明当事人所明确主张的被控侵权行为的时间段，根据授权时间的情况分段主张。

（二）对于专有使用权范围内侵权行为的起诉

根据2020年《著作权法》第26条的规定，著作权人可以通过订立著作权许可使用合同，将自己的某一项或者几项著作权权利许可他人使用。其中“专有使用权”是著作权合同中常见的许可类型，专有使用权的内容由合同约定，若合同没有约定或者约定不明的，根据2013年《著作权法实施条例》第24条的规定，视为被许可人有权排除包括著作权人在内的任何人以同样的方式使用作品。

第一，对于提起诉讼的权利主体而言，专有使用权人、著作权人对于发生在专有使用权范围内的侵权行为，均可以单独起诉，也可以共同起诉。著作权专有使用权人以支付较高许可使用费为对价，获取了排除包括著作权人在内的其他人使用该作品的权利。在遇到他人侵害该作品著作权的情况下，专有许可使用人与被诉侵权行为具有直接利害关系，也享有获得损害赔偿的权利基础。“无论是从专有许可使用权的性质还是提起诉讼的权利基础看，都有必要赋予著作权专有使用权人启动诉讼程序对抗侵权人的权利，这既符合知识产权保护宗旨，也有利于实现司法保障权利的目的。”①

第二，对于专有使用权人主张权利的时限来说，专有使用权人对于专有使用权授权期限内的侵权行为享有主张损害赔偿的权利。对于侵权行为发生在授权期间，但专有使用权人起诉时其专有使用权已经届满的，除非许可使用合同作出明确约定，一般认定专有使用权人仍然对于授权期限内的侵权行为享有起诉和主张损害赔偿的权利。

第三，在授予他人专有使用权后，著作权人主张损害赔偿存在一定限制。对于侵犯专有使用权范围内的侵权行为，著作权人和专有使用权人均可以主张停止侵权，但著作权人对侵犯该专有使用权范围内的侵权行为一般不能要求损害赔偿，除非著作权人能够证明其存在实际损失。其原因在于，如果著作权人已经以收取较高的许可费用的方式，让渡了自己在特定条件下使用及许可作品该项权利的权利，那么他人侵犯专有使用权范围内的侵权行为一般不会对其造成损害，在此情况下著作权人不具有获得损害赔偿的事实基础。但在个别情况下，例如著作权人从专有使用权人处取得的专有使用权许可费是由“基础稿酬 + 印数稿酬”组成，或者是约定的版税方式支付许可费用的，对于侵权行为造成权利作品印刷或出版数量减少也是对著作权人造成的实际损失，此时著作权人有权就该部分的实际损失主张赔偿。

【典型案例6】

在北京互联网法院审理的(2019)京0491民初29914号苏州天堂卡通数码制作有限公司(以下简称苏州天堂公司)诉北京爱奇艺科技有限公司侵害作品信息网络传播权纠纷一案中，根据苏州天堂公司与海宁云逸影视文化公司订立的授权协议，苏州天堂公司将涉案作品的独家信息网络传播权授予海宁云逸影视文化公司，但这并不当然排除苏州天堂公司作为著作权人维护自身权益的诉权，在无相反证据的情况下，苏州天堂公司作为著作权人对发生侵害著作权的行为有权单独提起诉讼。在本案所涉侵权行为发生之时，苏州天堂公司已将独家信息网络传播权授予了海宁云逸影视文化有限公司；苏州天堂公司作为著作权人，能够证明存在实际损失，主张损害赔偿的，应予以支持。因苏州天堂公司提交的证据不足以

---

① 祝芳、陈燕：《授权期限届满不必然导致诉权丧失：浙江高院判决成功多媒体公司诉鄂广信息网络公司侵害作品信息网络传播权纠纷案》，载《人民法院报》2017年4月13日，第4版。

证明其因被告侵权行为受到的实际损失,法院仅判令被告赔偿原告的合理开支,驳回了原告关于损害赔偿的诉讼请求。

(三)对于合同中“独家使用权”等类似表述的认定

司法实践中,著作权许可使用合同或者授权书中经常出现“独家使用权”等类似表述,对此应将其理解为“独占使用权”还是“排他使用权”存在争议。《民法典》第142条第1款规定:“有相对人的意思表示的解释,应当按照所使用的词句,结合相关条款、行为的性质和目的、习惯以及诚信原则,确定意思表示的含义。”第466条第1款规定:“当事人对合同条款的理解有争议的,应当依据本法第一百四十二条第一款的规定,确定争议条款的含义。”《北京高院著作权审理指南》第1.7条第2款规定,合同中使用“独家使用权”等类似表述的,可以根据合同有关条款、合同目的、交易习惯等,结合在案证据认定是否属于专有使用权。

根据上述规定,针对“独家使用权”这一含义不确定的措辞,需根据该合同中其他条款词句文义明确该许可使用合同的性质。如果不能通过其他条款词句文义直接认定其性质究竟是独占许可还是排他许可时,需要运用合同解释的方法,对“独家使用权”予以解释。合同解释的方法分为文义解释、整体解释、目的解释等,根据《民法典》相关规定,适用上述解释方法时,当事人对合同条款的理解有争议的,合同解释应当以探求当事人意思表示为目的,而当事人的意思表示往往是通过语言文字来传达。因此,在合同解释时,一是应按照合同所使用的词句进行文义解释,先由词句的含义入手;二是根据合同的有关条款,结合上下文予以整体解释;三是综合考虑合同订立的目的、交易习惯等进行目的解释。上述解释方法并非各自孤立的,而应综合考虑,并要遵循合同诚实信用、公平原则等合同订立的基本原则,作出公平、客观、符合当事人意愿和市场规律的解释。

【典型案例7】

在北京知识产权法院审理的(2016)京73民终86号怡明时空(北京)国际传媒有限公司(以下简称怡明时空公司)诉广州市世纪华恩文化传播有限公司(以下简称世纪华恩公司)著作权许可使用合同纠纷一案中,双方当事人对于涉案《授权合同》中约定是独占许可还是排他许可发生争议。《授权合同》第6条第2项约定,“许可方式:买断式合作”。《授权合同》第4条约定:“合同签订日后18个月内,如果没有举办超过20场次'CBeebies见面会/嘉年华',则该授权资格取消,且世纪华恩公司不予退回授权金。"法院经审理认为,第一,"买断"一词通常具有独占市场,不允许其他商家占领相同市场之义。从上述合同中关于许可方式的文字表述可以确定,合同所要强调文义是被授权方取得授权方的权利许可后,可以达到独占市场的效果。第二,《授权合同》第4条对怡明时空公司举办活动的场次及法律责任进行了严格限制,从权利义务对等的角度而言,将相关合同条款解释为独占许可合同更符合公平原则和诚实信用原则。第三,从合同签订的目的来看,怡明时空公司承诺以支付高额授权金作为对价,将权利人对外许可的方式解释为独占许可更符合怡明时空公司签订合同的目的。

此外,对于包括著作权纠纷在内的知识产权纠纷的当事人在判决、裁定或者仲裁裁决生效前,依据《民事诉讼法》第100条、第201条规定申请行为保全的,被许可人申请保全的主体资格也与诉讼资格的认定一致。根据2018年12月12日公布的《最高人民法院关于审查知识产权纠纷行为保全案件适用法律若干问题的规定》(以下简称《知识产权纠纷行为保全司法解释》)第2条的规定,知识产权许可合同的被许可人申请诉前责令停止侵害知识产权行为的,独占许可合同的被许可人可以单独向人民法院提出申请;排他许可合同的被许可人在权利人不申请的情况下,可以单独提出申请;普通许可合同的被许可人经权利人明确授权以自己的名义起诉的,可以单独提出申请。

二、职务作品、合作作品的起诉主体

(一)职务作品的起诉主体

根据2020年《著作权法》第18条的规定,职务作品分为两种情形:一种情形是一般职务作品,即职务作品的著作权由作者享有,法人或者其他非法人组织有权在其业务范围内优先使用;另一种情形是特殊职务作品,即作者享有署名权,著作权的其他权利由法人或者非法人组织享有。2020年《著作权法》第18条在2010年《著作权法》第16条的基础上进行了一定的修改,一是将原条款的"其他组织"修改为"非法人组织",与《民法典》的措辞保持一致,在法律用语上更加严谨;二是将由法人或者非法人组织享有著作权的"特殊职务作品"的情况由2项扩充至3项:(1)主要是利用法人或者非法人组织的物质技术条件创作,并由法人或者非法人组织承担责任的工程设计图、产品设计图、地图、示意图、计算机软件等职务作品;(2)报社、期刊社、通信社、广播电台、电视台的工作人员创作的职务作品;(3)法律、行政法规规定或者合同约定著作权由法人或者非法人组织享有的职务作品。

职务作品的署名权归作者享有,无论一般职务作品还是特殊职务作品,作者均有权针对他人侵害职务作品署名权的行为提起诉讼,法人或者非法人组织并非针对侵害职务作品署名权的行为提起诉讼的适格主体。

除侵害署名权外,其他侵害著作权行为的起诉主体可区分以下不同情形:一是作品属于特殊职务作品的,法人或者其他非法人组织有权以自己的名义提起诉讼。二是作品属于一般职务作品的,他人未经单位许可,在该职务作品完成2年内,以与作者所在单位使用的相同方式使用该作品的,作者、法人或者非法人组织均可以单独起诉。三是作品属于一般职务作品的,他人未经作者许可,以与作者所在单位不同的方式使用作品的,作者可以单独起诉,所在单位可以根据与作者的约定行使诉权。四是一般职务作品完成2年后发生的侵权行为,由作者单独起诉。

实践中,根据在案证据难以查清涉案作品是否属于职务作品的,可以综合在案证据情况,根据证据优势原则确定起诉的主体。对于不规范署名,或者作者署名非真名的,如果能够将该署名与真实主体建立对应关系,权利主体身份可以确定的,应将其作为原告。

【典型案例8】

在北京知识产权法院审理的(2018)京73民终372号陈春鸣诉上海联家超市有限公司(以下简称联家超市)侵害著作权纠纷一案中,陈春鸣提交羊城晚报电子版网页截屏打印件,显示羊城晚报于2010年4月15日发表了漫画作品"地沟油"作为配图,署名"春鸣/画"。另案中,羊城晚报报业集团向法院出具的回复函确认"春鸣"系陈春鸣笔名。后陈春鸣发现联家超市在其微博中使用该美术作品,遂以自己名义提起侵害著作权之诉。诉讼中,陈春鸣申请法院就"春鸣"系陈春鸣笔名、陈春鸣与羊城晚报报业集团关系、涉案作品是否属于职务作品等事实,向羊城晚报报业集团发送调查取证函,但经过多次催促,仍未收到回复。法院对此认定,涉案作品在羊城晚报电子版发布并署名"春鸣"。一般情形下,作者笔名和真名的对应性会呈现出稳定和持续的状态,结合羊城晚报报业集团在另案回复函中关于

“春鸣”为陈春鸣笔名的陈述,可认定陈春鸣曾使用“春鸣”作为其笔名并在作品中署名。在无相反证据的情况下,一审法院认定陈春鸣享有涉案作品的著作权,有权提起本案诉讼。羊城晚报报业集团未在合理期限内就本案陈春鸣笔名一事进行回复,不影响上述认定。

(二)合作作品的诉讼主体

2020年《著作权法》第14条在2010年《著作权法》第13条和2013年修订的《著作权法实施条例》(以下简称2013年《著作权法实施条例》)第9条规定的基础上,对合作作品的权属及行使方式进行了规定。根据2020年《著作权法》第14条的规定,合作作品分为可分割使用的合作作品和不可分割使用的合作作品两种。

1. 可分割使用的合作作品的起诉主体

根据2020年《著作权法》第14条第3款的规定,“合作作品可以分割使用的,作者对各自创作的部分可以单独享有著作权,但行使著作权时不得侵犯合作作品整体的著作权”。如果合作作品可以分割使用,作者对各自创作的部分可以单独行使著作权,但行使著作权时不得侵犯合作作品整体的著作权。对于侵害合作作品的著作权案件,首先应当判定该合作作品可分割使用还是不可分割使用。对于确定为可分割使用的合作作品的,又区分以下几种情形:(1)合作作者可以作为共同原告,针对他人侵害合作作品的侵权行为共同提起诉讼。(2)部分合作作者,可以就他人侵害其享有著作权部分的侵权行为单独提起诉讼。(3)未经其他合作作者允许,部分合作作者通常不得以自己的名义单独主张他人创作部分以及合作作品整体的著作权。

【典型案例9】

在北京市海淀区人民法院审理的(2018)京0108民初34914号北京众得文化传播有限公司(以下简称众得公司)诉贝壳找房(北京)科技有限公司(以下简称贝壳公司)、岳云鹏侵害作品改编权纠纷一案中,众得公司享有《牡丹之歌》词作品的独占许可使用权,众得公司认为贝壳公司及岳云鹏未经许可将《牡丹之歌》歌词改编为《五环之歌》并作为广告曲推广,侵害了其享有《牡丹之歌》词作品的改编权。法院经审理认为,《五环之歌》与《牡丹之歌》有4句的曲谱相同,但歌词内容、表达的思想感情及主体完全不同，故未侵害众得公司就歌词部分享有的改编权。且众得公司仅从词作者处获得相应授权，未获得曲作者的相应授权，无法以自己的名义单独主张曲作品及歌曲整体的相关权利；若众得公司欲主张歌曲整体的著作权，应与曲作者或曲作品著作权的继受主体作为共同原告提起诉讼。综上所述，判决驳回众得公司的诉讼请求。

2. 不可分割使用的合作作品的起诉主体

根据2020年《著作权法》第14条第2款的规定，"合作作品的著作权由合作作者通过协商一致行使；不能协商一致，又无正当理由的，任何一方不得阻止他方行使除转让、许可他人专有使用、出质以外的其他权利，但是所得收益应当合理分配给所有合作作者"。该规定来自2013年《著作权法实施条例》第9条的规定，并在此基础上，对合作作者不能协商一致又无正当理由时，除了转让以外，还增加了"许可他人专有使用、出质"的规定。

根据在案证据无法区分各个作者对作品的贡献或者无法将各个作者创作的部分单独分割进行使用的，该作品往往被认定为不可分割使用的合作作品。理论上，不可分割使用的合作作品的权利人应当作为共同原告进行起诉。如果能够查清权利人的基本情况，应以全部权利人作为共同原告。对于不规范署名的情况，如果能够将署名与真实主体建立对应关系，权利主体身份可以确定的，亦应以全部权利人作为共同原告。确定共同原告的范围后，如果仅有部分权利人提起诉讼，则法院应依职权进行追加，对明确表示放弃实体权利的，可不予追加；不愿意参加诉讼，又不放弃实体权利的，仍应将其列为共同原告，其不参加诉讼，不影响对案件的审理。

司法实践中，上述关于不可分割使用合作作品的起诉审查存在以下两个难点：一是根据在案证据难以查清不可分割使用的合作作品全部权利人的情况时有发生；二是部分不可分割使用的合作作品权利人的诉权难以保障。我们认为，如果结合在案证据难以查清不可分割使用的合作作品的权利人基本情况，可以将已查清的部分权利人作为共同原告。该做法不仅便利了当事人诉讼，保障了部分合作作品权利人的诉讼权利，亦能够缩短当事人的维权周期，提高司法审判效率。在此情况下，法院应当在判决论理部分为未参加诉讼的权利人保留相应的权利份额。对于未参加诉讼的合作作者，可以通过与参加诉讼的权利人协调获得其应获得的损害赔偿。

【典型案例 10】

在北京知识产权法院审理的(2020)京 73 民终 521 号外语教学与研究出版社有限责任公司(以下简称外研社)诉北京东方汇通教育科技有限公司(以下简称东方汇通公司)侵害作品信息网络传播权纠纷一案中,2000 年 6 月,外研社经与麦克米伦出版(中国)有限公司(以下简称麦克米伦公司)合作策划,组织编写了涉案英语教材——《新标准英语》中小学系列教材,并与编者签订《图书出版合同》约定《新标准英语》中小学系列教材作品的著作权归外研社所有。2018 年 7 月,外研社发现由东方汇通公司开发的"伴读"软件中,擅自使用了《新标准英语》学生用书教材内容,对课文内容以音频诵读的方式进行使用,故将其诉至法院。二审期间,外研社补充提供 2020 年 6 月 11 日麦克米伦公司与外研社签订的《合作作品保护协议》,约定麦克米伦公司同意就东方汇通公司的侵权行为,外研社有权以自己的名义独自采取一切法律行动,并有权获得所有著作权人应享有的全部、完整的赔偿款;就东方汇通公司的侵权行为,麦克米伦公司放弃在中国的起诉。对外研社是否享有涉案教材的著作权及是否有权提起诉讼,二审法院认为,涉案教材在版权声明页中载明该教材版权归属于外研社及麦克米伦公司,该合法出版物的版权归属声明可以作为证明涉案教材权利归属的初步证据。在东方汇通公司未提供相反证据的情形下,结合在案证据及当事人的自认,认定外研社为涉案教材的著作权人之一。涉案教材作为合作作品,其全部著作权人均应作为原告参加诉讼。但本案二审程序中,外研社补充提供其与麦克米伦公司签订的《合作作品保护协议》,麦克米伦公司明确表示外研社有权以自己的名义就东方汇通公司针对涉案教材的侵权行为主张权利,故外研社有权以自己的名义提起诉讼。

此外,合作作品属于著作权共有的一种典型情况,与通常情况下他人行使权利必须经过权利人同意有所不同,除了转让、许可他人专有使用、出质情形以外,共有权利人可以有条件地单独行使权利。最高人民法院(2015)民申字第 131 号再审申请人北京金色里程文化艺术有限公司与被申请人上海晋鑫影视发展有限公司,原审被告李某军、李某秀侵害著作权纠纷一案中认为,著作权的共有权利人可以在与对方协商不成、对方无正当理由、行使的权利不含转让、与对方分享收益等情况下,有条件地单独行使权利。但著作权的质押和转让,是对权利的重大处分,未与共有权人协商而对著作权进行转让,构成未经许可侵害共有权人著作权的行为。

三、与集体管理组织签订合同后的起诉

1993 年 9 月 14 日《最高人民法院民事审判庭关于中国音乐著作权协会与音乐著作权人之间几个法律问题的复函》明确了著作权集体管理组织被授权后,可以作为当事人,在合同委托权限范围内以自己的名义进行涉及著作权或者与著作权有关权利的诉讼活动。2001 年《著作权法》修改时立法机关吸收了上述观点,在第 8 条进行了规定。2010 年《著作权法》延续和补充了上述规定。2020 年《著作权法》第 8 条在 2010 年《著作权法》原有条款的基础上,对著作权集体管理的制度完善、加强监管、规范运作等方面予以进一步规范。对著作权人与集体管理组织签订合同后的起诉主体,可区分以下情况:

首先,集体管理组织有权以自己的名义提起诉讼。2020 年《著作权法》第 8 条第 1 款规定:"……依法设立的著作权集体管理组织是非营利法人,被授权后可以以自己的名义为著作权人和与著作权有关的权利人主张权利,并可以作为当事人进行涉及著作权或者与著作权有关的权利的诉讼、仲裁、调解活动。"该款延续了 2010 年《著作权法》的规定,明确规定了著作权集体管理组织在取得授权后,有权以自己的名义主张权利、参与诉讼。

其次,签订著作权集体管理合同后,著作权人对侵害合同中约定的著作权权项的行为,一般情况下不能以自己的名义进行起诉。《著作权集体管理条例》第 20 条规定:权利人与著作权集体管理组织订立著作权集体管理合同后,不得在合同约定期限内自己行使或者许可他人行使合同约定的由著作权集体管理组织行使的权利。《北京高院著作权审理指南》第 1.11 条也规定,著作权人在签订集体管理合同后一般情况下不能提起诉讼,应由著作权集体管理组织以自己的名义进行起诉。

【典型案例 11】

在北京知识产权法院审理的(2020)京 73 民终 242 号太平洋影音公司(以下简称太平洋公司)诉北京十七英里娱乐有限责任公司(以下简称十七英里公司)侵害著作权纠纷一案中,太平洋公司与中国音像著作权集体管理协会(以下简称音集协)于 2010 年 10 月 11 日签订《音像著作权授权合同》,约定太平洋公司将其合

法拥有的音像节目的放映权等权利信托音集协管理。太平洋公司自2019年6月14日起收回其对音集协的相关著作权授权。太平洋公司于2019年4月发现十七英里公司的被诉侵权行为，根据太平洋公司与音集协签订的《音像著作权授权合同》中著作权授权范围及权利行使方式的约定，结合双方对诉讼权利行使的约定，可以认定音集协取得了太平洋公司所授权利的专有使用权，即在合同约定期限内，太平洋公司不得行使合同约定的由音集协行使的权利。故此，在太平洋公司与音集协之间协议终止的2019年6月14日之前，太平洋公司无权行使其已授权给音集协的相关作品的放映权等著作权，亦无权向他人主张侵权。太平洋公司向十七英里公司主张此前放映涉案音像制品行为的侵权责任，其不具备原告的诉讼主体资格。2019年6月14日之后，太平洋公司收回其对音集协的著作权授权，太平洋公司的著作权恢复到授权之前的圆满状态，故太平洋公司有权以自己的名义向他人未经授权使用涉案音像制品的行为主张权利，并提起诉讼，具备相应的诉讼主体资格。

再次，司法实践中，存在以下三种例外情形，著作权人在签订著作权集体管理合同后，仍能够以自己的名义起诉：一是著作权人有证据证明著作权集体管理组织怠于行使权利；二是集体管理组织单独出具同意著作权人起诉的声明；三是著作权集体管理合同有特别约定。其中第一种情形、第二种情形需要著作权人提供证据证明，第三种情形需要有合同明确约定。此外，著作权集体管理合同一般会对诉权、诉讼损害赔偿的分配等内容进行约定。2020年《著作权法》第8条新增第2款规定了双方对于使用费收取标准发生争议的解决路径，著作权集体管理组织根据授权向使用者收取使用费。使用费的收取标准由著作权集体管理组织和使用者代表协商确定，协商不成的，可以向国家著作权主管部门申请裁决，对裁决不服的，可以向人民法院提起诉讼；当事人也可以直接向人民法院提起诉讼。

最后，著作权集体管理组织仅能够就其被授权的作品和授权权项提起诉讼。法院在审查著作权集体管理组织的主体资格时，应当着重审查合同中约定的具体授权时间、作品的内容及授权的具体权项。

【典型案例12】

在北京市海淀区人民法院审理的(2013)海民初字第1195号中国音乐著作权协会(以下简称音著协)诉郑钧、十月天公司侵害著作权一案中，法院经审理认为：

郑钧曾授权音著协管理涉案音乐作品的公开表演权,故音著协有权代表郑钧对外许可他人表演该作品并收取相应的使用费,在侵权行为发生时,音著协亦可以自己的名义代表郑钧进行维权诉讼。音著协与郑钧之间为合同关系,双方履约过程中应严格依据合同中音著协的约定,未在合同中明确对音著协授权的内容或未明确对郑钧的权利进行限制的内容不应划归为音著协的权利范围或管理范围。双方合同没有排除郑钧本人对其著作权的控制。郑钧在其个人演唱会中演唱本人的音乐作品《天下没有不散的筵席》并非著作权人以外的他人使用该作品,故判决驳回音著协的全部诉讼请求。

第四节　涉外证据的审查与变化

随着全球经济文化的不断融合,知识产权民事诉讼中域外证据的举证和采信也日益受到关注。《民事证据规定》相较于之前的规定,对于域外证据的证据形式作出延续性规定以及较大修改。

一、对于语言文字内容的要求

域外形成的外文书证或者外文资料都应当附中文译文。该规定内容与之前的民事证据规则是一致的。《民事诉讼法》第 70 条第 2 款规定:“提交外文书证,必须附有中文译本。”第 262 条规定:“人民法院审理涉外民事案件,应当使用中华人民共和国通用的语言、文字。当事人要求提供翻译的,可以提供,费用由当事人承担。”上述规定既是为了维护我国国家主权和尊严,也是为了便于法院及时、准确地审查、了解和掌握有关证据或有关材料。因此,如果当事人提交的证据形式为外文,未提供中文译本,且未证明上述证据系在我国领域内形成的,则上述证据不符合我国法律规定的证据形式要件,不能在我国民事诉讼中被法院采信。

二、对于公证认证形式的要求

《民事证据规定》第 16 条规定:“当事人提供的公文书证系在中华人民共和国领域外形成的,该证据应当经所在国公证机关证明,或者履行中华人民共和国与该所在国订立的有关条约中规定的证明手续。中华人民共和国领域外形成的涉及身份关系的证据,应当经所在国公证机关证明并经中华人民共和国驻该国使领馆认证，或者履行中华人民共和国与该所在国订立的有关条约中规定的证明手续……”《民事证据规定》将域外形成证据的认定情况进行区分：一是域外形成的证据是公文书证的，须经所在国公证机关证明；二是域外形成的证据是涉及身份关系的，须经所在国公证机关证明，并经过我国驻该国使领馆认证。

此外，2020 年 11 月 18 日施行的《最高人民法院关于知识产权民事诉讼证据的若干规定》（以下简称《知识产权民事证据规定》）第 8 条规定：“中华人民共和国领域外形成的下列证据，当事人仅以该证据未办理公证、认证等证明手续为由提出异议的，人民法院不予支持：（一）已为发生法律效力的人民法院裁判所确认的；（二）已为仲裁机构生效裁决所确认的；（三）能够从官方或者公开渠道获得的公开出版物、专利文献等；（四）有其他证据能够证明真实性的。”

上述规定降低了原有的证据证明标准，不再要求当事人对域外形成证据一律办理公证认证或履行条约规定手续，对于一般域外证据形式要求进行了简化，缓解了当事人在知识产权诉讼中的举证难问题，便利了当事人的举证。一方面，对域外形成的公文书证来说，根据 2020 年 12 月 23 日修正的《民事诉讼法司法解释》第 114 条的规定：国家机关或者其他依法具有社会管理职能的组织，在其职权范围内制作的文书所记载的事项推定为真实，但有相反证据足以推翻的除外。必要时，人民法院可以要求制作文书的机关或者组织对文书的真实性予以说明。“由于公文书证适用推定真实的规则，而对于域外形成的公文书证是否真实，人民法院无法采取依职权查询等针对一般公文书证的方法检验，因此由所在国公证机关证明是必要的。”[①]除“域外形成的公文书证及涉及身份关系的证据”外，对其他域外形成的证据一般不再要求公证认证的形式。另一方面，对于域外形成的涉及身份关系的证据，“由于身份关系的事实涉及社会基本伦理价值和公序，对域外形成的证据应当有更为严格的要求，涉及身份关系的证据按照《民事诉讼法》第 264 条涉外委托书的要求，由所在国公证机关证明并经过我国驻该国使领馆认证有其必要性与合理性”。[②] 一般来说，上述需要公证认证的证据一般包括授权委托书，公司企业登记设立、决议，个人身份材料等。此外，当事人向人民法院提供的证据

① 郑学林、刘敏、宋春雨、潘华明：《关于新〈民事证据规定〉理解和使用的若干问题》，载《人民法院报》2020 年 3 月 26 日，第 8 版。

② 郑学林、刘敏、宋春雨、潘华明：《关于新〈民事证据规定〉理解和使用的若干问题》，载《人民法院报》2020 年 3 月 26 日，第 8 版。

是在我国香港特别行政区、澳门特别行政区、台湾地区形成的,参考域外证据的规则,应当履行相关的证明手续。

三、对于域外证据的审查

司法实践中,法院对产生于我国大陆之外区域的证据的真实性、合法性的审查存在多重障碍,况且不同国家和地区的法律规定各有不同,即使经过所在国公证机关的证明,公证机关也往往仅对相关事实和文书的真实性和合法性进行形式上的审查而非实质内容上的审查。因此,司法实践中法院对域外产生的证据,其审查和采信应当更为慎重,应当结合其他证据进一步审查。根据《民事诉讼法司法解释》第 104 条的规定,对于能够反映案件真实情况、与待证事实相关联的非身份资格类证据,无论是否已办理公证、认证或者其他证明手续,人民法院均应组织当事人进行质证,并结合当事人的质证意见以及各证据与案件事实之间的关联程度等予以审核认定。如果认为真实性、合法性存疑的,法院可以要求当事人进一步提交证据佐证或者进行合理的说明。

根据《知识产权民事证据规定》第 9 条第 1 款的规定,"中华人民共和国领域外形成的证据,存在下列情形之一的,当事人仅以该证据未办理认证手续为由提出异议的,人民法院不予支持:(一)提出异议的当事人对证据的真实性明确认可的;(二)对方当事人提供证人证言对证据的真实性予以确认,且证人明确表示如作伪证愿意接受处罚的"。如果域外证据形式符合法律的规定,其他当事人仅以该域外证据缺乏真实性为由进行抗辩,并未提交证据加以证明,也未提交相反证据推翻上述证据内容的,对其他当事人的主张也一般不予支持。

【典型案例 13】

在最高人民法院审理的(2019)最高法知民终 774 号 EUROSEMILLAS 种业技术(北京)有限责任公司(以下简称 EUROSEMILLAS 公司)诉台州绿沃川农业有限公司(以下简称绿沃川公司)等侵害植物新品种权纠纷一案中,最高人民法院认定:本案中,案外人庆尚北道农业技术院与 EUROSEMILLAS 公司签订的《授权委托书》经大韩民国相关公证机关予以证明,并由我国驻大韩民国大使馆领事部予以认证,亦包含中文译本,程序上符合我国法律关于域外证据公证认证等相关规定,绿沃川公司并未提交充分有效的证据否定其证明效力,原审法院予以采信并无不当。《授权委托书》载明，庆尚北道农业技术院独家许可 EUROSEMILLAS 公司在我国范围内依法从事生产、繁殖和销售其授权品种繁殖材料的经营活动，如发现第三方侵犯植物新品种权，EUROSEMILLAS 公司有权以自己的名义直接向第三方主张权利。

第三章　权利客体的审查

学术界对知识产权的“客体”抑或“对象”有用语之争，但我们无意对此问题进行深入探讨，本书采用较为常见的“权利客体”之用语。《著作权法》保护的客体主要包括作品、表演、录音录像制品、广播电视节目、版式设计，基于不同的客体，产生不同的权利。作品是著作权权利体系的基础，判断原告主张权利的客体是否构成作品也是司法审判中的难点问题。独创性是作品的核心要素，作品与制品的区别在于“独创性之有无”抑或“独创性之高低”，此外，对独创性的判断也是近几年的热点问题。随着文化的繁荣和丰富，审判实务中也出现了越来越多新的表现形式。本章将重点对作品的构成要件、作品类型的认定以及具体典型的作品类型进行分析。

第一节　2020 年《著作权法》作品条款的修改

2020 年《著作权法》第 3 条将 2010 年《著作权法》第 3 条中的“本法所称的作品，包括以下列形式创作的文学、艺术和自然科学、社会科学、工程技术等作品……”修改为“本法所称的作品，是指文学、艺术和科学领域内具有独创性并能以一定形式表现的智力成果，包括……”；将 2010 年《著作权法》第 3 条第 6 项的“电影作品和以类似摄制电影的方法创作的作品”修改为“视听作品”；将 2010 年《著作权法》第 3 条第 9 项“法律、行政法规规定的其他作品”修改为“符合作品特征的其他智力成果”。

2020 年《著作权法》第 3 条的修改，主要体现为：

第一，立法体例的变化。2010 年《著作权法》第 3 条为列举式的立法体例，仅对《著作权法》保护的作品区分“形式”予以列举，虽使用了“创作”一词，但作品的定义由 2013 年《著作权法实施条例》第 2 条予以明确。同时，2013 年《著作权法实施条例》第 3 条明确了“创作”的概念，第 4 条明确各种具体类型作品的概念。2020 年《著作权法》第 3 条采用了“下定义 + 列举”的立法体例，既明确了作品的定义，又列举了作品的类型。2020 年《著作权法》在立法体例上更加科学、严谨。

第二，作品定义的明确。在第三次《著作权法》修法过程中，不少意见提出，作品是《著作权法》的核心概念，明确其内涵对实践中判定是否构成作品具有重要的指导意义。鉴于此，借鉴 2013 年《著作权法实施条例》的规定，对作品定义作出规定。① 2020 年《著作权法》第 3 条明确了作品的定义，即作品是指文学、艺术和科学领域内具有独创性并能以一定形式表现的智力成果。2013 年《著作权法实施条例》第 2 条规定，作品是指文学、艺术和科学领域内具有独创性并能以某种有形形式复制的智力成果。两者相比，2020 年《著作权法》并非直接搬移 2013 年《著作权法实施条例》关于作品的定义，而是将“能以某种有形形式复制”修改为“能以一定形式表现”。

第三，视听作品的调整。将 2010 年《著作权法》中的“电影和以类似摄制电影的方式创作的作品”修改为“视听作品”。1990 年《著作权法》将“电影、电视、录像制品”列为一种作品类型。2001 年《著作权法》修改时借鉴《伯尔尼公约》的规定，将其修改为电影和以类似摄制电影的方式创作的作品（以下简称类电作品）。2020 年《著作权法》修改为视听作品，充分考虑了我国新技术、新媒体尤其是互联网发展的现实需要。②

第四，作品类型的开放。2010 年《著作权法》第 3 条第 9 项虽然是兜底性条款，但仅为形式上的“开放”，理由在于该条款限定了“法律、行政法规规定的”其他作品，使其适用的前提为法律或行政法规对其他类型作品作出了明确规定。但直至 2020 年《著作权法》修改，均未曾出现法律、行政法规规定的其他作品类型，因此，2010 年《著作权法》第 3 条实质上变成了封闭式条款。2020 年《著作权法》第 3 条第 9 项修改为“符合作品特征的其他智力成果”，使《著作权法》对作品类型真正地持开放性态度，为将来可能出现的新作品类型留出空间，有利于使著作权的保护范围更好地适应经济社会的发展。③

---

① 参见石宏：《〈著作权法〉第三次修改的重要内容及价值考量》，载《知识产权》2021 年第 2 期。

② 参见黄薇、王雷鸣主编：《〈中华人民共和国著作权法〉导读与释义》，中国民主法制出版社 2021 年版，第 26 页。

③ 参见石宏：《〈著作权法〉第三次修改的重要内容及价值考量》，载《知识产权》2021 年第 2 期。

有学者对上述2020年《著作权法》第3条第9项作出如下评价，"这反映了起草者眼界和思维方法的转变，是质的转变。具体表现在：第一，是判断主体的开放，把一个原本由立法机构、行政机关的封闭体系决定什么是作品，转变为可由司法乃至社会全体成员参与的开放的体系作为判断的主体。第二，是将认定作品的标准从主观标准转变为客观标准，反映了尊重事实，尊重实践，尊重科学的态度。第三，既注意遵循对作品只看成果，不问方法等技术过程的原则，又把视野限制在'智力成果'，即人的创作范围内。'符合作品特征的其他智力成果'的表述，给未来技术进步、艺术创新、经济发展和司法裁判留下了应付裕如的空间。这13个字的开放性，其制度价值很可能成为一个确认作品的'王座'条款。这是著作权法的一个重大突破。它务实、开明，具有开放性，又不失原则。把科学精神中的革命性，转变为法律的引领性、前瞻性。相信，这13个字将会发挥出人意表的功能"。①

第五，不受《著作权法》保护对象的措辞调整。2020年《著作权法》第5条将不受《著作权法》保护对象中的"时事新闻"修改为"单纯事实消息"。2013年《著作权法实施条例》第5条规定了"时事新闻"的定义，即是指通过报纸、期刊、广播电台、电视台等媒体报道的单纯事实消息。2020年《著作权法》作出上述修辞上的调整，主要考虑虽然2013年《著作权法实施条例》对时事新闻有具体规定，但在2010年《著作权法》第22条也出现了"为报道时事新闻而不可避免再现和引用作品""时事性文章"等措辞，这在实践中对"时事新闻"和"时事性文章"产生了一定的混淆。从字面含义的通常理解来看，"时事新闻"似乎既可以涵盖单纯事实消息，又可以涵盖新闻类作品。2020年《著作权法》将"时事新闻"修改为"单纯事实消息"，使不受《著作权法》保护的对象更加清晰。

如何认定单纯事实消息？按照新闻学的理论，通常情况下，如果一则新闻仅用最为简明的语言记录了该新闻事实的各构成要素（时间、地点、人物、事件等），他人对这一事实的记录必然也会采用基本相同的表达，则应认定属于单纯事实消息。因此，基于《著作权法》中的"表达唯一"或"表达有限"的原理，单纯的事实消息不受《著作权法》的保护。通常而言，对新闻事实基本构成要素最为简单的表达会采用文字或者口头方式。我们认为，《著作权法》中"单纯事实消息"的外延应当限于仅有"时间、地点、人物、事件、原因"内容的文字或者口头表达。除单纯事

① 刘春田：《民法理念与著作权法修改》，载《版权理论与实务》2021年第1期。

实消息外，新闻报道是可能构成作品从而获得《著作权法》保护的。单纯事实消息与新闻类“作品”的区别在于媒体是否用自己的语言和叙事结构，对所报道的事件进行具有独创特色的取舍、描绘、背景链接等，从而向社会公众传达个人的观点和立场。上述过程若凝聚了作者和编辑人员大量的独创性劳动成果，则构成“新闻作品”，如新闻视频，[①]其中包含了文字、解说、图片、视频等内容。由于摄影作品、美术作品以及电影作品等构成要素相对复杂，不同作者即便采用上述方式报道同一事实，其对构成要素的选择亦具有较大的选择空间。我们认为，以摄影、绘画、拍摄等非文字方式记录、报道新闻事实，一般应不是单纯事实消息，可以构成作品，按照相应的作品类型进行判断属于作品的，则受《著作权法》的保护。

【典型案例 14】

在重庆市高级人民法院审理的(2013)渝高法民终字第 261 号乔天富诉重庆华龙网新闻传媒有限公司侵害著作权纠纷一案中，一审法院对涉案 4 篇文字新闻认定构成时事新闻，同时对该 4 篇文章所配的 37 幅图片，也认为系以图片的形式表达事件现场的客观事实，与文字部分共同反映事件现场的原貌，属于时事新闻，不受《著作权法》的保护。二审法院对“单纯事实消息构成的时事新闻如何理解”作出分析，认为时事新闻仅指特地为媒体报道而采写的单纯事实消息，因为仅是对时间、地点、人物、起因、经过、结果等新闻要素的简单排列组合，不涉及思想的表达方式，具有表达上的唯一性，属于公有领域的客观事实，不具有独创性，因此被排除在《著作权法》保护范围之外。单纯事实构成的时事新闻，虽然并不排除图片新闻，但确实应该以文字新闻为主，因为除非新闻图片的画面为唯一性表达，否则任何图片都可以体现摄影记者独立的构思，从确定拍摄主题、设计画面、调整角度到捕捉拍摄时机等，都包含了拍摄者一系列精神创作活动，是极有可能具有独创性的，因此，在审查图片新闻的独创性时应格外审慎。另外，判断图片新闻是否为单纯事实消息并不以其所配发的文字是否为单纯事实消息为标准，而应单独审查其独创性，因为一张图片的独创性并不会因其所配文字的变化而发生任何实质

---

① 参见北京市石景山区人民法院民事判决书，(2015)石民(知)初字第 647 号，其认定“9 段涉案视频的内容系娱乐性质的报道，报道内容采用影像、图片播放的形式，穿插旁白解说，并配以字幕、音效及画面特效制作而成，整体内容的独创性达到以类似摄制电影的方法创作的作品高度，并非对消息的单纯介绍播报，且原告天津金狐公司职员及在全球各地记者站的员工亦参与摄制，付出了创作性劳动，因此认定 9 段涉案视频系以类似摄制电影的方法创作的作品，应当受到著作权法的保护”。

性改变。二审法院对一审法院关于37幅图片是时事新闻的有机组成部分，属于以图片形成表现的时事新闻，不受《著作权法》保护的认定予以纠正，并认定构成作品。

第二节　作品的审查和认定

一、法院对原告主张客体是否构成作品应主动审查

司法实践中，有观点认为，法院应仅针对双方当事人有争议的事实问题和法律问题进行判断，对双方当事人一致认可的事实可以直接予以确认。比如，被告对原告主张的客体构成作品未提出异议，或者明确表示认可，法院无须对原告主张的内容是否构成作品进行审查判断，仅予以确认即可。我们认为上述观点并不妥当，对于个案中某项客体是否具有独创性，进而判断是否构成作品属于法院主动审查的范畴。最高人民法院在乐高公司诉广东小白龙动漫玩具实业有限公司、北京华远西单购物中心有限公司侵害著作权纠纷再审申请一案①中提出，“在个案中对某项客体是否具有独创性作出审查判断是法院的职权。即使著作权登记能够成为权利人享有权利或者某项客体属于《著作权法》保护的作品的初步证据，在当事人于个案中对此发生争议时，人民法院仍然有权对权属或者独创性问题重新作出审查判断”。虽然该案中当事人对是否构成作品发生争议，但最高人民法院明确提出了法院应当依职权审查是否具有独创性。

我们认为，各方当事人对原告主张的客体构成作品不发生争议的，人民法院仍应主动审查原告主张的客体是否构成作品。之所以确定该规则，主要考虑：第一，是否构成作品的认定将直接影响公共利益。《著作权法》赋予作品著作权，该种专有性的权利将使社会公众不得擅自使用作品。同时，如果将属于公有领域的表达认定为作品，将影响社会公众的利益。因此，不能仅因为被告认可原告主张的客体构成作品即简单予以确认，仍应当依据《著作权法》的规定进行审查。第二，部分案件中当事人通过著作权登记证书，在证明权属的同时也隐含举证证明其主张的客体构成某种类型作品，但是由于我国的著作权登记机关仅进行形式审查，故不能仅依据著作权登记证书当然认定原告主张的客体构成作品。第三，确

① 参见最高人民法院民事裁定书，(2013)民申字第1262号。

定当事人的权利基础。由于认定为作品还是制品将导致权利人的权利范围不同，比如，录音制品的录音制作者不享有作者所享有的放映权，因此，审查判断原告主张的客体是否构成作品是确定原告主张权利的前提。

二、作品的构成要件

（一）第三次《著作权法》修改中作品定义的演变

第三次《著作权法》修改中，作品条款进行修改是有共识的，但如何修改却争议较大，尤其是作品定义如何界定是焦点中的焦点。

2014 年《送审稿》第 5 条第 1 款规定，“本法所称的作品，是指文学、艺术和科学领域内具有独创性并能以某种形式固定的智力表达”。同时，在该送审稿的第 5 条还对各种类型作品的定义作出规定。2014 年《送审稿》的社会影响力较大，主要原因有两方面：第一，直至 2020 年才再次出现向社会公开征求意见的《著作权法（修正案）》。时间间隔较长，以致很多学术研究及立法预测均以该送审稿为依据。第二，2014 年《送审稿》系由国家版权局牵头起草，该时期的修法指导思想是“能改则改”的“大修”原则，故修改内容多而全。通过 2014 年《送审稿》的作品条款，即可看出该送审稿的“大改”思路。除明确作品定义外，还将各种类型作品的定义放入《著作权法》中，作品定义中使用的是“能以某种形式固定的智力表达”，“固定”“智力表达”是 2014 年《送审稿》作品定义修改的突出之处。

2020 年 4 月公布的《著作权法（修正案第一次审议稿）》（以下简称第一次审议稿）中规定，“本法所称的作品，是指文学、艺术和科学领域内具有独创性并能以某种有形形式复制的智力成果”。第一次审议稿是将 2013 年《著作权法实施条例》中的作品定义直接搬移至《著作权法》中。

2020 年 8 月公布的《著作权法（修正案第二次审议稿）》（以下简称第二次审议稿）规定，“本法所称的作品，是指文学、艺术和科学等领域内具有独创性并能以一定形式表现的智力成果”。2020 年 8 月 8 日，第十三届全国人民代表大会常务委员会第二十一次会议在对第二次审议稿修改情况的汇报中提及：“有的常委委员提出，修改后的作品定义限定在‘文学、艺术和科学领域’难以涵盖技术类作品，有的常委委员和专家、地方、单位提出，口述作品等作品不一定需要以有形形式复制，建议修改。有的常委委员和部门、单位、社会公众提出，随着文学艺术产业的不断繁荣和科学技术的快速发展，法律、行政法规还未规定的新的作品类型将不断出现,立法应当为将来可能出现的新的作品类型留出空间。宪法和法律委员会经研究,建议采纳上述意见,对作品的定义和类型作以下修改:一是将'文学、艺术和科学领域'修改为'文学、艺术和科学等领域';二是将'并能以某种有形形式复制'修改为'并能以一定形式表现';三是将第九项'法律、行政法规规定的其他作品'修改为'符合作品特征的其他智力成果'。"①

2020 年 11 月 10 日,在第十三届全国人民代表大会常务委员会第二十三次会议审议的第三次审议稿中,将第二次审议稿作品定义中的"文学、艺术和科学等领域"修改回"文学、艺术和科学领域",其余措辞相同。

(二)作品的构成要件

根据 2020 年《著作权法》第 3 条的规定,判断涉案客体是否构成作品,应当符合以下要件:(1)具有独创性;(2)必须属于文学、艺术和科学领域内的创作;(3)能以一定的形式表现;(4)智力成果。②

1. 具有独创性

若作品是《著作权法》的核心概念,则独创性是核心中的核心。2020 年《著作权法》并未对独创性作出单独规定。之前的《著作权法》及行政法规、司法解释也未对独创性的定义、标准等作出具体规定。只在《最高人民法院关于审理著作权民事纠纷案件适用法律若干问题的解释》(2020 年修正,以下简称《著作权民事纠纷司法解释》)第 15 条中规定了"由不同作者就同一题材创作的作品,作品的表达系独立完成并且有创作性的,应当认定作者各自享有独立著作权"中有所涉及。根据《著作权民事纠纷司法解释》的该条规定,独创性包含"独立完成"和"创作性"两个方面的内容,既要求成果源于作者本人,又要求该成果具有一定的智力创作性,而所谓的智力创作性应该可以解释为:能够体现作者的智力判断、选择,体现作者的个性。③

有学者认为,独创性又称为原创性,是指作者在创作作品的过程中投入某种

---

① 江必新:《全国人民代表大会宪法和法律委员会关于〈中华人民共和国著作权法修正案(草案)〉修改情况的汇报》,载中国人大网,http://www.npc.gov.cn/npc/c30834/202011/4aae8f3d0293467f889e320e1cbfee13.shtml。

② 参见石宏:《〈著作权法〉第三次修改的重要内容及价值考量》,载《知识产权》2021 年第 2 期。

③ 参见陈锦川:《确定"独创性"标准不能忽视的两个因素》,载《中国版权》2018 年第 6 期。

智力性劳动，创作出来的作品具有最低限度的创造性。[①] 有学者认为，《著作权法》意义上的独创性，是指作品系作者独立完成并能体现作者特有的选择与安排。[②] 有学者将独创性分解为“独”和“创”两个方面：“独”是指独立创作，源于本人；“创”是指源于本人的表达是智力创作成果，具有一定程度的智力创造性，即能够体现作者独特的智力判断与选择、展示作者的个性。[③]

结合《著作权法》的理论研究及司法审判实践，《北京高院著作权审理指南》第2.2条亦是从“独”和“创”两个方面对独创性判断作出规定，“独”要求作者独立创作完成，“创”要求对表达的安排体现作者的选择、判断。我们认为，在独创性的审查判断中需要注意以下几点：第一，独立创作完成，强调作者独立构思创作，不抄袭、模仿他人作品。即使两作品因巧合而几乎相同，只要是作者各自独自完成，均可以构成《著作权法》保护的作品。但独立创作完成并不是作品独创性的充分条件，如果作者独立完成的表达是按照一定的公式、定律以程式性方式完成或者表达是无可选择的，即使是独立完成，也不具有独创性。第二，作品表达的安排体现作者的选择、判断，即作品应当体现作者的智力创作。《北京高院著作权审理指南》第2.4条同时规定了“简单的常见图形、字母、短语等一般不作为作品给予保护”，也就是说，《著作权法》上的独创性，应体现最低限度的智力创造性。第三，智力创造性的评价，既不是对作品艺术价值的评价，也不是对作品市场价值的评价。

【典型案例 15】

在最高人民法院审理的(2016)最高法民申2136号孙新争诉马居奎侵害著作权纠纷一案中，对“判断作品的独创性”进行了分析。最高人民法院认为：判断作品是否具有独创性应当从以下两点把握：(1)从《著作权法》保护作品的历史和传统上看，这是《著作权法》保护基于个人的智力劳动产生的结果。从人格权的角度来看，相较于体力劳动，智力劳动系个人运用智力、思想、认识的过程，通常被视为个人思想的延伸，作为人格延伸的智力成果应当产生归属于个人的结果，这是《著作权法》保护作品并赋予著作权的基础。从财产权的角度来看，作品系个人智力的付出，按照投入者应该从获利中得到公平回报的原则，智力劳动的结果亦应当

① 参见李明德、许超：《著作权法》，法律出版社2009年版，第28页。

② 参见李琛：《知识产权法关键词》，法律出版社2006年版，第27页。

③ 参见王迁：《著作权法》，中国人民大学出版社2015年版，第20～27页。

归属于付出者。总之,无论是何种法律传统,均要求作品必须是作者独立创作完成的,独立创作构成独创性的首要之义。独创性有关独立创作要素的要求,排除了那些抄袭他人作品的结果成为受《著作权法》保护作品的可能。同时独立创作可能会在作品上留下个人印迹,这时个人印迹成为判断作品独创性的重要根据。(2)从《著作权法》保护作品的目的上看,《著作权法》体现了人类对社会文化生活多样性的追求。《著作权法》保护作品并赋予专有权的目的,正如我国《著作权法》第1条开宗明义所提到的一样,系为促进社会主义文化和科学事业的发展与繁荣。《著作权法》试图推动文学艺术和科学作品的多样性与进步性的立法宗旨,反映在作品上,就是作品在客观表现形式上,例如,在文字的组合、线条的安排、音符的排列、动作的设计等方面,至少应与公有领域的相关作品存在些许程度的差异要求。至于差异的程度,一般并无特定的要求,不同类型的作品可能会有不同程度的表现。如果一个智力成果在表现上是唯一的,那么其表现形式将无法呈现出相应的差异性,在理论上无法产生归结于作者的结果,在现实中也无法与已有的智力劳动成果进行区分,不符合《著作权法》关于独创性的要求。判断一部作品是否具有独创性,应当从是否独立创作以及外在表现上是否与公有领域作品存在一定程度的差异进行分析判断。

原告孙新争主张其通过WPS制表工具将鸡苗价格数据绘制的曲线图。鉴于图表所使用的数据客观存在,数量有限,WPS为通用软件,将上述数据录入制表工具所形成的结果,尽管属于孙新争运用智力的结果,符合独立完成的要件,但该结果的表现形式有限,换言之,使用上述数据与工具所产生的结果缺少差异性。这种唯一或有限的表达方式,通常被排除在独创性之外。至于孙新争所主张的线条颜色问题,在线条数量有限的情况下对线条颜色的选择,并不能改变该图表表达有限的现状。据此,一审法院、二审法院认定孙新争主张的曲线图不构成《著作权法》意义上的作品,认定事实清楚,适用法律正确。

2. 属于文学、艺术和科学领域内的创作

作品的领域范围是否仅限于文学、艺术和科学领域内,还是需要在文学、艺术和科学之后加一个“等”字,从2020年公布的审议稿变化来看,亦存在分歧。

支持增加“等”字的观点认为:“‘等’字可以体现作品概念的开放性。通过增加一个‘等’字,使那些陌生但符合作品的条件,根据旧版著作权法又容易出现争议的智力成果,甚至鞭长莫及的对象统统纳入新版著作权法中。这是一种智慧。

一个‘等’字，看似不经意，但仔细思量，它牵一发动全身，妙不可言。只掷一字，点石成金。‘等’字打开了一个口子，豁然开朗，用‘包括，但不限于’式的典型法律语言表明了法律的态度。立法机构显然认识到，著作权法发生的根据是艺术作品的存在和被商业性利用，而艺术属于生活，而生活是发展的，生活是第一性的，不宜人为圈定生活范围。作品是有生命的，是一个开放的体系。我们的认识和法律也应当是富于生命力的，只要符合作品的条件，没有先来后到之别，更不作‘贵胄’‘贫贱’之分。技术进步催动下的艺术形态生生息息、层出不穷，都成为生活的一部分。如果生活接受了新事物，法律就没有理由把它们拒之门外。要以开放的心态拥抱新世界，迎接新成员。”①

反对增加“等”字的观点认为：加入“等”字可能会打破著作权和邻接权的界限，同时可能会将技术领域内的智力成果划入《著作权法》的范畴。且从国际公约来看，也均未增加“等”字从而扩及至文学、艺术和科学之外的领域。

我们认为，从我国《著作权法》一贯坚持区分著作权和邻接权体系的角度来看，还是以不增加“等”字为宜。人类的智力创作活动不仅是在文学、艺术和科学领域，商业标记、工业产品等也与人类智力活动有关，但不属于《著作权法》调整范畴，而是由其他知识产权法律予以保护。作品是表现文学、艺术、科学领域的美感，如果体现的是其他领域的“美感”，比如，体育运动中运动员的力量、速度等“美感”，这并非作品所要体现的美感。此外，领域的限制对于确定著作权意义上的异形复制也有指引作用，并非所有从平面到立体的再现都属于作品的复制。例如，产品设计图可以满足纯粹的感知需求，有学者称为“技术之美”，但依据产品设计图制造的产品不是作品，制造行为不是《著作权法》规范的对象。②

【典型案例16】

在北京市西城区人民法院审理的（2012）西民初字第14070号中国体育报业总社诉广东豪盛文化传播公司、广东音像出版社有限公司等著作权权属、侵权纠纷一案中，对“广播体操的动作是否受著作权法保护”作出了分析。法院认为，只有文学、艺术和科学领域内的智力成果才能成为受《著作权法》保护的作品。广播体操的动作有强身健体之功用，而无思想情感之表达，既不展现文学艺术之美，亦

① 刘春田：《民法理念与著作权法修改》，载《版权理论与实务》2021年第1期。

② 参见李琛：《著作权基本理论批判》，知识产权出版社2013年版，第121页。

不展现科学之美，故不属于文学、艺术和科学领域内的智力成果。广播体操本质上属于一种健身方法、步骤或程序，而方法、步骤和程序均属于《著作权法》不保护的思想观念范畴。广播体操不属于《著作权法》意义上的作品，不受《著作权法》保护。

3. 能以一定的形式表现

作品定义中，将“能以某种有形形式复制”修改为“能以一定形式表现”，删除了“有形”二字。对此，有学者指出这样的修改更能体现作品定义的“精密性”，理由在于“有形形式”的表述是一个显而易见的逻辑错误，属于“硬伤”，改为“一定形式”，则理顺了逻辑关系。用“具有独创性并能以一定形式表现的智力成果”，较精确地描述作品。把作品来源，即“独创性”本质和作品的存在方式即“形式”这两个核心特征融为一体，意在申明所谓独创性的落脚点，所指的智力成果，即表达，仅限于对“形式”本身的创造、设计，而不涉及“形式”所表达的思想、情感。其刻画精确，言简意赅。① 我们认为，原作品定义中“能以某种有形形式复制”，其中“有形”属于作品定义中的“冗余”，“复制”属于作品定义中的“干扰”，如果要求“复制”，则满足“可复制”性即可，但如果同时要求“有形形式”，则一般是“已复制”的状态，故“有形形式”和“复制”在作品定义中同时存在确有逻辑问题。2020年《著作权法》对作品定义进行重新界定，使用“能以一定形式表现”措辞，使作品定义更加科学、严谨。

“一定形式表现”作为作品的构成要件，是《著作权法》提供保护的前提，原因是《著作权法》不保护思想，而是保护思想的表达。“一定形式”的要求，形式是外在的，只有表达才是“以一定形式的表现”，因此修法意图应当是明确内心的思想不受保护，只有外在表达才受保护。② 思想内化于人，必须借助外在形式表现出来，才能被他人和社会所感知，否则无从知晓。仅存在于个人内心、思想中的“作品”是不能受到《著作权法》保护的，法律调整对象需要确定性，未能外在呈现的“情感、思想、观念、意识”，甚至是深藏在作品内部不同的人感知到不同结果的结论和观点，都缺乏确定性，从法律技术上也无法调整，《著作权法》也不能将其纳入调整对象。在典型案例 15 中，孙新争除主张其通过 WPS 制表工具将鸡苗价格数

① 参见刘春田：《民法理念与著作权法修改》，载《版权理论与实务》2021 年第 1 期。

② 参见王迁：《著作权法的修改：关键条款的解读和分析（上）》，载《知识产权》2021 年第 1 期。

据绘制的曲线图构成作品之外,还主张其对图表的分析结果也构成作品。最高人民法院亦认为,《著作权法》通常也仅着重于保护作品的表达方式而非结论本身,垄断结论不符合《著作权法》的立法本义。

关于作品定义中的"能"字,在2020年《著作权法》修改中并未修改。有学者认为,"能以一定形式表现"中的"能"字是多余的。"能"意味着可能性,而不是对现实的要求。如果仔细推敲,思想也是"能"以一定形式表现的,比如,作家对小说的构思,完全"能"以文字组合的形式表现出来。"能"字的存在,未能精确地反映修法意图。删除"能"字意味着作品必须已经以一定的形式表现出来,也就是作品只能是外在表达,而不是尚处于创作过程中的,"能以一定形式表现"的构思。① 对于"能"字,在2010年《著作权法》下尚存一定意义,但2020年《著作权法》下作品系"一定形式表现的智力成果",则"能"字的意义几乎没有了,理由是内在智力成果必然可以通过一定的手段和媒介予以外在表现。我们认为,从司法实践的角度来看,"能"字的保留或删除不大会影响司法实践中的判断,《著作权法》保护表达不保护思想的基本原则已经深入人心。

4.智力成果

正如农民种地收获粮食,工人制造收获产品,作品所体现的是智力活动的收获,即智力成果。智力成果的产生也离不开劳动,比如,建筑作品离不开施工劳动,小说的产生离不开作家书写、敲打键盘的劳动,摄影作品的产生离不开摄影师采风等劳动,但《著作权法》保护的不是劳动,也不是说有劳动就会有作品;《著作权法》不关注过程,而仅关注结果,结果可以反推付出了独创性的智力创作。正如典型案例16,法院在判决中提道,无论是文学、艺术智力还是科学作品,其本质都是通过某种特定的媒介如文字、音乐、舞蹈、图形对人的思想、情感、知识进行交流与表达,从而展现文学艺术的感性之美和科学技术的理性之美。②

三、独创性是"有无"之分还是"高低"之别

体育赛事直播画面案件出现后,著作权理论界和实务界对《著作权法》保护作品所需独创性的核心要件是"有无"之分还是"高低"之别产生激烈讨论。法院在

① 参见王迁:《著作权法的修改:关键条款的解读和分析(上)》,载《知识产权》2021年第1期。

② 参见北京市西城区人民法院民事判决书,(2012)西民初字第14070号。

新浪网诉凤凰网案二审判决①中指出，作品与制品的区别，特别是电影作品和录像制品的区别：从《著作权法》的体系角度分析，不少情况下邻接权具有个性化选择的情形，同为邻接权客体的录像制品也不排除个性化选择的存在，简单以是否具有个性化选择、是否具有独创性来区分著作权对象和邻接权对象在逻辑上是难以论证的，也是说不通的。从著作权和邻接权制度的历史发展角度来看，邻接权客体的形成受到各种复杂的历史文化传统和特定的历史条件约束。从司法实践现有做法的角度来看，一些被定位为录像制品的画面，如部分MV，或多或少地体现了独创性。因此，电影作品与录像制品应当以独创程度的高低作为区分二者的标准。在上述判决作出后，随即引发热烈的讨论。

有学者认为，独创性应按照有无标准区分，文学、艺术、科学领域内的表达，只要与他人的表达不同，且不属于司空见惯的表达，即不能否定其独创性。《著作权法》的趣旨在于追求文化多样性，不同于《专利法》追求的技术先进性。对相同主题或者事物的表达，只要不同于他人，即可满足并实现《著作权法》的趣旨，造就一个丰富多彩的文化世界。要求文学、艺术和科学领域内的表达具备较高独创性方具备作品资格，将极大提高作品门槛，将某些"拙劣"表达排除于作品范围外，与《著作权法》趣旨相悖。高度独创性门槛要件，实质是要求作品具备较高艺术水准方可满足独创性要求。作品艺术水准的高低，主观判断色彩强烈，应该交给市场，而非交给立法者和司法者加以判断和选择。幼稚园小朋友"涂鸦的绘画"艺术水准或许不高，但谁能否定它们是小朋友个性的表达呢？高低标准，本身含混不清，且极具主观性，无任何划分的科学依据，著作权人也无法举证证明。坚持高低标准判断作品的独创性，甚至可能导致某些法官在个案中判断作品独创性时任意行使自由裁量权。②

新浪网诉凤凰网一案的再审判决③指出，从文义解释的角度来看，作品一般定义中的"独创性"要求系指"具有独创性"。作品的独创性源自作者的创作。作品是否具有独创性与作者是否从事了创作，属于同一问题的两个判断角度，而创作是一种事实行为，对于是否存在创作这一事实行为，只能定性，而无法定量；同理，

① 参见北京知识产权法院民事判决书，(2015)京知民终字第1818号。

② 参见李扬：《浅析作品独创性的几个常见争议》，载中国知识产权资讯网2020年8月12日，http://cipnews.com.cn/Index_NewsContent.aspx? NewsId=124256。

③ 参见北京市高级人民法院民事判决书，(2020)京民再128号。

对于作品的独创性判断,只能定性其独创性之有无,而无法定量其独创性之高低。从体系解释的角度来看,电影类作品与录像制品的划分标准应为独创性之有无,而非独创性之高低。我国《著作权法》严格区分著作权与邻接权。著作权基于作者的创作自动产生,邻接权基于传播者的加工、传播行为而产生。我国《著作权法》单独设置邻接权是为了拓展保护,而非限制保护。邻接权是在狭义著作权之外增加的权利,目的在于对那些不具有独创性,仅仅是劳动和投资的成果也给予保护,以鼓励对作品的传播,但作品的判断标准并不因为单独设置了邻接权而提高。因此,电影类作品和录像制品分别作为著作权和邻接权的保护客体,其实质性区别在于连续画面的制作者是否进行了创作,所形成的连续画面是否具有独创性。因此,电影类作品与录像制品的划分标准应为有无独创性,而非独创性程度的高低。

我们认为,作品的独创性是有无之分,也就是说,具有独创性即构成作品,而非独创性高或者较高才构成作品。无论是作品还是独创性,均系《著作权法》上的法律概念,法律概念是否成立系法律判断,故在判断标准上以有和无区分更为妥当和周延。

四、创作主体对判断是否构成作品的影响

作品的作者是否仅能为自然人,机器产物、动物活动结果、单纯自然产物能否成为《著作权法》保护的作品,特别是人工智能的迅速发展,对《著作权法》保护的对象(客体)及保护的主体的讨论越来越激烈。人工智能产物、算法产物能否成为《著作权法》保护的作品,是我们面临的新课题。

(一)自然人的创作

作品由创作而来。创作是把思想和情感赋予形式的活动,或者说是为自己的思想、情感寻求或选择表达形式的过程,是一个极为复杂的心理和实践活动过程。[1] 传统著作权法理论以及大陆法系的著作权法通常认为,作为智力活动的创作只能由人类通过人脑的思维活动来实现。因此,作品是有血有肉的自然人对思想观念的表达。一般认为,非由人类"创作"的东西不属于《著作权法》意义上的

---

① 参见刘春田主编:《知识产权法》(第4版),中国人民大学出版社2009年版,第51页。

"作品",不属于《著作权法》保护的范围。典型的例子如《德国著作权法》第 2 条第 2 款,明确将作品的形成以"个人智识创造"为前提条件,即人的行为才属于个人智识创造,仅是机械自行运作不构成人的行为。①

2020 年《著作权法》第 11 条第 2 款规定,创作作品的自然人是作者。换句话说,作者是创作作品的自然人,因此只有自然人才能是作者,自然人才能从事创作活动。尽管在 2020 年《著作权法》第 3 条对作品的定义并未规定"主语",但"独创性"概念在很大程度上即可以指向自然人主体。

(二)法人作品与自然人创作的关系

自 1990 年《著作权法》开始即规定了法人作品。法人作品的存在,是否意味着法人可以成为创作主体呢? 根据 2020 年《著作权法》第 9 条的规定,著作权人包括:(1)作者;(2)其他依照本法享有著作权的自然人、法人或者非法人组织。2020 年《著作权法》第 11 条第 3 款规定,由法人或者非法人组织主持,代表法人或者非法人组织意志创作,并由法人或者非法人组织承担责任的作品,法人或者非法人组织视为作者。结合上述两款规定,对法人作品可以作以下三方面的理解:

第一,法人是法律拟制的作者。正如法人是民法拟制的法律人格一样,法人在《著作权法》上是拟制的"作者",法人作为一个团体组织,不可能进行事实行为的创作活动,即公司法人不可能像有血有肉的自然人一样书写创作、画画写生,故"视为"的含义是通过法律拟制的方法将法人拟制为"作者"。

第二,法人作品也是由自然人从事事实上的创作,基于法律的规定,符合法人作品要件时,自然人不再成为作者,法人被视为"作者"。

第三,著作权人和作者不是等同的概念。著作权人系权利归属主体、权利享有主体、权利行使主体,体现了法律上权利的配置,所以无论是法人、非法人组织还是自然人,均可以成为权利主体。

(三)人工智能产生内容是否构成著作权保护的作品

人工智能、算法产物不断进步和发展,机器可以"创作"新闻、诗词、小说、音乐等,机器人也可以跳舞。从人能控制机器,到人和机器合作,再到机器自我创作,

---

① 参见[德]图比亚斯·莱特:《德国著作权法》(第 2 版),张怀岭、吴逸越译,中国人民大学出版社 2019 年版,第 23 ~25 页。

人工智能还有很大的发展空间，也可能超越人们现有的认知范畴。目前，机器依靠大数据算法产生文章进而主张构成作品的案件已进入法院，这类案件本质上还是机器在应用人的智能的产物，人对机器生成物具有较强的控制能力，从数据的收集整理输入，到写作的触发，均在自然人的设计和选择之中，其实质上仍然是自然人智力成果的延伸体现，不过是借助更为强大的机器（算法）手段呈现出来最终的结果，且在过程中能体现出机器自身一定的"处理能力"。

【典型案例 17】

在广东省深圳市南山区人民法院审理的（2019）粤 0305 民初 14010 号深圳市腾讯计算机系统有限公司（以下简称腾讯公司）诉上海盈某科技有限公司侵害著作权及不正当竞争纠纷一案中，Dreamwriter 计算机软件系由原告关联企业自主开发并授权原告使用的一套基于数据和算法的智能写作辅助系统。自 2015 年以来，腾讯公司主持创作人员使用 Dreamwriter 软件每年可以完成大约 30 万篇作品。2018 年 8 月 20 日，腾讯公司在腾讯证券网站上首次发表了标题为《午评：沪指小幅上涨 0.11% 报 2671.93 点通信运营、石油开采等板块领涨》的财经报道文章（以下简称涉案文章），末尾注明"本文由腾讯机器人 Dreamwriter 自动撰写"。同日，被告在其运营的"某贷之家"网站未经许可使用了涉案文章。根据腾讯公司陈述，涉案文章的生成过程主要经历数据服务、触发和写作、智能校验、智能分发四个环节。在上述环节中，数据类型的输入与数据格式的处理、触发条件的设定、文章框架模板的选择和语料的设定、智能校验算法模型的训练等均由主创团队相关人员选择与安排。

法院认为，在具体认定相关人员的行为是否属于《著作权法》意义上的创作行为时，应当考虑该行为是否属于一种智力活动，以及该行为与作品的特定表现形式之间是否具有直接的联系。涉案文章由原告主创团队人员运用 Dreamwriter 软件生成，其外在表现符合文字作品的形式要求，其表现的内容体现出对当日上午相关股市信息、数据的选择、分析、判断，文章结构合理、表达逻辑清晰，具有一定的独创性。从涉案文章的生成过程来分析，该文章的表现形式是由原告主创团队相关人员个性化的安排与选择所决定的，其表现形式并非唯一，具有一定的独创性。涉案文章的创作过程与普通文字作品创作过程的不同之处在于创作者收集的素材、表达的主题、写作的风格以及具体的语句形式的区别，也即腾讯公司主创团队为涉案文章生成作出的相关选择与安排,与涉案文章的实际撰写之间存在一定时间上的间隔。涉案文章这种缺乏同步性的特点,是由技术路径或腾讯公司所使用的工具本身所具备的特性所决定的。腾讯公司主创团队在数据输入、触发条件设定、模板和语料风格的取舍上的安排与选择,属于与涉案文章的特定表现形式之间具有直接联系的智力活动。腾讯公司主创团队相关人员的上述选择与安排,符合《著作权法》关于创作的要求,应当将其纳入涉案文章的创作过程。综上所述,从涉案文章的外在表现形式与生成过程来分析,该文章的特定表现形式及其源于创作者个性化的选择与安排,并由 Dreamwriter 软件在技术上"生成"的创作过程,均满足《著作权法》对文字作品的保护条件,法院认定涉案文章属于我国《著作权法》所保护的文字作品。同时,也认定涉案文章构成法人作品。

在未来,人工智能发展到可以独立思考,与人类思维过程无异时,是否能够赋予机器法律主体资格,机器能否成为作者,还需要我们进一步研究。

五、作品登记证书与独创性的判断

2020 年《著作权法》第 12 条第 2 款增加了作品登记的内容,"作者等著作权人可以向国家著作权主管部门认定的登记机构办理作品登记"。据统计,2020 年全国著作权登记总量达 5,039,543 件,同比增长 20.37%。[①] 作品登记实行自愿登记制度,但作品登记的现实意义远超法律意义。最高人民法院在乐高公司诉广东小白龙动漫玩具实业有限公司、北京华远西单购物中心有限公司侵害著作权纠纷再审申请裁定书[②]中提出,"著作权登记证书并不是认定某项客体具有独创性并获得保护的决定性依据。根据《国家版权局作品自愿登记试行办法》第 1 条的规定,作品著作权登记的目的是为解决著作权纠纷提供初步证据。因此,获得著作权登记本身并不能成为其当然能够获得著作权法保护的依据"。

我们在前文中已经提及,基于作品登记获得登记证书,既不能以此当然认定原告主张的客体构成作品进而可以获得《著作权法》的保护,同时作品登记证书在权属证明效力方面也仅属于初步证据。作品登记制度之所以在实践中具有更为

---

① 参见《国家版权局通报:2020 年全国著作权登记总量超 500 万件》,载微信公众号"中国新闻出版广电报"2021 年 3 月 18 日,http://mp.weixin.qq.com/s/A_QPOh_B。

② 参见最高人民法院民事裁定书,(2013)民申字第 1262 号。

重要的意义,主要是因为与注册商标、专利相比,著作权自愿登记制度使其权利的公示性较弱,不利于交易安全,但著作权作为文化创意产业的核心支柱,很多投资和交易需要明确的作品的印证,作品登记制度虽然是自愿登记,但也在一定程度上起到公示作品权利的客观效果,能够在商业实践中激发交易双方的信任感,促进著作权交易的活跃性。

第三节 作品类型的认定

一、作品和作品类型之间的关系

《著作权法》作品条款将作品定义和各种作品类型放在一起,体现了归纳和演绎的两种思维方法。技术是推动《著作权法》发展的主动力,随着技术演进出现了不同传播手段,进而产生了丰富的作品表现形式,作品类型体现出的是人类实践经验的总结。但随着"多"的逐渐变多,从诸多"多"中抽练出"一",归纳本质,这就产生了作品的定义。因此,作品定义和作品类型是人类认知规律的体现。

在法律适用层面,确定涉案客体是否构成作品,是受《著作权法》保护的前提,需要根据作品的一般定义进行判断;确定涉案作品构成何种作品,需要根据特定类型作品的定义进行判断。因此,司法实践中确定涉案客体是否构成作品时,既要考虑该客体是否符合作品的一般定义,也要考虑该作品是否符合特定类型作品的表现形式,特别是《著作权法》中已经明确列举的"典型"作品类型。换句话说,虽然理论上应当先判断是否构成作品,之后再判断构成何种类型的作品,但司法实践中作品的认定和作品类型的确定基本会同步进行。具体而言,对于典型作品表现形式,法官通常会预判"可能归入某种类型作品",同时会启动"独创性"的作品检验标准,由于对不同类型作品独创性的判断角度并不完全相同,故上述"预判类型+独创性判断"的方法能够更为迅速地将涉案客体纳入《著作权法》规定的某种作品类型。

若涉案客体只要符合作品的定义即可,为何法院要求明确是哪种类型的作品呢?我们认为,要求权利人明确所主张的作品类型具有重要意义,一是每一类作品除符合作品的要件外,还具有该类作品的特殊要件,只有在满足某类型作品的特定要件后,才能真正获得《著作权法》的保护;二是不同类型的作品在《著作权法》上享有的权利是不同的,比如,美术作品和摄影作品的展览权仅作者享有;又如,视听作品和计算机软件作品的出租权仅作者享有。因此,确定具体作品类型是司法审判中的必要步骤。

二、作品类型的例示性和“新表达”作品类型确定的原则

《著作权法》对具体作品类型予以规定,并不能得出“作品类型法定”的结论。有学者从创作自由的角度深入分析,只要不违反法律的禁止性规定,任何艺术形式的新探索都是值得鼓励的,不能要求作者“依法定类型创作”。因为新作品归不到旧类型中而不予保护,无异于削足适履。另外,就利益平衡的角度而言,作品数量的增加并未扩张著作权的范围(这与新权项的确立是不同的)。出于社会公共利益的考虑,应当慎重对待的是对作品性的判断,避免把不符合作品要件的对象纳入著作权的保护范围。新作品类型的出现,有益于社会文化而无损于公共利益。因此,在法理上,“作品类型法定”没有正当性。① 因此,《著作权法》对作品类型化是例示性的,而非法定性,可以提供找法的便利,减轻解释的负担。

当然,作品类型化的例示性,并不意味着可以轻率地对待作品分类。除提供找法便利、减轻解释负担的作用外,立法中的作品类型化还具有若干规范功能。一是便于作品登记,著作权登记通常需要注明作品类别;二是与相应的特别规则衔接,《著作权法》中的某些特别规则仅适用于某一类作品,这些规则的确立必然以作品分类为前提。例如,视听作品适用特别的权属规则,美术作品原件的所有人可以行使展览权。如果没有视听作品、美术作品的分类,这些规则就无法表述。②

2020 年《著作权法》第 3 条第 9 项“符合作品特征的其他智力成果”,如前所述,使作品类型从封闭走向开放,也就是说,该兜底条款为“新类型表达”开启保护之门。在理论界和实务中,存在一种“绝对作品法定主义”的观点,即承认《著作权法》并没有排除保护某种新类型的表达可以成为作品,但仅因为无法在现行《著作权法》中进行作品类型的归类而拒绝给予《著作权法》的保护。该种观点不符合作品类型化例示性,也不符合 2020 年《著作权法》第 3 条兜底性条款的规定。此外,对新类型表达如何确定作品类型确实需要从方法论的视角予以讨论。

---

① 参见李琛:《论作品类型化的法律意义》,载《知识产权》2018 年第 8 期。

② 参见李琛:《论作品类型化的法律意义》,载《知识产权》2018 年第 8 期。

【典型案例18】

在北京知识产权法院审理的(2017)京73民终1404号北京中科水景科技有限公司(以下简称中科水景公司)诉北京中科恒业中自技术有限公司(以下简称中科恒业公司)、杭州西湖风景名胜区湖滨管理处(以下简称西湖管理处)侵害著作权一案中,中科水景公司主张其对所创作的青岛世园会音乐喷泉《倾国倾城》《风居住的街道》乐曲的喷泉编辑享有著作权,认为西湖管理处以考察名义从该公司获得包含涉案作品在内的视频、设计图等资料并交给中科恒业公司,中科恒业公司剽窃涉案音乐喷泉编曲并在西湖施工喷放,侵犯其著作权。原告中科水景公司在诉讼中明确其主张的系涉案音乐喷泉的喷射效果。一审法院并未明确认定属于何种类型的作品。二审法院经审理认为,在兜底条款的适用存在障碍的情况下(该案适用的是2010年《著作权法》),判断不属于典型类型作品的客体是否构成作品时,应当遵循法律解释的逻辑,针对涉案音乐喷泉喷射效果的呈现是否构成作品,属于何种法定作品类型进行解释分析。涉案音乐喷泉喷射效果的呈现是设计师借助声光电等科技因素精心设计的成果,展现出一种艺术上的美感,属于"文学、艺术和科学领域内的智力成果"范畴,其取舍、选择、安排具有显著的独创性,在相应软件操控下可实现同样喷射效果的完全再现,满足作品的"可复制性"要求,符合作品的一般构成要件。涉案音乐喷泉喷射效果的呈现虽然不像传统的绘画、书法或者雕塑一样呈现静态的造型,但是涉案音乐喷泉喷射效果的呈现是一种由优美的音乐、绚烂的灯光、瑰丽的色彩、美艳的水型等包含线条、色彩在内的多种要素共同构成的动态立体造型表达,这种喷射效果呈现显然具有审美意义。在动静形态、存续时间长短均不是美术作品构成要件有意排除范围的情况下,认定涉案音乐喷泉喷射效果的呈现属于美术作品的保护范畴,并不违反法律解释的规则。

音乐喷泉案属于新类型表达的典型案件。该案的二审法院也提出,对于常见典型的客体,对作品的判断和作品类型的判断是同时进行的。但是对于非典型客体、新类型表达的判断,二审判决遵循了先认定是否构成作品,再确定属于何种作品类型的顺序。对于新类型表达的归类,不能仅依据直观判断与哪类作品相近,更要考虑与作品类型相匹配的规则。① 原因在于,新类型表达的归类通常超越经

① 参见李琛:《论作品类型化的法律意义》,载《知识产权》2018年第8期。

验范畴,也就是前文所述的“预判”已经失灵,且不能过于自信于经验而当然进行归类。

在音乐喷泉案中,原告在进行作品登记时选择登记为类电作品,而无论是一审法院还是二审法院均对作品登记证书所载的作品类型未予以认可,这也反映出作品登记与作品判断之间的关系。当原告选择音乐喷泉为类电作品,从音乐喷泉兼具可视可听效果的角度考虑,音乐喷泉似乎可以归入视听作品。但从规则匹配的角度考虑,音乐喷泉作品难以适用视听作品的权属规则,更重要的是,音乐喷泉通常设置在户外公共场所,并成为公众拍摄、录制的对象。为了社会公共利益,应当适用长期设置于户外公共场所的艺术品合理使用规则。因此,如果要在现有类型中对音乐喷泉归类,归入美术作品要优于视听作品。①

通过音乐喷泉案,我们认为,对于新类型表达作品类型的判断,首先,应当根据作品的一般定义判断是否构成《著作权法》保护的具有独创性的智力成果。需要注意的是,“鉴于立法中确定的作品类型是长期以来文艺理论与创作实践的总结,如果某种表达难以归类,也有可能是其作品性本身存在疑问。因此,对于难以归类的新表达,应当更为谨慎地检验其是否符合作品要件”。通过这一步骤,才能确定新类型表达具有作品的资格。② 其次,在确定新类型表达的具体作品类型时,应当慎重启动2020年《著作权法》第3条第9项“符合作品特征的其他智力成果”的适用。兜底性条款的适用在立法技术上是为了弥补法律制定和修改的滞后性,但同时兜底性条款意味着规则的不清晰和自由裁量权的增大。因此,兜底性条款的适用应是谨慎的,在法律未明确规定某种作品类型,且通过类推适用的方法不能将其归为已明确规定的前8项作品类型时,才能适用兜底性条款规定的其他作品,否则将可能使兜底性条款成为一般条款,但凡出现新类型表达即命名为一种新类型作品,如将音乐喷泉界定为“喷泉作品”,这与作品类型开放的立法目的是相违背的。有观点将《著作权法》规定的“8+1”作品类型比作9个抽屉,当出现新类型表达时,先要寻找与前8个抽屉最为符合的特质,尽量放在前8个抽屉里,非必要不启动第9个抽屉,若确实不能放入前8个抽屉,则可以谨慎放入第9个抽屉中。

---

① 参见李琛:《论作品类型化的法律意义》,载《知识产权》2018年第8期。

② 参见李琛:《论作品类型化的法律意义》,载《知识产权》2018年第8期。

三、不同类型作品独创性判断标准是否一致

新浪网诉凤凰网体育赛事直播一案的二审判决[①]指出，不同类型作品独创性的高度和角度不尽相同，这就使不同类型作品之间的独创性不具有可比性。我们认为，不同类型作品，对于独创性判断的角度是不相同的，这是由不同类型作品表现形式的不同所决定的。由于对作品和作品类型的判断，特别是对常见典型客体的判断是同时进行的，所以不同类型作品判断角度的不同也决定了独创性有无的判断标准并不完全一致。当然，如果从《著作权法》的角度规定作品定义，从作品的最一般、最抽象的层面考虑，作品独创性判断的标准是一致的，也就是说，如果脱离个案、脱离某一具体类型作品，笼统谈我国《著作权法》上的独创性判断标准，就是最低限度的智力创作，是一定限度的智力创作，从这个角度可以说存在一个相对一致的标准。

第四节　具体作品类型的认定

一、实用艺术作品

实用艺术作品并不是《著作权法》规定的“有名”作品类型，司法实践中通常是通过美术作品对其进行保护。实用艺术作品，兼具实用性和艺术性，其可以同时获得《专利法》，甚至《商标法》的保护，还可以获得《著作权法》的保护。《著作权法》保护实用艺术作品，并非保护其实用功能，而是保护实用艺术作品中具有独创性的艺术美感部分。也就是说，就实用艺术品而言，《专利法》《商标法》《反不正当竞争法》能够提供保护的，不影响当事人对其中具有独创性的艺术美感部分主张《著作权法》的保护。

在《著作权法》修改时，有人建议将实用艺术作品明确纳入作品的范围，但并未被采纳，主要考虑：一是实用艺术作品和纯美术作品不易区分。二是实用艺术作品与工业产权中的外观设计不易区分，工业产权保护在手续和保护期方面显然不具备著作权保护的优势，如果都由《著作权法》保护，将会影响工业产权保护体

---

① 参见北京知识产权法院民事判决书，(2015)京知民终字第1818号。

系的发展。三是实用艺术作品和工艺美术作品不易区分。[①]

还需要说明的是,根据1992年国务院颁布的《实施国际著作权条约的规定》第6条的规定,“对外国实用艺术作品的保护期,为自该作品完成起二十五年。美术作品(包括动画形象设计)用于工业制造的,不适用前款规定”。对于外国实用艺术作品应当给予的保护期限为25年。同时,该条规定反映出的是1990年《著作权法》对实用艺术作品不予保护。1990年《著作权法》第7条规定:“科学技术作品中应当由专利法、技术合同法等法律保护的,适用专利法、技术合同法等法律规定。”暗示同一客体不能同时受到《专利法》和《著作权法》的双重保护。我国将实用艺术品的保护纳入外观设计的范围,并不违背《伯尔尼公约》的要求。[②] 但2001年《著作权法》修改时删除了1990年《著作权法》第7条的规定,同时,司法实践中也基本达成共识,将实用艺术作品作为美术作品予以保护。

【典型案例19】

在最高人民法院审理的(2012)民申字第1392号景德镇法蓝瓷实业有限公司(以下简称法蓝瓷公司)诉潮州市加兰德陶瓷有限公司(以下简称加兰德公司)侵害著作权纠纷再审申请一案中,对“实用艺术作品的保护对象”进行了分析。海畅公司拥有鸢尾花、蜂鸟、金鱼等动植物形象装饰的茶壶、杯盘汤匙组和奶糖糖罐等陶瓷产品,并进行了版权登记。法蓝瓷公司经过授权,主张加兰德公司生产的系列产品侵犯其著作权。最高人民法院认为,海畅公司借鉴已有的设计思路和工艺方法,用鸢尾花、蜂鸟、金鱼等动植物的形象来装饰茶壶、杯盘汤匙组和奶罐糖罐等产品,使其系列瓷制品在艺术造型、结构、色彩搭配上具有独创性,构成有审美意义的立体造型艺术作品,应当受《著作权法》的保护。但《著作权法》保护思想的表达,并不保护思想本身。本案中,用动植物形象装饰陶瓷制品,在各种器形载体的杯缘、瓶口、把手上刻画出立体生动的动植物造型的设计思路以及相应的工艺方法并非海畅公司所独创,也非《著作权法》的保护对象,海畅公司不能通过著作权垄断相应的设计思路和工艺方法,否则将违背《著作权法》的立法原意,阻碍文学、艺术、科学的进步和作品的多样性。他人可以采用同样的设计思路和工艺

① 参见黄薇、王雷鸣主编:《〈中华人民共和国著作权法〉导读与释义》,中国民主法制出版社2021年版,第55页。

② 参见陈锦川:《著作权审判:原理解读与实务指导》,法律出版社2014年版,第15页。

方法，设计并生产类似主题的产品，因为模仿是文学、艺术和自然科学、社会科学、工程技术等进步的基本手段和方法，著作权制度并不禁止他人适度的模仿，但不能抄袭他人具有独创性的表达。自然界中已经客观存在的动植物形象不属于海畅公司独创，但如果其用特定的方式、赋予其具有特定审美意义的造型表达，则应当予以保护。

实用艺术作品面临的另一个问题是，如果实用艺术作品已经取得《专利法》的保护，比如，实用艺术作品取得外观设计专利权，在专利权到期后，若仍处于著作权保护期内，则权利人能够继续主张适用《著作权法》进行保护。对此，有不同的观点：一种观点认为，基于知识产权的"沟渠理论"，权利人选择专利权保护就不能再适用《著作权法》进行保护。另一种观点认为，专利权保护的对象在专利权失效后，也不能再受《著作权法》的保护；对于专利权未保护的部分，可以适用《著作权法》进行保护。还有一种观点认为，专利权失效后，并不影响其作为著作权的保护对象进行保护。目前，最后一种观点是司法实践中的主流观点。

【典型案例20】

在江苏省高级人民法院审理的（2015）苏知民终字第37号北京特普丽装饰装帧材料有限公司（以下简称特普丽公司）诉常州淘米装饰材料有限公司（以下简称淘米公司）侵害著作权纠纷一案中，法院对"因未缴纳专利年费而失效的外观设计专利是否可以适用《著作权法》进行保护"进行了分析。特普丽公司设计了《莫奈》系列壁纸，并申请获得了外观设计专利权，后因未及时缴纳专利年费，该专利权于2010年3月终止。2013年，特普丽公司发现淘米公司生产销售的一款壁纸所使用的图案与特普丽公司享有著作权的《莫奈》壁纸图案相同，并且淘米公司在天猫商城米素旗舰店销售该产品。特普丽公司主张淘米公司侵害其美术作品的著作权。法院认为，专利权失效后，其权利客体进入公有领域，这一规则不能简单适用于在作品基础上获得的外观设计专利。专利权终止的主要情形是过了保护期、未及时缴纳年费和专利权人书面声明放弃专利权，其法律后果均是不再受到《专利法》的保护。专利权终止后，权利客体进入公有领域，公众可以自由使用，这一规则应该主要适用于我国《专利法》规定的发明专利和实用新型专利，因为这两种专利权的客体都是供工业应用的技术方案，一般不属于文学、艺术或科学作品，不会获得专利权之外的其他民事权利，故在其专利权终止后，成为公众可以自由使用的公共资源。而在作品基础上获得的外观设计专利,权利人同时拥有专利权和著作权,两种权利并行不悖,外观设计专利权保护期届满后,权利人丧失的仅是《专利法》保护的相关权利,而其享有的著作权依然存在,受到《著作权法》的保护。涉案专利权因特普丽公司未及时缴纳年费而提前终止,同样适用上述原则。著作权的保护期应当适用《著作权法》的有关规定,而不受《专利法》的规制。除署名权、修改权、保护作品完整权外,我国《著作权法》对著作权中其他权利都规定了具体的保护期限,且著作权的保护期远远长于外观设计专利权的保护期。如果因为外观设计专利权失效,该图案就进入公有领域,这一结论显然与《著作权法》相抵触,其实质是将著作权当作专利权的从属权利,这既无法律依据,也与基本法理相悖。

二、建筑作品

2013 年《著作权法实施条例》对建筑作品的定义是,以建筑物或者构筑物形式表现的有审美意义的作品。因此,我国《著作权法》上的建筑作品是指建筑物或者构筑物,而不包括建筑设计图和建筑模型。1991 年《著作权法实施条例》曾将建筑物作为美术作品予以保护。2001 年《著作权法》修法时单独规定了建筑作品的作品类型。2020 年《著作权法》对于建筑作品的保护,仍然指建筑物本身,包括建筑物附加上的艺术装饰。[①]《北京高院著作权审理指南》第 2.7 条对建筑作品作出了指引性规定。结合该规定,我们认为,对于建筑作品的理解需要注意以下问题:

第一,《著作权法》上的建筑作品与建筑学上的建筑作品不同。《著作权法》上的建筑作品需要具有审美意义,对其评价首先是艺术性评价而非功能性评价。建筑学上的建筑作品范围更为广泛,建筑学上对建筑作品首先评价的是其功能性和技术性。因此,《著作权法》保护的建筑作品中必须包含有设计者和建造者独创性的艺术元素。外观简单、形状普通而缺乏独创性的建筑物不是《著作权法》所称的建筑作品。基于此,《北京高院著作权审理指南》第 2.7 条第 1 款规定,建筑物本身或者建筑物的外部附加装饰具有美感的独创性设计,可以作为建筑作品受《著作权法》的保护。

---

① 参见黄薇、王雷鸣主编:《〈中华人民共和国著作权法〉导读与释义》,中国民主法制出版社 2021 年版,第 55 页。

第二，作为《著作权法》保护的客体，建筑物或者构筑物本身是仅就其独创性的外观而言的。这是因为建筑物的外观是建筑设计师一定美学构思的表达方式。建筑物外观以外的内容，无论建筑材料多么新颖，建造时采用了怎样先进的技术，这些内容体现的都是技术性创造，而非艺术性创造，可能构成工业产权的保护范围。① 因此，《北京高院著作权审理指南》第 2.7 条第 2 款规定，建筑物或者构筑物的建筑材料、建筑方法及功能性设计等不受《著作权法》的保护。

第三，建筑设计图和建筑作品的关系。建筑设计图是否属于建筑作品在不同国家的立法例中是不同的。例如，《美国版权法》中建筑作品是"以任何有形媒介表达体现的建筑设计"，其范围包括"建筑物、建筑方案或者设计图"。我国《著作权法》对建筑作品的定义排除了建筑设计图。众所周知，建筑设计是一个复杂的过程，主要分为建筑方案设计与建筑施工设计两个阶段：建筑设计师的设计方案中通常包含建筑方案图、建筑效果图、建筑总体图和结构图；建筑施工图是连接建筑设计方案和实体建筑物的桥梁，由建筑设计师通过一系列数学计算及技术上的衡量绘制而成，其最终目的是使建筑者们按照施工图建造出设计方案中设想的建筑。② 对于建筑设计过程中产生的不同的设计图要具体区分后再确定属于何种类型作品。对此，《北京高院著作权审理指南》第 2.7 条第 3 款规定，体现建筑物外观美感的设计图可以作为美术作品予以保护。《北京高院著作权审理指南》第 2.8 条第 2 款也规定，仅用于施工的建筑设计图属于工程设计图。

【典型案例 21】

在北京市第一中级人民法院审理的(2009)一中民初字第 4476 号国家体育场有限责任公司(以下简称国家体育场公司)诉熊猫烟花集团股份有限公司(以下简称熊猫集团公司)等侵害著作权纠纷一案中，法院对"鸟巢是否构成建筑作品"进行了分析。本案中，国家体育场公司认为熊猫集团公司等生产的制造"盛放鸟巢"烟花产品侵害国家体育场建筑作品的著作权。法院认为，建筑物或者构筑物能够作为作品受到保护，是因为它们具有独立于其实用功能的艺术美感，反映了建筑设计师独特的建筑美学观点与创造力，缺乏独创性或者没有任何艺术美感的建筑物或者构筑物并不是建筑作品。国家体育场公司主张其对北京 2008 年奥林匹克

① 参见尹志强：《建筑作品的范围及复制侵权的认定》，载《知识产权》2009 年第 1 期。
② 参见尹志强：《建筑作品的范围及复制侵权的认定》，载《知识产权》2009 年第 1 期。

运动会主会场国家体育场享有建筑作品的著作权。从形式上看，国家体育场属于《著作权法实施条例》所指的建筑物，与此同时，其所采用的钢桁架交织围绕碗状建筑外观形象，空间结构科学简洁，建筑和结构完整统一，设计新颖，结构独特，具备《著作权法实施条例》所要求的独立于该建筑物实用功能之外的艺术美感，体现出相当水准的独创性，因此，可以认定国家体育场属于《著作权法实施条例》所指称的建筑作品。

三、模型作品

2013年《著作权法实施条例》规定，模型作品是指为展示、试验或者观测等用途，根据物体的形状和结构，按照一定比例制成的立体作品。理论界认为该定义存在一定问题。具体而言，该定义中含有“目的要件”，要求模型作品必须为“展示、实验或者观测”等用途制作，而“展示、实验或者观测”显然要求模型应精确再现原物。作为《著作权法》保护的模型作品须符合独创性的要求，2013年《著作权法实施条例》的定义恰恰排斥了有独创性的制作过程。[①] 审判实务中，仍应按照2013年《著作权法实施条例》对模型作品的定义以及对作品的定义来理解模型作品。

我们认为，2013年《著作权法实施条例》定义中的“物体”，通常而言应是客观存在的实物，并非人类创造。如果根据客观存在的实物制作模型，制作者在制作过程中进行了艺术的抽象或增加了艺术装饰，完全可能符合作品独创性的要求。但是，如果根据已有的作品制作模型，且是等比例制作，则制作者并未付出创造性劳动。因此，《北京高院著作权审理指南》第2.9条规定，根据已有作品制作的等比例缩小或者放大的立体模型不属于模型作品。

【典型案例22】

在山东省高级人民法院审理的(2012)鲁民三终字第33号中国科学院海洋研究所(以下简称海洋研究所)、郑守仪与刘俊谦、莱州市万利达石业有限公司、烟台环境艺术管理办公室侵害著作权纠纷一案中，郑守仪系海洋研究所研究员、中科院院士，其研究领域为有孔虫分类与生态学研究，编著的《中国动物志粒网虫门有

---

① 参见王迁:《著作权法》，中国人民大学出版社2015年版，第117页。

孔虫纲胶结有孔虫》于2001年由科学出版社出版。有孔虫是一类古老的原生动物，5亿多年来就产生在海洋之中，是一种微小的真核单细胞动物。有孔虫的研究工作需要将海底挖取的泥块进行烘干、冲洗等处理，然后放到显微镜下对有孔虫进行观察、分析，再做文字描述、绘制形态图。为充分展现有孔虫的真实面貌，普及科学知识，郑守仪用树脂制成有孔虫放大模型。郑守仪认为其制作的13个有孔虫模型作品遭受侵权，上述模型的著作权由海洋研究所享有，郑守仪享有署名权。法院认为，郑守仪制作的有孔虫模型，体现了其对有孔虫生命体的理解，是对客观事物进行艺术抽象和美学修饰的创作成果，具有独创性，构成《著作权法》意义上的作品。

四、古籍点校

古籍点校能否成为作品，司法实践中有不同的认定。古籍点校具体工作包括：选择善本、改正错字、填补遗字、修改注释、加注标点、划分段落、撰写校勘记等。有的法院认为，古籍点校的目的在于复原古籍原意，每个点校者都是根据自己对古籍含义的理解，在极为有限的点校表达方式中进行选择，但始终忠于点校者自己所理解的古籍原意，因此在这种情况下不会产生新的表达，点校成果也就不具有《著作权法》上的独创性，不构成作品。[①] 有的法院认为，从古籍整理工作的内容来看，一方面，从事这项工作的人员必须具有一定的文史知识，了解和掌握相关古籍的历史背景、有关历史事件的前因后果等情况，并具备较丰富的古籍整理经验，因此，不同的古籍整理人员对相同的古籍文字内容可能会有不同的判断和选择，形成不同的表达方式；另一方面，从事这项工作的人员在整理古籍时必须力求正确地理解古籍，因此，必须仔细推敲，尽量使整理后的古籍与原古籍表意一致，以便于现代读者阅读理解。从不同古籍整理人员的最终成果来看，虽然对于某些特定的内容可能会形成不同的表达方式，也可能会形成相同的表达方式，但其中都会凝聚了古籍整理人员对创造性劳动的判断和选择，并非简单的技巧性劳动。[②] 还有的法院认为，对于古籍点校可以模仿我国台湾地区的“制版权”予以保护，大体相当于2020年《著作权法》第37条规定的出版者的版式设计权。版式设

① 参见上海市高级人民法院民事判决书，(2014)沪高民三(知)终字第10号。

② 参见北京市高级人民法院民事判决书，(2005)高民终字第442号；北京市海淀区人民法院民事判决书，(2007)海民初字第11898号。

计是对印刷品的版面格式的设计,包括对版心、排式、用字、行距、标点等版面布局因素的安排。[①] 虽然版式设计的通说定义中包括"标点",但此问题恐需根据具体情况判断。我们认为,对古籍点校进行校勘和注解形成的校勘记、注释,通常可以作为作品加以保护;对古籍点校仅划分段落、加注标点、补遗、勘误,应当结合案件情况认定是否作为作品或者作为版式设计受《著作权法》的保护。

【典型案例23】

在最高人民法院审理的(2016)最高法民再175号李子成诉葛怀圣著作权权属、侵权纠纷再审一案中,法院对点校过程中"标点符号添加、段落层次划分是否构成作品"进行了分析。2008年9月18日,原告李子成与被告葛怀圣协商共同点校民国版《寿光县志》一书,此后,双方开始合作点校,2009年10月形成第三稿,即李子成印刷成册的《寿光县志》校注本上、下册,但未正式出版。此后,双方发生分歧,终止合作。葛怀圣在第四稿的基础上正式出版民国版《寿光县志》点校本,该书标明点校:葛怀圣,校审:孙仲春、李永吉。最高人民法院认为,第一,涉案民国版《寿光县志》点校本属于智力劳动成果。涉案点校本系对民国版《寿光县志》的首次点校,需要点校者具备一定的历史、人文、文学等素养,且需要投入人力、物力进行调查研究,该点校过程属于智力劳动。第二,涉案民国版《寿光县志》点校本构成对客观事实的表达。涉案点校行为可被视为具有独创性思维的表达。一方面,对一篇文学作品来说,通过对民国版《寿光县志》进行标点符号添加、段落层次划分,已加入了点校者对民国版《寿光县志》原意的理解;另一方面,对点校者来说,在面对无标点无分段,甚至部分文字残损的原本时,尽管其目的是要探寻原意,但均是依照点校者的理解对原本含义进行推敲,句读、分段等,客观上形成了一种特殊形式的表达。第三,涉案民国版《寿光县志》点校本的表达方式并非唯一或极为有限。首先,点校者并非民国版《寿光县志》作者本人,其出于还原民国版《寿光县志》的初衷进行点校,但还原的成果也只是其主观理解上的"原著",针对同一文本,不同点校人点校完成的版本通常不会完全一致;其次,不同点校者的认知水平、史学功底、专业技巧、点校经验存在差别,其对点校素材历史背景、相关事件、前因后果等了解程度亦有不同,最终的点校成果与原本贴近的关联度亦有差

① 参见胡康生主编:《中华人民共和国著作权法释义》,法律出版社2002年版,第148页。

异；最后，点校行为受点校者多种主观因素的影响，不可避免地会融入点校者的个性选择。基于上述原因，点校者在对民国版《寿光县志》进行句读、分段的过程中存在一定的选择空间，存在形成不同表达的可能。

第四章　著作权及相关权利归属的审查

作者的基本含义是指创作作品的人。作者概念的法律意义是为了明确著作权的归属。一般情况下,著作权属于作者。著作权人即为享有作品著作权的人。因此著作权归属的确认与作者的确认密不可分。司法实践中,确定“权利归属”,包含着对作者的确认,这直接影响对“原告是否有权主张权利”的判断,也是进一步审查著作权侵权事实的基础。本章主要阐述著作权及与著作权有关的权利归属的审查判断规则,并对几类比较特殊的作品的著作权权利归属认定及行使问题稍作探讨。权利归属的认定既涉及对证据的审查,又涉及对实体法律规定的适用。

第一节　署名推定规则

著作权原则上属于作者,确定了作者则通常可以确定著作权人。基于上述原则,我们认为认定著作权归属判断的第一个规则是“署名推定规则”。

一、署名推定规则的理解与适用

(一)2020 年《著作权法》相关条款变化

2010 年《著作权法》第 11 条规定:“著作权属于作者,本法另有规定的除外。创作作品的公民是作者。由法人或者其他组织主持,代表法人或者其他组织意志创作,并由法人或者其他组织承担责任的作品,法人或者其他组织视为作者。如无相反证明,在作品上署名的公民、法人或者其他组织为作者。”

2020 年《著作权法》第 11 条规定:“著作权属于作者,本法另有规定的除外。创作作品的自然人是作者。由法人或者非法人组织主持,代表法人或者非法人组织意志创作,并由法人或者非法人组织承担责任的作品,法人或者非法人组织视为作者。”第12条规定:“在作品上署名的自然人、法人或者非法人组织为作者,且该作品上存在相应权利,但有相反证明的除外。作者等著作权人可以向国家著作权主管部门认定的登记机构办理作品登记。与著作权有关的权利参照适用前两款规定。”

前述规定即是新旧《著作权法》关于著作权权利归属的条款,相较于2010年《著作权法》第11条,2020年《著作权法》第11条保留前3款规定并稍作文字修改,另以2010年《著作权法》第11条第4款为基础,新增第12条规定,具体而言:

1. 将“公民”改为“自然人”,将“其他组织”改为“非法人组织”,与《民法典》用语保持统一。

2. 将“如无相反证明,在作品上署名的公民、法人或者其他组织为作者”单独提出,移至第12条第1款,并修改为“在作品上署名的自然人、法人或者非法人组织为作者,且该作品上存在相应权利,但有相反证明的除外”。其中“且该作品上存在相应权利”是新增加的内容,与中国和美国于2020年1月15日签订的《中华人民共和国和美利坚合众国政府经济贸易协议》(以下简称《中美经济贸易协议》)的规定是一致的,该协议第1.29条(著作权和相关权的执行)第1款规定:“在涉及著作权或相关权的民事、行政和刑事程序中,双方应:(一)规定如下的法律推定:如果没有相反的证据,以通常方式署名显示作品的作者、出版者、表演的表演者或录音制品的表演者、制作人,就是该作品、表演或录音制品的著作权人或相关权利人,而且著作权或相关权利存在于上述作品、表演、录音制品中;(二)在符合第一项推定且被诉侵权人没有提交反驳证据的情况下,免除出于确立著作权或相关权的所有权、许可或侵权的目的,提交著作权或相关权的转让协议或其他文书的要求……”

3. 增加了两款规定:“作者等著作权人可以向国家著作权主管部门认定的登记机构办理作品登记。与著作权有关的权利参照适用前两款规定。”

关于著作权及相关权利归属的认定规则,2020年《著作权法》虽在语言表述上稍作调整,将“有相反证据”作为但书处理,但依旧采用了署名推定规则。而关于新增的“且该作品上存在相应权利”这一“权利存在推定”的内容,有学者认为,“署名”具有推定权利人和权利存在的效力,意在减轻权利人在诉讼中的举证责任,2020年《著作权法》并没有直接规定署名具有推定权利人的效力,仍规定为“以署名推定作者”“作品上存在相应权利”。由于作者可以通过处分自己的著作财产权而丧失著作财产权人的法律地位,如此一来,将出现作者、权利相分离的情况。根据2020年《著作权法》的规定,在文义解释上也应当认为其包含了署名具有推定作品权利人,而不仅仅是推定作者身份的效力。这样一来,当已转让了著作财产权,但在作品上署名的自然人起诉他人未经许可以复制、发行和交互式传播等方式利用其作品构成侵权时,法院应当根据署名推定其为作者和著作财产权人。当然,被诉侵权人可以举证证明原告之前已转让了自己的著作财产权,因此无权主张损害赔偿。①

在2020年《著作权法》发布后,国家版权局和最高人民法院分别于2020年11月15日、16日印发《国家版权局关于进一步做好著作权行政执法证据审查和认定工作的通知》和《最高人民法院关于加强著作权和与著作权有关的权利保护的意见》,这两份文件分别从行政和司法领域对著作权侵权案件举证责任作出规定,对涉及署名推定的证明责任进行进一步的补充。二者均明确规定,在适用署名推定原则推定权利归属时,权利人完成初步举证且没有相反证据,无须再提交权利许可、转让协议或其他书面证明材料。

(二)署名推定规则的提炼与实证

我们认为,署名推定规则是指在无相反证据的情况下,根据作品上的作者署名,推定著作权归属于该作者。

2020年《著作权法》第9条规定,著作权人包括作者、其他依照本法享有著作权的自然人、法人或者非法人组织,即作者的范围;第11条第1款规定,“著作权属于作者,本法另有规定的除外”,即一般情况下的著作权归属;第12条第1款规定,“在作品上署名的自然人、法人或者非法人组织为作者”,即如何认定作者身份。将前述第11条规定与第12条规定结合起来理解,即著作权属于作者,而作者是在作品上署名的自然人、法人或者非法人组织。所以,一般情况下,在无相反证据时,在作品上署名的作者是著作权人。在此基础上,结合第9条的规定可知,作者与著作权人并不完全相同。因为除作者外,尚有并非作者但依法享有著作权的自然人、法人或者非法人组织。之所以在文字措辞上使用“推定权利归属”,是为了凸显其法律推定的性质,也就是说,根据署名判断著作权归属的方法实质上

---

① 参见王迁:《〈著作权法〉修改:关键条款的解读与分析(下)》,载《知识产权》2021年第2期。

是一种法律推定，而非必然如此，有相反证据时，作品上的署名即可以被推翻。此外，《著作权民事纠纷司法解释》第7条第2款规定："在作品或者制品上署名的自然人、法人或者非法人组织视为著作权、与著作权有关权益的权利人，但有相反证明的除外。"除著作权外，署名推定规则同样适用于与著作权相关的权利的归属认定。

（三）署名推定规则的机理与由来

我国采用著作权自动取得和保护制度，只要经过创作形成了作品，著作权就依法自动产生。除法律规定的特殊情形外，实施了创作行为的自然人是作者，享有所创作作品的著作权并受到法律保护。然而，通常情况下创作行为都是个人行为，大多不具有外观性，社会公众很难观察到创作行为本身，导致著作权权属具有难以证明的特点。如无纠纷，一切安好。一旦发生侵权纠纷，著作权人作为原告指控被告侵权的前提基础，即是举证证明自己是诉争作品的作者或著作权人。但创作者要证明自己创作作品的过程，并非易事。司法审判中若对证明标准掌握的过于严苛，则会加重著作权人的负担，损害其维权积极性。因此，《著作权法》设计了以某种形式表征创作行为的制度，这种形式就是作者署名，即在作品上署名何人是作者，就表示其实施了创作行为，著作权就归属于他。概言之，作者署名可以说是一种创作行为的公示方法，并推定该署名行为是署名的自然人、法人或者非法人组织享有原始著作权的体现。

大多数作品在首次发表时有作者署名，使用署名推定规则确定权利归属大大减轻了大多数作者证明自己作者身份的举证责任。但如前文所述，根据署名判断著作权归属的方法实质上是一种法律推定，以该规则进行权利归属的判断，将有可能出现法律认定事实与客观事实相背离的情形。如甲在乙创作的一篇文章上署自己的姓名发表，在尚未证实文章是由乙创作的情况下，根据署名推定规则即可以认定甲享有该文章著作权。应该说，确实不能排除这种错位的情况。但是，即使如此也不能否定署名推定规则，主要理由是：首先，署名推定符合社会大众一般认知。在他人创作的作品署上自己的姓名发表的情况并非常态，不能以个别情况否定通常情况。其次，署名推定符合著作权客体非物质性的特点。作品本质上是信息的集合，没有客观的物理形体，不能像有体物一样被占有，以有形的占有表彰权利归属，只能采取符合其自身特点的方式表彰作者并进而确定权利归属，这种表彰方式非署名莫属。再次，署名推定规则是著作权应当得到尊重的一种制度安排。创作行为不具有公开性、外观性，一般不能被社会公众识别，如果必须让社会公众明白、无疑地看到何人实施了创作行为，才能据此认定其享有著作权，那么世界上绝大多数作品的著作权归属将难以被确认。如此一来，作者的著作权将无法得到保障，整个著作权制度也无法建立。最后，在确定署名推定规则的同时，为了防止署名有误，亦建立有反证规则，即在有相应证据证明的情况下署名可以被推翻，这是一种平衡机制，不会让署名错误成为一种常态。通常情况下，被告用以推翻署名推定结果的反证，可能会提交发表在先的作品上的不同署名或是证明作品由他人创作的证人证言等。当然，对于相反证据能否达到足以推翻作品上署名推定效力的证明力，还应由法院在个案中运用证据规则进行具体判断。

署名应当真实，对实践中出现的“挂名作者”的现象应当引起注意。“挂名作者”事实上并未参与作品的创作，基于某种需要或者目的予以署名。从真实作者和“挂名作者”之间的内部关系来看，“挂名作者”的署名行为，符合 2020 年《著作权法》第 52 条第 1 款第 3 项关于“没有参加创作，为谋取个人名利，在他人作品上署名的”规定的情形，构成在他人作品上署名的侵权行为，即这种行为在法律上是给予消极评价的。署名权是作者享有的著作人身权，不是作者的自然人、法人或非法人组织不应在作品上署名。从对外承担责任的外部关系来看，署名为作者，除了可以获得相应报酬之外，在作品发生侵权行为时，还应当承担相应的责任。如果发生了“被署名”的情况，“被署名”的作者可以提供证据推翻署名，并可以依据 2020 年《著作权法》第 53 条第 1 款第 8 项的规定主张其署名权被侵害。

【典型案例 24】

在北京市高级人民法院审理的(2018)京民申 3821 号张柱庭诉肖扬、吉林电子出版社有限责任公司(以下简称吉林电子出版社)、交通运输部管理干部学院和北京路通人和文化传播中心著作权权属、侵权纠纷一案中，法律出版社于 2008 年 11 月和 2009 年 6 月出版图书《公路路政案件办案标准与法律适用》(以下简称权利图书)，署名“颜世晔　肖扬著”。2014 年 8 月 16 日，颜世晔与肖扬签订《转让协议》，约定颜世晔将其享有的权利图书的著作财产权全部转让给肖扬，肖扬有权自行处理涉及侵害上述两部作品著作权的一切法律事务。2012 年 10 月 18 日，肖扬以 315 元的价格购买了吉林电子出版社出版发行的被控侵权图书《交通行政执法典型案例评析》(路政篇)(以下简称被诉图书)，该书署名“张柱庭　王朝辉编著”，出版时间2011年10月。图书前勒口附有作者张柱庭和王朝辉的详细个人简介及照片。“编者话语”中有“笔者从事交通法律工作已20多年，从实践到理论，从教学到研究，在不同角色中进行过思想的转换和碰撞，《交通行政执法技能培训系列教材》记录了我们的心得……”等内容，落款“作者于交通运输部管理干部学院张柱庭　王朝辉”，签字处为二人手写签名。该书中有管理干部学院副院长刘卫民、黄克清分别撰写的《交通行政执法技能培训系列教材》评介。经比对，被诉图书与权利图书中相同或实质性相似的内容约18千字。一审法院认为，被诉图书侵犯了肖扬的著作权，系侵权图书。根据被控侵权图书的封面署名情况、“编者话语”、购书发票及当事人当庭陈述，可知该书由张柱庭、王朝辉编写。张柱庭、王朝辉作为该书的署名作者，剽窃他人作品，构成共同侵权。张柱庭不服提起上诉，并向二审法院提交了吉林电子出版社出具的说明、王朝辉出具的说明、河北省三河市人民法院（2016）冀1082民初3588号民事调解书（以下简称第3588号调解书）等证据，用以证明其并非被诉图书的作者。二审认为，张柱庭关于其不是被控侵权图书的作者的上诉主张，缺乏事实依据，不予采信。张柱庭不服二审判决申请再审，并提交了吉林电子出版社与王朝辉等签订的被诉图书的出版合同、补充协议责任书等证据。北京市高级人民法院再审认为，被诉图书署名“张柱庭王朝辉编著”，张柱庭主张其并非涉案侵权图书的作者，则应当提交相反证据推翻上述署名推定的事实。在张柱庭提交的在案证据中，吉林电子出版社和张柱庭同为本案共同被告，双方之间具有利害关系，且吉林电子出版社向原审法院出具的证明和其在第684号案件中的相关陈述已经存在一定的矛盾之处。王朝辉与张柱庭之间亦有利害关系，王朝辉虽然系案外人，但系涉案侵权图书的第二作者，其出具的情况说明在无其他证据佐证的情况下，不足以推翻署名。张柱庭提交的第3588号民事调解书是对当事人达成调解协议的确认，即是当事人双方的意思表示，不构成免证事实。张柱庭虽然并未在出版合同、合同补充协议及责任书上签名，但王朝辉、韩根东作为作者系在“代表签字”处签名，且韩根东也未在责任书上签名。因此，不能排除王朝辉作为多名作者之代表签署合同及责任书的可能性。张柱庭并不否认其曾为王朝辉递交的序言签名，涉案侵权图书除署名张柱庭为第一作者之外，还在图书前勒口有其个人简介和照片。上述情形难以认定张柱庭完全不知晓涉案侵权图书的署名情况。因此，张柱庭提交的在案证据不足以成为推翻署名的相反证据。

二、署名的识别

通过适用署名推定规则确定权利归属的前提，是能够确定某一署名是《著作权法》意义上的作者署名，这就涉及署名的识别问题。《北京高院著作权审理指南》第3.2条对此作出规定，即在判断某一署名是否属于作者署名时，应当综合考虑作品的性质、作品的类型、作品的表现形式、行业惯例、公众的认知习惯等因素。我们认为，作者署名的识别不能简单、机械，应当结合上述因素综合判断其是否符合《著作权法》意义上的作者署名。

1. 作者身份。署名必须是体现作者身份的意义，用于表明作者和作品之间的创作关系。如果体现的不是作者身份，就不是作者署名，如电影作品片尾署名的统筹等，都不是作者身份意义的署名。

2. 在作品上署名，即署名与具体作品有对应关系。如果署名的对象不是具体作品，而是某种作品种类或其他，也不是我们所讲的署名。例如，"京剧"经典剧目《霸王别姬》，该剧本和音乐的作者以及演员，均可以分别对其作品及表演进行署名，但"京剧"作为该具体剧目上位概念，则并非署名权的权利客体，不能对其适用《著作权法》意义上的"署名"，如有人将某"京剧"剧目标注为"豫剧"，亦无法从署名权被侵犯的角度主张权利。

3. 署名识别需要从社会公众的认知习惯出发，充分考虑作品性质、作品类型、作品表现形式、行业惯例等外在因素。虽然按照字面意思，"在作品上署名"即是作者要在作品原件或复制件上署名，但对于"在作品上署名"的理解则需要结合作品类型和表现形式，不可过于狭隘，不能将其简单理解为必须在"作品载体上"署名。当诉争作品并非载于书本而是以形体更大或是其他形式表现时，在相应合理的范围内署名，能够让公众识别该署名是作品的署名即可。以下列类型为例。

(1)图书。图书是最常见的文字及美术作品载体，图书上的署名，通常出现在封皮、封底、折页等较为显眼的部分。此外，在图书中出现的可被识别为表明了某一作品作者身份的插图、作品介绍等，亦可被判定为对相应作品的署名。在李冬冬诉王宛平、作家出版社、北京市新华书店王府井书店、北京电视艺术中心、北京世纪星润影视投资咨询有限公司侵犯著作人身权纠纷一案中①，法院认为涉案图

---

① 参见北京市东城区人民法院民事判决书，(2010)东民初字第04915号。

书在封面及插图中使用了电视剧《金婚》演员的人物形象，并在封底明确标注了《金婚》电视剧的名称，故李冬冬基于对剧本编剧的署名权已经得到相应的保护。

(2)网页中的图片。网络用户在网页相关位置标注自己的用户名、在网页顶端发布权利声明等，即可被视为该网页中所呈现的图片作品的署名。

(3)雕塑作品。通常根据雕塑作品周围的文字介绍牌、雕塑展示区域发放的书面资料，抑或是雕塑展示所在的展览场馆入口处的标题即能够对雕塑作品的署名进行认定。例如，在雕塑旁边放置一个牌子，在牌子上而非雕塑本身上标注了雕塑作品名称以及作者姓名，依然属于“在作品上署名”。就雕塑这类作品而言，这种署名是符合作品形式以及行业惯例的。

(4)建筑作品。建筑作品形态较大，其设计者的署名通常是通过印有该建筑外观实景图或效果图的图书、画册或广告资料，以及某建筑设计单位收集有该建筑作品信息的年鉴、项目成果宣传材料等体现出来。在中科院建筑设计研究院有限公司诉被告中国中建设计集团有限公司、北京主语空间文化发展有限公司、天津凤凰空间文化传媒有限公司侵犯著作权纠纷一案中，法院认为中国中建设计集团有限公司将涉案三个建筑项目的外观效果图作为自身的设计成果提交年鉴公开出版，使中科院建筑设计研究院有限公司参与完成的项目被读者误认为中国中建设计集团有限公司，该行为侵犯了中科院建筑设计研究院有限公司对其设计的建筑作品外观效果图的署名权。

(5)电视节目。在节目中，主持人进行自我介绍，也属于表明表演者身份的形式，而非必然在节目字幕中署名。在耿子涵诉北京摇太阳文化艺术有限公司侵犯表演者权一案①中，法院认为原告在节目开头向观众对自己身份进行介绍是一种表明主持人身份的形式，应认为被告已经以适当的形式表明了原告身份。

另外，也有些情况，根据社会公众的通常认识，就无法认定为作者署名。例如，在文字作品署名的自然人作者后面显示的单位名称，一般情况下是作者所在的单位，而非作者。

三、署名非真名时的证明

在司法实践中，若作者在作品上署笔名、别名、网名等非真名，此时就需要作

---

① 参见北京市高级人民法院民事判决书，(2004)高民终字第153号。

者提供证据证明该非真名的署名与作者身份存在真实对应关系。为解决非真名的识别和认定,《北京高院著作权审理指南》第3.3条作出相应规定。我们认为,主张权利的当事人对署名与作者身份之间存在真实对应关系负有举证证明责任。这符合证明责任规则,在具体个案中需要原告结合案件具体情况进行举证。

(一)出版物上的署名非真名的识别和判断

在出版的图书上署笔名时,一般情况下需要原告提供出版合同,看合同中对该笔名是否有明确约定,或者由出版社出具一份该笔名是作者笔名的证明等,在中文在线数字出版集团股份有限公司(以下简称中文在线公司)与北京博图互动科技有限公司侵害作品信息网络传播权纠纷一案中①,中文在线公司即提供了吴雪岚出具的授权书以及浙江省作家协会类型文学创作委员会出具的证明用以证明吴雪岚与笔名流潋紫的对应关系,以进一步证实吴雪岚即为《后宫甄嬛传》作者。而在有些较为复杂的情况下,可能需要作者通过其发表的其他作品的一贯署名来证明涉案作品上的署名与其存在真实对应关系。

【典型案例25】

在上海市第一中级人民法院审理的(2006)沪一中民五(知)初第51号许文雷等诉上海电影音像出版社、扬州扬子江音像有限公司(以下简称扬子江公司)、上海鸿扬音像制品制作有限公司(以下简称鸿扬公司)、上海沪剧院著作权权属、侵权纠纷一案中,许文雷等五原告主张,沪剧《少奶奶的扇子》系许如辉于1956年受爱华沪剧团的邀请创作改编的沪剧剧本。该剧于同年公演时编剧署名为"白沙",1980年起的公演中明确注明剧本改编者为"水辉",各被告侵犯了许如辉的署名权。上海沪剧院则辩称许如辉确实曾参与了剧本修改,但在改编该剧本的过程中,除许如辉之外,导演与演员也参与了修改,因此当时没有以许如辉常用的笔名"水辉"署名,而是署名"白沙",即"白沙"是基于许如辉与原爱华沪剧团的导演、演员共同改编剧本而使用的笔名,并非指许如辉一人。法院认为,根据沪剧《少奶奶的扇子》两次演出后许如辉的维权情况以及演出剧团的处理情况看,均认可了许如辉曾改编了1956年版沪剧《少奶奶的扇子》剧本的事实,同时各原告也提供

① 参见北京市丰台区人民法院民事判决书,(2016)京0106民初4022号。

了许如辉于1956年的部分剧本手稿，故原告诉称"白沙"是许如辉的笔名有事实依据。针对被告上海沪剧院提出的白沙并非许如辉笔名的异议，上海沪剧院仅以某一证人当庭陈述为证，而该证言与其另行出具的书面证词不一致，同时，根据上海沪剧院在其致上海文联党组的申述报告中多次确认了白沙即水辉（许如辉的常用笔名）的事实，对于上海沪剧院所称白沙并非许如辉的主张，不予采信。

（二）网络非真名的识别和判断

随着网络大数据时代的到来，网络自媒体发达至与传统媒体比肩甚至有超越传统媒体的趋势。凭借信息网络的便利和高效，通过互联网发表作品的现象已经普及。诸多文学作品，如《后宫甄嬛传》《致我们终将逝去的青春》《鬼吹灯》等，均系作者在网络首发的作品。如果在互联网上发表的作品上署有作者的真实姓名，那么互联网仅是一个发表载体，与传统纸媒发表并无本质不同，根据署名推定规则，该署名之人被推定为作者，对此作品享有著作权。但如果网络发表作品所署的不是作者真实姓名，而是网名、笔名等非真实姓名，鉴于网络信息的发布并未要求必须实名制，故在判断网络署名非真名的作者身份时，可以通过以下几个方面予以认定：第一，作者将作品自行登载在某网站、博客、BBS、微博等互联网媒体上的，当事人能够通过使用用户名和密码登录发表涉案作品网站的后台操作账户，可以初步证明涉案作品发表的空间是由当事人掌控的，进而可以印证该空间中的涉案作品是由主张权利的当事人发表的。原因在于网络个人空间的进入并非任意进入，根据日常生活经验可知，掌握空间"秘钥"的人通常应为空间的控制人。第二，在刊登有涉案作品的网站首页、页面顶端或底端或设有专门页面发布有权利声明的，如该权利声明对网站中相应作品的作者署名进行了解释说明，可以据此认定涉案作品系由符合该权利声明所表作者的当事人发表的。第三，对于使用即要求进行实名验证的App、小程序、微信公众号等，作者通过该小程序或公众号发布作品时，通过对实名认证后台信息进行核对，可以认定符合后台载明的身份信息的当事人为涉案作品的作者。

【典型案例26】

在北京市海淀区人民法院审理的（1999）海知初字第18号陈卫华诉成都电脑商情报社著作权纠纷一审案中，网络个人主页"3D芝麻街"中载有《戏说MAYA》

一文,署名"无方",陈卫华主张"无方"系其笔名,成都电脑商情报社未经其同意将该文刊载于《电脑商情报》上侵犯了其著作权。被告成都电脑商情报社在辩称中明确表示愿意以国家稿费标准支付作者稿酬,但是请原告证明他就是作者"无方"。法院审理后认为,一般情况下个人主页密码的修改、内容的添加和删改工作只能由个人主页的注册人完成,陈卫华能够修改该个人主页的密码、上传或删改文件,成都电脑商情报社据此已认可陈卫华即为"无方",亦未提出相反的证据证明特殊情况的存在,故陈卫华应为"无方",《戏说 MAYA》一文的著作权归原告陈卫华所有。

【典型案例 27】

在北京市东城区人民法院审理的(2011)东民初字第 05321 号谈笑靖诉北京市新华书店王府井书店(以下简称王府井书店)、珠海出版社有限公司(以下简称珠海出版社)著作权权属、侵权纠纷一案中,谈笑靖主张其笔名为扎西拉姆·多多,《班扎古鲁白玛的沉默》(又名《见与不见》)由其创作并发布于自己的博客。珠海出版社则提出博客网页的涉案作品未署名,不能证明谈笑靖对涉案作品享有著作权。法院认为,涉案博客名称为 Just Dorophy,内有"扎西拉姆·多多的个人资料、Just Dorophy、照片、日志、列表、更多"等栏目,与谈笑靖实名注册的"DOROPHY 的博客"在名称上具有相似性,且该实名博客特别声明"Dorophy = Dorophy101 = 扎西拉姆·多多 = 谈笑靖",可初步证明谈笑靖是扎西拉姆·多多,谈笑靖所有的新浪邮箱名称为 dorophy101,与上述声明一致,印证了"Dorophy101"与"扎西拉姆·多多""谈笑靖"是同一人,谈笑靖发往《读者》的邮件署名为扎西拉姆·多多,谈笑靖本人对扎西拉姆·多多这一笔名的解释具有合理性,且有中信出版社出版的《当你途经我的盛放》一书作者署名及作者简介相互印证,故对谈笑靖笔名为扎西拉姆·多多予以确认。另根据博客内容的上传者或添加者通常是博主,而涉案博客照片的添加者显示为"扎西拉姆·多多",故对涉案博客为谈笑靖所有的事实予以确认。

四、录音制作者权的归属

录音制作者权是一种邻接权,归属于录音制作者。2010 年《著作权法》第 42 条及 2020 年《著作权法》第 44 条规定了录音制作者权的内容,即录音制作者对其制作的录音制品,享有许可他人复制、发行、出租、通过信息网络向公众传播并获得报酬的权利。

何人是录音制作者,与何人是作者一样,可以通过署名推定规则予以确定。《著作权民事纠纷司法解释》第 7 条第 2 款即明确将"在制品上署名的自然人、法人或者非法人组织"作为署名推定规则的适用主体。实践中,录音制品的署名存在多种形式。例如,有署名为制作者、有署名为录制者、有标注 P 或者标注 C 的单位主张录音制作者权的。还有的情况是制品上仅标有"提供版权",原告据此主张该"提供版权"的单位是录音制作者。《北京高院著作权审理指南》第 3.9 条在综合考量前述情形的基础上对录音制品的署名认定问题作出规定,即当事人提供的录音制品明确载明的制作者、录制者或者加注 P 的民事主体信息,可以作为证明其为录音制作者的初步证据,但有相反证据的除外。

根据行业现状及相关法律规定,适用署名推定规则确定录音制品署名并进一步确定录音制作者权人时,一般从以下几点把握:第一,制作者、录制者都能够表明其是录音制品的制作者,因此署名为录制者、录制者的主体应该可以被认定为录音制作者。第二,C 标志在我国法律中并无明确规定,在国际上,C 通常被认为是英文 Copyright 的缩写,表示版权的含义。由于该标志是版权标记,所指的应当是对作品享有著作权,不能据此认定标注 C 的主体即是录音制作者权人。第三,尽管我国《著作权法》中无明确规定 P 是录音制作者权的标记。但根据行业习惯,通常认为,P 是录音制作者权的标记,该标记后面标注的主体是录音制作者权人。对此,国外立法例中对此有明确规定可以参考。例如,《美国版权法》第 402 条即规定录音作品的版权标记是"P + 录音作品的首次发表年份 + 录音作品版权所有人名称"。当然,我国《著作权法》中的录音制品在《美国版权法》中都是被作为作品对待的,这一点需要注意。同时,在《保护表演者、录音制品制作者和广播组织的国际公约》(以下简称《罗马公约》)中对符号 P 有明确所指,其第 11 条规定,对于录音制品,如果某缔约国根据其国内法律要求履行手续作为保护录音制品制作者或者表演者或者二者的权利的条件,那么只要已经发行的录音制品的所有供销售的复制品上或其包装物上载有包括符号 P 和首次发行年份的标记,并且标记的方式足以使人注意到对保护的要求,就应当认为符合手续。我国没有加入《罗马公约》,我国法律中也无明确规定 P 是录音制作者权的标记。因此,司法实践中对于 P 的理解,应当是出于一种行业习惯或惯例。第四,对于仅标注了"提供版权"

的单位，能否据此认定其为录音制作者，实践中曾有不同做法。有法院仅根据录音制品上标注的“提供版权”的信息即认定该“提供版权”的主体享有录音制作者权，也有法院对此不予认可。综合司法实践及业内惯例来看，“提供版权”字样的标注目前在录音行业中并不当然代表该主体享有录音制作者权或者是录音制作者的含义。《北京高院著作权审理指南》第3.9条第2款即明确规定，在无其他证据佐证的情况下，不能仅根据录音制品上标注的“提供版权”信息，就认定该“提供版权”主体为录音制作者。之所以如此规定，也寄希望以此能够对相关行业的署名规范化起到一定的促进作用。

【典型案例28】

在淄博市中级人民法院审理的(2007)淄民三初字第62号北京天中文化发展有限公司(以下简称天中公司)诉淄博金帝购物广场有限责任公司(以下简称金帝公司)、茂名市(水东)佳和科技发展有限公司(以下简称佳和公司)、辽宁广播电视音像出版社(以下简称辽宁广电出版社)侵犯录音录像制作者权纠纷一案中，天中公司提交了录有涉案9首曲目的《孙悦－百合花》正版CD光盘作为证据，该正版光盘上载明：“制作/提供版权：北京天中文化发展有限公司”。法院审理后认为，天中公司为证明其享有录音制作者权，不仅提交了其与悦之声公司签订的两份《合作协议》及表演者孙悦的担保证明，还提供了合法出版物《孙悦－百合花》专辑。根据上述协议、担保证明及合法出版物上载明的版权管理信息，可以确定天中公司对孙悦演唱的涉案9首曲目依法享有录音制作者权。

五、表演者权的归属

表演是指“把情节或技艺表现出来”或者“做示范性的动作”，根据2013年《著作权法实施条例》第5条第6项的规定：“表演者，是指演员、演出单位或者其他表演文学、艺术作品的人。”根据上述规定可知，第一，日常生活中的表演者不仅包括表演作品的人，也包括表演非文学艺术作品的人，但《著作权法》意义上的表演者仅为表演作品的人。第二，表演者权是指表演者对其表演活动所享有的专有权利。表演者权利的归属与表演者的范围并不相同。表演者权可以归属于自然人，也可以归属于演出单位或者其他组织。第三，根据2013年《著作权法实施条例》第33条的规定，外国人、无国籍人在中国境内的表演，或者外国人、无国籍人根据中国参加的国际条约对其表演享有的权利，也受我国《著作权法》的保护。

表演者身份的认定可同样适用署名推定规则。实践中，可以根据署名情况、作品或者制品的表演者照片、当事人对表演事实的认可等情况对表演者身份进行综合判定。在孙楠诉北京金视光盘有限公司、淄博银座商城有限责任公司、江西音像出版社侵犯表演者权纠纷再审一案中，即根据涉案光盘彩封及盘芯均标有“孙楠对视”“sunnan：最新专辑”字样，印有孙楠的多幅照片，且孙楠对其中相关曲目为其表演的事实予以认可，在没有相反证据推翻该事实的情况下，据此认定孙楠为相关曲目的表演者。①

随着演出发行、传播渠道的不断拓展，认定表演者的证据范围不断扩大，证据形式更加多样。最初的演出往往是现场表演，表演者身份的确认和表明往往通过演出广告、宣传栏、节目单、主持人报幕或者是文艺刊物刊登剧照等方式，表明表演者的身份。随着录音录像技术的发展和成本的下降，录音录像制品上记载的表演者姓名或者是表演者照片，开始成为司法上认定表演者身份的重要证据。近年来，通过网络发行传播表演的方式日益普遍，司法裁判也往往顺应时代发展的情况，在表演者的认定上更加开放和灵活。网络平台发表的署名情况等证据，也可作为认定表演者身份的初步证据。

【典型案例 29】

在上海知识产权法院审理的（2017）沪 73 民终 203 号看见网络科技（上海）有限公司诉广州酷狗计算机科技有限公司（以下简称酷狗公司）、海洋互动（北京）科技有限公司侵害表演者纠纷一案中认定，涉案作品的未混音版本可视为涉案作品的底稿。我国台湾地区国际标准录音录像资料代码查询系统查询结果显示表演者为姚某，上述证据可作为确认涉案作品表演者的初步证据。虽然未混音的原始版本音档、用于母带制作的分轨版本音档显示部分涉案歌曲曲目“唱片艺术家”为“猋蘭”，但上述标注系由于录音软件设置的原因而形成的，并非《著作权法》意义上的署名行为，酷狗公司等以此作为否认姚某为涉案作品表演者的相反证明，不予采信。在无相反证据的情况下，认定姚某为涉案作品的表演者。

对于表演者权的归属，2020 年《著作权法》新增了关于职务表演的特别规定，

---

① 参见最高人民法院民事判决书，（2008）民提字第 55 号。

即演员为完成本演出单位演出任务进行的职务表演的情形。具体可分为以下几种情况:第一,对于表演者权中的前两项精神权利,演员享有表明身份和保护表演形象不受歪曲的精神权利,无论该表演是演员自行表演还是属于职务表演。第二,属于职务表演的,演员可与演出单位就该职务表演的权利归属自行约定。如果没有约定或者约定不明确的,职务表演的权利由演出单位享有。上述规定考虑到实践中迫切需要解决的表演者与演出单位之间的关系问题,体现了对于表演者与演出单位意思自治的尊重,对演出单位和演员之间的利益作出合理分配。第三,即使演员与演出单位约定职务表演的权利归演员所有,演出单位仍可以在其业务范围内免费使用该表演,且没有时间限制。

2020 年《著作权法》实施以前,司法实践中对职务表演的表演者权归属存在争议。实践中,如舞台剧、戏剧等大型多人表演往往是由演出单位组织进行筹备和排练,演员的表演虽然对于表演来说至关重要,但其往往是出于履行工作职责,演出体现的是演出单位的意志。在广东唱金影音有限公司(以下简称唱金公司)诉中国文联音像出版社、天津天宝文化发展有限公司等侵犯著作权纠纷一案①中,涉案表演为《清风亭》《双错遗恨》等几部河北梆子戏剧,唱金公司取得了剧团关于表演者权的授权,而文联音像出版社等取得了剧团主要演员和剧本整理人的授权,关于涉案戏剧表演者权的归属是本案的争议焦点。法院认为,对于整台戏剧的演出,由于筹备、组织、排练等均由剧院或剧团等演出单位主持,演出所需投入亦由演出单位承担,演出体现的是演出单位的意志,故演出单位是《著作权法》意义上的表演者。

2020 年《著作权法》新增第 40 条第 1 款明确职务表演的权利归属,即“演员为完成本演出单位的演出任务进行的表演为职务表演,演员享有表明身份和保护表演形象不受歪曲的权利,其他权利归属由当事人约定。当事人没有约定或者约定不明确的,职务表演的权利由演出单位享有”。上述规定体现了立法对于市场经济下演出单位运行实际的现实考量,也体现了《著作权法》修改对司法实务中认定表演者权归属进行有益探索的吸纳和肯定。

值得说明的是,法人或者其他组织作为表演的组织者也可以享有表演者所享有的权利。表演者的范围问题与表演者权利的归属问题是两个有关联但性质完

---

① 参见最高人民法院民事判决书,(2008)民三终字第 5 号。

全不同的问题。[①] 2020 年《著作权法》第 40 条明确演员对于其表演享有表明身份和保护表演形象不受歪曲的权利，在于该两项权利与表演文学、艺术作品的演员的人身紧密相关，具有极强的人身依附性，上述规定能够体现立法对于演员因其表演行为产生的人身权利的尊重和保护。2020 年 8 月 8 日《全国人民代表大会宪法和法律委员会关于〈中华人民共和国著作权法修正案（草案）〉修改情况的汇报》中对此解释为，“有的地方和单位提出，保护表演形象不受歪曲是演员一项重要的著作人身权，在职务表演中也应当由演员享有，应当受到法律保护。宪法和法律委员会经研究，建议采纳上述意见，增加规定，进行职务表演的演员享有‘保护表演形象不受歪曲’的权利”。根据上述内容，我们认为，2020 年《著作权法》第 40 条可理解为职务表演中表演者权的人身权利由演员享有，财产性权利可以由演出单位享有。

第二节　初步证据规则

著作权归属的认定，除署名推定规则之外，在证据的角度上还有“初步证据规则”，该规则的适用侧重于对证据的审查判断。署名推定规则与初步证据规则并行不悖，在实践中应当结合案件具体情况综合运用两个规则对著作权归属进行认定。

一、初步证据规则的理解和适用

所谓著作权权利归属认定的“初步证据规则”，是指在原告提供相关权属证据达到合理可信、而非高度盖然性的证明标准时，即完成了权利归属的举证责任，若被告对其证据不予认可，则应提交反证。《著作权民事纠纷司法解释》第 7 条第 1 款规定：“当事人提供的涉及著作权的底稿、原件、合法出版物、著作权登记证书、认证机构出具的证明、取得权利的合同等，可以作为证据。”《北京高院著作权审理指南》第 3.1 条第 2 款进一步对初步证据规则予以明确，即在侵犯著作权案件中，原告提供了涉及著作权的底稿、原件、合法出版物、著作权登记证书、认证机构的证明、取得权利的合同等初步证据，就可以认为原告完成了权属举证，从而认定原告享有著作权。如果被告否认，举证责任即转移至被告，由被告提供反证，如果被

① 参见原晓爽：《表演者权利研究》，中国政法大学 2006 年博士学位论文，第 32 页。

告仅否认而不能提供反证,或者提供的反证不足以推翻原告提供的初步证据,则被告的否认不能成立,不足以撼动原告已经完成的证明权利归属的事实。当然,在原告提供初步证据后,法院是需要根据民事诉讼的相关证据规则对该初步证据进行审查认证。[①] 例如,原告提供的出版物是合法出版的还是盗版的、底稿是真实的还是伪造的、取得权利的合同的真实性及实际履行情况等。实质上,署名也可以被看作证明著作权归属的初步证据。

知识产权法范畴内关于初步举证的规定较多,例如,《最高人民法院关于审理侵害信息网络传播权民事纠纷案件适用法律若干问题的规定》(以下简称《信息网络传播权司法解释》)第6条对"初步证据"进行了明确规定:"原告有初步证据证明网络服务提供者提供了相关作品、表演、录音录像制品,但网络服务提供者能够证明其仅提供网络服务,且无过错的,人民法院不应认定为构成侵权。"又如,《最高人民法院关于审理侵犯专利权纠纷案件应用法律若干问题的解释(二)》第27条规定:"权利人因被侵权所受到的实际损失难以确定的,人民法院应当依照专利法第六十五条第一款的规定,要求权利人对侵权人因侵权所获得的利益进行举证;在权利人已经提供侵权人所获利益的初步证据,而与专利侵权行为相关的账簿、资料主要由侵权人掌握的情况下,人民法院可以责令侵权人提供该账簿、资料;侵权人无正当理由拒不提供或者提供虚假的账簿、资料的,人民法院可以根据权利人的主张和提供的证据认定侵权人因侵权所获得的利益。"

初步证据规则从举证责任分配的角度,减轻了权利人的举证负担,通过举证责任的转移来平衡原被告的利益关系。由于是初步证据,虽然在被告提出异议后举证责任进行了转移,但是被告反证的难度也是相对较低的,当被告提出相反证据后,举证责任又再次发生转移,原告需要进一步举证。

相较于司法解释,《北京高院著作权审理指南》第3.1条第2款所规定的初步证据中增加了"符合行业惯例的权利人声明"一项,这主要针对视听作品中片尾出现"本剧著作权归某某公司所有"或"本剧信息网络传播权归某某公司所有"等声明的情况。鉴于视听作品形态的特殊性,本书第十一章将结合该作品特点展开进行详细论述,在此不作赘述。

---

① 参见李自柱:《著作权归属认定的一般规则》,载《中国出版》2020年第13期。

二、数码照片权属的认定

随着技术发展,数码摄影器材得到广泛的使用,数码照片已经逐步取代了胶片底片,成为摄影作品的主要表现形式。数码照片作品的侵权问题越发严重。此类涉数码照片的侵权案件中,原告往往会提交数字文件、出版物等证据证明其权利归属,但鉴于数码照片本身是一种电子文件,存在易改性,被告往往会提出异议。此时法院应当从以下几个方面对数码照片的权属证据进行逐步审查:首先,原告应当提交数码照片的原始电子文件,并通过该电子文件的数据大小,所显示出作品画面的清晰度对标涉案作品,初步判断该电子文件是否符合涉案作品原始文件的特征。如果数据过小,或是所显示的图片过于模糊,或是所显示出的图像仅是涉案数码照片作品的一部分,则该电子文件均不能被认定是数码图片的原始电子文件。其次,结合数码照片的电子信息、发表情况、拍摄器材、存储情况等因素,对原告提交的数码照片电子文件的真实性进行综合判断,这也体现了前述法条中所规定的法院对当事人提交的初步证据依然需要审查的观点。如果电子文件创建时间晚于当事人所主张的照片拍摄时间,则该电子文件显然不能被认定是涉案数码照片的原始文件。同理,如果电子文件显示的拍摄时间晚于当事人主张的数码照片的首次发表时间,则该电子文件亦不能被当作证明权属的有效证据。最后,根据原始电子文件中的信息,结合当事人提交的其他证据,如照片图集等公开出版物、摄影器材及辅助设备、对涉案数码照片创作的理念解读、与涉案数码照片同一场景的多角度系列照片、与涉案数码照片拍摄行程相关的证据等,对权利归属作进一步判断。例如,如果当事人当庭提交了与电子文件所载相机品牌型号等信息相符的摄影器材包括相机、镜头等设备,则属于对其确系数码照片作者的有利佐证。又如,在华熔诉天府早报社著作权权属、侵权纠纷一案①中,法院认为华熔提交了拍摄场地、拍摄角度及被摄对象相同,拍摄时间不同,但是动作连贯地反映了骑师骑马表演跨栏的6张照片,与华熔为拍摄涉案照片所作的陈述意见相互吻合,故认定华熔为诉争摄影作品的作者。

由此可见,数码照片系以数据组合方式记录在介质上的摄影作品,虽然相关数据具有可复制性且易被修改,但就数码照片著作权的认定依旧有章可循。作品

---

① 参见四川省高级人民法院民事判决书,(2008)川民终字第735号。

的原始电子文件、创作过程、拍摄场景、摄影器材、存储数据等诸多要素，均成为数码照片作者及著作权归属评判的重要证据，再结合作品发表、署名等相关法定情形因素，即可对数码照片作者及著作权归属的进行综合判定。

【典型案例30】

在苏州市中级人民法院审理的(2018)苏05民终2129号周刚诉吴中区光福宏图苗木经营部(以下简称苗木经营部)著作权权属、侵权纠纷一案中，周刚主张苗木经营部未经其允许在网站上，使用了周刚25张数码照片作品构成侵权。周刚就其主张提交了载有25张照片“底册”的光盘以及照片在网络发布的详情等证据。苗木经营部则辩称周刚提交的证据均为自行采集，不能作为涉案照片著作权人。一审法院认为，数码照片数据可以轻易复制修改，周刚自认其提交的照片“底册”不是真正的底片原件，在缺乏原始拍摄证据的情况下，不能凭周刚电脑中保存有涉案照片及认定其为著作权人，周刚关于其将照片通过网络发送给他人的证据系自行采集，亦不能证明其即是著作权人，驳回了周刚诉讼请求。周刚不服，提起上诉。二审法院则认为，周刚陈述了创作过程，提供了拍摄场景，并举证了摄影器材，其摄影器材型号与其中19张照片的相关数据对应一致，同时周刚还就其在相关经营网站上上传照片以及通过电子邮件向他人发送照片进行了举证证明，上述证据相互关联，形成有效证据链，多角度证明了涉案数码照片的权利归属，而苗木经营部的反驳缺乏有效相反证据，故对周刚享有25张数码照片著作权的主张予以支持。

值得注意的是，“视觉中国”事件之后，图片类著作权纠纷案件的权属审查标准问题备受各界关注。审理涉及数码照片等摄影作品的著作权侵权案件时，应正确理解最高人民法院在华盖创意(北京)图像技术有限公司与哈尔滨正林软件开发有限责任公司侵害著作权案件①中的相关认定。最高人民法院在该案中指出，“网站上登载图片，虽然不同于传统意义上的在公开出版物上发表，但同样是‘公之于众’的一种方式。故网站上的‘署名’，包括本案中的权利声明和水印，构成证明著作权权属的初步证据，在没有相反证据的情况下，可以作为享有著作权的证明”。因此，应当严格审查数码照片摄影作品的权利归属证据，不能仅以水印作为推定数码照片权利归属的署名证据，防止权利归属认定的片面性和简单化。同

① 参见最高人民法院民事判决书，(2014)民提字第57号。

时,应注意运用举证责任分配审查数码照片权属。在原告以网站的权利声明、水印等证据作为数码照片权属的初步证据时,如被告举证证明涉案数码照片在其他网站上也有水印和版权独占性声明,且在被诉行为发生之前以及授权确认书作出之前,则数码照片权属这一待证事实进入真伪不明的状态,被告提供的证据可以构成相反证据。在原告不能继续举证证明权属的情况下,应当承担举证不能的后果。

【典型案例31】

在北京市高级人民法院审理的(2017)京民申3811号华盖创意(北京)图像技术有限公司(以下简称华盖创意公司)诉北京当归远志文化发展有限公司(以下简称当归公司)侵害信息网络传播权纠纷一案中,华盖创意公司主张当归公司在其微博中使用2幅图片侵犯其著作权,该图片上标注有"Getty Images"的水印,华盖创意公司提交了美国Getty Images,Inc.(以下简称美国Getty公司)副总裁出具的《版权确认及授权书》以及视觉中国出具的认可华盖公司对涉案图片的权属以及其与华盖公司的密切关系的声明等证据,证明华盖创意公司享有该图片的著作权,要求当归公司立即停止侵权并赔偿损失。一审法院认为,现有证据证明华盖创意公司享有涉案图片的著作权,当归公司未经许可使用了涉案图片作为其微博配图,侵犯了华盖创意公司的信息网络传播权,判决当归公司赔偿华盖创意公司损失1600元。二审法院认为,因部分证据不符合法律要求,对权利声明部分不予认可,美国Getty公司在涉案图片上的水印构成证明著作权权属的初步证据,但除水印之外涉案图片另在华盖创意公司官网上被印有"华盖创意"水印,同时存在摄影师署名,故水印作为署名初步证据的证明力较弱,结合当归公司提交的涉案图片在其他网站上展示的证据等,能够确认有多个主体对涉案图片进行水印印制或版权声明的行为,当归公司提交的证据可以构成相反证据,但华盖创意公司并未就此进一步举证,其应当承担不利后果,故对华盖创意公司主张的美国Getty公司享有涉案图片著作权的主张不予认可,判决撤销一审判决,驳回华盖创意公司的全部诉讼请求。北京市高级人民法院再审审查认为,华盖创意公司主张其自美国Getty公司获得授权,其应当证明作为授权方的美国Getty公司对涉案图片享有相应的著作权,美国Getty公司副总裁个人声称对展示在加拿大Getty公司网站上的图片享有权利,但并无其他证据予以佐证,该证据不足以证明上述加拿大境内的网站与美国 Getty 公司之间的关系，以及上述网站上展示图片的权利归属与美国 Getty 公司的关系，即使涉案图片上有“Getty Images”的水印，且可以视为署名，但涉案图片上除上述水印之外，在“Getty Images”水印下方还有较小字体标注的其他主体的名称，且有其他网站上载有涉案图片的证据显示时间早于美国 Getty 公司副总裁出具声明的时间以及华盖创意公司被诉侵权行为进行公证取证的时间。在华盖创意公司不能说明其授权方即美国 Getty 公司取得涉案图片相关著作权时间的情况下，当归公司提交的相关证据已经成为足以推翻署名的相反证据，华盖创意公司的再审申请不能成立。

第三节　特殊作品的权利归属与认定

著作权原则上属于作者。但对于职务作品、合作作品、汇编作品、演绎作品、视听作品、委托作品等特殊作品类型，除前述两节一般作品的著作权归属认定规则外，法律出于利益平衡作出了特别规定，有必要专门研究。本节对部分特殊作品的权利归属认定进行分析。

一、职务作品的权属认定

职务作品是指自然人为完成法人或者非法人组织工作任务所创作的作品，也即员工为了完成单位的工作任务而创作的作品。确定职务作品的著作权归属的规则，既要保护单位的物质投资又要兼顾作者的智力创作。

2020 年《著作权法》第 18 条规定：“自然人为完成法人或者非法人组织工作任务所创作的作品是职务作品，除本条第二款的规定以外，著作权由作者享有，但法人或者非法人组织有权在其业务范围内优先使用。作品完成两年内，未经单位同意，作者不得许可第三人以与单位使用的相同方式使用该作品。有下列情形之一的职务作品，作者享有署名权，著作权的其他权利由法人或者非法人组织享有，法人或者非法人组织可以给予作者奖励：(一)主要是利用法人或者非法人组织的物质技术条件创作，并由法人或者非法人组织承担责任的工程设计图、产品设计图、地图、示意图、计算机软件等职务作品；(二)报社、期刊社、通讯社、广播电台、电视台的工作人员创作的职务作品；(三)法律、行政法规规定或者合同约定著作权由法人或者非法人组织享有的职务作品。”基于上述规定，可以看出我国法律规定了一般职务作品和特殊职务作品两种情况及权利归属。一般职务作品的著作权由作者(员工)享有,法人或者非法人组织(单位)仅享有作品完成2年内在业务范围内优先使用的权利。特殊职务作品的著作权除署名权外,则由法人或者非法人组织(单位)享有,作者(员工)仅保留署名权。

(一)一般职务作品权利归属的认定

确定职务作品权利归属的过程,通常是确定涉案作品是否属于职务作品的过程。

我们认为,构成职务作品的要件包括三个:一是创作作品的自然人必须是法人或者其他组织的工作人员,二者有实质意义上的劳动或雇用关系,包括正式员工、临时员工、试用期人员或实习生。为了完成单位工作任务而借调或招聘的工作人员也可以成为职务作品的作者。[①] 二是作品必须因履行职务行为的需要而创作,即为了完成单位工作任务而产生。三是在前两项的基础上,还要注意作者是否是依自己的意志创作了作品,而不是对单位意志的体现,否则可能进入法人作品的范畴。[②] 满足前述三个条件后,即可认定该作品为一般职务作品。在这种情况下,作者可以保留全部著作权,但单位无偿获得了作品在其业务范围内的优先使用权。

根据2020年《著作权法》第18条的规定,“作品完成两年内,未经单位同意,作者不得许可第三人以与单位使用的相同方式使用该作品”,也即在作品完成之后的2年内,单位在其业务范围内的使用权是排他性的。但是,法律并没有规定作者自己是否可以以相同方式使用,对于这点目前尚有争议。另外,在2年内,即便单位不使用该作品,作者也不能突破法律规定,未经单位同意而授权他人按照与单位业务范围内的使用方式相同的方式使用该作品。

---

① 参见黄薇、王雷鸣主编:《〈中华人民共和国著作权法〉导读与释义》,中国民主法制出版社2021年版,第125页。

② 有学者认为,我国《著作权法》同时规定“法人作品”和“特殊职务作品”会造成作品定性上的问题,建议可通过完善“职务作品”的规定实现作品著作财产权由法人原始取得的目的。学界对于法人作品和特殊职务作品是否应当同时存在于《著作权法》中尚存在争议,关于“法人作品”参见本书第三章的相关论述。

(二)特殊职务作品权利归属的认定

2020年《著作权法》第18条第2款规定了三种特殊职务作品类型,包括:(1)工程设计图、产品设计图、地图、示意图、计算机软件等图纸、软件类职务作品;(2)由报社、期刊社、通讯社、广播电台、电视台的工作人员创作的涉报社、电台、电视台的职务作品;(3)法律、行政法规规定或者合同约定著作权由法人或者非法人组织享有的其他职务作品。

1. 图纸、软件类特殊职务作品

在实践中,工程设计图、产品设计图、地图、示意图、计算机软件等职务作品的创作仅靠一两个人的努力是很难完成的,需要由法人或者其他组织提供物质技术条件,而创作出作品的相关责任,也需要由法人或者其他组织向社会负责。2020年《著作权法》在第一类特殊职务作品中增加了“示意图”,这可能是考虑部分示意图与工程设计图、产品设计图一样,也“主要是利用法人或者非法人组织的物质技术条件创作,并由法人或者非法人组织承担责任”。主要物质技术条件,在2013年《著作权法实施条例》第11条第2款中有明确规定,是指法人或者该组织为公民完成创作专门提供的资金、设备或者资料。主要是利用单位专门提供的物质技术条件,并非仅指利用了单位特意为创作提供的条件,还强调作者利用的由单位所提供的物质技术条件与作品的创作直接相关,无法从其他地方轻易获得。《北京高院著作权审理指南》第3.6条对主要利用单位的物质技术条件创作并由单位承担责任的特殊职务作品进行了规定。该条从举证责任分配的角度,对主张著作权的单位课以举证责任,即其应当对作者主要利用了单位的物质技术条件完成作品的创作进行举证。

2. 涉报社、电台、电视台的特殊职务作品

值得注意的是,2020年《著作权法》在特殊职务作品部分相较2010年《著作权法》作出了重要修改,增加了一类特殊职务作品,即“报社、期刊社、通讯社、广播电台、电视台的工作人员创作的职务作品”。2010年《著作权法》下,报社、电台、电视台等单位的工作人员创作的职务作品若符合“主要利用法人物质技术条件”的情况,可归入前述特殊职务作品。例如,在新华社、中央电视台的记者、摄影师记录国家领导人及重大外事活动等新闻仍需由单位提供专业摄影、摄像设备及公务用车,并根据单位统一安排部署方可进行重大人物及活动的拍摄采访的情况

下,需对作品是否符合主要利用新华社、中央电视台提供的物质技术条件这一要件进行判断,以确定涉案作品是否属于特殊职务作品。可见,在2020年《著作权法》实施前,如无特殊约定,大部分报社、电台、电视台等单位的工作人员创作的职务作品属于一般职务作品。2020年《著作权法》实施后,报社、电台、电视台等单位的工作人员的职务作品被明确定性为特殊职务作品,而不再成为一般职务作品。

2020年《著作权法》修改,增加一类特殊职务作品,使报社、电台、电视台等单位直接取得其职务作品的署名权之外的其他著作权,主要考虑:第一,我国的报社、期刊社、通讯社、广播电台、电视台等新闻媒体担负着重要的宣传职责,这些单位的工作人员发表文章多是落实本单位的宣传报道责任,这些文章通常是利用单位提供的物质条件完成,并由单位进行使用。第二,实践中,新闻单位内部通常会建立一整套工作机制,安排专门的设备、人员收集新闻线索,对新闻线索进行统一筛选和甄别,选定线索后再指派记者完成采访任务,在采访过程中,为记者配备设备、报销费用并支付工资,稿件完成后要经过单位审核修改,以确定是否发表,发表后单位不可避免地要承担责任和风险。而且,一些采访报道,还和单位的资质、等级有关,并非任何新闻单位和任何记者均可以接触。相关工作的单位意志突出。第三,随着当前互联网技术的高速发展,新闻报道过程中形成的作品权利清晰、归属明确,更有利于解决网络转载、著作权侵权维权、传统媒体与网络媒体深度融合等现实问题,促进作品的创作和传播。①

从司法实务的角度来看,增加该特殊职务作品,在一定程度上解决了上述单位对此类职务作品的后续利用和维权难题。此前,在多数此类职务作品的著作权归属于员工的情况下,报社、电台、电视台等单位对此类作品的后续利用和维权都需以与作者签订合同并作相应约定为前提。如某报社欲将当年刊载的同一类型的多篇员工所写报道文章整理出版成合集,则需逐一获得每篇文章作者的许可。而某报社若因某网络媒体未经许可转载其报刊文章欲起诉维权,也需与该报社作者就其职务作品的著作权除署名权之外的其他权利属于报社单独进行约定,以达到作为原告的适格主体地位。

---

① 参见黄薇、王雷鸣主编:《〈中华人民共和国著作权法〉导读与释义》,中国民主法制出版社2021年版,第127页。

【典型案例 32】

在桂林市叠彩区人民法院审理的(2014)叠民重字第 10 号陈华生、陈江莉诉桂林市航务管理处(以下简称航管处)侵害作品复制权纠纷一案中,陈华生、陈江莉诉称航管处未经许可擅自使用了二原告父亲陈亚江的摄影作品《新加坡前总统李光耀在游船上》,侵害了陈亚江对其摄影作品享有的署名权、复制权及获得报酬权。法院认为,涉案作品系作者陈亚江在桂林日报社工作期间、以摄影记者身份、受单位指派在特定环境下进行拍摄,系其履行组织安排的采访工作职责的主要工作内容,故涉案摄影作品应属职务作品,但并无证据证明涉案作品所使用的器材设备主要利用了单位的物质技术条件,亦无书面协议约定涉案作品的著作权归属单位享有,故涉案摄影作品不属于特殊职务作品,应为一般职务作品。

3. 其他特殊职务作品

2020 年《著作权法》第 18 条第 2 款第 3 项保留了 2010 年《著作权法》第 16 条第 2 款第 2 项中规定的一类特殊职务作品,即"法律、行政法规规定或者合同约定著作权由法人或者非法人组织享有的职务作品",为其他法律或行政法规对职务作品的著作权归属作出特别规定留下空间。例如,作为行政法规的《地方志工作条例》第 15 条规定:"以县级以上行政区域名称冠名的地方志书、地方综合年鉴为职务作品,依照《中华人民共和国著作权法》第十六条第二款的规定,其著作权由组织编纂的负责地方志工作的机构享有,参与编纂的人员享有署名权。"根据该规定可知"以县级以上行政区域名称冠名的地方志书、地方综合年鉴"即属于特殊职务作品。另外,《著作权法》明确许可当事人通过合同将一般职务作品约定成为特殊职务作品,使单位可以享有除署名权之外的著作权。当然,作此约定的前提是,涉案作品本身是职务作品。《著作权法》在职务作品上之所以作出有利于单位的规定,在一定程度上是为了保护单位对于作品创作所进行的投资。

由于 2020 年《著作权法》实施以前,并没有将报社、电台、电视台等单位工作人员的职务作品明确定性为特殊职务作品,故在前述单位的维权诉讼中,通常需要其提交与工作人员签订的合同、协议等相应证据,方可适用关于"合同约定著作权由法人或者非法人组织享有的职务作品"的规定,将除署名权之外的其他著作权权利归属于单位一方。而在 2020 年《著作权法》实施后,前述相关单位即可适用该法第 18 条第 2 款第 2 项规定主张权利。

【典型案例33】

在北京市第一中级人民法院审理的(2009)一中民终字第4136号中国经济时报社(以下简称经济时报社)与北京慧聪建设信息咨询有限公司(以下简称慧聪公司)侵犯著作财产权纠纷一案中,经济时报社诉称慧聪公司在其经营的慧聪网上转载作者为该社记者谢某的文章,该涉案文章系谢某为完成报社工作任务所创作的职务作品,刊登于该社《中国经济时报》上,慧聪公司未经经济时报社许可转载涉案文章侵犯了经济时报社对该作品享有的著作权。慧聪公司认为,经济时报社只是涉案作品著作权的受让人,而非作者,因此其对受让之前的侵权行为并不能主张权利。经济时报社在该案中提交了该社与谢某签订的《职务作品版权事宜协议书》,其中约定了"谢某对其创作的职务作品享有署名权,作品的其他权利归属经济时报社所有"。法院审理后认为,经济时报社与谢某所签订的《职务作品版权事宜协议书》已明确约定谢某对其创作的职务作品享有署名权,职务作品的其他权利归属经济时报社所有,该合同系双方真实意思表示,内容未违反法律法规规定,应属合法有效。因此,认定经济时报社自涉案作品创作完成之时即对该文章享有除署名权之外的著作权,有权对未经许可进行网络转载的行为提起诉讼。

(三)对我国《著作权法》施行前特殊摄影作品权属的认定

1990年,我国制定了《著作权法》。对于1990年之前,以党和国家领导人为拍摄对象的摄影作品,虽然当事人对职务作品著作权归属没有明确约定,且当时也没有明确的法律规定,但根据当时的时代背景、该类作品特殊的拍摄过程以及当事人的具体行为、意思表示,可以认定单位职工创作的该类摄影作品属于特殊职务作品,由单位享有除署名权之外的著作权。对于该类作品的著作权归属,不能简单依据当事人提交的拍摄者个人摄影集上的署名进行认定,一般还应要求当事人进一步提交拍摄者所在单位对作品权利归属或拍摄者单独行使著作权的意见,必要时可以依职权对此进行调查。

【典型案例34】

在北京市高级人民法院审理的(2017)京再民31号吕方诉中国唱片集团有限公司(以下简称中唱公司)侵害著作权纠纷一案中,一审、二审法院均依据"署名推定"规则,认为根据吕方提供的图书可以证明吕厚民是涉案摄影作品的著作权人。

尽管中唱公司在二审诉讼中主张涉案照片是由新华社安排拍摄,属于新华社的法人作品,但二审法院认为,中唱公司并没有提供有效证据证明涉案摄影作品是由新华社主持,代表法人意志创作,并由法人承担责任的作品。一审法院结合吕方提供的图书认定吕厚民系涉案摄影作品的作者并无不当。在此前提下,吕方依据《摄影作品著作权转让协议》,受让取得了吕厚民全部摄影作品的著作财产权,故对涉案摄影作品享有包括复制权、发行权在内的财产性权利。再审法院认为,涉案摄影作品系在《著作权法》施行前,以党和国家领导人为拍摄对象的摄影作品。对于该类特殊题材摄影作品的著作权归属,不能简单依据当事人提交的拍摄者个人摄影集上的署名进行认定,而应根据该类摄影作品创作时的社会背景、创作过程以及当事人的具体行为等予以认定。涉案摄影作品的拍摄者吕厚民与其所在单位新华社没有对摄影作品著作权归属进行明确约定,涉案摄影作品拍摄时也没有明确的法律规定,但结合新华社对再审法院回函的内容,根据当时的时代背景、该类作品特殊的拍摄过程、当事人的具体行为以及意思表示,可以认定吕厚民拍摄涉案摄影作品系为履行单位委派的特殊任务,其拍摄器材由单位提供,拍摄过程以及后期的编辑、对外发布由单位决定并由单位承担责任,因此,该类摄影作品应属于特殊的职务作品,由单位享有除署名权之外的著作权。

二、合作作品的权属认定

合作作品是指两个以上的作者经过共同创作形成的作品。关于合作作品的主体身份认定及其权利归属,历来争议颇多。普遍观点认为,构成合作作品,需要具备两个要件:一是合作作者必须有共同的创作意愿,对创作行为及后果有明确的认识、目标一致,若缺少共同的创作愿望,则不能成为合作作者;二是合作作者必须实际参加了共同的创作劳动,作出实质性贡献。没有参加创作,仅为创作提供咨询意见、物质条件、素材或其他辅助劳动的人不能成为合作作者。[①] 另有观点认为,在此基础上,还应具备一点,即每个合作作品所完成的文学艺术形式,应当达到《著作权法》所要求的作品的标准。[②] 其实,无论是“二要件说”抑或“三要件说”,本质区别不大,均起码具备两个核心要素,即共同创作的意图与共同创作的行为,该两个要素从著作权主体身份确认和权利归属的角度,阐述了合作作品区

① 参见吴汉东主编:《知识产权法》(第3版),法律出版社2009年版,第65页。

② 参见刘春田主编:《知识产权法》(第4版),中国人民大学出版社2009年版,第94页。

别于其他作品的基本元素。至于“创作作品最终形态应符合《著作权法》要求的作品的标准”此类要件，是合作作品之所以能够称为作品的应有之义。合作作品非单人作品，需要两人甚至多人对一部作品分享权利，对该作品的权利归属进行认定，要解决的最根本的问题就是确定谁是合作作者，对合作作品构成要件的准确把握是解决前述问题的基础。

（一）共同创作意图

所谓共同创作的意图，更多地体现在创作者的主观心理状态。两个以上作者在创作时应当意识到自己是在与他人共同创作一个作品。如果没有合作意图，即便两个创作者的创作成果在一个作品中融合，二者也不能成为合作作者。例如，在常见的编辑与作者的关系里，编辑需要对作者完成的作品进行修改，但这并不意味着编辑可因此而成为合作作者，因为编辑对作品的修改往往出于其工作职责而并非因其具有成为合作作者的实际意图。又如，出版社经过多位作者同意后，将各个作者已发表的同类型作品集结成册，则该文集仅有可能成为汇编作品，却很难说是上述作者的合作作品。也就是说，共同创作意图不仅具有将自身贡献融入整个作品中的意图，还应具有成为合作作者的意图。此外，合作意图亦应当从时间上进行把握，合作意图应当是在创作过程中产生，而非创作之后产生。如果创作结束之时，并无此类意图产生，则意味着作者无意愿与他人分享创作成果上的权益。各个作者按照著作权自动获得规则，对自己创作的作品享有独立的权利。实践中，由于法院在审理案件的过程中无法探知当事人彼时的内心想法，所以对于是否具有共同创作的意图，更多的还需要通过客观证据进行推定，这就涉及举证责任分配的问题。在作品上未被署名的一方，若要主张自己为该作品的合作作者之一，则应当举证证明其存在合作意图，即不仅要证明其具有合作意愿，也要证明另一方对其合作意愿是接受的，一般此类证据可表现为书面或是口头的协议，或创作过程中能够表明该意图的各项事实。

（二）共同创作行为

对于共同创作行为的认定，无论是立法还是学界均未形成确定的、一致性的标准或规则。在司法实践中，也存在判断标准不一的情况。例如，在肖涛生与邹士敏著作权权属及侵权纠纷一案[①]中，法院查明邹士敏对肖涛生创作完成的油画《吹响响》没有参与执笔绘制工作，但法院认为“合作作品是指作者对作品的创造性智力劳动方面的贡献，每个合作者不一定都必须亲自动手、亲自执笔”，据此认为肖涛生主张的邹士敏没有创作《吹响响》不符合法律规定。又如，在刘国础与叶毓山著作权纠纷一案[②]中，法院查明刘国础“参与了放大制作，做了一些工作，通过口头或实际刻画制作提过建议”，但该行为是否构成创作行为没有进行分析，法院以涉案作品放大稿与初稿相比较没有实质性的改变为由，未支持刘国础关于对涉案作品享有著作权的主张。

在《著作权法》及相关司法解释中，可以找到与共同创作行为要件内涵有关的相关规定。2020 年《著作权法》第 14 条规定，没有参加创作的人，不能成为合作作者。《最高人民法院关于贯彻执行〈中华人民共和国民法通则〉若干问题的意见（试行）》（已废止）第 134 条规定：“二人以上按照约定共同创作作品的，不论各人的创作成果在作品中被采用多少，应当认定该项作品为共同创作。”我们认为，共同创作行为通常要求作者参与创作，进行了创造性智力活动，对作品作出直接的、实质的贡献。实践中，可以根据合作作者在创作过程中的贡献是否满足一定的“质”和“量”的要求去判断，既要在“量”上把握其行为确实属于参加了创作，又要在“质”上判断其行为导致的创作结果达到《著作权法》对作品的要求。

（三）合作作品的权利归属与行使

2020 年《著作权法》在关于合作作品权利归属与行使的规定上，改动较大。2010 年《著作权法》第 13 条规定，合作作品的著作权“由合作作者共同享有”，另规定，对于可以分割使用的合作作品，“作者对各自创作的部分可以单独享有著作权”。对于不可以分割使用的合作作品，2013 年《著作权法实施条例》规定，合作作品的著作权通过协商一致行使；不能协商一致，又无正当理由的，任何一方不得阻止他方行使除转让以外的其他权利，但是所得收益应当合理分配给所有合作作者。2020 年《著作权法》对该部分进行了修改完善，将 2013 年《著作权法实施条例》中有关不可以分割使用的合作作品的著作权如何行使的规定纳入 2020 年《著作权法》。另外，对于某一合作作者无正当理由反对其他合作作者行使合作作品

---

① 参见四川省高级人民法院民事判决书，(2007)川民终字第 668 号。

② 参见四川省高级人民法院民事判决书，(1990)川法民上字第 7 号。

著作权的情况,在其他合作作者可行使权利的排除范围中增加了“许可他人专有使用”和“出质”两项权利。有学者认为,这一修改的原因,在于“出质”有导致权利变动的可能,而“专有许可”的法律后果接近权利变动。合作作品既然由合作作者基于创作的合意共同创作完成,其著作财产权应为合作作者的共同财产。对其作出导致权利变动的处分行为,将涉及全体合作作者的重大利益,立法者认为应当经过全体合作作者同意。同时,为了实现《著作权法》有关鼓励作品传播的立法目的,立法者认为在部分合作作者无正当理由反对时,应允许其他合作作者对合作作品进行不涉及权利变动的处分。①

另外,关于合作作者之一死亡后的权利承继问题,2013 年《著作权法实施条例》第 14 条所作的规定,是与《继承法》(2021 年 1 月 1 日已废止)以及《民法典》关于继承的一般原则不同的特殊规定,即“合作作者之一死亡后,其对合作作品享有的著作权法第十条第一款第五项至第十七项规定的权利无人继承又无人受遗赠的,由其他合作作者享有”。根据该条规定,合作作者之一死亡后,如果没有继承人也没有受遗赠人的,则其对作品享有的财产权利不会像其他民事权利一样归国家所有,而是归其他合作作者享有。

【典型案例 35】

在北京知识产权法院审理的(2019)京 73 民终 2705 号中华书局有限公司(以下简称中华书局)与金城出版社有限公司(以下简称金城出版社)、北京市新华书店王府井书店有限责任公司著作权权属、侵权纠纷一案中,中华书局主张其对 *Chinese Bronzes from the Buckingham Collection*(1946 年版)一书中所翻译的中文内容享有专有出版发行权,该书作者为查尔斯·法本斯·凯莱(Charles Fabens Kelley)、陈梦家,根据中华书局与陈梦家作品著作权的继承人签订的《图书出版合同》,中华书局享有陈梦家除书信外全部作品的中文文本专有出版权,金城出版社出版发行《白金汉所藏中国铜器图录:汉英对照》一书中含有的相应中文内容已构成侵权。法院审理认为,*Chinese Bronzes from the Buckingham Collection* 一书由陈梦家和查尔斯·法本斯·凯莱分别独立创作完成部分内容,陈梦家完成了其中的概述和考释部分,故该书属于可以分割使用的合作作品,陈梦家对于其完成的概

① 参见王迁:《〈著作权法〉修改:关键条款的解读与分析(下)》,载《知识产权》2021 年第 2 期。

述和考释部分可单独享有并行使著作权。

三、委托作品的权属认定

(一)委托作品的权属规则

委托作品是指受托人根据委托人的委托而创作的作品。2020年《著作权法》第19条规定:“受委托创作的作品,著作权的归属由委托人和受托人通过合同约定。合同未作明确约定或者没有订立合同的,著作权属于受托人。”该条规定是关于委托作品著作权权利归属的规定,委托作品的著作权归属,以合同约定为先,法律无意过多干涉。

关于委托作品的权属认定,与2010年《著作权法》相比,2020年《著作权法》并无变化。国家版权局于2012年草拟的《著作权法修改草案(第二稿)》曾就该条提出了改进建议,拟将“合同未作明确约定或者没有订立合同的”修改为“没有约定或者约定不明的”。然而2020年《著作权法》关于委托合同权属规定的表述未作改动。我们认为,“没有订立合同”的表述措辞不够精准,应当与前文文义统一。原因在于,没有订立合同通常不会产生委托关系,则相关作品难以被认定为委托作品,所以“没有订立合同”实际上应被理解为“没有就权利归属订立合同或条款”,而不应被理解为没有订立委托创作合同,故该条文使用“没有约定或者约定不明的”的表述更为准确。

(二)委托创作作品中的著作人身权

无论双方有无约定委托作品的著作权归属,受托人仍然是委托作品的作者,委托人能否在合同中约定享有委托作品的著作人身权?针对该问题,历年《著作权法》均没有进行明确规定。在理论和实务上,对于著作人身权归属能否约定,长期存在不同意见。第一种意见认为,委托作品著作权归属是依据合同确定,合同就是当事人之间的“法律”,应当尊重当事人的意思自治。当事人约定由委托人进行署名并发表作品并不损害任何人的利益,法律不应当干涉。因此,应当允许当事人对著作人身权的归属进行约定。第二种意见认为,著作权是一种民事权利。在民法中,人身权不能转让,也不能约定归属。著作人身权同样不能转让,也不能约定归属,只能属于作者。因此约定著作人身权归属违背民法的一般原理。第三种意见认为,著作人身权中,署名权的人身属性较强,而发表权、修改权、保护作品完整权都带有一定的经济性质，与著作财产权关系密切，会影响著作财产权的行使。因此，署名权一般应当属于受托人，不能约定归属于委托人，其他三项著作人身权应当允许当事人进行约定，以利于著作财产权的行使。上述三种观点，从不同角度阐述，都有一定的道理。

《北京高院著作权审理指南》第3.7条第2款就此问题亦有阐述，该条规定："受托人与委托人对著作人身权的行使进行约定，未违反公序良俗的，不宜一概认定无效，可以根据合同内容进行审查"。我们认为，考虑著作人身权作为民事权利，应当遵循民法的基本原理，但同时考虑著作人身权自身特点，应当区分权利归属与权利行使两个层面的问题。著作人身权的归属通常不能通过约定来转让或者通过约定来确定，但可以对权利的行使作出约定。例如，如果当事人约定由委托人署名并发表，这属于署名权行使的约定，只要该约定不违反公序良俗，就不宜一概认定为无效。

（三）委托人对委托作品的使用范围

《著作权法》虽对约定不明时著作权归受托方进行了规定，但并没有明确在约定不明的情况下，委托人是否有权使用作品。《著作权民事纠纷司法解释》第12条规定："按照著作权法第十七条规定委托作品著作权属于受托人的情形，委托人在约定的使用范围内享有使用作品的权利；双方没有约定使用作品范围的，委托人可以在委托创作的特定目的范围内免费使用该作品。"有观点认为，即使没有这一司法解释，此类免费使用权实际上应当被视为委托合同中的默示内容，否则很难解释，委托人为什么要委托别人创作作品。[①] 对"委托创作的特定目的范围内免费使用"的认定应当结合当事人订约时的真实意思表示、委托作品的性质等因素，并从平衡当事人之间利益角度出发综合考量。对于使用权的种类范围，是仅限于财产权利还是可以涉及精神权利，一直存在争议。在青岛金羊鞋业总公司（以下简称金羊公司）与胡一德著作权纠纷一案[②]中，胡一德接受金羊公司委托以金羊公司名义制作一套礼品，胡一德因此创作完成"世纪之柱"雕塑作品设计图纸，双方对于著作权归属没有进行约定，后胡一德以金羊公司侵犯著作权为由提起诉讼，法院认为在委托作品的著作权归属于受托人的情况下，委托人有权在特定委托范

---

① 参见崔国斌：《著作权法——原理与案例》，北京大学出版社2014年版，第321页。

② 参见山东省高级人民法院民事判决书，（2002）鲁民三终字第2号。

围内使用该作品,但应当在使用中表明作者身份,不得侵犯著作权人的署名权。

【典型案例36】

在上海市第一中级人民法院审理的(2007)沪一中民五(知)初字第149号王敏诉六面体服装贸易(上海)有限公司(以下简称六面体公司)侵犯著作权纠纷一案中,王敏诉称其受六面体公司委托创作服装摄影作品,双方未订立合同确认著作权归属,六面体公司向其支付了制作费用17,600元后,其创作完成了107幅作品并将样品交付六面体公司,后六面体公司在未与王敏订立著作权许可或转让合同的情况下,擅自将样品制成邮购广告画册和大幅广告用于商业目的。王敏认为,受委托创作的作品,在双方未订立合同的情况下,著作权应属受托人即王敏所有,六面体公司擅自使用其作品构成侵权。法院审理后认为,从涉案照片拍摄的内容来看,这些照片的创作意图是为了推广宣传六面体公司经营的服饰商品,从王敏在起诉状以及庭审中的陈述也可以印证,王敏在接受委托时知道拍摄这些照片的目的是宣传六面体公司的服饰商品,六面体公司在向王敏支付相关费用后,将涉案照片用于宣传其经营的"Private Color's"品牌服饰商品,该种使用方式应视为在委托创作的特定目的范围内使用,无须取得王敏的再许可或另行支付使用费。

四、利用民间文学艺术元素或素材创作作品的权属认定

(一)民间文学艺术作品的含义

根据1976年联合国教育、科学及文化组织(United Nations Educational,Scientific and Cultural Organization,UNESCO)和世界知识产权组织(World Intellectual Property Organization,WIPO)共同在突尼斯通过的《为发展中国家制定的样板版权法》(以下简称《突尼斯版权示范法》),民间文学艺术使用"folklore"一词,其被定义为"在某一国家领土范围内可认定由该国国民或种族群落创作的、代代相传并构成其传统文化遗产之基本组成部分的全部文学、艺术与科学作品"。1982年UNESCO和WIPO共同通过的《保护民间文学艺术表达,防止不正当利用及其他损害性行为国内示范法条》(以下简称《示范法条》)中提出了"民间文学艺术表达"(Expressions of Folklore)一词,指具有传统艺术遗产特征的要素,并由(某一国家的)一个群落或者某些个人创制并维系,反映该部落之传统艺术取向的产品。

目前国际组织相关文件中对民间文学艺术（作品）都未使用“work”（《著作权法》上的作品的英文译文）一词，《示范法条》中“Expressions of Folklore”的使用也旨在突出民间文学艺术（表达）和传统版权作品的不同。中文语境中针对英文语境的词汇，也相应地出现了民间文学艺术、民间文学艺术表达、民间文学艺术作品等不同概念，限于篇幅不对上述概念如何界定进行分析，但需要说明的是，民间文学艺术作品的范畴并不等同于《著作权法》上“作品”的范畴。

民间文学艺术作品与非物质文化遗产（Intangible Cultural Heritage）相比，非物质文化遗产的概念来自 2003 年 10 月 17 日 UNESCO 通过的《保护非物质文化遗产公约》。《非物质文化遗产法》第 2 条第 1 款规定：“本法所称非物质文化遗产，是指各族人民世代相传并视为其文化遗产组成部分的各种传统文化表现形式，以及与传统文化表现形式相关的实物和场所。包括：（一）传统口头文学以及作为其载体的语言；（二）传统美术、书法、音乐、舞蹈、戏剧、曲艺和杂技；（三）传统技艺、医药和历法；（四）传统礼仪、节庆等民俗；（五）传统体育和游艺；（六）其他非物质文化遗产。”[①]因此，民间文学艺术作品属于非物质文化遗产的范畴。

（二）民间文学艺术作品是否为《著作权法》保护的对象

有学者认为，民间文学艺术作品是由某社会群体（如民族、区域、国家）在长期的历史过程中创作出来并世代相传、集体使用的歌谣、音乐、戏剧、舞蹈、建筑、主体艺术、装饰艺术等作品、素材或风格。[②] 民间文学艺术作品存在创作时间的长期性与持续性、创作过程的继承性与变异性、创作成果的民族性与地域性等特征。[③]关于民间文学艺术作品是否可成为《著作权法》保护对象有两种观点：一种观点是赞同派，认为民间文学艺术作品可以成为《著作权法》保护的对象；另一种观点是反对派，认为民间文学艺术作品与著作权制度并不融合，存在实质性冲突和难以跨越的障碍，应当在著作权之外设立单独、特别的权利（如民间文学作品权）对民间文学艺术作品进行保护，甚至有观点认为民间文学艺术作品属于公有领域。我们认为，民间文学艺术作品无法全部纳入《著作权法》的保护之下。具有特定传承

---

① 该条款的定义来自 2005 年 3 月 26 日《国务院办公厅关于加强我国非物质文化遗产保护工作的意见》所附的《国家级非物质文化遗产代表作申报评定暂行办法》第 2 条对非物质文化遗产的定义。

② 参见吴汉东主编：《知识产权法学》，北京大学出版社 2002 年版，第 56 页。

③ 参见黄玉烨：《民间文学艺术的法律保护》，知识产权出版社 2008 年版，第 47 ~ 53 页。

人创作的特定的民间文学艺术作品，由于每一位传承人在创作中融入个人特色、理解，可以符合作品的独创性要求。基于民间文学艺术作品而衍生的作品，即对民间文学艺术作品进行收集、整理、改编后形成的新的演绎作品，可成为《著作权法》的保护对象。因此，著作权制度具有保护民间文学艺术作品的可行性，但基于民间文学艺术作品的特殊性，还需要特别法律规定予以保护。

在立法模式上，保护民间文学艺术作品，可从行政保护的角度适用《非物质文化遗产法》。从私法保护的角度看，我国最早于1990年的《著作权法》第6条中规定，民间文学艺术作品的著作权保护办法由国务院另行规定。时至2020年《著作权法》出台，该条规定依然未变，"民间文学艺术作品保护办法"或是"民间文学艺术作品著作权保护条例"均尚未问世。究其原因，恐怕对民间文学艺术表达权利主体的认定、保护模式的设计以及保护期限等问题的判断，均是困扰立法者和学者的难题。从司法适用的角度来看，虽然民间文学艺术作品并不能全部符合著作权保护的条件，但对于符合《著作权法》保护条件的作品应当适用《著作权法》予以保护。问题的难点和关键点在于"保护到什么程度"。郑成思教授认为司法机关着手处理纠纷既可能把公有领域的东西划为专有，也可能把专有领域的东西划为公有，可能"宽严皆误"，可能无所适从。① 值得注意的是，在有些案例中，如果涉案作品既符合《著作权法》中作品的条件，又属于非物质文化遗产，则需考虑保存、保护、弘扬、传承和振兴的理念，在具体认定涉案行为是否构成侵权等方面，平衡好著作权制度对传承人私权的保护和非物质文化遗产的弘扬、传承、振兴之间的关系。

【典型案例37】

在北京市东城区人民法院审理的(2010)东民初字第2764号白广成诉北京稻香村食品有限责任公司(以下简称北京稻香村公司)著作权权属、侵权纠纷一案中，白广成主张北京鬃人是北京传统民间工艺，于2007年6月被北京市人民政府评为市级非物质文化遗产，白广成与其兄白大成是北京鬃人的传承人，"跑驴"是北京鬃人的传统制作项目。白广成于2007年5月制作完成了涉案作品"跑驴"并多次在公开场合展出，北京稻香村公司生产的"老北京"广式月饼包装盒和手提袋

① 参见郑成思：《版权法》(上)，中国人民大学出版社2009年版，第149页。

上使用了涉案作品“跑驴”，构成对白广成著作权的侵犯。法院认为，北京鬃人是源于清末、流传于北京地区的特色民间工艺艺术，被评为北京市非物质文化遗产。北京鬃人艺术作为代代相传的手工技艺，本身具有非物质的特性。白广成是北京鬃人艺术的传承人，在吸纳传统工艺和艺术风格的基础上制作完成的“跑驴”作品，是以有形载体形式表现的民间艺术作品。民间艺术作品符合《著作权法》上作品的条件时，可适用《著作权法》进行保护。虽“跑驴”属于北京鬃人的传统制作项目，但并无证据证明白广成创作的“跑驴”作品与之前的鬃人作品相同，故涉案作品“跑驴”具有独创性，是《著作权法》所保护的作品，北京稻香村公司未经许可使用白广成创作的“跑驴”作品构成侵权。

(三)利用民间文学艺术创作作品的权利归属

主体身份的不确定性及集体性是民间文学艺术作品的根本特征之一。民间文学艺术作品的最初创作可能出自某个人或集体，随着时间的推移和时代的更迭，接触过该作品元素的人们对其进行的一步步改变和完善，形成了具有某个民族、地区风格的作品，代表着某个民族、地区的文化、习俗和精神，记载着一个民族的历史。[①] 实际上，民间文学艺术作品在代代相传的过程中，必然有数不清的“演绎创作人”，正是这些“演绎创作人”，才使民间文学艺术作品得以发展。而在著作权制度之下，这些传播者兼演绎者通过主张权利，使民间文学艺术作品的发展形式逐步成为“有主物”。[②] 实践中，有观点认为利用民间文学艺术创作出来的作品也是民间文学艺术，我们认为两者不是等同的，利用民间文学艺术再创作作品，与民间文学艺术是有区别的。简言之，利用民间文学艺术创作的作品，实际是对民间文学艺术的“演绎”。

民间文学艺术中有的是作品，有的可能不是作品，无论是利用民间文学艺术中的作品，还是利用不属于作品的其他材料，所进行的后续创作若是一种创作行为，符合《著作权法》保护作品的条件，则可以受到《著作权法》的保护，但同时需要兼顾民间文学艺术作品的特殊性。《北京高院著作权审理指南》第3.8条对利用民间文学艺术元素或素材创作作品的权利归属进行了规定，即利用民间文学艺

① 参见陈惠珍、倪红霞：《正确界定民间文学艺术作品与再创作作品——由一件京剧脸谱著作权纠纷案说起》，载《法治论丛》2003年第6期。

② 参见李琛：《混沌之死与民间文学艺术作品》，载《电子知识产权》2005年第4期。

术的元素或者素材进行后续创作，形成具有独创性作品的，作者对该作品享有著作权，但应说明素材的来源。可见，法院审理相关案件时，首先要对民间文学艺术元素或素材以及利用这些元素或素材进行创作形成的作品进行区分。另外，对于主张权利的后续创作的作者来说，其负有说明素材来源的义务。由于民间文学艺术是集体智慧的产物，后续创作的作者有义务在作品中说明素材的来源，这是对社会公众的一个交代，同时也能清晰地表明哪些是独创的，哪些是借鉴而来的。

【典型案例38】

在上海市第一中级人民法院审理的(2003)沪一中民五(知)终字第5号赵梦林诉上海灵狮广告有限公司(以下简称灵狮公司)、上海房屋销售有限公司(以下简称房屋销售公司)、上海金丰投资股份有限公司著作权权属、侵权纠纷一案中，赵梦林是画册《京剧脸谱》的著作权人，房屋销售公司与灵狮公司在广告中使用了赵梦林《京剧脸谱》画册中的涉案30幅京剧脸谱。赵梦林认为，房屋销售公司与灵狮公司前述行为侵犯了其著作权。灵狮公司则主张京剧脸谱是民间文学艺术作品，赵梦林不享有著作权。法院认为，京剧脸谱艺术是我国戏曲艺术中一种独特的表现方式，通过在演员脸部的色彩勾画表现剧中人物的身份和性格特征，同一人物的脸谱勾画有其相对固定的图案和色彩规律。京剧脸谱的形成和发展有一定的历史渊源，经过历代京剧艺术家的不断努力而日臻成熟，形成了一套相对程式化的勾画谱式。作为一种艺术门类，京剧脸谱艺术是我国传统文化的瑰宝，是中国人民乃至世界人民的共同精神财富。但是应当指出，京剧脸谱作品与京剧脸谱艺术是互有联系而又相互区别的。京剧脸谱艺术的表达方式不是唯一的，而脸谱作品则是艺术家以程式化的脸谱图案为基础，通过再创作而形成的新的美术作品。不同作者根据其不同的创作意图，选择不同的表现方式创作形成不同的脸谱作品，这些作品均具有独创性，作者对此应当享有著作权。赵梦林采用正脸画法，有选择地对272个京剧人物脸谱进行再创作而形成的美术作品，结集出版后形成《京剧脸谱》一书，其中的脸谱作品具有独创性，赵梦林有权主张著作权。

五、临时创作组织作品的权属认定

临时创作组织不是法人、非法人组织，不是独立的民事主体，但现实中确实有一些以临时创作组织的名义创作并发表的作品，最常见的就是图书编委会，也有的是大学下属的某二级学院、某教研中心、某研究所等。有的作品会将这些临时创作组织的所有成员都列明，也有的作品不列明具体成员而仅署名该临时创作组织。由于临时创作组织不是一个独立的民事主体，无法作为享有著作权的主体，因此组成临时创作组织的成员就应当成为作品的权利人，若成员是两个或两个以上，显然属于合作作者，应适用《著作权法》中合作作品的相关规定。《北京高院著作权审理指南》第3.4条规定："编委会等临时创作组织署名的作品，一般认定创作组织成员共同享有著作权，但有相反证据的除外。"该条规定所述即是现实中合作作品的一种具体情况。如果作品上仅署名编委会等临时创作组织，而没有列明具体组成人员，则需要根据当事人提供的证据查明该临时创作组织的具体组成人员。如果列明了具体人员，但有证据证明被列明的人员没有参加创作，也应当将该没有参加创作的人排除在外。

六、多重许可、转让的权属判断

司法实践中，如同会发生"一房二卖"的情况一样，在著作权领域也时常发生"一权数卖"或"一权数授"的情况。对著作权许可、转让过程中发生"一权数卖"或"一权数授"时如何确定权利归属，《北京高院著作权审理指南》第3.10条作出规定："受让人或者被许可使用人通过合同取得约定的著作权或者专有使用权，著作权人在合同约定范围内就相同的权利再次处分的，不予支持。著作权人对相同权利重复进行转让或者许可的，在能够查清先后顺序的真实情况下，认定在先受让人或者被许可使用人取得著作权或者专有使用权，但有相反证据的除外。"该条规定第1款首先明确了已经通过合同处分的权利，包括专有使用权的授权和转让，著作权人不能再次处分。第2款明确了如果著作权人再次处分权利，法院则支持在先受让人、被许可人获得相应的权利，当然这个在先的顺序需要综合当事人提交的在案证据后进行事实判断。之所以如此规定，主要是从著作权客体的非物质性所决定的著作权权利转移规则得出的结论。著作权的客体是作品，作品具有非物质性，没有法定的公示方法，不像动产交付、不动产登记一样具有权利变动的外观，也不像物权变动一样需要有物权变动的合意。因此，除非当事人在合同中对权利变动另行约定，否则取得权利者应当属于在先受让人、被许可人。在后受让人、被许可人虽然无法按照合同约定取得著作权权利，但可以寻求违约救济，要求转让人承担相应的违约责任。

著作权转让或著作权许可使用均属著作权权利流转。对于当事人针对同一作品既签订有著作权转让合同又签订有著作权许可使用合同的，不能简单以权属约定不明为由而否定著作权的归属。对于著作权权利归属的认定，需按照当事人所签订合同条款之约定进行判断。著作权人对相同权利重复进行转让或许可的，在能够查清先后顺序的情况下，认定在先受让人或者被许可人取得相应权利。

【典型案例 39】

在北京市高级人民法院审理的(2019)京民再16号再审申请人北京版中版文化传媒有限公司(以下简称版中版公司)诉被申请人北京新浪互联信息服务有限公司(以下简称新浪公司)侵害著作权纠纷再审一案[①]中，版中版公司主张其对作品《让员工被企业氛围所熏陶：空气和水》(《最好的企业最能经营文化》图书中的一部分，作者胡进)依法享有著作权，新浪公司未经授权擅自在其运营的网站上通过信息网络传播涉案作品，侵犯了版中版公司的著作权。一审法院认为，根据版中版公司提交的2014年7月18日与胡进签订的《信息网络传播权许可使用合同》以及2013年7月11日清华大学出版社有限公司与胡进签订的《出版合同》等证据，反映出涉案作品的信息网络传播权权属有争议，涉及案外人利益，版中版公司没有充分的证据证明其取得了该文章授权期限内的信息网络传播权并有权以自己的名义对侵权行为主张权利，一审法院判决驳回版中版公司的诉讼请求。二审法院认为，涉案作品的信息网络传播权权属存有争议，且版中版公司的主张明确涉及案外人的利益，故判决驳回上诉，维持一审判决。北京市高级人民法院再审提审审理后认为，2013年7月5日版中版公司与胡进已签订《著作权转让合同》，虽然之后胡进与版中版公司于2014年7月18日再次就涉案作品签订了《信息网络传播权许可使用合同》，但双方签订《著作权转让合同》时已经约定可以为方便处理侵权事宜再次签订著作权许可使用合同，且约定后续合同与《著作权转让合同》不一致的，以《著作权转让合同》为准。因此，版中版公司依据前述《著作权转让合同》已经取得了涉案作品的信息网络传播权。著作权人对相同权利重复进行转让或许可的，在能够查清先后顺序的情况下，认定在先受让人或者被许可人取得著作权。上述证据证明，涉案作品的著作权人胡进于2013年7月5日将涉

① 参见北京市高级人民法院民事判决书，(2019)京民再16号；北京知识产权法院民事判决书，(2016)京73民终475号。

案作品的信息网络传播权转让给版中版公司。2013 年 7 月 11 日，胡进又与清华大学出版社签订《出版合同》，但该《出版合同》签订时间晚于 2013 年 7 月 5 日，且该出版合同约定的图书名称与清华大学出版社实际出版的图书名称并不一致。版中版公司在先取得涉案作品著作权的相关权利，其有权就涉案作品主张信息网络传播权。北京市高级人民法院经过再审审理，撤销一审、二审判决，判决新浪公司赔偿版中版公司经济损失及合理支出。

第五章　侵害著作人身权的认定

根据《民法典》第 123 条的规定，知识产权是权利人依法就作品、商标等客体享有的专有的权利。《著作权法》对作品的保护正是通过赋予权利人对作品享有专有权利的方式实现的。按照权利类型，著作权人的权利可以分为著作人身权和著作财产权。对待著作人身权的立场，是大陆法系与英美法系在著作权上的主要区别之一。大陆法系国家普遍认为著作权包括著作人身权和著作财产权；英美法系国家则认为著作权仅为财产权，著作权中的人身权按一般人格权由普通法保护，在著作权法上并不规定人身权。我国采用了大陆法系的做法，同时规定著作人身权和著作财产权。[①]

1990 年《著作权法》第 10 条规定，"著作权包括下列人身权和财产权：（一）发表权，即决定作品是否公之于众的权利；（二）署名权，即表明作者身份，在作品上署名的权利；（三）修改权，即修改或者授权他人修改作品的权利；（四）保护作品完整权，即保护作品不受歪曲、篡改的权利；（五）使用权和获得报酬权，即以复制、表演、播放、展览、发行、摄制电影、电视、录像或者改编、翻译、注释、编辑等方式使用作品的权利；以及许可他人以上述方式使用作品，并由此获得报酬的权利"。根据上述规定，著作人身权包括作者对其作品享有的发表权、署名权、修改权和保护作品完整权四项权利。此后，《著作权法》进行了三次较大的修改，但从未修改《著作权法》关于人身权的规定。

在第三次《著作权法》修改过程中，部分学者主张将修改权与保护作品完整权合并，扩充保护作品完整权，取消修改权的规定，但最终并未被立法机关采纳。从条款内容上看，2020 年《著作权法》完整沿用了 1990 年《著作权法》有关著作人身权的条文。尽管著作权法有关著作人身权的规定保持了极强的稳定性，但对于著

---

① 参见胡康生主编：《中华人民共和国著作权法释义》，法律出版社 2002 年版，第 41 页。

作人身权的保护,尤其是侵权认定,仍存在很多争议,本章将重点围绕实践中存在较大分歧的问题进行分析。

第一节　侵害发表权的认定

一、发表权的核心及推定同意发表的认定

2020年《著作权法》第10条第1款第1项规定,发表权是决定是否将作品公之于众的权利。2013年《著作权法实施条例》第20条规定,已发表的作品是指著作权人自行或者许可他人公之于众的作品。《著作权民事纠纷司法解释》第9条规定,《著作权法》第10条第1款第1项规定的"公之于众",是指著作权人自行或者经著作权人许可将作品向不特定的人公开,但不以公众知晓为构成条件。根据上述规定,发表权的核心在于作品是否公之于众,而判断作品是否公之于众,主要取决于作者的主观意愿和提供作品的方式,而不取决于受众的数量和范围。

发表权是作者享有的一项重要的人身权,且置于人身权之首。与其他著作人身权相比,发表权与作品的使用以及著作财产权的行使联系最为密切。一方面,不发表作品而以复制、发行等方式使用作品是难以实现的;另一方面,仅单独行使发表权而不行使著作财产权客观上也不具有可行性。鉴于发表权与财产权的紧密联系,为避免发表权与财产权之间的冲突,《伯尔尼公约》以及一些大陆法系国家并没有规定发表权,即便是明确规定发表权的国家或地区,也对发表权进行了限制,以避免作者过度行使其发表权而干扰作品的正常使用。例如,《日本著作权法》第18条第2款、我国台湾地区"著作权法"第15条第2款。[①] 上述规定多是针对作者行使或转让未发表作品的著作财产权,但未约定发表权的行使,而对相关财产权的行使必然导致作品的发表,故法律规定在特定情形下推定著作权人同意发表其作品。

我国《著作权法》此前没有关于发表权行使限制的专门条款,但2010年《著作权法》第18条隐含解决了著作财产权行使与发表权的冲突问题。该条规定:"美术等作品原件所有权的转移,不视为作品著作权的转移,但美术作品原件的展览权由原件所有人享有。"对于尚未公开发表的美术作品原件的展览,必然将之"公之于众",该行为是否会构成对发表权的侵害,该条未予明确,实践中也存在争议。

---

① 参见陈锦川:《著作权审判:原理解读与实务指导》,法律出版社2014年版,第127页。

我们认为,根据2010年《著作权法》第18条的规定,作者将其尚未公开发表的美术作品原件转让给他人,可以推定作者同意受让人以展览方式发表其作品,但双方另有约定的除外。也就是说,取得美术作品原件的主体,其仅限于以展览方式发表该美术作品,即仅限于为展览美术作品原件的必要范围内进行发表。同时,著作权人与美术原件所有人可以另行约定,既可以是禁止以展览方式发表作品的约定,也可以是同意美术作品原件所有人以其他方式发表作品的约定。另外,由于2010年《著作权法》第18条中的措辞为"美术等作品","等"字是否可以包括摄影作品,存有不同观点。

【典型案例40】

在北京市第二中级人民法院审理的(2002)二中民终字第07122号林岫诉国际网络传讯(上海)有限公司北京分公司等侵害著作权纠纷一案中,林岫于1998年年底至1999年年初创作了6幅"龙文化"书法作品(以下简称涉案作品),上述作品均未发表。在创作完成后,林岫将上述作品的原件以每幅2000元的价格售予他人,但双方未就涉案作品的使用方式进行协商。此后,林岫发现被告未经授权在委托他人制作的挂历上使用了6幅涉案作品。林岫主张被告的上述行为侵犯了其发表权等权利。法院认为,虽然林岫将上述作品原件转让他人,但是作品原件所有权的转移,并不代表着作品著作权的转移。林岫依然对涉案作品享有发表权、署名权、修改权、保护作品完整权、使用权及获得报酬权。涉案作品均是由"龙"字和与之相应的题跋、落款组成,形成了完整的作品形式。被告未能证明上述作品的整体被以任何形式发表,亦未能举证作者曾授权他人发表的事实,因此,被告未经林岫许可,将涉案作品以挂历的方式赠送他人的行为侵犯了林岫对涉案作品享有的发表权。

2020年《著作权法》第20条对2010年《著作权法》第18条进行了较大幅度的修订,2020年《著作权法》规定:"作品原件所有权的转移,不改变作品著作权的归属,但美术、摄影作品原件的展览权由原件所有人享有。作者将未发表的美术、摄影作品的原件所有权转让给他人,受让人展览该原件不构成对作者发表权的侵犯。"上述规定明确了美术作品、摄影作品展览权的行使与发表权的关系,从文义上看,作者将未发表的美术作品、摄影作品的原件所有权转让给他人的,受让人为展览该原件而使作品公之于众,则不构成对作者发表权的侵犯,但上述条款并未对当事人另有约定的情形作出规定。考虑到著作权的私权属性，尽管 2020 年《著作权法》作出了一般性规定，但当事人仍可以通过合同对美术、摄影作品原件所有权转移后的著作权行使和保护问题作出约定，只要该约定是双方当事人的真实意思表示，且不违反法律、法规的禁止性规定，即应认定有效。有的国家在立法上对此类情形作出了规定。例如，《德国著作权法》第 44 条规定："美术或摄影作品即使从未发表过，其原件所有人也有权公开展览。除非著作权人在让与著作原件时明确表示禁止公开展览。"

除美术作品、摄影作品原件所有权人为展览作品原件而使作品公之于众情形外，对于其他因著作财产权的行使必然导致未发表作品"公之于众"的情形，为避免发表权与原件所有权、著作财产权之间发生冲突，在某些情形下，即便当事人没有约定发表权的行使，也可以通过原件所有权的转移、著作财产权的转让和许可使用，推定作者已同意发表其作品。如果第三人基于作者的意愿取得其未发表作品的使用权或作品原件的所有权，并且依据使用权的性质或法律规定，该第三人不可避免地要将作品公之于众，则作者交付作品的行为可以推定为同意发表。①

二、发表权的一次性用尽

发表权是一种一次性的权利，著作权人将其未发表作品发表后，发表权即行使完毕。他人未经著作权人同意使用其已发表作品的，不构成对其发表权的侵犯。但对于未经许可被擅自发表的作品，第三人未经许可另行使用该作品的，虽然擅自将作品公之于众的行为构成侵害发表权的行为毋庸置疑，但对于在作品被擅自发表后第三人的使用行为是否侵害作者的发表权存在分歧。一种观点认为，当作品违背作者意愿而被发表时，作者并不因此丧失发表权，他人未经许可使用该作品仍构成对发表权的侵害；另一种观点则认为，对于已处于公之于众状态的作品，即使作品的发表未经著作权人同意，该作品客观上不存在再次发表的可能性，他人使用该已发表的作品不构成对发表权的侵害。

对该问题的处理，关键在于如何理解"公之于众"。对"公之于众"的判断，存在"主观意愿"标准和"客观事实状态"标准两种观点。前者强调作品的公之于众系由著作权人自行或许可他人将作品向不特定人公开；后者则强调作品处于为不

---

① 参见李琛：《知识产权关键词》，法律出版社 2006 年版，第 114 页。

特定的公众能够通过正常途径接触、可以知悉的状态。无论著作权人许可与否,只要不特定的公众能够通过正常途径接触、知悉该作品,则该作品已经发表,发表权即已用尽。他人对已经处于"公之于众"状态作品的使用,则不再构成对作者发表权的侵害,但不妨碍作者主张其他权利。《北京高院著作权审理指南》第4.3条规定:"即使作品的发表未经著作权人同意,但作品已经公之于众,他人使用该作品,著作权人主张侵害发表权的,不予支持。"该规定采纳了"客观事实状态"标准,对"公之于众"倾向于理解为一种事实状态,只要作品已经公之于众,无论该事实的发生是否征得了著作权人的同意,著作权人除追究擅自发表者侵害其作品发表权的责任外,针对他人后续使用该已经处于"公之于众"状态作品的行为,无法寻求发表权的救济,但不妨碍著作权人主张其他权利。

【典型案例41】

在陕西省高级人民法院审理的(2018)陕民终366号郭斌诉西安市旅游发展委员会(以下简称西安旅游委员会)侵害著作权纠纷一案中,西安旅游委员会于2013年举办了"品味西安感知中国"2013西安旅游书画摄影作品大赛活动。郭斌于2013年8月将其摄影作品《南望长安》根据大赛通知的规定进行投稿并获得大赛摄影作品一等奖。在郭斌领取大赛奖金的收据上明确标注有"以上作者参赛作品举办单位拥有使用权"字样。2017年,郭斌发现西安旅游委员会在其微信公众号、新浪微博、携程旅游网等网络平台上使用了涉案摄影作品,且并未注明作者姓名。郭斌主张西安旅游委员会在网站上使用其摄影作品的行为侵害了其发表权、署名权等著作权。对于郭斌提出侵害发表权的主张,法院审理认为,作品发表权即决定作品是否公之于众的权利。郭斌在参赛时,明知参赛获奖作品会在大赛期间进行宣传、展览,且该作品获取一等奖,亦在大赛期间向公众予以展览,故该作品在西安旅游委员会使用之前,已经公之于众,西安旅游委员会的使用行为并未侵犯该作品的发表权。

三、侵害发表权的认定

(一)授权发表与侵害发表权的认定

未经许可发表他人作品的,无论采用何种方式发表均构成对作者发表权的侵犯。司法实践中出现的问题是,对于使用人经作者授权发表他人作品,但未按照与作者约定的方式发表其作品的,此时存在违约与侵权的竞合,此种情形是以合同法上的违约责任进行规制,还是主张侵害发表权,存在不同认识。关于因著作权许可合同违约责任与侵权责任竞合的问题,通常而言,著作权人授予被许可使用人的权利内容属于著作权法规定的范围,被许可使用人违反合同中关于权利行使方式等约定的,著作权人可以提起侵权之诉。关于涉及发表权违约与侵权的竞合,我们认为,具体案件中可以根据著作权许可使用合同中是否对作品发表方式进行明确约定作出不同处理:若合同仅约定被告行使发表权,但未对发表方式进行约定的,原告主张被告的发表方式侵害发表权的,不予支持。理由在于,对于著作权人授权使用人行使其作品发表权,但未对发表方式作出限定的,推定著作权人同意使用人以任何"公之于众"的方式发表其作品;若著作权人在授予他人行使发表权同时对作品发表方式作出明确限定的,使用人违反著作权人限定的作品发表方式,则构成违约与侵权的竞合,著作权人可以提起违约之诉或侵权之诉。被告发表作品方式违反合同约定的,原告可以提起违约之诉或者侵权之诉。

之所以作出上述区分,主要是考虑到发表权属于人身权的范畴,由于作品不仅反映作者的思想、情感,还能体现作者的创作水平,作品是否公之于众以及以何种方式公之于众,往往会对作者的名誉产生积极或消极的影响。因此,在作品发表权的行使上应尊重作者对发表方式的选择,但作者对发表方式的限定和选择应当是明示的,且仅适用于存在著作权授权许可合同关系的著作权人与被许可人之间。

(二)发表权的诉前禁令保护

发表权是著作权人行使和保护其他权利的基础。一旦作品被非法发表,不但可能违背著作权人的意愿,损害著作权人的情感,而且容易导致权利人对其他复制、发行等行为难以控制。因此,对发表权即将受到侵害的情形,只有提高著作权保护的及时性,才能有效保护著作权人的权利。针对此类情形,申请采取行为保全措施是有效的便捷保护途径。

【典型案例 42】

在北京市第二中级人民法院审理的"钱钟书书信手稿拍卖"诉前禁令一案①

① 参见北京市第二中级人民法院民事裁定书,(2013)二中民保字第 9727 号。本案为北京法院 2013 年知识产权司法保护十大案例。

中，杨季康（笔名杨绛）认为，中贸圣佳国际拍卖有限公司（以下简称中贸圣佳公司）即将举行的“也是集——钱钟书书信手稿”公开拍卖活动，将侵害其所享有和继承的书信作品的著作权，若不及时制止上述行为，将会使其合法权益受到难以弥补的损害，故向法院提出申请，请求法院责令中贸圣佳公司及拟拍卖书信的委托人李某立即停止公开拍卖、公开展览、公开宣传其享有著作权的私人信件。法院认为：涉案私人书信作为著作权法保护的文字作品，其著作权应当由作者即发信人享有。任何人，包括收信人及其他合法取得书信手稿的人，在对书信手稿进行处分时均不得侵害著作权人的合法权益。中贸圣佳公司在权利人明确表示不同意公开书信手稿的情况下，即将实施公开预展、公开拍卖的行为构成对著作权人发表权的侵犯。如不及时制止，将给权利人造成难以弥补的损害。在充分考虑保护社会公众利益的前提下，法院裁定中贸圣佳公司在拍卖、预展及宣传等活动中不得以公开发表、展览、复制、发行、信息网络传播等方式实施侵害钱钟书、杨季康、钱瑗写给李某的涉案书信手稿著作权的行为。

诉前禁令属于临时措施的一种，在我国民事诉讼法上又称为诉前行为保全。我国于2001年加入了世界贸易组织。作为世界贸易组织重要法律文件之一的《TRIPS协定》第50条规定，权利人为保护其权利而采取的临时措施包括临时禁令、财产保全和证据保全，其中临时禁令包括诉前禁令和诉中禁令。加入世界贸易组织后，专利法、商标法和著作权法先后都作出较大的适应性修改，其中一个重大修改就是规定诉前停止侵犯知识产权行为制度，也就是《TRIPS协定》第50条规定的诉前禁令：“著作权人或者与著作权有关的权利人有证据证明他人正在实施或者即将实施侵犯其权利的行为，如不及时制止将会使其合法权益受到难以弥补的损害的，可以在起诉前向人民法院申请采取停止有关行为和财产保全的措施。”我国2001年修订《著作权法》时，以《TRIPS协定》第50条为依据，同时借鉴了英美法系临时禁令制度。

直至2012年，《民事诉讼法》在总结知识产权法中诉前禁令法律规定与司法实践的基础上，进一步将诉前禁令扩展至与侵权法相关的民事诉讼领域。2012年《民事诉讼法》（已修改）第101条规定：“利害关系人因情况紧急，不立即申请保全将会使其合法权益受到难以弥补的损害的，可以在提起诉讼或者申请仲裁前向被保全财产所在地、被申请人住所地或者对案件有管辖权的人民法院申请采取保全措施。申请人应当提供担保，不提供担保的，裁定驳回申请。人民法院接受申请后,必须在四十八小时内作出裁定;裁定采取保全措施的,应当立即开始执行。申请人在人民法院采取保全措施后三十日内不依法提起诉讼或者申请仲裁的,人民法院应当解除保全。”之后,最高人民法院针对知识产权纠纷专门出台的《知识产权纠纷行为保全司法解释》第2条第1款也规定,“知识产权纠纷的当事人在判决、裁定或者仲裁裁决生效前,依据民事诉讼法第一百条、第一百零一条规定申请行为保全的,人民法院应当受理”。《知识产权纠纷行为保全司法解释》第7条规定,“人民法院审查行为保全申请,应当综合考量下列因素:(一)申请人的请求是否具有事实基础和法律依据,包括请求保护的知识产权效力是否稳定;(二)不采取行为保全措施是否会使申请人的合法权益受到难以弥补的损害或者造成案件裁决难以执行等损害;(三)不采取行为保全措施对申请人造成的损害是否超过采取行为保全措施对被申请人造成的损害;(四)采取行为保全措施是否损害社会公共利益;(五)其他应当考量的因素”。

结合上述法律和司法解释的规定,我们认为,侵害著作权案件中对于申请人的诉前禁令能否获得支持,通常应当考虑以下的因素:(1)申请人的权利基础;(2)被申请人正在或者即将实施行为构成侵犯著作权的可能性和妨碍著作权实现的可能性;(3)诉前采取相关措施的紧迫性,即若不及时采取有关措施,则会给申请人的合法权益造成难以弥补的损害;(4)诉前采取相关措施的平衡性,即若不采取诉前保全措施,则申请人的损害大于采取保全措施对被申请人造成的损害,同时诉前责令被申请人停止有关行为是否损害社会公共利益;(5)申请人是否提供相应担保。

(1)申请人的权利基础

申请人的权利基础包含两方面的内容:第一,申请人是否为适格的提出诉前禁令的主体;第二,申请人主张的具体实体权利。

《著作权民事纠纷司法解释》第28条规定:“人民法院采取保全措施的,依据民事诉讼法及《最高人民法院关于审查知识产权纠纷行为保全案件适用法律若干问题的规定》的有关规定办理。”《最高人民法院关于诉前停止侵犯注册商标专用权行为和保全证据适用法律问题的解释》(已失效)第1条规定,“商标注册人或者利害关系人可以向人民法院提出诉前责令停止侵犯注册商标专用权行为或者保全证据的申请。提出申请的利害关系人,包括商标使用许可合同的被许可人、注册商标财产权利的合法继承人。注册商标使用许可合同被许可人中,独占使用许可合同的被许可人可以单独向人民法院提出申请;排他使用许可合同的被许可人在商标注册人不申请的情况下,可以提出申请”。

《知识产权纠纷行为保全司法解释》第2条第2款对于知识产权合同不同类型被许可人申请行为保全的主体资格,在上述商标行为保全司法解释的基础上,又明确了除独占被许可人、排他被许可人外,普通许可合同的被许可人经权利人明确授权以自己的名义起诉的,可以单独提出申请。因此,侵害著作权案件中,可以提起诉前禁令的主体包括著作权人、著作权许可使用合同的被许可人、著作财产权的合法继承人。其中,著作权被许可人仅包括独占被许可人、排他被许可人以及经过明确授权的普通被许可人。此外,商标专用权是财产权利而不涉及人身权,而著作权包括人身权,根据上述司法解释的文义,著作权人的合法继承人是否可以对著作人身权申请诉前禁令呢?从《TRIPS协定》第50条的规定来看,并不排除著作人身权适用临时禁令,且2012年《民事诉讼法》对权利类型进一步扩大进行修改,因此著作人身权亦可以适用诉前禁令。

(2)被申请人行为构成侵权、妨碍的可能性

2010年《著作权法》第50条规定,“著作权人或者与著作权有关的权利人有证据证明他人正在实施或者即将实施侵犯其权利的行为,如不及时制止将会使其合法权益受到难以弥补的损害的,可以在起诉前向人民法院申请采取责令停止有关行为和财产保全的措施”。

2020年《著作权法》第56条对2010年《著作权法》第50条进行了一定的修改,2020年《著作权法》第56条规定,“著作权人或者与著作权有关的权利人有证据证明他人正在实施或者即将实施侵犯其权利、妨碍其实现权利的行为,如不及时制止将会使其合法权益受到难以弥补的损害的,可以在起诉前依法向人民法院申请采取财产保全、责令作出一定行为或者禁止作出一定行为等措施”。2020年《著作权法》将即将和正在实施的妨碍行为也纳入诉前行为保全的范围。

有观点认为,诉前禁令是起诉前的行为保全措施,对于未经法院全面审理,凭申请人单方面提供的证据,难以对被申请人的行为是否侵权作出认定。[①] 从措辞来看,法院在颁布诉前禁令前虽多会组织听证程序,但毕竟不同于案件庭审,在申请人起诉前即认定构成侵权确实不够周延,容易产生未审先判的效果。因此,对

---

① 参见王迁:《著作权法》,中国人民大学出版社2015年版,第414页。

2010 年《著作权法》第 50 条和 2020 年《著作权法》第 56 条的理解应当落脚于申请人的举证证明责任，即诉前禁令的申请人应当对他人正在或者即将实施的行为构成侵权、妨碍提供相应证据。

从举证证明责任的角度来看，对申请人要“有证据证明他人正在实施或者即将实施侵犯”其知识产权的行为的理解，司法实践中主要存在两种观点：一种观点认为，对申请人提供的证据仅应作形式审查，即审查申请人是否符合权利主体资格以及被申请人是否正在实施或即将实施被控侵权行为两方面即可；另一种观点认为，对申请人提供的证据应作相对实质性的审查，即从申请人提供的初步证据可以判断出有侵权行为存在的合理性，也就是要将胜诉的可能性纳入审查的范围。[①] 以美国为代表的英美法系，法院颁布临时禁令时主要考虑四个要素：原告胜诉的可能性；颁布禁令之外是否有其他充分的法律救济手段；不颁布禁令是否会导致无法弥补的损害；颁布禁令是否会危及公共利益。我们认为，诉前禁令的实质是及时有效地阻止、预防他人实施的侵权行为，避免该行为对权利人造成难以弥补的损害，侵权行为是否存在是禁令能否正确作出的核心依据，从审慎适用诉前禁令的原则出发，对申请人的证据，进行实质性审查更符合当前的司法实践，即根据申请人的证据预判被申请人的行为构成侵权的可能性，也就是申请人在即将提起的诉讼中胜诉的可能性。当然，侵权的可能性或者胜诉的可能性并非一个可量化的概念，需要根据申请人提交的证据，由法官基于经验积累和自由心证，在个案中进行评判。对于著作权侵权案件，在能够确定申请人为适格权利主体并明确其主张的著作权权项的情况下，被申请人实施了落入申请人权利范围内的行为很大可能构成对申请人著作权的侵犯。比如，申请人主张音乐作品的表演权，被申请人的行为是即将举办演唱会演唱歌曲，现场演唱的行为落入表演权的控制范围，被申请人构成侵权的可能性极高。

在典型案例 42 中，涉案书信手稿均为钱钟书一家写给李某的私人书信，私人书信具有私密性，写信人的本意在于与收信人传递信息、交流感情，而非将所写书信内容公之于众。除非作者作出明确的意思表示，否则从写信人寄信行为本身，无法得出作者同意将书信手稿予以发表的意思表示。且在得知书信手稿即将被公开拍卖后，杨季康公开表示反对将书信手稿公之于众。基于此，拥有书信手稿

---

① 参见韩天岚：《知识产权诉讼中诉前禁令的适用》，载《电子知识产权》2004 年第 4 期。

所有权的收信人或者其他合法取得手稿的人，均不得违背著作权人的意志，公开发表他人的书信手稿。中贸圣佳公司的预展、拍卖以及为拍卖通过制作宣传册、网络传播等方式复制发行涉案书信手稿的行为，客观上将使作品公开发表，且必然将作品复制多份并向公众提供作品的复制件，拍卖成功则会出售作品原件。中贸圣佳公司的行为构成侵犯杨季康发表权、复制权、发行权的可能性极高。

(3)诉前采取相关措施的紧迫性

《著作权法》《民事诉讼法》《知识产权纠纷行为保全司法解释》对颁发诉前禁令要求不采取有关措施，会给申请人的合法权益造成难以弥补的损害的要件。制止“难以弥补的损害”的发生是诉前禁令的精髓所在，但也是司法实践中最难以判断之所在。美国法院司法实践中，难以弥补的损害在申请人提供的证据能有效证明其存在胜诉可能性的情况下即得到合理的推定，即胜诉可能性证明程度越高，对其无可挽回的损害的证明要求就越低。英国法院司法实践则认为，是否给予禁令，取决于原告因此而受到的损失是否可以在将来胜诉中获得金钱上的足够赔偿，即被告的金钱赔偿能力。我国的司法实践中，对难以弥补的损害也存在“积极型”和“审慎型”两种认定思路，前者类似美国法院的做法，即在侵权可能性越大时，推定难以弥补损害成立；后者则需要申请人就难以弥补的损害提供证据。[①] 我们认为，难以弥补损害的判断与侵权可能性的判断密切相关，不宜采取“一刀切”的方式，应当结合不同案件中主张权利的类型、侵权行为的方式以及可以预见的侵权行为实施后的损害后果、已经实际发生损害的程度、被告的经济赔偿能力等因素综合予以判断。在侵害著作权案件中，通常对侵害著作人身权进行诉前禁令保护的可能性远远大于侵害著作财产权。

典型案例42涉及作品的发表权，发表是一次性的行为，一旦发表，作品则由私密状态变为公开状态。未经许可的发表，将使著作权人发表权的行使落空。且发表权与著作财产权密不可分，作品未经许可发表后会为后续可能发生的侵权行为提供可能，使作品的利用处于非著作权人可以控制的状态。发表权作为著作人身权，事后难以救济，无法使用金钱予以补偿，因此，对于侵害著作人身权的行为，在侵权可能性高度盖然时，可以推定不采取措施将对著作权人造成难以弥补的损害。

---

① 参见杨静：《“难以弥补损害”之判断规则及类型化研究——以知识产权侵权诉前禁令为视角》，载《电子知识产权》2014年第8期。

(4)诉前采取相关措施的平衡性

诉前禁令不得损害社会公共利益,同时也应当考虑申请人与被申请人之间利益的平衡。《著作权法》《民事诉讼法》中并未明确规定利益平衡的要件,但是在《知识产权纠纷行为保全司法解释》中明确将当事人之间利益的平衡以及社会公共利益的平衡纳入考量因素,体现了我国诉前禁令制度的不断完善。

第二节　侵害署名权的认定

一、署名权的内容

署名权是作者享有的决定是否表明作者身份以及如何表明作者身份的权利,其要义在于赋予作者通过署名来表明其作者身份,以彰显作品与作者之间的联系。《伯尔尼公约》第6条之二规定,作者有权主张他对作品拥有作者身份,请求确认他是作品的创作者。他一般通过将自己的名字加在作品的复制品上来行使这一权利。从各国著作权法的立法实践看,署名权一般表述为"主张署名权""主张作者身份权""表明作者身份权""确认作者身份权""姓名表示权"等。从署名权具体的权利内容看,各国规定主要包括:(1)支配权。在作品上署名,或以任何合理之形式表明作者身份;将其真名或者假名作为作者姓名表示,或者不作为作者姓名表示。(2)禁止权。禁止未参与创作的人署名为作者;拒绝虚假地将自己署名为作者。(3)请求权。主张或请求确认作者身份;主张或请求确认他人无作者身份(不得在作品上署名)。①

随着《著作权法》的不断发展,"表明作者身份,在作品上署名"不能再单纯理解为署名权仅解决是否在作品上为作者署名以及是否正确署名的问题,而且应包含更详细和具体的内容。《北京高院著作权审理指南》第4.4条规定:"作者有权决定在其作品上是否署名、是否署真名。对于该作品的演绎作品,作者享有相同的权利。作者未在首次发表的作品上署名的,不能视为其放弃署名权。"我们认为,可以从三个层面理解署名权的内容。首先,署名权包含作者是否在其作品上表明身份的决定权以及以何种方式表明身份的决定权两层含义。其次,作者的署

---

① 参见周晓冰:《署名权纠纷的侵权判定研究——以"署名淡化"理论为研究重点》,载《中国版权》2013年第2期。

名权及于作品的演绎作品,他人对作品的演绎性使用属于对原作品的使用行为,演绎作品体现其与原作品以及原作品作者之间的联系是原作品作者署名权的应有之义。由于演绎他人作品应征得原作品作者的许可,在当事人订立许可使用合同的情况下,是否署名以及如何署名应当以当事人的约定为准。最后,作者在其作品首次发表时未署名,不能据此推定其放弃署名权。理由在于在作品上不署名本身属于作者行使署名权的一种方式。

对于作者在首次发表其作品时未在作品上署名,他人后续使用该作品时也未给作者署名,该行为是否构成对作者署名权的侵害,在实践中存在一定争议。如前所述,对于当事人有约定的,应当以约定为准;对于当事人没有约定的,则要区分被告的使用行为是侵权性使用还是基于许可的使用,或是合理使用、法定许可使用等,应视具体情形而定。

【典型案例 43】

在最高人民法院审理的(2013)民提字第 15 号王巨贤诉绍兴市水利局等侵害著作权纠纷一案中,王巨贤为《康乾驻跸碑》等 11 幅雕塑作品的原绘画作者,并授权东方公司使用其作品制作雕塑作品。所涉雕塑作品置于鹿湖园景区,最初除《康乾驻跸碑》碑记署名为"东方公司设计制作,潘鸿海主创"外,其余均未署名。2007 年 10 月,上述碑记修改为"东方公司设计制作,潘鸿海主创,王巨贤绘画,钱士元雕刻"。2009 年 1 月,绍兴市水利局委托学林出版社出版了《绍兴龙横江 · 鹿湖园》旅游图册,该旅游图册中使用了《康乾驻跸碑》等 11 幅雕塑作品的摄影图片,但出版的旅游图册中未指明王巨贤系相关雕塑作品的绘画作者。王巨贤主张绍兴市水利局在涉案旅游图册中未就涉案雕塑作品为其署名侵害了其署名权。本案中,双方当事人针对绍兴市水利局对陈列在室外公共场所之绍兴龙横江鹿湖园景区内的 11 幅雕塑作品进行拍摄,系合理使用行为,不存在争议,本案的争议焦点为绍兴市水利局应否在其出版的旅游图册中指明王巨贤系相关雕塑作品的绘画作者。最高人民法院再审认为,根据 2001 年《著作权法》第 22 条第 1 款第 10 项的规定,对设置或者陈列于室外公共场所的包括雕塑在内的艺术作品允许他人未经许可以临摹、绘画、摄影、录像等方式进行使用,包括对所形成的成果以合理的方式和范围再行使用,是我国《著作权法》及相关司法解释规定的合理使用方式的一种。这种使用方式可以不经著作权人许可,不支付报酬,但应当指明作者姓名、作品名称。在一般情况下，社会公众只能依靠该室外艺术作品本身的标注来确认作者姓名和作品名称，而没有另行核实的义务。本案中，《康乾驻跸碑》等11幅雕塑作品系依据王巨贤绘画作品而创作出的新的作品，进行合理使用的社会公众应指明的作者姓名应取决于雕塑本身的署名情况。如果该雕塑作品未注明其系依据他人绘画作品而创作，对该雕塑进行临摹、摄影等使用的社会公众没有义务追溯该雕塑作品是否为演绎作品、是否还存在原始绘画作者并为该作者署名。但本案中，绍兴市水利局并非任意的社会公众，其作为景区的管理者，在出版全面介绍景区的旅游图册时，对于景区内雕塑等作品的权利状况应负有更高的注意义务。结合本案具体事实，《康乾驻跸碑》碑记上有署名，其余作品虽本身未署名，但涉案11幅雕塑位于绍兴鹿湖园景区，绍兴市水利局作为鹿湖园的建设单位和管理单位，其出版的涉案旅游图册是对该工程、景观的全面介绍，绍兴市水利局的法律地位不同于其他对室外艺术作品进行临摹、摄影的任意的社会公众，而且该图册中对所附图片均有专门文字介绍，十分便于署名，图册中涉及的其他作品也基本均有作者署名。因此，绍兴市水利局应当知晓王巨贤为涉案11幅雕塑作品的绘画作者，应当指明王巨贤为相关绘画作者。

二、侵害署名权的认定

（一）认定侵害署名权的考量因素

因署名方式发生的侵害署名权纠纷，是近年来署名权纠纷的主要案件类型，涉及署名位置、署名方式、署名顺序等问题。例如，主持人在节目的片头片尾提及作品的作者、丛书或百科全书在前言或后记中对众多作者进行介绍、将作者惯用的匿名方式改为署其真名。此类方式虽然在一定程度上能够表明作者身份，但并不为著作权人所认可，从而引发了相关纠纷。

对于因署名方式引发的纠纷，判断诉争行为是否侵害作者的署名权，应结合具体案情综合考虑相关因素。我们认为，因署名方式发生的纠纷，判断是否侵害署名权，一般考虑以下因素：（1）署名方式是否足以使公众知晓作者与作品之间的联系；（2）署名方式是否符合行业惯例及公众的认知习惯；（3）作品的类型、特点以及使用方式；（4）当事人之间是否存在约定。在具体案件中，当事人对署名方式有约定的，应当从其约定；没有约定的，应根据作品类型、特点以及使用方式，结合行业惯例进行判断，如果诉争署名方式能够以适当方式使公众知悉该作品的作者,体现作者与其作品之间的联系,即可认定该署名方式起到了表明作者身份的作用。

【典型案例 44】

在北京市高级人民法院审理的(2003)高民终字第 1006 号张旭龙诉人民美术出版社侵犯署名权一案中,人民美术出版社出版的《汤加丽写真》一书署名"汤加丽著",该书收录了汤加丽个人简介及其撰写的文章《美丽的女人无处不在》和 144 幅摄影图片,其中张旭龙拍摄并享有著作权的摄影图片有 136 幅。该书封面内侧折页表明摄影为张旭龙,封底内侧折页载有摄影者张旭龙的简介。原告诉称,该书署名"汤加丽著",抹杀了其作为照片作者的身份,侵犯其署名权。一审法院认为:该书为汇编作品,汤加丽依法对其汇编作品享有著作权。该书中虽然有汤加丽撰写的部分文字,但该书汇编的主要内容为张旭龙享有著作权的涉案摄影作品。汤加丽在该书中以"汤加丽著"的方式署名不妥。该种署名方式构成对该汇编作品中单幅摄影作品著作权人所享有的署名权的侵犯。二审法院则认为:该书已在封面内侧折页表明摄影为张旭龙,且在封底内侧折页载有摄影者张旭龙的简介,张旭龙作为摄影作者的身份已得到体现。虽然汤加丽在书中以"汤加丽著"署名未明示其汇编人的身份,但原审法院据此认定其侵犯了张旭龙的署名权,是错误的。

典型案例 44,涉及汇编作品署名方式与被汇编作品署名方式的协调衔接以及相关权利人之间的利益平衡。有观点认为,汇编作品权利的行使不能妨碍所汇编内容作者的权利。汇编作品作者以"著"的方式署名可能造成对所汇编内容著作权归属的误解,从而对所汇编内容的作者权利造成妨碍。① 另有观点则认为,只要署名方式已清楚表明作品的创作者为谁即达到署名权要保护的目的,实现了署名权的利益。署名权本身并没有承载除作者身份外,还要表明作者为作品的著作权人这一内容。也就是说,署名权并不关注作品的其他著作权的归属。② 对于该问题的处理不能一概而论,在具体案件处理中,可以将上述列举的四项因素作为处理该问题的考量因素。

---

① 参见周晓冰:《署名权在司法实践中的几个问题》,载《电子知识产权》2004 年第 2 期。

② 参见陈锦川:《著作权审判:原理解读与实务指导》,法律出版社 2014 年版,第 134 页。

【典型案例 45】

在北京知识产权法院审理的(2015)京知民终字第 122 号贾志刚诉佛山人民广播电台、谢峥嵘、科学文化音像出版社侵害著作权纠纷一案中,贾志刚系《贾志刚说春秋》系列作品的著作权人。科学文化音像出版社将原告作品录制成名为《听世界春秋》的有声读物,以谢峥嵘原创作品的形式在被告佛山人民广播电台的"FM 94.6""FM 92.4"频道《听世界》节目中进行商业播放。谢峥嵘及佛山人民广播电台在《听世界春秋》两年多的播出时间里,一直未在节目中提及贾志刚,仅在最后一期节目曾表明贾志刚为原作作者身份。贾志刚认为,上述行为构成对其署名权的侵犯。法院审理认为:谢峥嵘及佛山人民广播电台的上述做法显然不足以使听众知晓《听世界春秋》源自贾志刚创作的《贾志刚说春秋》,反而会使听众误解《听世界春秋》为谢峥嵘原创,故佛山人民广播电台的该种行为构成对贾志刚署名权的侵犯。

(二)署名顺序纠纷的处理

署名顺序纠纷是多个作者之间因署名顺序发生的纠纷,该类作品通常为合作作品。对于因作品署名顺序发生的纠纷,应当按照《著作权民事纠纷司法解释》第 11 条的规定处理。根据该规定,因作品署名顺序发生的纠纷,按照下列原则处理:有约定的按约定确定署名顺序;没有约定的,可以按照创作作品付出的劳动、作品排列、作者姓氏笔划等确定署名顺序。基于署名权的私权属性,在法律允许的范围内遵循意思自治的原则。当事人对署名方式、署名顺序有特别约定的,应当遵循特别约定。司法实践中,在多个作者没有约定署名顺序的情况下,由于存在多种顺序排列方法,法院裁量确定署名顺序确实有一定的难度,因此,在该种情况下,法院应积极通过释明权、调解等方式促使当事人对署名顺序问题达成一致意见。

(三)署名权行使的限制

2013 年《著作权法实施条例》第 19 条规定:"使用他人作品的,应当指明作者姓名、作品名称;但是,当事人另有约定或者由于作品使用方式的特性无法指明的除外。"根据该规定,署名权的行使在某些情形下受到一定限制。司法实践中,对于被告系未经许可使用原告作品,可否以使用作品的方式属于无法指明原告的情形为由主张豁免侵犯署名权的责任,存在不同的观点。有观点认为,被告使用原告作品时,即使因作品使用特性无法指明姓名,也侵犯署名权。另有观点认为,被告侵权使用时,也可以主张因使用作品方式的特性而无法指明作者姓名,从而豁免侵犯署名权的责任。我们认为,上述观点均有一定的道理,从2013年《著作权法实施条例》第19条的规定来看,对于“使用”并未作出限制,因此,被告未经许可使用原告作品也可以主张因使用方式的特性而无法指明姓名的抗辩理由,但被告虽然在使用作品上不能为作者署名,并不代表不可以通过其他方式表明作者的身份,如鼻烟壶使用了他人美术作品,可以在鼻烟壶包装上或以产品介绍等方式对作品的作者进行介绍。

【典型案例46】

在北京市高级人民法院审理的(2003)高民再终字第823号白秀娥诉国家邮政局、国家邮政局邮票印制局(以下简称邮票印制局)侵犯著作权纠纷一案中,白秀娥应邀为邮票印制局印制辛巳蛇年生肖邮票,设计、制作了数幅以蛇为主题的剪纸,后提交给邮票印制局。2001年1月5日,国家邮政局发行了辛巳蛇年生肖特种邮票一套。其中,第一枚邮票使用了白秀娥提供的一幅蛇剪纸图案,邮票印制局在使用白秀娥的该幅蛇剪纸图案时进行了修改,在该套邮票的发行介绍中,载明“第一图原剪纸作者:白秀娥”。国家邮政局在其出版发行的2001年第2期《新邮预报》上刊登了辛巳年生肖邮票的预报,其中载有“设计者:呼振源,一图剪纸:白秀娥,二图剪纸:贾四贵”等信息。此外,《中国集邮报》《北京青年报》等相关报刊、杂志上均介绍了辛巳蛇年生肖邮票的发行情况,其中均提及白秀娥是该套邮票中第一枚邮票剪纸的制作者。《北京青年报》还在相关报道部分刊登了白秀娥的剪纸作品,指明:“这是辛巳年生肖票的原型,是陕西省民间艺术家白秀娥的剪纸。”白秀娥发现在国家邮政局发行的邮票上署名设计者呼振源,认为该行为侵犯了其署名权,故诉至法院。法院审理认为:由于邮票的特殊性,邮票印制局不可能在邮票上为白秀娥署名,但在国家邮政局出版、发行的《新邮预报》以及在国家邮政局的文件及相关的媒体报道中,均指明了白秀娥的剪纸作者身份。公众在阅读《新邮预报》或相关报道后,均可以得出该套邮票第一图的剪纸作者是白秀娥的结论。虽然部分文件中有设计者的署名,但设计者的署名是与一图剪纸作者及二图剪纸作者的署名并列的情况下使用的,不会使公众对一图剪纸的作者产生误认。而邮票设计者的创作活动应体现为全套辛巳蛇年生肖邮票的整体构思、布局、色彩搭配等,不包括对一图剪纸的创作。故国家邮政局、邮票印制局已经以适当的方式为白秀娥署名,表明了其剪纸作者的身份。白秀娥关于国家邮政局、邮票印制局侵犯其署名权的主张,不能成立。

(四)使用作品内容与侵犯署名权的认定

署名权是作者基于其创作的作品享有的人身性权利。关于使用作品内容与侵犯署名权的关系,《著作权法》未予明确。司法实践中,法院对二者的关系进行了进一步的探索和阐述。在原告蒋胜男与被告王小平、东阳市乐视花儿影视文化有限公司(以下简称花儿影视公司)侵犯署名权纠纷一案中,蒋胜男主张,花儿影视公司、王小平在部分海报、片花上未载明"根据蒋胜男《芈月传》同名小说改编"及未署名蒋胜男编剧身份的行为侵犯其署名权。署名权的行使应以作品为载体。海报和片花既不是电视剧作品本身,其目的和功能也并非表明作者身份,且花儿影视公司已经在《芈月传》电视剧的片头、DVD出版物、宣传册和部分海报上载明"本剧根据蒋胜男同名小说改编"及蒋胜男的编剧身份,因此花儿影视公司并未侵害蒋胜男的署名权。①

有观点认为,署名权的保护不完全以使用作品内容为前提,"错误指认"即在提及作品时未能使作品与作者准确对应也可能构成侵害署名权,例如,在利用海报方式宣传作品时,在海报上标示的作者名称并非被宣传作品的实际作者。我们认为,判断被诉行为是否侵犯署名权,应当以被告直接使用作品内容为前提。

【典型案例47】

在北京市朝阳区人民法院审理的(2013)朝民初字第34660号周友良诉中国音乐学院侵害署名权纠纷一案中,周友良是《青春版牡丹亭》剧组的音乐总监,独立完成了《青春版牡丹亭》的整理改编、音乐设计。2012年,中国音乐学院发起、主办第一届太极传统音乐奖评选活动。《青春版牡丹亭》总制作人白先勇将《青春版牡丹亭》提交评选并获评奖项,提名理由是,"白先勇及《青春版牡丹亭》创作团队对昆曲艺术在世界范围的推广传播有着突出贡献……在恢复古老昆曲原剧作

① 参见浙江省温州市中级人民法院民事判决书,(2017)浙03民终351号。

的同时,创造性地编排表演并融入现代审美元素……"周友良认为,太极传统音乐奖评选活动从申报、颁奖到后期宣传,中国音乐学院对外公开发布的颁奖信息及对《青春版牡丹亭》的描述中,无一处注明其为《青春版牡丹亭》音乐部分创作人,故侵犯其署名权。法院认为:太极传统音乐奖只是一项评选活动,其本质上属于对所涉作品的评价行为,不属于对所涉作品的使用行为,评选活动中并不涉及对《青春版牡丹亭》整体或其中音乐部分的使用,故中国音乐学院在评奖过程中并不负有逐一标明戏曲主创者或音乐创作者身份的义务。

三、职务作品署名权的行使

关于职务作品署名权的行使,实践中的分歧主要在于作者所在的单位是否可以作为原告起诉。根据 2010 年《著作权法》第 16 条的规定,职务作品的权利归属包括以下两种情况:第一种情况,一般职务作品的著作权一概由作者享有,法人或者其他组织在其业务范围内有权优先使用;第二种情况,对于属于该条第 2 款规定的特殊职务作品,其署名权由作者享有,其他权利由法人或者其他组织享有。2020 年《著作权法》增加了特殊职务作品的类型,但在权利归属的划分上并未修改。基于《著作权法》的规定,职务作品的署名权仅能由作者享有,法人或者非法人组织无权主张职务作品的署名权。因此,我们认为,法人或者非法人组织就侵犯署名权的行为提起诉讼的,不予支持。当然,也有观点提出,现实中有些职务作品并不为作者署名,采取"一刀切"的做法不符合交易习惯。但此种情形本身属于作者行使署名权的一种方式,不能因此影响对署名权归属的确定。

第三节　侵害修改权、保护作品完整权的认定

一、修改权、保护作品完整权的界定

修改权和保护作品完整权是两项互相联系的权利,分别规定在 2020 年《著作权法》第 10 条第 1 款第 3 项和第 4 项。在著作权法第三次修改过程中,主张废除修改权的理由主要有三个:第一,修改权和保护作品完整权是一个权利的两个方面,前者可被吸收到后者之中;第二,因行使修改权(非误读意义上的)引发的纠纷

较少,无调整之必要;第三,修改权行使的社会成本过高。① 2020 年《著作权法》最终保留修改权,表明立法者认可修改权存在的必要性。

根据 2020 年《著作权法》的规定,修改权是修改或者授权他人修改作品的权利,即作者有权对其作品进行修改或者授权他人进行修改;保护作品完整权是保护作品不受歪曲、篡改的权利,即作者保护其作品的内容、观点、形式等不受歪曲、篡改的权利。尽管 1990 年《著作权法》已经规定了修改权与保护作品完整权,且关于二者的定义也未曾发生改动,但对于修改权与保护作品完整权的内涵、外延以及二者之间的关系仍存在较大争议,至今尚未形成定论。

第一种观点认为,修改权与保护作品完整权实际上属于同一种权利的正反面。该观点认为,狭义的修改权与保护作品完整权具有相同的含义,不过是一项权利的两个方面,从正面讲,作者有权修改自己的作品,可以授权他人修改自己的作品。从反面讲,作者有权禁止他人篡改、歪曲、割裂自己的作品。② 在《著作权法》第三次修改过程中,2014 年《送审稿》第 13 条规定:"保护作品完整权,即允许他人修改作品以及禁止歪曲、篡改作品的权利。"该送审稿将修改权和保护作品完整权两项权利合二为一,体现了"一体两面说"的观点。但后续公布的《著作权法》修改草案中均舍弃了 2014 年《送审稿》中的观点。

第二种观点认为,修改权与保护作品完整权相互衔接,对作品形成不同程度的保护。该观点认为,修改权所控制的"修改"仅为对作品内容作局部的变更以及文字、用语的修正。他人未经许可对作品进行的改动、删节,尚未达到歪曲、篡改作品内容、观点的程度,则构成对修改权的侵害;如果对作品进行的改动达到了歪曲、篡改程度,则构成对保护作品完整权的侵害。该观点系从法条文义角度对两项权利进行的解释,是司法实践中较为流行的观点。例如,在 1996 年《北京市高级人民法院关于审理著作权民事纠纷案件适用法律若干问题的解答》第 32 条规定,如果只是对作品作出一定的改动、删节,但这种改动、删节尚未达到对作品的内容、观点进行歪曲、篡改的程度,尚未破坏作品的完整性,就不能认定构成侵犯保护作品的完整权。在郑钧诉新浪公司侵犯著作权一案③中,法院认为:新浪公司在铃声中虽未完整使用郑钧创作的歌曲,但仅对乐曲中反复的部分有所删节,并

---

① 参见李琛:《论修改权》,载《知识产权》2019 年第 10 期。

② 参见李明德、许超:《著作权法》,法律出版社 2003 年版,第 79 页。

③ 参见北京市海淀区人民法院民事判决书,(2006)海民初字第 26333 号。

未达到歪曲、篡改该作品的程度，尚不足以破坏作品的完整性，不会造成公众对郑钧或《灰姑娘》评价的降低，故未侵犯郑钧的保护作品完整权。在张砚钧诉特别关注杂志社侵犯著作权纠纷一案[①]中，法院认为，特别关注杂志社在使用涉案张砚钧享有著作权的姜昆、陈佩斯、牛群和范伟肖像漫画时，仅对上述作品的颜色或大小进行了改动，且作品均被用于反映相关人物经历、故事或所著文章的配图，并不构成对作品主题的歪曲或篡改，故上述使用行为未侵犯张砚钧的保护作品完整权。

第三种观点认为，修改权与保护作品完整权的功能不同，各有侧重。修改权是为了更好地表达和维护作者的意志。作品的修改之所以必要，一是因为要更好地反映作者的意志，二是随着客观事物的变化，人的思想、认识也在不断变化，作者也需要对某些作品作出符合实际的修改。作者不但享有作品产生的权益，也对作品产生的社会效果和责任负责。因此，作者应享有修改权，也只有作者才有修改权。保护作品完整权主要是从维护作者的尊严和人格出发，防止他人对作品进行歪曲性处理以损害作者的声誉。作者有权保护其作品不被他人丑化，不被他人作违背其思想的删除、增添或者其他损害性的变动，其意义在于保护作者的名誉、声望以及维护作品的完整性。[②] 有学者进一步指出，修改权和保护作品完整权是两个独立的权利。保护作品完整权维护作者"不变之自由"，修改权维护作者"变之自由"。设置修改权的主要目的是保障作者在著作财产权被许可或转让之后依然有机会修改作品，与禁止他人非法改动作品的保护作品完整权具有完全不同的功能。[③]

对比上述观点，第一种观点，即"一体两面说"在逻辑上难以自洽。任何权利都有正反两个方面，如果把修改权和保护作品完整权理解为正反两面的权利，一是使其中一项权利变得多余，造成立法浪费，这是立法技术所不应允许的，二是使修改权的性质变成了"禁止他人修改作品的权利"，混淆了修改权与保护作品完整权的区别。[④] 第二种观点，即"保护程度说"的问题在于，尽管貌似将修改权和保护作品完整权界定为相互关联又各司其职的两个权利，但仍然存在两个权利的重叠问题，即凡是达到侵害保护作品完整权程度的行为，也必然会"路过"修改权所

---

① 参见北京市第二中级人民法院民事判决书，(2011)二中民终字第19933号。
② 参见胡康生主编：《中华人民共和国著作权法释义》，法律出版社2002年版，第44~45页。
③ 参见李琛：《论修改权》，载《知识产权》2019年第10期。
④ 参见陈锦川：《著作权审判：原理解读与实务指导》，法律出版社2014年版，第140页。

控制的范围,因此才会有"侵犯保护作品完整权往往也侵犯了作者的修改权"的观点。由此看来,这种认识与"一体两面说"虽然"殊途"但却"同归",亦不可取。[①]比较而言,将修改权理解为排除他人对作者修改自由的干涉,将保护作品完整权理解为保护作品完整性的权利,作品的完整性不仅包括其表现形式的完整性,也包括其内容、情节、主题、观点的完整性,可以实现修改权和保护作品完整权内涵和外延边界的清晰界定,避免权利保护范围的交叉重叠。如果按照该理解,对他人未经许可修改作品的行为,多数将通过保护作品完整权予以规范,从而扩充保护作品完整权的调整范围。但是,无论是2010年《著作权法》还是2020年《著作权法》,将修改权的功能界定为确保作者在其作品创作完成后,由于思想观点等变化而修改自己作品的自由,若缺乏配套机制,存在使其沦为"字面权利"的可能。由于在作品创作阶段或者尚未发表或许可他人使用之前,作者可以任意修改作品,赋予作者修改权的必要性只体现在作品已经许可他人使用或发表之后,但此时对作品进行修改可能与使用者的利益发生冲突。因此,法律在赋予作者修改权的同时,有必要建立一套处理作者与使用者之间利益冲突的协调机制。否则,修改权难以正常行使。[②] 正是由于我国《著作权法》未能建立起相关的利益平衡机制,实践中很少发生作者因欲修改已发表或许可他人使用的作品,与作品使用者发生纠纷的情形。

基于上述不同观点的分析,2020年《著作权法》保留了修改权和保护作品完整权,同时对修改权的定义及保护并未作出调整,因此,对于修改权内涵、外延的界定以及法律适用逻辑有待在司法实践中以及未来修法过程中加以完善。

二、侵害保护作品完整权的行为类型与判断标准

侵害保护作品完整权是近年来著作权司法实践中的热点和难点。各国关于作品完整权的保护范围不完全一致,对于侵害保护作品完整权的判断标准也存在差异。其中,以法国、德国为代表,采用"精神利益损害"标准;以英国、美国为代表,采用"荣誉或名声损害"标准。产生这种分歧是因各国不同经济文化历史的背景而产生的作者权利主义和版权主义两种不同的立法主义。1928年《伯尔尼公约》罗马会议提出,作者享有反对对其作品做任何有损其精神利益的修改的精神

① 参见杨德嘉:《与改编权相关的法律问题分析》,载《中国版权》2017年第6期。

② 参见陈锦川:《著作权审判:原理解读与实务指导》,法律出版社2014年版,第140页。

权利,但英国代表团认为,英国法无法对"精神利益"进行确切的表达,而"荣誉""名声"与依据普通法提起的损害名誉之诉和仿冒之诉所保护的人格利益更相似。最终在英国和澳大利亚等英美法系国家的反对下,用"荣誉或名声"取代了"精神利益"这一用语。所以,《伯尔尼公约》的规定是基于各国有不同标准、为了协调各国的意见而产生的。[①] 因此,对保护作品完整权的保护,应结合本国著作权法的规定进行解释适用。

(一)侵害保护作品完整权的主要情形

根据司法实践情况,侵害保护作品完整权,主要包括以下几种情形:

一是从整体上对作品进行删改,破坏作品完整性。例如,在张斌诉北京娱乐信报社、北京日报报业集团侵犯著作权纠纷案中,法院认为,被告刊载的《二十七岁》一文对原告作品进行了多处删节,删节内容占该作品的近一半,破坏了原告作品的完整性,故侵犯了原告享有的保护作品完整权。[②]

二是对作品进行局部改动,但足以使作品所表达的内容、思想、观点被歪曲、篡改,包括作品的标题和作品之间的联系以及作品中的一部分和另一部分的联系。[③] 例如,在丁聪诉友谊书店、家庭医药杂志社侵犯著作权纠纷案中,家庭医药杂志社在使用丁聪的涉案10部漫画作品时,均只使用图画部分,去除文字部分,并对所使用的图画部分进行了删减或添加。法院认为,丁聪所创作的漫画作品具有鲜明的特点,完整的作品是由"漫画+文字笑话+署名小丁+日期"组成。其漫画是基于文字笑话而创作,漫画创作的缘由是对文字笑话进行配图,从而使漫画与文字不能分离。家庭医药杂志社的使用行为是对丁聪享有作品完整权的侵犯。仅单独使用漫画,不使用文字部分,则不能准确地反映出漫画的寓意,对作品是一种割裂使用,而这种割裂使用,会使漫画作品的寓意、内涵与主题不对应、不鲜明、不清晰,有可能产生其他背离作者创作意图的理解,故被告的使用行为应认定为对作者享有的保护作品完整权的侵害。

---

① 参见陈锦川:《浅议我国著作权法中的保护作品完整权》,载《中国版权》2019年第5期。

② 参见北京市第二中级人民法院民事判决书,(2006)二中民初字第13177号。

③ 参见韦之:《著作权法原理》,北京大学出版社1998年版,第62页。

【典型案例48】

在北京市第二中级人民法院审理的(2002)二中民终字第07122号林岫诉北京东方英杰图文设计制作有限公司(以下简称东方英杰公司)、国际网络传讯(上海)有限公司北京分公司(以下简称国际网络公司)侵害著作权一案中,1998年至1999年年初,林岫创作了6幅“龙文化”书法作品,嗣后,作品原件被他人收藏。上述作品均未发表。在未经林岫授权的情况下,国际网络公司委托东方英杰公司制作的2000年挂历上使用了上述6幅作品,且作品的局部被随意放大、缩小,使每件完整作品均被割裂成大小两件作品。从整体效果上,挂历上的“龙”字与题跋、落款之间的相对位置、对应比例不同于林岫的原作品,且名章小于林岫的实际印章。林岫主张上述行为侵犯了其保护作品完整权。法院认为:对书法作品中字与字之间的大小比例、相对位置加以改变的行为,属于对书法作品的修改,其后果改变了作者所追求的整体形式美,违背了作者的意愿,破坏了作品的完整性,构成对保护作品完整权的侵犯。

三是虽未对作品本身进行改动,但对作品的包装、使用方式或使用环境不当,足以降低作品或作者正常的社会评价,损害作者声誉,也可能构成对保护作品完整权的侵害。

【典型案例49】

在北京市朝阳区人民法院审理的(2006)朝民初字第28850号王文海诉隋建国侵犯著作权纠纷一案中,王文海与隋建国讨论决定由王文海雕塑完成《睡觉的毛主席》塑像,由隋建国为该塑像着色。塑像完成后,双方签订《合作协议》,协议约定双方共同合作塑造一尊毛泽东主席的卧像,意在表现延安窑洞中毛泽东主席安详睡眠的情景。双方共同拥有该塑像的著作权。但隋建国未经王文海同意,在该塑像周围装置了许多色外斑斓、千奇百怪的小恐龙,取名为《梦魇》,并在美国旧金山和北京798艺术区举办了个人展览。该两次展览还出版了《理性的沉睡》和《各玩各的》画册,均收录了《梦魇》,其中《各玩各的》的画册还记载了在展览期间有群众对《梦魇》不满,在有关部门的干涉下,将涉案作品撤展的情况。诉讼中,隋建国认可“梦魇”一词引自18世纪西班牙艺术家戈雅的一幅铜版画标题“Sleep of Reason Produces Monster”,中文译为“梦魇”或“理性的沉睡产生魔鬼”。法院认为:依据双方在《合作协议》中的约定,可以确定《睡觉的毛主席》"意在表现延安窑洞中毛泽东主席安详睡眠的情景"。而在隋建国对《睡觉的毛主席》塑像作品的使用、装置形成《梦魇》后,尽管对《睡觉的毛主席》的理解仍有沉睡的含义,但从"梦魇"一词(引自戈雅的铜版画标题"Sleep of Reason Produces Monster")中文译文看,无论是"梦魇"或"理性的沉睡产生魔鬼"都是对双方约定原意的改变,即《梦魇》对《睡觉的毛主席》作品的使用已经改变了原作品所表达的主题,构成了对《睡觉的毛主席》的歪曲和篡改,侵犯了王文海对《睡觉的毛主席》所享有的保护作品完整权。

(二)侵害保护作品完整权的判断标准

关于侵害保护作品完整权的判断标准,主要争议在于作者声誉受损害是否构成保护作品完整权侵权成立的要件。根据对该问题的不同认识,可以区分为以下三种不同观点。一是主观标准说,认为只要违背作者意思对作品进行改变,不管是否损害作者声誉,均构成对保护作品完整权的侵害。该观点的主要理由在于:我国《著作权法》关于保护作品完整权的定义中并没有"有损作者声誉"的限定,若将"有损作者声誉"作为认定侵害保护作品完整权的要件,则将不当限缩保护作品完整权的保护范围,且于法无据。二是客观标准说,认为只有对作品的"歪曲、篡改"客观上损害了作者声誉,才可能侵害保护作品完整权。该观点认为,主观标准说虽然有利于维护作者与其作品之间的联系,但过度限制了对作品的使用,将使对作品的各种新的使用方式无所适从。正因如此,主观标准说既不为相关国际条约所采纳,也逐渐被诸多国家和地区的著作权法所抛弃,或者在著作权法上添加种种限制和例外。三是主客观结合说,即认为在作品发表之时,原则上应尊重作品的全貌,改动作品有损作者的表达自由,此时应采用主观标准说;作品发表之后,如果公众已经知晓作品改动非作者本人所为且客观上不会影响作者的声誉,即使改动不符合作者的意愿,也不宜认定为侵权,应采用客观标准说。

上述标准均有一定合理性,但均不够全面。对于侵害保护作品完整权的认定,需要从正确理解保护作品完整权入手。我国《著作权法》规定的保护作品完整权源于《伯尔尼公约》,尽管对保护作品完整权最终要回归到对我国《著作权法》第10条第1款第4项的解释适用,但比照《伯尔尼公约》的相关规定,有利于作出更全面、更准确的理解。根据《伯尔尼公约》第6条之二的规定,作者享有反对任何曲解、割裂或者以其他方式篡改该作品，或与该作品有关的可能损害其荣誉或名誉的其他毁损行为。对照《伯尔尼公约》，我国《著作权法》第 10 条第 1 款第 4 项规定存在以下模糊之处：其一，没有明确"歪曲、篡改"的程度要求，即是否以损害作品或作者声誉为限；其二，没有明确"歪曲、篡改"是行为手段还是行为后果。如果是一种手段，则只有对作品进行改动才能被认定为侵权；如果是一种后果，则所有可能导致作品被歪曲的行为都可以被认为是侵权。但比照《伯尔尼公约》的规定解释我国《著作权法》第 10 条第 1 款第 4 项所指的"歪曲、篡改"，则其既可以是行为手段，也可以是行为后果。基于上述理解，主观标准说过于强化对著作权人的保护，偏离了"歪曲、篡改"的要求；客观标准说则过度限缩了我国《著作权法》第 10 条第 1 款第 4 项的文义范围，降低了对著作权人的保护，该解释本身也与《伯尔尼公约》的规定相背离；主客观结合说以作品发表前后作为适用主观标准与客观标准的分界线，则缺乏充分的依据。

《北京高院著作权审理指南》第 4.8 条第 1 款规定："判断是否侵害保护作品完整权，应当综合考虑被告使用作品的行为是否获得授权、被告对作品的改动程度、被告的行为是否对作品或者作者声誉造成损害等因素。"该规定对前述三种观点均未予采纳，而是对通常情况下侵害保护作品完整权认定的考量因素作出指引，将作者的声誉是否受损作为判断侵权成立的考量因素之一，而未将其作为保护作品完整权侵权成立的要件。该规定强调对侵害保护作品完整权的认定应当结合个案具体情况，在综合考虑相关因素的基础上作出判断。具体而言，其一，应区分被告使用作品的行为是否获得授权。对于通过合法方式取得部分或者全部著作财产权的，基于合同履行的诚实信用原则和作品创作与传播之间的利益平衡原则，不能过度强调对保护作品完整权的保护。其二，应审查被告对作品的改动程度。在被告获得不同授权的情况下，其对作品的使用方式和改动范围应有所区别。其三，应审查被告的行为是否对作品或者作者声誉造成了实际的损害。虽然不宜将损害声誉作为判断标准，但仍应作为重要的考量因素。一般而言，因他人对作品的修改导致作者的声誉受损、社会评价降低，可以认定其侵犯了保护作品完整权。但是，他人对作品的修改未导致作者声誉受损的，并不意味着当然不构成对保护作品完整权的侵犯。

三、著作财产权与保护作品完整权的冲突及侵权认定

保护作品完整权维护的是作品的内容、观点、形式不受歪曲、篡改，其基础是

对作品中表现出来的作者的个性和作品本身的尊重,其意义在于保护作者的名誉、声望以及维护作品的纯洁性。[①] 但对作品中所表达的个性和观点的理解具有很大主观性,正所谓“一千人眼中有一千个哈姆雷特”,对“歪曲、篡改”的认定不能简单以作者的主观意志作为判断依据,作者对保护作品完整权的行使应受到一定的限制,尤其是在作者将其著作权许可或者转让给他人之后,他人使用作品的情形。此种情形下,作者对保护作品完整权的行使必须符合诚实信用原则,不得滥用权利。如果动辄主张他人的使用构成“歪曲、篡改”,将导致被许可人或受让人受让取得的著作财产权形同虚设,不利于权利流转和作品传播。因此,对于作者将其著作权转让或者许可他人使用后,因受让人或被许可人行使相关财产权引发的侵害保护作品完整权纠纷的处理,基于诚实信用原则和利益平衡的考量,应当有别于未经许可的使用行为。此时,对于保护作品完整权侵权行为的认定,应当更加审慎。

我们认为,作者将其著作权转让或者许可他人之后,受让人或者被许可使用人根据作品的性质、使用目的、使用方式可以对作品进行合理限度内的改动。判断是否属于在合理限度内的改动,应当综合考虑作品的类型、特点及创作规律、使用方式、相关政策、当事人约定、行业惯例以及是否对作品或者作者声誉造成损害等因素。也就是说,受让人或者被许可使用人根据作品的性质、使用目的、使用方式可以对作品进行合理限度内的改动。所谓“合理限度内的改动”是指基于合同约定及合同解释的合理范围,而不能脱离作者的授权范围。对于“合理限度”的把握,应当视授权范围及受让人或者被许可使用人对作品的使用方式而有所区别。例如,对于作品的复制行为是否侵犯保护作品完整权的认定,应当坚持较为严格的标准,复制后呈现的内容、观点与作者在原作中的表达明显不一致的,通常可以认定构成对原作品的歪曲、篡改。对于作品的摄制行为,2013 年《著作权法实施条例》第 10 条规定:“著作权人许可他人将其作品摄制成电影作品和以类似摄制电影的方法创作的作品的,视为已同意对其作品进行必要的改动,但是这种改动不得歪曲篡改原作品。”而对于作品的改编是否侵犯保护作品完整权的认定,应当坚持更为宽松的标准,只要没有过于偏离或歪曲原作内容、观点,通常不宜认定构成对原作的歪曲、篡改。

---

① 参见陈锦川:《浅议我国著作权法中的保护作品完整权》,载《中国版权》2019 年第 5 期。

需要指出的是，作者将其著作财产权，尤其是改编权转让或者许可他人行使的情况下，对于保护作品完整权保护强度的把握，在更深的层次上，需要考虑著作权的私权属性、著作人身权与民法意义上人身权的区别、对于著作人身权保护力度的导向性、为文艺再创作预留空间以及保护文化产业投资者利益等因素。尤其是影视游戏改编通常需要汇聚大量人力、物力、财力方可启动创作，在合法获得改编许可的情况下，对侵害保护作品完整权的认定应适当从宽。在改编权已经许可或转让的情况下，既要充分保障作者人格利益，也应尊重相关作品的创作特点和规律。不宜让保护作品完整权成为悬在改编者和制片者头上的“达摩克利斯之剑”，从而不当地限制影视游戏作品的创作空间，影响产业正常发展。①

【典型案例50】

在上海市第二中级人民法院审理的(1996)沪二中民初(知)字第28号樊祥达诉上海电视台侵害著作权一案中，樊祥达创作了小说《上海人在东京》。上海电视台与之签订协议，有偿取得了小说的电视剧改编权和摄制权。在同名电视剧拍摄播放之后，樊祥达认为原作《上海人在东京》的主题思想是：一个东京客、一个悲惨史、一掬辛酸泣、一本血泪作。而上海电视台将电视剧的主题思想改为：一群海外的游子、一个曲折的故事、一段缠绵的恋情、一页拼搏的历史。剧中竭力美化日本人、丑化中国人，严重歪曲和篡改了原著，且损害了樊祥达的声誉。如电视剧《上海人在东京》第16集《情人旅馆》将小说中的女主人公白洁改写为一个以自己的贞操换取“保人”的低贱女人，此种是任意篡改樊祥达小说的行为。樊祥达据此认为上海电视台及其两位编剧的行为侵犯了樊祥达对原著《上海人在东京》所享有的保护作品完整权。法院认为：樊祥达未能举证证明上海电视台对小说的改编已达到了歪曲、篡改的程度，樊祥达诉称上海电视台歪曲、篡改其作品依据尚不充分。且在上海电视台拍摄电视剧之前以及拍摄期间，樊祥达应当知道上海电视台对小说作出重大改变，而在长达半年之久的时间内未提出异议，直到上海电视台投入大量资金完成电视剧拍摄及公开播映之后才提出异议。根据公平原则，结合电视台创作过程的具体情况，对樊祥达提出的主张不予支持。

---

① 参见杨德嘉：《与改编权相关的法律问题分析》，载《中国版权》2017年第6期。

【典型案例51】

在北京知识产权法院审理的(2016)京73民终587号张牧野诉中国电影股份有限公司、陆川、梦想者电影(北京)有限公司、乐视影业(北京)有限公司等侵害著作权纠纷一案中,电影《九层妖塔》系根据张牧野所著小说《鬼吹灯之精绝古城》改编而成,但涉案电影将主要人物胡八一及shirley杨分别设定为羿王子后裔及具有异能的鬼族后人,并将涉案小说从普通人类摸金校尉利用风水玄学探险的故事,改为具有超能力的英雄后人与鬼族人和怪兽战斗的故事。张牧野认为,涉案电影的故事情节、人物设置、故事背景均与其小说相差甚远,远远超出了法律允许的必要改动的范围,对小说存在严重的歪曲、篡改,侵害了其保护作品完整权。一审法院认为,由于保护作品完整权具有高度抽象性的特征,对于该权利的控制范围、具体边界的确定,不应一概而论,应当综合考察使用作品的权限、方式、原著的发表情况以及被诉作品的具体类型等因素。对于通过合法方式取得部分或者全部著作财产权的,作者本人虽然控制着作品的人身权,但基于合同履行的诚实信用原则和作品创作与传播之间的利益平衡原则,应当对保护作品完整权的形式予以一定程度的限制。在作者作出明确意思表示,将其著作财产权转让给他人后,关于被转让人的合法改编行为是否侵犯其保护作品完整权,不能简单依据是否违背作者在原著中表达的原意这一主观标准进行判断,而应重点考虑改变后的作品是否损害了原著作者的声誉。由于电影创作的复杂性,要对原本是平面的、抽象的、文字叙述形式的小说进行三维的、具象的、形象的动态再现,这期间将包含大量的创造性成分。受电影作品篇幅长度的限制,在将小说特别是长篇小说改编成电影时,必然要对人物关系、情节结构、主要场景作出较大幅度的调整和改动。鉴于电影作品的特殊创作规律,再结合《著作权法实施条例》关于"必要的改动"的规定,判断涉案电影是否侵犯原告的保护作品完整权时,应当充分考虑改编者的艺术创作自由,尽量缩小保护作品完整权的控制范围。综上,涉案电影的改编、摄制行为并未损害原著作者的声誉,不构成对原告保护作品完整权的侵犯。二审法院认为,保护作品完整权并无"有损作者声誉"的限制,对该权利的侵害不以"有损作者声誉"为前提。在获得对原作品改编权的情况下,改编作品所作改动应当符合必要限度,如果改动的结果导致作者在原作品中要表达的思想情感被曲解,则这种改动就构成对原作品的歪曲、篡改。本案中,涉案电影对原告涉案小说作品的改动是对涉案小说主要人物设定、故事背景等核心表达要素的大幅度改动,对作者在原作品中表达的观点和情感进行了本质上的改变,因而构成对原作品的歪曲、篡改。据此,二审法院认定涉案电影侵害了张牧野对涉案小说的保护作品完整权。二审宣判后,提出再审申请。后,双方当事人达成和解。

典型案例51是近年来涉及改编电影作品的典型案例,引发了影视游戏行业如何在授权范围内对原著作品进行合理改编的广泛讨论。尽管一审、二审法院对该案的处理存在一定分歧,但均通过对《著作权法》的解释适用,对如何判断改编电影作品是否侵犯了原著作品的保护作品完整权进行了探索。面对影视游戏改编过程中可能出现的改编权与保护作品完整权的冲突,首先,应对改编权与保护作品完整权作出明确区分。改编权与保护作品完整权属于两项不同的权利,前者属于著作财产权,后者属于著作人身权。著作财产权保护的是财产利益,著作人身权保护的是人格利益,改编权无法涵盖保护作品完整权所保护的利益。就二者的侵权认定逻辑而言,未经授权的改编行为,若对原著的改动不构成歪曲、篡改,则仅侵犯改编权,不构成对保护作品完整权的侵犯;经过授权的改编行为,若对原著的改动构成了对作品的歪曲、篡改,尽管不会侵犯改编权,但可能侵犯保护作品完整权。其次,应尽可能通过合同对权利的行使方式和边界作出约定。转让与许可使用本是双方合意的结果,意思表示一致时改编权与保护作品完整权仍然发生冲突,原因即在于合同中未对权利行使作任何限制,受让人和被许可人无法通过合同具体条款约束作者或其继承人。著作权属于私权,奉行意思自治原则,合同双方可以对保护作品完整权的行使在合同中作出限制规定。一旦没有限制规定,受让人或被许可人的任何改编行为,都可能受到负面的规范评价。通常情形下,受让人或被许可人实施改编行为后,大都将改编后产生的演绎作品直接推向市场,并没有向作者或其继承人展示其演绎作品,由作者或其继承人确认是否符合本意。在作者或者其继承人完全不知情的情况下,改编后产生的演绎作品自然会存在歪曲、篡改原作品的可能。而这种市场实践,完全是可以通过法律规定或合同约定作出改变的。① 从防范纠纷发生的角度,事先通过合同作出清晰约定是较为可行的做法。最后,对侵害保护作品完整权的认定,应结合具体案件的实际情况综合考量。对当事人之间关于权利行使有明确约定的,除违反法律的禁止性规定外,应予尊重。

---

① 参见孙山:《改编权与保护作品完整权之间的冲突及其化解》,载《科技与出版》2020年第2期。

第六章　侵害著作财产权的认定

2010年《著作权法》第10条第1款第5项至第16项规定了著作权人享有的12项财产权，第17项规定了著作权人享有“其他权利”，即兜底性权利。2020年《著作权法》在保持17项权利设置的同时，对复制权、出租权、放映权、广播权、信息网络传播权和摄制权的定义进行了调整。其中，对放映权、摄制权定义的修改属于适应性修改，仅将原定义中的“电影和以类似摄制电影的方法创作的作品”修改为“视听作品”；对复制权、出租权、信息网络传播权定义的修改属于文义上的完善，相关权利的内容未产生实质性变动；对广播权定义的修改则属于实质性改动，明显扩充了广播权的权利范围。

从我国《著作权法》的立法体例看，2010年《著作权法》和2020年《著作权法》均采取了权利列举和行为规制并行的立法模式，即在规定著作权内容的同时，对类型化的侵权行为进行了列举，但所列举的侵权行为多数是对权利控制范围的一种重复表述。在具体案件中，由于侵权行为的复杂性，权利人往往仅明确主张某项或某几项专有权利，而著作财产权本质上均属于“以特定方式利用作品”的权利，不同的财产权之间存在一定的交叉或重叠，认定被诉侵权行为是否侵害原告主张的特定权项，必须从特定权项控制范围的角度，判断被诉侵权行为是否落入该项专有权的控制范围。根据“以受控行为定义专有权利”的原理，本章将通过明确相关专有权所控制行为内涵或要件的方式，对实践中涉及纠纷较多的著作财产权的权利范围、权利边界以及侵权判定问题进行分析。

第一节　侵害复制权、发行权的认定

一、侵害复制权的认定

复制权是著作财产权中最基本的权能。著作权法产生之初，复制权就是著作权人享有的主要权能之一。随着科技的进步,复制的方式和手段发生了日新月异的变化。对于侵害复制权行为的认定,关键在于准确界定复制的含义以及厘清复制行为与类似行为的区别。

(一)复制的含义及界定

2010年《著作权法》第10条第1款第5项规定,复制权,即以印刷、复印、拓印、录音、录像、翻录、翻拍等方式将作品制作一份或者多份的权利。2020年《著作权法》将复制权修改为"以印刷、复印、拓印、录音、录像、翻录、翻拍、数字化等方式将作品制作一份或者多份的权利"。2020年《著作权法》与2010年《著作权法》相比,复制权的定义增加了"数字化"三个字。数字化这种复制方式,主要是为了适应数字化时代和互联网时代发展的需要。在数字化时代和互联网时代,运用数字化方式复制作品越来越容易,也越来越普遍,为了更好地保护著作权人的财产权,有必要将这种新型的复制方式纳入著作权人的复制权范围。① 此处修改是以立法形式体现和固化了理论界及实务界的共识,并未实质性修改复制权的保护范围。

综观著作权相关的国际条约和各国著作权法中,复制权已得到了普遍承认,但对于复制权的理解并不完全相同。例如,《伯尔尼公约》第9条第1款将复制权解释为"以任何方式和采取任何形式复制作品的权利";《日本著作权法》第2条将复制解释为"使用印刷、照片、复印、录音、录像或其他方法进行有形的再制作"。从2020年《著作权法》第10条规定的文义看,我国《著作权法》主要通过列举复制行为的方式对复制权加以定义。由于列举式的定义未能明确概括复制行为的实质特征,导致实践中对复制行为的理解存在一定分歧。

在我国《著作权法》施行之初,理论界和实务界曾倾向于对复制作狭义解释,即限于从平面到平面的复制行为。该观点认为,从法律所列举的各种相关的复制方式(印刷、复印、拓印)来看,《著作权法》显然只规定了从平面到平面的复制行为,而没有(至少是没有直接)规定从平面到立体及从立体到平面的复制行为。有观点进一步指出:"复制的含义有广义和狭义之分。广义的复制概念,包括复制平面作品和将平面作品制成立体作品,将立体作品制成平面作品。本法规定的复制是狭义的,仅指以印刷、复印、临摹、拓印、录音、录像、翻录、翻拍等方式将作品制

---

① 参见黄薇、王雷鸣主编:《〈中华人民共和国著作权法〉导读与释义》,中国民主法制出版社2021年版,第84页。

作一份或者多份的行为。"①上述观点的理由之一在于,若将平面到立体及从立体到平面也视为复制,将导致版权保护延及工业生产领域,给予著作权人过高的保护水平。但对复制作狭义理解,并不符合国际惯例以及相关国际公约关于复制的规定。《伯尔尼公约》第9条规定,受本公约保护的文学艺术作品的作者,享有授权他人以任何方式或形式复制其作品的专有权。《TRIPS协定》第9条之一规定,全体成员均应遵守《伯尔尼公约》1971年文本第1条至第21条及公约附录。但对于《伯尔尼公约》第6条之二规定的权利或对于从该条引申的权利,成员应依本协议而免除权利或义务。国际知名版权法专家德利娅·利普希克教授指出,"复制权包括:将二维作品复制成一件或数件三维作品(如以各种不同的平面图表示一幢建筑物)或是将三维作品复制成一件或数件二维作品(如雕塑作品的照片)。因此,即使是在不同于原作载体的载体上复制(在上彩釉的陶盘或瓷盘上复制绘画、雕刻或油画作品)或者使用不同的技术(将一件艺术作品拍摄成照片)也都是复制"。② 在我国加入世界贸易组织后,若仍对复制作狭义解释,则与我国承担的国际条约义务相背离。在此背景下,司法实践中对复制趋向于作广义解释,即复制权所控制的复制行为既包括复制平面作品和将平面作品制成立体作品,也包括将立体作品制成平面作品。因此,我们认为,将作品实现从平面到平面、从平面到立体、从立体到平面、从立体到立体的再现,未付出独创性劳动的,属于复制。简言之,复制权所控制的复制行为,可以理解为以任何方式将作品制作成一份或者多份的行为,此点诠释了复制行为在表现形式上的特点。

【典型案例52】

在北京市朝阳区人民法院审理的(2007)朝民初字第17052号深圳市腾讯计算机系统有限公司(以下简称腾讯公司)诉北京世纪百旺商贸有限公司(以下简称被告一)、佛山市康福尔电器有限公司(以下简称被告二)侵害著作权纠纷一案中,腾讯公司为涉案作品QQ企鹅卡通形象的著作权人,其发现由被告一销售、被告二生产的"氧吧过滤加湿器"和"卡通族加湿器"两款加湿器将其享有著作权的QQ企鹅形象作为产品外观,并在产品包装上直接复制QQ企鹅卡通形象,主张被

---

① 沈仁干主编:《著作权实用大全》,广西人民出版社1996年版,第12页。

② [西班牙]德利娅·利普希克:《著作权与邻接权》,联合国教科文组织译,中国对外翻译出版公司2000年版,第136~137页。

告未经许可在其生产、销售的加湿器产品外观和包装上使用和复制涉案QQ企鹅卡通形象,构成侵犯著作权的行为。本案的争议焦点为涉案两款加湿器的立体造型是不是对腾讯公司享有著作权的平面美术作品,即QQ企鹅卡通形象的复制。

在典型案例52中,原告据以主张著作权的作品为平面形式的作品,被告是以立体载体的形式再现了该作品,然后以平面形式对外宣传或介绍该产品。将平面作品由从平面到立体的形式转换是否视为复制,直接影响案件的定性以及对涉案作品的保护程度。从上述案件的裁判结果看,对于复制的认定均采纳了广义解释的观点,法院认定涉案两款加湿器的外观造型是在通过对涉案作品结构、布局、拟人化造型特征的手段上的使用,达到了从平面到立体的再现复制。

准确界定复制权所控制的复制行为应从以下两方面入手。一方面,在形式上,复制行为是以制作作品复制件的形式再现作品的行为,此点体现了复制权与其他财产权的区别,例如,展览权、广播权、放映权以及表演权等权利,虽然上述权利也是对作品的再现,但均不是以制作作品复制件的形式再现作品内容。另一方面,在内容上,复制行为仅是单纯再现原作品或者保留原作品的基本表达,复制者在该过程中没有付出独创性的劳动,此点体现了复制权与改编权的区别。

需要注意的是,复制并不等同于原样复制。从作品内容的角度来看,复制行为不仅包括原封不动照搬他人作品的复制行为,也包括保留原作品基本内容、仅作非实质性改动的复制行为。非实质性改动的复制行为,通常是侵权人出于掩人耳目的需要,故意使复制品与原作品呈现出或多或少的差异。实践中常见情形包括对摄影作品的朝向进行转换处理、对美术作品色彩图案作部分改动以及对文字作品进行摘取式、错位式抄袭等。由于著作权的保护不排斥"创作巧合",对于原、被告作品存在一定差异的情形,被告通常会提出"独立创作"抗辩。此时,对于复制行为的认定,除考虑作品内容的比对外,还要综合考虑作品发表时间先后、被告接触原告作品的可能性、独立创作举证情况等在案证据进行认定。

【典型案例53】

在贵阳市中级人民法院审理的(2015)筑知民初字第17号洪福远、邓春香诉贵州五福坊食品有限公司(以下简称五福坊公司)、贵州今彩民族文化研发有限公司(以下简称今彩公司)侵犯著作权纠纷一案中,涉案产品贵州辣子鸡等包装礼盒和产品手册中使用的花鸟图案与涉案《和谐共生十二》画作,在鸟与花图形的结构造型、线条的取舍与排列上一致，但二者的图案底色和线条颜色存在差别。今彩公司主张其设计、使用在五福坊公司产品包装礼盒和产品手册上的作品系自行创作，但未提交证据予以佐证。法院经审理认为，就比对效果来看，图案底色和线条颜色的差别已然成为侵权的掩饰手段，并非独创性的智力劳动。由于洪福远的涉案作品创作并发表在先，在五福坊公司生产、销售涉案产品之前，有机会接触该作品，今彩公司也没有提交任何证据佐证其自行创作的事实，据此认定今彩公司有抄袭洪福远涉案作品的故意，五福坊公司在生产、销售涉案产品包装礼盒和产品手册中部分使用洪福远的作品，侵犯了洪福远对涉案绘画美术作品的复制权。①

（二）临摹与复制的关系

关于临摹与复制的关系，是实践中长期存在的争议问题。该问题的产生与《著作权法》的修改存在一定关系。1990 年《著作权法》第 52 条第 1 款规定："本法所称的复制，指以印刷、复印、临摹、拓印、录音、录像、翻录、翻拍等方式将作品制作一份或者多份的行为。"该规定将临摹作为复制的一种方式。但 2001 年《著作权法》第 10 条第 1 款第 5 项对复制权作出规定时，在列举复制方式时将原有的"临摹"予以删除，其他内容则予以保留。立法上的上述变化使理论界和实务界对于临摹的认识产生了分歧。一种观点认为，临摹品没有独创性，均应归入复制品。另一种观点认为，对待临摹作品不能简单"一刀切"，应个案处理、具体问题具体分析。如果临摹者在临摹作品上体现了自己的独创性劳动，且临摹对象是超过保护期的作品或征得了权利人的许可，那么临摹作品就属于演绎作品，临摹者可以享有著作权。② 对于 2001 年修改前后《著作权法》中关于"临摹"规定的变化，权威观点解释称："因为临摹的情况比较复杂，有的是复制，有的是创作，必须区别对待，不能都认为是复制。"③但哪些情况属于复制，哪些情况可以认定为创作，并没有进一步解释。

对于上述问题，国际上尚无统一的做法。一些国家在立法中明文规定：一切侵权作品，无论其自身是否具有或具有多少独创性，统统不享有著作权。另有一

---

① 本案为最高人民法院 80 号指导案例，作为指导案例，其裁判要旨是民间文学艺术衍生作品的表达系独立完成且有独创性的部分，符合《著作权法》保护的作品特征，应当认定作者对其独创性部分享有著作权。

② 参见郑成思：《知识产权法》，法律出版社 2004 年版，第 371 ~ 378 页。

③ 姚红主编：《中华人民共和国著作权法释解》，群众出版社 2001 年版，第 87 页。

些国家在著作权法中规定:侵权作品如果自身具有独创性,则仍旧是著作权保护的客体。未经许可而临摹的作品,其作者仍有权要求未经其许可而复制其临摹成果的第三方对其负侵权责任。世界知识产权组织和联合国教科文组织在1986年12月提出了一份"视觉可感知的艺术作品"的文件中写道:"以已有的绘画作品作为样板再画一幅绘画作品,既可视为复制,也可以视为改作、改编或者改制。"上述组织于1987年10月在日内瓦召开的同样会议上,又提出一份"实用艺术品"文件,其中写道:"以已有的实用艺术品为样板,由另一位作者再制一份,在诸如英国、瑞士等国,视为复制;在其他国家,则视为改作、改编或改制。"①

考虑到临摹是一项复杂的技艺劳动,在司法实践中应结合临摹情况的不同,将临摹行为区分为复制和再创作行为,判断标准在于临摹行为形成的临摹品是否具有独创性,即临摹者是否付出了独创性的劳动。具体而言,如果临摹者在临摹过程中在临摹品中有意识地加入自己的判断和选择,并使临摹品与原作品存在明显差异,则该临摹品构成原作的演绎作品。但如果临摹品仅属于对原作的精确临摹,尽管临摹者具有高超的技艺,但其为追求逼真,在临摹品中放弃了对自我个性的表达,运用的仅仅是为精确再现原作所需要的技巧和艺术手法,故该临摹品仅属于原作的复制件。此外,还存在临摹品与原作品存在细微差异的情形,如果临摹品再现了原作品的主要内容、仅对部分细节进行了非实质性的改动,且改动并未体现临摹者个性化的选择和判断,则该临摹品仍属于对原作的复制。

【典型案例54】

在北京知识产权法院审理的(2015)京知民终字第1814号项维仁诉彭立冲侵害著作权纠纷一案中,将彭立冲的《荷中仙》与项维仁的《醉荷》相比,两者在画面内容、人物造型、荷叶及花瓣形状、元素布局、构图、线条、色调等美术作品的实质性要素方面均一致,不同之处仅在于尺寸大小不同、人物眼神有稍许不同、色彩深浅略有差异。被告彭立冲抗辩称其涉案行为属于临摹,不是著作权法意义上的复制行为。法院认为,尺寸的不同并不影响两者相同或实质性相同,两者人物眼神及颜色深浅的些许不同过于细微,且为中国传统绘画中因不同绘画者对细节的描绘方式不同而惯常出现的区别,彭立冲的《荷中仙》并未体现出其本人具有独创性

① 郑成思:《知识产权法》,法律出版社2004年版,第374页。

的劳动成果，而仅仅是再现了项维仁的美术作品《醉荷》的表达，故《荷中仙》实为《醉荷》的复制品，彭立冲涉案的临摹行为属于对《醉荷》的复制。故对彭立冲提出其涉案临摹行为不是《著作权法》意义上的复制行为的主张不予支持。

【典型案例55】

在北京市朝阳区人民法院审理的(2011)朝民初字第20681号薛华克诉燕娅娅、北京翰海拍卖有限公司侵犯著作权纠纷一案中，将薛华克主张权利的摄影作品《次仁卓玛》与被控侵权油画《阿妈与达娃》进行比对，两幅作品表现的内容相同，画面主体均为一名坐在房间内哺乳孩子的藏族妇女，二者在整体构图，场景布局，人物细微的姿势、神态、服饰特征以及物品摆放、光线明暗的处理等方面均相同，只是油画的画面较为模糊。薛华克主张被告燕娅娅的油画系对其摄影作品进行的改编，燕娅娅则主张涉案油画系其独立创作完成。法院根据薛华克的摄影作品在先发表，燕娅娅创作涉案油画时有机会接触该摄影作品以及两幅作品的高度相似性，认定燕娅娅在绘制涉案油画时参照了薛华克的摄影作品。通过比对涉案油画与摄影作品，虽然二者的基本内容相同，但由于创作方法不同，涉案油画的绘制需要通过对表现对象的观察、理解并借助绘画颜料和自身的绘画技能才能完成，绘画过程体现了绘画者的构思和判断，且二者在视觉上仍存在较为明显的、能够被识别的差异。据此，认定涉案油画构成对摄影作品的改编，而未认定属于复制。

(三)按照设计图施工、生产行为的认定

按照工程设计图或者产品设计图纸及其说明进行施工、生产的行为，是否属于《著作权法》意义上的复制行为，是侵害著作权案件中的难点问题。2010年《著作权法》和2020年《著作权法》对此均未予规定，但1990年《著作权法》第52条第2款规定："按照工程设计、产品设计图纸及其说明进行施工、生产工业品，不属于本法所称的复制。"2001年《著作权法》修订时删除了上述条款，这是因为2001年《著作权法》明确将"建筑作品"列为受《著作权法》保护的作品，按照建筑作品的设计图施工建造该建筑物构成《著作权法》意义上的复制行为，因此，"删除了1990年《著作权法》的上述概括性规定，但绝不意味着《著作权法》修改之后，按照工程设计图和产品设计图施工、生产不受《著作权法》保护的工程和产品被承认为

《著作权法》意义上的复制行为”。[1] 理由在于，尽管现行《著作权法》将工程设计、产品设计列为保护对象，但保护范围仅限于图纸而未延及工程和产品本身。[2] 工程设计图、产品设计图之所以能够作为作品受到保护，与其体现的施工方案、技术方案无关，而是因为其是由点、线、面及各种几何图形构成的表达，其中包含源于点、线、面及各种几何图形所传递的美感。而工程设计图、产品设计图中包含的技术方案、实用功能、操作方法等以及地图、示意图中包含的客观地理要素、事实等，则不受《著作权法》保护。判断对工程设计图作品、产品设计图的利用行为是否属于对作品的复制行为，应当关注的是，该行为所产生的成果是否体现了图形本身的科学美感。由于根据工程设计图、产品设计图进行工程施工、生产产品的行为，不能再现工程设计图、产品设计图中图形本身的美感，施工、生产工程不是再现图形作品科学美感的过程，而是实现工程设计图、产品设计图中所蕴含的实用功能、施工方案、技术方案的过程，故不属于《著作权法》意义上的复制行为。

我们认为，按照工程设计图或者产品设计图施工或者生产不受《著作权法》保护的工程或者产品，不属于复制。也就是说，根据施工、生产对象的不同对按照设计图施工、生产行为的定性进行了区分。其一，按照设计图施工、生产的客体系建筑作品的，该行为属于复制。《北京高院著作权审理指南》第 5.1 条第 2 款明确规定：“按照建筑设计图建造建筑作品，属于复制。”其二，按照设计图施工、生产的客体属于不受《著作权法》保护的工程或者产品的，则该行为不属于复制。

【典型案例 56】

在北京市朝阳区人民法院审理的(2015)朝民(知)初字第 22682 号北京水韵园林景观有限公司(以下简称水韵园林公司)诉北京泰和通金典建筑装饰工程有限公司(以下简称泰和通公司)、华联新光百货(北京)有限公司(以下简称华联公司)侵害著作权纠纷一案中，华联公司委托泰和通公司对新光天地商场的水幕进行设计、制作和安装，并向泰和通公司提供了英国设计师设计完成的概念图纸。此后，泰和通公司又委托水韵园林公司在该概念图纸的基础上进行了深化设计，形成了工程设计图，并交付给泰和通公司。该设计图与上述概念图纸相比，两者在图形的点、线、面以及图形结构等方面存在显著差异。随后，泰和通公司和水韵

① 王迁：《著作权法》，中国人民大学出版社 2015 年版，第 168 页。

② 参见刘春田主编：《知识产权法》(第 2 版)，中国人民大学出版社 2002 年版，第 58 页。

园林公司就该水幕工程签约事宜未磋商成功,双方未能签订合同。泰和通公司与案外人就涉案水幕工程签订了合同,委托该案外人对涉案水幕工程进行深化设计、施工,并通过了竣工验收。水韵园林公司主张:泰和通公司建造该水幕工程实物使用了其设计的工程设计图,侵害了其对该设计图享有的复制权。法院认为:根据工程设计图所建造的工程实物已经不能再体现工程设计图中图形本身的美感,利用工程设计图建造工程实物的过程不是一个再现图形作品科学美感的过程,而是实现工程设计图中所蕴含的实用功能、施工方案、技术方案等的过程,因此,利用工程设计图建造工程实物的行为不属于复制行为。而且,从水韵园林公司主张侵权的具体内容来看,其提出的水幕形成的基本核心技术等均属于实用技术、操作方案等思想层面的内容,并由水幕所要实现的流水效果所决定,故即使泰和通公司建造的涉案水幕工程实物中体现了水韵园林公司主张的这些内容,也不构成对水韵园林公司涉案工程设计图作品的复制。

如前文所述,建筑作品在2001年《著作权法》修正时被明确规定为受《著作权法》保护的对象。通常认为,建筑物本身或者建筑物的外部附加装饰具有美感的独创性设计,可以作为建筑作品受《著作权法》的保护。建筑材料、建筑方法、功能性设计等不受《著作权法》保护,但体现建筑作品外观美感的建筑设计图,可以作为美术作品予以保护。按照建筑设计图建造建筑作品是以从平面到立体的方式再现建筑作品的行为,实质上是以复制件的形式再现了建筑作品的表达。按照对复制的广义理解,该行为应认定为复制权所控制的复制行为。有观点认为,按照设计图进行施工建造建筑作品的权利,属于著作权人享有的其他权利。未经许可按照建筑设计图建造建筑作品的行为,应认定为侵犯著作权人的其他权利,而非复制权。但该观点是基于对复制的狭义理解,在对复制作广义解释的情况下,不应采纳该观点。

二、侵害发行权的认定

(一)发行的含义及界定

2020年《著作权法》第10条第1款第6项规定,发行权是以出售或者赠与方式向公众提供作品的原件或者复制件的权利。该规定沿用了2010年《著作权法》的规定。根据上述规定,发行权控制的是以出售、赠与方式向公众提供作品原件或者复制件的行为,不要求以营利为目的。

认定发行权所控制的发行行为,应从以下几方面进行把握:一是发行行为不以营利目的为要件,以无偿赠与方式或者在销售商品时以附赠方式向公众提供作品原件或者复制件的行为,属于发行行为;二是发行行为针对的对象是社会公众,而非特定主体;三是发行行为的对象是作品的原件或者复制件,必须要有作品有形载体的转移;四是发行行为是以转移作品载体所有权的方式提供作品原件或复制件。《世界知识产权组织版权条约》第6条规定,发行权是文学和艺术作品的作者享有授权通过销售或其他所有权转让形式向公众提供其作品原件和复制品的专有权。该条约"议定声明"指出,受发行权控制的"原件或复制件仅指可投入流通的有形物品"。上述特征体现了发行权与其他作品传播相关权利的区别。一方面,发行行为是以提供作品原件或复制件等作品有形载体的形式向公众传播作品,体现了发行权所控制的发行行为与信息网络传播权所控制的"以有线或无线方式提供作品"行为之间的区别,因为信息网络传播权所控制的"以有线或无线方式提供作品"行为并不涉及对作品、制品或表演有形载体的转移。另一方面,发行行为引起作品有形载体所有权的转移,体现了发行权与出租权的区别,因为尽管出租权控制的出租行为也涉及作品有形载体的转移,但出租行为仅引起作品有形载体占有的临时改变,不涉及所有权的转移。

在商业实践中,"发行"一词被广泛使用。例如,"独家发行""院线发行""网络发行"等。不过,不同主体对发行的使用系不同指代意义上的使用,根据法不禁止即允许的原则,上述使用行为不为法律所禁止,但在具体案件中需要从法律概念的角度界定上述措辞的法律含义,尤其对于被授权人依据其继受取得的有关"独家发行""院线发行""网络发行"等类似表述的授权主张权利的,则应根据审查相关授权书中所界定的权利范围与著作权法意义上"发行权"及其他相关权利的保护范围的异同。

【典型案例57】

在北京市朝阳区人民法院审理的(2004)朝民初字第1151号华夏电影发行有限责任公司(以下简称华夏电影公司)诉北京华网汇通技术服务有限公司及湖南在线网络传播有限公司侵犯发行权纠纷一案中,华夏电影公司诉称其经授权取得了电影《终结者3》在中国地区的独家发行权,主张二被告未经许可,通过其开办的网站有偿许可他人下载电影《终结者3》,该行为侵犯了其独家发行权。法院认为:华夏电影公司对影片《终结者3》仅享有影院独家发行权,取得了以影院播放的方式发行涉案影片的权利,但并未举证证明取得了以网络传播的方式使用该影片的权利。华夏电影公司所主张的二被告未经许可,通过网络擅自上载并传播该影片的行为,并未落入其对该影片所享有的影院独家发行权范畴。

根据前述分析,华夏电影公司在典型案例57中主张的影院独家发行权属于《著作权法》意义上的发行权,但被诉侵权行为显然属于信息网络传播权控制的范畴。在部分著作权授权许可合同中,当事人使用"发行"一词指代更为宽泛的授权范围,此时当事人在商业概念上使用的"发行"所对应的权利范围可能远大于著作权意义上"发行权"的范围,此时应根据当事人的具体约定对授权内容予以认定,而不能将商业概念上的"发行"与法律概念当然等同。

此外,应注意著作权民事侵权层面的"发行"与刑事犯罪层面的"发行"存在一定区别。根据《刑法》第217条的规定可推知,以营利为目的,未经著作权人许可,复制发行其文字作品、音乐、电影、电视、录像作品、计算机软件及其他作品的行为,属于侵犯著作权罪的行为。根据《最高人民法院、最高人民检察院关于办理侵犯知识产权刑事案件具体应用法律若干问题的解释》第11条第3款的规定,通过信息网络向公众传播他人文字作品、音乐、电影、电视、录像作品、计算机软件及其他作品的行为,应当视为《刑法》第217条规定的"复制发行"。由此可见,该司法解释将《著作权法》意义上的信息网络传播行为纳入了"复制发行"的范畴。但根据2020年《著作权法》第53条第1项的规定,未经著作权人许可,复制、发行、表演、放映、广播、汇编、通过信息网络向公众传播其作品,构成犯罪的,依法追究刑事责任。即该项规定将"通过信息网络向公众传播其作品"与"复制""发行"相并列。对于同一行为不同的界定,体现了著作权民事侵权认定与刑事犯罪认定的差异,此种对于实践操作具有一定影响,但在法律适用中应注意对同一行为可责性的统一,避免出现刑民错位的情形。

(二)发行权的一次性用尽

虽然著作权人享有以所有权转移方式向公众提供作品原件或复制件的发行权,但作品原件和经授权合法制作的作品复制件经著作权人许可,首次以销售或者赠与方式转让所有权后,如果著作权人仍有权控制该原件或复制件的再次发行,将不利于作品的传播。这就涉及发行权的一次性用尽问题。

综观其他国家著作权法的规定，美国、德国、日本等国的著作权法均以具体条款对发行权一次性用尽作出了规定。例如，《德国著作权法》第 17 条第 2 款规定："如作品的原件或复制件经发行人同意已经通过销售在欧盟境内投放市场，则许可其继续流转。"

虽然我国《著作权法》未对发行权的一次性用尽作出明确规定，但理论界和实务界对该问题长期以来已经达成共识，我们认为，作品原件和经授权合法制作的作品复制件经著作权人许可，首次以销售或者赠与方式转让所有权后，他人对该特定原件或者复制件再次发行的，不构成侵害发行权。认定发行权用尽应当符合以下条件：其一，再次发行的客体必须是作品原件和经授权合法制作的特定作品复制件；其二，该客体是经著作权人许可，以销售或者赠与方式转让了作品载体的所有权。只有同时符合上述条件，才能认定著作权人的发行权一次性用尽，他人再次出售或赠与作品原件或复制件的，无须经著作权人同意。

三、侵害专有出版权的认定

（一）专有出版权的界定

我国《著作权法》严格区分了著作权和与著作权有关的权利。2010 年《著作权法》第四章"出版、表演、录音录像、播放"专门规定了与著作权有关的权益，包括图书报刊出版者、表演者、录音录像制作者、广播电台、电视台因播放作品而产生的权利。2020 年《著作权法》在保留第四章基本框架的情况下，将第四章的题目修改为"与著作权有关的权利"。其中，图书报刊出版者享有的权利包括专有出版权和版式设计权。上述体例上的安排在实践中引起了一些误解，例如，将专有出版权理解为邻接权的一种。需要注意的是，与著作权有关的权利不完全等同于邻接权。邻接权是指作品传播者对其传播作品过程中所创造的劳动成果所享有的权利，其独立于作品的著作权而存在，包括表演者权、录音录像制作者权、广播组织权以及版式设计权。由于专有出版权本质上属于著作权人就复制权、发行权对出版者的特殊授权，故只能称为与著作权有关的权利，仍属于复制权、发行权的范畴。在中华书局诉金城出版社侵害专有出版权案中，法院明确指出，专有出版权是图书出版者通过与著作权人签订出版合同，在被授权的时间和地域范围内，按照约定的使用方式所专有地复制、发行著作权人作品的权利，其从来源和性质上属于著作权中复制权、发行权的延伸。①

2010 年《著作权法》第 31 条规定,图书出版者对著作权人交付出版的作品,按照合同约定享有的专有出版权受法律保护,他人不得出版该作品。2020 年《著作权法》第 33 条沿用了上述规定。但上述规定内容与 1990 年《著作权法》存在较大差别。1990 年《著作权法》第 30 条规定:"图书出版者对著作权人交付出版的作品,在合同约定期间享有专有出版权。合同约定图书出版者享有专有出版权的期限不得超过十年,合同期满可以续订。图书出版者在合同约定期间享有的专有出版权受法律保护,他人不得出版该作品。"2001 年《著作权法》修正时,将 1990 年《著作权法》赋予图书出版者在合同约定期间享有的法定专有出版权改为"按照合同约定享有的专有出版权受法律保护",同时删除了"合同约定图书出版者享有专有出版权的期限不得超过十年,合同期满可以续订"的规定。立法上的上述变化在很大程度上体现了对专有出版权认识的争议和变化。图书出版者是否应当享有法定专有出版权,曾引起非常激烈的争论。1990 年《著作权法》第 30 条是在特殊的时代背景下作出的一种平衡性规定,该规定的首要目的是保护出版者的权利,相当于赋予出版者法定的专有出版权,但同时规定合同约定图书出版者享有的专有出版权的期限不得超过 10 年,合同期满可以续订,从而平衡出版者和著作权人之间的利益。但著作权作为一项私权,当事人对权利的行使应当奉行意思自治原则,上述规定实质上干涉和限制了著作权人对权利的自由行使,不利于对著作权的保护。因此,2001 年《著作权法》修改了上述规定,否认了专有出版权的法定性,出版者能否取得所出版作品的专有出版权由著作权人决定,同时不再统一规定图书出版合同的期限,均由双方当事人协商确定。

2001 年《著作权法》出台后,直至颁布 2020 年《著作权法》,专有出版权是出版者依据合同约定、从著作权人处获得的授权,该权利派生于著作权,属于著作权人就复制权、发行权对出版者的一种特殊授权。关于专有出版权的保护,应从以下两方面进行把握:首先,关于专有出版权的权利范围,由出版者和著作权人通过订立出版合同予以约定。出版合同本质上属于著作权许可使用合同的一种,关于专有出版权的授权作品、地域范围、权利期限、具体报酬以及能否转授权等具体事项,均应由双方当事人在合同中予以约定。其次,关于专有出版权的保护对象。

① 参见北京知识产权法院民事判决书,(2019)京 73 民终 2705 号。

通常认为,除当事人有特别约定外,专有出版权的保护对象是经授权出版的出版物整体,而不及于出版物中可以单独使用的一部分。换言之,对于未经许可出版他人享有专有出版权作品的全部或者主要部分的,或者虽然排列顺序有所变化但作品内容相同或者实质性相似的行为,可以认定为构成侵害专有出版权的行为,但对于仅使用出版物中可以单独使用的作品部分内容的行为,则应当由著作权人主张权利。理由在于,虽然专有出版权具有复制权、发行权的属性,但专有出版权并不等同于作品的复制权,其更侧重于对作品出版物整体或主要内容复制、发行行为的控制,对于未经许可将作品中占比较低的少部分内容、以不同于作品出版物的形式进行复制、发行的行为,应认定侵害属于著作权人享有的复制权、发行权,而非出版者享有的专有出版权。当然,如果著作权人与出版者对此有明确约定的,应从其约定。

【典型案例 58】

在北京市第二中级人民法院审理的(2002)二中民初字第 1015 号社会科学文献出版社诉北京燕山出版社侵犯专有出版权一案中,北京燕山出版社出版的图书有 2/3 的内容与社会科学文献出版社享有专有出版权的图书相同或者近似。本案的争议焦点在于被控侵权图书是否构成对原告专有出版权的侵犯。法院认为,被告出版的图书与原告享有专有出版权的图书相同或相似部分约占原告图书内容的 2/3,该部分内容构成原告图书的实质部分,足以影响原告的商业利益,损害了原告对该书享有的独占权利,故构成对原告专有出版权的侵犯。

尽管著作权人对出版物中可以单独使用的部分依法享有权利,但其对作品单独部分的权利行使以不侵害他人的权利为前提。其一,如果出版物是合作作品、汇编作品等,要受到整体作品著作权的制约;其二,要受整体作品专有出版权的制约。例如,在整体作品即将出版或刚刚出版时即将其中重要部分分别出版,就会侵害整体作品的著作权和专有出版权。①

【典型案例 59】

在上海知识产权法院审理的(2015)沪知民终字第 183 号上海世纪出版股份

① 参见胡康生主编:《中华人民共和国著作权法释义》,法律出版社 2002 年版,第 138 页。

有限公司译文出版社诉江苏凤凰文艺出版社有限公司、江苏凤凰出版传媒股份有限公司、上海新华传媒连锁有限公司侵害出版者权纠纷一案中，被控侵权图书《语文书综合》系汇编作品，其中仅含有原告享有专有出版权的4部中文译本图书的部分内容，该内容在原告图书、被控侵权图书《语文书综合》中均不足10%。本案的争议焦点之一在于被控侵权图书仅使用原告出版图书中的少量内容是否构成对原告专有出版权的侵犯。法院认为，专有出版权系契约性权利，保护专有出版权的实质是保护出版者的经济利益，故对该权利的保护应当仅限于合同约定的权利而不能扩张。在他人出版的被控侵权图书含有专有出版权人出版图书的部分内容而非全部内容的情形下，如果该部分内容并非权利人图书的主要部分，且该部分内容并非被控侵权图书的主要部分，或者该部分内容不适合单独成书出版，则被控侵权图书对专有出版权人出版的图书不太可能产生市场替代方面的损害后果，通常不会损害专有出版权人的经济利益，故对此种出版行为不宜认定构成侵害专有出版权。

（二）出版者侵害专有出版权的责任判定

如前所述，专有出版权的保护客体是出版物整体，故侵害专有出版权行为主要包括未经许可出版他人享有专有出版权作品的全部或者主要部分，以及虽然排列顺序有所变化但作品内容相同或者实质性相似两种情形。在侵害专有出版权纠纷案件中，被控侵权主体通常为被控侵权出版物的作者、制作者和出版者。通常而言，首先，应当根据比对情况，判断被控侵权的出版物是否构成对在先出版物专有出版权的侵害；其次，在认定在后出版物构成侵权的情况下，对侵权责任的承担作出认定。对被控侵权出版物的出版者适用过错原则。《著作权民事纠纷司法解释》第20条第1款、第2款规定："出版物侵犯他人著作权的，出版者应当根据其过错、侵权程度及损害后果等承担赔偿损失的责任。出版者对其出版行为的授权、稿件来源和署名、所编辑出版物的内容等未尽到合理注意义务的，依据著作权法第四十九条的规定，承担赔偿损失的责任。"根据上述规定，出版者对其出版的出版物侵权存在过错的，应当承担损害赔偿责任，对于过错的判断则一般以出版者是否尽到合理注意义务为标准。判断出版者是否尽到合理注意义务，应当综合考虑原告主张保护的作品知名度、被诉侵权出版物类型、二者的相似程度、被诉侵权内容在原告主张保护的作品或者被诉侵权作品中所占比例等因素。我们认为，可以从出版者未尽到合理注意义务和尽到合理注意义务的典型情形，即从正、反面分别进行分析判断。

具有下列情形之一的，可以根据案件情况认定出版者未尽到合理注意义务：(1)出版合同中的被诉侵权作品的作者姓名与出版物实际署名不一致；(2)被诉侵权作品属于演绎作品，出版者在签订合同时没有审查作者是否得到原作品著作权人的授权；(3)被诉侵权作品中有大量内容与在先发表的具有较高知名度作品相同；(4)其他可以认定出版者未尽到合理注意义务的情形。

具有下列情形之一的，可以根据案件情况认定出版者尽到了合理注意义务：(1)出版社经作者授权出版被诉侵权作品，但该作品的专有出版权事前已经转让或者许可他人使用且尚未出版发行，出版者对此不知情的；(2)作者事前未告知出版者其作品属于演绎作品且原作品未发表，出版者无法判断该作品是否属于演绎作品；(3)被诉侵权作品属于职务作品或者合作作品，作者事前未将创作过程如实告知出版者，出版者无其他途径知晓创作过程，无法判断该出版物是否属于职务作品或者合作作品；(4)被诉侵权作品的授权链条完整，授权者身份及授权文件真实、合法；(5)其他可以认定出版者尽到合理注意义务的情形。当然，这也只是对既往司法实践中典型情形的归纳，在个案中，仍需结合案件具体情况综合作出判断。

在原告仅起诉出版者的情况下，是否追加被控侵权出版物的作者或制作者为共同被告或第三人，既要尊重当事人的处分权和意思自治，也要考虑若不予追加，是否能够查明案件事实。若能够查明案件事实，并认定出版者构成侵权的，由出版者承担全部赔偿责任。出版者承担全部赔偿责任后，原告针对同一事实则不能再行起诉被控侵权出版物的作者或制作者，并重复要求损害赔偿。

第二节　侵害展览权、表演权、放映权及广播权的认定

一、侵害展览权的认定

展览权是公开陈列作品的权利。2010年《著作权法》第10条第1款第8项规定，展览权是公开陈列美术作品、摄影作品的原件或者复制件的权利。该规定属于封闭性规定，即享有展览权的作品类型仅限于美术作品和摄影作品。

展览权保护的特殊之处在于，当美术作品、摄影作品的原件所有权发生转移

时,作品原件展览权的归属和行使问题。2010 年《著作权法》第 18 条规定:“美术等作品原件所有权的转移,不视为作品著作权的转移,但美术作品原件的展览权由原件所有人享有。”2020 年《著作权法》第 20 条对上述条款进行了修订,第 20 条规定:“作品原件所有权的转移,不改变作品著作权的归属,但美术、摄影作品原件的展览权由原件所有人享有。作者将未发表的美术、摄影作品的原件所有权转让给他人,受让人展览该原件不构成对作者发表权的侵犯。”相较于 2010 年《著作权法》,2020 年《著作权法》在以下三个方面进行了修改:一是明确作品著作权与作品载体所有权分离原则的一般性,根据著作权无形性的特点,明确该规则适用于所有作品,并非仅适用于美术作品;二是调整展览权“权随物转”的范围,即在作品原件所有权发生转移后,美术、摄影作品原件的展览权均由原件所有人享有,相当于赋予了摄影作品原件所有人展览权;三是明确展览权行使与发表权的关系,作者将未发表的美术、摄影作品的原件所有权转让给他人的,受让人为展览该原件而使作品公之于众,不构成对作者发表权的侵犯。

值得注意的是,2010 年《著作权法》和 2020 年《著作权法》仅对作品原件所有权发生转移后,展览权“随物转移”的问题作出一般性规定,未规定作品复制件的展览权行使,但从上述条款的文义看,在当事人没有合同约定或约定不明的情况下,美术、摄影作品原件的所有权人仅享有美术、摄影作品原件的展览权,美术、摄影作品的著作权人可以展览该作品的复制件,亦有权阻止他人展览该作品的复制件。

二、侵害表演权的认定

表演是直接传播作品的一种方式。1990 年《著作权法》将表演规定为作品的使用方式之一,但未明确规定表演权。2010 年《著作权法》第 10 条第 1 款第 9 项规定,表演权是公开表演作品以及用各种手段公开播送作品的表演的权利。2020 年《著作权法》完整保留了该规定。上述规定源自《伯尔尼公约》,系在 2001 年修正《著作权法》时增加的规定。[①] 对于表演权规制的行为,理论界及实务界通常区

---

① 《伯尔尼公约》第 11 条第 1 款规定:“戏剧作品、音乐戏剧作品和音乐作品的作者享有下列专有权利:(1)授权公开表演和演奏其作品,包括用各种手段和方式公开表演和演奏;(2)授权用各种手段公开播送其作品的表演和演奏。”第 11 条之三第 1 款规定:“文学作品的作者享有下列专有权利:(1)授权公开朗诵其作品,包括用各种手段或方式公开朗诵;(2)授权用各种手段公开播送其作品的朗诵。”

分为现场表演和机械表演两类行为。2020年《著作权法》中的表演权仍然主要包括现场表演和机械表演两类行为。[①] 其中,现场表演是指表演者直接向现场观众表演作品的行为;机械表演是指通过机器设备等手段向公众传播作品的表演的行为。

(一)现场表演

现场表演,又称"活表演",是指演员直接或者借助技术设备以动作、声音、表情公开再现作品或者演奏作品。比较典型的现场表演包括将剧本搬上舞台演出、将音乐作品公开表演、朗诵文学作品等。我国《著作权法》对于表演权的作品类型未予限定,但适于现场表演的作品主要包括文字作品、戏剧作品、音乐作品、曲艺作品、杂技艺术作品和舞蹈作品等。作品的现场表演可以由作者自行表演,也可以由作者授权他人进行表演。2010年《著作权法》第37条第1款规定:"使用他人作品演出,表演者(演员、演出单位)应当取得著作权人许可,并支付报酬。演出组织者组织演出,由该组织者取得著作权人许可,并支付报酬。"2020年《著作权法》第38条删除其中的"(演员、演出单位)",该款的其余内容保留。在因现场表演引发的侵犯表演权纠纷中,应注意审查以下三方面内容:一是原告是否享有所演出作品的表演权;二是被告的行为是否属于表演权所控制的表演行为;三是被告是否应对诉争表演行为承担法律责任。

【典型案例60】

在北京市第二中级人民法院审理的(2008)二中民初字第31号中国音乐著作权协会(以下简称音著协)诉北京艺恒盛世文化发展有限公司(以下简称艺恒盛世公司)、福建省中视传播有限公司(以下简称中视公司)侵犯表演权纠纷一案中,音著协是国家版权局批准成立的著作权集体管理组织,依据授权代表著作权人行使权利。根据著作权人的授权,管理《饿狼传说》《明天我要嫁给你》等8首涉案音乐作品的表演权,并可以以自己的名义参与诉讼。被告艺恒盛世公司和中视公司共同在杭州黄龙体育中心举办了名为"2007学友光年张学友好久不见中国巡回演唱会(福州站)"的演出,公开表演了原告管理的涉案音乐作品。虽然涉案歌曲中有

---

① 参见黄薇、王雷鸣主编:《〈中华人民共和国著作权法〉导读与释义》,中国民主法制出版社2021年版,第88页。

部分作品由涉案演唱会主唱张学友本人作词作曲,但根据张学友与我国香港特区作曲家及作词家协会签订的协议,其已将自己创作歌曲的表演权转让给该协会,该协会又授权音著协进行管理。法院认为,使用他人作品演出,表演者应当取得著作权人许可,并支付报酬。演出组织者组织演出,由该组织者取得著作权人许可,并支付报酬。在涉案演唱会上表演涉案歌曲,演唱会的组织者应当就其使用行为向音著协支付使用费。该演唱会的主办单位及承办单位作为演唱会的组织者和权利义务承担者,在未经原告许可亦未付费的情况下使用了涉案音乐作品,已构成对原告就涉案音乐作品所享有的表演权的侵犯,应承担相应法律责任。

(二)机械表演

机械表演,是指通过机器设备等手段向公众传播作品的表演的行为,即用各种手段公开播送作品的表演。机械表演是随着录音录像技术以及广播电视的普及而出现、发展的传播方式。商场、饭店等营业场所为顾客播放音乐、歌舞戏曲表演等是比较传统的机械表演形式。由于我国《著作权法》在规定表演权的同时,还规定了广播权、信息网络传播权和放映权,上述权利所规制的传播行为同样可能涉及对作品表演的传播。因此,对于表演权中"用各种手段公开播送作品的表演"的解释不能过于宽泛。

《北京高院著作权审理指南》第5.8条在区分现场表演和机械表演的基础上,进一步规定下列情形不属于(机械)表演权控制的范围,可以适用《著作权法》其他规定予以调整:(1)广播电台、电视台以无线方式传播对作品的表演或者后续的以无线或者有线方式转播该表演;(2)通过互联网以交互式手段传播作品的表演;(3)放映电影作品或者以类似摄制电影方法创作的作品等。上述规定列举的三项行为即分别属于由广播权、信息网络传播权和放映权控制的对作品表演传播的行为。除上述三种方式外,以其他方式向公众传播对作品的表演,例如,向公众公开播放载有作品表演的音像制品,通常应视为机械表演纳入表演权的控制范围。

三、侵害放映权的认定

2010年《著作权法》第10条第1款第10项规定,放映权是通过放映机、幻灯机等技术设备公开再现美术、摄影、电影和以类似摄制电影方法创作的作品等的权利。2020年《著作权法》第10条第1款第10项仅将上述规定中的"电影和以类似摄制电影方法创作的作品”替换为“视听作品”，未进行实质性修改。末句的“等”字表明放映权的对象是开放式的，即放映权所适用的范围不仅是明确列举的美术、摄影和视听作品，也包括能够放映的其他作品。①

从司法实践情况来看，侵害放映权纠纷案件主要是KTV、小影吧及点播影院未经许可放映视听作品等侵害放映权纠纷案。在上述案件中，侵权作品的来源包括本地服务器和网络平台两种情况。对于侵权作品位于本地服务器的情况，除有相反证据外，通常推定被控侵权的KTV、小影吧经营者实施了针对涉案作品的复制行为和放映行为，进而认定其构成对涉案作品复制权和放映权的侵犯。对于侵权作品来源于网络平台的情况，则需要结合个案具体分析判断。在实践中，一些KTV、点播影院的运营模式是直接与KTV娱乐系统服务商或网络影视运营平台签订协议，将来源于远程服务器或网络平台的MTV、影视作品提供给用户放映。但该服务商或网络平台通常未获得任何授权或者仅获得了著作权人关于信息网络传播权的授权而未获得放映权的授权。该类行为是否构成对涉案作品放映权的侵犯，存在一定分歧。

原国家新闻出版广电总局于2018年3月发布的《点播影院、点播院线管理规定》第2条规定，点播影院是指在电影院和流动放映活动场所之外，为观众观看自选影片提供放映服务经营活动的文化娱乐场所。《点播影院、点播院线管理规定》第16条、第17条还规定，点播影院放映和点播院线发行的影片，应当依法获得电影公映许可；点播院线发行的影片，应当依法取得著作权人许可其在点播影院放映的授权。上述规定是从行业管理的角度将点播影院的影片放映行为纳入行政管理范畴，并从行业规范的角度要求点播影院获得著作权人许可其在点播影院放映的授权，体现了行业主管部门对点播影院行为的定性。

从《著作权法》适用的角度，放映权所控制的放映行为，本质上是通过放映机等设备向现场观众公开再现电影等作品的行为，至于所放映作品的来源并不影响对该行为是否侵害放映权的认定。将来源于信息网络的MTV、影视作品等作品，通过放映机等设备向现场观众进行公开再现，与将作品复制到本地服务器后进行公开放映，二者所实施的放映行为的本质及其后果并无区别，区别仅在于为实施放映行为进行的准备行为及其法律后果和责任主体不同。因此，对于上述行为，

① 参见黄薇、王雷鸣主编：《〈中华人民共和国著作权法〉导读与释义》，中国民主法制出版社2021年版，第90页。

在未获得著作权人关于放映权授权的情况下,仍应认定构成侵害放映权的行为。《北京高院著作权审理指南》第5.9条第2款规定:“被告未经许可将来源于信息网络的电影等作品,通过放映机等设备向现场观众进行公开再现的,构成侵害放映权的行为,但法律另有规定除外。”该规定体现了对放映行为进行侵权认定的相对独立性。

四、侵害广播权的认定

(一)2010年《著作权法》下广播权的保护

2010年《著作权法》第10条第1款第11项规定,广播权是以无线方式公开广播或者传播作品,以有线传播或者转播的方式向公众传播广播的作品,以及通过扩音器或者其他传送符号、声音、图像的类似工具向公众传播广播的作品的权利。按照参与立法者的解释,2010年《著作权法》中的广播权包括以下三层意思:第一层意思是以无线方式公开广播或者传播作品;第二层意思是通过有线方式,即通过有线广播或有线电视传播或者转播无线电台、电视台广播的作品,而不是直接以有线的方式传播作品;第三层意思是通过扩音器等工具传播电台、电视台广播的作品,也不是直接以扩音器等工具传播作品。由此可见,广播权指以无线的方式广播或者传播作品以及通过其他有线方式传播或广播的作品,直接以有线的方式传播作品,并不包括在广播权之中。[①] 按照通常理解,前述无线方式是指通过无线电波远距离传播声音或者图像和声音,由公众接收。但对于有线方式的内涵,2010年《著作权法》未予明确。我们认为,2010年《著作权法》之下以有线方式直接传播作品,不属于广播权控制的行为,可以适用《著作权法》的其他规定予以调整。

在2010年《著作权法》下,对于侵害广播权行为的认定,应当注意从以下三方面把握广播权与其他权利的区别,避免出现混淆。其一,区分广播权与广播组织权的权利主体。广播权的权利主体是作品著作权人,广播组织权的权利主体是广播电台、电视台。前者是著作权人享有的著作财产权,后者是广播组织享有的邻接权。其二,区分以有线转播的方式传播广播的作品的行为与以有线方式直接传播作品两类行为。前者属于广播权控制的一类行为,传播对象是已经以无线方式

① 参见胡康生主编:《中华人民共和国著作权法释义》,法律出版社2002年版,第54页。

广播的作品,其中的有线转播一般狭义理解为有线电视台、广播台的有线转播;后者则是直接传播作品的行为,所采用的有线方式通常作广义理解,包括在互联网上直接播放作品(又称网播),该类行为应适用2010年《著作权法》第10条第1款第17项规定的"著作权人享有的其他权利"进行调整。其三,区分以有线转播的方式传播广播的作品的行为与网络实时转播行为。对于网络实时转播,根据网络实时转播的作品(通常为视听节目)数据来源的不同,可以将之区分为对无线广播作品的转播行为和对有线直播作品的转播行为,实践中的争议在于是否可以通过将互联网解释为有线转播中的有线,将前一种行为认定为广播权所控制的以有线转播的方式传播广播作品的行为。

【典型案例61】

在北京市第一中级人民法院审理的(2013)一中民终字第3142号央视国际网络公司诉百度公司、搜狐公司侵犯著作权纠纷一案中,原告主张被告通过网络实时传播了"2012年春节联欢晚会"。二审法院认为:对网络实时转播行为的界定应依据所转播内容的初始传播方式的不同而有所区别,分别认定侵犯广播权和其他权利。涉案网络实时转播行为,因其所转播内容的初始传播方式既可能采用无线方式(来源于广播电台、电视台或卫星广播组织),亦可能采用有线方式(如来源于其他网站),如其初始传播采用的是无线方式,则其属于广播权的调整范围,但如采用的是有线方式,则应适用2010年《著作权法》第10条第1款第17项兜底条款予以调整。搜狐网站实施的"2012年春节联欢晚会"网络实时转播的初始传播为中央电视台的无线广播行为。鉴于百度公司提供网络实时转播的数据流来源于搜狐网站,故其实施的网络实时转播行为的初始传播亦为中央电视台的无线广播,在无证据证明其已获得著作权人许可的情况下,其实施的上述网络实时转播行为构成对原告广播权的侵犯。

在典型案件61中,二审法院在确定百度公司提供网络实时转播的初始传播为中央电视台无线广播的情况下,认定百度公司的网络实时转播行为构成对原告广播权的侵害,即是通过将广播权定义中"有线方式传播或转播"中的有线方式解释为包括互联网所使用的网线的方式,从而将初始传播系无线方式的网络实时转播行为纳入广播权的控制范围。对于将有线方式解释为包含互联网所使用网线的做法,实践中存在不同认识。有观点认为:我国《著作权法》上的广播权直接来源于《伯尔尼公约》,在解释上应与《伯尔尼公约》保持一致。而《伯尔尼公约》中的有线传播并不包括计算机数字网络传播。但另有观点认为:广播权定义中的"有线"应与"信息网络传播权"定义中的"有线"具有相同含义,能够涵盖互联网转播。尽管制定《著作权法》时,广播权定义中的"有线"不包括计算机网络传播,但是根据后来加入的《世界知识产权组织版权条约》中"向公众传播权"的规定以及我国《著作权法》中信息网络传播权定义中同一术语的解释,广播权中的"有线"应解释为包括互联网。①

尽管适用广播权调整初始传播方式为无线广播的网络实时转播行为具有一定的合理性,但由于广播权规制的是无线广播行为以及对无线广播行为进行后续传播或转播的行为。通过有线方式进行的广播行为,即网络直播行为,显然不属于广播权的调整范围。相应地,对于网络直播视听节目的实时转播,无法纳入广播权的调整范围,而应适用兜底权利条款进行调整。初始传播采用有线方式的网络实时转播行为,与初始传播采用无线方式的网络实时转播行为相比,差别仅在于采用的技术手段有所不同。原则上,著作权具体权项的设置与划分应以行为本身的特点为确定依据,而非该行为所采用的具体技术手段,我国《著作权法》中对广播权采用的以技术手段作为划分依据的做法系立法缺陷所致。② 上述意见分歧的发生,究其根源在于《著作权法》在著作权的权项设计上的立法缺陷。我国《著作权法》对著作权内容的规定采取了详尽列明权项的方式,在定义每一项权利的内容时均根据传播技术、传播媒介进行确定,即立法对于著作财产权利的设定不是以权利所规范的行为作为标准,而是根据一种传播媒介来设定权利。③ 此种立法体例的突出弊端就是造成著作权各个权项调整范围的封闭性,对技术发展的应对过于被动,且增加了法律适用的难度。对于新的作品传播方式,实践中存在两种法律适用上的倾向:一种做法倾向于对《著作权法》上的现有权项进行扩张解释,将原本不属于该权利调整的行为纳入其调整范围;另一种做法倾向于适用兜底权利条款。对于同一类型的网络实时转播行为存在两种不同观点,正是处理思路差异的体现。

---

① 参见王迁:《论我国〈著作权法〉中的"转播"——兼评近期案例和〈著作权法修改草案〉》,载《法学家》2014 年第 5 期。

② 参见北京市第一中级人民法院民事判决书,(2013)一中民终字第 3142 号。

③ 参见焦和平:《三网融合下广播权与信息网络传播权的重构——兼析〈著作权法(修改草案)〉前两稿的相关规定》,载《法律科学(西北政法大学学报)》2013 年第 1 期。

如果著作权人自行独立行使各项权利，不同的认定结果仅关系法律适用的统一性，对权利人的利益影响不大。但在著作权人对外许可或转让权利时，不同的认定结果将直接关系到作品著作权人、受让人、被许可人以及使用人的切身利益。理由在于：2010年《著作权法》上的各项财产权利是按照传播技术、传播媒介进行设定，多数权利人在转让权利或者对外发放许可时，同样是按照单项专有权利进行转让或许可，在传统领域，各个单项权利的边界是清晰的；但在技术发展的背景下，各个权利的边界被打破，既可能出现交叉区域，也可能出现模糊区域。对于新的作品传播方式的不同认定结果，实质上是对相关单项权利保护范围的重新界定，直接影响到相关权利人的利益。此时，权利调整的界定问题，不仅是法律适用问题，更是一个确立规则、利益划分的问题。以电视台无线广播的视听作品进行网络实时转播为例，播出该作品的电视台无疑会受到冲击。但电视台播出的视听作品，尤其是外购的影视作品，通常仅受让或获得了广播权的授权。如果认定此类网络实时转播行为侵害了作品的其他权利，意味着该电视台很难通过广播权制止导致其利益受损的行为；如果认定此类行为侵害作品的广播权，则电视台可以依据广播权进行救济，但同时意味着作出授权的著作权人丧失对此类行为的控制权以及发放许可可能产生的利益。从规制侵权的角度来看，两种处理方案难有优劣之分，法律适用的关键在于统一裁判标准，为当事人提供稳定的预期。

（二）2020年《著作权法》下广播权的认定

2020年《著作权法》对广播权的权利内容进行了调整和扩充，即规定广播权是以有线或者无线方式公开传播或者转播作品以及通过扩音器或者其他传送符号、声音、图像的类似工具向公众传播广播的作品的权利，但不包括第10条第1款第12项规定的权利。上述规定在保留信息网络传播权并区分信息网络传播权与广播权界限的同时，相较2010年《著作权法》，明显扩充了广播权的调整范围。

对于2020年《著作权法》下广播权的保护，应注意以下两方面问题：一方面，2020年《著作权法》重新界定了广播权控制的行为。与2010年《著作权法》规制的广播行为限于初始传播为无线广播不同，2020年《著作权法》将2010年《著作权法》中“以无线方式公开广播或者传播作品，以有线传播或者转播的方式向公众传播广播的作品”修改为“以有线或者无线方式公开传播或者转播作品”，意味着无论初始传播是无线广播还是有线传播，均可以受到广播权的规制，从而扩大了广播权的保护范围。也就是说,2020年《著作权法》下广播权的第一层含义中“公开传播作品”,既可以是无线方式,也可以是有线方式。[①] 另一方面,2020年《著作权法》划清了广播权与信息网络传播权的界限。2020年《著作权法》通过采用“以有线或者无线方式公开传播或者转播作品”的措辞定义广播权,从文义上看,“以有线或者无线方式公开传播或者转播作品”与信息网络传播权中“以有线或者无线方式向公众提供”的文义范围存在重叠,前者实际上同时涵盖了交互式传播和非交互式传播,将导致修改后的广播权与信息网络传播权存在重叠,通过引入“但不包括本款第十二项规定的权利”的限定,2020年《著作权法》将二者在文义上存在重叠的部分,即交互式传播行为从广播权的调整范围中予以排除,从而使广播权仅调整非交互式传播行为。

第三节 侵害改编权、翻译权与汇编权的认定

一、侵害改编权的认定

(一)改编权的概念与由来

改编权是《著作权法》于2001年修正时增加的独立权项。2001年《著作权法》第10条第1款第14项将改编权定义为“改变作品,创作出具有独创性的新作品的权利”。2010年《著作权法》和2020年《著作权法》均沿用了上述规定。改编权本质上是赋予著作权人控制以改编方式使用其作品的权利。在《著作权法》于2001年修正前,1990年《著作权法》没有明确规定改编权,但第10条第5项规定的使用权包括以改编方式使用作品的权利。

(二)改编行为的界定

侵害改编权的认定,是近年来实践中的热点和难点。把握改编权控制的改编行为是认定侵害改编权行为的基础。究其本质,改编权控制的改编行为是在原作品基础上进行的二度创作行为。法律规定从“改变原作品”与“创作出新作品”两个方面对改编行为进行界定。司法实践中,也应从上述两方面认定改编行为:其

---

① 参见黄薇、王雷鸣主编:《〈中华人民共和国著作权法〉导读与释义》,中国民主法制出版社2021年版,第93页。

一,改编是对原作品的改变,是在使用原作品内容基础上进行的二度创作,其创作内容受制于原作品,而不是完全脱离原作品的独立创作;其二,改编是在原作品基础上创作不同原作品的新作品,二度创作形成的新作品与原作品之间存在明显差异,且这种差异是在改编者付出创造性劳动的基础上产生的,具有独创性。

对于改编行为的判定,还需要准确把握改编行为与其他将他人作品用于自己创作内容行为的区别。有学者将接触和利用他人智力成果之行为区分为以下三种情形:(1)本人创造的智力成果与他人已完成的智力成果构成“实质性相似”(包括作品复制品和相同技术产品);(2)本人创造的智力成果是在他人智力成果基础上的“二次创造”(对他人作品进行演绎的二次作品,或基于他人基本发明而获得的改进发明);(3)本人虽接触他人的智力成果,但其创造的智力成果是不从属于他人的“新成果”。[①] 参照上述分类,可以将《著作权法》上接触和利用他人作品的行为相应划分为复制行为、改编行为、借鉴行为三种类型。其中,改编行为与复制行为均属于将他人作品内容直接用于自己创作内容的行为,二者的区别在于行为人是否付出了独创性劳动,是否创作出新的作品。一般认为,未经许可在被诉侵权作品中使用了原作品的表达,但并未形成新的作品,属于侵害复制权的复制行为;未经许可在被诉侵权作品中使用了原作品的表达,并形成新的作品的,则属于侵害改编权的改编行为。改编行为与借鉴行为的区别在于对原作品的利用对象和利用程度不同。改编行为使用了原作品中受著作权保护的独创性表达,而借鉴行为对原作品的利用,只是在借鉴原作品中思想、主题或者创作风格、构思等归于思想内容的基础上,进行的独创性表达,所形成的新作品不同于或脱离于原作品的具体表达,故不受原作品著作权的控制。

我们认为,作者未经许可在被诉侵权作品中使用了原作品的表达,并创作出具有独创性的新作品,属于改编行为。作者仅使用了原作品中不具有独创性的表达,原作品著作权人主张构成侵害改编权的,不予支持。之所以确立上述规则,一方面,旨在强调改编行为是原作品基础上的再创作行为;另一方面,强调改编是在使用原作品的独创性表达基础上的再创作,只有使用了原作品独创性表达的行为,才可能构成对原作品改编权的侵害,仅根据原作品的思想创作出来的新作品不受改编权的控制。上述规则是“思想与表达二分法”在侵害改编权认定中的具

---

① 参见吴汉东:《试论“实质性相似 + 接触”的侵权认定规则》,载《法学》2015 年第 8 期。

体适用,也表明了改编行为与借鉴行为的区别。

此外,我们认为,作者未经许可在被诉侵权作品中使用了原作品的表达,但并未形成新的作品,属于复制行为。原作品著作权人主张构成侵害改编权的,不予支持。该规则从改编行为与复制行为区分的角度进一步阐述了改编权所控制的改编行为的认定标准,明确二者的区别在于是否付出独创性劳动,是否形成新作品。

【典型案例62】

在山东省高级人民法院审理的(2012)鲁民三终字第33号中国科学院海洋研究所、郑守仪诉刘俊谦等侵犯著作权纠纷一案中,被告未经原告同意,擅自将原告享有著作权的模型作品改变为雕塑作品,雕塑作品并未改变模型作品的整体结构、基本形态,构成实质性相似,但在形体大小、材质选择、制作方式、视觉效果等方面存在差别。本案的争议焦点之一在于被告的行为构成复制还是改编。一审法院认定被告的行为构成侵害复制权的行为。二审法院对复制权与改编权的区别进行了如下阐述:复制权所控制的复制行为是以采取一定方式对原作品进行再现的行为,无论是不改变原作载体的复制,还是从无载体到有载体的复制,抑或从平面到立体的复制,其共同点均是复制者在对原作再现过程中不增加任何独创性的内容,所形成的复制品仅是原作的再现品。而改编权所控制的复制行为是改变原作品,在原作品基础上创作出具有独创性的新作品的行为,在原作品基础上的二度创作。因此,二者的区别在于行为人在使用他人作品过程中是否付出了创作性劳动。本案中,雕塑作品并未改变模型作品的整体结构、基本形态,二者成实质性相似,但雕塑作品与模型作品相比又有一定的创作成分于其中,具体表现为形体大小、材质选择、制作方式以及呈现的视觉美感存在明显差异。二审法院认为,上述差异体现了被告对雕塑作品展现物体形态的个人选择和判断,据此认定被控雕塑根据艺术表现的需要,在原告模型作品基础上进行了艺术加工,增添了新的创作成分,但这种加工并没有脱离模型作品的基本构成,系由原作品派生而来,构成对模型作品的演绎作品,属于侵犯原告改编权的行为。

在原告作品与被告作品同时存在相同点和不同点时,认定诉争行为侵犯复制权还是侵犯改编权,应当以对两作品的比对结果作为判断基础,在确定二者相同点和不同点的同时,根据二者存在的差异确定认定行为人在将被控侵权作品的形成过程中是否付出了创作性劳动，能否达到“二度创作”的高度。

【典型案例63】

在天津市第三中级人民法院审理的(2019)津03知民终6号北京众得文化传播有限公司(以下简称众得公司)诉岳龙刚(艺名岳云鹏)、万达影视传媒有限公司(以下简称万达公司)、新丽传媒集团有限公司(以下简称新丽公司)、天津金狐文化传播有限公司(以下简称金狐公司)侵害作品改编权纠纷一案中，歌曲《牡丹之歌》创作于1980年，由乔羽作词，吕远、唐诃作曲，蒋大为演唱，是电影《红牡丹》的主题曲。众得公司于2018年受让取得了《牡丹之歌》等歌曲全部歌词文字作品的改编权、信息网络传播权、表演权、复制权等权利。

歌曲《五环之歌》系《煎饼侠》推广曲，《煎饼侠》出品公司系万达公司、金狐公司、新丽公司，歌曲演唱者为岳云鹏，由岳云鹏、MC Hotdog填词，吕远、唐诃作曲。众得公司主张《五环之歌》系改编自《牡丹之歌》，构成对歌曲《牡丹之歌》歌词改编权的侵犯。被告的抗辩理由之一是被控侵权音乐作品《五环之歌》中的词作品与音乐作品《牡丹之歌》的词作品完全不相同，也没有任何实质相似之处，属于独立的作品，未侵害《牡丹之歌》歌词作品的著作权。

一审法院认为，两首歌曲的主题、名称、具体表达方式、创作背景及歌词部分所体现的风格与表达的情感均存在差异。通过以上分析，即便涉案《五环之歌》的灵感和素材来源于《牡丹之歌》，并使用了与歌曲《牡丹之歌》中对应部分的曲谱，容易使人在听到这首歌时联想到《牡丹之歌》，但本案并不涉及对《牡丹之歌》曲谱使用行为的认定，仅就歌词部分而言，涉案《五环之歌》的歌词不构成对歌曲《牡丹之歌》歌词的改编。

二审法院认为，改编虽是一种再创作，但通常应当是利用了原有作品包括主题、独创性表达等在内的基本内容，创作空间受到限制。因此，《五环之歌》是否构成对《牡丹之歌》歌词的改编，应当取决于其是否利用了原有作品主题、独创性表达等基本内容。将上述两首歌的歌词进行比较，两首歌歌词的立意不同、两首歌的歌词内容除了语气词“啊”字相同外，其余文字表述完全不同。《五环之歌》歌词构成了全新的作品，没有利用《牡丹之歌》歌词的独创性表达等基本内容，不构成对《牡丹之歌》歌词的改编。

（三）改编与作品体裁的关系

关于如何理解改编权所控制的改编行为，存在一定争议。有观点将改编行为与作品体裁、类型的变化相联系，认为改编是将原作品改编为不同类型或题材的新作品的行为。实践中，在为数不少的案件中，被告以当事人双方作品类型或体裁相同为由抗辩主张其不构成对原告改编权的侵害。2014 年《送审稿》中部分采纳了该观点。[①] 上述观点对改编权内涵的理解过于狭窄。按照世界知识产权组织的解释，改编一般理解为对已有作品进行一种体裁到另一种体裁的改动，诸如小说或音乐作品的电影改编。改编也可以是在同一体裁范围内对作品进行的变更，以使之适于不同的利用条件，诸如将小说改写成少儿版本。[②] 全国人大常委会法制工作委员会在 2001 年《著作权法》修正后所作的释义中对改编权定义中的"改变作品"作出了类似的解释："所谓改变作品，一般是指在不改变作品内容的前提下，将作品由一种类型改变成另一种类型。如将小说改编成适于演出的剧本、改编成连环画等。改编权也包括将作品扩写、缩写或者改写，虽未改变作品类型，只要创作出具有独创性的作品，也可以认为是改编。"[③]在司法层面，一般认为侵害改编权不以作品体裁、类型的变化为要件。未经许可，将他人作品改编为相同体裁的作品，也可以认定为侵害改编权行为。我们认为，侵害改编权不以作品体裁、类型的变化为要件，未经许可，将他人作品改编为相同体裁的作品，可以认定为侵害改编权。

2020 年《著作权法》保留了 2010 年《著作权法》关于改编权的定义，并未采纳 2014 年《送审稿》提供的修改方案，表明立法机关对该问题的认识与实践中的主流观点相一致。

（四）侵害改编权行为的判定方法与判断标准

在侵犯著作权诉讼中，一般遵循"接触加实质性相似"的判断方法，即从被诉

---

① 2014 年《送审稿》第 13 条第 3 款第 8 项将改编权定义修改为："改编权，即将作品改变成其他体裁和种类的新作品，或者将文字、音乐、戏剧等作品制作成视听作品，以及对计算机程序进行增补、删节，改变指令、语句顺序或者其他变动的权利。"

② 参见世界知识产权组织编：《著作权与邻接权法律术语汇编》，刘波林译，北京大学出版社 2007 年版，第 3 页。

③ 胡康生主编：《中华人民共和国著作权法释义》，法律出版社 2002 年版，第 58 页。

侵权作品作者是否接触过或可能接触到权利人作品和被诉侵权作品与权利人作品之间是否构成实质性相似两方面进行判断。判断是否构成实质性相似时,应比较作者在作品表达中的选择、取舍、安排、设计等是否相同或相似。如前所述,改编行为与复制行为的区别在于改编行为是改编者在利用原作品中独创性表达的基础上,形成了新的作品,但新作品的表达没有脱离原作品的表达。因此,对于侵害改编权意义上实质性相似的认定,既要比对、归纳原、被告作品之间的相似点、不同点,还要分别从关联性和独创性的角度对二者之间的相似点和不同点进行评价。

对于实质性相似的判断,首先需要对原、被告的作品进行比对。在具体比对时,需要结合作品的类型,以及原、被告双方之间的诉辩主张确定具体的比对范围。根据国内外的司法实践,判断实质性相似的具体办法,可以概括出"抽象分离法""整体比对法""普通观众测试法""内外部测试法"等多种办法,其中,"抽象分离法""整体比对法"属于适用较多的两种方法。"抽象分离法"又称"三步认定法",具体包括以下三个步骤:首先,剔除在先作品中的思想成分;其次,再将双方作品中虽然相似但属于非独创性表达的成分剔除;最后,仅对剩下的部分进行比对,据此判断是否构成实质性相似。"整体比对法"则不对在先作品内容进行筛选,而是根据当事人的主张,直接将原告作品与被告作品进行整体比对,根据比对情况并在综合考虑其他因素后,确定两部作品是否在作品表达层面构成实质性相似。在著作权不保护思想上,两种方法没有区别,差异主要在于在对原、被告作品是否构成实质性相似进行比对时,是否将原告作品中被认为不受保护的部分先行排除。

正如前文对于"思想与表达二分法"实际功能的分析,对于思想与表达的界定,应当是裁判者在综合考虑案件全部因素,进行价值判断和利益权衡基础上最终得出的结论。尽管思想、主题、情感不属于著作权的保护范围,在确定某一作品的保护范围时,应该将作品的思想、主题、情感排除在外,但并不意味着在判断两部作品是否相同或者相似时,也仅需对表达进行比对,而将作品的思想、主题、情感排除出去。两部作品,尤其是"改头换面"抄袭的作品与原告的作品,是否具有相同或者相似的思想、主题、情感,对认定是否相同或相似,是非常重要的因素。[①]

---

① 陈锦川:《著作权审判:原理解读与实务指导》,法律出版社 2014 年版,第 318 页。

在侵害改编权案件中,原、被告作品之间本身就不属于字面意义上的相似,在进行相似性比对时,采用“抽象分离法”应当更为慎重。即便在“三步认定法”发源地的美国,早在20世纪90年代,也有不少法院基于对“抽象分离法”缺陷的认识而采用整体比较法。有研究表明,追溯美国近50年来判例法,可以确认法院在确定是否达到相似性水平的因素有:相似的元素组合与序列;相似的主角、布景、戏剧的核心与情节;相似的形式;相似的主题或题材;相似的噱头;相似的故事陈述技巧;相似的描述元素,如完全相同的摄影方式。加拿大最高法院在2013年审结的Cinar Corporation v. Robinson案中指出,大多数作品并不适用于抽象分离法,一般应采用定性与整体判断的方法来评估实质性。针对被告上诉时主张的抽象分离测试法,存在将原告作品分解为各个组成部分的比较风险。从作品中复制的部分必须考虑其累积效应,以便能够从原告作品整体上判断比较这些复制的部分是否构成原告作品的实质性部分。①

当然,意识到“抽象分离法”的缺陷并不意味着全盘否定该方法。在司法实践中,应当结合个案具体情况,根据涉案作品的类型、特点以及当事人的诉辩主张,灵活选择确定比对方法或者将不同比对方法结合适用。但是必须清楚,各种方法都是为认定是否相似的目标服务的,必须服从于保护作品、保护独创性表达的实质。②

(五)改编作品权属和权利行使

对于未经原作品作者许可改编其作品产生的改编作品,改编者是否享有著作权,是著作权法领域长期存在争议的问题。《北京高院著作权审理指南》第5.15条规定:“在原作品基础上再创作形成的改编作品,著作权由改编者享有。改编者有权禁止他人使用改编作品。改编者行使其著作权应当取得原作品著作权人许可。他人使用改编作品应当同时取得改编作品著作权人和原作品著作权人许可。”上述规定从两方面对该问题予以了回应。

首先,从改编作品权利归属的角度。根据著作权自动产生的原则,改编作

---

① Lee S. Brenner, *The Very Idea: In Idea Submission Cases, Meeting The Substantial Similarity Test Carries A High Burden of Proof*, 31 Los Angeles Lawyer 33(2008). 转引自阳贤文:《美国司法中实质性相似之判断与启示》,载《中国版权》2012年第5期。

② 陈锦川:《何为“实质性相似”》,载《中国版权》2018年第5期。

为一种创作性的劳动,其所形成的劳动成果理应归属于改编者享有。对于经许可改编他人作品产生的改编作品的著作权应由改编者享有,在理论上及实践中均不存在分歧,争议在于对未经许可改编他人作品产生的改编作品是否应给予著作权的保护。尽管对原作作者来说是侵权作品,但不是对已有作品的抄袭或复制,它本身是创作活动的产物,改编者也付出了创造性劳动,改编者对改编作品应当享有著作权。承认改编者对改编作品的著作权,其现实意义在于肯定其在改编过程中付出的创造性劳动,赋予其禁止他人擅自使用改编作品的权利。

其次,从改编作品权利行使的角度。由于改编作品是在使用原作品基本内容基础上的二度创作,对改编作品的使用亦属于对原作品的使用。对于改编作品的使用者而言,其使用改编作品应当同时取得改编作品著作权人和原作品著作权人的双重许可。对于改编者而言,其对改编作品著作权的行使同样应当取得原作品著作权人的许可。若改编的作品未获得原作品著作权人的合法授权,则该改编作品存在先天缺陷。改编者对自行或许可他人使用改编作品均会因侵犯原作者的著作权而被法律所禁止。比如,在《死了都不卖》歌曲著作权纠纷案中,龚某有感于自己的炒股经历根据歌曲《死了都要爱》的曲调重新填写了歌词《死了都不卖》。浙江泛亚电子商务有限公司、北京华友飞乐数码音乐科技有限公司、九州音像出版公司和广东飞乐影视制品有限公司出版发行了《死了都不卖》合辑 CD,其中的主打歌曲《死了都不卖》与龚某的歌词相比,两者相同或近似的语句比例达到50%。龚某认为,被告未经许可将《死了都不卖》的歌词修改后出版、传播,侵犯了其对该歌词享有的著作权。被告抗辩称龚某的《死了都不卖》歌词抄袭了歌曲《死了都要爱》,本身属于侵权作品,依法不应受保护。法院认为,独创既可以从无到有、独立地创作一个作品,也可以在他人作品的基础上创作。在他人作品基础上,发挥了智力创造性,使其与原作品之间存在客观上容易识别的差异,构成新的作品。原告根据其自己的炒股经历改编的歌词,与《死了都要爱》的歌词相比,主题、内容都不同,文字表达上存在较大的差异,客观上足以构成新的作品。原告改编他人作品未经原作者同意,只在其利用该作品时受限制,但不影响其在被他人侵权时主张权利。被告传播的歌词构成对原告歌词的抄袭,故判令被告停止侵害、赔礼道歉、赔偿经济损失。

由上述案例可知,改编作品的权利归属以及权利保护具有相对独立性,即在原作品基础上再创作形成的改编作品,无论改编行为是否征得原作者的许可,改编作品的著作权均由改编者享有，其有权禁止他人使用改编作品；但该改编者对改编作品权利行使具有从属性，即改编者行使其著作权应当取得原作品著作权人许可，使用改编作品的第三人则应同时取得改编作品著作权人和原作品著作权人许可。

二、侵害翻译权的认定

翻译权是指作品的著作权人享有的可以自行翻译或者授权他人对其作品进行翻译的权利。2010 年《著作权法》第 10 条第 1 款第 15 项规定，翻译权是将作品从一种语言文字转换成另一种语言文字的权利。2020 年《著作权法》沿用了该规定。受翻译权内容所限，其所翻译的对象一般为以文字表达为基础或者是与文字有关的作品，如文字作品、口述作品、视听作品等一切采用文字作为信息传递符号的作品。翻译是以不同于作品原本的语言来表现文字作品或口述作品等，包括译成国外文字和其他民族文字。翻译要求在内容和风格上均如实、确切地反映原作。与改编不同，翻译仅改变作品的语言文字，不改动作品的内容，而改编则会对作品的内容进行增减或者改变作品的结构。

翻译权是作品著作权人享有的权利，除翻译进入公有领域的作品外，翻译对他人作品进行翻译应经过原作品的著作权人的许可。一般而言，对于未经许可翻译他人作品的行为，只要原作品的著作权人能够举证证明原作品与翻译作品的对应性，被告不能举证证明其翻译行为获得了合法授权，即可以认定侵权成立。由于此类案件较多涉及域外作品，难点在于对原告权属的证明和认定。如果当事人提交的域外形成的证据系经我国驻外大使馆公证并经认证，外文证据亦经有资质的机构翻译，此类证据的认定通常不存在争议。对于当事人未履行上述手续的，也不能据此否定其证据效力，从减轻当事人举证负担的角度，应综合原告提交的权属证据、出版物上的署名信息、行业惯例以及被告提交反证的情况，判断原告的举证是否形成了较为完整的证据链，进而对其权属作出认定。

与翻译权的行使和保护相关的问题是对翻译作品的保护。翻译作品属于原作品的演绎作品，翻译者在他人已有作品的基础上投入创造性劳动，对由此产生的智力成果即翻译作品享有著作权。翻译他人仍处于著作权保护期的作品，翻译作品著作权的行使从属和受制于原作品的翻译权；翻译他人进入公有领域的作品，翻译作品著作权的行使和保护则具独立性。但针对进入公有领域的作品,任何人均有权进行翻译,由于翻译相同作品难免存在大量相似之处,此种情况下,判断在后翻译作品系自行翻译还是对在先作品的抄袭,往往是案件审理的焦点问题。

【典型案例 64】

在北京市朝阳区人民法院审理的(2013)朝民初字第 28007 号马爱农与中国妇女出版社(以下简称妇女出版社)等侵犯著作权纠纷一案中,1999 年 5 月,人民文学出版社出版发行了加拿大作家露西 · 蒙哥马利著、马爱农翻译的《绿山墙的安妮》一书(以下简称人文版《绿山墙的安妮》)。2012 年 4 月,妇女出版社出版、发行了《绿山墙的安妮》一书(以下简称妇女版《绿山墙的安妮》),该书封面署名"(加)蒙哥马利著""周黎译"。两部翻译作品的文字表达方式基本一致,甚至绝大部分的句子和段落表达完全一致,表达方式相同的字数高达约 97%;不同之处主要体现在对一些外国人名和地名的翻译不同、个别字词不同、后者对前者的一些句子增删了一些个别的字词等。

原告主张妇女版《绿山墙的安妮》抄袭、剽窃了人文版《绿山墙的安妮》,构成对其著作权的侵犯;被告抗辩称其出版的妇女版《绿山墙的安妮》与马爱农主张权利的作品同为翻译作品,内容出现部分雷同在所难免。

法院经审理认为:虽然翻译会受到原著的文字及文义的限制,但是翻译不是机械地找出与原著文字一一对应的中文词句。对于同一个英文单词,可能会有多个与之同义的中文字词。对于同一句英文,可能会有多种与之同义的中文表达方式。对于同样的原著,不同的翻译者会根据自己对原著的理解,选择不同的中文词句和表达方式,或直译或意译,有很大的选择、判断、再创作的空间。因此,翻译的结果具有翻译者的个性,不同的翻译者所翻译出来的结果很少是雷同的。本案中,妇女版《绿山墙的安妮》与人文版《绿山墙的安妮》的绝大部分句子和段落所使用的中文字词、句式完全一致,只有极少部分人名和地名不同、极少部分的中文字词、句子不同,两者表达方式相同的字数高达约 97%。后者显然不是独立翻译的结果,而是抄袭自较其出版发行时间在先的人文版《绿山墙的安妮》,且故意对人文版《绿山墙的安妮》的一些字词、语句进行修改,属于侵犯马爱农署名权、修改权、复制权及发行权的作品。

三、侵害汇编权的认定

(一)汇编权与汇编作品的区分

2020年《著作权法》第10条第1款第16项规定,汇编权,指将作品或者作品的片段通过选择或者编排,汇集成新作品的权利。这里的"新作品"是指2020年《著作权法》第15条所规定的汇编作品,汇编作品是指汇编若干作品、作品的片段或者不构成作品的数据或者其他材料,对其内容的选择或者编排体现独创性的作品。汇编者与汇编作品是存在交叉的两个概念,但要注意二者之间的差异。我们认为,汇编权属于被汇编作品的著作权人,而不是汇编作品的汇编者。

汇编权是作品的著作权人对其作品所享有的一种控制权,著作权人可以自行或许可他人将其作品或者作品的片段汇编成"新作品"即汇编作品。2020年《著作权法》第15条规定:"汇编若干作品、作品的片段或者不构成作品的数据或者其他材料,对其内容的选择或者编排体现独创性的作品,为汇编作品,其著作权由汇编人享有,但行使著作权时,不得侵犯原作品的著作权。"汇编者基于其汇编行为对所形成的汇编作品享有的著作权。对于汇编若干作品、作品的片段所形成的汇编作品而言,汇编者对汇编作品所享有的著作权派生并从属于被汇编作品的汇编权。具体来讲,汇编者将他人作品或作品片段汇编为汇编作品,应取得被汇编作品著作权人的许可。使用他人汇编作品的,则应同时取得被汇编作品著作权人的授权和汇编作品著作权人的授权。

(二)汇编行为的界定

汇编权所控制的汇编行为是指汇编若干作品、作品的片段或者不构成作品的数据或者其他材料,形成在内容的选择或者编排上具有独创性的汇编作品的行为。汇编权并非"简单的汇集",而是需要汇编若干作品、作品的片段或者不构成作品的数据或者其他材料,对其内容的选择或者编排体现出一定的独创性,否则,汇编成果不能构成汇编作品,相关选择或编排行为也不构成著作权法意义上的汇编行为。我们认为,将作品或者作品的片段等通过选择、编排汇集成新作品属于汇编行为。

如果行为人在汇编过程中,汇编成果对所汇编的若干作品、作品的片段,无论在选择还是编排方面未体现出任何智力创造性,则不符合汇编作品独创性的要求,不构成汇编作品。相应地,针对行为人所实施的行为,由于汇编成果在内容的选择和编排上未体现出一定的独创性,该行为属于未经作者同意对被汇编作品或作品片段的复制发行行为,而不属于汇编权所控制的汇编行为,权利人无法通过汇编权获得救济,但可以主张侵犯复制权、发行权等其他专有性权利。

正是由于汇编权所控制行为的特殊性,学术界对于汇编权的存废存在争议,主要原因在于著作权法规定的各项财产性专有权利应当用于控制不同的行为,如将作品或其片段编入文集,并没有导致作品或其片段的内容或表现形式发生任何变化。这种汇编的结果无论是否产生了新的汇编作品,都会使原作品或其片段被固定在新的有形物质载体之上,形成复制件。这一行为应当属于对作品或其片段的复制,无疑应受到"复制权"的控制,在著作权法中的复制权完全可以控制汇集作品行为的情况下,规定汇编权只不过使同一种行为多受到了一项专有权利的控制,其必要性值得强烈质疑。①

尽管上述观点在理论上有一定合理性,但在现行著作权法对汇编权和复制权进行明确区分的情况下,实践中对于著作权法的适用应当遵循这种区分。比如,在张某诉某出版社侵害著作权纠纷案中,张某是《买房》和《手册》两书的作者,享有两书著作权项下的各项权利,其与某出版社签订协议,授予某出版社两书的专有出版权,某出版社按照约定完成了出版工作。涉案图书《法律通》署名为张某编著,系合并上述两书的内容,另外增加了部分相关单位的联系方式和房地产数据计算表格等公知信息而成,原两书内容是《法律通》一书的主要内容。张某认为,某出版社出版《法律通》一书的行为侵犯了其汇编权、署名权等权利。法院认为,汇编作品的性质是汇编若干作品、作品的片段或者不构成作品的数据或者其他材料,对其内容的选择或者编排体现独创性的作品。某出版社未经张某同意,仅将张某两部作品合为一部出版,并仍为张某署名,此种情况并非传统意义上的汇编,应属于未经作者同意对其作品的复制发行行为,不属于汇编权所控制的汇编行为,不构成侵犯改编权行为。②

---

① 参见王迁:《论我国〈著作权法〉中"汇编权"的重构》,载《法学论坛》2008 年第 6 期。

② 参见北京市海淀区人民法院民事判决书,(2007)海民初字第 16479 号。

第四节　兜底条款的适用

著作权法具有典型的时代特征，作品的使用方式和著作权的内容与技术发展密切相关。综观各国著作权法，对著作权的保护普遍通过开放式立法，采用“列举条款+兜底条款”的方式规定著作权的保护范围。一方面，通过列举已有的类型化使用方式，明确作者的权利，便于法律的适用；另一方面，通过设置兜底条款弥补列举条款的不足。采取上述立法技术的原因在于，采用明确列举著作权人权利的方法无法穷尽著作权人的权利，而随着技术的发展，新的作品使用方式层出不穷，设置兜底权利条款可以应对未来出现的新的作品使用方式。因此，兜底权利条款被著作权人视为应对新的作品使用方式的“法宝”。

2001年《著作权法》第10条第1款第17项是我国著作权法为作品的著作权人设置的兜底权利条款。该条款是2001年《著作权法》修正时增加的内容。2010年《著作权法》和2020年《著作权法》均沿用了该规定。

在1990年《著作权法》中，尽管没有专门的兜底条款，但也通过特定方式在一定程度上体现了著作权的开放性，为著作权人控制新的作品使用方式提供了法律依据。具体而言，根据1990年《著作权法》第10条第5项的规定，作者的使用权和获得报酬权，是以复制、表演、播放、展览、发行、摄制电影、电视、录像或者改编、翻译、注释、编辑等方式使用作品的权利；以及许可他人以上述方式使用作品，并由此获得报酬的权利。但在随后的实践中，对于1990年《著作权法》未列举的使用方式能否认定侵权，曾存在争议。

【典型案例65】

在北京市海淀区人民法院审理的（1999）海知初字第58号张承志诉世纪互联通讯技术有限公司（以下简称世纪公司）侵犯著作权纠纷一案中，世纪公司系在网站上刊载了张承志创作的文学作品，该案是我国首例涉及互联网的著作权纠纷案件，由于诉争使用方式不属于1990年《著作权法》列举的使用方式，著作权人是否有权控制该行为成为该案的争议焦点，在当时引起了广泛的讨论。

一审法院认为，随着科学技术的发展，作品的使用方式必将越来越新颖多样。立法者在立法时，只能列举常见的使用方式，不可能穷尽所有的作品使用方式。

作品在国际互联网上传播，虽然与出版、发行、公开表演、播放等传播方式有不同之处，但本质上都是使社会公众了解作品内容的手段。因此，不能因传播方式不同而影响著作权人应有的合法权益。

二审法院进一步指出，虽然我国著作权法未明确网络上作品的使用问题，但并不意味着对在网络上使用他人作品的行为不进行规范。依法调整网络上的著作权关系，对互联网的健康发展是必要的，也是有益的。我国现行《著作权法》的核心在于保护作者对其作品享有的专有使用权。在网络上使用他人作品，也是作品的使用方式之一，使用者应征得著作权人的许可。若著作权人对作品在网络上的使用无权控制，那么其享有的著作权在网络环境下将形同虚设。因此，世纪公司提出1990年《著作权法》第10条第5项所列举的作品使用方式仅指传统作品的使用方式，不包括国际互联网的主张，无法律依据，不能成立。①

尽管该案适用的条款并非兜底条款，但对于著作权开放性的理解和解释对兜底条款的适用仍具有借鉴意义。一方面，兜底权利条款体现了著作权权利体系的开放性，不能仅因被控侵权行为不属于著作权法列举的使用方式，拒绝提供著作权的保护。另一方面，对于兜底权利条款也不能随意适用，而应审慎适用，因为权利法定是著作权权利设定的基本原则，过度适用兜底条款，客观上将造成通过司法裁判创设新权项的结果；并且，根据利益平衡原则，将新的使用方式一律纳入"其他权利"的调整范围，将不利于作品的传播者和使用者对作品著作权的权利边界形成稳定的预期，不利于平衡作品创作者、传播者、使用者以及社会公众之间的利益。

我们认为，适用2020年《著作权法》第10条第1款第17项规定的"应当由著作权人享有的其他权利"时，一般考虑以下因素：(1)是否可以将被诉侵权行为纳入《著作权法》第10条第1款第1项至第16项的保护范围；(2)对被诉侵权行为若不予制止，是否会影响《著作权法》已有权利的正常行使；(3)对被诉侵权行为若予以制止，是否会导致创作者、传播者和社会公众之间的重大利益失衡。从适用思路上，只有当被诉侵权行为无法纳入《著作权法》第10条第1款第1项至第16项规定权项的调整范围，且有提供著作权保护之必要时，才可适用兜底条款予

---

① 参见《张承志诉世纪互联通讯技术有限公司侵犯著作权纠纷案》，载《最高人民法院公报》2000年第1期。

以保护。对于被诉侵权行为能否纳入《著作权法》已创设权项的调整范围,要从文义解释及其他解释方法两个层面进行考量;在确实无法纳入已创设权项调整范围时,判断有无提供著作权保护之必要时,应当从反向和正向两方面进行考量。就反向而言,要考虑若对诉争行为不予制止,是否会影响《著作权法》已创设权利的正常行使;就正向而言,要考虑若对诉争行为适用兜底条款予以制止,是否会导致创作者、传播者和社会公众之间的重大利益失衡。

【典型案例66】

在北京市高级人民法院审理的(2009)高民终字第3034号安乐影片有限公司(以下简称安乐影片公司)诉北京时越网络技术有限公司(以下简称时越网络公司)等"网络定时播放"侵害著作权纠纷一案中,时越网络公司系涉案网站"悠视网"(域名为:uusee. com)的经营者,在该网站上向公众提供涉案影片《霍元甲》的定时在线播放服务和定时录制服务,使网络用户可以在该网站确定的时间和用户选定的计算机终端上观看和下载涉案影片《霍元甲》。

原告认为,被告通过网络向公众提供涉案影片的定时在线播放服务,侵犯了其著作权,请求判令其停止侵权、赔偿损失及赔礼道歉。

一审法院认为,时越网络公司的涉案行为侵犯了安乐影片公司对该影片享有的著作权中的通过有线和无线方式按照事先安排之时间表向公众传播、提供作品的定时在线播放、下载、传播的权利,依法应当承担停止侵害、赔偿损失的民事责任。

二审法院认为:"悠视网"提供的是对涉案电影作品定时在线播放服务和定时录制服务,网络用户只能在该网站安排的特定时间才能获得特定的内容,而不能在个人选定的时间得到相应的服务,因此,该种网络传播行为不属于信息网络传播权所限定的信息网络传播行为。同时,因该种行为亦不能由《著作权法》第10条第1款所明确列举的其他财产权所调整,故应认定其属于2010年《著作权法》第10条第1款第17项"应当由著作权人享有的其他权利"调整的范围。由于根据涉案电影作品《霍元甲》著作权人的授权,安乐影片公司已享有该电影作品通过有线和无线方式按照事先安排之时间表向公众传播、提供作品的定时在线播放、下载、传播等权利,因此,时越网络公司作为涉案"悠视网"的经营者,其未经许可提供了该电影作品的在线播放和录制服务,构成对安乐影片公司享有的该项著作财产权的侵犯。

【典型案例 67】

在北京市高级人民法院审理的(2020)京民再 128 号北京新浪互联信息服务有限公司(以下简称新浪公司)与北京天盈九州网络技术有限公司(以下简称天盈九州公司)等“中超体育赛事网络实时转播”侵犯著作权及不正当竞争纠纷一案中,被告通过网络实时直播了原告享有著作权的中超体育赛事节目。对于该行为如何定性是本案的争议焦点之一。

一审法院认为该行为属于 2010 年《著作权法》第 10 条第 1 款第 17 项“应当由著作权人享有的其他权利”的调整范围。二审法院则认为若涉案赛事节目属于电影类作品,被诉行为属于 2010 年《著作权法》规定的广播权的权利范围。

再审法院认为,根据 2010 年《著作权法》第 10 条第 1 款第 11 项的规定,广播权控制的行为包括:以无线方式传播作品的行为;以无线或者有线转播的方式传播广播的作品的行为;通过扩音器等类似工具向公众传播广播的作品的行为。其中,第一种行为是初始广播行为,后两种行为均是对初始广播行为的后续转播、传播。从解释论的角度,如果将广播权控制的第二种行为即“以无线或者有线转播方式传播广播的作品的行为”中的“有线”扩大解释为包括互联网所使用的网线,即可以将针对广播作品的网络实时转播行为解释为属于广播权的调整范围。

本案中,二审法院即采取了该处理思路。尽管上述解释方法有一定合理之处,但存在以下弊端:其一,“有线转播”一般狭义理解为有线电视台、广播台的有线转播,将“有线转播方式”中的“有线”解释为包含互联网所使用的网线存在争议。其二,网络直播行为存在多种信号来源,对于以有线方式直接传播作品的行为或者网络直播初始信号来源不是广播的作品的行为,由于不存在初始广播行为,故不属于广播权控制的行为,只能适用“著作权人享有的其他权利”予以调整,从而出现相同类型的直播行为仅因初始信号来源不同而适用不同权利进行调整的局面。其三,对于网络直播中初始信号来源是否为广播的作品,难以举证证明,亦难以认定,二审法院在本案中亦仅是根据被诉侵权的两个视频中分别显示有 BTV、CCTV 5 的标识,推定视频来源为北京电视台和中央电视台以无线方式广播的内容。在对被诉侵权行为适用广播权调整存在上述不足的情况下,应进一步考虑适用“著作权人享有的其他权利”调整该行为的可行性和必要性。

本案中,若对被诉直播行为不予制止,将严重影响新浪公司在网络环境下正常行使涉案赛事节目的权利,且对涉案赛事节目提供著作权保护,并不会导致体育赛事节目的创作者、传播者和社会公众之间的重大利益失衡。因此,本案存在适用“著作权人享有的其他权利”对被诉直播行为进行调整的可行性和必要性。并且,适用该权利规制被诉直播行为,可以将针对无线广播作品实施的网络实时转播行为和针对网络直播作品实施的网络实时转播行为作出相同的定性,既不需要对著作权法中“广播权”的调整范围进行突破,也便于司法实践操作,统一认定标准。综上所述,本案宜认定被诉直播行为侵犯了新浪公司对涉案赛事节目享有的“著作权人享有的其他权利”。

第七章　侵害邻接权的认定

我国《著作权法》区分了著作权及与著作权有关的权利。自1990年《著作权法》颁布伊始，即专设第四章对与著作权有关的权利进行规定，该部分内容为图书、报刊的出版，表演，录音录像，广播电台、电视台播放而产生的权利。著作权人利益的实现，有赖于邻接权人对作品的传播，但法律之所以保护邻接权，"并非仅因为邻接权人传播了作品，而是其在传播作品的过程付出了劳动投入，或者更精确地来讲，是因为他们传播过程中投入了劳动、时间、资金等，这些都是邻接权保护的目标"。[①]"同时，由于作品创作和传播是一种源和流的关系，鼓励和促进传播才能实现作品的经济价值和社会意义，最终使著作权人获益，因而也需要赋予作品传播者一定的权利。"[②]

相较于2010年《著作权法》，2020年《著作权法》对于邻接权进行了较大幅度的修改，将第四章名称由"出版、表演、录音录像、播放"修改为"与著作权有关的权利"，并对表演者、录音制作者和广播电台、电视台的权利予以一定程度的扩充。值得注意的是，与著作权有关的权利不完全等同于邻接权。邻接权又称作品传播权，其独立于作品的著作权而存在，"是指作品的传播者和作品之外劳动成果的创造者，对其劳动成果享有的专有权利的总称"，[③]包括表演者权、录音录像制作者权、广播组织权以及版式设计权。由于专有出版权本质上属于著作权人就复制权、发行权对出版者的一种授权，故只能称为与著作权有关的权利，但不能归为邻接权。因此，本书已将出版者的专有出版权纳入本书"侵害著作财产权的认定"一章，本章仅涉及对表演者权、录音录像制作者权、广播组织权和版式设计权侵权判断的相关问题。

---

① 王丽娜：《邻接权扩张研究》，华东政法大学2017年博士学位论文，第79页。

② 罗娇、冯晓青：《〈著作权法〉第三次修改中的相关权评析》，载《法学杂志》2014年第10期。

③ 王迁：《著作权法》，中国人民大学出版社2015年版，第267页。

第一节　侵害表演者权的认定

一、2020年《著作权法》的主要修改内容

根据2013年《著作权法实施条例》第26条的规定，表演者权是表演者对其表演所享有的权利。表演者权系基于著作权法因表演者对作品传播发挥作用而为其设定的一项专有权利。2020年《著作权法》在表演者权方面主要有以下四个方面的变化：

一是删除对于表演者的界定。2010年《著作权法》第37条行文为“表演者（演员、演出单位）”，根据2013年《著作权法实施条例》第5条第6项的规定，表演者既包括演员，也包括演出单位。2012年4月24日发布实施的《北京条约》对于表演者的界定与上述规定存在一定差异，该条约第2条第(a)款规定，“‘表演者’系指演员、歌唱家、音乐家、舞蹈家以及对文学或艺术作品或民间文学艺术表达进行表演、演唱、演说、朗诵、演奏、表现或以其他方式进行表演的其他人员”。2020年《著作权法》第38条删除了上述括号及内容。根据2020年《著作权法》修改前各审议稿的内容可知，上述修改并非在于扩展表演者的界定，而在于将表演者的实质含义限定为实际表演的自然人。“表演者”限定为自然人，演出单位不是表演者。[①] 这也与《北京条约》的规定保持一致。

二是新增表演者享有出租权。2020年《著作权法》第39条第5项明确了表演者对录有其表演的录音录像制品享有许可他人出租并获得报酬的权利。上述修改系来自《北京条约》第9条出租权第(1)款规定的“表演者应享有授权按缔约各方国内法中的规定将其以视听录制品录制的表演的原件和复制品向公众进行商业性出租的专有权，即使该原件或者复制品已由表演者发行或者经表演者授权发行”。虽然实践中市场上关于录音录像制品的出租行为已经日渐萎缩，但2020年《著作权法》的新增上述规定，与《北京条约》的规定保持一致，仍然具有积极的意义。

三是明确了职务表演的含义及权利归属。2020年《著作权法》新增第40条，

---

① 黄薇、王雷鸣主编：《〈中华人民共和国著作权法〉导读与释义》，中国民主法制出版社2021年版，第205页。

其中规定演员为完成本演出单位的演出任务进行的表演为职务表演。司法实践中普遍存在团体性职务表演的权利归属及权利行使如何确定的问题,2020 年《著作权法》通过职务表演的表演者权归属进行了明确规定。与职务作品的著作权归属规则不同,对于职务表演,演员享有表明身份和保护表演形象不受歪曲的权利,其他权利归属由当事人约定;无约定或者约定不明时归属于演出单位。上述规定吸纳了司法裁判对于职务表演中表演者权的有益探索,有利于解决实际纠纷,也体现了著作权法中邻接权保护制度对于作品传播者的劳动投入、资本投入的肯定。

四是整合了 2010 年《著作权法》第四章第 35 条、第 37 条第 2 款、第 40 条第 2 款的内容,并将上述条款移至 2020 年《著作权法》第二章第二节"著作权归属"的第 16 条,修改为"使用改编、翻译、注释、整理、汇编已有作品而产生的作品进行出版、演出和制作录音录像制品,应当取得该作品的著作权人和原作品的著作权人许可,并支付报酬"。上述修改在行文上更加简洁明了,避免了语义重复;在体例上由邻接权部分移至著作权归属部分更为妥当。

二、表演者权的界定与行使

(一)表演者权与表演权的关系

表演者权与表演权仅有一字之差,但在著作权法含义上是完全独立的两个概念,不可混淆。根据 2013 年《著作权法实施条例》第 26 条的规定,表演者权是指表演者对其表演享有的权利。根据 2020 年《著作权法》第 10 条第 9 项,表演权是指公开表演作品以及用各种手段公开播送作品的表演的权利。

1. 表演者权与表演权的区别

第一,法律性质不同。表演者权属于邻接权,系基于对表演者为传播作品而进行的表演活动予以保护的与著作权有关的权利;表演权属于著作权,系基于作者对于作品具有独创性的创作活动而产生的权利。

第二,权利归属不同。表演者权由表演者享有,具体包括演员以及演出单位或者其他组织;表演权由著作权人享有,具体可包括作者以及法人或者非法人组织。

第三,保护客体不同。表演者权保护的客体是对于作品的表演,如戏剧作品、舞蹈作品、文学作品等的表演;表演权保护的客体是作品本身。

第四,权利内容不同。根据2020年《著作权法》第39条的规定,表演者享有表明表演者身份和保护表演形象不受歪曲两项人身权利以及许可他人录音录像等四项财产权利;表演权属于著作权的财产权。

第五,保护期限不同。表演者权中人身权利没有保护期限,财产权利的保护期限是表演发生后第50年的12月31日。表演权作为财产权,有保护期限,根据2020年《著作权法》第23条的规定,适用不同的保护期限计算规则。

2. 表演者权与表演权的联系

表演者表演他人作品而产生表演者权,但其表演行为应征得著作权人的许可并支付报酬,否则表演者的表演行为将构成对著作权人表演权等著作权的侵害。

2020年《著作权法》第38条规定:"使用他人作品演出,表演者应当取得著作权人许可,并支付报酬。演出组织者组织演出,由该组织者取得著作权人许可,并支付报酬。"上述规定系延续了2001年《著作权法》及2010年《著作权法》的规定。1990年《著作权法》第35条规定,表演者使用他人未发表的作品演出,应当取得著作权人许可,并支付报酬。2001年《著作权法》为最大限度地保护作品作者的利益,不再对被表演的作品是否发表进行区分,无论作品是否发表,表演者使用他人作品进行演出都必须取得著作权人许可并支付报酬。2010年《著作权法》和2020年《著作权法》均延续了这一规定。根据上述规定,在演出组织者组织表演时,取得著作权人许可并支付报酬的责任应由演出组织者承担。

"著作权法的核心就是尊重和保护那些付出了创造性劳动,为社会创造、传播精神产品的人。使用他人的作品即是使用他人的劳动,应当尊重他人的精神权利和财产权利。"①表演者权作为邻接权,其权利的行使需要取得著作权人的许可并支付报酬。表演者未经著作权人许可表演他人作品的,构成对他人著作权的侵害。

司法实践中,对于演出组织者组织演出主要有以下两种情形:一是影视公司、剧团等演出单位组织演员进行的演出,演员与演出单位一般存在劳动或者劳务关系,在演出单位的组织和安排下从事表演活动。这种情形下演员的表演多为职务表演,应由演出单位作为演出组织者来取得著作权人的许可并支付报酬。二是电台、电视台或者演艺公司邀请演员参加综艺节目、晚会等演出活动,此种情形下由

---

① 姚红主编:《中华人民共和国著作权法释解》,群众出版社2001年版,第225页。

电台、电视台或者演艺公司还是由演员来取得著作权人的许可，可根据双方之间的约定。但电台、电视台或者演艺公司如果采取委托表演者自行取得授权的方式取得著作权人许可，应当对实际表演者是否取得著作权人的许可尽到严格审查义务，否则电台、电视台或者演艺公司作为演出组织者如果存在过错，则需共同承担侵害著作权的责任。

【典型案例 68】

在北京市第一中级人民法院审理的（2008）一中民初字第 11472 号菲利普诉阿曼、中央电视台侵犯著作权纠纷一案中，法院经审理认定，菲利普于 2007 年 12 月创作了歌曲《2008 年，永远的骄傲》，并明确拒绝阿曼使用许可请求的情况下，阿曼未经许可在中央电视台的《大风车》节目中公开表演菲利普享有著作权的涉案歌曲，通过中央电视台公开传播该歌曲，且将涉案歌曲的词曲作者署名为他人。中央电视台作为《大风车》栏目的制作者，对《大风车》栏目所组织的演出，有义务取得相关著作权人的许可，并支付报酬，即中央电视台应当在取得菲利普许可的情况下，组织阿曼在《大风车》栏目进行演出。如果中央电视台系采取委托表演者自行取得授权的方式来取得许可，则其应当严格审查授权是否合法、完整。上述证据无法证明中央电视台已经对阿曼的表演是否取得了著作权人的许可尽到审查义务，中央电视台在未取得菲利普许可的情况下，在其组织的演出中使用了菲利普享有著作权的涉案歌曲，其与阿曼共同侵犯了菲利普对涉案歌曲享有的发表权、署名权、表演权、广播权。

（二）表演者的经纪公司能否以自己名义主张表演者权

随着娱乐市场不断发展和成熟，艺人往往会通过与经纪公司签订经纪合同的形式来获得更多的工作机会和职业发展指导。经纪公司或者经纪人的职责一般包括“替演员获取、提供、承诺获取签约等活动，以及为艺人的职业发展提供咨询和指导”。[①] 艺人与经纪公司、经纪人签订演艺经纪合同时，经纪公司往往约定对艺人的肖像权、艺术形象、表演等权利享有独家使用以及独家授权的权利。司法实践中，表演者的经纪公司能否以自己的名义主张表演者权呢？

---

① ［美］谢·L. 伯尔：《娱乐法》，李清伟等译，上海财经大学出版社 2018 年版，第 185 页。

2020年《著作权法》第39条规定了表演者对其表演享有人身权利及财产权利的内容和性质，实践中可区分以下两种情况：

第一，对于表演者权中的前两项人身权利，即表明表演者身份和保护表演形象不受歪曲的权利。经纪公司不得依据合同约定取得表演者权中的前两项精神权利，但在合同明确约定下，可以经表演者授权后以表演者的名义予以主张。表演者享有的表明表演者身份和保护表演形象不受歪曲的权利，往往带有强烈的人身权色彩，一般不得转让。因此，对于表演者的精神权利，演艺公司在演艺合同没有明确规定的情况下，不当然可以主张表演者权中的两项精神权利。

第二，对于表演者权的后四项财产权利，即2020年《著作权法》第39条规定的财产性权利，经纪公司在合同明确约定或者表演者单独授权的情况下，可以以自己的名义主张。

【典型案例69】

在北京市朝阳区人民法院审理的（2018）京0105民初78099号蜂鸟音乐有限公司（以下简称蜂鸟公司）、歌手邓诗颖（艺名邓紫棋）诉上海灿星文化传媒股份有限公司（以下简称灿星公司）、江苏省广播电视总台、乐视网信息技术（北京）股份有限公司侵害表演者权纠纷一案中，蜂鸟公司、邓诗颖诉称，2016年5月，灿星公司邀请蜂鸟公司旗下艺人邓诗颖参加其组织的综艺电视节目《盖世英雄》的录制，该节目在未支付费用的情况下，擅自拍摄、播放邓诗颖演唱歌曲的表演，侵犯了蜂鸟公司和邓诗颖享有的表演者权。法院经审理认为，邓诗颖为参加节目进行演出的自然人，其当然为表演者，对其表演活动享有表演者权。蜂鸟公司为邓诗颖的经纪公司，既非自然人表演者，又非演出单位，不属于著作权法意义上的表演者。蜂鸟公司以其与邓诗颖经纪合同中关于知识产权的约定主张享有表演者权，但未举证证明双方经纪合同约定的具体内容。蜂鸟公司在本案中就邓诗颖的涉案表演活动主张表演者权缺乏事实和法律依据，不予支持。蜂鸟公司不属于本案适格原告。

（三）表演者是否有权对其在电影作品、电视剧作品中的表演主张财产性权利

根据2020年《著作权法》的规定，表演者对其表演享有许可录音录像及复制、

发行、出租、通过信息网络向公众传播并获得报酬的财产性权利。但表演者对其参与表演的电影作品和电视剧作品能否主张财产性权利？司法实践中，曾有观点认为，电影作品和电视剧作品的表演者对其表演行为有权主张财产性权利。但是上述观点未得到立法明确及司法实践的支持。我们认为，视听作品中的表演者的权利应赋予制片者，主要演员仅享有署名权。《北京高院著作权审理指南》第6.2条亦规定："电影作品和以类似摄制电影的方法创作的作品中，表演者就其在作品中的表演主张财产性权利的，不予支持。"

上述规定主要从以下两方面考虑：其一，从著作权法关于表演者享有的权利的规定来看，表演者对于录有其表演的录像制品所享有的控制权并不适用于含有其表演的电影作品和电视剧作品。其二，从电影作品及电视剧作品的著作权归属规则来看，根据2020年《著作权法》第17条第1款的规定，视听作品中的电影作品、电视剧作品的著作权由制作者享有，但编剧、导演、摄影、作词、作曲等作者享有署名权，并有权按照与制作者签订的合同获得报酬。上述规定并未明确表演者在电影作品及电视剧作品中享有的权益，但结合电影作品、电视剧作品著作权归属制度设计的宗旨，在电影作品及电视剧作品整体著作权赋予制片者的规则已经明确的情况下，根据"举重以明轻"的法律解释方法，对电影作品或电视剧作品的使用，无须再征得表演者的许可，当属应有之义。①

【典型案例70】

在北京市第三中级人民法院审理的(2014)三中民终字第3453号高健诉梅赛德斯奔驰(中国)汽车销售有限公司(以下简称奔驰公司)侵害表演者权纠纷一案中，奔驰公司委托某广告公司提供品牌宣传片拍摄服务。该广告公司随后与某文化公司签订《奔驰汽车影视短片模特合约》，该协议就前者聘请后者代理模特高健担任奔驰汽车影视短片拍摄的模特工作相关事宜进行了约定。拍摄完成后，高健诉称，奔驰公司在汽车展销会上及其下属的4S店内使用的涉案广告片中包含其表演，侵犯了其享有的表演者权。二审法院认为，高健作为模特依据广告公司与文化公司签订合同约定拍摄了涉案广告片，其作为演员根据广告创意的脚本将自己的表演行为融入声音、场景画面中，通过导演的拍摄形成了以类似摄制电影的

---

① 参见苏志甫：《〈侵害著作权案件审理指南〉条文解读系列之六》，载知产力2018年8月5日，http://zhichanli.com。

方法创作的作品，属于著作权法意义上的一种独立的作品形式，而该作品的著作权应归制片人享有。因此，高健作为出演该作品的演员不能再单独行使复制、发行等专有权利。鉴于表演者有权通过与制片者签订合同的形式来获得报酬，本案中高健的获得报酬的权利可以通过合同的形式来实现。一、二审法院均未支持高健的诉讼请求。

三、侵害表演者权的认定

2020年《著作权法》第39条规定了表演者对其表演享有六项权利：一是表明表演者身份；二是保护表演形象不受歪曲；三是许可他人从现场直播和公开传送其现场表演，并获得报酬；四是许可他人录音录像，并获得报酬；五是许可他人复制、发行、出租录有其表演的录音录像制品，并获得报酬；六是许可他人通过信息网络向公众传播其表演，并获得报酬。其中前两项是表演者的人身权利，后四项是表演者的财产权利。

（一）未表明表演者身份的行为

在演出等场合，表明表演者的身份是表演者权行使的重要方式。表明表演者身份的方式，应当体现表演者与其表演之间的联系。判断诉争的表明表演者身份的方式是否恰当，不能一概而论，必须结合案情，根据诉争表演活动的特点、表演的传播方式以及相关行业惯例或者通常做法等因素进行具体分析。

《北京高院著作权审理指南》第6.1条第2款从司法实践的角度出发，归纳以下四种情形下可以认定合理表明了表演者的身份：(1)在演出广告、宣传栏、节目单或者文艺刊物刊登的剧照上标明表演者姓名（名称）；(2)在节目表演前后，由主持人介绍表演者的姓名（名称）；(3)广播电台、电视台播报表演者的姓名（名称）；(4)以屏幕上的字幕形式标明表演者的姓名（名称）。

在现场演出时，侵犯表演者表明身份的权利的侵权行为，一般表现为未经他人许可而组织、播放他人演唱的作品，且未表明实际演唱者的表演者身份及词作者身份。在网络环境下，侵犯表演者表明作者身份的权利的行为，往往表现为在网络上传播表演者表演时，将其标注为“未知”“网络歌手”等字样。上述行为均侵害了表演者表明作者身份的权利。

【典型案例71】

在北京市海淀区人民法院审理的(2017)京0108民初11811号李志诉北京酷我科技有限公司(以下简称酷我公司)侵害著作权纠纷一案中,法院经审理认定,李志主张在酷我公司运营的"酷我音乐"pc客户端下载歌曲《关于郑州的记忆》时,下载界面显示的歌手为"网络歌手",未标明其为表演者,侵犯了其所享有的表明表演者身份的权利。在案证据能够证明酷我公司应该知道pc客户端歌曲《关于郑州的记忆》的表演者为李志。酷我公司既然选择在下载界面中列明歌手,就应当正确地标注演唱者,而酷我公司在歌手一栏中未标明李志为歌曲《关于郑州的记忆》的演唱者,而是标为"网络歌手",酷我公司也没有提交证据证明就pc客户端下载的该歌曲其通过其他方式向公众说明了李志为表演者,故认定酷我公司的行为侵犯了李志所享有的表明表演者身份的权利。

(二)推定被告身份的初步证据

司法实践中,被告往往否认侵害表演者权的行为由其实施。在没有相反证据的情况下,一般认定侵权作品、制品上载明的生产源识别码(SID)等主体信息,可以作为推定侵权人身份的初步证据,在没有相反证据的情况下,可以推定其实施了侵权行为。在最高人民法院审理的(2008)民提字第55号孙楠与北京金视光盘有限公司(以下简称金视公司)、淄博银座商城有限责任公司、江西音像出版社侵犯表演者权纠纷再审案民事裁定中,最高人民法院认为,虽然金视公司否认涉案光盘由其复制、发行,但涉案光盘蚀刻有其生产识别码。金视公司虽然辩称相关复制委托书系伪造的,但并未予以证明由谁伪造,也没有对涉案光盘显示的出版码号、出版发行日期等信息作出合理解释,江西音像出版社也辩称金视公司曾擅自盗用该社版号。故法院综合在案证据,认定涉案光盘由金视公司复制、发行。

(三)侵害表演者财产权利的侵权行为

根据2020年《著作权法》第39条第1款第3项至第6项的规定,侵害表演者财产权的行为包括以下几种:一是未经许可将他人表演现场直播或者公开传送的行为;二是未经许可将他人表演予以录音录像的行为;三是未经许可将录有他人表演的录音录像制品予以复制、发行、出租的行为;四是未经许可通过信息网络向公众传播他人表演的行为。

司法实践中,随着表演者的演出发行、传播渠道的不断拓展,信息网络传播日益成为传播表演的重要渠道,侵害表演者财产权的认定存在以下问题:

一是权利人有权分别依据著作权、录音录像制作者权或者表演者权主张权利。随着表演组织和录音录像制品制作的不断专业化,司法实践中主张著作权、表演者权以及录音录像制作者权的权利人同一的观点,此时不同权利的请求权基础不同,不产生法律竞合。在北京市第二中级人民法院审理的陈涛、胡海泉诉湛江华丽金音影碟有限公司、吉林省长白山音像出版社侵犯著作权、表演者权纠纷一案[①]中,法院经审理认为,陈涛、胡海泉是歌曲《最美》《爱自己》等歌曲的共同作曲者和演唱者,依法享有著作权和表演者权,吉林省长白山音像出版社出版发行、湛江华丽金音影碟有限公司接受委托复制的"天下无贼"光盘,未经陈涛、胡海泉许可也未支付报酬,使用了陈涛、胡海泉作词、作曲、表演的27首歌曲,侵犯了陈涛、胡海泉作为词曲著作权人及表演者的著作权及表演者权。该案例中,两被告的行为即构成未经许可将录有他人表演的录音录像制品予以复制、发行的侵害表演者财产权利的行为。

二是网络环境下,侵害表演者权的常见侵权行为即侵害表演者的信息网络传播权。根据《信息网络传播权司法解释》第3条的规定,侵害表演者表演的信息网络传播权的行为,是指未经表演者许可,通过信息网络提供其表演,即通过上传到网络服务器、设置共享文件或者利用文件分享软件等方式,将表演者的表演置于信息网络中,使公众能够在个人选定的时间和地点下载、浏览或者其他方式获得其表演。侵害表演者信息网络传播权的认定规则,适用于侵害著作权人信息网络传播权的认定规则。

【典型案例72】

在北京知识产权法院审理的(2020)京73民终3448号北京肆意文化传播有限公司(以下简称肆意公司)诉北京快手科技有限公司(以下简称快手公司)侵害表演者权纠纷一案中,2019年3月7日,王子琦在抖音App"王七七"账户上发布短视频,自弹自唱涉案歌曲《我愿意平凡的陪在你身旁》。同日,王子琦与肆意公司签订《表演权授权书》,将涉案歌曲表演权之信息网络传播权独占排他授权给肆

① 北京市第二中级人民法院民事判决书,(2008)二中民终字第2837号。

意公司，授权期限为永久。肆意公司随后发现，快手公司未经许可在其经营的快手 App 中提供涉案歌曲，供用户在线播放并拍摄短视频。法院经审理认定，肆意公司提供的证据显示，快手 App 曲库中存在王子琦对涉案歌曲吉他版的表演，可播放、可在录制短视频时使用，用户在使用时可对涉案歌曲剪裁、变速。快手公司未经授权在其经营的快手 App 曲库中提供涉案歌曲吉他版表演的行为，侵害了肆意公司涉案歌曲表演享有的信息网络传播权，应当承担停止侵权、赔偿损失等侵权责任。

第二节　侵害录音录像制作者权的认定

一、2020 年《著作权法》的主要修改内容

2020 年《著作权法》在录音录像制作者权方面主要有以下三方面的变化：

一是明确录音录像制作者权的被许可人应经过多重许可。2020 年《著作权法》第 44 条第 2 款中规定："被许可人出租录音录像制品，还应当取得表演者许可，并支付报酬。"该规定系与 2020 年《著作权法》第 39 条第 1 款第 5 项新增的表演者对其表演享有许可他人出租录有其表演的录音录像制品，并获得报酬的规定一致，亦与《北京条约》的规定相协调。

二是新增录音制作者关于广播及机械表演行为的报酬请求权。2020 年《著作权法》第 45 条规定："将录音制品用于有线或者无线公开传播，或者通过传送声音的技术设备向公众公开播送的，应当向录音制作者支付报酬。"

三是删除了广播电台、电视台对于已经出版的录音制品播放的法定许可，即 2010 年《著作权法》第 44 条"广播电台、电视台播放已经出版的录音制品，可以不经著作权人许可，但应当支付报酬。当事人另有约定的除外。具体办法由国务院规定"。该规定系与 2020 年《著作权法》关于广播电台、电视台播放的法定许可相一致而删除重复多余的规定。

二、录音录像制作者权的内容及保护期限

录音录像制作者在作品传播过程中发挥了重要的作用，根据 2013 年《著作权法实施条例》第 26 条的规定，录音录像制作者对其制作的录音录像制品享有权利。

（一）复制、发行、出租、信息网络传播的权利

1. 复制、发行、出租、信息网络传播权项的内容

录音录像制作者对其制作的录音录像制品，享有复制、发行、出租、通过信息网络向公众传播并获得报酬的权利。2020年《著作权法》第44条第1款规定："录音录像制作者对其制作的录音录像制品，享有许可他人复制、发行、出租、通过信息网络向公众传播并获得报酬的权利……"根据上述规定，录音录像制作者对其录制的录音录像制品，享有复制权、发行权、出租权和信息网络传播权。其中，参考著作权相关权项的规定，录音录像制品的复制权，是指对录音录像制品进行翻录、翻拍等方式制作成一份或者多份的权利；录音录像制品的发行权，是指以出售或者赠与方式向公众提供录音录像制品母带或者复制件的权利；录音录像制品的信息网络传播权，是指以有线或者无线方式向公众提供录音录像制品，使公众可以在个人选定的时间和地点获得该录音录像制品的权利。

对于经过录音录像制作者许可的出租录音录像制品的行为，录音录像制品的出租权，指有偿许可他人临时使用录音录像制品的权利。其中需要注意以下两个问题：第一，根据2020年《著作权法》第10条第1款第7项的规定，仅视听作品、计算机软件两种作品类型享有出租权，其他类型作品的著作权人无权主张出租权。因此对于将除包含视听作品、计算机软件作品之外的录音录像作品的出租，无须经过著作权人的许可。第二，根据2020年《著作权法》新增了表演者享有许可出租录有其表演的录音录像制品的权利，故2020年《著作权法》第44条第2款规定了"出租录音录像制品，还应当取得表演者许可，并支付报酬"。

2. 权利保护的期限

根据2020年《著作权法》第44条第1款的规定，录音录像制作者享有的复制权、发行权、出租权、信息网络传播权的保护期为50年，其计算方法为自该制品首次制作完成后起算，截止于该制品首次制作完成后第50年的12月31日。

3. 权利行使应经过多重许可

经过录音录像制作者许可，对于其已经制作的录音录像制品复制、发行、通过信息网络向公众传播时，还应当同时取得著作权人、表演者许可，并支付报酬。录音录像制品中作品与制品相互交织，对于录音录像制作者邻接权保护的同时，不应当降低对于录音录像制品中包含的作品及表演的权利人——著作权人或者表

演者权权利人的保护。因此，被许可人在取得了录音录像制品制作者的许可后，还应当同时得到著作权人及表演者权权利人的许可，并应向其支付报酬。

【典型案例 73】

在上海知识产权法院审理的（2016）沪 73 民终 30 号劳某诉上海麦克风文化传媒有限公司（以下简称麦克风公司）侵害作品信息网络传播权纠纷一案中，劳某笔名禹说，系小说作品《香火》的作者，享有该作品的著作权。2009 年 11 月，劳某将涉案小说的电子版权、广播权、影视版权、声像版权等授权给国文润华公司，授权期限为 5 年。麦克风公司系“蜻蜓 fm”网站（域名 qingting. fm）的经营者，该网站向网络用户提供广播电台、音乐以及小说等有声读物的收听等服务。根据 2015 年 4 月作出的公证书载明：在麦克风公司经营的“蜻蜓 fm”网站上可搜索并播放有声读物《香火（高品质）》，其显示作者为禹说。根据查明的事实，麦克风公司使用涉案有声读物的行为经过了案外人的授权，但该授权日期已经超过了劳某对于国文润华公司的授权期限。故二审法院认定，被告在其经营的网站上为公众提供根据他人小说制作的有声读物，应取得小说著作权人劳某的许可。麦克风公司的涉案行为构成对劳某享有的小说作品的信息网络传播权的侵害。

（二）录音制品被用于广播或者机械表演方式传播的情形

使用他人录音制品用于广播或者机械表演方式传播的，应当向录音制作者支付报酬。2010 年《著作权法》第 44 条仅规定了电台、电视台播放已经出版的录音制品可以不经过著作权人许可，但应当支付报酬，但当事人另有约定的除外。对于超市、商场、餐厅、咖啡厅等公共场所播放录音制品情形下，只能由音乐作品著作权人主张表演权并要求支付报酬，而录音制作者作为邻接权人无权对上述行为要求支付报酬。2020 年《著作权法》修改了上述规定，新增第 45 条：“将录音制品用于有线或者无线公开传播，或者通过传送声音的技术设备向公众公开播送的，应当向录音制作者支付报酬。”2020 年《著作权法》第 45 条对 2010 年《著作权法》第 44 条法定许可适用主体进行了扩张，不再仅限于“广播电台、电视台”，任何主体使用他人制作的录音制品用于广播或者机械表演方式传播的，都应当经过该录音制品中著作权人许可，并需要分别向著作权人及录音制作者支付报酬。信息技术的发展带动着商业模式的革新，录音制作者依靠发行有形的录音制品获酬的商业模式已经日益被新的商业模式所取代。2020年《著作权法》第45条的规定一方面为回应现行商业模式下音乐人和唱片公司关于录音制品使用模式下获得报酬的强烈诉求,另一方面也是落实2012年《北京条约》的规定。

(三)电视台播放他人录像制品的情形

电视台播放他人录像制品的,应当经过录像制作者许可并支付报酬。2020年《著作权法》第48条的规定对于电视台播放他人录像制品的情形,延续了2010年《著作权法》第46条的规定,电视台播放他人录像制品的,应当经过录像制作者许可并支付报酬。

三、侵害录音录像制作者权的认定

(一)音源一致的证明与认定

录音录像制作者权保护的对象是录音录像制品。不同的录音录像制作者就相同的作品或表演各自独立制作的录音录像制品,则各自享有录音录像制作者权。在侵害录音录像制作者权案件中,认定被诉侵权的录音录像制品是否系未经许可复制自原告的录音录像制品,是侵权认定的前提条件,即通常所说的"音源同一性"认定。

司法实践中,关于"音源同一性"的举证责任及证明标准存在一定争议。《北京高院著作权审理指南》第6.4条规定:"当事人对于被诉侵权的录音制品是否来源于原告主张权利的录音制品发生争议的,原告应当举证证明双方录音制品音源相同。原告举证证明双方的录音制品中的表演者、词曲、编曲等因素相同的,可以认定音源同一,但有相反证据的除外。"具体来说,我们认为,对于音源是否一致的认定应注意以下问题:

其一,要注意原告对"音源同一性"负有举证证明责任的场合。但多数案件中,被告对于被诉侵权的录音录像制品与原告主张权利的录音录像制品音源相同并未提出异议,在此情况下,法院可以通过庭审勘验等方式,通过直接收听的方式能够比较出音源同一的,可以作出"音源同一"的认定。

其二,注意厘清举证责任与证明标准的关系。如果被告对于被诉侵权的录音录像制品与原告主张权利的录音录像制品音源相同提出异议,由原告对双方的录音制品中的表演者、词曲、编曲等因素进行初步举证,证明双方录音录像制品中的表演者、词曲、编曲等因素相同的,推定双方的录音录像制品音源同一,可以降低原告关于"音源同一性"证明标准的要求,减轻其举证负担,当然,如果被告能够举证证明两者的音源不一致,则可以推翻前述推定。

其三,对于被诉侵权的录音录像制品是否复制自原告主张权利的录音录像制品,音源是否同一涉及专业性比对,有可能需要通过鉴定的方式进行对比,难以通过普通人的感官作出准确判断的情况,客观的方法是通过鉴定的方式进行认定,但一概通过鉴定方式解决,将增加当事人的诉累、影响审理效率。如果在上述情况下,通过原告初步举证及庭审勘验仍然无法对音源是否同一作出判断时,此时被告若提出异议的,可以就其提出的"音源不相同"的主张申请鉴定。上述处理意见在侵害录音录像制作者权纠纷案件中有助于解决权利人"举证难"的问题。

【典型案例74】

在北京市第一中级人民法院审理的(2014)一中民终字第2641号南京夏普电子有限公司(以下简称夏普公司)、百视通网络电视技术发展有限责任公司(以下简称百视通公司)与北京星光灿烂科技服务有限公司(以下简称星光灿烂公司)等侵犯录音录像制作者权纠纷一案中,星光灿烂公司主张,星光灿烂公司经涉案歌曲的录音录像制作者权人索尼中国公司授权,取得音像制品的相应权利。百视通公司未经许可擅自通过互联网向用户提供上述涉案视频文件,该行为侵害了星光灿烂公司依法享有的录音录像制品的信息网络传播权。百视通公司辩称其所提供的系视频文件,而星光灿烂公司在本案中所提供歌曲均为音频文件,无法确认两者之间的一致性,因而不构成侵权。法院经审理认为,根据庭审勘验情况,星光灿烂公司所提交的录音制品中所载的21首歌曲,在基本旋律、演唱者、配器、风格、时长等方面与公证保全光盘中所保存的对应的视频文件中的音频内容基本一致,根据民事诉讼证据规则,星光灿烂公司已尽到了相应的举证责任。百视通公司如欲推翻星光灿烂公司的主张,则应承担相应的举证义务。在法院已进行充分释明的情况下,百视通公司仍明确表示不申请对作品的一致性进行鉴定,而仅是从背景音区别、简短的插入对话、细微的时长差别等方面否认二者的一致性,从证据的证明力角度来看,明显不足以推翻星光灿烂公司的主张,据此法院认定涉案视频文件实际上使用了星光灿烂公司享有录音制作者权的21首歌曲。

(二)使用他人作品的情形

根据 2013 年《著作权法实施条例》第 5 条的规定,录音制品是指任何对表演的声音和其他声音的录制品;录像制品是指电影作品和以类似摄制电影的方法创作的作品以外的任何有伴音或者无伴音的连续相关形象、图像的录制品。在制作录音录像时,一般根据录音录像的内容可分两种类型:一是对他人作品的录制,如音乐作品、美术作品、摄影作品、戏剧作品等;二是对不构成作品内容的录制,如生活场景、动物活动等。在制作录音录像制品时,特别是制作上述第一类录音录像制品时,制作者往往需要获得以下授权:

1. 应当取得著作权人许可并支付报酬

录音录像制作者权相对于其所录制的作品的著作权,既具有从属性,又具有相对的独立性。因此,我国著作权法规定作者对作品的著作权当然应基于他人对作品制作的录音录像制品之上。2020 年《著作权法》第 42 条第 1 款也规定:"录音录像制作者使用他人作品制作录音录像制品,应当经过著作权人许可并支付报酬。"录音录像制作者应当取得诸如音乐作品词、曲作者等著作权人的许可,并向其支付报酬。除法定许可等法律另有规定的情形外,录音录像制作者未经许可使用他人受著作权法保护的作品的,构成对他人著作权的侵害。

2. 应当取得表演者许可并支付报酬

2020 年《著作权法》第 43 条规定:"录音录像制作者制作录音录像制品,应当同表演者订立合同,并支付报酬。"上述规定与 2020 年《著作权法》第 39 条第 4 项的规定保持一致,即表演者对其表演,享有许可他人录音录像并获得报酬的权利。因此,录音录像制作者未经许可将他人表演制作成录音录像制品的,该行为既构成对被表演作品著作权的侵害,同时也构成对表演者享有的表演者权的侵害。

3. 未经许可制作录音录像制品构成侵权

录音录像制作者的权利取得和保护,不以录音录像制作者在制作录音录像制品前必须得到著作权人或者表演者的同意为前提。著作权基于作者的创作行为产生,录音录像制作者权等邻接权则依据其录音录像等行为取得,上述创作以及录音录像等行为属于事实行为而非法律行为,不因作者或者录音录像制作者在行为中不当使用他人作品或者表演而影响对其著作权及邻接权的权利取得和保护。即便在制作录音录像制品前未征得著作权人的许可,录音录像制作者仍然有权制止他人对其录音录像制作者权的侵害。换言之,即使录音录像制品具有侵犯他人著作权或者表演者权的可能,其他人也不能随意侵犯该录音录像制作者的权利,否则应承担相应侵权责任。因此,《北京高院著作权审理指南》为形成引导录音录像制作者在制作录音录像制品时主动寻求著作权人授权的导向,在第6.3条第1款的条文表述上有所取舍,规定:“除法律另有规定外,未经许可使用他人受著作权法保护的作品制作录音录像制品,构成侵害著作权;未经该录音录像制作者许可使用该录音录像制品的,构成侵害录音录像制作者权。”

(三)侵害录音录像制作者权的几种典型行为

司法实践中,侵害录音录像制作者权的案件往往与侵害著作权案件交织,很多情况下著作权人和录音录像制作者权人是同一的,存在以下几种侵害录音录像制作者权的典型侵权行为:

第一,音像出版社等在制作、发行录音录像制品时,未经许可“翻录”他人录音录像制品。上述行为构成对录音录像制作者的复制权、发行权的侵害。这类案件在21世纪初较为常见,彼时社会大众对于文化产品的获取渠道相对狭窄,往往需要通过音像出版社复制、发行或者是通过电台、电视台的方式才能获得。音像复制单位如果未能充分履行法律法规规定的验证义务,复制了侵害他人合法权利的音像制品的,也应当与侵权录音录像制品制作者、出版者等承担共同侵权责任。

第二,随着网络的发展与普及,未经许可将他人录音录像制品通过信息网络传播的侵权行为成为目前侵害录音录像制作者权的主要类型。录音录像制品不仅局限于音乐、相声等,也拓展到了有声读物、广播剧等新的录音录像制品形态。

【典型案例75】

在北京互联网法院审理的(2019)京0491民初34976号北京京师讯飞教育科技有限公司(以下简称京师讯飞公司)与北京猿力教育科技有限公司(以下简称猿力公司)侵害录音制品信息网络传播权纠纷一案中,京师讯飞公司主张,其经授权取得北京师范大学相关教材数字产品及录音制品的信息网络传播权,猿力公司在其经营的App软件“小猿搜题”将涉案教材的图书文字内容及配套录音制品的声音内容制作成电子数据文件。法院经审理认定,猿力公司未经许可,在其经营的App“小猿搜题”中提供涉案教材配套录音制品的播放及下载服务,并在播放音频时同步播放与涉案教材中内容一致的文字内容的行为，使用户能在其选定的时间和地点获得该教材文字内容与配套录音音频内容，侵犯了原告就涉案教材及其录音制品享有的信息网络传播权，依法应承担停止侵权、赔偿损失等民事责任。

第三，新法修正的情况下，对于商场、咖啡厅等经营场所内未经许可公开播放录音制品的行为，在2020年《著作权法》实施前，该类行为的起诉主体仅为著作权人或者受著作权人授权的集体管理组织，此类行为在2020年《著作权法》实施后，录音制品的制作者将有权依据2020年《著作权法》第45条的规定主张录音制品制作者权。

第三节　侵害广播组织权的认定

一、2020年《著作权法》的主要修改内容

2020年《著作权法》在第四章第四节“广播电台、电视台播放”相比于2010年《著作权法》具有如下四个主要变化：一是删掉了2010年《著作权法》第44条关于广播电台、电视台播放已经出版录音制品法定许可的规定。上述删除一方面与新增的2020年《著作权法》第45条内容保持一致；另一方面在法律适用上也“并不意味着广播电台、电视台播放已出版的录音制品，还须经过其中作品著作权人的许可。换言之，对这种行为仍然存在法定许可，应当适用2020年《著作权法》第46条第2款‘广播电台、电视台播放他人已发表的作品，可以不经著作权人许可，但应当按照规定支付报酬’的规定”。①

二是增加和修改了广播组织权的内容。为适应数字媒体和信息网络技术的发展，2020年《著作权法》新增了广播组织的信息网络传播权，明确“转播”涵盖有线转播和无线转播。在2020年《著作权法》第47条第1款第3项明确规定广播电台、电视台有权禁止未经许可将其播放的广播、电视通过信息网络向公众传播的行为。上述规定有力破解了广播电台、电视台在之前著作权法下无法控制网络平台对其电视节目“盗播”的市场困局，加强了对广播组织的保护。

三是调整了广播组织权中关于录制权和复制权的措辞。2020年《著作权法》第47条第1款第2项删除了广播电台、电视台对其播放的广播、电视关于录制、复

① 王迁：《〈著作权法〉修改：关键条款的解读与分析（上）》，载《知识产权》2021年第1期。

制的载体限制。主要考虑到在以往技术条件下，录制及复制的载体通常是激光唱片、录音带、录像带、光盘等音像载体。随着信息存储技术的发展，录制及复制的载体形式大为丰富，甚至可以采用云存储等方式。①

四是增设2020年《著作权法》第47条第2款的规定，明确强调广播电台、电视台行使广播组织权时，不得影响、限制或者侵害他人行使著作权或者与著作权有关的权利。根据全国人民代表大会常务委员会讨论修正案（草稿）审议结果的报告来看，该点修改由一些协会、企业、专家和社会公众提出，广播组织权利的行使往往会涉及他人的著作权保护，建议增设上述条款。② 2020年《著作权法》采纳了上述意见，明确了广播组织权的权利限制，防止著作权、邻接权之间或者不同邻接权之间发生权利冲突。

二、广播组织权的主体与客体

（一）广播组织权的主体

2020年《著作权法》仍然保留了2010年《著作权法》中关于广播组织权主体为“广播电台、电视台”的表述，未采纳之前学者提出将广播组织权的主体修改为“广播组织”或者扩充至“有线转播组织、卫星广播组织和网络广播组织”的建议。根据文义解释，2020年《著作权法》第四章第四节中关于“广播电台、电视台”主体的表述可知，广播组织权的原始权利人只能是广播电台、电视台。

我国“广播电台、电视台”的设立是需要审批的，对此主要由《广播电视管理条例》（2020年修订）予以调整。对于2020年《著作权法》中“广播电台、电视台”主体界定，可以参考该条例解读。根据《广播电视管理条例》第8条、第9条、第10条的规定，广播电台、电视台是指采编、制作并通过有线或者无线的方式播放广播电视节目的机构。广播电台、电视台的设立均需要经过审查批准，由县、不设区的市以上人民政府广播电视行政部门设立，且其他任何单位和个人不得设立。同时，《广播电视管理条例》（2020年修订）第17条第3款规定，广播电视传输覆盖

---

① 黄薇、王雷鸣主编：《〈中华人民共和国著作权法〉导读与释义》，中国民主法制出版社2021年版，第236页。

② 参见《全国人民代表大会宪法和法律委员会关于〈中华人民共和国著作权法修正案（草案）〉审议结果的报告》，载中国人大网2020年11月11日，http://www.npc.gov.cn/npc/c30834/202011/16a797a57f1649d2959939519c4701df.html。

网,由广播电视发射台、转播台(包括差转台、收转台)、广播电视卫星、卫星上行站、卫星收转站、微波站、监测台(站)及有线广播电视传输覆盖网等构成。尽管《广播电视管理条例》(2020 年修订)对广播电台、电视台界定为"有线或者无线的方式播放广播电视节目的机构",但结合对广播电视传输覆盖网的规定,其机构实质上已经涵盖了从事无线广播、有线广播、卫星广播的广播电视节目播放机构。实践中,广播电台、电视台出于实际经营的需要,往往设立相应的网络播放机构,如中央电视台所属的 CNTV、湖南电视台所属的芒果 TV,通过互联网平台同步转播或交互式播放传统广播电台、电视台的节目,这种以传统广播电台、电视台为依托的网络广播平台和其他纯粹的网播组织,并不属于《广播电视管理条例》(2020 年修订)中的广播电台、电视台,进而也不能成为 2020 年《著作权法》第 47 条规定的广播组织。①

在司法实践中,经过广播电台、电视台明确授权许可的被许可人,在涉及侵害广播组织权纠纷时往往会陷入主体是否适格的争论中。例如,在央视国际网络有限公司诉北京我爱聊网络科技有限公司著作权侵权及不正当竞争纠纷案②中,央视国际网络有限公司基于中央电视台授权主张被诉侵权手机软件"电视粉",向用户实时转播中央电视台的"CCTV－1"等共计 16 个电视频道的节目构成侵害广播组织权的行为,被告提出的抗辩理由之一即原告不是广播组织权的主体,广播组织权的主体是广播电台、电视台,故原告不享有广播组织权。对于该类问题的处理,通常法院是判断授权方是否属于著作权法上的"广播电台、电视台",如果授权方属于著作权法上的广播组织,则经合法授权的被许可人可以基于双方明确约定以自己的名义提起诉讼,成为适格的诉讼主体,进而在授权范围内主张相关权利。

上述认定主要基于以下两方面的考量:一方面,广播电台、电视台作为广播组织在制作和播放广播、电视节目过程中投入了大量的时间、精力、技能和资金,其劳动和投资已经得到法律的承认,且作为私权,对其授权给其他非广播组织的主体行使权利以获取经济利益,法律也不应禁止。经合法授权的被许可人可以基于双方明确约定以自己的名义提起诉讼,成为适格的侵害广播组织权纠纷的诉讼主

① 参见亓蕾:《新著作权法下广播组织权的理解和适用——兼论"IPTV 回看"案件的定性》,载《版权理论与实务》2021 年第 2 期。

② 参见北京市海淀区人民法院民事判决书,(2013)海民初字第 21740 号;北京市第一中级人民法院民事判决书,(2014)一中民终字第 3199 号。

体。另一方面,2020 年《著作权法》未明确限制电台、电视台只能将广播组织权许可给具备广播电视组织条件的单位。因此,广播电台、电视台作为广播组织权人,有权将该权利授权给广播电台、电视台之外的其他民事主体。经转让取得的广播组织权的非广播组织,能够以自己的名义行使广播组织权,并有权据此禁止他人未经许可转播、录制、复制和通过信息网络向公众传播相关广播及电视。经许可取得广播组织权的被许可人在其权利受到侵害时,有权以自己的名义依法向法院提起诉讼。

【典型案例 76】

在浙江省嘉兴市中级人民法院审理的(2012)浙嘉知终字第 7 号嘉兴华数电视通信有限公司(以下简称华数公司)诉中国电信股份有限公司嘉兴分公司侵害广播组织权纠纷一案中,2010 年黑龙江电视台向华数公司出具的授权书载明,黑龙江电视台享有黑龙江卫视各节目的著作权和播映权,拥有黑龙江卫视之电视节目信号通过有线、无线、卫星等方式发射、传输、接入等的法定权利,授予华数公司为数字电视信号接收以及传输的唯一合法机构,黑龙江电视台授权华数公司在其营运区域内的传输其频道信号的权利是专有性的,华数公司有权对第三方非法传播黑龙江卫视节目信号的行为以华数公司的名义采取诉讼等法律行动。对于华数公司的诉讼主体是否适格,法院认为:其一,广播组织者享有转播权、录制权、复制权三项权利,其作为邻接权人也有权许可他人对自己播放的广播、电视进行转播、录制和复制。根据华数公司提供的授权书可知,华数公司获得黑龙江卫视广播节目转播权有合同依据。其二,华数公司虽不是广播电视台,其经营范围也未包括广播电视节目传输,但在法律法规及司法解释并未明确限制的情况下,经许可取得广播组织权的被许可人在其权利受到侵害时,有权依法向人民法院提起诉讼,要求侵害人停止侵权行为及赔偿损失。其三,广播组织权系广播组织者享有的经济权利,不涉及人身权利,对其授权给其他主体行使转播权以获取经济利益,法律也不应禁止。故华数公司可根据黑龙江电视台的授权以自己的名义就广播组织权受侵害提起诉讼。

(二)广播组织权的客体

关于广播组织权的客体,一直以来存在较大分歧,“信号说”和“广播电视节目说”均有各自的道理和依据，且基于对广播组织权客体的不同认识，将导致对广播组织权权利构架产生进一步的分歧。2020 年公布的著作权法修改审议稿中从信号到节目的摇摆变化，也体现出背后对该问题的激烈争论。从法律适用的角度看，2020 年《著作权法》第 47 条第 1 款最终确定广播组织权的客体仍然是“广播、电视”，根据第二次审议稿的说明报告，因为“信号”是通信技术概念，故放弃了信号的措辞。

基于广播组织权客体是其播放的“广播、电视”，需要注意以下区分：第一，制作的“广播、电视”和播放的“广播、电视”的区分。前者实质上是指广播组织作为著作权人或者录音录像制作者制作广播电视节目内容，其不属于广播组织权的范畴，广播组织事实上可以同时成为著作权人或者录音录像制作者。后者实质上是指广播组织播放的广播电视节目，此种情形才是广播组织权范畴内的调整对象。第二，播放的“广播、电视”与播放的作品的区分。广播组织对播放的广播、电视享有权利，是基于其在播放中的投资抑或劳动。但广播、电视中包含的他人作品、制品并不会因为播放行为而成为广播组织的权利对象。举例来看，电视台播出一部电视剧，电视剧本身构成作品并有相应的著作权人，同时该电视剧经由电视台播放而呈现于众，这种播放呈现即成为广播组织的“电视节目”。如果某网站播出该电视剧，且播出的并非电视台播出的“版本”，经由网站播放的电视剧并不能成为“电视节目”。[①]

三、广播组织权的内容

根据 2020 年《著作权法》第 47 条的规定，广播组织权的具体内容包括转播权，录制、复制权和信息网络传播权。

（一）广播组织的转播权

为解决网络环境下广播组织权的保护问题，世界知识产权组织从 1997 年开始组织起草《保护广播组织条约（草案）》，该草案第 9 条规定：“广播组织应享有授权以包括转播、以有线方式转播和通过计算机网络转播在内的任何方式转播其广播节目的专有权。”上述规定将广播组织的转播权的范围从无线转播扩展到了

---

① 亓蕾：《新著作权法下广播组织权的理解和适用——兼论“IPTV 回看”案件的定性》，载《版权理论与实务》2021 年第 2 期。

有线转播、卫星转播、网络转播等多种转播方式。但由于各国在该问题上分歧较大，该草案最终并未获得通过。

2010年《著作权法》及之前《著作权法》均未规定互联网进行的转播行为纳入广播组织权的调整范围，无论是理论界还是司法实务界，基本认为广播组织权控制的“转播”行为仅限于传统的无线转播和有线电视转播，并未将互联网环境下的网络转播行为视为“转播”。但近年来，网络实时转播行为的规制成为著作权法领域的热点问题之一。在2020年《著作权法》修正前，侵害广播组织权的案件审判实务中，法院未认可广播组织的转播权在现行著作权法下已延伸至网络转播。因此广播电台、电视台以及经过其合法授权的被许可人，无法对于通过互联网进行转播的行为进行规制。

【典型案例77】

在北京市第一中级人民法院审理的(2014)一中民终字第3199号央视国际网络有限公司(以下简称央视国际公司)与北京我爱聊网络科技有限公司(以下简称我爱聊公司)侵害著作权及不正当竞争纠纷一案中，二审法院认为：在著作权法及我国参加的相关国际条约均未将广播组织权的保护范围扩展至网络环境时，不能仅仅因为新技术的产生或发展给权利人带来新的挑战，就超越立法时的权利边界对我国著作权法体系中的广播组织权作扩大性解释。鉴于2010年《著作权法》尚未将互联网环境下的转播行为纳入2010年《著作权法》第45条的调整之列，因此，我爱聊公司在互联网环境下通过其运营的“电视粉”客户端转播中央电视台相关频道的行为，并不构成2010年《著作权法》第45条所规定的“转播”行为，央视国际公司的相关诉讼主张，缺乏法律依据，不予支持。

从广播组织的权益的保护角度看，对于广播组织而言，针对网络服务提供者实时、同步转播电视台、广播台播出节目的行为，广播组织依据其享有的广播组织权进行维权，是最为简捷的途径。由于2010年《著作权法》的“转播”不涵盖网络，故司法实践中，少数法院探索通过反不正当竞争法的原则条款，对于将广播电台、电视台的广播、电视进行网络转播的行为予以规制，如在上海市徐汇区人民法院审理的(2014)徐民三(知)初字第1383号案中，法院最终认定被告实施转播行为的目的在于利用由原告制作和播出的电视节目为己方牟利，严重违反了公平、诚实信用的市场竞争原则及商业道德，扰乱了正常的竞争秩序，属于法律禁止的不正当竞争行为。但上述做法实践中仍然有反不正当竞争法原则性条款滥用的担忧。

为解决司法实践中的问题,适应网络同步转播作品等新技术的发展和加大广播组织权权利保护的需要,2020 年《著作权法》将广播组织权中转播的权项修改为"将其播放的广播、电视以有线或者无线方式转播"。至此,广播组织权控制的"转播"行为,不再仅限于传统的无线转播和有线电视转播,也包括互联网环境下的网络转播行为。因此,在 2020 年《著作权法》施行后,广播电台、电视台以及经过其合法授权的被许可人,将有权依据 2020 年《著作权法》第 47 条第 1 款第 1 项的规定,对于互联网环境下转播广播电台、电视台的广播、电视的行为,主张广播组织权。

(二)录制、复制权

2020 年《著作权法》第 47 条第 1 款第 2 项规定,广播电台、电视台有权禁止未经其许可的"将其播放的广播、电视录制以及复制"的行为。对比 2010 年《著作权法》第 45 条第 2 款规定的"将其播放的广播、电视录制在音像载体上以及复制音像载体",2020 年《著作权法》扩大了录制、复制权的范围,删除了"音像载体"的限制。

司法实践中,广播组织单独主张录制、复制权的情形比较少见,理由在于单纯的录制、复制行为而没有伴随后续的发行、传播行为的情形下,如观众在家中使用摄像机、录音机对广播电台、电视台的广播和电视进行录制和复制,该行为很难被外界所感知,也易于落入个人学习、欣赏的合理使用的范畴中。如果未经许可录制、复制广播、电视的行为,后续还有发行、网络传播等,则广播电台、电视台录制、复制权更倾向于"禁用权"而非"许可权",毕竟对于广播、电视的具体内容,可能和作品著作权人、表演权人、录音录像制作者权人的权利发生冲突。根据 2020 年《著作权法》第 47 条第 2 款的规定,广播电台、电视台行使广播组织权不得影响、限制或者侵害他人行使著作权或者其他邻接权。

(三)信息网络传播权

2020 年《著作权法》关于广播组织权的最大的修改,在于增设信息网络传播权的权项。对于广播组织信息网络传播权的理解,应当是禁止他人未经许可将

“广播、电视”节目录制或复制之后通过网络传播,使公众可以在其选定的时间、地点获得广播电视节目。

上述行为与转播权中通过网络进行转播行为虽然都是利用网络传播,但二者的区别在于传播方式是否为“交互式”,即公众能否在其选定的时间、地点获得广播电视节目。转播权只能控制的是被动接收广播、电视,而信息网络传播权控制的是可以主动选择获得的广播、电视。此时,广播组织权中的信息网络传播权,是可以吸收未经许可对广播、电视的复制、录制行为的。

(四)涉 IPTV 案件的定性

“IPTV”主要是指交互式网络电视,是三网融合的产物。根据 2015 年《国务院办公厅关于印发三网融合推广方案的通知》(国办发〔2015〕65 号),该三网融合推广方案中提道,“加快推动 IPTV 集成播控平台与 IPTV 传输系统对接”。“IPTV 全部内容由广播电视播出机构 IPTV 集成播控平台集成后,经一个接口统一提供给电信企业的 IPTV 传输系统。电信企业可提供节目和 EPG 条目,经广播电视播出机构审查后统一纳入集成播控平台的节目源和 EPG。电信企业与广播电视播出机构应积极配合、平等协商,做好 IPTV 传输系统与 IPTV 集成播控平台的对接,对接双方应明确责任,保证节目内容的正常提供和传输。在确保播出安全的前提下,广播电视播出机构与电信企业可探索多种合资合作经营模式。”因此,“IPTV”主要涉及广播组织和电信企业之间的融合合作。“IPTV”是专网传输,并不通过公共互联网传输,涉及主体主要包括“内容方”、“集成播控方”和“传输方”。[①]

“IPTV”案件的产生也是随着三网融合的深入而出现,司法实践中,涉及广播组织权的案件近几年主要体现在涉 IPTV 类型的案件中。目前涉及的被控侵权行为主要有平台方“直播”“回放”两种服务。

对于“直播”服务来说,在 2010 年《著作权法》施行期间,有法院认为,上述行为无法落入广播组织权规制的范畴,但被诉行为使被告获得不正当利益,对原告的利益造成损害,同时扰乱市场竞争秩序,该行为构成不正当竞争,应当依照反不正当竞争法承担责任。例如,在北京市朝阳区人民法院审理的(2018)京 0105 民初 69010 号爱上电视传媒(北京)有限公司(以下简称爱上公司)与被告中国移动

① 亓蕾:《新著作权法下广播组织权的理解和适用——兼论“IPTV 回看”案件的定性》,载《版权理论与实务》2021 年第 2 期。

通信集团河北有限公司(以下简称移动河北公司)、被告中国移动通信集团有限公司河北分公司(以下简称移动河北分公司)、第三人河北广电无线传媒有限公司(以下简称河北广电公司)侵害著作权及不正当竞争纠纷一案中,法院认为,根据2010年《著作权法》的规定,广播组织权所针对的转播行为并非以任何技术手段进行的转播,而是特指传统的无线转播和有线电视转播,无法控制通过互联网进行的转播。各方当事人均认可本案涉及三网融合,涉案信号的传输方式并非传统有线电视信号传输,而是通过宽带网络中的 IPTV 专网进行传输。因此,在 2010 年《著作权法》框架下未经许可通过"移动宽带电视"渠道转播涉案节目信号的行为不构成侵害广播组织权。在 2020 年《著作权法》扩大了广播组织权转播权范围的情况下,广播组织权的权利范围将及于 IPTV 的"直播"行为。

对于"回看"服务来说,在 2020 年《著作权法》下广播组织增加了信息网络传播权权项,如果广播组织并未获得作品著作权人信息网络传播权的授权,即使 IPTV 内容平台获得了广播组织信息网络传播权的授权,仍然可以构成对著作权人信息网络传播权的侵犯。原因在于,"IPTV"虽回看了广播电视节目,但回看广播电视节目的同时也是在回看包含在广播电视节目中的作品,因此,除应取得广播组织的授权之外,还需要取得著作权人的授权。

此外,在涉 IPTV 案件中,电视台往往具有双重权利主体身份,既构成其制作节目的著作权人,也构成广播组织权人。针对被告的同一行为,当著作权人和广播组织权人同一时,能否同时主张侵害其著作权和广播组织权?答案是肯定的,著作权与广播组织权的权利内容不同,请求权的基础不同,二者不产生法律竞合,因此在广播组织者同时是节目著作权人时,广播电台、电视台行使广播组织权不应受到影响。

四、广播组织权的权利限制

2020 年《著作权法》新增的第 47 条第 2 款规定,广播电台、电视台行使广播组织权时,不得影响、限制或者侵害他人行使著作权或者与著作权有关的权利。上述规定包含以下几种情况:

第一,已经取得电台、电视台对于广播组织权的授权后,通过网络传播电视节目的主体,是否还需要取得相关著作权人或者表演者、录音录像制作者的许可?除法定许可、合理使用等著作权法明确规定的情形外,广播组织权被许可人还应当同时取得著作权人、表演者及录音录像制作者的许可。这与表演权、录音录像制作者权的权利行使类似。比如,表演者对其表演享有信息网络传播权,表演者可以授权他人通过信息网络传播其表演,但表演是对作品的表演,故对表演的信息网络传播行为包含对作品的信息网络传播,故使用者应当同时取得表演者和著作权人的授权。

第二,如果著作权人或者表演者、录音录像制作者已经向某传播者发放了信息网络传播权许可,则广播组织不应对该传播者行使"禁用权",否则将构成对"他人行使著作权或者与著作权有关的权利"的限制。[①] 上述情况下,广播组织者可以通过与著作权人及相关权利人订立合同的方式约定。

第三,该条款与2020年《著作权法》第48条的规定密切相关,电视台播放他人视听作品、录像制品,应当取得视听作品著作权人或者录像制作者许可,并支付报酬;播放他人的录像制品,还应当取得著作权人许可,并支付报酬。

【典型案例78】

在北京市石景山区人民法院审理的(2016)京0107民初3450号龚敬、梁智诉吉林电视台、北京金烨菲林文化传媒有限公司(以下简称金烨菲林公司)、央视国际网络有限公司(以下简称央视国际公司)侵害录音录像制作者权纠纷一案中,龚敬、梁智诉称,其二人系大型原创电视纪录片《重返狼群》及相关原创视频作品的原始作者。龚敬、梁智在央视国际公司经营的网站上发现名为《人与狼"母子情缘"》的电视节目,未经许可使用了其有著作权的视频内容。被诉电视节目为吉林电视台和金烨菲林公司联合制作,并通过吉林电视台卫星频道的《家事》栏目进行电视播放。法院经审理认为,根据被诉电视节目片尾署名,金烨菲林公司及吉林电视台系该节目的共同制作人,二者在制作被诉电视节目过程中未经龚敬、梁智的许可,节选使用163段涉案原创视频的部分内容,时长共计22分钟49秒,且许可央视国际公司在其经营的网站上在线播放,并未向龚敬、梁智支付报酬的行为,侵害了龚敬、梁智对涉案原创视频内容所享有的录像制作者权,应当承担停止侵权、赔偿经济损失的法律责任。

---

① 参见白帆:《广播组织信息网络传播权可能的解释与重构》,载知产力2021年2月18日,http://www.zhichanli.com。

第四节 侵害版式设计权的认定

2020年《著作权法》第37条规定:“出版者有权许可或者禁止他人使用其出版的图书、期刊的版式设计。前款规定的权利的保护期为十年,截止于使用该版式设计的图书、期刊首次出版后第十年的12月31日。”上述内容自2001年《著作权法》第一次修改时增设,直至2020年《著作权法》修正均未改变。

一、版式设计权的主体

根据2020年《著作权法》第37条的规定,版式设计权由出版者享有。根据《出版管理条例》第9条的列举,出版单位包括报社、期刊社、图书出版社、音像出版社、电子出版物出版社等,以及不设立报社、期刊社的法人出版报纸、期刊时设立的报纸编辑部、期刊编辑部。2020年《著作权法》第63条规定:“本法第二条所称的出版,指作品的复制、发行。”发行的对象只能是作品的有形载体。因此,出版者享有的版式设计权控制的行为是他人未经许可对版式设计进行的复制和发行,该权利性质仅为财产权利,并无人身权利。

司法实践中,随着出版业的繁荣及出版行业的专业化、版式设计的多样化,版式设计可能会出现期刊社、出版社以外的其他专门设计人,出版者与版式设计的实际设计人不一致的情形也日益多见。在涉及侵害版式设计权纠纷时也经常陷入主体是否适格的争论中。如果出版社与其他公司或者设计者就版式设计权作出了明确约定,版式设计权的主体仅能由报刊社、出版社等主体享有,还是能够依据约定归属于并非出版社的公司或者自然人呢?

我们认为,将版式设计权理解为出版者就其报刊、书籍等印刷品版面格式的设计享有原始权利,而不适用于委托作品权利归属的情形,更符合著作权法的立法本意。2020年《著作权法》第37条明确规定,享有版式设计权的主体为出版者。2013年《著作权法实施条例》第26条规定,版式设计权是指出版者对其出版的图书和期刊的版式设计享有的权利。对于版式设计权来说,随着出版行业的产业化及行业分工的发展,当出现出版者与版式设计的实际设计人不一致时,无论该实际设计人属于出版社的员工还是专业从事版式设计等业务的公司,著作权法保护版式设计权的初衷并非基于版式设计的独创性设计,而在于对出版者传播行为的鼓励。现有法律规定的框架下，从著作权法体系解释的角度出发，版式设计权的主体仅为报刊社、出版社等出版者。当然，与广播组织权的主体一样，经过报刊社、出版社明确授权许可的被许可人，仍可以以自己的名义主张版式设计权并提起诉讼。

二、版式设计权的客体

版式设计，是对印刷品的版面格式的设计，包括对版心、排式、用字、行距、标点等版面布局因素的安排。《著作权法》赋予出版者对其版式设计享有的专有权，从性质上属于邻接权的范畴，与有无独创性无关。版式设计是为出版、传播作品而付出的劳动成果。“将版式设计权作为一种相关权进行保护，实际上是通过保护出版者的版式设计来保护其传播作品时应当享有的利益。”①

司法实践中，关于版式设计权保护范围的争议主要体现为以下几个方面：

（一）版式设计权的保护能否脱离作品的内容

该问题目前存在两种不同观点：第一种观点认为，对版式设计的保护应仅限于同一本出版物。对于不同的出版物，即使借用了他人的版式设计，也会因图书内容的不同而导致最后呈现出来的效果是不同的，一般不会达到认定侵权成立所要求的原样使用或者简单改动的使用程度，该类行为不构成对版式设计权的侵害。第二种观点认为，版式设计虽服务于内容，但独立于内容而存在。版式设计权保护的是一种融合了多种设计元素的布局，即便出版的图书和期刊的内容并不相同，但使用与他人相同的版式设计，也构成对他人版式设计权的侵犯。目前第一种观点为大多数司法裁判所采纳。《北京高院著作权审理指南》第6.6条第1款也采纳了上述第一种观点，认为：“被告使用了与原告相同或者基本相同的版式设计，出版同一作品的，构成侵害版式设计权。”

我们认为，从对著作权法保护版式设计权立法本意的探究出发，一方面，著作权法保护版式设计权是考虑到出版者在传播作品的过程中投入了大量的资金和劳动，且版式设计包含了设计者的劳动成果。为了保护出版者的利益，使其能够阻止他人，特别是那些同时或事后取得同一作品出版权的其他出版者无偿地使用

---

① 吕炳斌：《著作权法关于版式设计权的修改研究》，载《中国出版》2012年第19期。

其版式设计。对出版者独立完成的版式设计进行保护并非限制了其他出版者的设计空间,相反促进了其他出版者的创作激情和创造力,有利于鼓励出版者加大创新投入,创作出更多更好的版式设计,也有利于促进出版行业健康发展以及图书市场繁荣。

另一方面,为避免妨碍出版业的发展,对版式设计权的保护范围不能过宽,一般仅仅体现为专有复制权。除了出版者自己可以随意使用其版式设计外,其他人未经许可不得擅自按原样复制。出版者禁止的使用还包括很简单的、改动很小的复制以及变化了比例尺的复制。① 判断版式设计专用权保护范围时,还应考虑版式设计专用权和设计空间的关系。考虑到出版行业发展和版式设计表达空间有限,对版式设计只能在有限、狭窄的范围内给予保护,即一般是只有在原样复制,或在原版式设计基础上作很简单、很小改动时,才构成侵权。被诉侵权图书的版式设计在版心、排版、用字等方面有很多处与权利人图书的版式设计存在差异,且使两者版面产生了不同的整体视觉效果,应认定被诉侵权人并未侵害版式设计专有权。

【典型案例 79】

在最高人民法院审理的(2012)民申字第1150号吉林美术出版社诉海南出版社有限公司、长春欧亚集团股份有限公司版式设计专用权侵权一案中,法院经审理认定,本案中,吉林美术出版社在主张其享有涉案图书版式设计专用权时,提出了每本书所包含的6~10个版式设计的诸多元素。最高人民法院认为,尽管吉林美术出版社主张的版式设计中部分涉及图书内容和方法,但绝大部分是版式设计的内容,故吉林美术出版社已经初步完成了对涉案图书享有版式设计专用权的举证责任。海南出版社有限公司虽主张吉林美术出版社涉案图书的版式设计仅仅是上下左右的、简单的、行业通用的排版方式,但其既未提交在涉案图书出版之前公开出版的相同或基本相同版式设计的其他图书,也未提交行业通用的排版方式的相关规定以及其他能证明其主张的证据。此外,版式设计的简单复杂或创造性的高低并不是判断出版者享有版式设计专用权的标准。海南出版社有限公司在上下左右的排版方式中对相关图书内容的布局和安排也有一定的设计空间,并不

---

① 参见黄薇、王雷鸣主编:《〈中华人民共和国著作权法〉导读与释义》,中国民主法制出版社2021年版,第200页。

是没有其独创的空间，而必须要与吉林美术出版社涉案图书的版式设计基本一致，否则无法实现其图书的版式设计。故海南出版社有限公司主张吉林美术出版社的版式设计没有版式设计专用权和独创性的理由不能成立。

（二）版式设计权的保护能否延及在互联网上复制传播出版物的行为

对于该问题亦存在不同的认识。有观点认为，根据《信息网络传播权保护条例》的规定，信息网络传播权的保护对象仅限于作品、表演、录音录像制品。版式设计权的保护范围不包括信息网络传播权。因此，将他人图书、报刊扫描复制后在互联网上传播的，不构成对版式设计权的侵害。

对此我们认为，如前文所述，版权设计权的保护范围很小，一般仅体现为专有复制权，认为版式设计权不包括信息网络传播权，本身并无不当。但对于将图书、报刊扫描复制后在互联网上传播的行为，应当区分为扫描复制行为以及后续的信息网络传播行为两项行为。对于信息网络传播行为，不应认定为侵害版式设计权。但对于扫描复制行为，则应纳入复制权的调整范围，可以认定构成对版式设计权的侵害。《北京高院著作权审理指南》第6.6条第2款也规定："将图书、报刊扫描复制后在互联网上传播的，构成侵害版式设计权。"在具体的案件中，还应当根据原告诉请的内容、权利依据以及被告实施的具体行为作出认定。

【典型案例80】

在北京知识产权法院审理的（2017）京73民终164号中国建筑工业出版社（以下简称建工出版社）诉北京怡生乐居信息服务有限公司（以下简称怡生乐居公司）侵害作品信息网络传播权纠纷一案中，建工出版社起诉称：其对《建设工程项目管理（第四版）》教材作品享有专有出版权。怡生乐居公司未经许可，在其经营的网站"新浪地产"中向公众提供该作品的下载服务，侵犯了建工出版社的版式设计权。怡生乐居公司抗辩称涉案图书系网络用户上传，其仅提供信息存储空间服务，且下载量很小，未给建工出版社造成实质损失。建工出版社亦认可涉案图书由网络用户上传。法院经审理认为，首先，尽管扫描属于复制行为，但建工出版社在一审期间明确表示怡生乐居公司的侵权行为系在其网站中提供涉案作品的下载，并认可涉案作品由网络用户上传，且怡生乐居公司亦提供了涉案作品系由网络用户上传的证据，因此，建工出版社所主张的怡生乐居公司通过扫描方式复制涉案作品的行为不能成立。其次，如前所述，版式设计权属于邻接权，并不能控制信息网络传播行为，即版式设计权利人无权就他人将版式设计置于信息网络中的行为主张侵权责任，亦无权就网络服务提供者的过错行为主张帮助侵权责任。因此，建工出版社主张怡生乐居公司侵犯其涉案作品版式设计权的主张缺乏法律依据，应不予支持。

三、不属于《著作权法》意义上“版式设计权”的几种情形

第一，“版式设计权”与“专有出版权”不能混为一谈。2020 年《著作权法》第 33 条规定：“图书出版者对著作权人交付出版的作品，按照合同约定享有的专有出版权受法律保护，他人不得出版该作品。”因此，除我国《著作权法》规定的法定许可、合理使用等情形外，在图书出版者享有的权利期限、地域范围内，他人不得出版发行其享有专有出版权的图书，否则构成对相关出版社享有的专有出版权的侵害。但专有出版权系契约性权利，保护专有出版权的实质是保护出版者的经济利益，其本质上具体指向《著作权法》中的复制权、发行权，与《著作权法》意义上的邻接权具有本质差别，二者在保护期限上也有很大差异。

第二，根据《著作权法》的规定，《著作权法》意义上作为邻接权的版式设计权，仅包括报刊、期刊、图书等的设计，不包括网页设计。所谓“网页的版式设计”，一般指网站设计者对于网页的元素设计、排版与美化后形成内容。如果该网页的整个框架设计、栏目、照片的使用、文字的编排布局、网页功能设计体现了作品的独创性，能够独立的表现思想或文学艺术美感的内容，属于《著作权法》规定的作品。司法实践中，对于尚不具有独创性的网页，如果被告摹仿网页内容的行为违反诚实信用原则，损害了经营者的合法权益以及市场竞争秩序，则在符合《反不正当竞争法》规定的情况下，适用《反不正当竞争法》予以保护。

第三，要注意《著作权法》所保护的版式设计与装帧设计的区别。1991 年 5 月 30 日公布的《著作权法实施条例》（已失效）曾规定了出版者享有版式设计权和装帧设计权两项邻接权，该条例第 38 条规定：“出版者对其出版的图书、报纸、杂志的版式、装帧设计，享有专有使用权。”但该规定在 2002 年修订的《著作权法实施条例》中予以删除，仅保留了版式设计。装帧设计一般是指开本、装订形式插图、书脊、护封和扉页等印刷物外观的装饰。2020 年《著作权法》没有对装帧设计

的保护问题作出规定，主要是考虑装帧设计本身及其权利归属存在特殊性。装帧设计中主要的部分如插画、封面设计，如具有独创性的，应作为美术作品予以保护，不属于邻接权的对象。[①]

① 参见陈锦川：《著作权审判原理解读与实务指导》，法律出版社 2014 年版，第 154 ~ 155 页。

第八章　侵害著作权案件抗辩事由的审查

要认定被告行为侵害著作权，除了判断侵权构成要件外，还需要审查被告的抗辩，在满足侵权构成要件，同时被告抗辩事由不成立的情况下，才能最终认定侵权成立。因此，抗辩不仅对于被告具有重要意义，也是法院侵权判定过程中的重要环节。被告抗辩可以对原告主体资格、原告权利基础进行否定，也可以对侵权行为进行否定，还可以提出合理使用和法定许可的抗辩。

2020 年《著作权法》的修改，不仅对原告主张有影响，而且对被告抗辩也产生了相应的影响。比如，视听作品的权利归属中，电影、电视剧作品与其他视听作品的权利归属规则不同，原告作为不同视听作品的权利人所应提交的证明权利的证据不同，被告也可以对此提出不同的抗辩理由。另外，2020 年《著作权法》对合理使用制度作了一定程度的调整，不仅将“三步检验法”作为合理使用构成要件的组成部分，而且优化了具体的合理使用类型，包括将“将已经发表的作品改成盲文出版”修改为“以阅读障碍者能够感知的无障碍方式向其提供已经发表的作品”，以及增加了兜底性条款“法律、行政法规规定的其他情形”。以合理使用作为抗辩事由的被告，应结合新的规定提出其具体抗辩理由。2020 年《著作权法》对法定许可也作了修改，删除了“九年制义务教育”中的“九年制”，在作品类型中增加了“图形作品”等。本章将结合司法审判实践，对侵害著作权案件中的抗辩事由的审查判断进行阐述和分析。

第一节　抗辩事由的内容及审查原则

侵害著作权纠纷的常见抗辩事由贯穿在侵权判定整个过程中，从对权利客体的审查、权属判断，到侵权行为定性；从当事人主体是否适格、诉讼时效等程序性内容，到对实体问题的判断，都属于被告进行有效抗辩的事由。实践中，主要的抗辩事由包括:权利基础抗辩(是否构成作品、是否具有独创性、著作权保护期限、权利范围等)、权属抗辩、诉讼主体抗辩、公有领域抗辩、合法来源抗辩(独立创作、合法授权、在先作品等)、合理使用抗辩、法定许可抗辩等。上述抗辩事由基本涵盖了侵害著作权纠纷案件中常见且典型的抗辩类型。

一、主要抗辩事由概述

侵害著作权案件中,与原告侵权主张相对应的,就是被告的抗辩,法院需要综合判断原告主张以及被告抗辩之后,才能得出被诉侵权行为侵权与否的结论。《北京高院著作权审理指南》第7.1条归纳了实践中几种常见且典型的抗辩事由以及兜底性事由,主要包括:(1)原告主张权利的客体不属于《著作权法》第3条规定的作品;(2)原告主张权利的客体属于《著作权法》第5条规定的情形;(3)原告主张的权利超过法定保护期;(4)原告或者被告主体不适格;(5)被诉侵权行为不属于原告主张的权利控制范围;(6)被诉侵权作品创作有合法来源;(7)被告使用原告的作品具有合法授权;(8)被诉侵权行为属于合理使用或者法定许可的情形;(9)其他情形。

对于上述情形,其中,第(1)~(4)种情形属于针对原告权属提出的抗辩事由,既包括否认原告主张的权利客体不受《著作权法》保护,也包括原告所主张的权利超过法定保护期;在无法提出前两类抗辩的情况下,也可以提出原告所主张的权利存在瑕疵,如原告主体身份不适格等情形。针对原告权属的判断,虽然属于法院应当主动审查的事项,但由于个案证据所呈现的事实有限,如果被告不积极抗辩并提交证据,法院的主动审查也只能在现有证据范围内,并由法院根据优势证据原则确认原告的主张是否成立。

对于上述第(5)~(7)种情形,主要针对被诉侵权行为不构成侵权的抗辩理由,包括了被诉侵权行为不属于原告主张的权利控制范围,例如,原告享有信息网络传播权,而被告实施了广播权,被告行为即便侵权,也不侵害原告的权利,原告无权对此提出主张。第(6)、(7)种从两个角度直接排除了被诉侵权行为的侵权性质,一是从被诉侵权作品的角度,强调被诉侵权作品的创作有合法来源,如被告经授权将他人小说改编摄制为电视剧,此时,被告创作的电视剧就有合法来源;二是从被诉侵权行为的角度,强调被告使用原告的作品取得了合法授权,如被告经过原始权利人许可通过信息网络传播涉案作品,当其他权利人起诉其侵权时,其可以主张合法授权抗辩。第(8)种情形为被诉侵权行为属于合理使用或法定许可的情形，这属于法定的侵权抗辩理由，一旦被诉侵权行为属于合理使用或法定许可范畴，则行为人获得法定的侵权豁免权利，无须承担侵权责任。

二、程序性抗辩事由的审查

(一)原告主体适格的抗辩

《民事诉讼法》第119条规定的首要起诉条件是原告与本案有直接利害关系。原告适格与否与原告是否享有其所主张的权利不同，前者审查的是原告是否具有诉的利益。只有具备诉的利益，原告才有资格提起诉讼。这是法院受理民事案件首先需要主动审查的事实，如果原告不能提交初步证据证明其与诉讼标的有直接利害关系，法院可以不予受理，受理之后也可以裁定驳回起诉。

侵害著作权案件中，法院在审查原告起诉材料时，往往无法直接得出原告不适格的结论，此时被告可以抗辩并提交反证帮助法院查明原告身份。比如，有原告以某影视剧权利人身份起诉他人网站未经许可使用该影视剧，被告应诉后抗辩原告并非涉案影视剧的权利人，并提交了显示该剧拍摄协议约定的著作权人中不包括原告。对此，在原告无法进一步补充提交其享有权利证据的情况下，法院可以裁定驳回原告的起诉。

(二)被告主体适格的抗辩

虽然《民事诉讼法》第119条规定的起诉条件包括"有明确的被告"，大部分案件中的被告是明确的，只是该被告应诉后会抗辩其与被诉侵权行为无关，即使侵权行为成立也不应当承担侵权责任。此种情形下，我们可以称为被告主体不适格。被告接到应诉材料后，如果发现被诉侵权行为与其毫无关系，可以从被告适格的角度进行抗辩。无论原告主张的实体问题能否成立，只要原告所起诉的对象错误，即达到被告有效抗辩的目的。特别是一些涉及网络的侵害著作权案件，权利人通过网络平台公示的经营者信息往往无法准确对应实际的经营者，当法院查明原告起诉对象错误时，会向原告释明，原告一般会撤回对被告的起诉，如果原告坚持诉讼，法院则会直接驳回原告的诉讼请求。

【典型案例81】

在北京市高级人民法院审理的(2020)京民申2132号北京易天新动网络科技有限公司诉葛洲坝电力投资有限公司(以下简称葛洲坝公司)侵害作品信息网络传播权一案中,法院认为,虽然涉案侵权行为发生时,涉案网站ICP备案主体为葛洲坝公司,但百度公司回函、徐州市文化广电和旅游局提供的询问笔录、行政处罚决定等相关证据,可以作为ICP备案登记信息的相反证据,且已形成完整的证据链证明涉案侵权行为发生期间该网站经营者并非葛洲坝公司,从而确认了该案二审判决驳回北京易天新动网络科技有限公司诉讼请求的结论正确。

(三)诉讼时效的抗辩

《民法总则》(已废止)将民事权利的诉讼时效延长为3年,《民法典》第188条延续了这一规定。诉讼时效自权利人知道或应当知道权利受到损害以及义务人之日起计算。司法实践中,法院还是要严格依法适用诉讼时效制度。在民法范围内,唯有国家利益和社会公共利益可以成为民法中对民事主体自由进行限制的足够充分且正当的理由。[①] 诉讼时效制度是为了督促权利人及时行使权利,避免"躺在权利上睡觉"而影响公共利益。这项制度不属于法院可以主动释明、主动审查的制度,但可以作为被告的一项抗辩理由。即使债权发生时间超出了诉讼时效期间,也可以成为自然之债,债务人自愿履行的,债权人利益同样可获得保护。

《著作权民事纠纷司法解释》第27条规定:"侵害著作权的诉讼时效为三年,自著作权人知道或者应当知道权利受到损害以及义务人之日起计算。权利人超过三年起诉的,如果侵权行为在起诉时仍在持续,在该著作权保护期内,人民法院应当判决被告停止侵权行为;侵权损害赔偿数额应当自权利人向人民法院起诉之日起向前推算三年计算。"这一规定源于2002年发布的《最高人民法院关于审理著作权民事纠纷案件适用法律若干问题的解释》第28条的规定。有观点认为,上述司法解释将知识产权等同于物权,知识产权请求权等同于物权请求权,并且采纳了物权请求权不适用诉讼时效制度的观点。[②]

通说认为,上述司法解释所设定的著作权领域的诉讼时效制度,仅是针对超过

---

① 参见王轶:《物权请求权与诉讼时效制度的适用》,载《当代法学》2006年第1期。

② 参见李扬:《知识产权请求权与诉讼时效制度的适用》,载《知识产权》2012年第10期。

法定期间的起诉当侵权行为仍持续的,侵权人不能以诉讼时效为由作出完全免责的抗辩,而是需要承担诉讼时效期间内的损害赔偿责任;当权利人超出法定期间起诉,且侵权行为已经停止的,被告可以适用诉讼时效制度达到有效抗辩的效果。

三、实体性抗辩事由的审查

大部分案件中,被告无法仅通过程序性抗辩即达到抗辩目的,而是要进行实体性抗辩,才能达到有效抗辩的目的。实体性抗辩主要包括权利基础抗辩,即原告主张的内容不构成作品、制品或其他受《著作权法》保护的客体;权属抗辩,即原告主张的权利不成立;侵权抗辩,即被诉行为不构成侵权等。

2020 年《著作权法》第 3 条对作品及作品类型作出规定,被告可据此对原告主张的权利基础提出抗辩,抗辩原告主张的内容不满足受《著作权法》保护对象的构成要件,若原告主张的“作品”不属于《著作权法》所保护的作品,原告对此必然不享有权利,也就无须认定侵权是否成立。被告还可以结合 2020 年《著作权法》第 5 条的排除保护规定进行抗辩,即如果原告主张的对象只是单纯事实消息等内容,也可以从权利基础层面达到有效抗辩的效果。

司法实践中,绝大部分原告所主张的被诉侵权内容属于受《著作权法》保护的客体,被告通过权利基础抗辩成功的案件并不多。较多情形是被告提出权属抗辩。如果原告主张保护的权利不成立或者存在瑕疵,同样能达到抗辩目的。一般而言,权属抗辩有以下两种情形:一是相反证据抗辩。2020 年《著作权法》第 12 条规定了权利的署名推定规则,但书条款强调了通过署名推定规则认定的权利可以通过相反证据推翻。比如,被告提交他人更早署名的出版物,就能推翻原告以其在后署名的出版物作为权属证据所提出的权利主张。二是针对原告权属证据效力抗辩。被告通过分析原告的权属证据,从民事证据应当具备的真实性、合法性和关联性角度,指出原告权属证据缺乏“三性”,否定证明效力,从而否定原告主张的权利,如果原告无法对被告有效的抗辩补充提交证据或作出合理解释,则被告抗辩成立。

【典型案例 82】

在北京知识产权法院审理的(2019)京 73 民终 3658 号汉华易美(天津)图像技术有限公司(以下简称汉华易美公司)诉广州娇兰佳人化妆品连锁有限公司(以

下简称娇兰佳人公司)等侵害作品信息网络传播权纠纷一案中,娇兰佳人公司否认汉华易美公司主张的涉案图片原始权利人为 Getty 公司,也否认汉华易美公司取得了合法授权。法院认为,汉华易美公司向一审法院提交了网站 www. gettyimages. ca 截图,显示了涉案图片标注水印和权利声明的情况,但未显示涉案图片的发表时间。而娇兰佳人公司提交的证据显示,其他网站亦发布了涉案图片,水印标注为其他主体,部分发布时间早于汉华易美公司获得授权以及主张权利的时间。在其他网站亦存在发布涉案图片以及标注水印等事实的情况下,汉华易美公司未进一步提交证据证明涉案图片署名和发表时间早于其他网站,其通过署名推定权属无法成立,法院驳回了汉华易美公司的诉讼请求。

此外,被告还可以对原告主张的侵权行为提出抗辩理由,包括两个层次。一是原告主张的被诉侵权行为不存在。如果原告主张的侵权行为根本就不存在,就不会涉及被告可能承担的法律责任。较为典型的情形是原告对其主张的被诉侵权行为未固定或未能稳定固定下来,致使诉讼期间审核该行为时,无法还原侵权行为和相关的侵权事实。如原告仅提交了网页打印件或网页截图,并在法院释明应进一步固定证据的情况下拒不补证,被告应诉后抗辩并无侵权事实,经法院组织勘验无法核实还存在原告打印件或截图中的内容,则会认定原告主张的侵权行为缺乏事实依据,不支持原告的诉讼请求。二是原告主张的被诉侵权行为存在,但该行为不构成侵权。这部分抗辩事由较多。

四、抗辩事由审查原则

在侵害著作权案件中,法院通常以原告的起诉主张和被告的答辩意见为基础,围绕双方当事人的争议焦点进行审理。有观点认为,对于被告没有明确提出抗辩的内容,法院通常不应主动依职权审查。但是,侵害著作权案件中关于权利基础以及权属等的抗辩事由,即使被告没有提出抗辩意见,甚至被告明确表示予以认可,法院也要主动依职权审查。《北京高院著作权审理指南》第 7.2 条对法院依职权审查的事项作出了提示性的规定,即对于以下五种抗辩事由,即使被告没有提出抗辩,法院也要依职权审查:(1)原告主张权利的客体不属于《著作权法》第 3 条规定的作品;(2)原告主张权利的客体属于《著作权法》第 5 条规定的情形;(3)原告主张的权利超过法定保护期;(4)原告或者被告主体不适格;(5)被诉侵权行为不属于原告主张的权利控制范围。之所以对上述事项进行依职权审查,主要考虑到以下几个方面：

第一，被告认可的内容既包括事实判断，也包括法律判断。被告对事实问题的认可，在无相反证据、不涉及身份利益且不损害案外人利益等情形下，一般对其产生拘束力。但是，被告对法律问题作出的认可，并不当然对其产生拘束力。如果原告主张保护的“作品”不具备独创性，但被告基于诉讼能力等原因明确认可原告对该作品享有著作权，则被告的此种认可既包含事实判断（原告是“作者”），也包含法律判断（原告“创作”的内容具备独创性）。其中的法律判断是否正确，应当由法院适用相关法律得出最终结论。法院的职责是正确适用法律，不能因被告误解法律而盲目地错误适用法律。因此，被告对法律问题的认可，并不当然获得法院的确认。

第二，著作权与公共利益密切相关，不当界定著作权的保护范围将影响公共利益。著作权的边界之外即为公有领域。著作权的范围越大，公有领域的范围越小，反之亦然。著作权的有无、权利范围、保护期限都涉及公共利益，即使被告对著作权的有无、权利范围、保护期限不持异议，由于关涉公共利益，法院对此仍应予以审查。

第三，侵犯著作权案件的审查同时包含两个诉，一是原告享有其所主张著作权的确权之诉，二是原告主张被告实施了侵权行为的侵权之诉。著作权的权属认定属于确权之诉，具有一定的对世效力，不能因被告自认而免除原告的举证责任。如果原告的权属证据不足，则著作权有可能属于案外人。被告此时的自认可能涉及案外人利益，并不当然生效。此外，某一作品的著作权人是归属原告，还是归属案外人，被告了解的事实可能不充分，被告的自认可能超出其认知能力范畴而导致错误。

【典型案例 83】

在北京知识产权法院审理的（2018）京 73 民终 2229 号北京紫禁城影业有限责任公司（以下简称紫禁城公司）诉搜狐公司侵害作品信息网络传播权纠纷一案中，法院查明，紫禁城公司曾在与他人的侵权案件中，由该案第三人中影公司提交了其与北京市委宣传部、紫禁城公司、新影联责任公司就该片所订立的《联合摄制合同》，其中第 5 条第 2 款载明：北京市委宣传部应向电影主管部门申请单片出品权，批准后其与中影公司联合出品，共同享有影片版权。本案中，中影公司出具授权书,委托紫禁城公司作为其代理人,代表其实施保护涉案影片著作权的行为,包括代表其在中国法院提起关于保护该电影著作权的侵权纠纷诉讼,提起、承认、变更和放弃诉讼请求等。紫禁城公司认可中影公司给其的授权仅是代为维权的权利,亦明确其对中影公司同时授予涉案影片的著作权无法提交其他证据予以证明。法院认为,中影公司和北京市委宣传部应系涉案影片的共同著作权人,紫禁城公司未就涉案影片获得共同原始权利人之授权,其以涉案影片著作权人身份提起诉讼,缺乏事实依据,因此驳回了紫禁城公司的诉讼请求。

需要强调的是,被告抗辩是对原告主张相反的证明过程。侵害著作权案件中,虽然原告权属等问题属于法院需要主动审查的内容,但被告的有效抗辩有利于法院的主动审查。所以,从尽可能查明案件客观事实的角度,我们仍鼓励当事人积极举证。

第二节 相关典型的抗辩事由

司法实践中,被告所作抗辩中最典型、最常见的情形集中在实质性相似问题上。原告主张侵权的内容是在原告权利作品与被诉侵权作品中找"同",而被告则会针对原告主张的内容找"异"。法院经审查后判定侵权成立的,通常是被诉侵权作品中存在与原告享有著作权作品构成实质性相似的表达,即使被诉侵权作品中存在其他与原告作品不同或不构成实质性相似的内容,在没有可阻却侵权的法定或约定事由的情况下,也不影响被告对前述实质性相似表达的内容承担相应的侵权责任。

因作品相似认定构成侵权是指原告主张保护的作品与被诉侵权作品在独创性表达方面存在实质性相似的内容。一方面,只有在独创性表达方面的相似才有可能需要法律规制,与思想无法完全区分的有限表达等情形即使存在相似内容,也不构成侵权。另一方面,原被告作品存在实质性相似的表达,但被告提出创作巧合、在先作品等合理的抗辩事由的,可以认为不构成侵权。

作品的独创性源于其表达上的个性选择和取舍,涉及必要场景、有限表达、公有领域素材的内容,它们既可以导致原告主张保护的内容因缺乏独创性而不构成作品,也可以导致被诉侵权作品产生与原告权利作品构成实质性相似的结果。在侵权比对过程中,要区分表达形式的相似和实质性相似,要从原告权利作品中剔除不构成作品的部分，并进一步分析被诉侵权作品是否存在与其相似的正当理由。如果被告可以证明两者的相似是由于被诉侵权作品的表达方式极为有限，或者因表达某一主题难以避免描述某场景造成的，或者实质性相似的表达部分源于公有领域，或者属于对同一题材独自创作的巧合，则被告的抗辩成立，不构成侵权。在北京市海淀区人民法院审理的(2009)海民初字第28734号孙某等诉沈阳瑞东文化发展有限公司等侵害著作权一案中，法院认为日本侵华自东北开始，双方作品均与此有关，其故事发生的时间、地点存在相同或近似，纯属正常。夺宝、护宝、假图等情节也在类似作品中司空见惯，原告以此主张故事主线抄袭，理由不足。关于藏宝图的设计，双方在具体设计和细节上确实存在不少相似之处，但也存在较多不同之处。综合考虑类似作品对藏宝图设计的创作规律和有限表达，双方在这一情节细化中出现的相似点仍属正常合理范围，尚不足以认定被告构成抄袭。司法实践中，如果原告可以证明其作品与被诉侵权作品存在不正常不合理的相似之处，如相同的错误表达、相同的个性化表达(如台词)、相同的细节表达、大量的相同表达等，则被告的抗辩难以成立，仍可认定被告构成侵权。下文逐一介绍几类典型的侵权抗辩事由。

一、有限表达

侵害著作权案件中，针对一些表达方式简单的被诉对象，被告可能会提出抗辩，认为原告主张的表达有限，不属于《著作权法》所保护的客体。由于表达有限，往往导致思想与表达合一，无法区分，而《著作权法》所保护的仅是表达，不包括思想。因此，当表达元素过于简单，无法便利区分思想与表达时，一般会认定仅属于思想，而不构成表达，无法受《著作权法》保护。《北京高院著作权审理指南》第7.3条规定："被告能够举证证明被诉侵权作品由于表达方式极为有限而与原告主张权利的作品表达相同或者实质性相似的，可以认定有限表达抗辩成立。"此抗辩理由从根本上否定作品，否定原告享有权利，进而否定被告可能承担的侵权责任。一旦抗辩成功，对于原告而言不仅维权失败，而且可能面临权利丧失的局面。

【典型案例84】

在最高人民法院审理的(2016)最高法民申2136号孙新争诉马居奎侵害著作权纠纷一案中，法院认为，孙新争所主张的曲线图，系当事人根据客观的价格数据，通过使用 WPS 制表工具制作完成。鉴于图表所使用的数据客观存在，数量有限，WPS 为通用软件，将上述数据录入制表工具所形成的结果，尽管属于孙新争运用智力的结果，符合独立完成的要件，但该结果的表现形式有限，换言之，使用上述数据与工具所产生的结果缺少差异性。这种唯一或有限的表达方式，通常被排除在独创性之外。至于孙新争所主张的线条颜色问题，在线条数量有限的情况下对线条颜色的选择，并不能改变该图表表达有限的现状。

除了上述案例中通过工具软件形成不体现独创性的结果属于有限表达情形外，还有一些可使用有限表达的情形是出于特定使用场景下功能性需求限制，造成表达有限，无法获得《著作权法》的保护。

【典型案例 85】

在北京市海淀区人民法院审理的（2018）京 0108 民初 8195 号北京西玛国正商用表单技术有限公司（以下简称西玛公司）诉北京惠朗时代科技有限公司侵害著作权纠纷一案中，法院认为，涉案记账凭证是会计人员根据审核无误的原始凭证，按照经济业务的内容加以归类，并据以确定会计分录后所填制的会计凭证。涉案记账凭证中包括“摘要”“会计科目”“借方”“贷方”“合计”“记账人”“复核人”“制单人”等栏目均为记账凭证中必须记载的基本内容，亦是财会制度的基本要求，由此设计而形成的表格并非创作行为。西玛公司认可涉案记账凭证系专门为用友财会软件的特殊格式制作，且用友财会软件对记账凭证的纸张大小、表格布局、页边距等均有具体的要求和规范，可见该记账凭证的设计系为符合用友财会软件固有格式要求，且该设计主要发挥功能性、实用性作用，并不体现个性化的选择空间。法院以涉案记账凭证不具有独创性，不构成我国《著作权法》所保护的作品，驳回了西玛公司的诉讼请求。

二、必要场景

必要场景，是指选择某一类主题进行创作时，不可避免而必须采取某些事件、角色、布局、场景，这种表现特定主题不可或缺的表达方式不受《著作权法》保护。此类抗辩在文学作品侵权案件中较为常见。《北京高院著作权审理指南》第 7.4 条规定：“被告能够举证证明被诉侵权作品与原告作品表达相同或者实质性相似系因表达某一主题必须描述某场景或者使用某场景的设计造成的，可以认定必要场景抗辩成立。”

【典型案例 86】

在北京市海淀区人民法院审理的(2016)京 0108 民初 36761 号唐庹立诉詹佳瑞、北京上邦天际影视文化有限公司、李新杰等侵害著作权纠纷一案中,法院认为,由于《无冕之冠》剧本讲述了一名从小受父亲影响,热爱并志在成为职业拳手的年轻人的成长故事,因此,围绕该年轻人的生活、工作、训练、比赛环境以及父母、女友、同事、教练、队友等关联角色设计拍摄场景,包括更衣室、训练馆、比赛场地、家等场景都属于必要场景,这些场景未能体现区别于同类题材作品的独创性特点,唐庹立无权阻止他人作品中出现类似的必要场景。

何谓必要场景中的“必要”,通常是当事人争议的焦点。值得说明的有两点:一是对“必要性”的理解。何谓“必要”的场景,需要结合作品的题材、类型、创作时代等因素予以考察。如上文提及以运动员为主题创作的小说中,对训练场所、比赛场地的描写显然属于必要场景部分。二是对“场景”的理解。场景本身与对场景的描写不同,场景是相对笼统地反映故事发生的地点、人物关系、时代背景、特定事件等的内容,此部分不属于可受《著作权法》保护的表达,但对这些场景进行具体化、特定化的描写往往凝聚了创作者的个性化选择和取舍,体现作者独特的表达形式,可以作为作品的独创性表达给予保护。

三、公有领域

公有领域素材有两种情形。一是公有领域的作品,意味着满足作品的实质要件,但因为已经过了著作权保护期限而进入公有领域,成为可以自由使用的作品。被告能够举证证明被诉侵权作品与原告作品存在相同或者实质性相似的表达部分源于公有领域的作品,可以认定公有领域合法来源抗辩成立。司法实践中,通过持有公有领域作品进行维权的案例极少。但在公有领域作品基础上再创作而形成的作品,权利人对之主张权利并进行维权的较多,因为又融合了创作者的独创性劳动,不排除可以构成作品。此时被告以公有领域作品抗辩难度较大。

二是公有领域的素材。被告作品中如果使用了公有领域的素材,如历史、地理、人文、事件、公知常识等内容,这些素材可能不具有独创性,不属于作品,从而可以排除被告行为的侵权性质。当然,此类公有领域的素材应当被限定在相对窄的范围内，不能因为涉及公有领域素材或部分元素，即认定被诉侵权行为不侵权。

【典型案例 87】

在北京市海淀区人民法院审理的(2017)京 0108 民初 7972 号陈扬与傅小凡等侵害著作权纠纷一案中，法院认为，原被告文章中宪宗和万贵妃生平及二人关系、《明宪宗实录》对万贵妃最早的官方记载、根据《明宪宗实录》总结的万贵妃四项罪状、《明史》将万贵妃打造成十恶不赦坏女人的来源、《明史》新增万贵妃逼迫宫女堕胎和杀人的两项指控、毛奇龄将自己所编野史编入《明史》的观点源于《谷山笔尘》等内容均源于史料，系对相关史料的整理或对史料中文言文到白话文的简单转化、归纳，属于对公有领域素材的引用，不能作为判断被诉侵权作品与其构成相同或实质性相似的依据。

四、在先作品

如果原告主张被告侵权的内容与原告作品相同或实质性相似，但相同部分内容实际源于早于原告作品的他人作品，那么对于这部分作品内容而言，真正的权利人不是原告，而是在先作品权利人，原告无权提出主张。此类抗辩更容易出现在文字作品侵权案件中，原告往往笼统地主张被告作品侵害其著作权，被告对于其作品及其中组成部分来源是明确的，其可以提出抗辩其作品表达实际源于更早创作完成的他人作品，而非原告作品。《北京高院著作权审理指南》第 7.7 条规定："被告能够举证证明被诉侵权作品与原告作品存在相同或者实质性相似的表达部分来源于在先的其他作品，可以认定在先其他作品合法来源抗辩成立。"

【典型案例 88】

在北京知识产权法院审理的(2020)京 73 民终 1384 号广州网易计算机系统有限公司与北京海丰传媒文化有限公司侵害作品信息网络传播权纠纷一案中，法院认为，涉案文章第三部分"不幸之中的万幸"第七段至第九段、第四部分"女孩遇害催生警报系统"第三段至第五段和第五部分"'安珀警报'拯救 500 余儿童"第一段、第五段内容来自他人已经发表的作品，该部分内容不属于涉案文章具有独创性的表达。

在典型案例 88 中，虽然被告网站使用的文章与原告主张权利的文章内容一致，且发布时间晚于原告的权利文章，但法院经审查发现，该文章中有部分内容实际使用了他人在先文章中的表达。因此，原告在未获得其上手权利人许可的情况下，也无权因他人使用这部分作品内容而主张权利。

五、独立创作

著作权因创作而产生，只要是独立创作完成的作品，通常情况下创作者就享有著作权。如果作者独立完成的作品因为巧合而与他人作品雷同，并不因此丧失独创性，两部作品可以同等的产生著作权。[①] 我们认为，被告能够举证证明被诉侵权作品与原告作品虽存在相同或者实质性相似的表达部分，但属于对同一题材独自创作的巧合，可以认定独立创作抗辩成立。

不同作者在独立创作过程中因为巧合而创作出实质性相似的作品表达，实际发生的情形非常少。许多案件中，虽然被告抗辩被诉作品系其独立创作完成，之所以与原告作品近似仅是巧合，但无法提交任何创作过程的证据或者提交的与创作相关的证据证明力较弱。在此情况下，只要原告能举证证明其作品创作完成并公开发表的时间早于被告作品发布时间，就可以推定被告有接触原告作品的可能，从而认定被告侵害了原告的著作权。在北京市海淀区人民法院审理的(2017)京0108民初8285号尹某、汪某与花火公司等侵害著作权纠纷一案中，花火公司提交了创作底稿、著作权登记证书等证据，证明涉案美术作品由其员工创作完成，但法院审理后认为，被告提交的作品登记证书中记载的作品创作完成时间、登记时间均晚于原告通过新浪微博发布涉案作品的时间；被告申请证人陈述其创作情况存在矛盾，且与作品登记证书以及被告自述的创作情况均不一致，被告也认可其提供的电子文件创建时间存在修改可能性等，最终未认定被告独立创作涉案作品。

六、合法来源

被告抗辩其使用被诉侵权作品获得了合法授权或经受让取得了相关著作权，属于合法行为，一旦此抗辩成立，原告的侵权主张不成立是不言而喻的。司法实践中，如果被告抗辩被诉侵权作品已有合法来源并提交相应的证据，原告诉讼目

---

① 参见李琛：《知识产权法关键词》，法律出版社2006年版，第26页。

的显然就落空了，大部分情况下原告会选择撤回起诉而不会形成判决。当然，使用此项抗辩另一较常见的情形是，被告虽然抗辩其获得了合法授权，但经审查后发现被告取得的授权存在瑕疵，无法对抗原告所主张的权利，则依然可以认定侵权成立。

【典型案例89】

在北京市高级人民法院审理的（2020）京民申5457号中华书局有限公司诉金城出版社有限公司等侵害著作权一案中，法院认为，虽然金城出版社有限公司取得了涉案作品继承人之一赵某的许可，但本案缺乏证据证明其与其他继承人之间对于向金城出版社有限公司许可图书出版事宜进行过协商，其单独许可行为的效力存在瑕疵；且金城出版社有限公司自赵某处取得涉案图书出版许可的时间远晚于中华书局有限公司取得专有出版权的时间。因此未采纳金城出版社有限公司取得合法授权的抗辩理由。

典型案例89反映了以部分取得合法授权为抗辩理由的常见情形。在权利作品有多个共同权利人的情况下，被告若仅取得部分权利人的授权，而又没有证据证明这些权利人之间对于权利许可存在专门的安排，则其取得授权的效力显然是有瑕疵的，无法对抗原告持有的合法权利。

另外，由于著作权的无形性特点，一些著作权人在缺乏法律意识的情况下，容易发生类似于"一物二卖"的情况。此时，被告若能提供合法有效的授权证明，在一定程度上可以起到否定原告权属的作用，能形成针对原告的有效抗辩。如果被告不仅提交取得权利人授权的证据同时能提交否定原告权利的证据，更能确保抗辩的有效性。在北京市第一中级人民法院审理的（2006）一中民终字第2500号北京太格印象文化传播有限公司（以下简称太格印象公司）与广东飞乐影视制品有限公司（以下简称飞乐公司）、杨臣刚等侵害著作权一案中，杨臣刚对其创作的《这样爱你》（又名《老鼠爱大米》）歌曲先后转让多人，太格印象公司从其中一人受让该歌曲权利，后对飞乐公司出版包含该歌曲音像制品的行为起诉侵权。飞乐公司抗辩其与杨臣刚签订了著作权许可使用合同，有权合法使用该作品。一审判决以诉讼中查明的最早受让权利人作为著作权人，认定太格印象公司经受让享有该歌曲著作权，飞乐公司获得许可的时间晚于杨臣刚转让其作品的时间，从而认定飞乐公司的行为构成侵权。但该案二审诉讼期间，杨臣刚与案外人通过一起在武汉的仲裁案件,确认杨臣刚更早向该案外人转让了涉案歌曲的著作权,二审最终裁定驳回太格印象公司的起诉。虽然杨臣刚的行为在此后另案诉讼过程中被认定不被信任,从而无法判断杨臣刚就《老鼠爱大米》一歌所授权利的有效性,并驳回了另案中飞乐公司的诉讼请求,但在与太格印象公司的案件中,飞乐公司还是通过同时提交其获得授权的证据以及否定原告权利的证据达到了有效抗辩的目的。

第三节　著作权限制相关抗辩事由的审查

法律规定的对著作权的限制和例外,主要包括合理使用与法定许可两种典型情形。虽然有学者提出2010年《著作权法》第22条称为"著作权权利限制"更加严谨,但也接受使用约定俗成的表述仍可以"合理使用"代之。合理使用是对著作权人权利最为严格的限制,即在法律规定的条件下,他人使用作品可以不经著作权人的许可,也不向其支付报酬。此项制度的目的是平衡作品的创作者与社会公众之间的利益,在不损害著作权人根本利益的前提下给公众保留自由使用作品的空间。[①] 法定许可也是各国法律和知识产权国际公约对著作权限制的重要形式,该制度与合理使用制度不同之处在于在满足特定条件下使用作品,可以不经著作权人许可,但应当支付报酬。

《著作权法》赋予作者广泛的权利既是以维护作者或权利人的利益为基点,规定对权利的限制和例外;又是以社会公共利益为基点,是社会公共政策对作者或者权利人行使权利的限制。侵害著作权案件中,如果存在合理使用与法定许可相关的抗辩事由,往往就成为法院审查的重点。2020年《著作权法》第24条、第25条、第35条第2款、第42条第2款、第46条第2款,《计算机软件保护条例》第17条,《信息网络传播权保护条例》第6~11条的规定,基本构建了我国《著作权法》中的合理使用和法定许可制度。

一、合理使用

合理使用是对著作权的最严格限制,也是侵害著作权案件中的常见抗辩事由。我国《著作权法》中的合理使用制度源于《伯尔尼公约》第9条第2款,被理论

① 参见李琛:《知识产权法关键词》,法律出版社2006年版,第204页。

界和实务界归纳为"三步检验法":第一步,对著作权的限制仅限于特例;第二步,不影响作品的正常使用;第三步,不得不合理地损害著作权人合法利益。此后,《TRIPS 协定》第 13 条,2013 年《著作权法实施条例》所规定的合理使用制度相关内容亦延续了前述"三步检验法"的内容。2010 年《著作权法》第 22 条以封闭式列举的方式规定了 12 项合理使用的情形,2013 年《著作权法实施条例》第 21 条虽然以"三步检验法"的要件概括规定了合理使用制度,但限定了"依照著作权法有关规定"。

司法实践中,涉及合理使用的案件出现了不少疑难复杂的新情况,也引发了较多的讨论和争议,主要讨论都围绕合理使用制度限定范围过窄,缺乏立法弹性,无法充分满足实践需求,[①]以及法院对合理使用法律规定作扩大解释,可能产生司法认定标准丧失可预期性[②]等展开。当然,考虑到司法实践的实际需求,2011 年印发的《最高人民法院关于充分发挥知识产权审判职能作用推动社会主义文化大发展大繁荣和促进经济自主协调发展若干问题的意见》第 8 条指出,要"妥当运用著作权的限制和例外规定,正确判定被诉侵权行为的合法性……在促进技术创新和商业发展确有必要的特殊情形下,考虑作品使用行为的性质和目的、被使用作品的性质、被使用部分的数量和质量、使用对作品潜在市场或价值的影响等因素,如果该使用行为既不与作品的正常使用相冲突,也不至于不合理地损害作者的正当利益,可以认定为合理使用……"。该司法政策在一定程度上为法院在特殊情形下对合理使用进行适当突破提供了导向指引。

由于合理使用的封闭性规定引发众多讨论,2020 年《著作权法》第 24 条扩张了 2010 年《著作权法》中对合理使用的规定,既吸收了 2013 年《著作权法实施条例》中"不得影响该作品的正常使用,也不得不合理地损害著作权人的合法权益"的抽象规定,将"三步检验法"的部分内容提升至法律规定层面,同时也对具体列举的合理使用情形作了调整。虽然 2020 年《著作权法》列举的合理使用情形中,设定的兜底性规定为"法律、行政法规规定的其他情形",考虑到此前司法政策导向并未有明显的变化,所以有观点认为,法院依然可以根据具体案情突破对权利限制的限制性规定。[③] 但也有观点认为,"立法应该用尽量确定的规则将合理使用

---

① 参见李琛:《论我国著作权法修订中"合理使用"的立法技术》,载《知识产权》2013 年第 1 期。
② 参见熊琦:《著作权合理使用司法认定标准释疑》,载《法学》2018 年第 1 期。
③ 参见王迁:《著作权法权利限制模式阐释》,载《中国版权》2020 年第 6 期。

的范围明晰起来——就像德国法一样，尽力减少法院在适用这些合理使用规则时进行自由裁量的空间，使法律适用更加明确和简单，也有利于公众更加清楚地判断自己的行为是否合法”①。事实上，按照这一兜底条款的立法措辞，即便按照司法政策在个案中能适当突破，也需要充分论证可行性及必要性，并不能随意使用此兜底条款。

常见的合理使用情形中，典型的主要包括个人使用、适当引用和教学科研使用三类情形。《北京高院著作权审理指南》针对实践中的诉讼纠纷特点，并结合“三步检验法”的精神作了规定。

（一）个人使用

司法实践中，有被告未经许可通过信息网络向他人提供作品，并在诉讼中提出属于“为个人学习、研究或者欣赏使用他人已发表作品”的合理使用抗辩。但是，考虑到《著作权法》的体系性规定和合理使用制度的设立初衷，在“个人使用”抗辩中，使用者必须为自然人，且使用目的必须为本人学习、研究或者欣赏。

事实上，如果真正属于个人学习、研究或欣赏用，权利人一般是可以容忍的，多年来的案件实践也反映了针对个人的未采取对外传播方式下使用作品基本不会产生诉讼纠纷。鉴于“为他人提供作品”不属于“为个人、学习、研究或者欣赏”的目的，且“通过信息网络”传播将导致不特定的公众接触到作品，将导致不合理的损害著作权人的权利。此外，《信息网络传播权保护条例》对网络环境下个人合理使用也作出了严格限定，要求采取措施，防止扶贫、教育等特殊领域的服务对象以外的其他人获得著作权人的作品，防止服务对象的复制行为对著作权人利益造成实质性损害，并不得侵犯著作权人依法享有的其他权利。因此，我们认为，通过信息网络向他人提供作品的“个人使用”不符合合理使用制度的相关立法精神，对此种构成合理使用的抗辩不予支持。

（二）适当引用

为介绍、评论某一作品或者说明某一问题，有时候难免要在自己作品中使用他人作品。但是，引用行为的正当性还要根据法律对适当引用的规定，并结合“三

---

① 张伟君：《也谈新修改〈著作权法〉“合理使用”条款的适用》，载微信公众号“同济知识产权与竞争法中心”2021 年 1 月 14 日。

步检验法”理论，深入分析被引用作品与新作品之间的关系，考虑引用的必要性、适当性，综合判断引用行为的法律性质。根据《北京高院著作权审理指南》的规定判断是否构成适当引用应从以下四个方面予以考虑：

1. 引用的对象限于已发表作品。如果引用他人尚未发表的作品，难免造成侵害发表权等权利的情形。

2. 应当指明作者姓名或名称以及作品名称，否则就不是引用，而是抄袭。关于指明作者姓名或名称以及作品名称的问题，下文将具体分析该要件的适用。

3. 引用目的必须是为介绍、评论作品或者说明问题。引用系基于创作新作品的正常需要，引用的目的是创作新作品，引用的结果是产生新作品，被引用作品构成新作品的有机组成部分，被引用作品与新作品之间在构思和表达上存在合理的引用逻辑关系。

4. 引用作品不能构成新作品的主体部分或实质内容，不宜整段引用、整篇引用、大量引用、全文引用，新作品和被引用作品之间保持适当的比例关系，被引用作品在新作品中处于非实质地位，删除被引用作品内容不影响新作品的实质内容。新作品与被引用原作品不能形成实质性的替代或竞争关系。

【典型案例 90】

在北京市东城区人民法院审理的（2018）京 0101 民初 3346 号李桂英等诉彭某、人民出版社侵害著作权一案中，法院认为，合理使用是法律对于著作权人权利的强制性限制，将对著作权人的权利造成较大影响，因此，该种引用的目的和用途必须限于介绍、评论作品或者说明问题，则引用内容应当是介绍、评论的主要对象或与说明的问题存在必然的关联，即引用须具备足够的必要性。在具备必要性的前提后，使用作品的数量、方式、范围还必须控制在一定限度之内，应避免与原作品在市场上产生竞争，以免对著作权人利益造成不合理的损害，即引用须符合一定的适当性。

被诉侵权图书附录一为《汪国真作品评析》，内容为每引用汪国真的一首经典诗歌全文，后附一段彭某创作的介绍和评论文字，包含对该首诗歌的内容、风格的点评，以及对其主题的阐释和拓展。其中，汪国真的原作除了展现本身的艺术美感和文学价值外，确系该部分内容介绍、评论的直接对象，且与全书叙述诗人生平和作品的主题相契合。因此，附录一引用汪国真的诗歌对于介绍和评论诗人作品本身来说具有一定的必要性。但该部分集中引用诗歌共计59首,且选取了汪国真作品中较为知名的代表作,附录一页数占全书总页数1/3,并公开出版发行。如此系统完整地对涉案权利作品进行展示和传播,显然谈不上对使用数量、范围、方式进行了有效限制,将对汪国真诗歌作品的合法复制发行物具有一定程度的替代作用,从而影响涉案权利作品著作权人正当行使权利,已经超出适当性的范畴,无法认定为合理使用。

(三)教学科研使用

2010年《著作权法》第22条第1款第6项规定,"为学校课堂教学或者科学研究,翻译或者少量复制已经发表的作品,供教学或者科研人员使用,但不得出版发行"。2020年《著作权法》第24条第2款第6项对此修改为,"为学校课堂教学或者科学研究,翻译、改编、汇编、播放或者少量复制已经发表的作品,供教学或者科研人员使用,但不得出版发行"。增加了教学科研使用的行为类型,除了翻译或少量复制,还包括改编、汇编、播放三类行为。这一定程度上是为了实现并满足教学科研的目的和效果,另外也反映了当前教学科研方式和手段不断丰富的现状,立法不能阻碍、影响教学科研工作的正常开展。

此规定在实际适用时,由于《著作权法》和司法解释均未对"学校课堂教学或者科学研究"作出进一步解释而产生一定的分歧理解。司法实践中的突出问题是:未经许可以营利为目的,在面向社会公众开展的教育培训中翻译或者复制他人已发表作品的,是否属于合理使用?这一问题的关键是,教学科研合理使用的适用对象是否包括面向社会公众开展的营利性培训?对该问题,《北京高院著作权审理指南》起草过程中曾经存在两种观点:一种观点认为,面向社会公众开展的教育培训虽有商业目的,但客观上也促进了公民素质的提高,推动了教育事业的发展,著作权审判也应当给予相应的司法支持,不应因此而歧视商业性的教育培训;另一种观点认为,面向社会的商业性的教育培训应当支出著作权采购成本,著作权人不应当为商业性的教育培训埋单,否则将不合理地损害著作权人的合法利益。

2010年《著作权法》第23条第1款规定:"为实施九年制义务教育和国家教育规划而编写出版教科书,除作者事先声明不许使用的外,可以不经著作权人许可,在教科书中汇编已经发表的作品片段或者短小的文字作品、音乐作品或者单幅的美术作品、摄影作品,但应当按照规定支付报酬,指明作者姓名、作品名称,并且不得侵犯著作权人依照本法享有的其他权利。"2020 年《著作权法》第 25 条对法定许可的规定作了一定调整,但仍将法定许可限定在义务教育和国家教育规划范围内。《信息网络传播权保护条例》第 8 条规定:"为通过信息网络实施九年制义务教育或者国家教育规划,可以不经著作权人许可,使用其已经发表作品的片断或者短小的文字作品、音乐作品或者单幅的美术作品、摄影作品制作课件,由制作课件或者依法取得课件的远程教育机构通过信息网络向注册学生提供,但应当向著作权人支付报酬。"

上述规定虽然均仅涉及法定许可而不涉及合理使用,但与合理使用一样都是对著作权作出的限制,解决的问题都是要在保护著作权和促进教育事业发展之间进行利益平衡,对教学科研领域的合理使用规则设计有一定的参考价值和启发意义。上述规定均将限制著作权的情形限定在"为实施义务教育或者国家教育规划",不包括面向社会公众的营利性培训。此外,合理使用是对著作权人的最严格的限制,适用合理使用必须首先论证存在某种重大的优先保护价值。"实施义务教育或者国家教育规划"对国计民生具有重要意义,为这一重要价值限制著作权人的利益具有一定的正当性。但是,面向社会公众的营利性教育培训具有明显的商业目的,可以通过市场机制解决商业运营中的著作权成本问题。如果将其认定为合理使用,将对著作权人的利益造成较大冲击,不符合"三步检验法"。因此,《北京高院著作权审理指南》第 7.12 条规定此种情形不属于合理使用。在北京市高级人民法院审理的(2003)高民终字第 1393 号美国考试中心与新东方学校侵害著作权一案中,法院认为,新东方学校以商业经营为目的,以公开销售的方式复制发行了 TOEFL 试题,其使用作品的方式已超出了课堂教学合理使用的范围。

(四)其他合理使用的典型情形

2020 年《著作权法》对典型的合理使用行为作了部分调整,主要体现在以下方面:

1. 图书馆等陈列和保存版本

2010 年《著作权法》第 22 条第 1 款第 8 项规定了图书馆、档案馆、纪念馆、博物馆、美术馆等为陈列或者保存版本的需要,复制本馆收藏作品的合理使用行为。2020 年《著作权法》第 24 条第 1 款第 8 项对该项增加了"文化馆"。实践中,完全针对图书馆等公益场馆陈列或保存版本需要而使用作品的，作品权利人一般不会提出异议，但近年来随着网络的普及以及图书馆等作品的电子化需求，图书馆等因为提供电子书而引发较多纠纷。由于合理使用对于著作权的限制非常严格，在适用法律的过程中也不能随意突破。图书馆等公益场馆对于作品使用能满足合理使用条件的有目的性要求，即只有以陈列或保存版本为目的使用作品，才能落入合理使用范畴，否则无法适用此项抗辩。

【典型案例 91】

在北京知识产权法院审理的（2019）京 73 民终 208 号绵阳市图书馆、北京世纪超星信息技术发展有限责任公司（以下简称超星公司）诉北京大学出版社有限公司侵害作品信息网络传播权一案中，法院认为，绵阳市图书馆与超星公司认可超星公司系通过镜像技术将电子图书完全复制到绵阳市图书馆本地服务器，并持续提供更新服务，从而获得对价，最终使涉案作品通过绵阳市图书馆的系统实现对外的在线阅读或下载。由于可获得的主体虽有办理读者证的限制，但绵阳市图书馆并未向法院举证证明办理读者证本身存在其他限制，故涉案作品因绵阳市图书馆与超星公司的上述行为处于不特定公众在其选定的时间和地点可以获得的状态。在超星公司就涉案作品取得的授权到期后，超星公司与绵阳市图书馆未采取措施避免上述传播行为之继续。法院判决绵阳市图书馆、超星公司共同承担相应的侵权赔偿责任。

2. 免费表演

2010 年《著作权法》第 22 条第 1 款第 9 项规定了免费表演可以构成合理使用，适用此项规定的要件包括三项：一是仅针对已发表的作品，未发表的作品不包括在内；二是公众获取该表演免费，即就获得该表演的公众而言，无须支付对价；三是表演者表演免费，即表演者不因表演而获得报酬。2020 年《著作权法》第 24 条第 1 款第 9 项调整增加了“且不以营利为目的”。之所以作上述修改，因为有观点提出，为防止以免费表演为名通过收取广告费等方式变相达到营利目的，建议增加不以营利为目的的限制性规定。宪法和法律委员会最终采纳了上述意见。①

---

① 参见《全国人民代表大会宪法和法律委员会关于〈中华人民共和国著作权法修正案（草案）〉审议结果的报告》，载中国人大网 2020 年 11 月 11 日，http://www.npc.gov.cn/npc/c30834/202011/16a796a57f1649d2959939519c4701df.shtml。

2020年《著作权法》将免费表演从根本上规定不以营利为目的，避免了一些仅对公众和表演者免费，但组织者、主办方等仍可营利的表演直接使用他人作品落入合理使用的情形。

3. 对公共场所的艺术作品进行临摹等

2020年《著作权法》第24条第1款第10项删去了2010年《著作权法》规定中对室外公共场所的限定，即只要是公共场所的艺术作品，他人都可以临摹、绘画、摄影、录像，而不限于2010年《著作权法》中公共场所的"室外"限定。公共场所不限于室外，室内也有大量公共场所存在，如一些商场、艺术馆等，放置一些艺术作品，对于室内公共场所艺术作品的临摹、绘画等行为，也不应作出限制。实践中，对公共场所的艺术作品进行临摹、绘画、摄影等产生的著作权纠纷较少，法院通常能准确把握此项合理使用的要件，主要争议发生在为原作品作者进行适当署名等问题上。

【典型案例92】

在最高人民法院审理的（2013）民提字第15号王巨贤诉绍兴市水利局侵害著作权一案中，法院认为，王巨贤系《康乾驻跸图》等11幅绘画作品的著作权人，钱某等人根据王巨贤绘制的11幅绘画作品完成了《康乾驻跸碑》等11幅雕塑作品，绍兴市水利局对陈列在绍兴龙横江鹿湖园景区内的11幅雕塑作品进行拍摄，并将其摄影图片汇编成册发行，属于对室外公共场所艺术作品的摄影成果以合理的方式和范围再行使用行为，应当指明原作者姓名。

在典型案例92中，当事人争议主要为绍兴市水利局是否应当对其汇编的旅游图册中雕塑作品来源的绘画作品作者进行署名。王巨贤是绘画作品作者，绘画作品经过雕塑作品、摄影作品的演绎，最终汇集成为旅游图册中的内容出版发行。作为旅游图册的权利人，是否有义务为原始作品权利人署名成为争议焦点，根据《著作权法》的基本原理，演绎作品在使用原作品过程中不得损害原作者的著作权，第三人使用演绎作品则应取得原作者与演绎人的双重许可；如果存在多次演绎的情形，最终会形成多重著作权。由此，原作者的包括署名权在内的著作人身权应当体现在演绎作品之中。

【典型案例93】

在北京知识产权法院审理的（2019）京73民终2701号华谊兄弟传媒股份有

限公司(以下简称华谊兄弟公司)诉金阿欢、永嘉县非诚勿扰婚姻介绍所侵害著作权纠纷一案中,法院认为,华谊兄弟公司的涉案"非誠勿擾"作品属于平面美术作品,华谊兄弟公司为宣传目的,将印有涉案"非誠勿擾"的海报悬挂于室外公用场所,属于《著作权民事纠纷司法解释》第18条规定的"设置或者陈列在室外社会公众活动处所的雕塑、绘画、书法等艺术作品"。著作权人对平面美术作品正常使用的方式相对单一,即自行或授权他人复制作品、在原作品基础上创作演绎作品再加以商业利用。如果认为只要一幅平面美术作品被置于公共场所,他人就可以在拍摄、绘画或临摹之后随意进行商业性使用,势必会严重影响美术作品著作权人对他人发放许可,会构成与美术作品正常使用方式的冲突和影响著作权人的合法利益。法院驳回了被告主张对平面美术作品进行使用属于合理使用的意见。

4. 向阅读障碍者提供已发表作品

2010年《著作权法》第22条第1款第12项中"将已经发表的作品改成盲文出版",在2020年《著作权法》第24条第1款第12项中被修改为更严谨的表述,"以阅读障碍者能够感知的无障碍方式向其提供已经发表的作品"。将已发表的作品改成盲文出版的适用条件非常严格,不仅要求对已发表作品改为盲文,而且只有出版行为才属于合理使用,此种限定只对能使用盲文的阅读障碍者才有意义,使用场景极其有限。

2020年《著作权法》扩展了此前的限制条件,不限于使用盲文的人,而是针对阅读障碍者。阅读障碍者的概念源于《关于为盲人、视力障碍者或其他印刷品阅读障碍者获得已出版作品提供便利的马拉喀什条约》(以下简称《马拉喀什条约》)①。2013年通过的《马拉喀什条约》细化了联合国《残疾人权利公约》的国际条约的内容,贯彻非歧视、机会平等、便利性以及充分和有效参与融入社会的原则,保障盲人等阅读障碍者的权利。《马拉喀什条约》第3条规定了阅读障碍者的定义,一共有三种情况:失明的;有视力障碍或者感知或者阅读失能,无法改善达到与此种障碍或者失能的人实质同等的视觉功能,或者无法在与无障碍或者失能的人实质相同的程度上阅读印刷品;由于身体失能无法把握或者操纵一本书,或

---

① 参见《关于为盲人、视力障碍者或其他印刷品阅读障碍者获得已出版作品提供便利的马拉喀什条约》,载国家版权局2016年9月29日,http://www.ncac.gov.cn/chinacopyright/contents/12564/353546.shtml。

者无法集中或移动目光到阅读通常要求的程度的。[①]

至于为阅读障碍者提供作品的方式,不限于盲文,而是可感知的方式,既包括阅读方式感知,也包括倾听、触摸等方式感知;不限于出版,而是提供作品。2020年《著作权法》从立法目的出发,结合国际条约的规定,作出了更严谨周延的规定,对有阅读障碍者而言释放了最大的善意,以切实保障这些特殊群体的权益。

二、法定许可

法定许可,是根据法律规定,以特定的方式使用已经发表的作品,可以不经著作权人的许可,但应向著作权人支付使用费,并尊重著作权人的其他权利的制度。[②] 法定许可是对著作权限制的另一种方式。与合理使用相比,法定许可保留了著作权人的获酬权,限制程度稍弱。法定许可设置的理由主要包括三方面:一是维护社会公共利益;二是降低某些使用人的义务成本;三是降低某些行业的垄断程度。[③] 最典型的法定许可是为义务教育和国家教育规划而编写出版教科书中使用他人作品的情形,2001年《著作权法》对此作了规定。2020年《著作权法》对此进行的修改主要体现在两处:一是将义务教育所限定的“九年制”删除;二是扩展了法定许可所适用的作品类型,增加了图形作品,但对于法定许可基本的适用条件未作变化。

除了义务教育法定许可外,实践中常见的法定许可抗辩情形主要还有以下几种情形:

(一)关于网络转载的法定许可

2010年《著作权法》第33条第2款规定:“作品刊登后,除著作权人声明不得转载、摘编的外,其他报刊可以转载或者作为文摘、资料刊登,但应当按照规定向著作权人支付报酬。”由此可见,著作权法本身未明确规定网络转载可以适用法定许可。2000年11月22日通过的《最高人民法院关于审理涉及计算机网络著作权纠纷案件适用法律若干问题的解释》(已失效)第3条规定:“已在报刊上刊登或

---

① 参见黄薇、王雷鸣主编:《〈中华人民共和国著作权法〉导读与释义》,中国民主法制出版社2021年版,第154页。

② 参见吴汉东等:《知识产权基本问题研究》,中国人民大学出版社2005年版,第313页。

③ 参见李琛:《知识产权法关键词》,法律出版社2006年版,第206页。

者网络上传播的作品,除著作权人声明或者上载该作品的网络服务提供者受著作权人的委托声明不得转载、摘编的以外,网站予以转载、摘编并按有关规定支付报酬、注明出处的,不构成侵权。但网站转载、摘编作品超过有关报刊转载作品范围的,应当认定为侵权。"该条把《著作权法》关于报刊法定许可的规定扩张适用于网络环境。但是,2006 年 7 月 1 日起施行的《信息网络传播权保护条例》未将普通的网络转载纳入法定许可范畴,仅将发展义务教育和扶贫作为特例。2006 年 11 月 20 日,《最高人民法院关于修改〈最高人民法院关于审理涉及计算机网络著作权纠纷案件适用法律若干问题的解释〉的决定(二)》(已失效)删去了前述第 3 条。此后,法律、行政法规、司法解释关于网络转载能否适用法定许可的立场达成一致,即网络转载不能适用法定许可抗辩。

我们认为,仅有从报刊到报刊的转载、摘编,可以适用法定许可。从报刊到图书的转载、摘编,从图书到报刊的转载、摘编,从报刊到网站的转载、摘编,从网站到报刊的转载、摘编,从网站到网站的转载、摘编,都不能适用法定许可。《北京高院著作权审理指南》第 7.13 条对转载、摘编法定许可的适用范围及适用条件作出了相应的规定。此外,即使是从报刊到报刊的转载、摘编,也要表明作者身份、注明来源出处。除文字性修改或者摘编的合理需要外,不得修改或者改编原作品。

(二)关于录音制品的法定许可

2010 年《著作权法》第 40 条第 3 款规定,录音制作者使用他人已经合法录制为录音制品的音乐作品制作录音制品,可以不经著作权人许可,但应当按照规定支付报酬;著作权人声明不许使用的不得使用。2020 年《著作权法》第 44 条第 2 款保留了这一规定。该规定的立法目的主要在于促进音乐作品的传播,遏制唱片业的垄断现象,适当降低唱片的价格。

1. 录音制品法定许可的构成要件

根据《著作权法》关于录音制品法定许可的规定,须满足以下条件:一是作品种类仅限于音乐作品,其他作品类型均不能纳入录音制品法定许可的范畴。二是音乐作品已被他人合法录制为录音制品。"所谓已经合法录制,是指已有人经作者授权,将他们的词曲制作成录音制品。如果作者同意他人将他的音乐作品以录音的方式使用,后位的录音制作者就可以不再取得作者授权,只要向作者支付作品使用费即可。"①法定许可的范围仅限于之前音乐作品已被录制为录音制品，现场表演、报刊发表等均不属于该种情形。如果首次将音乐作品录制为录音制品系未经音乐作品著作权人授权的侵权行为，则音乐作品的著作权人并不因他人的侵权行为而丧失对其作品的许可权，后续的录音制作者不能援引法定许可抗辩。三是后续使用该音乐作品制作的制品类型仅限于录音制品，不包括录像制品。四是该音乐作品的著作权人未声明不许使用。如果该音乐作品的著作权人已声明不得使用该作品的，基于对著作权人意愿的尊重，该作品不再适用法定许可，这种声明通常是在首次制作成的录音制品中公开发布。司法实践中，合法录制发行的录音录像制品上经常显示有"版权所有翻录必究"等字样或相关标识，在无相反证据的情况下，上述内容从文义上解释，宜理解为禁止他人擅自翻录录音制品的声明，而一般不视为音乐作品词曲作者作出的不得使用音乐作品的声明。五是录音制作者援引法定许可抗辩的，应当以已经支付报酬为前提，且付酬标准应当符合国家相关主管部门的规定。

【典型案例94】

在北京市高级人民法院审理的(2012)高民终字第4116号张怀季诉程力栋、浙江永乐影视制作有限公司(以下简称永乐公司)、安徽广播电视台等侵害著作权纠纷一案中，张怀季系音乐作品《心是莲花开》作者，电视剧《新版西游记》由被告程力栋担任出品人、片尾署名为被告永乐公司、安徽广播电视台等。涉案电视剧第43集使用的插曲与音乐作品《心是莲花开》主旋律相同，歌词大体相同，但未给张怀季署名并支付报酬。永乐公司辩称涉案行为属于用音乐作品制作录音制品的法定许可情形。法院经审理认为，在案证据仅能证明张怀季曾经就《心是莲花开》录制了音源文件，而非合法的录音制品，且永乐公司亦未提交相应的证据，因此永乐公司主张其涉案行为属于录音制品法定许可情形证据不足，应不予支持。

2. 经法定许可制作录音制品的后续传播

经过法定许可制作的录音录像制品，其后续的复制、发行、通过信息网络向公众传播的行为，也无须再取得著作权人的许可。2020年《著作权法》第44条第2款规定，录音录像制作者权的被许可人复制、发行、通过信息网络向公众传播录音

① 姚红主编：《中华人民共和国著作权法释解》，群众出版社2001年版，第239页。

录像制品,应当同时取得著作权人、表演者许可,并支付报酬。该条款与前述录音制品法定许可条款的关系应如何处理,即经过法定许可制作的录音制品,其后续的复制、发行、通过信息网络向公众传播行为,是否还需要取得著作权人的许可?

最高人民法院在(2008)民提字第57号广东大圣文化传播有限公司与洪如丁、韩伟、广州音像出版社、重庆三峡光盘发展有限责任公司、联盛商业连锁股份有限公司侵犯著作权纠纷申请再审案中,已经对2020年《著作权法》第42条第2款、第44条第2款的关系问题予以厘清。音乐作品邻接权法定许可的制度设计初衷,在于便利和促进音乐作品传播。在不违背著作权人意愿且不损害音乐作品合法权益的情况下,明确"著作权人许可制作的音乐作品的录音制品一经公开,其他人再使用该音乐作品另行制作录音制品并复制、发行,不需要经过音乐作品的著作权人许可",但应当支付报酬,且著作权人未声明不得使用。

3. 对已录制音乐作品"翻录"行为的认定

将他人录制好的音乐作品进行翻录的行为,不属于法定许可的情形。《著作权法》意义上的录音录像作者,是指录音制品、录像制品的首次制作人。2020年《著作权法》第42条第2款规定的法定许可,主要指音乐作品的著作权人已经许可他人将其音乐作品录制为录音制品后,其他录音制作者再次使用该音乐作品,通过组织表演或者演奏、设置录制设备等方式录制为新的录音制品的情形。使用他人已合法录制的音乐作品,将他人已录制的录音制品复制到自己的录音制品上的"翻录"行为,不属于法定许可的情形,而系侵权行为。《北京高院著作权审理指南》第6.3条对此作出规定,未经该录音录像制作者许可使用该录音录像制品的,构成侵害录音录像制作者权。被告未经许可翻录他人制作的录音制品,或者在翻录基础上编辑制作新的录音制品进行发行的,既侵害了相关的表演者权,也侵害了被翻录制品的录音制作者权。

(三)关于广播组织的法定许可

广播组织权是基于播放而产生的权利,该项权利的客体是广播组织播放的广播电视节目。出于广播组织高效传输节目及相关信息的必要性,实现公众获取信息资源的基本权利和作品等权利人利益的平衡,法律规定广播组织对相关客体有法定使用的权利,具体而言,广播组织对已发表的作品享有法定许可的权利。

2010年《著作权法》第43条第2款规定,"广播电台、电视台播放他人已发表的作品,可以不经著作权人许可,但应当支付报酬”。该法第 44 条规定:“广播电台、电视台播放已经出版的录音制品,可以不经著作权人许可,但应当支付报酬。当事人另有约定的除外……”2020 年《著作权法》第 46 条第 2 款保留了广播组织对已发表作品的法定许可权利,但针对录音制品的法定许可权利,由于受到相关音乐著作权人以及音乐集体管理组织等的反对,此项法定许可权利人被删除。①

满足广播组织法定许可的要件主要包括以下几项:一是适用主体为广播组织。我国的《著作权法》未使用“广播组织”这一概念,而是用广播电台、电视台指代广播组织。根据《广播电视管理条例》(2020 年修订)第 8 条第 2 款的规定,广播电台、电视台是指采编、制作并通过有线或者无线的方式播放广播电视节目的机构。所以,《著作权法》中的此项法定许可规定,通常认为也仅适用于广播电台、电视台。

二是适用客体为已发表作品。按照 2020 年《著作权法》的规定,广播组织法定许可的权利仅针对作品,不再包括录音制品,同时,也仅包括部分类型的作品。2020 年《著作权法》第 48 条规定电视台播放他人视听作品、录像制品,应当取得著作人或录像制作者许可并支付报酬,实际排除了视听作品、录像制品适用于法定许可。

同时,广播组织对他人已发表作品的使用,还应尊重他人著作权。在北京知识产权法院审理的(2015)京知民终字第 122 号佛山人民广播电台与贾某等侵害著作权一案中,法院认为佛山人民广播电台播放《听世界春秋》节目,没有给作者贾某署名,且增加了新的内容,产生了新的作品。这种改动已不仅仅是出于播放的需要,已经构成对贾某作品的改编,故佛山人民广播电台播放《听世界春秋》节目的行为不符合法定许可的规定,构成对贾某著作权的侵犯。

三是广播组织对于其通过法定许可使用的他人作品,应当按照规定支付报酬。这是一项法律规定的法定许可的必要条件。在我国相关著作权集体管理组织以及配套法规制度不断成熟完善的情况下,广播组织法定许可的付酬问题正在逐步解决中。

三、指明作者及作品名称与合理使用、法定许可的关系

指明作者、作品名称与合理使用、法定许可的关系在理论界和实务界均存在

---

① 参见王自强:《解读〈著作权法〉第三次修改》,载《北京仲裁》2013 年第 4 期。

分歧意见。有观点认为,是否为合理使用、法定许可主要应考察对作品的使用行为,指明作者及作品名称并非合理使用、法定许可的要件,或者是作品使用人独立的民事义务,或者可能造成侵害署名权的后果;也有观点认为,应当将指明作者及作品名称作为合理使用、法定许可的要件对待。我们赞同后一种观点,即指明作者及作品名称属于合理使用、法定许可的构成要件,但因作品使用方式的特性无法指明或因被使用作品上并未署名的除外。[①] 在北京市高级人民法院审理的(2003)高民终字第985号刘某诉张某侵害著作权纠纷一案中,法院认为指明作者姓名、作品名称是构成《著作权法》规定的合理使用的前提条件之一。要求注明出处,目的在于使读者了解所引用作品的创作者和作品的名称,尊重所引用作品著作权人的精神劳动。

与合理使用的判断基础类似,通过法定许可使用他人作品时,也不能无视他人作品的作者署名以及作品名称等基本信息,任何对他人作品的使用都应为作者署名,表明作者的身份,法定许可本身蕴含了署名的要求,署名是构成法定许可的要件之一。在法定许可情况下使用他人作品也应尊重作者的此项权利。关于教科书法定许可的规定亦要求教科书的编纂者必须充分尊重作者的精神权利,指明作者的姓名。此规定的精神同样适用于播放已发表作品的法定许可。

之所以采纳以上观点,理由主要有三点:一是从忠实于法律文本和立法目的解释,指明作者姓名、作品名称系使用人"应当"为之而非"可以"为之,且但书之后的内容从语法上看系对合理使用、法定许可的限定。二是全国人大法工委在2001年《著作权法》释义中,将合理使用中"指明作者姓名、作品名称"作为合理使用的前提。[②] 三是"指明作者姓名、作品名称"符合尊重著作权人精神利益的价值判断。"三步检验法"中第三步要求对使用人的行为进行"不得不合理地损害著作权人的合法利益"的检验。"合法利益"包括物质利益和精神利益两部分,不得不合理的损害著作权人的人身权是包括合理使用在内的财产权限制规范无法逾越的最后一道法律障碍,彰显了强调保护作者人身权的立法宗旨。[③]

"指明作者姓名、作品名称"通常为合理使用、法定许可的构成要件,但存在例

---

① 参见谢甄珂、亓蕾:《论"指明姓名""注明出处"与合理使用、法定许可的关系》,载《中国版权》2019年第3期。

② 参见姚红主编:《中华人民共和国著作权法释解》,群众出版社2001年版,第154~155页。

③ 参见王清:《著作权限制制度比较研究》,人民出版社2007年版,第238页。

外情形。“指明姓名”属于署名权控制的行为。署名权的行使在特定情形下受到限制。2013 年《著作权法实施条例》第 19 条规定:“使用他人作品的,应当指明作者姓名、作品名称;但是,当事人另有约定或者由于作品使用方式的特性无法指明的除外。”该规定不管对于侵权使用还是对于合理使用均应适用。此处的例外情形主要是因作品使用方式的特性无法指明。这种情况下,使用人使用作品的行为仍然构成合理使用或法定许可,不构成对署名权的侵犯,无须承担赔礼道歉等的民事责任。

【典型案例 95】

在上海知识产权法院审理的(2015)沪知民终字第 730 号上海美术电影制片厂诉浙江新影时代文化传播有限公司、华谊兄弟上海影院管理有限公司侵害著作权纠纷一案中,法院认为,海报中虽未对葫芦娃、黑猫警长标注作者姓名,但未署名并不当然影响对作品合理使用的认定,仅可能涉及对作者署名权的侵犯,况且指明作者姓名、作品名称的情形,还要结合作品使用方式的特性予以综合判断,不能一概而论。例如,在文字作品中引用他人文章中的表述时,应该通过脚注或者尾注等方式予以注明,但是根据海报等宣传画的作品属性和创作特点,也基于海报画面完整性的要求,未在画作中标注被引用形象作者的做法亦属正常且合理。

再谈一下“注明出处”问题。“注明出处”系使用他人作品时注明作品的“载体”、刊登作品的期刊、出版社信息、使用作品内容所在图书、期刊中的页码等情况。不可否认,“注明出处”很多情况下与“指明姓名”存在交叉关系,例如,当出处为作者的著作时,著作上通常会署作者姓名,注明出处自然会指明作者姓名、作品名称。与“指明作者、作品名称”被直接规定在多版著作权法的合理使用规定中不同,“注明出处”未在法律规定中予以明确,但《著作权民事纠纷司法解释》第 17 条第 2 款中规定了“转载未注明被转载作品的作者和最初登载的报刊出处的,应当承担消除影响、赔礼道歉等民事责任”,故我们认为,“注明出处”理应也是合理使用、法定许可之构成要件。①

---

① 参见谢甄珂、亓蕾:《论“指明姓名”“注明出处”与合理使用、法定许可的关系》,载《中国版权》2019 年第 3 期。

第九章　侵害著作权法律责任的确定

2020年《著作权法》第52条、第53条对侵害著作权及与著作权有关的权利行为的法律责任作出规定。与2010年《著作权法》第47条、第48条相比，在立法技术上仍然采取了"列举+概括"的立法形式，在内容上进行了以下几点主要修改：第一，将权利人的实际损失与侵权人的违法所得列为主张赔偿的同一序列，增加参考许可使用费的计算方法，增加惩罚性赔偿的规定；第二，对于法定赔偿的上限大幅增加，由50万元增至500万元，并新增了法定赔偿的下限为500元；第三，对于行政责任和行政措施进行了细化；第四，修改了法律条文的部分措辞。

上述修改主要出于以下考量：一是对《民法典》相关规定的进一步细化和丰富，客观上也体现出《著作权法》与《民法典》一脉相承的关系，如对于惩罚性赔偿的规定等内容；二是体现出我国加大包括著作权在内的知识产权保护，也是在我国立法上化解著作权人"维权难、赔偿低"的有力举措，回应保护著作权人的社会呼声；三是为了进一步实施《中美经济贸易协议》等国际条约，体现了我国对于国际条约的履行和遵守；四是与《著作权法》其他条文的协调与统一，如修改了部分关于"视听作品""与著作权有关的权利"等的措辞。

第一节　停止侵害责任的适用与例外

一、停止侵害责任的适用

（一）无过错责任原则

停止侵害，无论是在《民法典》列明的十一种民事责任[①]中，还是在《著作权

① 《民法典》第179条第1款规定，"承担民事责任的方式主要有：（一）停止侵害；（二）排除妨碍；（三）消除危险；（四）返还财产；（五）恢复原状；（六）修理、重作、更换；（七）继续履行；（八）赔偿损失；（九）支付违约金；（十）消除影响、恢复名誉；（十一）赔礼道歉"。

法》所列明的四种民事责任①中，都是首要的、最基本的承担民事责任的方式。

《民法典》侵权责任编中的第 1166 条规定了无过错责任的情形，“行为人造成他人民事权益损害，不论行为人有无过错，法律规定应当承担侵权责任的，依照其规定”。2020 年《著作权法》第 52 条中有关侵权责任的规定为：有下列侵权行为的，应当根据情况，承担停止侵害、消除影响、赔礼道歉、赔偿损失等民事责任。此处对四种侵害著作权民事责任的承担，仅表述为“应当根据情况”，但在何种情况下应当具体承担哪一种或几种侵权责任，却并没有明确。2013 年《著作权法实施条例》也没有对此问题进一步明确。但《民法典》第 1167 条规定：“侵权行为危及他人人身、财产安全的，被侵权人有权请求侵权人承担停止侵害、排除妨碍、消除危险等侵权责任。”依此规定，在人身权、财产权受到侵害的情况下，为被侵害人提供停止侵害的救济是应有之义，而此时侵权行为人是否具有主观过错在所不论。

由此可见，尽管《著作权法》并未明确作出规定，但从著作权的性质来看，其本质上是绝对权、对世权；从著作权的内容来看，既包括著作人身权，也包括著作财产权。因此，当著作权受到侵害时，停止侵害作为一项民事权益保护请求权，其行使毫无疑问不以侵权者存在主观过错为前提。就侵权行为人而言，承担停止侵害的民事责任，应适用无过错责任原则。例如，在涉及侵权图书的著作权纠纷中，著作权人通常会将图书销售者（图书大厦、网络书店等）一并列为被告，请求其承担侵权责任。即便侵权成立，只要销售者所售的图书是合法出版物且具有合法来源，那么一般情况下我们也不会认定其对于销售行为具有主观过错。然而，这一对主观过错的认定并不会改变其行为已构成侵权的法律性质，亦不能免除其应承担的停止侵害即停止销售的法律责任。归根结底，是由于无论是否具有过错，图书销售者的行为都已进入了著作权人享有的发行权控制范围，在未经许可的情况下，客观上已构成对著作权的侵害。

---

① 2020 年《著作权法》第 52 条规定：有下列侵权行为的，应当根据情况，承担停止侵害、消除影响、赔礼道歉、赔偿损失等民事责任：（一）未经著作权人许可，发表其作品的；（二）未经合作作者许可，将与他人合作创作的作品当作自己单独创作的作品发表的；（三）没有参加创作，为谋取个人名利，在他人作品上署名的；（四）歪曲、篡改他人作品的；（五）剽窃他人作品的；（六）未经著作权人许可，以展览、摄制视听作品的方法使用作品，或者以改编、翻译、注释等方式使用作品的，本法另有规定的除外；（七）使用他人作品，应当支付报酬而未支付的；（八）未经视听作品、计算机软件、录音录像制品的著作权人、表演者或者录音录像制作者许可，出租其作品或者录音录像制品的原件或者复制件的，本法另有规定的除外；（九）未经出版者许可，使用其出版的图书、期刊的版式设计的；（十）未经表演者许可，从现场直播或者公开传送其现场表演，或者录制其表演的；（十一）其他侵犯著作权以及与著作权有关的权利的行为。

(二)适用停止侵害责任的前提

停止侵害责任的承担,应当以侵权行为正在实施或即将实施为前提。如果侵权行为确已停止,则侵权人无须再承担此项责任。在此情况下,法院应当向原告释明撤回该项诉讼请求,如果原告坚持主张,则应予以驳回。

1. 驳回的理由

从事实基础来看,停止侵害为一项具有执行效力的救济措施,该措施应当具有明确的执行对象,即侵权行为。如果侵权行为已经停止,则停止侵害的对象即不存在,在此情况下仍坚持对不存在的行为判令停止侵害,无异于"对空气挥舞拳头",既不符合裁判原则,亦违背司法行为应有的严谨、审慎之义。

从现实必要性来看,停止侵害的目的在于保护权利人的合法权益,而当侵权行为已经停止时,客观上已经实现了权利人所请求的效果,同时也实现了该责任想达到的保护当事人合法权益的目的。若再行判令停止侵害也不会对权利人产生额外和有效的保护,只会导致社会资源、司法资源的不必要浪费,甚至引发双方矛盾的进一步升级。

【典型案例96】

在北京市海淀区人民法院审理的(2017)京0108民初15648号优酷公司诉百度公司侵害作品信息网络传播权纠纷一案中,优酷公司主张百度公司运营的百度网盘中存在大量侵害优酷公司享有信息网络传播权的《三生三世十里桃花》电视剧链接,其向百度公司发送侵权通知后,百度公司未及时删除侵权内容,亦未采取封禁或屏蔽措施,侵害其信息网络传播权。诉讼中,经双方核查,百度公司已经断开了涉案侵权链接。法院认为,百度公司在应当知道用户利用百度网盘侵害涉案作品信息网络传播权情况下,未采取屏蔽措施制止,导致损害后果发生,应与用户承担连带责任。而对于优酷公司要求停止侵权的主张,一方面,鉴于百度公司已断开了全部涉案链接,且已对反复侵权的用户采取了限制分享、封禁措施,故用户的直接侵权行为已经处于停止状态;另一方面,由于帮助侵权行为以直接侵权行为的存在为前提,在用户的直接侵权行为业已停止的情况下,百度公司在本案中的帮助侵权行为亦不可能单独继续存在。由此可见,优酷公司上述有关停止侵权的请求现已得到实现,法院无须再行予以判令。故对优酷公司要求停止侵权的主张未予支持。

2. 对侵权行为是否已经停止的查明

由于停止侵害责任的承担以侵权行为仍在持续为前提,则在对该责任是否承担作出判定前,首先应当对侵权行为状态进行查明,即判断侵权行为是否已经停止。此外,如果侵权行为确已停止,则还需要查明其停止的时间。

(1)查明的意义

首先,侵权行为是否已经停止,以及在停止情况下具体停止时间的查明,对于赔偿责任的承担具有重要意义。一方面,其在部分情况下影响损害赔偿责任的承担与否。根据《信息网络传播权保护条例》的规定,提供信息存储空间的网络服务提供者适用"通知与删除"规则,即当其在收到权利人的侵权通知后及时停止侵权行为,主观不具有过错,则不再承担损害赔偿责任。另一方面,其往往影响最终判赔数额。侵权行为发生期间(如影视剧热播期)及其持续期间的长短,通常可以作为判定赔偿数额的重要依据,从而影响原告损失或被告获利数额的认定。另外,收到原告的侵权通知或起诉状后是否停止侵权,可以反映行为实施者的主观过错,主观过错对赔偿额具有一定的影响,特别是在法定赔偿的情况下,是酌情提高判赔金额的一项重要考量因素。

其次,该事实的查明还有可能对原告的程序性权利产生影响。即使案件仍在审理过程之中,尚未作出判决,一旦查明侵权仍在继续,而任由侵权行为继续可能会给权利人造成重大或者难以挽回的损失,这种情况下,原告可以申请诉中行为保全,法院可以依法发出"诉讼禁令",禁止侵权行为继续实施。此外,在明确侵权行为已经停止的事实以及停止时间后,如果后续再发生侵权行为,原告可以将在后行为作为新的侵权行为另行起诉,并就新产生的损害获得新的赔偿。这对权利人而言,无疑是更加强力和充分的保护。

最后,对该事实的审查还直接影响法律适用问题。2020 年《著作权法》于 2021 年 6 月 1 日施行,新、旧法的衔接和法律的适用时间效力是备受关注的问题。根据《著作权民事纠纷司法解释》第 29 条的规定,如侵权行为结束时间在新法施行前,则应沿用旧法,而如果侵权行为持续至新法施行后,则应适用新法对其进行认定和判断。

(2)查明的方式

针对侵权行为的状态,一般先由双方进行明确,如双方对行为状态没有争议则可以对无争议事实予以直接认定。如果双方对此无法达成一致意见,则需要通过双方举证予以审查。此时需要合理分配双方举证责任。基于当前互联网技术的发展,侵害著作权行为在线上、线下均较为普遍。基于两种行为的不同特性,对于侵权行为状态审查中,线上、线下侵权行为的审查标准和举证责任亦有所分别。

针对线上的侵害著作权行为,由于互联网自身特点,被告一旦在网络上实施了被诉侵权行为,则相关作品或制品即处于公开且持续传播状态。此时,如果没有积极行为对此予以制止,包括屏蔽、删除等,则该传播行为将始终保持在持续状态,即处于持续侵权中。此时,停止侵害这一行为,属于积极事实,需由被告对此进行举证证明。如被告通过提交相关后台操作记录或浏览相关网页的现状等证据能够证明被诉信息网络传播行为已经处于停止状态,则对该事实予以认定。如果原告坚持被诉行为仍在持续,则还是按照“谁主张,谁举证”的原则,由原告提交相关证据,对侵权行为持续这一积极事实予以证明。

针对线下的侵害著作权行为,一般表现为对作品或制品的原件或复制件的发行、销售等。该类行为的停止,客观上仅需原告停止持续实施即可实现,无须通过另行施以其他积极行为予以介入,因此属于消极事实,且被告也无法对自己已不再实施被诉行为进行举证。因此,通常情况下,此时仅需被告明确表示其已经停止被诉行为且承诺不再实施即可。如果原告对此不予认可,则应举证证明被告仍存在持续实施侵权行为的事实。

如果双方对停止情况及时间存在较大争议,可能会对对方提交的如截图、照片等的真实性不予认可,并多轮提交反证。因此,若一味要求双方提交公证书等证据来证明侵权行为的持续或停止等事实,一方面导致当事人的诉讼成本提高,另一方面很有可能会影响诉讼的进程。此外,在互联网环境下,侵权行为具有即时性、容易变动性的特点,侵权行为的发生和停止均可能在一瞬之间。当事人的举证有可能受到不同的网络环境、时间空间等客观条件的影响,对相关事实予以固定的机会也很可能稍纵即逝。因此,出于便捷、经济等方面的考虑,可以在双方认可的情况下,由法院主持,在法院的网络环境下对某些争议事实进行现场勘验,并进行即时固定,从而保证事实查明的公正、客观、高效。

3. 责任范围

(1)停止侵害责任的范围划定

一方面,停止侵害责任应限定在原告主张、案件审理及最终认定构成侵权的行为范围内。这是基于民事诉讼"不告不理"的原则,也是对"诉、审、判相一致"原则的贯彻执行。另外,对停止侵害责任的明确限定也有利于原告对本案中未予主张的其他侵权行为另行起诉,从而在另案中获得对应赔偿,实现对权利的充分救济。

另一方面,停止侵害责任应明确、具体。这是基于最终对该项责任执行的考量。如果最终责任范围判令较为模糊,则很容易导致侵权人通过变更部分行为手段而实施性质相同的侵权行为,进而导致最终责任承担及权利救济之目的落空。因此,只有在最终判令的行为清晰、明确、具有针对性和可执行性的情况下,才可以有效制止侵权行为的持续和损害的扩大,真正实现当事人诉讼的目的。

(2)对于诉讼中重复侵权之停止侵害责任的承担

司法实践中,诉讼中停止侵权后又再次重复实施侵权行为的现象并不鲜见。此时,基于诉讼便利的考量,法院通常会建议原告将在后的侵权行为作为正在审理案件中新的事实一并主张,在双方均不持异议的情况下一并进行审理。同时,如最终被诉行为被认定侵权,则将重复侵权的事实作为认定被告主观恶意的重要因素,并在确定赔偿数额时提高判赔数额,甚至在情节严重的情况下适用惩罚性赔偿。

二、停止侵害责任的例外

我们认为,停止侵害虽然是权利人当然享有的权利救济方式,但其仍可能在利益平衡后存在责任承担的例外。如果被告停止被诉侵权行为可能有悖公序良俗,或者违反比例原则的,可以不判令停止侵害,宜根据案件情况从高确定赔偿数额或者判令被告支付相应的对价。

(一)停止侵害例外的考量因素

1. 公序良俗

公序良俗是指国家公共秩序和社会一般道德,即社会公共利益的考量。此种考量侧重于相关行为的社会效果。当作品或其他著作权保护客体具有一定的公共利益属性,如果判令停止侵害责任会严重影响该种公益性的发挥或者对相关行业市场秩序产生严重的不利影响时,则可作为停止侵害的例外。

【典型案例97】

在北京市第一中级人民法院审理的(2012)一中民初字第9670号北京百新艺文化艺术有限公司(以下简称百新公司)诉北京市房山区原人口和计划生育委员会(以下简称房山计生委)侵害著作权纠纷一案中,百新公司向房山计生委提交了其公司设计的"休闲椅——家"作品后,房山计生委未通知百新公司采纳其作品而擅自将该作品竖立于房山区人口文化园,百新公司认为房山计生委该行为侵害其对该作品享有的著作权,故请求判令房山计生委停止侵权、赔偿损失等。法院经审理认为,房山计生委该行为侵害了百新公司的署名权、复制权、展览权。但房山计生委建设的房山区人口文化园属于供公众参观或了解我国人口计划生育政策的公益性公共设施,其建设资金源于国家拨款。现房山区人口文化园中的设施已被建成,如判决要求房山计生委拆除相关设施,将造成国家已投入建设资金的损耗,并对公共利益造成一定影响。在此种情况下,百新公司要求房山计生委拆除相关设施的诉讼请求缺乏合理性。故对百新公司要求停止侵权的主张未予支持。

2. 比例原则

比例原则也是对于公益和私益之间的衡量,更侧重于对相关行为的经济价值的判断,即如果为实现停止侵害的成本过分高于该权益本身以及权利人因侵权行为遭受的损失时,就需要慎重考量是否判令停止侵害责任的承担。

【典型案例98】

在北京市高级人民法院审理的(2015)高民(知)终字第1039号陈喆诉余征、湖南经视文化传播有限公司等侵害著作权纠纷一案中,法院对"停止侵害及其例外"作出了分析:著作权,从权利性质划分上属于排他性的绝对权,当该种权利受到侵害时,停止侵害请求权是著作权自身具有的保护性请求权。因此,停止侵权责任是侵权人应当承担的民事责任。但是如果停止有关行为会造成当事人之间的重大利益失衡,或者有悖于社会公众利益,或者实际上无法执行,可以根据案件具体情况进行利益衡量,不判决停止行为,而采取更充分的赔偿或者经济补偿等替代性措施。权利人长期放任侵权、怠于维权,在其请求停止侵害时,倘若责令停止有关行为会在当事人之间造成较大的利益不平衡,可以审慎地考虑不再责令停止行为,但不影响依法给予合理的赔偿。停止侵害责任仍然是著作权侵权中首要和基本的救济方式,侵权人不承担停止侵权责任是一种基于利益衡量之后的政策选择,是一种例外情形,应当严格予以把握。是否对权利人的停止侵害请求权加以限制,主要考量的是个人利益之间的利益平衡以及个人和社会公众利益之间的平衡。

(二)停止侵害责任例外的补偿

停止侵害责任作为权利人天然的救济方式,是权利人维权的根本目的。如不判令停止侵害,将导致侵权行为的持续发生,从而造成权利人损害的持续产生。因此,为弥补因停止侵害的例外所造成的这一损失,一般会在损害赔偿中给予权利人对应的补偿,即提高侵权人的判赔数额,或由侵权人支付相应的对价。

但即便存在金钱弥补,由于该例外严重影响了权利人的权利救济,故应当充分考量和平衡各方利益因素,审慎适用。同时在具体适用中应当尽可能对范围、方式予以明确、限缩,以免滥用和泛化而转化成为强制许可。

第二节 损害赔偿责任的确定与顺位

一、损害赔偿责任的确定原则

(一)责任承担的原则

虽然侵害著作权行为的性质认定以及停止侵权责任的承担,均不以侵权人存在主观过错为前提,但损害赔偿责任的承担仍以过错原则为归责原则。《北京高院著作权审理指南》第8.2条也规定,被告承担损害赔偿责任,应当以被告存在过错为前提。这一规定主要针对帮助侵权情况下赔偿责任的承担问题。

由于著作权的无形性特点,对于平台方等一般情况下根本无法完全审查第三方直接侵权人所发布的内容是否存在侵害他人著作权的情形,如经过审查平台方等已完全尽到合理的注意义务,对其损害赔偿责任可予以免除。例如,《信息网络传播权保护条例》第22条规定,对于提供信息存储空间的网络服务提供者,在满足法定条件的情况下,可不承担赔偿责任。

此外,损害赔偿作为对权利人因侵害著作权行为所造成的经济补偿,应以侵权行为实际给权利人造成了损害为前提。被告仅侵害著作人身权的,一般不判令其承担损害赔偿责任。这一规定也是损失填平原则的体现。

【典型案例 99】

在北京市海淀区人民法院审理的(2006)海民初字第 23116 号董看看(笔名早早)诉周剑峰侵害著作权纠纷一案中,董看看主张周剑峰未经许可在《教你诈》封面上使用了《新解》和《智慧》封面的基本特征和实质部分,侵犯了其对上述作品享有的署名权、保护作品完整权等权利,故请求判令周剑峰停止侵权,公开致歉,赔偿经济损失、精神损害抚慰金及合理开支。法院经审理认为,周剑峰在其设计的《教你诈》一书封面上,未经许可对《新解》和《智慧》的封面进行了使用,且未为董看看署名,其行为侵犯了董看看所享有的著作人身权,依法应当停止侵权、赔礼道歉,并承担董看看在本案中的合理支出。董看看基于其享有的著作人身权要求周剑峰赔偿其经济损失缺乏法律依据,故未支持其赔偿经济损失的诉讼请求。

(二)赔偿数额责任确定的原则

著作权损害赔偿责任的司法认定应体现“补偿为主、惩罚为辅”的原则。而其数额的确定,基于损失填平原则,应当以弥补权利人因侵权受到的损害为基本标准,这也是基于民事侵权赔偿制度中作为核心的补偿受害人损失之目的。另外,由于当前对于知识产权的保护力度不断加大,为了打击恶意侵害著作权行为,2020 年《著作权法》中引入了惩罚性赔偿制度,因此,在赔偿数额的确定上,如符合惩罚性赔偿适用要件,还可在填平损失的基础上体现惩罚性因素,确定最终的判赔数额。

《北京高院著作权审理指南》第 8.3 条第 1 款规定,确定赔偿数额应当以能够弥补权利人因侵权而受到的损失为原则,但法律另有规定的除外。《北京高院损害赔偿指导意见》第 1.1 条规定,确定损害赔偿坚持知识产权市场价值导向,遵循填平原则,体现补偿为主、惩罚为辅的损害赔偿司法认定机制。被告因过错侵害他人知识产权或实施不正当竞争行为,且造成损害的,应当承担损害赔偿责任。

二、损害赔偿责任的确定方法及适用顺序

（一）赔偿确定的基本方法及顺序

1. 确定方法

根据2020年《著作权法》第52条、第53条之规定，侵害著作权中损害赔偿的确定方法包括实际损失、违法所得、权利使用费、法定赔偿和惩罚性赔偿五种。司法实践中还存在裁量性赔偿、约定赔偿等损害赔偿的适用情形，例如，《北京高院著作权审理指南》第8.4条、第8.8条以及《北京高院损害赔偿指导意见》第1.8条明确了裁量性赔偿的确定方法；《北京高院损害赔偿指导意见》第1.21条还规定了约定赔偿的适用。

【典型案例100】

在北京知识产权法院审理的（2015）京知民终字第925号海南海视旅游卫视传媒有限责任公司（以下简称海南旅游卫视公司）诉浙江爱美德旅游用品有限公司（以下简称爱美德公司）、北京京东叁佰陆拾度电子商务有限公司侵犯著作权纠纷一案中，海南旅游卫视公司主张爱美德公司的商标侵害其台标的著作权，并在二审中明确其作为权利人已选择以侵犯著作权为由提起诉讼，将不再以侵犯未注册商标为由提起诉讼而另外要求赔偿。法院经审理认为，法律赋予了法官在权利人的实际损失或者侵权人的违法所得不能确定的前提下，进行酌定赔偿数额的权力，这既是对法官司法裁量权的赋予也是对司法裁量权的限制，避免法官拒绝裁判的尴尬，也是快捷解决纠纷的需要，因此，该定额不能突破。但本案中海南旅游卫视公司为自己的主张积极进行举证，在案证据证明爱美德公司每年生产的涉案箱包产量超过200万件，数量巨大。海南旅游卫视公司认为结合在案证据显示的涉案商品的价格，按爱美德公司每件涉案箱包因侵犯涉案台标著作权获利1元计算，可以认定爱美德公司因涉案侵权行为获得的利润为200万元符合常理。虽然权利人主张的是侵犯著作权纠纷，但爱美德公司以商标使用的方式进行使用，在权利人的损害范围界定上可能会出现损害范围的重合。海南旅游卫视公司在二审庭审中承诺不会再以侵犯未注册驰名商标为由起诉爱美德公司。在此前提下，一审法院在50万元以上酌情予以确定赔偿额所综合考虑的涉案台标的独创性程度及知名度、爱美德公司对涉案图标的使用方式、使用持续时间、涉案台标艺术美

感等因素应该是涉案台标对爱美德公司侵权违法所得的贡献因素的考量,是对侵权违法所得的酌定。一审确定爱美德公司赔偿海南旅游卫视公司经济损失及合理费用200万元并无不当,二审予以维持。

2.适用顺序

对于2010年《著作权法》规定的赔偿确定方式是否有适用的先后顺序的问题,有观点认为应当严格按照先"实际损失",后"违法所得",再"法定赔偿"的顺序来确定赔偿数额,仅在前一方式无法确定的情况下才可适用后一方式,这也是2010年《著作权法》第49条中规定的适用顺序。此种观点属于立法论解释,即从法律条文含义出发,认为应当严格遵循上述顺序。但是,在司法实践中,如果严格按照该种适用顺序,则也存在一定的问题。

一是从司法实践来看,由于著作权损害赔偿的举证较为困难,权利人往往难以充分举证来精确量化自身的实际损失,严格适用法律规定的顺序为权利人的维权举证设置了一定的障碍。同时,法院若必须从第一顺位的损害赔偿开始进行依次审理,也影响了司法审判效率。

二是从市场利益角度来看,权利人的实际损失和侵权人的违法所得本质上不能截然分割,甚至在部分情况下互为因果,侵权人通过使用权利人作品获得的市场利益通常情况下是权利人遭受的损失。

三是从权利保护角度来看,在部分情况下,依据双方在案件中提交的相关证据进行计算,得出的权利人一方实际损失的数额,有可能远小于侵权人的违法所得。例如,某部票房总额极高的电影未经许可使用了某部名不见经传的小说的主要内容。侵权作品的违法所得数额可能远远超过权利人的实际损失,如机械适用上述顺序,可能导致权利人仅能获得较低数额的赔偿。

基于上述分析,2018年第四次全国法院知识产权审判工作会议中明确,"要合理把握相关知识产权法律规定的损害赔偿计算方法适用顺序,减轻权利人证明负担,权利人在具体案件中选择了具体赔偿计算方法的,可以推定前序方法计算的损害赔偿数额难以确定,但有相反证据的除外"。也就是说,虽然《著作权法》规定了损害赔偿的顺序,但是当事人可以对法律规定的损害赔偿方法进行选择,对后序顺位损害赔偿方法的选择意味着对前序顺位的损害赔偿方法不再主张。

在2020年《著作权法》中,对于权利人的实际损失和侵权人的违法所得也不再规定适用顺序,而是给了权利人一定的选择空间。这既鼓励了权利人在二者中择一较高数额主张赔偿，也有效避免了严格适用顺序规则下可能出现的依据现有证据，可计算权利人损失数额低于侵权人获利数额，放任侵权人违法成本远低于违法所得情况的发生，为更合理适用赔偿条款提供了明确、直接的依据，也更符合《著作权法》保护权利的立法目的。

（二）实际损失

权利人因被侵权所受到的实际损失主要是利润损失。《著作权民事纠纷司法解释》第 24 条明确了实际损失的具体计算方式，即权利人的实际损失，可以根据权利人因侵权所造成复制品发行减少量或者侵权复制品销售量与权利人发行该复制品单位利润乘积计算。发行减少量难以确定的，按照侵权复制品市场销售量确定。《北京高院著作权审理指南》第 8.5 条规定了更为细化的方法，包括：(1) 侵权行为使权利人实际减少的正常情况下可以获得的利润，但权利人能够举证证明其获得更高利润的除外；(2) 侵权行为直接导致权利人的许可使用合同不能履行或者难以正常履行，从而产生的预期利润损失；(3) 参照国家有关稿酬规定计算实际损失；(4) 权利人因侵权行为导致复制品销售减少的数量乘以单位利润之积；(5) 侵权复制品销售数量乘以权利人销售复制品单位利润之积等。但从相关案件的实际情况看，权利人的具体损失数额在实际举证证明时确实存在一定难度，权利人损失在实际举证方面仍存在较大困难。当然，这在一定程度上是知识产权的无形性及其价值难以简单评定的特点导致的。即使是同一部作品，在不同时期、不同市场、不同使用方式或不同使用主体的情况下，所对应的市场价值也可能具有极大的差异。例如，同样一部美术作品，被用于某小型网站的背景装饰，与被用在高速公路旁的大型户外广告之上，即使同为未经许可的侵权使用，所对应的赔偿数额也很可能有数十倍、几百倍甚至更大的差距。

【典型案例 101】

在湖北省高级人民法院审理的（2015）鄂民三终字第 158 号安少康诉长江文艺出版社有限公司、海豚传媒股份有限公司侵害著作权纠纷一案中，安少康主张二被告在双方《图书出版合同》期满后，在未通知安少康的情况下擅自复制、发行涉案图书，侵害其著作权。关于赔偿数额，二被告认为应在法律规定的范围内承担相应的赔偿责任，一审按照版税 7% 的 3 倍计算损失不符合相关规定。安少康认为,一审判决确定的版税7%的3倍赔偿标准符合法律规定与本案实际。二审法院认为,安少康主张按照其实际损失即稿酬给予赔偿。国家版权局发布的《出版文字作品报酬规定》(1999年,已失效)第4条第1款、第3款分别规定:“支付报酬可以选择基本稿酬加印数稿酬,或版税,或一次性付酬的方式”“版税,指出版者以图书定价×发行数×版税率的方式向作者付酬。”第9条第1款还规定:“版税标准和计算方法版税率:(一)原创作品:3% -10%(二)演绎作品:1% -7%。”一审法院根据涉案翻译作品的知名度、印刷数量以及长江文艺出版社有限公司、海豚传媒股份有限公司的过错程度等因素,以演绎作品版税标准的上限7%,确定3倍的赔偿标准,虽未超出上述规定,但标准偏高,二审法院将付酬的版税率从一审确定的7%调整为4%,再确定3倍的赔偿标准。最终,二审法院认定二被告的侵权行为导致安少康所受损失可按照24元(图书定价)×120,000册(图书印数)×4%(版税率)×3(倍数)的方式计算,即345,600元。

(三)违法所得

1.具体计算方式

在知识产权侵权损害赔偿中,侵权人的侵权获利一般包括产品的销售利润、营业利润和净利润三种方式。由于三种利润相应的计算方式有所区别,计算后的金额也差别较大。考虑到财务费用、管理费用一般在企业支出中占有相当大的比例,而正常情况下这些费用确实为被告的实际支出,因此应当将其从被告侵权所获利润中相应减掉,[①]即以被告的营业利润作为赔偿数额;如果被告侵权情节或侵权后果严重,或者完全以侵权为业,可以以侵权产品销售利润作为赔偿数额;如果侵权情节轻微,且诉讼期间已经主动停止侵权的,可以考虑以净利润作为赔偿数额。

《北京高院著作权审理指南》第8.6条规定,通常依据侵权人因侵权行为获得的利润计算“侵权人的违法所得”。若在案证据证明侵权人存在明显侵权恶意、侵权后果严重的,可以直接依据因侵权行为所获得的营业收入计算其违法所得。《北京高院损害赔偿指导意见》第1.7条第2款规定,确定侵权人的获利,一般以营业利润为准;被告完全以侵权为业的,可以以销售利润为准。

---

① 参见陶凯元主编:《最高人民法院知识产权司法解释理解与适用(最新增订版)》,中国法制出版社2016年版,第81页。

【典型案例102】

在北京市高级人民法院审理的(2013)高民终字第3133号台湾三民书局股份有限公司(以下简称三民书局)诉韩兆琦、中华书局有限公司(以下简称中华书局)等侵害著作权纠纷一案中,三民书局主张其经韩兆琦受让获得其文字作品《新译史记读本》(又名《新译史记——一八》)的全部著作财产权,但其在大陆发现由中华书局出版、署名韩兆琦译注的全本全译全注《史记》(以下简称三全本《史记》),其中内容与涉案作品内容一致。一审法院认为,中华书局在取得韩兆琦授权的情况下出版三全本《史记》的行为,已经尽到合理注意义务。现有证据不足以证明中华书局存在主观过错,但中华书局仍应承担返还利润的民事责任。关于返还利润的具体数额,考虑到书籍的出版营销与出版者的资信、作品的类型和质量、作者的知名度等多种因素相关,且三全本《史记》与《新译史记——一八》并非完全相同的作品,故在综合考虑上述因素的基础上对中华书局应当返还利润的数额予以确定,最终判令中华书局向三民书局返还因侵权行为所得利润人民币50.4万元。二审法院认为,虽然在案证据不足以证明中华书局存在主观过错,但中华书局出版三全本《史记》的行为确实在客观上侵害了三民书局对《新译史记——一八》享有的著作财产权,且中华书局未举证证明其出版行为没有获得利润,故原审法院根据上述规定判令中华书局承担返还侵权利润的民事责任,于法有据,故维持原判。

2. 因果关系的考量

在以侵权人的获利作为计算依据时,还应当关注侵权复制品销售利润或营业利润与侵权行为之间的因果关系。根据《北京高院损害赔偿指导意见》第1.7条之规定,在实际损失和违法所得计算中,应当考虑知识产权的市场价值、贡献率等合理因素,即要充分考量实际损失和违法所得与侵权行为之间的因果关系。尤其在部分侵权的情况下,权利作品在侵权作品中所占比例、侵权复制品销售的范围和数量与权利作品本身的知名度和独创性的关系等因素,也直接影响最终赔偿数额的认定。

(四)权利使用费

权利使用费用原先是作为实际损失的考量因素,用以确定实际损失的具体数额,2020年《著作权法》将其作为赔偿数额的确定方式之一,既是考虑到了权利使用费用与实际损失之间的性质差异,也是与《专利法》《商标法》等知识产权法律体系中赔偿数额确定机制相统一。

将许可使用费作为赔偿数额计算依据时,重点是判断许可使用费的合理性和可比性。《北京高院损害赔偿指导意见》第1.9条规定,认定合理的使用费,可以综合考虑下列因素:(1)许可使用合同是否实际履行,有无发票、付款凭证等相应证据;(2)许可使用合同是否备案;(3)许可使用的权项、方式、范围、期限等因素与被诉行为之间有无可比性;(4)许可使用费是否为正常的商业许可费用而未受到诉讼、并购、破产、清算等外在因素的影响;(5)许可人与被许可人之间是否存在亲属关系、投资或关联公司等利害关系;(6)其他因素。《知识产权民事证据规定》第32条①除了列出上述类似因素外,还增加了"行业许可的通常标准"的考虑因素,上述规定都可以在司法实践中予以参考。

需要指出的是,以权利使用费作为计算依据确定的赔偿数额一般应高于权利使用费本身,主要是为了让侵权人认识到,与其侵权使用后支付高额的损害赔偿金,不如在先寻求合法的知识产权许可,通过支付合理许可费的方式使用相关知识产权,从而促使相关市场主体回归正常的市场竞争与交易秩序。

【典型案例103】

在最高人民法院审理的(2017)最高法民申2348号李艳霞诉吉林市永鹏农副产品开发有限公司及第三人南关区本源设计工作室侵害著作权纠纷一案中,法院经审理认为,本案所涉侵权行为系擅自将他人作品用作商标的行为。在使用许可合同中,作品的独创性可能对商标显著性有影响,作品的知名度对商标的知名度有贡献,均可作为作品价值的参考要素,体现在许可使用费中。如果是自行创作或委托创作,一般分为两阶段,商标设计制作和商标交付使用阶段。在商标设计制作阶段,设计人使用的是作品,其通过创作作品获得相应报酬,因此商标设计费是作品被用作商标的对价。在商标使用过程中,使用人主要使用的是商标而非作

① 《知识产权民事证据规定》第32条规定:当事人主张参照知识产权许可使用费的合理倍数确定赔偿数额的,人民法院可以考量下列因素对许可使用费证据进行审核认定:(一)许可使用费是否实际支付及支付方式,许可使用合同是否实际履行或者备案;(二)许可使用的权利内容、方式、范围、期限;(三)被许可人与许可人是否存在利害关系;(四)行业许可的通常标准。

品,其产生的价值应当主要属于商标价值而非作品价值。无论上述哪种情况,就作品权利人而言,当作品被他人擅自用作商标,丧失的既非出版稿酬,也非美术作品,而是许可他人用作商标的费用与机会。因此不宜以标有商标的包装袋数量作为侵权复制品的数量,应以作品授权许可费用作为标准计算本案损失,符合法律规定。一般认为,侵权复制者的成本较低,其授权作品的价格可能低于合法授权作品的价格,因此,可在参考该费用的基础上,考虑侵权行为的性质、影响等因素,乘以适当倍数,进行计算。

三、赔偿计算方法的选择与举证

(一)赔偿数额计算依据的选择

权利人在确定损害赔偿的计算依据时,从有利于其权利保护的角度出发,既可以选择一种计算依据,也可以同时主张多种计算依据计算赔偿数额;如果选择顺序在后的计算依据,则推定在前的计算依据难以确定,除非有相反证据。如果权利人的损失或侵权人的获利明显超出法定赔偿最高限额,则可以主张在此限额以上确定赔偿数额。如果侵权人存在故意侵权且情节严重,在惩罚性赔偿"基数"可以确定的情况下,权利人也可以主张适用惩罚性赔偿。

(二)赔偿计算方法的举证

当前,社会普遍认为侵害著作权的赔偿较低,举证较难。主要原因在于,证明权利人实际损失或违法所得的相关证据难以获得;法定赔偿的兜底和普遍适用使原告存在怠于举证的心态。此外,即便原告提交了相关证据,也不足以充分证明其主张的赔偿金额和计算方式,法院往往难以采纳相关证据并作出符合原告预期的判赔数额。因此,举证在损害赔偿中具有举足轻重的地位。

根据民事诉讼中"谁主张,谁举证"的基本原则,结合《北京高院损害赔偿指导意见》第1.3条、第1.5条之规定,原告对于其主张的赔偿数额、计算方法承担初步的举证责任。如仅提出赔偿数额,经释明后仍未提出具体赔偿计算方法且未提供相应证据的,对于其举证责任转移的主张,一般不予支持;即便原告不服一审判决赔偿数额提起上诉的,在无充分理由和证据时,二审法院对一审判决确定的赔偿数额一般不予调整。这既是对原告积极维权和积极举证的鼓励与鞭策,也是为法院查明事实作出合理判赔提供合理的基础和依据。

（三）证明赔偿数额的证据形式

1. 当事人可自行提交的证据

（1）常见证据形式

《知识产权民事证据规定》第 31 条规定，当事人提供的财务账簿、会计凭证、销售合同、进出货单据、上市公司年报、招股说明书、网站或者宣传册等有关记载，设备系统存储的交易数据，第三方平台统计的商品流通数据，评估报告，知识产权许可使用合同以及市场监管、税务、金融部门的记录等，可以作为证据，用以证明当事人主张的侵害知识产权赔偿数额。司法实践中，当事人自行提交的证据主要包括可以公开获取的上市招股说明书、上市公司财务报告、年度报告、第三方平台的统计数据、网络公开报道、第三方平台显示的被诉商品销售数据、知识产权许可使用合同等，这些当事人可以公开获取的信息，有助于法院查明权利人的损失或侵权人的获利等情况。

（2）相关宣传证据的认定

对于当事人提交的特别是关于被告进行自我宣传的相关证据，考虑到被告可能存在夸大宣传的情况，一般情况下，该类证据反映的相关数据还需结合其他证据，从证据链条的角度并结合证明责任的分配，综合判断相关数据的真实性和可参考性。

（3）其他证据形式

除了常见证据形式外，实践中也出现了当事人提交经济学分析报告证明案件事实的做法。从司法实践可以看出，当事人已经具备将经济学分析报告引入诉讼的意识和主动性，虽然相关实践尚集中在实体行为定性方面，但未来，当事人可以在损害赔偿数额确定的定量问题方面，进行进一步探索，为损害赔偿数额的确定提供更加精细和科学的参考依据。例如，在广东省高级人民法院审理的（2018）粤民终 137 号广州网易计算机系统有限公司（以下简称网易公司）诉广州华多网络科技有限公司（以下简称华多公司）侵害著作权及不正当竞争纠纷一案中，网易公司与华多公司均在二审期间提交了经济学分析报告，华多公司提交的经济学分析报告认为，游戏直播不会对游戏产生替代作用，而是具有积极促进作用，华多公司被诉游戏直播行为对涉案游戏被诉不具有替代作用，且游戏主播创造的价值中，主播所占价值比例远高于游戏所占价值比例。网易公司的经济学分析报告主要从调查对象不具有代表性、样本数量较小、问卷设计不合理、调查方式存在缺陷等方面对华多公司的经济学报告进行反驳。

2. 申请法院调取的证据

根据《民事诉讼法》的相关规定，当事人无法自行收集的证据，可以申请人民法院调查收集。需要强调的是，此处调取证据是指向案外第三方主体进行调取，而非向被告调取，如果是要求被告提交相应证据，则应适用下文关于举证责任分配和转移的相关规则，而非该部分中的调查收集证据。

【典型案例 104】

在江苏省苏州市中级人民法院审理的(2015)苏中知民初字第201号苏州蜗牛数字科技股份有限公司(以下简称蜗牛公司)诉成都天象互动科技有限公司(以下简称天象公司)、北京爱奇艺科技有限公司(以下简称爱奇艺公司)侵害著作权一案中，一审法院依据蜗牛公司的申请，调取了2015年7月至2016年7月被告公司相关专用银行账户之间的资金往来情况、增值税专用发票开具情况清单及增值税专用发票认证情况清单，依据前述银行账户资金往来情况，2015年7月至2016年1月，天象公司于2015年11月5日分两笔支付给爱奇艺公司共计7,154,113.68元，用途均标明为结算款。依据前述增值税专用发票开具及增值税专用发票认证情况，2015年7月至2016年1月，天象公司共向爱奇艺公司开具增值税专用发票26份，共计价税金额16,917,299.33元。天象公司认证爱奇艺公司开具的增值税专用发票47份，共计价税金额40,871,859.22元。从双方《手机网络游戏合作协议》中关于分成1∶6比例及方式的约定可知，天象公司向爱奇艺公司实际支付分成金额乘以4为双方游戏运营中由天象公司负责运营渠道部分的游戏总收入(扣除3%作者成本、自运营部分的渠道成本及呆账)，两者相互开具增值税专用发票总额乘以4为双方就游戏运营实际获得的分成总收入(扣除3%作者成本、自运营部分的渠道成本及呆账)，依据前述银行账户资金往来情况数额乘以4得28,616,454.72元；依据天象公司开具给爱奇艺公司增值税专用发票总额乘以4得67,669,197.32元，依据天象公司认证爱奇艺公司开具的增值税专用发票总额乘以4得163,487,436.88元，两项合计据此计算出双方的游戏总分成收入是231,156,634.2元，并以此作为计算被告违法所得的基数。

四、举证妨碍适用条件和后果

（一）知识产权领域中的举证责任分配规则

《知识产权民事证据规定》第 24 条规定，承担举证责任的当事人书面申请人民法院责令控制证据的对方当事人提交证据，申请理由成立的，人民法院应当作出裁定，责令其提交。第 25 条规定，人民法院依法要求当事人提交有关证据，其无正当理由拒不提交、提交虚假证据、毁灭证据或者实施其他致使证据不能使用行为的，人民法院可以推定对方当事人就该证据所涉证明事项的主张成立。2020 年《著作权法》第 54 条第 4 款中亦规定，人民法院为确定赔偿数额，在权利人已经尽力举证，而与侵权行为相关的账簿、资料主要由侵权人掌握的情况下，可以责令侵权人提供与侵权行为相关的账簿、资料。《北京高院著作权审理指南》第 8.7 条及《北京高院损害赔偿指导意见》第 1.27 条亦对举证妨碍规则作出了细化规定。根据上述规定，权利人应当首先对其主张的赔偿数额和计算依据承担证明责任，而在原告已经尽力举证、相关证据由被告持有的情况下，可以申请法院责令被告提交相关证据，即将举证责任转移至被告，由被告承担消极、懈怠举证的法律后果。

司法实践中，权利人申请法院责令被告提交相关证据的情形比较常见。关于提交财务账册等相关资料的问题，不论是原告还是被告，都不愿意主动提交自己的财务账册；即使法院保全被告的财务账册，被告也认为应当经过审计，区分因涉案行为和其他经营活动导致的财务数据变化。甚至有半数以上的互联网企业认为，目前大部分互联网企业的账面资产处于亏损状态，即使实施了侵犯知识产权的行为，也难以计算出被告的违法获利。从司法实践来看，法院对于被告提交的财务账册等资料的处理规则不尽相同，对于该类证据是否采纳及其认定仍需结合具体案件情况区别处理。

【典型案例 105】

在广州知识产权法院审理的（2015）粤知法著民初字第 16 号网易公司诉华多公司侵害著作权及不正当竞争纠纷一案[①]中，一审法院责令华多公司提交其持有

① 二审审理情况参见广东省高级人民法院民事判决书，（2018）粤民终 137 号。

的直播获利部分财务账册资料，华多公司提交了自2012年11月24日至2014年11月24日321个主播人员分成收入清单和YY游戏直播成本利润财务报表，但对该报表的审计结论是，梦幻西游直播收入为5,966,735.43元，扣除成本费用，经营利润(损失)为-5,183,913.76元。法院认为，根据此两项关于被告获益的结论，与法院根据华多公司关联方欢聚时代公司(YY,Inc.)被美国证券交易委员会公开的2012~2014年财务年度报告所记载的信息，两年期间游戏直播业务毛利润合计10,325万元。根据华多公司的“官方资讯”等证据，华多公司因组织播放梦幻西游的获利估算为1893万元，而以主播的佣金收入等进行核算，相关结果也对该估算结果进行印证，可以作为酌情确定赔偿数额的基础。而华多公司提交的相关财务资料缺乏相应旁证予以佐证，审计报告据以得出结论的资料也可能存在资料不全面的问题;而且此两者关于经营获益的结论与上述估算结果存在很大差异。而上述估算结果所依据的是华多公司的关联企业非因本案纠纷主动公布的财务报表，其证明力显然大大强于华多公司在本案中提交的相关财务资料。因此，法院对责令被告提交的财务资料未予采信。

(二)消极举证的不利后果

法院责令被告提交相关证据的时间通常是在一审程序中，实践中不乏出现被告在一审中怠于举证，直至被告被判定高赔偿额后，进而在二审程序中大量补充证据的情形。对此，根据《北京高院损害赔偿指导意见》第1.28条之规定，法院在一审程序中责令被告提交相关证据，如果当事人无任何合理理由消极举证，在法院向其充分释明其怠于举证的不利后果的情况下，法院将对其在二审程序中提交的、本应在一审程序中主动提交的相关证据，不予采纳。以此对当事人无视法律规定的行为予以震慑，充分发挥举证责任分配规则对当事人积极举证的引导作用。

对于当事人举证不完整、不真实的情况，实践中，法院亦会充分运用举证责任分配规则和调取证据手段查明案件真实情况，并在赔偿数额计算中予以考虑。

【典型案例106】

在北京市海淀区人民法院审理的(2018)京0108民初64742号乐玩新大地(北京)科技有限公司(以下简称乐玩公司)诉金刚时代文化传播(北京)有限公司

(以下简称金刚时代公司)等侵害著作权及不正当竞争纠纷一案中,金刚时代公司提交的证据显示涉案电影的分账收益为30万余元。法院认为,尽管该数额具有一定的参考意义,但并不当然应以其作为确定赔偿数额的唯一依据,否则在违法所得极低甚至为零的情况下,权利人的高额损失将无从弥补。这不仅明显有违公平,亦与相关法律规定的基本目的不符。尽管乐玩公司未提交充分证据证明其实际损失,但从本案侵权及不正当竞争行为的情节及后果判断,仅上述30万余元显然与乐玩公司所受经济损失存在较大差距。最终,法院重点考虑涉案游戏及角色的知名度和市场价值、涉案游戏角色形象在侵权影片中的贡献度、侵权影片需付费观看、侵权影片的传播范围和持续时间,最终酌情确定三被告就侵害著作权行为赔偿乐玩公司50万元。

需要明确的是,法院对权利人提交的各类证据进行审查判断的过程是在合理分配举证责任基础上,综合运用证据规则进行判断的过程。比如,原告提交的被告自行宣传的证据,一般情况下不宜单独作为认定赔偿数额的依据,但在原告已经尽力举证、而被告无合理理由拒不提交其持有的可以证明真实情况的相关证据的情况下,被告对外宣传的内容就可以作为证明其侵权获利的证据予以参考,被告应当自行承担其举证妨碍的不利后果。同时,法院也会从证据链条的角度,考虑各证据内容之间的关联性以及是否可以相互印证,并结合日常生活经验法则进行全面考量。

【典型案例107】

在北京市海淀区人民法院审理的(2016)京0108民初27959号东映动画株式会社、株式会社万代南梦宫娱乐诉北京有爱互娱科技有限公司(以下简称有爱公司)侵害著作权纠纷一案中,通过采信宣传被诉游戏的相关报道并以此作为证明被告获利可观的参考依据:结合相关宣传报道中有爱公司CEO对外公开表示被诉游戏《梦想海贼王》在2013年5月正式推出并提及被诉游戏“安卓版正式推出的第二个月,其月流水已经超过2000万元”;同时,有爱公司运营的“梦想海贼王”微信公众号于2013年7月4日至2016年11月17日持续发布《海贼王》动漫中人物、剧情以及《梦想海贼王》相关活动、攻略文章的事实,认定涉案行为持续时间长达3年多,结合手游的生命周期通常仅为6个月至1年,以此认定被诉游戏属于市场表现突出的手游。考虑被诉游戏在诉讼中多次更名以持续运营、被诉游戏几乎全部角色均使用权利作品中的角色形象美术作品等情节，认定有爱公司运营被诉游戏获利可观，最终法院同时结合权利作品的知名度、许可使用费等因素，判令有爱公司赔偿东映动画株式会社经济损失300万元。

五、裁量确定赔偿数额与法定赔偿

（一）裁量性赔偿

裁量性赔偿并非法律规定中的特定称谓，而是司法实践中使用的一种赔偿计算方式的称呼，关于其具体含义，《北京高院损害赔偿指导意见》第1.8条对裁量性赔偿作出界定，即“裁量性赔偿不是法定赔偿，属于对权利人的实际损失或侵权人的获利的概括计算”。之所以称为“裁量性”，一方面是由于现有证据可以对权利人的实际损失和侵权人的获利进行相对准确的计算，该种计算可能得出具体的数额，也可能得出合理的数额区间，且计算结果通常都高于法定赔偿最高限额；另一方面，该种计算虽具有一定计算公式，但在一定程度上仍是一种估算。故裁量性赔偿本质上仍是对权利人实际损失和侵权人获利的计算。司法实践中，在确定侵权损害赔偿数额时，要善于运用根据具体证据酌定实际损失或侵权所得的裁量性赔偿方法，引导当事人对于损害赔偿问题积极举证，进一步提高损害赔偿计算的合理性。权利人提供了用以证明其实际损失或者侵权人违法所得的部分证据，足以认定计算赔偿所需的部分数据的，应当尽量选择运用酌定赔偿方法确定损害赔偿数额。

【典型案例108】

在北京知识产权法院审理的(2017)京73民终1258号深圳市腾讯计算机系统有限公司(以下简称腾讯公司)诉暴风集团股份有限公司(以下简称暴风公司)侵害作品信息网络传播权纠纷一案中，腾讯公司经授权获得《中国好声音》第三季及相关衍生综艺节目的独家信息网络传播权，授权期限为3年，授权费为1.2亿元。该节目在国家版权局公布的重点影视作品预警名单中。截至起诉之日，该节目在腾讯公司网站上的单期播放量超过38亿次，单独一期的播放次数已超过4亿次。暴风公司未经许可在其运营网站中播放该节目，且在播放前出现45秒片头商业广告，播放过程中显示“暴风影音”水印。腾讯公司向暴风公司发送侵权通知后其仍未停止侵权行为。二审法院认为，可以采用裁量性赔偿的方法确定损害赔偿数额,具体内容包括:(1)腾讯公司并非涉案作品的著作权人,而是涉案作品信息网络传播权独占许可使用合同的被许可人,腾讯公司虽然没有将涉案作品许可他人进行信息网络传播,但其获得许可的对价是正常许可费的重要参考。(2)涉案作品进行信息网络传播的模式为“网民免费 + 广告收费”,这种经营模式,具有正当性,应当受到法律保护。在案证据显示,涉案节目的信息网络传播产生了极高的广告收益,该节目具有极高的商业价值。(3)暴风集团公司的侵权行为具有明显恶意。(4)暴风集团公司的侵权行为持续时间长、影响范围广,侵权期间处于涉案节目热播期间,话题度、点击率均处于较高水平。综合各项因素,确认腾讯公司因暴风集团公司涉案行为所遭受的经济损失明显超出著作权法定赔偿额的上限的认定正确,据此酌情确定的赔偿数额100万元并无不当。

(二)法定赔偿

从法律规定来看,法定赔偿应当是确定赔偿数额的最后方法,但从实践来看,北京市高级人民法院针对北京地区自2015年1月1日至2019年7月31日审结的知识产权民事案件所作调研显示,判决侵权人赔偿经济损失的案件中,以法定赔偿方式确定赔偿数额的案件约占比99.08%,侵害著作权案件中亦基本保持这一比例。造成这一现象除了当事人举证方面的原因之外,一方面是由于知识产权无形性的特点造成其价值难以确定,另一方面是由于影响赔偿数额的因素和变量过多,各项因素对赔偿的影响比例和数额界定难以精确计算,造成赔偿数额认定较难,最终导致赔偿计算方式向法定赔偿“逃逸”。但需强调的是,法定赔偿适用的前提应为实际损失或违法所得无法确定,在能够查明实际损失或违法所得部分参数时,应尽量采用裁量性赔偿方法确定赔偿数额,而不是直接转向法定赔偿。

1. 一般适用

法定赔偿有一定的数额区间,当采取法定赔偿的计算方法,确定最终赔偿数额时应严格限定在法定的区间范围内。2020年《著作权法》将法定赔偿的上限提升至500万元,并规定了法定赔偿的下限500元,进一步增强了对权利人的保障。

《北京高院著作权审理指南》第8.9条明确了法定赔偿的考量因素包括:(1)作品的类型、作品知名度和市场价值、权利人的知名度、作品的独创性程度等;(2)被告的主观过错、侵权方式、时间、范围、后果等;(3)其他因素。《北京高院损害赔偿指导意见》第1.12条也明确了权利、行为、过错、后果、因果关系等考量因素。

需注意的是，部分因素，如作品的学术价值、艺术成就、获奖情况、作者或创作人员的知名度、创作成本和难度等往往很难与市场价值高低建立直接、必然的联系，因此不能作为最终确定判赔数额的单一因素，需要结合其他证据谨慎使用。

【典型案例 109】

在浙江省高级人民法院审理的（2016）浙民终 118 号叶宗轼诉浙江冠素堂食品有限公司（以下简称冠素堂公司）著作权权属、侵权纠纷一案中，法院认为，冠素堂公司自开展观音饼生产、销售业务以来，一直在观音饼包装上使用《观音饼的由来》，观音饼故事是促使消费者选择购买冠素堂公司观音饼产品的一项重要因素。但冠素堂公司在经营观音饼业务的同时，开设有数十家经营烘烤类糕点、乳制品、饮料等的玛祖卡店。冠素堂公司的营业收入既包含观音饼销售收入，也包含经营玛祖卡店等其他业务的收入，故叶宗轼以冠素堂公司年度纳税申报表中的营业收入作为确定本案赔偿数额的基础，缺乏合理的依据。考虑到叶宗轼在以年度纳税申报表中的营业收入作为确定冠素堂公司侵权所得时，也是采用估算比例要求赔偿经济损失 100 万元，而采用冠素堂公司侵权所得还是法定赔偿只是计算方法不同，叶宗轼诉请的实质仍为要求赔偿经济损失，且冠素堂公司的侵权行为确实给叶宗轼造成了包括合理费用在内的经济损失，为减少讼累，维护权利人的权益，适用法定赔偿原则确定本案的赔偿数额。在综合考量涉案作品的类型、知名度，叶宗轼制止侵权行为的合理开支，冠素堂公司侵权行为持续时间、规模、过错程度以及使用侵权作品在观音饼销售中的作用等因素的基础上，酌情确定冠素堂公司赔偿叶宗轼经济损失及为诉讼支出的合理费用为 10 万元。

2. 具体适用

由于法定赔偿的酌定因素较高，对于法定赔偿数额的确定要保持裁判尺度的统一，也要区分个案情形，做到“同案同判、异案异判”。《北京高院损害赔偿指导意见》第 1.12 条规定，“法定赔偿数额的确定，应当遵循裁判标准一致性原则，综合考虑权利、行为、过错、后果、因果关系等因素，体现案件之间的相同点和不同点，合理确定赔偿数额”。针对不同类型的著作权保护客体，既要保持《著作权法》下整体判赔考量因素的统一，也要体现类型区分，针对不同客体可能存在特别的具体考量因素和参考标准；针对同一类型的客体既要保持客体内一般考量因素和判赔基准的统一，也要根据个案具体情形确定判赔数额。我们认为，不同作品法定赔偿的确定可分别考虑以下因素：

（1）文字作品。文字作品法定赔偿的特别考量因素还包括国家行政主管部门规定的稿酬标准、版税率、作品的类型、作品的创作难度、作品的篇幅等。

（2）音乐作品。音乐作品法定赔偿的特别考量因素还包括音乐作品的类型、音乐作品的曲长、音乐作品是否已由著作权集体管理组织管理等。

（3）美术作品。美术作品法定赔偿的特别考量因素还包括美术作品的类型、侵权商品中美术作品的贡献率等。

（4）摄影作品。摄影作品法定赔偿的特别考量因素还包括摄影作品的拍摄难度、摄影作品清晰度（格式、尺寸）、后期制作成本、被诉侵权作品清晰度、侵权商品中摄影作品的贡献率等。

（5）视频类作品、制品。视频类作品、制品法定赔偿的特别考量因素还包括：①视频的具体情况，如视频的类型、时长、票房收入、收视率、点击率、档期、是否属于国家行政主管部门发布的预警名单中的作品；②原告获得授权的具体范围及类型，如传播渠道、传播平台、是否可以转授权；③原告提供涉案视频的商业模式、收费标准；④被诉行为是否发生在热播期或热映期、被诉侵权视频的清晰程度、被诉侵权视频的影响力等；⑤其他因素。

【典型案例 110】

在北京市海淀区人民法院审理的（2017）京 0108 民初 15648 号优酷公司诉百度公司侵害作品信息网络传播权纠纷一案中，百度公司运营的百度网盘中存在大量侵害优酷公司享有信息网络传播权的《三生三世十里桃花》电视剧链接，优酷公司主张其在向百度公司发送侵权通知后，百度公司未及时删除侵权内容，亦未采取封禁或屏蔽措施，侵害其信息网络传播权。法院认为，根据证据及以下情节，可对赔偿数额的估算和裁量提供依据：第一，涉案作品具有较高的知名度和市场价值，优酷公司授权各视频平台播放的许可使用费从 1500 万元到 3200 万余元不等，各平台的播放量从 10 亿余次到 115 亿余次不等；第二，涉案侵权行为发生期间正值首轮播出及随后一段期间的热播期，且随着播放进度呈不断增长之势，足见侵权规模之大，损害后果之严重；第三，在总计 11,000 余条的涉案链接中，持续传播涉案作品超过 24 小时的有近 4000 条，超过两天的有 2000 余条，超过 3 天的有近千条,超过1周的有百余条,而持续的时间越长,给优酷公司造成的损失也就越大;第四,对于因未及时断开部分涉案链接,未屏蔽分享链接措施,以及未及时对侵权用户采取限制使用功能、停止服务而导致的相应侵权损害的产生和扩大部分,百度公司应当承担责任。综合上述因素,可确定优酷公司所受损失已明显超过50万元。同时应予考虑的是:第一,百度公司并非涉案侵权行为的直接实施者,其作为网络服务提供者,仅应承担与其行为及主观过错程度相适应的连带责任;第二,尽管百度公司对相应必要措施的采取存在不够全面、及时或缺失等问题,但从收到通知当日即予以断开的涉案链接达到64%等事实看,其对部分侵权行为已经采取了较为积极的制止措施,在一定程度上避免了更大损害后果的发生;第三,即使按照优酷公司主张的平均每条涉案链接的访问量为2000次到3000次进行统计,同时参考涉案作品对外许可的使用费金额以及各授权平台的播放数量,所能推算出的损失金额也远远难以达到该公司主张的2900万元。最终,结合以上各方面因素及在案证据,法院最终裁量确定赔偿金额为100万元。

第三节　惩罚性赔偿的条件与适用

2020年《著作权法》中引入了惩罚性赔偿制度的适用;2021年3月2日,《最高人民法院关于审理侵害知识产权民事案件适用惩罚性赔偿的解释》(以下简称《惩罚性赔偿司法解释》)发布,对惩罚性赔偿制度的适用作出了明确的指引。

一、惩罚性赔偿的条件

(一)程序性要件

惩罚性赔偿的启动条件包括惩罚性赔偿的启动主体、启动时间以及提出方式。《惩罚性赔偿司法解释》第1条第1款规定,原告主张被告故意侵害其依法享有的知识产权且情节严重,请求判令被告承担惩罚性赔偿责任的,人民法院应当依法审查处理。第2条明确,原告请求惩罚性赔偿的,应当在起诉时明确赔偿数额、计算方式以及所依据的事实和理由。原告在一审法庭辩论终结前增加惩罚性赔偿请求的,人民法院应当准许;在二审中增加惩罚性赔偿请求的,人民法院可以根据当事人自愿原则进行调解,调解不成的,告知当事人另行起诉。从上述规定可以看出:

一是关于启动主体,惩罚性赔偿应依据权利人申请而适用,而不宜由法院依职权适用。该规则符合《民事诉讼法》“不告不理”的基本原则,亦与法院作为中立裁判者的地位相符。

二是关于启动时间,一般应当在一审法庭辩论终结前提出。主要是考虑到要求惩罚性赔偿属于增加诉讼请求的情形,根据《民事诉讼法》的相关规定,当事人增加诉讼请求必须在一审法庭辩论终结前提出①,以免出现拖延诉讼、造成双方诉讼权利失衡的情况出现。如果当事人在一审中未主张适用惩罚性赔偿而在二审中提出,如双方无法达成调解,建议权利人就惩罚性赔偿另行起诉,可以避免对惩罚性赔偿问题的“一审终审”。

三是关于提出方式,目前法律法规中并未明确提出惩罚性赔偿是以口头方式还是书面方式提出。因此,权利人既可以以书面形式主张适用惩罚性赔偿,也可以在庭审过程中,当庭口头要求适用惩罚性赔偿。对于权利人当庭口头要求适用惩罚性赔偿的,法院应将权利人的口头申请记入庭审笔录,并要求权利人签字予以确认。上述处理方式不仅有助于提高庭审效率,亦保证了启动惩罚性赔偿审查这类重大事项有据可查。

(二)实体要件

1. 主观:“故意”

《惩罚性赔偿司法解释》第 3 条对“故意”的审查因素和具体情形作出了规定,对于“故意”的认定,应当综合考虑被侵害知识产权客体类型、权利状态和相关产品知名度、被告与原告或者利害关系人之间的关系等因素。其中,在侵害著作权案件中“故意”的认定可以包括以下情形:①被告经原告或者利害关系人通知、警告后,仍继续实施侵权行为的;②被告或其法定代表人、管理人是原告或者利害关系人的法定代表人、管理人、实际控制人的;③被告与原告或者利害关系人之间存在劳动、劳务、合作、许可、经销、代理、代表等关系,且接触过被侵害的知识产权的;④被告与原告或者利害关系人之间有业务往来或者为达成合同等进行过磋商,且接触过被侵害的知识产权的;⑤被告实施盗版、假冒注册商标行为的;⑥其他可以认定为故意的情形。

---

① 参见袁杏桃:《著作权侵权惩罚性赔偿研究》,知识产权出版社 2019 年版,第 267 页。

同时,结合侵害著作权案件特点,“故意”还可以包含“使用他人知名度很高的作品”,作品的知名度与其市场价值直接相关,该情形足以反映出被告在明知或应知他人享有著作权情况下仍然实施侵权行为的主观状态。另外,需要指出的是,对于个案中新出现的其他情形是否属于“故意”或“恶意”侵权,法院应在体系化理解已列举情形的情况下,综合全案事实和证据谨慎予以认定。

2. 客观:“情节严重”

“情节严重”的构成要件是我国惩罚性赔偿制度在主观要件之外,从客观方面设置的另一要求。该要件是独立于主观要件的额外要求,与主观要件并列适用,对于防止惩罚性赔偿的惩罚过度或者滥用具有积极意义。

《惩罚性赔偿司法解释》第4条对“情节严重”的审查因素和具体情形作出了规定,对于“情节严重”的认定,应当综合考虑侵权手段、次数,侵权行为的持续时间、地域范围、规模、后果,侵权人在诉讼中的行为等因素。其中,在侵害著作权案件中“情节严重”的认定可包括以下情形:①因侵权被行政处罚或者法院裁判承担责任后,再次实施相同或者类似侵权行为;②以侵害知识产权为业;③伪造、毁坏或者隐匿侵权证据;④拒不履行保全裁定;⑤侵权获利或者权利人受损巨大;⑥侵权行为可能危害国家安全、公共利益或者人身健康;⑦其他可以认定为情节严重的情形。

针对何种侵权行为属于“情节严重”,从法律规定和司法实践来看,一般需要结合日常生活经验法则和侵害知识产权案件的具体情况,对侵权方式和损害后果充分审查来进行认定。

【典型案例111】

在江苏省苏州市中级人民法院审理的(2019)苏05知初351号环球影画(上海)商贸有限公司(以下简称环球公司)诉沧州千尺雪食品有限公司(以下简称千尺雪公司)等著作权侵权纠纷一案中,千尺雪公司等明知未获授权情况下,大量生产、销售外观印有环球公司享有著作权的“小黄人”卡通形象的饮品,并积极通过全国性展销会及线上食品招商网站,推广并销售被诉侵权产品,经销商遍布全国、销售规模庞大,侵权行为持续时间长,经公证证据显示,被诉侵权产品仅3个月地区销售额就达1500万元,单品破25万件销量。法院经审理认为,千尺雪公司侵权情节严重。被诉侵权产品销量巨大、经销商覆盖范围极广、参加展销会次数频繁。

千尺雪公司侵权恶意明显,属恶意侵权。千尺雪公司明显利用涉案美术作品的艺术价值及知名度宣传推广被诉侵权产品;且其公司法定代表人在明知"小黄人"系列电影及"小黄人"卡通形象知名度的情况下,将相似的被诉侵权形象登记为美术作品,供千尺雪公司用于推广销售被诉侵权产品,具有明显侵权恶意;甚至在行为保全禁令裁定送达生效后仍在生产、销售被诉侵权产品,亦应当依法适用惩罚性赔偿。法院依法确定二倍的惩罚性赔偿。由于无论按照侵权人的违法所得还是环球公司遭受的许可费损失二倍确定本案的赔偿金额,均远超过环球公司主张的500万元赔偿额,故法院对环球公司赔偿经济损失及合理费用共计500万元的诉请予以支持。

二、惩罚性赔偿的适用

(一)"基数"

"基数"可以确定是惩罚性赔偿适用的隐性要件,即权利人因侵权所受到的实际损失、违法所得、权利使用费可以确定。如果惩罚性赔偿的"基数"无法确定,即使主客观要件均符合要求,依然会因惩罚性赔偿"基数"无法确定从而无法适用惩罚性赔偿。因此,惩罚性赔偿"基数"的计算对于惩罚性赔偿的适用至关重要。

关于实际损失、违法所得和权利使用费的确定在前文已进行详细论述,此处结合惩罚性赔偿的特点,我们认为,需要强调以下几点:

首先,关于裁量性赔偿是否可以作为惩罚性赔偿的基数,根据前文关于裁量性赔偿性质的论述,其本质为实际损失或违法所得的裁量,因此,以裁量性赔偿确定的赔偿数额亦可以作为惩罚性赔偿的"基数"进行计算。不过需要强调的是,如果将通过裁量性赔偿确定的权利人损失或侵权人获利作为惩罚性赔偿的"基数",则通常不应再考虑侵权恶意、情节严重等因素确定赔偿"基数",否则将出现对上述因素的重复评价。

其次,按照法定赔偿确定的赔偿数额不应作为惩罚性赔偿的"基数"。这主要基于以下两方面理由:第一,从文本理解的角度考虑,惩罚性赔偿"可以在按照上述方法确定数额的一倍以上五倍以下确定赔偿数额",从法条行文来看,"上述方法"仅指权利人损失、侵权获利和许可使用费,并不包含按照法定赔偿确定的赔偿金;第二,从现有司法实践来看,法定赔偿在一定程度上已经兼具了惩罚性赔偿的功能。确定法定赔偿数额的重要依据是侵权人的过错程度和侵权情节等因素,而这些因素同时亦是适用惩罚性赔偿的重要条件。因此，如果在确定法定赔偿数额时就考虑到了该类因素，同时在此基础上确定惩罚性赔偿数额，将会导致相关因素被重复考虑，以致计算出的赔偿数额过高，加大了侵权人的负担，有重复惩罚之嫌。

再次，惩罚性赔偿的“基数”不应当包括合理开支。这主要是考虑到：权利人为维权所支付的合理开支应由侵权人承担是知识产权侵权诉讼中所特有的一项制度设计，赔偿“合理开支”是侵权人在支付使用他人知识产权的合理成本（包括权利人损失、侵权获利、许可使用费）之外，额外承担的赔偿金，因此，赔偿“合理开支”对侵权人具有一定程度的惩罚作用①。如果在“合理开支”的基础上计算惩罚性赔偿金，亦有重复惩罚之嫌，扩大了惩罚性赔偿责任的适用范围。

最后，2020 年《著作权法》和《惩罚性赔偿司法解释》关于以“许可使用费”还是“许可使用费的倍数”作为惩罚性赔偿的基数的规定，出现了不一致的情况。2020 年《著作权法》第 54 条规定的措辞为“可以参照该权利使用费给予赔偿。对故意侵犯著作权或者与著作权有关的权利，情节严重的，可以在按照上述方法确定数额的一倍以上五倍以下给予赔偿”。《惩罚性赔偿司法解释》第 5 条第 2 款中规定“依法参照该权利许可使用费的倍数合理确定，并以此作为惩罚性赔偿数额的计算基数”。我们认为，上述规定在措辞上的差异，可能由于 2020 年《著作权法》与《商标法》《专利法》在损害赔偿时参照许可使用费还是许可使用费的倍数的规定上并不一致，而《惩罚性赔偿司法解释》在条款规定上参照了《商标法》《专利法》的规定。

（二）“倍数”

如果说确定惩罚性赔偿的“基数”是在发挥填平权利人损失的补偿性赔偿的功能，那么确定惩罚性赔偿“倍数”的过程则重点应从实现惩罚、威慑、制止潜在侵权的功能方面进行考量。“倍数”的确定是否科学、合理，在一定程度上也直接影响惩罚性功能的实现。根据《惩罚性赔偿司法解释》第 6 条第 1 款之规定，确定惩罚性赔偿的倍数时，应当综合考虑被告主观过错程度、侵权行为的情节严重程度等因素。从实践操作来看可从以下几方面予以考虑：

---

① 朱丹：《侵犯商标专用权惩罚性赔偿责任的司法适用》，载《人民法院报》2014 年 8 月 27 日，第 7 版。

1.“故意”侵权且情节严重

侵权人存在主观“故意”,且侵权情节严重,不仅为判断是否适用惩罚性赔偿的实体构成要件(定性),同时应是确定惩罚性赔偿“倍数”的重要考察因素(定量)。这主要是考虑到惩罚性赔偿制度的惩罚功能是通过惩罚性赔偿数额来实现,侵权行为的主观过错程度越严重、侵权情节越恶劣,则可责难性程度越高,自然惩罚性赔偿数额(倍数)就应当越高,故在“倍数”区间内根据侵权行为的主客观情节进行差异化处理,有利于实现惩罚的目的。

2. 侵权人在起诉后的应对措施

侵权人在被起诉后,由于其侵权行为受到了诉讼的外在影响,可能会及时停止侵权行为,以减少侵权行为对权利人造成的损失,此时惩罚性赔偿数额可以相应酌减。如果侵权人对其侵权行为未采取任何措施,甚至利用诉讼期间继续扩大侵权收益,那么在确定惩罚性赔偿数额时应相对提高。

3. 是否存在举证妨碍的情形

实践中,侵权人持有相关证据、无合理理由拒不提供,或提供虚假证据,目的是妨碍法院查清与赔偿数额相关的事实,此时,法院可以参考权利人的主张和证据确定补偿性赔偿数额。在权利人损失、侵权人获利、许可使用费可以确定的前提下,侵权人上述举证妨碍的情形,亦表明其逃避法律制裁、妨碍诉讼的主观过错明显,故在确定“倍数”时可以作为提高惩罚性赔偿数额的因素予以考虑。

另外,无论是2020年《著作权法》还是《惩罚性赔偿司法解释》均未对“一倍以上五倍以下”中,一倍的数额是“基数赔偿+1倍”,还是“基数赔偿×1倍”予以明确。上述歧义有可能造成法律适用上的困惑。我们认为,从上述法律及司法解释的法条字面理解,包含本数宜理解为“基数赔偿×1倍”,但从惩罚性赔偿的立法目的和制度价值角度,理解为“基础赔偿+1倍”较为妥帖。上述分歧有待于进一步明确。

三、惩罚性赔偿与其他责任的关系

在现有知识产权的法律保护框架下,除了惩罚性赔偿制度之外,行政罚款和刑事罚金亦对侵害知识产权行为发挥了惩罚功能,因此,存在同一个侵害知识产权行为同时适用三种惩罚措施的情形。三者的责任性质和最终赔偿金的归属不同,惩罚性赔偿金归属于权利人,行政罚款和刑事罚金均归属于国家。因此,从权利保护角度来看,惩罚性赔偿在保护知识产权权利人利益方面更有优势,惩罚性赔偿与行政罚款、刑事罚金亦无法互相替代。

一般来说,被告以其同一被诉行为已受到行政罚款或者刑事罚金处罚为由,请求抵销惩罚性赔偿相应数额的,可以不予支持。但是,为了避免出现对侵权人惩罚过重的问题,法院在确定惩罚性赔偿数额时应当对行政罚款和刑事罚金的处罚情况有所考虑。《惩罚性赔偿司法解释》第 6 条第 2 款明确,"因同一侵权行为已经被处以行政罚款或者刑事罚金且执行完毕,被告主张减免惩罚性赔偿责任的,人民法院不予支持,但在确定前款所称倍数时可以综合考虑"。也就是说,如果侵权人在适用惩罚性赔偿之前已经受到了行政罚款和刑事罚金的处罚,则法院在确定惩罚性赔偿数额时可以以较低的倍数确定赔偿数额。

第四节　合理开支的证明与认定

一、合理开支的概念及内容

合理开支是指权利人在维权中为制止侵权行为、维护合法权益所支出的必要费用。从广义来看,合理开支也属于权利人因侵权行为所遭受的损害,因此,从损失填平原则来说,判令侵权人赔偿合理开支具有明显的正当性和合理性。特别是在著作权纠纷等知识产权诉讼中,基于相关法律问题的专业性强、侵权手段的隐蔽性强、侵权行为的影响范围广、获取证据的难度大等原因,无论是从效率还是专业角度考虑,当事人大多倾向于委托专业人士或机构完成固定证据、诉讼维权等事项。而委托律师、申请公证保全证据等,必然会带来相应费用的支出,且随着案件专业性、复杂性的提升,所带来的合理开支也往往会明显增长。从近年来部分案件所反映出的实际情况看,原告的维权支出达几十万元甚至上百万元的情形已屡见不鲜。在此情况下,如不判令侵权人对原告维权支出的合理部分予以负担,将会大大挫伤权利人维权的积极性,严重影响知识产权司法保护的力度和社会效果。尤其是在某些作品市场价值不高,但侵权人主观恶意明显,影响恶劣的案件中,原告最终所能获得的经济赔偿数额,有可能远远低于其为诉讼支付的各项必要费用。如果判令原告自行负担这些合理开支,大量出现"赢了官司却倒贴钱"的现象,则无异于在维权之路上设置了极大障碍。正是基于上述原因,相对于传统民事、商事法律领域,我国在《著作权法》等知识产权专门法中率先明确规定了侵权人所应承担的赔偿数额还应当包括权利人为制止侵权行为所支付的合理开支。多年来的司法实践也证明,此举在加强知识产权保护,鼓励依法维权方面,起到了积极的作用。

一般来说,著作权案件中的合理开支包括以下项目:①律师费;②公证费及其他调查取证费;③审计费;④差旅费;⑤诉讼材料印制费;⑥原告为制止侵权支付的其他合理费用。

二、合理开支的证明和支持

(一)合理开支的证明

原告请求赔偿合理开支的,应当提交合同、票据等相应证据。经审查能够确定相关支出已经实际发生且具有合理性和必要性的,原告虽未能提交充分证据予以证明,也可以纳入赔偿范围。因此,从规定来看,对合理开支的举证无须过分苛责,只要确实合理、必要,即可以获得支持。

在司法实践中,通常原告会提交律师代理协议、律师费发票、公证费发票、差旅支出凭证等证据材料证明所发生的合理开支。但实践中也存在以下情形:

一是原告未提交相关合同或票据等证明合理开支的证据,但在诉讼中确有相应的公证取证、律师出庭等原告所主张的合理开支的发生,此种情况下不能排除是由于实践中相关发票的开票周期问题导致的举证不能,而基于一般常识,律师代理或公证取证不可能为免费,因此基于显见事实,一般会根据实际情况酌情支持一定数额的合理开支。

二是原告所提交的合理开支证据无法认定为实际已为本案支付的费用,或仅提交部分证据予以证明。例如,相关的代理协议签署的为风险代理、仅提交代理合同而未提交律师费发票、发票中未标注公证费对应的公证书等。如果诉讼中存在实际诉讼开支的情况,此种情况下亦会对合理开支予以酌情确定。

三是原告提交的合理开支证据既包括本案诉讼,也包括其他关联案件。例如,相关代理协议为打包维权代理、侵权公证取证除本案被诉侵权行为外还包括其他作品或平台。此种情况下,则需要判断相关合理开支在关联案件中是否已经进行处理。根据《北京高院损害赔偿指导意见》第 1.24 条的规定,在关联案件中,对于原告为制止被诉行为而共同支付的合理开支,已在其他案件中获得赔偿的,不再重复计算。如已进行处理则不再计算,如未处理则需剔除关联案件中的部分予以确定。

(二)合理开支的确定

1. 单独确定

在较长一段时间里,部分地区法院在确定损害赔偿数额时并不会对经济损失和合理开支进行明确区分,亦不分别论理和最终判决。例如,前述“典型案例110”中即将经济损失和诉讼支出的合理费用一并计算。但是,从理论来看,合理开支与狭义的损害赔偿中的损害仍存在一定区别。狭义的损害仅指权利人因著作权受到侵害本身而遭受的损失,而合理开支仅限于为制止侵权行为、实现权利救济的实际损失之外的支出,通常为纯诉讼支出。从实践来看,此种合并计算的方式使权利人无法判断所获赔偿中何为著作权侵权所获的经济损失赔偿,何为所获得支持的合理开支费用,一方面不利于权利人的积极维权,有悖著作权法权利维护的立法目的;另一方面可能引发权利人和代理人之间就维权费用分割产生相关的纠纷,甚至有潜在诉讼风险。

基于此,合理开支应当作为独立于前文损害赔偿数额之外的责任承担方式,单独列明、分别论理。《北京高院著作权审理指南》第8.13条规定,“被告应当赔偿原告为制止侵权支出的合理开支,该项内容应在损失赔偿数额之外单独列出。适用法定赔偿方法确定赔偿数额的,被告应当赔偿原告为制止侵权支出的合理开支,不计入法定赔偿数额之内”,《惩罚性赔偿司法解释》也将其排除在计算的“基数”之外,体现了其应为独立承担方式单独列明的性质和特点。

在对合理开支的支持上,由于其系为鼓励权利人维权,故其应以侵权成立为前提。即便被告被判令不承担损害赔偿责任,在有律师代理的情况下,根据《北京高院著作权审理指南》第8.14条第3款的规定,亦可以根据诉讼请求被支持情况酌情确定一定的律师费数额。因此,即便部分情况下侵权人不存在过错而不承担损害赔偿责任,一般对权利人支付的合理开支也予以合理负担。

2. 合理性的认定

合理开支除单独列明之外,对其数额的确定也应当基于“合理”的范围之内。实践中,公证费、差旅费等相关费用的市场标准和支付方式相对恒定,故一般较易进行区分。而律师费则可能因案件类型、难度、地域、审级等不同,在支付方式、费用标准上均存在较大差异。因此,对律师费的合理范围的界定就显得尤为必要。

根据《北京高院损害赔偿指导意见》第 1.23 条的规定，对于案情简单，诉讼标的不大，权利义务清楚的案件，原告主张较高数额律师费的，不宜全额支持。对于专业性强、案情复杂、工作量大的案件，原告以计时收费方式主张律师费的，可以予以支持。对于尚未实际支出但根据合同约定必然发生的律师费，且律师确已付出相应劳动并符合付款条件的，可以予以支持。

因此，对律师费的确定应体现“个案区分、难易有别”的特点，结合个案中律师的实际的工作量，包括案件复杂程度、庭审时间、庭审次数、举证情况等加以合理确定。这一方面避免了当事人的“维权浪费”，另一方面实现了对律师工作的客观评价，使权利人的律师费支付更加清晰明白。

此外，为尽量免除责任，被告往往对于原告提交的合理开支证据的真实性不予认可。此种情况下，如被告未能提交相反证据，则不宜直接否认相关证据的真实性，无故降低原告合理开支数额，而仍需结合个案具体情况作出合理判断。

【典型案例 112】

在北京市海淀区人民法院审理的(2016)京 0108 民初 14248 号北京三面向版权代理有限公司(以下简称三面向公司)诉北京新浪互联信息服务有限公司(以下简称新浪公司)侵害作品信息网络传播权纠纷一案中，法院经审理认为，尽管律师在本案诉讼及开庭过程中的法律思维和理性判断起到了维护当事人合法权益的作用，参加部分诉讼活动的行为支持了包括本案在内的相关 612 件类案诉讼的顺利审理，但综合考虑到下列三项因素：第一，鉴于本案为三面向公司起诉的 612 件类案诉讼中的一案，大部分的律师工作为整体一次性完成，如一次公证过程中同时取证多部侵权作品、如 612 件类案起诉状及代理意见中侵权的理由及法律适用主张均系相同的内容，故律师工作成本并不高；第二，新浪公司侵权行为系对涉案作品的完整使用，诉讼中无须律师参与整理比对工作，兼之法院合并审理包括本案在内的批量案件，事实上极大减少了律师出庭以及诉讼代理的工作量；第三，本案为常规知识产权案件，专业性、复杂程度均相对较低，对律师的专业素质和能力要求亦相对较低。综合上述情形下，三面向公司在此次的 612 件类案诉讼中仍要求新浪公司每个案件按 1000 元乃至 3000 元赔偿代理费，数额明显过高，法院酌定每案合理的律师费为 300 元。

第五节　赔礼道歉责任与精神损害赔偿的确定

一、赔礼道歉责任的适用

(一)赔礼道歉责任引发的一些问题

侵害著作权纠纷中赔礼道歉的适用问题,是一个平时受关注比较少,却引发过很多冲突甚至是乱象的问题。司法实践中,围绕"赔礼道歉"提出的诉讼请求,可以说是五花八门,有的甚至让人啼笑皆非。

例如,有的案件中,原告要求被告按照其指定的字体、字号,在《人民日报》头版、《光明日报》头版等为其刊登致歉声明,或者要求在某搜索网站或门户网站的首页显著位置公开道歉;有的案件中,被告侵害的仅仅是复制权等财产性权利,但原告认为给其造成了不良影响,从而坚持要求赔礼道歉。此外,还经常发生原告对被告撰写的道歉内容不满意,经过反复协商、多次修改,仍然无法达成一致意见,矛盾反而愈演愈烈的情况。甚至曾经在调解过程中,被告主动出具了道歉声明,但原告却被声明内容进一步激怒,从此拒绝调解。此外,在原被告协商的过程中,双方就免除赔礼道歉责任进行讨价还价的情形也屡见不鲜。在不少案件中,被告要"开价"到通常赔偿金额的10倍到15倍,原告才肯同意免除被告公开致歉的责任。甚至曾经有原告因为赔礼道歉的执行问题而投诉法官,理由是法院指定刊登声明的《人民法院报》收费太低,便宜了被告,不解气。近几年,还出现过被告在判决生效以后,拒绝履行赔礼道歉的责任,被原告申请强制执行,最终被列入失信被执行人名单,无法乘坐飞机、高铁的情况。

从表面上看,著作权法规定的赔礼道歉似乎是一种比较和谐、比较温柔的责任承担形式。但在实际适用过程中,却产生了非常大的扭曲和变异,使其在有的时候,变成了一种大获全胜的炫耀,变成了一棵可以讨价还价的摇钱树,甚至变成了双方当事人之间一场貌合神离的表演。在很多案件中,赔礼道歉不但没有成为缓和矛盾的润滑剂,反而演变成加剧冲突的火药桶,也使当事人对于裁判结果的认同感大大地降低了。

(二)赔礼道歉责任的由来

在近代的第一部著作权法《大清著作权律》,以及其后1915年的《北洋政府著作权法》、1928 年的《中华民国著作权法》中,都没有关于赔礼道歉的任何规定,侵权责任方式主要体现在停止侵害、赔偿损失以及没收等。1990 年《著作权法》中规定了“公开赔礼道歉”。后来在 2001 年修订《著作权法》的时候有所调整,去掉了“公开”两个字,变成了“赔礼道歉”,一直沿用至今。

参考《十二国著作权法》[①]的相关翻译和介绍,绝大部分国家并未将赔礼道歉作为一种侵权的救济方式直接规定在著作权法中。例如,美国完全没有类似规定,《英国版权法》中虽然规定了对侵犯精神权利的救济,但也只是可以颁发禁令,也就是要求停止侵权,仅此而已。大陆法系的代表国家——德国,针对侵害著作权的行为可以依据原告要求公布判决;法国则规定,可以采取公告措施,张贴判决。以日本和韩国的著作权法作为参照,日本规定作者或者表演者可以请求故意或者过失侵害其作者人格权或者表演者人格权的侵权行为人采取适当的措施,以确保作者或者表演者身份,修正或者恢复其名誉或者声望。韩国也有类似规定。其他一些国家,如巴西、俄罗斯也有刊登声明或公布判决这种类似于消除影响的规定。总的来说,即便是对侵害著作人身权有专门规定的国家,要求侵权人就此承担的责任,更多的是消除影响的责任,而不是赔礼道歉。

(三)赔礼道歉责任的适用现状及原因

“侵害著作人身权就意味着必须要判决赔礼道歉”,系曾经比较通行的做法。我国《著作权法》中虽然有赔礼道歉的规定,但只是作为几种侵权救济手段之一,并没有专门规定侵害著作人身权即要赔礼道歉。但胡康生主编的《中华人民共和国著作权法释义》一书中,认为“消除影响、赔礼道歉,是指非财产性承担民事责任的方式,主要适用于侵犯权利人人身权的行为所应承担的民事责任。适用时,原则上应当是侵权行为人在多大范围造成的影响,仍应在多大范围内消除影响,赔礼道歉。也可以以双方当事人约定的方式消除影响、赔礼道歉,例如,当面赔礼道歉,在一定的场合公开赔礼道歉,也可以在某一种报刊上刊登赔礼道歉的文函等”。[②] 因此,对于侵害著作人身权的行为适用消除影响、赔礼道歉的责任,但并未明确界定何时适用消除影响,何时适用赔礼道歉。

对于赔礼道歉和消除影响之间的关系,我们认为,赔礼道歉针对的是侵害人

---

① 《十二国著作权法》,《十二国著作权法》翻译组译,清华大学出版社 2011 年版,第 68 页。

② 胡康生主编:《中华人民共和国著作权法释义》,中国法制出版社 2002 年版,第 192 页。

身权所导致的精神上的损害，为被侵权人提供一种安抚、慰藉；其作用主要是发生在侵权人和被侵权人之间；其内容是一种发自内心的情感。从这个特质出发，赔礼道歉并不具有可由他人代为履行的性质，似乎也不适宜被强制执行。而消除影响的前提是有不良影响的存在，而不良影响是进入社会公众的范畴才会存在的。它的作用是在公众范围内将已经形成的不良影响予以消除，给公众一个交代，给被侵权人一个说法，而不仅仅局限于双方当事人的感受。消除影响以阐述客观情况为主，所以通常是可以代为履行的，并且也是可以强制执行的。目前实践中，对于赔礼道歉的强制执行，采用的方法基本上是法院在媒体上公布判决书的主要内容，这实际上是在做消除影响的事，它的效果与消除影响是一致的。

将侵害著作人身权和赔礼道歉联系起来，在很大程度上受到了民法的影响。《民法通则》（已废止）规定的一系列侵害人格权的法律责任里，明确包括赔礼道歉，后来的司法解释和大量案例都是这么规定和执行的。因此，在侵害著作权案件中，对于侵害著作人身权的行为，适用赔礼道歉责任也是同理参照。但需要注意的是，传统民法中的人格权和著作权法中的著作人身权不能简单地画等号。民法中的人格权因出生而取得，因死亡而消灭，不得让与和抛弃，它是与每一个人如影随形、紧密地联系在一起的。而著作权中包括著作人身权在内的所有权项的取得，都是基于作品的创作完成，也就是说，没有作品，就没有著作人身权。所以尽管也叫作“人格权”，但著作人身权与传统民法中的人格权在权利的产生、性质等方面有着质的差异。另外，民法中的侵害行为往往是直接作用于公民本身的，如侮辱、诽谤，而著作权法中的侵害行为是直接作用于作品之上，继而传导、折射到作者身上的。就人格权益而言，前者的侵害具有直接性，而后者的侵权具有间接性。因此，民法中的人格权与著作人身权之间在权利属性以及对维护公民基本权利和尊严的重要性方面，是存在重大差异的，对于参照民法简单地得出“侵害著作人身权必然赔礼道歉，甚至必然是公开赔礼道歉”的结论还是有研究的空间。

（四）侵害著作权纠纷中适用赔礼道歉责任的思路

侵害著作权纠纷中赔礼道歉责任的适用虽然仍有讨论的空间，但司法实践中仍是依据《著作权法》对于侵害著作人身权的行为进行使用，但在具体适用时，仍可对赔礼道歉这一责任作出更为适当和准确的把握。我们认为，首先，侵害著作人身权判决赔礼道歉应该以存在过错为前提，即便是客观上具有侵害著作人身权的效果,如果最终认定其不存在故意或者明显的过失,则无须承担赔礼道歉的责任。

【典型案例 113】

在北京市海淀区人民法院审理的(2010)海民初字第 8629 号央视国际网络有限公司(以下简称央视公司)诉北京智通无限科技有限公司(以下简称智通公司)侵犯著作权纠纷一案中,央视公司经中央电视台授权独占享有《2009 年春节联欢晚会》的信息网络传播权。智通公司未经许可在其经营的网站及下载工具上,通过信息网络向用户提供《2009 年春节联欢晚会》的下载和播放服务,故请求判令被告赔礼道歉、赔偿经济损失及合理开支。法院经审理认为,智通公司该行为侵害了央视公司的信息网络传播权。鉴于央视公司并不享有与《2009 年春节联欢晚会》有关的著作人身权,故对其有关赔礼道歉的诉讼请求,法院未予支持。

其次,如果被告一方在其提交的诉讼材料中,或当庭以口头、书面等方式进行了致歉的,法庭应当记录在案,此时原则上就不再需要另行在判决中再次判令赔礼道歉。除非能够认定涉案侵权行为极其恶劣,被告此前的道歉仍然不足以弥补损害。

再次,要将赔礼道歉和消除影响进行区分,避免把判令消除影响就足以解决的问题,非要再通过赔礼道歉来解决。

最后,对赔礼道歉的强制执行,应当与对财产的强制执行进行严格的区分,注意强制措施的合理、适度采用。如果过于强化和机械,无疑将导致矛盾的进一步升级。总之,在当前法律规定的范围内,我们应当秉持的原则是根据个案情况审慎适用赔礼道歉责任,坚决杜绝滥用赔礼道歉责任。

【典型案例 114】

在北京市海淀区人民法院审理的(2011)海民初字第 6842 号北京中智信达教育科技有限公司(以下简称中智公司)诉北京天下城商品交易市场有限公司(以下简称天下城公司)著作权侵权纠纷一案中,中智公司是李强讲座系列光盘的音像制品制作者。天下城公司在其经营的市场内销售的光盘中含有中智公司享有录像制作者权的光盘内容,故请求判令被告停止侵权、赔礼道歉、赔偿经济损失及合理开支。法院经审理认为,天下城公司对侵权光盘的销售未尽合理注意义务,主观上存在明显过错,客观上为侵权行为提供了便利和帮助,侵犯了中智公司的合法权利,应赔偿中智公司经济损失。但中智公司作为音像制作者要求天下城公司向其赔礼道歉的诉讼请求缺乏法律依据,法院未予支持。

二、精神损害赔偿的适用原则与确定

(一)适用依据

目前有关精神损害赔偿的法律依据,最主要的规定可见于《民法典》第1183条:“侵害自然人人身权益造成严重精神损害的,被侵权人有权请求精神损害赔偿。因故意或者重大过失侵害自然人具有人身意义的特定物造成严重精神损害的,被侵权人有权请求精神损害赔偿。”尽管无论是在2020年《著作权法》还是在2013年《著作权法实施条例》中,均未将精神损害赔偿作为侵权责任之一予以明确规定,但鉴于著作权作为民事权利,其中既包括人格权又包括财产权,因此侵权行为既有可能因侵害著作人身权而造成作者的精神损害,如侵害保护作品完整权;也有可能因侵害具有人格意义的特定的著作权载体而导致损害作者精神权益的后果,如损毁、丢失唯一的作品手稿。由此可见,尽管在与著作权相关的法律法规中并未予以直接规定,但精神损害赔偿在侵害著作权纠纷中仍然存在一定的适用空间。

(二)适用条件

除满足侵权损害赔偿的一般要件之外,在侵害著作权纠纷中适用精神损害赔偿,通常还应符合以下条件。

1. 应当以侵权人的主观过错和被侵权人精神损害后果的“双严重”为适用前提

关于侵权人的主观过错,通常应当把握为故意或重大过失,即侵权行为人仅具有一般过失的,并不足以导致其承担精神损害赔偿的责任。与此同时,必须出现严重损害作者精神权益的后果。这里需要强调的是,首先,该后果必须是精神损害。如果仅为财产损失,那么无论严重到何种程度,均不可能导致精神损害赔偿。其次,该后果必须达到较为严重的程度。如果侵权行为仅对作者的著作人身权造成了较为一般的、微小的损害,则完全可以通过消除影响、赔礼道歉等方式予以救济,并不当然需要适用精神损害赔偿的责任方式。此外,侵权人仅具有明显的主观过错，但未造成严重的精神损害后果，或者侵权行为虽导致了较为严重的精神损害后果，但侵权人对此并不具有重大过错的，均不必然产生精神损害赔偿的责任。也就是说，通常情况下，需要在侵权人的主观过错和损害后果这两方面均达到"双严重"的情况下，才能够考虑适用精神损害赔偿。

2. 应当以著作人身权受到侵害为适用前提

无论是在民事案件还是在著作权纠纷中，精神权益受到损害都应当是引发精神损害赔偿的必要条件。在《著作权法》中，法律赋予作者在精神方面享有的权益就具体化为发表权、署名权、修改权和保护作品完整权这四项著作人身权。因此，如果某一侵权行为仅导致了侵害著作财产权的后果，而与著作人身权无涉，则不存在适用精神损害赔偿的空间。当然，在某些极端情况下，也存在例外。例如，当文字作品的手稿或绘画、书法或雕塑等美术作品的唯一原件对于作者本人来说具有一定的人格意义时，他人故意予以损毁，则很可能给作者造成精神损害。在此情况下，尽管侵权行为直接针对的是作为作品载体的特定物，且并未构成对著作人身权的侵害，但从弥补作者精神损害的角度出发，法院仍可判令被告承担精神损害赔偿的法律责任。

【典型案例 115】

在北京市高级人民法院审理的(2014)高民终字第1152号杨季康诉中贸圣佳国际拍卖有限公司(以下简称中贸圣佳公司)、李国强侵害著作权纠纷及隐私权一案中，杨季康主张，中贸圣佳公司将其及其配偶钱钟书、其女钱瑗与李国强之间的私人书信计划拍卖，并将上述若干封私人信件公开展览、公之于众，侵害了杨季康等的著作权和隐私权。法院经审理认定，中贸圣佳公司作为涉案拍卖活动的主办者，已通过召开研讨会等方式将钱钟书、杨季康及钱瑗的书信手稿向相关专家、媒体记者等披露、展示或提供，且未对相关专家、媒体记者不得以公开发表、复制、传播书信手稿等方式侵害他人合法权益予以提示，反而在网站中大量转载，其行为系对相关书信著作权中的发表权、复制权、发行权、信息网络传播权及获得报酬的权利的侵害；李国强作为收信人，负有保护写信人通信秘密和隐私的义务，其未经权利人同意擅自以转让或其他方式使涉案书信手稿对外流转，且未对受让人及经手人等作出保密要求和提示，导致后续涉案侵权行为发生，亦构成对杨季康涉案隐私权的侵害，依法应与中贸圣佳公司承担连带责任。根据中贸圣佳公司、李国强的过错程度、侵害手段、场合、行为方式、侵权行为所造成的后果以及侵权人承担责任的经济能力等因素酌情确定10万元的精神损害抚慰金。

3. 请求权主体仅应为自然人作者

《民法典》第1183条非常明确地将请求精神损害赔偿的主体限定为自然人。早在2001年3月10日施行的《最高人民法院关于确定民事侵权精神损害赔偿责任若干问题的解释》第1条便开宗明义地指出，自然人因下列人格权利遭受非法侵害，向人民法院起诉请求赔偿精神损害的，人民法院应当依法予以受理。该解释第5条更进一步明确，法人或者其他组织以人格权利遭受侵害为由，向人民法院起诉请求赔偿精神损害的，人民法院不予受理。尽管该解释于2020年修正时，在语言表述等方面略有调整，但上述条款所对应的内容实质却并没有任何变化。由此不难推断，在著作权纠纷中，能够主张精神损害赔偿的主体，也仅应限于自然人作者。尽管依据《著作权法》，由法人或者非法人组织主持，代表法人或者非法人组织意志创作，并由法人或者非法人组织承担责任的作品，法人或者非法人组织可以被视为作者；且法人或者非法人组织可以与自然人一样，成为著作权人。但法人或非法人组织毕竟这是法律拟制下的民事主体，其与自然人相比，不具备情感、精神、生命、健康等方面的基本要素，因而在某些方面与自然人存在天然的、本质的差异。某些特定的损害，如前文所述的精神损害，是无法发生在法人或非法人组织之上的，因此，它们也不可能当然地享有自然人所特有或专享的某些请求权。这就是为什么《民法典》和上述司法解释，对非自然人请求精神损害赔偿直接作出不予受理之规定的根本原因。

（三）注意事项

1. 判令精神损害赔偿应秉持审慎原则

应当将精神损害赔偿作为侵权责任的例外情形，而不将其常态化。在著作权纠纷中，侵害著作人身权是较为常见的情况，然而仅仅构成侵害著作人身权，并不必然会引发精神损害赔偿的后果。这一点，从《北京高院著作权审理指南》第8.16条关于精神损害赔偿的适用原则的规定中，不难看出，侵害著作人身权或者表演者人身权，造成严重精神损害，且适用停止侵害、消除影响、赔礼道歉仍不足以抚慰的，可以判令被告支付精神损害抚慰金。究其原因，一方面是与前文所述的“双严重”殊途同归，进一步明确了适用条件。另一方面，我们也应当看到，著作人身权与《民法典》所规定的,全体自然人所与生俱来的、不可剥夺亦不得放弃、转让或者继承的人格权,在内涵、外延和本质等方面,仍存在一定差异。当精神损害赔偿在有关生命权、身体权、健康权、肖像权、名誉权、隐私权等民事纠纷中的适用尚较为审慎的情况下,切莫使其在侵害著作权案件中出现动辄适用、"遍地开花"的势态,偏离立法之目的。

2. 严重精神损害的后果应有充分证据予以证明

作者即原告,应当对其受到了严重的精神损害承担举证证明的责任。只有当原告提交的证据达到确实、充分的程度,或综合案件相关事实,依据经验法则和生活常识足以认定存在严重精神损害后果的情况下,方可对此进行赔偿。以此避免仅根据原告有关精神痛苦的陈述,便轻易判令精神损害赔偿的情况。

3. 应明确精神损害后果与侵害著作权行为的因果关系

也就是说,在侵害著作权纠纷中,即便能够认定原告遭受到严重精神损害这一事实,也要分辨该后果与被诉侵害著作权行为之间的因果关系。在某些案件中,精神损害的后果是由于被告对原告实施的侮辱、诽谤等人身攻击造成的,但与被诉侵害著作权的行为缺乏关联性。此时若以侵害著作人身权为由判令被告承担精神损害赔偿的责任,则属"师出无名",法律适用恐有不当之处。

4. 赔偿数额的确定

一方面,在支持精神损害赔偿的情况下,其所对应的赔偿数额,应当单独予以计算和列明,与侵害复制、发行、信息网络传播权等行为的损害赔偿加以明确区分。另一方面,关于赔偿标准,我们认为,精神损害抚慰金的数额应当根据被告的过错程度、侵权方式、侵权情节、影响范围、侵权获利情况、承担赔偿责任的能力等因素综合确定。与此同时,应当注意,在侵害著作权纠纷中对精神损害赔偿数额的把握,应当与一般民事中的相应赔偿标准相匹配和协调,避免相比之下判决结果的过轻或过重。

第十章　侵害信息网络传播权的认定

随着网络经济不断深入发展,网络环境对作品、制品等《著作权法》所保护客体的需求量不断增大,由此引发的侵权纠纷也日益增加。目前,侵害信息网络传播权案件已成为北京地区基层人民法院审理的民事案件中占比最大的一类知识产权案件,不仅案件数量不断增长,而且前沿热点问题层出不穷,相关争议分歧大、关注度高,理论界、实务界和产业界的呼声和反响强烈,对司法裁判不断提出新的更高的要求。法院不仅要通过个案裁判解决当事人诉求,而且要通过对裁判规则的确立和提炼回应权利人、产业界等各方需求,尽量实现对著作权权利人、网络经营者以及公众利益之间的平衡。

近年来,侵害信息网络传播权案件审理中受到广泛讨论的问题包括区分被诉侵权行为是提供内容行为还是提供技术服务行为,以及其对应的行为要件;单独直接提供作品还是以分工合作方式共同提供作品;网络服务提供者的过错;"盗链"问题的认定;网页快照等。本章结合审判实践,对侵害信息网络传播权案件的审判思路以及上述问题进行梳理和回应。

第一节　侵害信息网络传播权纠纷的审理思路

一、信息网络传播权的认定

2020 年《著作权法》第 10 条第 1 款第 12 项规定:"信息网络传播权,即以有线或者无线方式向公众提供,使公众可以在其选定的时间和地点获得作品的权利。"与 2010 年《著作权法》第 10 条第 1 款第 12 项的规定相比,2020 年《著作权法》对信息网络传播的定义仅进行了个别措辞的修改,并无实质性变化,即删除了之前条文中"向公众提供作品"的"作品"二字以及,删除了之前条文中"在其个人选定的时间和地点"的"个人"二字。

信息网络传播权是互联网时代权利人重要的权利之一，也是引发纠纷最多的权利。著作权法上系"以受控行为定义专有权利"，根据《著作权法》的界定，信息网络传播权控制的行为系通过信息网络提供作品的行为。此外，"信息网络传播行为"是研究信息网络传播权常被提及的概念，信息网络传播权控制的是否为"信息网络传播行为"，"信息网络传播行为"指向的是何种行为，对此有不同的观点：一种观点认为，信息网络传播行为与信息提供行为是同一意思的两种表达，具有相同的含义。[①] 另一种观点认为，"信息网络传播行为"应作广义的理解，即包括作品的提供行为与其他信息网络传播行为。作品提供行为固然是信息网络传播行为的核心行为或者起始（初始）环节，但网络服务提供行为同样是网络传播的重要环节，仅仅将信息网络传播行为限定于提供行为，不符合传播的实际，也无助于有关问题的理解和解决，导致运用上的不便利。[②]

我们认为，上述两种观点均有合理性，根据《著作权法》对信息网络传播权的规定，该权利直接控制的行为是提供作品的行为。但基于网络传播的特点，与信息网络传播权相关的行为不仅包括提供作品的行为，还包括提供技术服务的行为，也就是说，提供作品的行为和提供技术服务的行为，均可能导致侵害信息网络传播权的行为。从侵权行为的认定来看，未经许可提供作品的行为属于直接侵害信息网络传播权的行为；为直接侵害信息网络传播权的行为提供技术服务的行为属于间接侵害信息网络传播权的行为。这就是侵害信息网络传播权纠纷中，我们常称的直接侵权行为和间接侵权行为[③]，其中间接侵权行为主要包括帮助侵权和教唆侵权。

网络经济下新技术和新商业模式的发展，导致司法实践中对侵害信息网络传播行为的司法认定存在较多难点，主要体现在两个方面。一方面，侵害信息网络传播权的行为涉及两类行为，即直接实施信息网络传播行为与教唆、帮助实施信息网络传播行为，区分这两类行为的意义在于既要保障权利人利益及维权效果，又要给予网络经营者相对自由发展的空间，在对网络经营者行为给出适度规制的

---

① 参见陈锦川：《著作权审判原理解读与实务指导》，法律出版社2014年版，第202～204页。

② 参见孔祥俊：《网络著作权保护法律理念与裁判方法》，中国法制出版社2015年版，第56～59页。

③ 间接侵权行为、间接侵权责任多是在著作权法领域内探讨，根据《民法典》对于侵权责任的相关规定，《著作权法》中的间接侵权责任最终属于共同侵权责任的范畴，即教唆、帮助的共同侵权责任。为了保持行文的方便，本节仍使用了间接侵权的说法。

情况下，引导网络行业在合法有序的环境下发展。区分前述两类行为需要对被诉侵权主体过错的判断、被告侵权责任的认定等分别设置相应的规则。由此引发的难点问题集中在行为界限的判断以及证据采纳规则的确定等。另一方面，信息网络传播权与广播权、发行权等著作权的其他权项所对应的行为存在区别，如何清晰划分不同权项之间的界限，对权利人主张的不同权项作出准确判断并依法给予保护，也是司法审判中的难点问题。信息网络中发生的行为要根据其行为本质特点来判断是否落入信息网络传播权范围。

（一）提供内容行为与提供技术服务行为

根据《信息网络传播权司法解释》的规定，侵害信息网络传播权的行为可以分为提供内容行为和提供技术服务行为，在此基础之上，产生了直接侵权责任与间接侵权责任，直接侵权责任对应提供内容行为，间接侵权责任对应提供技术服务行为。[①]《信息网络传播权司法解释》第 3 条和第 7 条分别对直接侵权行为和间接侵权行为作出了规定。因此，审理侵害信息网络传播权案件，需要查明争议事实来认定被告具体实施的行为，并判断该行为的法律性质，从而确定被告承担的是直接侵权责任还是间接侵权责任。

提供内容的行为，是指被告通过信息网络提供权利人享有信息网络传播权的作品、表演、录音录像制品、广播电视的行为。判断该行为的关键在于“提供”的认定，按照《信息网络传播权司法解释》第 3 条第 2 款的规定，通过上传到网络服务器、设置共享文件或者利用文件分享软件等方式，将作品、表演、录音录像制品置于信息网络中，使公众能够在个人选定的时间和地点以下载、浏览或者其他方式获得的，应当认定其实施了“提供”行为。该司法解释第 4 条规定，网络服务提供者能够证明其仅提供自动接入、自动传输、信息存储空间、搜索、链接、文件分享技术等网络服务的，可以支持其未实施直接提供作品行为的主张。

网络技术不断发展，使通过网络提供内容服务与提供技术服务在向包括权利人在内的公众呈现时，二者之间的界限日益模糊。许多网络服务者出于提升用户体验，减少用户操作步骤以及网络界面美观简洁等目的，会将提供网络内容服务与技术服务高度融合，导致侵权诉讼中准确区分二者出现一定的困难。如何判断

---

① 参见王艳芳：《〈关于审理侵害信息网络传播权民事纠纷案件适用法律若干问题的规定〉的理解与适用》，载《人民司法（应用）》2013 年第 9 期。

被告将权利人的作品[①]"置于"信息网络中,如何判断被告能证明其仅提供搜索、链接等网络服务,在司法实践中要充分还原权利人取证当时的被诉侵权行为往往难度较大,需要法院在个案中通过举证责任分配查明事实,并依法适用侵权判定规则予以判断。

(二)信息网络传播权与著作权其他权项

信息网络传播权属于著作权体系下传播权类的具体权项,相较于传播权类的其他权项,信息网络传播权的主要特点体现为以下两方面:

一是传播需要借助信息网络,即"以有线或无线方式"传播。以此与发行权、放映权等权项进行区分。发行权,是以出售或者赠与方式向公众提供作品的原件或者复制件的权利。发行权虽然也是权利人控制的向公众提供作品的权利,但强调的是向公众提供作品原件或复印件这些有形载体的权利。[②] 只有涉及有形载体,才有适用《北京高院著作权审理指南》第 5.3 条中规定的发行权用尽等的情形。放映权,是通过放映机、幻灯机等技术设备公开再现美术、摄影、视听作品等的权利。发行权、放映权控制的行为都属于传统传播方式下对作品的使用行为。另外,大部分传播权项下使用作品的行为会涉及对作品的复制,但还应区别这些传播权类的权项与复制权之间的不同。复制权强调将作品制作成有形复制件的数量,行使作品的信息网络传播权,也可能涉及将作品复制到经营者服务器中等步骤,但行使该权利的结果,并不强调在信息网络中所形成的复制件的数量,而是考察作品在信息网络中传播的持续时间、覆盖人群等传播范围。这是信息网络传播权与发行权、放映权、复制权等传统方式使用作品所涉权项最基本的区别。

二是"交互式"传播,即"使公众可以在其选定的时间和地点获得作品",最典型的形式为通过网络向用户提供作品按需"点播"服务。2010 年《著作权法》之前的法律中所规定的广播权可控制三类行为,其一,以无线方式传播作品,其二,以无线或有线转播的方式传播广播的作品,其三,通过扩音器等类似工具向公众传播广播的作品。第二、三类行为都是在第一类行为基础上的后续行为,因此,广播权不具备"交互式"的特点。同时,2010 年《著作权法》规定,广播权控制的始发行

---

① 由于提供作品行为是提供内容行为中最为核心和典型的行为,故下文均以提供作品行为进行分析,但同样适用于提供表演、录音录像制品、广播电视等信息网络传播权所控制的客体。

② 参见姚红主编:《中华人民共和国著作权法释解》,群众出版社 2001 年版,第 87 页。

为必须是无线广播。

2020 年《著作权法》对广播权进行了扩张，将初始有线方式传播作品的行为也纳入广播权范畴，避免了再通过“其他权利”兜底的情况。由此，广播权与信息网络传播权的区别主要体现在是否为交互式传播方式上。2020 年《著作权法》在对广播权的定义中，为了避免与信息网络传播权发生重叠，专门将信息网络传播权作为广播权的但书内容作了排除规定。

【典型案例 116】

在北京知识产权法院审理的(2015)京知民终字第 1697 号咪咕数字传媒有限公司诉派博在线(北京)科技有限责任公司(以下简称派博公司)侵害著作权纠纷一案中，法院查明被诉侵权行为系派博公司(被告)单方向用户发送《新京报》文章，用户仅能被动接受，而无法选择获得该内容的时间及地点。因此，该行为不具有交互式特点，不属于信息网络传播权的调整范围；因被诉侵权行为系被告将存储于其服务器中的被诉侵权文章向用户发送的行为，该传播行为属于互联网传播行为，这一过程中并未采用广播电台、电视台的无线广播方式，并不符合广播权有关初始传播应是无线广播的限定，不属于广播权的调整范围。将被诉侵权行为与广播权所调整的广播行为相比，两行为的实质均是向公众传播信息的行为，其差别主要在于采用的技术手段不同。原则上，著作权具体权项的设置与划分应以“行为”本身的特点，而非该行为所采用的具体“技术手段”作为依据。

(三)提供作品行为的判断标准

如前文所述，与信息网络传播相关的行为区分为提供作品的行为和提供技术服务的行为，两种行为将导致侵权责任判定规则差异较大。因此，为了明确区分两种行为，需要对如何清晰认定提供作品的行为给出判断依据，也就是司法裁判中要对信息网络传播权定义中的“提供”，以及《信息网络传播权司法解释》中的“置于”作进一步解释判断。自《信息网络传播权保护条例》实施以来，前述判断依据的确定经历了长期争论发展过程：主要有服务器标准、用户感知标准、实质替代标准、实质呈现标准、新公众标准等。《信息网络传播权司法解释》在 2012 年发布时，最高人民法院知识产权庭负责人就该解释答记者问时强调，随着技术的发展，不经过服务器的存储或中转，通过文件分享等技术也可以使相关作品置于信息网络之中，以单纯的“服务器标准”技术标准界定信息网络传播行为不够准确，也难以应对网络技术的飞速发展，因此应将信息网络传播行为作广义的理解，以是否直接提供权利人的作品法律标准取代服务器标准来界定信息网络传播行为。[①]

《信息网络传播权司法解释》的起草者在相关文章及著作中提出关于提供作品行为的认定标准是法律标准，服务器标准、用户感知标准等都是学理和实践中对于法律标准所提出来的诠释性、落实性和操作性标准，两者属于不同层次的概念，后者必须服从于前者，不能背离前者。至于哪种解释和标准更符合法律标准，取决于哪种更匹配权利的属性、权利保护的需求、相关行为的特点等。[②] 我们将在链接部分展开详细论述。

二、侵害信息网络传播权案件举证责任的分配

根据民事诉讼“谁主张，谁举证”的原则，被诉侵权行为的认定应通过当事人的举证予以查明。《信息网络传播权司法解释》第 6 条规定了权利人对网络服务提供者实施提供相关作品的行为承担初步举证责任。实践中，原告基于信息网络传播权提起侵权诉讼也多是主张被告是实施了提供相关作品的行为，被告抗辩其仅实施了技术服务行为，且主观不具有过错。最高人民法院在发布《信息网络传播权司法解释》时对上述规定作出如下解释，“由于网络技术的复杂性，要求权利人来分辨相关网络服务提供者是具体从事了提供作品的侵权行为，还是仅为该提供行为提供网络服务，是不现实的，也超出了权利人的举证能力。考虑到对权利人信息网络传播权的保护，并在权利人和网络服务提供者举证能力之间作出平衡，《信息网络传播权司法解释》规定了权利人（原告）承担证明网络服务提供者提供相关作品、表演、录音录像制品的初步证明责任。若网络服务提供者以其提供网络服务为由进行抗辩的，则由网络服务提供者承担其提供的是网络服务的举证责任”。[③] 结合《民事诉讼法》及《信息网络传播权司法解释》第 6 条的规定，我们认为，可以对侵害信息网络传播权案件的举证证明责任分配进行以下细化

---

① 参见《加强网络环境下著作权保护　促进信息网络产业健康发展——最高人民法院知识产权庭负责人答记者问》，载中国法院网，https://www.chinacourt.org/article/detail/2012/12/id/807633.shtml。

② 参见王艳芳：《论侵害信息网络传播权行为的认定标准》，载《中外法学》2017 年第 2 期。

③ 王艳芳：《〈关于审理侵害信息网络传播权民事纠纷案件适用法律若干问题〉的规定的理解与适用》，载《人民司法（应用）》2013 年第 9 期。

分析：

其一，权利人对网络服务提供者实施了未经许可提供作品的行为承担初步举证证明责任。其二，被告抗辩其仅提供技术服务行为时则由被告对其抗辩承担举证证明责任。

(一)原告的举证证明责任

原告的举证证明责任系对提供作品行为的初步举证。所谓初步举证，并不要求负有举证责任的当事人提供的证据达到高度盖然性的标准，而是所提供的证据能初步证明其主张的行为存在即完成举证。具体而言，在网络环境下，原告提供的证据能体现出涉案作品在被告经营的网站上可以播放、浏览、下载或者通过其他方式能够使网络用户获得的，则可以认定原告完成了初步的举证责任。

司法实践中，原告通常采用公证方式进行取证。面对网络上的海量信息，通过公证方式保全证据的成本比较高，例如，原告主张他人侵害其某部电视剧的著作权，若等被诉网站每集电视剧全部播放完毕才进行公证保全不仅费用高，而且耗时长。从便利当事人举证、降低维权成本的角度，原告适当简化取证过程是可以接受的，比如，公证方式是将每集电视剧点开播放快进截图保存，不进行从头至尾的完整播放。但值得注意的是，这种简化可能产生举证责任方面的风险，如果简化不得当，导致公证内容未能完整、全面地证明侵权行为要件事实，则可能会被认为未能完成举证，进而承担举证不能的后果。因此，原告即便通过公证方式保全大量网络证据，也要如同保全单一网络证据一样满足侵权行为的全部构成要件以及最低证明标准。① 此外，虽然可以合理地简化公证过程，但原告以公证方式保全证据还要确保公证步骤的连贯性、完整性。实践中，有些原告在公证保全时基于诉讼策略的考虑，对相关网页内容进行选择性截图，如省略浏览器地址栏中的地址或者播放影片时播放窗口下方显示的网络地址等，可能会出现保全的证据不完整而导致真实性存疑的风险。我们认为，为了确保主张权利的顺利实现以及案件事实的查明，权利人在公证保全证据时还是应当尽量确保取证步骤和保全网页的完整性。

---

① 参见冯刚:《侵害信息网络传播权行为构成要件问题研究——评步升大风公司诉豆网科技公司侵犯信息网络传播权纠纷案(上)》,载《中国版权》2015 年第 4 期。

(二)被告的举证证明责任

原告提交了被告实施被诉侵权行为的初步证据,被告否认的,应当提交相反证据,即在原告完成初步举证后,若被告提出否定原告主张的抗辩,则举证责任即转移至被告。被告不提交证据或提交的证据不足以推翻原告提交的初步证据,则可以认定被告实施了被诉侵权行为,应承担该行为所产生的法律责任。

被告通常否认其实施了权利人主张的直接提供作品的行为,并抗辩其提供了网络技术服务,被告对于反驳权利人诉讼主张所依据的事实负有举证责任。因此,主张提供技术服务的被告需要对其仅提供了信息存储空间、搜索链接等技术服务进行举证,否则将承担不利后果。需要注意的是,作为网络技术服务提供者的被告,为反驳权利人主张,其证明内容既要对实施了何种具体技术服务进行举证,也要对存在直接提供作品的行为进行举证。这主要考虑到技术服务提供者基于技术优势具备较强的举证能力,且若确系技术服务提供者,作为通过其技术服务与直接提供作品的人最为接近的主体,其理应能对作品的直接提供者进行举证。

网络服务提供者在实践中主要涉及信息存储空间服务和链接服务两大类,《北京高院著作权审理指南》第9.10条、第9.14条分别对信息存储空间服务和链接服务的证明及认定标准给予了细化。以被告抗辩其仅提供了网络链接服务为例,未通过网络直接提供作品,显然需要明确其链接的第三方网站的具体情况,包括网站名称、经营者信息以及被告与该第三方网站之间的关系等,仅是一味强调被告网站对涉案作品文件设置了链接,但无法提供任何被链网站信息的,不足以完成其举证责任。

【典型案例117】

在最高人民法院审理的(2009)民提字第17号北京慈文影视制作有限公司(以下简称慈文公司)诉中国网络通信集团公司海南省分公司(以下简称海南网通公司)侵犯著作权纠纷一案①中,慈文公司提交的公证书显示,通过互联网进入海南网通公司的网站,点击其首页上的"影视频道",即可在进入的页面上进行操作,

① 《北京慈文影视制作有限公司与中国网络通信集团公司海南省分公司侵犯著作权纠纷案》,载《最高人民法院公报》2016年第6期。

观看电影《七剑》。进入的网页上虽然有"影视天地"的名称,但该网页上没有显示任何对应的域名或者网站名称等信息可以表明该网页属于第三方所有。该网页的 IP 地址亦不能证明该网页另属其他主体所有,故从慈文公司及其他社会公众的角度,播放《七剑》电影的网页至少从表面上属于海南网通公司。海南网通公司如欲证明该网页仅是其链接的第三方网站,其不应为该网页上的侵权行为承担责任,应提交相应的证据。因该网页的 IP 地址位于海南网通公司管理的地址段范围内,海南网通公司能够提供该证据,而包括慈文公司在内的社会公众均无法获得。在海南网通公司未提供相关证据的情况下,其关于仅提供链接服务的抗辩不能得到支持,其应对该网页上播放慈文公司享有著作权的电影作品的侵权行为承担相应的法律责任。

(三)原、被告证据的综合判断认证

侵害信息网络传播权案件中,对被诉侵权行为的性质判断是一个运用证据规则进行综合判断的过程。部分案件中,法院认定被告实施了链接行为,并未根据被告所提交的反证作出认定,而是直接根据原告主张侵权的公证书进行认定,由于该公证书所显示的被告网站视频播放页面中出现了搜狐网站链接,且该链接有加载和完成状态的显示,法院认为此种情况符合当时网站浏览器播放视频存储来源网址的自动显示过程,因而认为涉案内容实际存储于搜狐网站,被告仅对相关视频文件设置了链接。

由于被告与被诉侵权行为密切相关,考虑到网络证据多变、易修改且不留痕迹的特点,被告在诉讼中提交的其网站相关证据可能因其具有控制能力,客观性较低,从而导致证明力减弱。相反,原告取证当时被告一般不知情,所以原告取证固定的被告网站的相关证据客观性较高,证明力较强。可见,从证据效力判断,原告取证当时固定的网络证据相对而言客观性更强,事后形成的证据要具备同样的证明效力,需要满足更严格的审查要求。

【典型案例 118】

在北京知识产权法院审理的(2015)京知民终字第 1175 号湖南快乐阳光互动娱乐传媒有限公司(以下简称快乐阳光公司)诉北京电信通电信工程有限公司(以下简称北京电信公司)等侵害信息网络传播权纠纷一案中,快乐阳光公司主张被

告直接提供了《快乐大本营》综艺节目,侵害其信息网络传播权。法院查明,快乐阳光公司提交的北京电信公司(被告)网站公证书显示,在涉案节目加载过程中,视频播放页面左下角显示有“http://tv. sohu. com/upload/……”加载结束后,会显示“完成”字样。因此,法院认为,因该显示内容通常系视频播放过程中,浏览器对播放视频所存储网址的自动显示,设链网站较难对其进行更改,故在无相反证据的情况下,依据这一显示内容,合理认为涉案内容系存储于搜狐网站,而非快乐阳光公司网站。二审判决最终认定被告对涉案综艺节目提供了链接服务。

三、侵害信息网络传播权行为的认定步骤

侵害作品信息网络传播权案件中,要查明被诉侵权行为是否构成侵害信息网络传播权的行为,通常包括以下几个步骤:第一,查明被诉侵权行为的实施主体;第二,查明被诉侵权行为是否落入信息网络传播权的范畴;第三,确定被诉侵权行为系提供作品的直接侵权行为,还是提供技术服务的帮助、教唆型间接侵权行为。

(一)查明被诉侵权行为的实施主体

网络经营的复杂性使查明真实的网络经营者的难度加大。部分案件中,被诉侵权行为的实施主体非常隐蔽,如何确定被诉侵权行为的实际实施者,成为确定适格被告以及判定侵权行为的前提问题。实践中,常见的确定网络经营者的信息包括ICP网站登记备案信息、载明经营者的网站公示信息等,部分当事人还会依据域名注册所有人信息主张被诉侵权行为的实施主体。我们认为,首先,对于ICP网站登记备案信息与网站中标示的主体信息不一致的,可以认定为共同经营者,但有相反证据的除外。其次,ICP网站登记备案信息的证明效力较高,虽其名为备案,但实际上合法经营网站均需作该备案。域名注册登记相对比较灵活自由,故被告仅以被诉侵权行为所在网站的域名登记所有人系他人为由,一般难以推翻ICP备案信息。最后,当然,被告通过足够充分的反驳证据,亦可以根据案件情况推翻ICP的备案信息。例如,在本书典型案例81中,原告主张被告实施了被诉侵权行为的证据仅有ICP备案信息,但被告提交了一系列反驳证据证明涉案行为发生期间,其并不实际经营该网站。法院综合全案证据后最终认为被告的反驳证据可以推翻ICP备案的初步证据。至于被告虽不经营涉案网站但仍作为ICP备案主体的情况,属于被告违反与网站经营相关行政管理规定的行为,并不是民事侵

权案件中必然需要考虑的事实。

(二)被诉侵权行为是否落入信息网络传播权的范畴

信息网络只是作品传播的媒介,并非发生在信息网络中的行为都能落入信息网络传播权范畴,需要满足“交互式”传播的特点才属于信息网络传播权控制的行为。定时播放、同步转播行为都不符合信息网络传播权所控制行为的构成要件,不能仅以这些行为发生在信息网络中,即将其对应的权利简单归入信息网络传播权中。本书典型案例116中的被诉侵权行为,是被告通过网络向用户发送信息的行为,该行为虽然通常会以被告将《新京报》文章复制在其服务器中为前提,但因该行为并非本案被诉侵权行为,故需考虑的是被告复制之后进行的后续传播行为。该发送行为会在用户手机中形成新的复制件,原告所作公证即是对于用户手机中所存储内容进行的公证。在这一过程中,用户虽然可以选择是否定制手机报服务,但只要定制了该服务,其对手机中复制件的形成并无任何控制能力,可见该复制行为的实施者为信息发送方,即被告,而非用户。在此情况下,被诉侵权行为可以认定是对原告作品的复制。

如果原告持有作品的信息网络传播权,但被诉侵权行为所针对的并非信息网络传播权,属于原告对法律适用的主张错误,此时法院可以向原告释明,并适用《民事诉讼证据规定》第53条第1款的规定将法律关系性质作为焦点问题进行审理。涉及网络的侵害著作权行为多样,只有落入信息网络传播权范畴的行为才能被认定为侵害信息网络传播权的行为。相对而言,把握了信息网络传播行为的交互式特点,则可以将发生于信息网络中的其他行为与之区分开来。

(三)查明被诉侵权行为的性质

对于被诉侵权行为的性质,应根据在案证据,运用逻辑推理和经验法则等综合进行判断。侵害信息网络传播权案件中,被诉侵权行为可以区分为直接侵权行为和间接侵权行为,前者即未经许可提供作品的行为,后者即为直接侵权行为进行教唆或者提供帮助的行为。通过查明事实,确定被告或者各个被告所实施的行为,进而确定承担直接侵权责任还是间接侵权责任。

1. 直接侵权行为和间接侵权行为

查明被诉侵权行为相关事实后,侵权判定中下一项重要步骤为区分直接侵权与间接侵权,为最终落实法律责任提供基础。要认定被诉侵权行为构成直接侵权,应满足被诉侵权行为符合直接提供作品的行为要件;要认定构成间接侵权,应以存在直接侵权行为为前提,正所谓“皮之不存,毛将焉附”。

侵害信息网络传播权的行为属于侵权行为,应承担侵权责任,此侵权责任的认定也要满足《民法典》第1165条关于侵权责任的一般规定,即“行为人因过错侵害他人民事权益造成损害的,应当承担侵权责任”。判定直接侵权,因被告未经许可提供了原告作品,一般就能推定被告实施被诉侵权行为存在过错,从而认定被告应承担相应的侵权责任。判断间接侵权,则需要有证据证明被告对直接侵权行为所提供的教唆、帮助行为存在主观过错,最典型的过错是明知或应当知道直接侵权行为存在,方能认定被告承担相应的侵权责任。

在部分案件中,实施直接侵权行为的主体为网络用户,出于诉讼便利、执行效率等方面考虑,权利人一般不起诉网络用户,而直接起诉实施间接侵权行为的网络服务提供者。为此,是否需要追加直接侵权人方可查明直接侵权行为进而判定间接侵权行为?目前实践中相对一致的处理方式,我们认为,在能查明直接侵权行为存在的前提下,权利人可单独向间接侵权行为提起诉讼。虽然间接侵权以直接侵权为前提,但二者实施的行为不同,所产生的法律责任也不尽相同,因此,权利人有权选择同时起诉直接侵权人和间接侵权人,也有权选择仅起诉直接侵权人或间接侵权人。权利人仅向间接侵权人提起诉讼,且其提交的相关证据能使法院查清直接侵权行为存在,从而判断间接侵权责任的,无须追加直接侵权人进入诉讼。

【典型案例119】

在北京知识产权法院审理的(2015)京知民终字第560号快乐阳光公司诉同方股份有限公司侵害作品信息网络传播权纠纷一案中,快乐阳光公司向“同方灵悦”电视机顶盒经营者同方公司提起诉讼主张侵害其对综艺节目《天天向上》的信息网络传播权。同方公司抗辩被诉侵权行为系案外人开发的“兔子视频”软件所提供,因此要求追加案外人,并主张应由案外人承担侵权责任。

法院认为,同方公司生产的涉案机顶盒中明确标注“功能特性:独家开发的‘兔子视频’平台带来全新网络视频观看体验……公司名称:同方公司”,该标注表明同方公司向社会公众公示其系“兔子视频”的开发者。即便同方公司并非“兔子视频”软件开发及提供者，一审法院亦无须追加“兔子视频”软件提供者参加本案诉讼。原因在于，虽然与“兔子视频”软件提供行为相关的事实确会对同方公司行为性质的认定产生实质影响，但法院可以通过举证责任分配来查明相关事实，故“兔子视频”软件提供者不参加本案诉讼并不会影响对该事实的查明。

典型案例119是实践中常见情形，即被告抗辩其仅实施了对直接侵权行为的帮助行为，但法院经过审理，适用证据规则判断事实后，得出被告实施了直接侵权行为的结论。通常而言，对被诉侵权作品实施的侵害信息网络传播权的行为，无法证明属于间接侵权行为，即可推定属于直接侵权行为。

【典型案例120】

在北京市海淀区人民法院审理的(2017)京0108民初51249号北京快手科技有限公司诉广州华多网络科技有限公司(以下简称华多公司)侵害著作权纠纷一案中，法院查明，华多公司(被告)经营的“补刀”App中“网红排行榜”的“网红大V粉丝排行榜”中第四位的“二驴的(战驴)”下能找到被诉视频并播放。被告解释“网红排行榜”系根据“补刀”App用户搜索热度由系统生成，此处的“网红”指“补刀”App用户，但其无法提交“二驴的(战驴)”用户的注册信息。法院认定，被告未能提交涉案视频系由用户上传的相关证据，且虽称涉案视频用户系以第三方账户登录，但亦未提交证据说明系何第三方账户，难以合理解释存在上传视频的用户，法院认为涉案视频应为被告自行上传并发布，判决被告承担直接侵权的法律责任。

2. 被诉侵权行为的全面审查

侵害信息网络传播权纠纷中，由于区分了直接侵权和间接侵权，对被诉侵权行为的审查还会涉及全面审查问题。权利人提起诉讼时，针对其取证的被诉侵权行为，有时仅笼统地主张被告侵害其信息网络传播权，未明确主张被告直接实施了提供作品的行为从而构成直接侵权，还是实施了教唆、帮助提供作品的行为从而构成间接侵权，此时，不宜以原告诉讼请求不明确而直接驳回其请求。法院应根据在案证据对被告实施的行为性质进行全面审查。将信息网络传播行为区分为作品提供行为与教唆、帮助等间接行为，是为了在快速发展的网络技术环境下更谨慎地判定侵权行为，防止对网络服务提供者的误伤而阻碍网络经济的发展。对于权利人而言，其面对网络环境中复杂多样的作品传播行为，在法院尚难以简单直接判定侵权行为性质的情况下,更难以准确地主张被诉侵权行为的法律性质,要求权利人准确提出主张被告直接侵权或教唆、帮助侵权过于苛刻。

当然,有观点提出权利人可以按预备合并诉讼的诉讼策略提出主张。所谓预备合并诉讼,是指原告在提起主位诉讼的同时,于同一诉讼程序中提起预备诉讼,以备主位诉讼无理由时,可以就其预备诉讼请求法院审判的诉讼合并形态。比如,在买卖合同纠纷中,原告能够以合同无效作为主位诉讼,如果该诉讼请求无法得到支持,则同时提起赔偿违约金的诉讼请求作为预备诉讼请求。在信息网络传播权案件中,对被告侵权行为的性质并不确定的原告,可以以直接侵权为主位诉讼,以间接侵权为预备。[①] 有学者将前述理论归入诉的客观预备合并,与诉的主观合并(又称诉的主体合并)相对应,是以多数请求权的存在为前提,将请求分为主位请求与预备请求,且两者之间必须存在互相排斥关系。[②]

权利人若能准确掌握前述诉讼理论并熟练运用并无不妥,问题在于,部分权利人缺乏相应的理论知识,也难以娴熟运用相关的诉讼策略,当对被诉行为本身的侵权性质并无异议时,仅因为权利人无法准确主张被诉侵权行为构成直接侵权或帮助侵权而驳回其诉讼请求,与民事诉讼定分止争、公平效率的基本原则不符。2001 年《民事诉讼证据规定》第 35 条第 1 款规定了"诉讼过程中,当事人主张的法律关系的性质或者民事行为的效力与人民法院根据案件事实作出的认定不一致的,不受本规定第三十四条规定的限制,人民法院应当告知当事人可以变更诉讼请求"。此规定为法院应当履行释明义务的情形之一,但该规定之所以要求法院应当释明,在于法律关系性质或民事行为效力的主张将从根本上影响当事人的诉讼请求,如争议法律关系涉及合同关系抑或侵权关系,当事人的主张与法院根据在案证据所作的初步判断不一致时,可能导致当事人的主张不被支持。法院向当事人作出释明,是为了高效解决纠纷,避免主张错误造成诉累。而侵害信息网络传播权案件中,被诉侵权行为构成直接侵权还是间接侵权,往往不影响权利人所提出的诉讼请求,因此是否属于法院应当释明的范围并无明确的法律法规或司法解释规定。上述司法解释规定在 2019 年修改时调整为第 53 条中的"诉讼过程中,当事人主张的法律关系性质或者民事行为效力与人民法院根据案件事实作出

---

① 参见冯刚:《侵害信息网络传播权纠纷案件审理问题研究》,载《知识产权》2015 年第 11 期。

② 参见张永泉:《民事之诉合并研究》,北京大学出版社 2009 年版,第 29 页。

的认定不一致的,人民法院应当将法律关系性质或者民事行为效力作为焦点问题进行审理",删去了"法院应当释明"的规定。因此,对于权利人未明确主张被诉侵权行为构成直接侵权还是间接侵权时,法院应当根据所查明的事实进行全面审查。

第二节 直接侵害信息网络传播权的认定

一、直接侵权的主要情形

侵害信息网络传播权案件中,不论被告是否直接提供了原告作品,未经许可提供作品的直接侵权行为是侵权判定中首先要审查的事实。按照行为主体判断,直接侵权行为主要包括单独直接侵权行为和以分工合作方式实施的直接侵权行为。

部分案件可以通过被告主体数量来区别单独直接侵权行为还是以分工合作方式实施的直接侵权行为,被告人数单一,原告主张被告直接侵权并得到法院支持的,则被诉侵权行为属于单独直接侵权行为;被告人数有两个或以上,原告主张各被告以分工合作方式共同实施了直接侵权行为,则被诉侵权行为属于以分工合作方式实施的直接侵权行为。但是,面对实践中复杂多样的案件,以此种简单方式进行判断并不准确。

第一,权利人可以将直接侵权行为人与间接侵权行为人作为共同被告起诉,此种情形下的被诉侵权行为仍可能是单独直接侵权行为。

第二,权利人可以将以分工合作方式实施侵权行为的多人中的一人,作为被告起诉,此种情形下的被诉侵行为仍属于以分工合作方式实施的侵权行为。

《民法典》第178条第1款规定:"二人以上依法承担连带责任的,权利人有权请求部分或者全部连带责任人承担责任。"由于权利人有权选择被诉侵权主体,所以即使发生多人以分工合作方式实施直接侵权行为,权利人也可以选择部分主体作为被告提起维权诉讼。如典型案例119中,二审判决认为,根据涉案机顶盒中由同方公司独家开发的"兔子视频"平台的标注,表明同方公司向社会公众公示其为"兔子视频"软件的开发者。即便同方公司并非实际开发提供者,但至少可以肯定的是,基于"兔子视频"软件提供者出具的证明、公证产品上的上述标注等,足以认定同方公司与"兔子视频"提供者就传播内容方面具有密切合作关系。可见,被诉侵权行为属于直接侵权行为中的哪种情形,关键还是要对该行为本身的实施主体、具体实施情况等作综合判断。

二、分工合作共同提供作品的认定

随着网络行业分工细化,要完成作品的信息网络传播行为,涉及版权采购、文件存储、通信传输、展示平台以及变现和收益分配方式等一系列的技术、商业安排环节,多个主体以分工合作方式参与其中,共同完成整个商业环节操作,最终实现作品通过信息网络传播的行为已不鲜见。

《信息网络传播权司法解释》第 4 条规定,“有证据证明网络服务提供者与他人以分工合作等方式共同提供作品、表演、录音录像制品,构成共同侵权行为的,人民法院应当判令其承担连带责任”。此规定中明确提到了以分工合作方式共同提供作品,可以确定的是,以此种方式提供作品的显然是多主体实施的行为,至于何谓“分工合作”“共同提供”,在网络经营者之间分工的实现方式、模式途径等日益复杂的情况下,难以简单作出判断。

同时,以分工合作方式共同提供作品属于直接提供作品的行为,不享有网络服务提供者可能获得的“避风港”规则免责。因此,对于权利人而言,当存在有合作关系的多被告时,其往往主张这些被告构成以分工合作方式提供作品的侵权行为,但被告也会尽力抗辩其不属于提供作品的合作关系,甚至抗辩其与被诉侵权行为无关。

【典型案例 121】

在北京市第一中级人民法院审理的(2014)一中民终字第 3288 号北京优朋普乐科技有限公司(以下简称优朋普乐公司)诉北京新浪互联信息服务有限公司(以下简称新浪公司)、辽宁东北网络台、葫芦岛日报社侵害著作权纠纷一案中,法院查明:2011 年 1 月 14 日,新浪公司出具《新浪视频播放授权书》,与若博佰思公司共同开展“新浪云视频业务”,由新浪公司提供其合法授权的宽带视频节目,若博佰思公司进行新浪云视频项目的推广与服务。2011 年 6 月 15 日,若博佰思公司与葫芦岛日报社签订《新浪云视频内容合作协议》,新浪云视频通过分享合作模式让葫芦岛日报社可以简单、低成本地建立起新视频道,该二级频道可通过新浪云视频运营平台及其拥有的各项运营资质合法播出。若博佰思公司通过向葫芦岛日报社提供云视频内容模块以及拥有合法授权(或自制节目)的宽带视频节目,该节目内容经云视频的内容输出方允许后将通过内容输出方式在合作媒体网站上以新浪云视频的形式播放。葫芦岛新闻网(www. hldnews. com)为葫芦岛日报社经营的网站,ICP备案主体为辽宁东北网络台,该网站"云视频"栏目下可点击播放电影《万有引力》。葫芦岛日报社认可涉案网站由其经营并承担相关权利义务,辽宁东北网络台否认经营该网站。

优朋普乐公司起诉新浪公司、葫芦岛日报社、辽宁东北网络台以及若博佰思公司共同侵害其信息网络传播权。一审诉讼期间,优朋普乐公司撤回对若博佰思公司的起诉并获得法院准许。法院根据当事人陈述、有关部门关于涉案域名的经营情况记录等,确认涉案网站实际经营者为葫芦岛日报社,辽宁东北网络台仅作为备案登记单位并没有实际参与运营。法院最终认定,葫芦岛日报社与新浪公司未经许可以"新浪云视频"平台资源合作方式在葫芦岛新闻网提供涉案影片的在线播放服务,侵犯了优朋普乐公司享有的信息网络传播权。

权利人往往以社会公众的视角在作品的展示环节发现侵权行为,其可能无法发现全部参与被诉侵权行为的主体。上述典型案例121中,权利人仅能发现被诉网站经营者,无法直接知道与葫芦岛日报社存在合作关系的若博佰思公司和新浪公司,在其将网站经营者作为被告诉至法院后,应诉被告为了证明抗辩事由,会提交相关合作协议等证据,法院才能最终梳理清楚多被告之间实际的分工合作关系,查明被诉侵权行为的性质。

(一)分工合作共同提供作品的主观意思

要认定各被告之间或者被告与他人之间存在以分工合作方式提供作品的行为,首先要满足主观要件,即合作方存在以分工合作方式提供作品的主观意思联络。主观意思联络虽然可以事后确认,但主要是在被诉侵权行为发生当时或准备实施阶段形成的,在诉讼过程中只能通过当事人提交的证据予以体现,且此类证据往往是事后证据,须谨慎进行审查判断。如何认定能体现被诉侵权行为发生之前或当时,包括被告在内的合作者存在以分工合作方式提供侵权作品这一主观意思,是此类案件审理的重点和难点。

我们认为,这类证据主要涉及两大类,第一类是"体现合作意愿的协议",这是最直接的、最常见的证据,通常由被告或与被告订立合作协议的第三人提交。为了否认自己实际知道被诉侵权作品或与提供侵权作品的行为有关,被告提交的证据通常是其与他人(可能是该案中的其他被告,也可能是案外人)订立的合作协议,其提供此类协议的初衷是证明其在与他人合作中的角色以及所实施的行为,但有时也会事与愿违,原告会敏锐地发现此类协议中能够体现被告与他人存在合作提供侵权作品的意思表示条款。法院也会据此分析并综合全案证据作出认定。

【典型案例 122】

在北京知识产权法院审理的(2019)京73民终3139号北京格尔萨豪酒店管理有限公司(以下简称格尔萨豪)诉捷成华视网聚(常州)文化传媒有限公司(以下简称华视公司)侵害作品信息网络传播权纠纷一案中,法院查明:格尔萨豪公司系速伯艾特公司的速8酒店品牌加盟店,为证明其与所经营的速8酒店电视点播服务中收费提供电影《反贪风暴2》的行为无关,提供了其与行悦公司签订的《酒店客房网络及收视服务运营合作协议》,与行悦公司、国广东方公司签订的《内容合作协议》,以及与行悦公司、华视公司签订的《高清电影内容专区合作协议》。《内容合作协议》中约定:双方在互联网电视领域开展项目合作,国广公司向行悦公司提供具有合法版权的高清电影内容(至少50部),以月为单位进行更新,观看模式为点播收费。《高清电影内容专区合作协议》中约定:双方针对高清电影内容开展业务合作,只能在行悦公司指定的终端平台中由华视公司向用户提供一定数量的高清电影内容视频点播服务。对于上述协议,华视公司认可真实性,并主张被告与行悦公司等以分工合作方式提供涉案影片。法院认为,根据格尔萨豪公司与行悦公司等的多份合作协议,可知其与案外人构成以分工合作及利益分享方式共同提供涉案影片,格尔萨豪公司未举证证明该种传播行为获得了合法授权许可,侵害了华视公司的信息网络传播权。

值得注意的是,合作协议是判断被告与他人以分工合作方式提供侵权作品存在主观意思的一类证据,但不能仅因为协议名称为“合作协议”就认定当事人存在以分工合作方式提供作品的主观意思,而是要对合作协议中的具体条款约定进行分析判断。通常合作协议中明确表示合作内容系与提供作品相关,且出于提供作品双方进行分工,收益分配等意思表示可以认定存在具有以分工合作方式提供作品的主观意思。上述典型案例122中的相关约定堪称以分工合作方式提供作品的主观意思表示之典范。比如,上述合作协议中约定客房终端设备的主要增值服务中包括视频内容点播服务,针对此项服务有作品提供方、指定的终端平台方,还有增值服务系统接入方等,同时约定收益结算方法。这些主体的行为共同构成了通过酒店网络向公众提供侵权作品整个过程的重要组成部分,任何一环的缺失都可能导致提供作品这一结果无法完成。另外,也要将合作协议约定与原告主张的被诉侵权行为相对应。若合作协议约定的合作方式与被诉侵权行为无关,也不能仅以协议推定被告对被诉侵权行为存在与他人分工合作提供侵权作品的主观意思。

当有些被告发现其提交的合作协议不仅未能支持其抗辩主张,反而作为法院支持原告诉请的依据时,会缺乏动力提交此类合作协议。在没有合作协议的情况下,法院是否就不会认定被告与他人实施了以分工合作共同提供作品的行为?结论是否定的。

除了被告提交合作协议外,第二类证据就是“其他足以佐证被告与他人存在以分工合作方式提供作品的主观意思的证据”。《北京高院著作权审理指南》第9.7条规定,“基于在案证据能够证明各方在内容合作、利益分享等方面紧密相连的,可以认定各方具有共同提供涉案作品、表演、录音录像制品的主观意思联络”。因此,只要有证据可以证明被告与他人有共同提供被诉侵权作品的主观意思,不论在案证据是否有合作协议,不论合作协议约定如何,都可以认定被告主观上存在以分工合作提供被诉侵权作品的意思表示。这类证据可以是双方曾经通过邮件沟通联络、共同发布的与被诉侵权作品有关业务的宣传推介、公开年度报告中披露的与被诉侵权行为有关的业务项目等。

【典型案例 123】

在北京市海淀区人民法院审理的(2015)海民(知)初字第19556号杭州锋线文化信息咨询有限公司诉微软在线网络通讯技术(上海)有限公司(以下简称微软公司)、北京搜狐互联网信息服务有限公司(以下简称搜狐公司)侵害作品信息网络传播权纠纷一案中,法院查明:进入微软公司经营的cn. msn. com网站,点击该网站“视频”栏目,进入msn. tv. sohu. com网站,网页名称为“MSN视频频道-MSN中文网”,网页上端显示“msn中文网首页”“下载Messenger”“Hotmail邮箱”“免费IE9”“下载微软拼音输入法”“必应导航”,网页其他部分还有Messenger、msn等标识。网页上半部分排列有“msn视频”“栏目”“首页”“电视剧”“电影”“综艺”“纪录片”“娱乐”等。搜索“女人的战争”，结果显示完整的33集，点击可正常播放涉案电视剧。微软公司与搜狐公司承认双方存在战略合作，合作模式为微软公司从其经营的MSN中文网上开设视频栏目，为搜狐公司提供接口，该视频栏目实际跳转到网址为msn. tv. sohu. com的搜狐公司网站，由搜狐公司存储包括涉案电视剧在内的视频节目。法院确认了二被告存在以分工合作方式提供涉案电视剧的行为。

在典型案例123中，当事人没有提交分工合作协议，但自认存在战略合作关系，考虑到通常情况下不同经营者之间联合域名的合作关系情况，即涉案网站可同时视为MSN中文网与搜狐公司网站的组成部分；网站名称为“MSN视频频道－MSN中文网”，且涉案网页显示与搜狐公司网站视频栏目显示内容不同，包含有大量微软公司所属品牌产品标识，足以展示二被告之间密切的合作关系，可以认定被告实施了以分工合作方式提供作品的行为。

（二）分工合作共同提供作品的客观行为

除了认定被告存在上文分析的主观意思外，要认定被告实施了与他人以分工合作方式提供被控侵权作品的行为，还应有证据证明被诉侵权行为，这是侵权认定的客观要件。客观行为是主观意思的外化。通过侵权事实所反映的行为，在一定程度上也能推知行为人的主观意图。如果原告提交的侵权证据可以合理地认定被告与他人之间存在合作关系，而被告无法对其否认进行合理解释并提交证据，则可以适用证据规则认定被告实施了与他人以分工合作方式提供作品的行为。

三、网页快照行为的认定

《信息网络传播权司法解释》第5条对网页快照行为作出相关规定，认为网页快照可以构成提供内容行为，但符合合理使用“三步检验法”的网页快照行为不构成侵权。上述司法解释出台前，《北京市高级人民法院关于网络著作权纠纷案件若干问题的指导意见（一）（试行）》中对网页快照即作出了相关规定。由于《信息网络传播权司法解释》对网页快照问题已有较为明确的规定，提供网页快照服务的网络经营者较之其他网络经营者少，目前此类案件在审判实践中已较少发生。

网页快照，从技术上说是搜索服务过程中对来源网页内容的复制，既不属于搜索、链接服务，也不属于系统缓存服务，网页快照行为可单独构成提供作品的行为。由于该行为与来源网页使用作品的行为相互独立，故来源网页内容是否侵权的认定并不影响网页快照行为是否侵权的判断。《信息网络传播权司法解释》第5条第2款通过合理使用制度对网页快照行为的免责条件予以规定。合理使用是对著作权的限制和例外，这部分内容在第八章合理使用部分已经详细展开，此处不再赘述。

《北京高院著作权审理指南》第9.23条对北京法院近些年关于网页快照的相关典型判例进行总结，提炼了在对是否构成合理使用的相关判断因素，主要包括：第一，权利人的主观意愿。2020年《著作权法》第24条第1款第4项、第5项中权利人可以声明方式排除合理使用制度，因此，权利人的主观意愿可以成为判断是否构成合理使用的因素。如果权利人在能够“通知与删除”而怠于通知的情形下，则可以推定其可以忍受该行为，这也意味着网页快照并未对其造成不合理的损害。如果权利人明确发出删除的通知，则可以认定其已经明确表示不能容忍网页快照行为，这也意味着网页快照对其造成不合理的损害。第二，网页快照服务提供者的主观过错。借鉴《信息网络传播权保护条例》中的“通知与删除”规则，如果网页快照提供者收到通知后未及时采取合理措施，且无正当理由的，可以推定其已经不合理地损害了权利人的利益。第三，网页快照提供者是否从中直接获取经济利益。如果网页快照提供者利用快照行为进行营利，则对权利人行使权利事实上形成竞争，从而可能损害权利人的经济利益而不符合免责条件。

四、定时播放行为的认定

信息网络传播权控制行为的特点在于是“交互式”传播，即按照公众的需求使作品在信息网络中传播，并使公众获得作品。如果传播是由传播方单方决定的，则不属于信息网络传播权控制的范围。网络定时播放，是指网络服务提供者利用一定的技术手段，发布节目表，按照节目表安排的时间向公众提供作品的在线播放。对于定时播放行为，网络用户无法在自己选定的时间获得作品，因而不属于信息网络传播权控制的行为范畴。另外，由于通过互联网定时播放主要为有线传播，此行为也无法纳入2010年《著作权法》之前的广播权范畴，但我们认为，此种行为即便不属于信息网络传播权或广播权控制的行为范畴，也不能仅仅由于传播方式的差异而从根本上剥夺权利人的此部分权利，而是可以适用“兜底性”权利，即“其他权利”予以规制。

在2020年《著作权法》施行后，网络定时播放行为可以直接纳入广播权控制的行为范畴，而无须再费此周折。另外，通过网络定时播放相关作品所引发的纠纷集中在视频网站发展早期，目前的网络服务主要涉及“交互式”提供作品或网络直播服务，因定时播放行为所引发的纠纷已较少。

第三节　间接侵害信息网络传播权的认定

目前，我国的立法规范用语中未出现“间接侵权”的概念，而是使用了共同侵权、教唆侵权、帮助侵权等概念，但在知识产权实务界，特别是针对网络服务提供者实施的侵权行为，习惯将与直接侵权相对应的侵权行为称为“间接侵权”。此概念一般指“没有实施受知识产权专有权利控制的行为，但故意引诱他人实施直接侵权行为，或在明知或应知他人即将或正在实施直接侵权时为其提供实质性的帮助，以及特定情况下直接侵权的准备和扩大其侵权后果的行为”①。本书为了上下文行文一致，以及考虑到“惯性用语”，也使用“间接侵权”概念指代与直接侵权相对的共同侵权行为。

被告构成间接侵权应承担侵权法律责任，亦应满足侵权责任构成的基本要件，即行为人因过错侵害他人民事权益造成损害的，应当承担侵权责任。由于间接侵权行为人未实施直接侵权行为，所以对其过错的考察，较之直接侵权人会更为复杂。

一、教唆、帮助侵权的认定及过错

（一）教唆、帮助侵权的认定

我们认为，被告作为技术服务提供者构成教唆、帮助侵权的，应当以存在直接侵权行为为前提条件。只有在直接侵权行为成立的前提下，才能进一步考察被告作为技术服务提供者的行为性质，是否构成教唆、帮助侵权。这是目前法院在审理此类案件中的常见审理思路，当事人也需要对此进行举证质证。

传统民法上，教唆、帮助侵权属于共同侵权的典型形式。教唆为实行行为之

① 王迁、王凌红：《知识产权间接侵权研究》，中国人民大学出版社2008年版，第3页。

造意,帮助为便利实行行为,民法视教唆人及帮助人为共同侵权行为人。[①]《民法典》第1169条规定,教唆、帮助他人实施侵权行为的,应当与行为人承担连带责任。

目前的法律法规未对侵害信息网络传播权行为中的教唆和帮助行为给出明确的定义。《信息网络传播权司法解释》第7条作了细化规定。教唆侵权是指网络服务提供者以言语、推介技术支持、奖励积分等方式诱导、鼓励网络用户实施侵害信息网络传播权的行为。由此可见,要构成教唆行为,应体现该行为的主观意图为诱导、鼓励他人实施直接侵权行为。帮助侵权是指网络服务提供者明知或者应知网络用户利用网络服务侵害信息网络传播权,未采取删除、屏蔽、断开链接等必要措施,或者提供技术支持等帮助的行为。

教唆侵权人对于侵权结果存在积极追求的主观态度,而帮助侵权更多是消极对待其所知道的侵权行为,相较而言,教唆侵权的侵权主观意图明显,甚至存在恶意,由此反映在侵权责任方面通常会加重。

需要说明的是,考虑到当前网络行业鼓励用户浏览访问等提升用户活跃度的方式中,设置积分奖励的方式为常见的网络营销方式,虽然《信息网络传播权司法解释》中列举奖励积分方式为教唆侵权的方式之一,但也不能机械理解适用,而应具体分析,在综合全案证据后确能认定存在教唆行为的再认定为教唆侵权。

【典型案例124】

在北京知识产权法院审理的(2019)京73民终3272号北京万方数据股份有限公司(以下简称万方公司)诉北京晟软在线科技有限公司(以下简称晟软公司)侵害作品信息网络传播权纠纷一案中,法院认为,虽然涉案作品系网络用户上传,晟软公司仅提供信息网络存储空间服务,但晟软公司通过积分奖励等规则,引导鼓励涉案网站注册用户做出通过充值获取积分以下载文档,并积极分享上传文档供他人下载以获取相应积分提现等行为,晟软公司亦从中获取一定的经济利益,本身应负有更高的注意义务,涉案作品数量众多,专业性较强,从其文档格式、作者署名、杂志名称等可以推定上传用户的授权情况明显存在可疑之处,晟软公司对此类规模较大且类型集中的上传分享行为的授权情况理应承担更高的注意和

① 史尚宽:《债法总论》,中国政法大学出版社2000年版,第174~175页。

审查义务，故涉案作品未经万方公司许可被大量上传至信息网络中，使公众可以在个人选定的时间和地点获得的情形，晟软公司具有过错，构成教唆侵权行为。

在典型案例 124 中，被告网站对注册用户设置积分奖励规则，这一行为与大部分内容分享网站的经营模式类似。当然，许多内容分享网站中对注册用户提供的积分仅作为在该网站中获得特定权益的依据，并不与现金直接挂钩，而本案中用户的积分可以直接提现，通过与现金关联的激励，远大于给予网站特权的激励。因此法院认定被告实施了教唆侵权行为。

较之教唆侵权，帮助侵权案件在间接侵权案件中占绝大部分。通常认为，行为人未直接实施侵犯著作权的行为，但要承担帮助侵权的责任。此种情形下，侵权法律责任，是由并未亲自实施侵权行为的人来承担，这就出现了“一个人要为他人的行为负责”的情形。[①] 当然，帮助侵权责任的要件中必须具备主观要件，即帮助侵权行为人在应知或明知发生直接侵权的情况下，为直接侵权行为提供帮助。正因为存在此过错，再结合具体的帮助行为，使直接侵权行为得以产生侵权后果或者持续、扩大侵权影响，由帮助侵权人承担相应的法律责任符合侵权责任的归责原则。

(二)教唆、帮助侵权的过错

不论是教唆侵权，还是帮助侵权，都要查明行为人对侵权行为存在的主观过错，这是认定行为人应当承担间接侵权责任的要件之一。被告实施教唆、帮助行为应承担侵权责任的，主观上系“明知”或者“应知”存在直接侵权行为。“明知”指实际知道侵权行为存在；“应知”指客观上或依常识等判断较为明显的直接侵权行为已存在。

近年来，知识产权保护意识不断提升，侵害信息网络传播权的案件涉及间接侵权行为的情形以帮助侵权行为为主，主动诱导、教唆他人实施直接侵权行为的情形较少。而且，“教唆”一词本身即含有明知非法仍以言行等方式怂恿、唆使他人就范，相对而言主观过错的判断争议较小。只是在个案中，教唆人的意思表示可能非仅针对被诉侵权客体，而是相对笼统宽泛，如典型案例 124 中的情形。因

---

① [美]约纳森·罗森诺：《网络法——关于因特网的法律》，张皋彤等译，中国政法大学出版社 2003 年版，第 7 页。

此，还需查明教唆者主观过错的具体表现形式，进而作出侵权认定及法律责任。

认定构成间接侵权，查明网络服务提供者的过错是必要条件，若缺乏证据证明存在明知或应知直接侵权行为，即使发生直接侵权行为，也可以适用“避风港”规则，免除侵权赔偿责任。因此，大部分网络服务提供者会极力抗辩其对直接侵权行为不知情，不存在主观过错。

至于帮助行为人对于直接侵权行为是否存在明知或应知的过错，需要根据个案情况具体分析判断。对直接侵权行为系明知相对容易判断，最常见的就是通过权利人发送警告函等方式直接告知网络服务提供者其所提供的网络服务中存在侵权内容。对直接侵权行为系应知的情形较多，考察的因素也较多。

【典型案例 125】

在北京知识产权法院审理的（2020）京73民终2372号捷成华视网聚（常州）文化传媒有限公司诉木蚂蚁（北京）科技有限公司（以下简称木蚂蚁公司）侵害作品信息网络传播权纠纷一案中，法院认为，涉案论坛版主“木蚂蚁、小玄”曾于涉案网帖发布之前通过发帖《[其他]木蚂蚁影视组成立了，福利多多，欢迎各位爱好电影的小蚂蚁的加入》招募人员建立“木蚂蚁影视组”并对考核、待遇进行管理。鉴于版主在涉案论坛中具有比较大的权限，故版主“木蚂蚁、小玄”的前述行为能够体现木蚂蚁公司对“木蚂蚁影视组”以及以“木蚂蚁影视组”名义所发布的帖子具有较高的信息管理和控制能力。涉案网帖标有涉案影片名称，内容包含带有“木蚂蚁 mumayi. com 及图”标志的影片海报、主演等信息并附有下载地址，发布时间也距离涉案影片上映不到1年。木蚂蚁公司作为涉案网站经营者，理应知晓正规制作并公映的涉案影片通常不会提供给个人用户免费上传至分享平台。然而，自2013年7月31日涉案网帖发布至2017年4月25日侵权公证取证中间间隔3年多，木蚂蚁公司长时间放任涉案网帖传播，未及时采取删除、屏蔽、断开链接等必要措施，属于帮助侵权行为。

在典型案例125中，虽然没有明确证据证明被告对他人通过其网站提供涉案作品的直接侵权行为系明知，但从被诉侵权作品为公开发行的影视剧、涉案作品名称、论坛版主管理权限等因素，可以认定被告应当知道其网站上存在侵权作品，其应知侵权作品存在。

我们认为，在间接侵权中，对于网络服务提供者过错的判断，不能超出客观预见水平和能力来衡量网络服务提供者的主观过错，特别是应知的情形。这与网络服务提供者没有义务事先审查其提供的网络服务中是否存在侵权内容有着基本相同的价值导向。主要是考虑网络服务提供者所经营的网络服务中可能存在大量的作品等内容，且时时发生变化，要让网络服务提供者及时精准地知道其中哪些内容侵权，哪些内容不侵权，成本过高，且会严重影响网络服务的正常经营活动。因此，要将网络服务提供者的过错判断设置在与其技术水平和能力相适应的合理预见范围内。

【典型案例 126】

在北京市海淀区人民法院审理的(2012)海民初字第5558号韩寒诉北京百度网讯科技有限公司(以下简称百度公司)侵害著作权纠纷一案中，法院认定鉴于作家韩寒及《像少年啦飞驰》一书的知名度以及此前曾与百度公司就百度文库侵权事宜协商谈判的广泛影响力，百度公司对百度文库中的涉案作品负有较高的注意义务，应采取其预见水平和能力范围内的措施制止侵权。考虑到百度公司曾宣称其采用的反盗版系统所能实现的技术措施水平以及该系统已实现的技术效果，对于负有较高注意义务的涉案图书侵权文档，百度公司消极等待权利人提供正版作品或通知，未能确保其反盗版系统正常运行之功能，也未能采取其他必要措施制止该侵权文档在百度文库传播，故百度公司存在主观过错。

由此可见，网络服务提供者合理的预见能力和预见水平需要结合案件具体情况进行判断。一方面，要考察主体之间的关系，特别是网络服务提供者与上传用户、与权利人之间是否存在合作、事先沟通联系等关系，有关联的，网络服务提供者对于侵权的预见能力和水平相对较高。另一方面，还要考察行业及网络服务提供者的预防和制止侵权的技术能力和技术水平。此处需要澄清的两个误解是，技术水平和能力的提升优化了网络服务提供者对作品等著作权保护客体的使用方式和范围，反而降低了其对预防和制止侵权的水平和能力；技术水平越高的企业，合理的注意义务要求越高。

技术水平和能力的提升不能仅关注对网络平台上数据信息的处理能力，还应关注包括他人著作权在内的合法权益，这种以技术为名的野蛮发展不是建立在增加社会公众福祉基础上良性有序发展的产物，恰是法律需要规制的对象。这也是当前一些网络经营者强调其平台上推荐的侵权作品仅是系统算法运行的结果，非人力所为,故而主张此种算法推荐与人为推荐存在本质差异,应当获得免责。但显然,这一观点并不能被接受。

另外,在个案中对技术实力强的网络经营者提出符合其遇见能力和水平范围内的注意义务要求,可能会高于行业一般的注意义务要求,但并不属于对该经营者的苛责,一则注意义务的高低是相对而言的,个案中需要结合其他情节对网络服务提供者的注意义务给出合理的界限,比如在上案中,韩寒与百度文库之间已经有过较长时间的沟通协商,百度文库经营者也自称其启动了反盗版系统,此时,百度文库经营者对于其平台上的韩寒作品就有较高的注意义务防止侵权传播。二则专业技术能力强意味着应有与之匹配的发现、预防和制止侵权的能力,只要法律赋予其的注意义务并不过分高于其技术所能达到的效果,就是合理的。否则,此类网络经营者享受着技术外衣带来的众多用户和作者的信任不断壮大自己,却将其技术能力范围内可实现预防和制止侵权的措施弃之不用,易构成有意放任、纵容侵权之嫌疑。

二、信息存储空间服务的认定及过错

(一)信息存储空间服务的认定

网络技术服务的典型形式之一就是信息存储空间服务。信息存储空间的概念来源于《信息网络传播权保护条例》,虽然该条例未对此概念进一步作出解释,但结合相关网络经济模式的特点以及涉诉网络服务提供者所实施的行为可知,信息存储空间服务,即向网络用户等不特定公众提供存储图文、音视频等信息的网络空间服务。由于信息存储空间服务提供者在满足法定条件下可以免除赔偿责任,侵害信息网络传播权案件中,部分被告会以自己仅提供了信息存储空间服务,可以获得免责进行抗辩。因此,如何认定被告是提供了信息存储空间服务,还是通过网络直接提供了侵权作品,直接影响侵权判定审理思路,也可能产生被告抗辩成立与否的结果差异。

《信息网络传播权保护条例》第 22 条中,虽然主要规定了信息存储空间服务提供者可予免责的情形,但其中部分免责条件已经初步明确了信息存储空间服务的特征,如第 1 项明确标示该信息存储空间是为服务对象所提供,并公开网络服务提供者的名称、联系人、网络地址,属于信息存储空间服务提供者为了区别于直接提供内容的网络服务提供者,应主动公示其服务性质的要求。司法实践中,要认定被告提供了信息存储空间服务,还有其他方面或角度的判断因素。

结合近些年侵害信息网络传播权的典型案件,我们认为,判断被告是否提供了信息存储空间服务,可以综合以下三方面的因素予以考量:第一,被告提供证据证明其网站具备为服务对象(包括网络用户)提供信息存储空间服务的功能,比如,被告网站有明显的提供网络用户上传作品的栏目和入口,甚至部分网站为了鼓励用户上传作品,发布显著、醒目的宣传信息。第二,被告网站中的相关内容明确标示了为服务对象提供信息存储空间服务。《信息网络传播权保护条例》第22条第1项中的内容可以认为属于被告主动标示其为信息存储空间服务,除此以外,用户协议、网站声明等内容也可以作为标示其提供信息存储空间服务的依据。第三,被告能提供上传者的基本信息,如用户名、IP地址、注册时间、作品上传时间等。如果被诉侵权内容确实由网络用户上传,那么该上传者必定客观存在,被告声称其非侵权内容的上传者,而实际的上传者信息被告完全有能力提供,这些信息一般留存于被告网站后台,只有被告能查询并提取出来。需要注意的是,被告在诉讼期间提交的其后台上传者信息,应当与原告取证当时被告网站中所显示的上传者信息相符,以印证确实存在被告以外的第三方。如果原告取证的被告页面中完全没有任何第三方信息,被告即使在诉讼中提交其网站后台的详细第三方信息,因无法与网站中的信息相互印证,难以证明此第三方与原告主张的被诉侵权行为有关。

上述三方面的因素,前两者是被告所提供的主要是公开信息,包括权利人在内的社会公众均能看到,客观性较高。只要符合信息存储空间服务的通常认识,一般可以认定被告网站提供了信息存储空间服务。其中第三方面的因素,被告所提供的一般为非公开信息,通常会被原告所否定,但是如果能够通过较为客观的方式取证,或者即使是后台数据但能够与其他相应的公开信息相印证,法院也可以综合全案证据进行判断。另外,需要强调的是,上述三个因素并非认定提供信息存储空间服务的构成要件,而仅是对判断构成信息存储空间服务在认定证据方面的经验总结。

【典型案例127】

在北京知识产权法院审理的(2020)京73民终764号乐视网(天津)信息技术有限公司诉北京力天无限网络技术有限公司侵害作品信息网络传播权纠纷一案中,法院查明:登录“智友”网站(www.zhiyoo.com),进入安卓视频|电影－智友

论坛，能够看到［480P］【2012最新悬疑/惊悚/恐怖】【笔仙惊魂】【DVD中字迅雷下载】，点击进入在该标题后面显示有"火"字样，发表时间为2012年6月17日；发帖用户名称为"妖幺"，该用户身份标识为"荣誉会员"。复制下方链接，能够正常下载和播放涉案作品。"关于智友"的页面截图中显示，"智友社区（原安智论坛），成立于2010年2月，是国内关注智能硬件产品覆盖用户数量最多的社区之一"。进入社区中的用户组，可见站点管理组中包括：管理员、超级版主、版主等；发表人GOAPK，身份标记智友讲师，职位描述：做好安置网站相应板块规则制定、内容整理、文章发布等工作，并引导论坛会员发帖，发帖必须有效、规范；保证负责板块有一定量的精华帖、汇总发帖量和回帖率；版主职责必须对负责的论坛版面的主题帖进行有效审核，包括评分、回复等操作，具有置顶、高亮、删除等权限……标题为"安智资源区版主、游戏组、软件组招人启事"，发表人安智，身份标记为管理员，发表时间2012年3月14日，该帖写明了招聘的条件及福利。

被告抗辩其仅提供了信息存储空间服务，但明确表示无法提供发布涉案网帖的用户相关信息。结合上述情节，法院认为，涉案网站设有站点管理组，包括不同的管理人员，有明确的管理职责，资源分享区中包括视频分享，该板块中有大量的宣传页面，涵盖了国内外的诸多影视宣传画面，并对上传作品根据视频显示格式等条件进行了细致的分类。影视类作品具有较大市场价值，一般情况下，网友不会拥有影视作品的著作权，著作权人亦不会通过论坛上传、分享影视作品。该板块中存在侵权的可能性极大，但被告未提供涉案网站积极采取预防侵权的合理措施的证据，具有明显的过错。

典型案例127代表了一部分侵害信息网络传播权案件中被告抗辩其为信息存储空间服务提供者的典型情形，即被告一方面抗辩其未直接提供被诉侵权作品，且对其网站中的被诉侵权作品毫不知情，另一方面无法提供任何上传者信息，而从原告取证的被告网站上传被诉侵权作品的人，并非普通网络用户，而是与被告网站经营存在密切关系的网站管理员、"超级版主"等。此种情况下，部分案件中，法院会认定被告并非信息存储空间服务提供者，直接提供了被诉侵权作品；即使认定被告提供了信息存储空间服务，也通常会认为其存在主观过错，应承担相应的法律责任。

另有一种情况值得说明，不能仅依据网络服务提供者宣称的主营业务性质直接判断其在个案中的行为性质。网络经营者一般有自己侧重的主营业务，如有些网站主要经营论坛，提供向用户开放的网络空间，但随着业务扩展，其不断延伸自己的业务领域，也会主动从权利人处购买作品并在自己网站上提供这些作品。实践中常见的现象就是网站经营者在这个案件中为被告，抗辩自己仅提供了信息存储空间服务，应当获得免责，在另一案件中为原告，主张他人侵害其对某作品享有的信息网络传播权。因此，不能当然地认定主要经营信息存储空间服务的网络服务提供者就只会实施帮助侵权行为，不排除部分案件中其直接提供作品应承担直接侵权的责任。

（二）信息存储空间服务提供者的过错

如果违反了法律上存在的注意义务，并由此导致了某人受损害之结果，此等义务的基础是，行为人与受害人之间的关系所产生的法律义务要求行为人承担受损害者的利益。[①] 信息存储空间服务提供者承担间接侵权责任的要件之一是其对侵权行为存在过错。此类过错主要可分为对侵权行为系“明知”以及“应知”两种主观状态。

1. 明知侵权

“明知”是一种确定的事实状态，即信息存储空间服务提供者对其平台上的侵权作品客观上是明确知晓的。实践中，对于“明知”侵权的情形相对容易判断，例如，某网络经营者经营信息存储空间服务，曾与音乐作品权利人合作，权利人允许他人在信息存储空间平台上上传其音乐作品且网络经营者对此给予推荐。但权利人与网络经营者的合同到期后未续约，他人继续上传相关音乐作品，网络经营者依然对之进行推荐。此时网络经营者对他人上传的音乐作品为侵权作品可以认定为“明知”。又如，权利人发现某网络平台中有侵权作品，向该平台经营者发出侵权警告函，要求删除，但平台经营者未作处理。只要权利人的侵权警告函属于有效的通知，平台经营者确认收到该函件，就可以认定平台经营者对直接侵权行为系“明知”。

2. 应知侵权

较难认定的是信息存储空间服务提供者“应知”其服务空间中存在侵权内容。《信息网络传播权司法解释》第 9 条、第 10 条、第 12 条等对信息存储空间服务提

---

① ［美］约纳森·罗森诺：《网络法——关于因特网的法律》，张皋彤等译，中国政法大学出版社 2003 年版，第 228 页。

供者的"应知"过错作了相关的规定,但依然难以覆盖实践中的诸多情形。特别是针对信息存储空间服务提供者的"应知"过错,仅通过第12条列举了两项典型的"应知"侵权情形,且都是从热播影视剧角度作出的规范,未对其他作品等客体进行规范。《北京高院著作权审理指南》在《信息网络传播权司法解释》相关规定的基础上,充分总结实践经验,通过第9.11~9.13条三个条款对信息存储空间服务提供者的"应知"过错作了进一步的细化规定。

上述三个条款中,第9.11条对信息存储空间服务提供者的"应知"过错作了两步认定,第一步为信息存储空间服务提供者能够合理地认识到涉案作品等在其存储空间传播,第二步为信息存储空间服务提供者能够合理地认识到网络用户未经权利人的许可提供涉案作品等。这源于许多被告在诉讼中的两项常见抗辩:其一,被告称其信息存储空间中存在海量信息,而且呈现持续动态变化过程,其无法明确知晓某一时间点会出现哪些信息,即使其中包括被诉侵权作品,也无法及时知晓;其二,被告称其即使知道信息存储空间中存在被诉侵权作品,但无法明确判断上传者将之上传到网络空间的侵权行为性质,要求其对信息存储空间中的每一个文件侵权与否都作主动筛查,过于严苛且客观上无法实现。

为解决以上"两步走"问题,《北京高院著作权审理指南》第9.12条、第9.13条作了进一步规定。第9.12条规定了信息存储空间服务提供者能够合理地认识到其存储空间中传播的作品等客体的两种典型情形。第一种是涉案作品等位于网站首页、栏目首页等主要页面中,可被明显感知的位置。网站首页或者栏目首页的内容都是为了吸引用户,经过特定的筛选安排提供的,处于显而易见的位置,而且这些显著的展示位置有限,可展示的作品等内容也有限,信息存储空间服务提供者没有理由不知道这些首页中的内容客观存在。

第二种是信息存储空间服务提供者主动对涉案作品等内容进行选择、编辑、修改、整理、推荐或设置排行榜。此规定是指信息存储空间服务提供者对涉案作品等内容采取了主动措施。一般而言,不论是人为实施了选择、编辑、整理等主动行为,还是通过系统软件实施了相关的行为,都属于网络经营者主动实施的行为,不能再抗辩称其对相关内容不知情。

【典型案例128】

在北京市海淀区人民法院审理的(2010)海民初字第18359号袁瑞良诉北京

搜狐互联网信息服务有限公司(以下简称搜狐公司)侵犯著作权纠纷一案中,法院查明,在搜狐社区首页左上角“社区聚焦”中显示将袁某拍摄的涉案3幅摄影作品裁减后拼接的图片;点击该图片后进入页面为“余温的睡衣”于2010年5月10日在“天下奇闻”论坛中以“街拍:重庆美女袒肩露腿很低碳!”为名发布的涉案24幅摄影作品,这些摄影作品存在擦除“原生泰摄影”标注的明显痕迹。“余温的睡衣”头衔为“斑竹”。搜狐公司自认搜狐社区首页“社区聚焦”中裁减并拼接袁某摄影作品的图片是经搜狐公司的编辑人员编辑形成。依据《搜狐社区用户条款》的约定,该社区属于搜狐公司经营管理,社区用户有权依照流程申请“斑竹”(斑竹),社区设定站长、社区管理员和斑竹组成的梯级管理体系。搜狐公司认可“斑竹”为其管理体系中的一员,但斑竹“余温的睡衣”仅是网友,不是搜狐公司员工。

法院认为,搜狐公司经营的搜狐社区系供用户发布文章或图片的信息存储空间,涉案24幅摄影作品系“余温的睡衣”上传至搜狐社区的“天下奇闻”论坛。搜狐公司在将涉案作品编辑入搜狐社区首页的“社区聚焦”予以推荐时,应当注意到涉案24幅摄影作品存在的明显的擦除痕迹。法院综合该案相关情节,认定搜狐公司应当知道“余温的睡衣”所上传的涉案24幅摄影作品系侵权作品,仍然对涉案作品进行编辑并推荐,存在主观过错,属于对“余温的睡衣”实施侵权行为提供了帮助,应当承担侵权赔偿责任。

《北京高院著作权审理指南》第9.13条的规定也主要以影视作品为例作出,比如网络用户提供的是专业制作且内容完整的影视作品、处于热播期的影视作品、知名度较高的作品等。有些网站会做“电影、电视剧、综艺节目、欧美大片”等的分类,考虑到我国每年进入院线公映或通过卫视台公开播出的影视剧数量非常有限,而且这些影视剧通常投入较大,权利人愿意主动向网络用户公开免费提供的可能性极小。因此,信息存储空间服务提供者对于这些影视作品,特别是处于特定分类栏目下的作品,理应有较高的注意义务。类似地,知名度较高的作品,尚在热播期的作品,用户关注度高,信息存储空间服务提供者的注意义务也越高。

3.“改变”作品

《信息网络传播权保护条例》第22条规定信息存储空间服务提供者免责条件之一的“未改变服务对象所提供的作品、表演、录音录像制品”,其中对“改变”的理解曾经存在争议。因此,司法实践中,部分原告为了主张信息存储空间服务者存在过错,将被告网站传播涉案作品时与原告作品有差异的部分都主张是对涉案作品的改变。我们认为,改变是对作品内容的改变。《北京高院著作权审理指南》第9.18条列举了三类不属于"改变"的典型情形:一是对作品等的存储格式进行了改变。虽然格式不同,但文字作品本身并未发生变化;二是对作品等加注数字水印等网站标识,加注水印的行为仅是为了表明来源或提供网站的主体身份,与作品内容本身无关;三是在作品等的片头、片尾或中间部分插入广告,插入广告的行为属于网站经营模式需要,广告本身不会影响作品的完整性和表达方式,所以也不应认定属于对作品的改变。

在典型案例128中,搜狐公司将用户上传的3幅摄影作品进行裁减后拼接可以认为是对作品进行了改变。需要注意的是,对网络服务提供者是否"改变"作品的认定是用于判断网络服务提供者对被诉侵权内容主观上是否知晓,与作品侵权比对中被诉侵权作品是否对权利作品进行了侵权改编或修改等的"改变"不同,也无须使用侵害修改权、保护作品完整权或改编权的标准对"改变"行为进行判断。

4. 直接获利

《信息网络传播权保护条例》第22条规定的信息存储空间服务提供者的免责条件中,包括"未从服务对象提供作品、表演、录音录像制品中直接获得经济利益"。相反,如果信息存储空间网络服务提供者从服务对象提供的侵权作品中获取经济利益,则无法免除侵权赔偿责任。关于直接获利问题,需要明确的主要有两点:第一,在涉及信息存储空间的案件中,判断被告作为技术服务提供者是否直接获利主要是为了考察其对于信息存储空间中被诉侵权作品的情况是否知晓,与最终承担的赔偿数额不能简单画等号,即不能因为被告主张其从被诉侵权作品中获利100元,则其只仅需向原告赔偿100元。按照2020年《著作权法》第54条第1款的规定,关于赔偿计算方法的顺位,具体的赔偿数额首先应考虑权利人的实际损失或侵权人的违法所得,二者处于并列的位序上。被告自认的获利仅是赔偿计算的参考依据之一。

第二,被告获利应是从被诉侵权作品中直接获得的经济利益,而非被告经营模式中存在获利环节,被诉侵权内容属于被告经营内容之一即可认定被告从被诉侵权内容中获利。被告作为经营主体,必然存在自己的盈利模式,需要获取经济利益,如果被告在提供侵权作品的网页投放广告,除非有证据证明相关广告是针对侵权作品而投放的,否则作为一般性的网络广告,不属于被告从侵权作品中直接获得经济利益的情形。另外，相关网站提供用户注册会员账号，针对付费会员提供相关栏目的作品，针对非付费会员提供其他栏目的作品，此时，即便会员未就付费栏目下的特定作品单独支付会员费，被告对付费栏目中相关作品的收益也是可以相对准确计算的，可以认定属于从侵权作品中直接获利的情形。

《北京高院著作权审理指南》第9.19条规定了直接获得经济利益的理解，主要是从信息存储空间服务提供者未直接获得经济利益的角度作出了规定，有两类典型的情形，一是按照时间、流量等向用户收取标准服务费用，二是收取一般性广告费。直接获利强调的是直接从被诉侵权内容直接获取经济利益，如下载某侵权文档需要支付一定的现金或可与现金折价兑换的网站虚拟货币等。

【典型案例129】

在北京市海淀区人民法院审理的(2010)海民初字第26957号杜某诉豆丁世纪(北京)网络技术有限公司(以下简称豆丁公司)侵害著作权纠纷一案中，法院认为，豆丁公司经营的豆丁网存在供网友收费下载文档的行为，即对豆丁网上进行的每笔文档交易，豆丁公司与上传用户五五分成，豆丁公司直接获得了经济利益。而且，从豆丁网后台程序可知，豆丁公司对该网站上每一份文档浏览、下载、购买、收益等情况都有详细具体的统计，不符合信息存储空间服务提供者可予免责的条件。

既然被告从被诉侵权作品中直接获得了经济利益，而其对上传侵权作品的网络用户身份也是明确知晓的，就应对上传者是否为著作权人进行初步判断，至少要求上传者对于其权利人身份提供初步的证据。如果发生网络用户上传他人侵权作品，而被告从该侵权作品中直接获利，则被告对该侵权作品传播的主观状态至少为“应知”，应当承担相应的侵权赔偿责任。

三、链接服务提供者的认定及过错

(一)链接服务提供者的认定

网络技术服务的另一典型形式就是链接服务。法律法规并未对“链接”作出规范定义，但自从发生网络环境下的著作权纠纷，理论界和实务界就面临对链接行为进行界定，并将之与提供作品行为进行区分的问题。

链接，早期称超文本链接(hypertext links)，是指通过文字链接的形式来指向一个网页,用户点击该文字链接,就能跳转进入相关网页。[1] 随着技术发展,链接日益复杂,既涉及链接文件本身从文字变成图片、浮窗等,也包括被链接对象从网页发展为网页中的具体文件等。传统、典型的链接需要跳转到被链网站,在被链网站内完成相关内容的展示。但出于用户体验的优化,也为了减少存储以及版权采购等的成本,越来越多的链接服务隐藏在用户页面操作之后,用户访问某一作品,无法确切知道其实际来源何处。对于访问者而言,其目的在于通过网络可浏览或下载获取该文件,并不关心该文件实际由谁提供,文件存储于谁控制的服务器等问题。

此外,最重要的还在于《信息网络传播权保护条例》第 23 条对链接服务提供者设定了可予免责的条件,使相关链接服务提供者找到了有力的抗辩依据,也使对信息网络传播提供链接行为与信息网络传播行为设定不同的侵权判定规则以及法律责任认定有了重要意义。

正是网络技术水平提高、用户需求增加以及相关免责规定使经营者采用链接形式提供网络服务的模式增加,由此引发信息网络传播权纠纷增加。从对他人网站设置链接到对他人网页以及网页中的文件设置链接,再到聚合多家网站文件内容设置链接,各种链接形式层出不穷。有网络经营者为了最大化减少各类运营成本而采取“盗链”措施,也有网络经营者在支付了少部分版权费用后超出许可范围对他人网站内容设置链接。与多样化的网络链接同样热闹非凡的是理论界和司法实务界对链接行为与信息网络传播行为的争论。

对于权利人而言,客观上无法真正了解被告使用了何种链接技术,实际提供了什么性质的服务,其往往从普通用户的角度出发对被告的行为提出主张。对于被告而言,一旦无法被认定为提供了链接行为,大部分情形即归入直接提供作品的信息网络传播行为,只要该行为未经权利人许可,则认定被告实施了直接侵权行为;少部分情形将归入破坏技术措施行为,也将承担侵权责任。只有被认定为链接行为,才有机会通过证明不存在过错,而获得免责机会。

对于涉及链接的案件,需要综合全案证据判断被告提供了链接服务,还是直接提供了作品;若提供了链接服务,则应进一步审查被告的过错,再判定相应的法律责任,若是直接提供了作品,在没有合理抗辩事由的情况下,可以推定被

① 薛虹:《网络时代的知识产权法》,法律出版社 2000 年版,第 240 ~ 241 页。

告存在过错并判决承担相应的法律责任。以上差异的关键在于如何认定被告提供了链接服务,这不仅影响被告举证,而且影响原告主张,更决定了审理思路的走向。

1. 普通链接和深层链接

争论的事实基础首先是链接本身。针对普通的跳转链接,链接服务提供者所提供的属于网络信息定位服务,权利人可以便利地找到被链网站,通常不会对链接服务提供者直接主张权利。引发争议较多的是区别于普通链接的深层链接(又称深度链接)。何谓深层链接,并无权威统一的定义,有将深层链接解释为“绕开被链网页而使用户直接进入其某一个分页或者某个具体内容的链接方式”[①];有解释为“设链网站所提供的链接服务使得用户在未脱离设链网站页面的情况下,即可获得被链接网站内容的一种网络链接方式”[②]。普遍的共识是,深层链接是相对于普通链接而言的一种无须跳转到被链网站展示被链内容的链接形式。

之所以深层链接引发争议较多,原因在于从权利人或普通用户的角度,由于缺少跳转步骤,无法直观判断被告直接提供了作品,还是提供了链接服务。而且随着技术的发展、网络顺畅度的提升以及网络访问步骤的进一步优化,网页跳转、缓冲等待等过程不断弱化,权利人对于深层链接的感知度尤其会降低。权利人并无动力,部分情形下也无能力判断被告实际提供了作品还是提供了深层链接,权利人简单直接地主张被告直接提供被诉侵权作品,构成直接侵权,被告如果否认的,由其提供相反证据予以证明。这对于权利人而言是最简单高效的维权思路。

2. 认定链接服务的标准之争

围绕着链接服务的证明问题,理论界和实务界的讨论和争论由来已久。虽然各种标准之争集中在对提供作品行为的判断上,但很多时候是链接行为与提供作品行为二者非此即彼的判断标准之争。

早期,法院曾主要依据获得作品时的浏览器地址信息来确定该作品的直接提供者。此种简单的判断依据,在与“服务器标准”的对比中被“服务器标准”的支持者定义为“用户感知标准”,如在北京市海淀区人民法院审理的(2008)海民初字第22561号中国三环音像社诉北京衡准科技有限公司侵犯著作权纠纷一案中,法

---

① 王艳芳:《〈关于审理侵害信息网络传播权民事纠纷案件适用法律若干问题的规定〉的理解与适用》,载《人民司法》2013年第9期。

② 万勇:《网络深层链接的著作权法规制》,载《法商研究》2018年第6期。

院认为,原告公证的内容证实e准网(ezhun. com)在点击播放该剧的分集视频时,网页地址始终在e准网项下,上述情形并非搜索引擎服务的提供方式,而是由e准网直接向用户提供视频内容的浏览,只是该内容由e准网从其他多家网站获取。

相较于"用户感知标准"仅从权利人主观感受出发而被批评过于主观的弊端,"服务器标准"的支持者强调应从对侵权作品上传并存储到服务器这一客观行为的考察来认定作品的直接提供者。这一标准的域外参考案例有美国加州中区法院在Perfect 10与Google公司案①,该案中,原告主张被告Google公司通过搜索引擎进行的加框链接等行为侵犯其享有的图片版权,Google公司对此予以否认,主张应以是否在网站上存储以及是否直接向用户提供侵权内容为标准。最高人民法院审理的(2009)民三终字第2号浙江泛亚电子商务有限公司与百度公司侵犯著作权纠纷一案中,也肯定了"服务器"标准。最高人民法院在(2011)民申字第686号北京优朋普乐科技有限公司与肇庆市文化广电新闻出版局、肇庆市图书馆案侵犯著作权纠纷一案中认为,肇庆市广电局、肇庆市图书馆开办的肇庆数字文化网数字影院所播放的涉案四部影片并未存储在该网站的服务器上,肇庆市广电局、肇庆市图书馆向用户提供的是相关链接服务。

"服务器标准"除了存在相对于"用户感知标准"具有客观性更高的优势,坚持者认为还存在以下主要合理之处,一是将信息网络传播权中的"提供"作品解释为将作品上传至服务器中更符合WCT第8条中向公众传播权"make available"的概念。不论何种链接,只要上传至服务器的内容改变了,设链网站中所展示的内容也会随之改变。二是"服务器标准"作为一项技术标准,更能接受并包容技术的发展。

当然,"服务器标准"在实际适用过程中也存在一定的局限性,以技术实现方式作为法律行为的判断标准,不仅增加了权利人维权诉讼的要求和难度,而且增加了法院查明事实的难度。特别前些年网络侵权形式多以聚合模式呈现时,严格按"服务器标准"来判断信息网络传播行为,由于要首先确定直接侵权行为存在,但聚合服务提供者可以通过技术手段将其聚合的来源网站内容进行处理,特别是云服务器、虚拟服务器等的广泛运用,既增加了查明链接源头的作品上传到服务

---

① Perfect 10. Inc. v. Google. Inc. 416 F. Supp. 2d 828(C. D. Cal. 2006).

器的上传者以及所存储服务器经营者的难度，也增加了权利人维权举证以及有效制止侵权的难度。特别是在发生"盗链"情形时，如果被破坏技术措施的被链方是合法的作品提供者，权利人无法按照"服务器标准"主张"盗链"方侵害信息网络传播权，却可以主张"盗链"方因破坏技术措施而侵害信息网络传播权，不仅存在一定的矛盾之处，而且在权利人并非技术措施实施者时，权利人替他人对技术措施被破坏进行维权也是非常规的维权思路。

有学者主张，"一项有效的网络传播行为实际上是传播者和用户的互动过程。将作品置于网络空间中，只是网络传播的第一步。如何向用户展示该作品，具有更重要的意义"。[①] 另外，理论界还提出了"实质呈现"等标准探讨对信息网络传播行为的判断依据。

3. 法律标准的理解适用

《信息网络传播权司法解释》第3条第2款规定："通过上传到网络服务器、设置共享文件或者利用文件分享软件等方式，将作品、表演、录音录像制品置于信息网络中，使公众能够在个人选定的时间和地点以下载、浏览或者其他方式获得的，人民法院应当认定其实施了前款规定的提供行为。"上述司法解释在解释"提供行为"时，将上传到服务器作为置于信息网络的行为之一。最高人民法院知识产权庭负责人就该司法解释答记者问时也强调，在认定信息网络传播行为时，应以法律标准为依据。[②] 以法律标准判断网络经营者提供了链接服务还是作品的信息网络传播服务时，需要结合当事人举证情况进行判断。《信息网络传播权司法解释》第6条规定了原告有初步证据证明网络服务提供者提供了相关作品、表演、录音录像制品，但网络服务提供者能够证明其仅提供了网络服务且无过错的，网络服务提供者才可不承担侵权责任。在该解释第4条关于分工合作共同提供作品的行为判断中，网络服务提供者要证明其"仅"提供了链接服务，才能否认其与他人构成共同侵权。

（二）链接服务提供者的过错

与信息存储空间服务提供者的侵权判定类似，链接服务提供者承担间接侵权

---

① 崔国斌：《得形忘意的服务器标准》，载《知识产权》2016年第8期。

② 《加强网络环境下著作权保护　促进信息网络产业健康发展——最高人民法院知识产权庭负责人答记者问》，载中国法院网，https://www.chinacourt.org/article/detail/2012/12/id/807633.shtml。

责任的要件之一是其存在过错。过错主要包括“明知”或“应知”被链接内容系侵权。“明知”与提供信息存储空间网络服务提供者的“明知”侵权的判断基本相同,在此重点讨论及时删除或断开侵权链接的问题。在没有合理理由的情况下,链接服务提供者接到权利人的通知后,就已经知道了被诉侵权作品的情况,其不及时断开侵权链接,体现了网络服务提供者对侵权行为的放任,需要对权利人被扩大的侵权损失承担相应的赔偿责任。如何理解“及时”,属于个案具体判断的问题。在北京知识产权法院审理的(2019)京73民终2524号北京新东方迅程网络科技股份有限公司(以下简称新东方公司)与北京大生知行科技有限公司侵害著作权纠纷一案中,天猫公司于2017年1月20日收到新东方公司投诉,经过初步审核后于2月4日删除涉案链接,并于2月27日关闭涉案店铺,法院认定系在合理期限内及时断开了侵权链接。该案中,法院认定被告于发布后2周左右删除了涉案链接,满足及时性要求。但还要根据具体时空的特点进行个案判断,比如,权利人的投诉发生在“双11”前后,或是针对一些时效性要求较高的体育赛事或音视频节目,如被诉侵权链接正值赛季档期或者为热播期影视剧,被告删除链接的时间也需要符合特定情形下的时效性要求,否则可能被认定未及时删除侵权链接,怠于制止侵权而对损害扩大提供了帮助,存在主观过错。

《北京高院著作权审理指南》第9.15条规定了链接服务提供者“应知”侵权的典型情形,包括对被链接的侵权作品等进行了主动选择、编辑、推荐等行为,此种情形下,链接服务提供者对被链内容主动采取了相关措施,其就应当对被链内容是否获得权利人授权具有较高的注意义务,不能简单以其仅提供链接即否认存在过错。

链接服务提供者对其所链内容存在“应知”过错的另一典型情形为链接服务提供者设置定向链接,且被链内容明显系侵权内容。定向链接,顾名思义,是针对特定内容设置的链接。通常理解的链接,是符合一定技术要求所设定的链接,而定向链接,属于设链者使用链接技术链接其所筛选的被链内容。此种情形类似于链接服务提供者主动选择、推荐被链内容,链接服务提供者对其设定的定向链接内容是否侵权具有较高的注意义务。

【典型案例130】

在北京知识产权法院审理的(2020)京73民终3568号天津神马科技发展有限公司(以下简称神马公司)与优酷信息技术(北京)有限公司侵害作品信息网络

传播权纠纷一案中,法院认定,涉案微信小程序提供的虽属于链接服务,但该服务对被链接网站进行限定,系仅针对特定内容的定向链接服务。定向链接具有特定性、针对性的特点,因为提供的链接具有唯一性,提供链接一方应当对被链接网站具有审查义务。爱电影网站虽注明其影片来自各大网站,但在对涉案影片进行实际播放时未出现跳转界面,无法判断涉案影片来源,更无证据证明其获得过合法授权或许可,加之爱电影网站播放涉案影片期间正值该片热播期,神马公司以一般人的注意义务理应且有能力注意到被链接网站及被链接内容的情况,神马公司未尽到合理注意义务,主观上存在过错;客观上其通过定向链接的方式为涉案影片的传播提供了便利,从而帮助被链接网站的侵权行为得以实施和扩大,神马公司应当承担侵权责任。

根据我国《互联网信息服务管理办法》等相关法律法规的规定,在我国经营网站都需要施行备案登记或审批许可程序,未作备案登记的网站从行政管理角度会被认定为非法网站。被告将其链接设置指向未作备案登记的网站,包括权利人在内的社会公众有理由认为被链网站仅是被告设链对象的存储网站,与被告密切相关,可以认定被告存在侵权主观故意,甚至恶意。在北京知识产权法院审理的(2020)京73民终2580号北京幻想纵横网络技术有限公司与深圳市金贝壳商贸有限公司侵害作品信息网络传播权纠纷一案中,法院认定,金贝壳商贸有限公司作为网络服务提供者,在涉案软件内提供网站链接,且在涉案软件内设置前述热搜榜、缓存等功能,且将涉案软件热搜榜中的涉案作品链接指向未备案登记的非法网站明显存在主观过错。

四、被告主张链接服务的举证

除了权利人维权诉讼中直接主张被告提供链接服务构成间接侵权,被告对此予以认可外,大部分情况下权利人主张被告实施了直接提供作品的行为构成直接侵权,或者同时主张被告构成直接侵权以及若构成直接侵权不成立则主张被告构成间接侵权,同时提交前述主张的初步证据。此时,被告对此否认并主张其仅提供了链接服务的,需要提交反证,且反证应满足一定的证明责任要求,方有可能抗辩成立。

如何判断被告完成了举证证明责任,《北京高院著作权审理指南》第9.14条规定了几种可以认定被告提供链接服务的典型情形,包括涉案作品的播放是从被告网站跳转至第三方网站进行，虽然涉案作品的播放在被告网站进行，但被告提供的证据足以证明该作品置于第三方网站等。至于何为“足以证明”，可以根据案件情况作出具体判断。

【典型案例 131】

在北京市高级人民法院审理的(2019)京民申3386号西安佳韵社数字娱乐发行股份有限公司诉北京奇虎360科技有限公司(以下简称奇虎360公司)侵害作品信息网络传播权纠纷一案中，法院查明，侵权公证书显示，播放涉案影片的视频左上方显示有“搜狐视频”水印，显示的来源为http://v. sohu. com/playaid = 9327339&...，视频上方显示有“搜狐－高清”；在视频画面出现卡顿时，会出现“当前播放源卡顿，建议点击这里更换流畅的播放源”的字样以及缓冲页面。同时结合奇虎360公司提交的“SDK合作协议”约定的由飞狐信息技术(天津)有限公司向360影视大全移动客户端提供数字作品及自身播放器，确认奇虎360公司提供了链接服务。

在典型案例131中，原告取证时页面信息显示了相关第三方信息，包括来源网址、第三方水印、播放卡顿时的提示等。需要强调的是，水印是一个静态标志，已经成为网站标示其所展示内容的惯例，即使标有水印的文件在其他网站传播，不作特别处理的情况下，依然会保留原先的水印。仅有水印无法证明相关文件与水印所标注的经营者有关。而另一针对“360影视”被诉侵权案件①中，涉案电视剧播放过程中未发生网页跳转等情形，仅在播放界面右上角显示“BesTV”标识，被告为主张其提供的是链接自百事通公司服务器中的作品，提交了事后抓包分析等证据，但法院认为被告提交的证据无法证明涉案作品来源于百视通公司的服务器。

对于网页中不显示来源网站地址、不发生跳转行为的深层链接而言，被告在诉讼过程中要证明其实际提供了链接服务，难度较大。一方面，原告取证后，有权在诉讼时效期间内提出主张，被告的举证行为一般发生在原告取证之后。由于网络信息更新迭代迅速，事后提交具有证明力的证据有一定难度。另一方面，被告不仅要对自己的网站行为进行证明，还涉及对被链网站行为进行证明。首先要存

---

① 参见北京知识产权法院民事判决书，(2020)京73民终2424号。

在被链网站,其设链行为才可能成立。若是被链网站经营者不明,或者事后已不存在,要解释原告取证当时看不出任何第三方网站信息的被告网站对他人网站设置了深层链接,显然是无法完成的。在没有充分证据支持的情况下,只能推定被告直接提供了被诉侵权作品。

被链网站上存在涉案作品,但若是被告在诉讼中举证时,第三方被链网站上已不存在涉案作品,仅以其他作品来类比推论原告取证当时该网站上有过被诉侵权作品,此类证据仅有参考作用,不宜单独直接作为认定被告对被诉侵权作品的设链行为。

如果被告与被链网站之间存在合作关系,被告举证证明其提供链接服务需要得到被链网站的配合,无论是被告提交其与被链网站之间的合作协议,还是被链网站专门作出说明,法院都需要审查被诉行为是否符合被告与被链网站之间的合作要求,如合作协议中约定双方通过某专区开展合作,被诉侵权行为并未发生在该专区内,则无法认定属于被告与被链网站合作范围内的行为。而且,即便可以认定被诉侵权行为属于被告与被链网站合作范围内的行为,合作协议中关于作品选择、提供方式、经营模式、收益分配等的约定还可能使法院认定被告与被链网站存在以分工合作方式提供作品的行为,反而排除了被告仅提供链接的认定。如果被告与被链网站之间不存在合作关系,被链网站一般不会配合其证明链接行为,且被告对被链网站的设链行为还可能涉及"盗链"行为,此部分行为亦存在违法性。

受"服务器标准"这一技术标准的影响,部分具有一定诉讼经验的被告为证明其提供了链接行为,会选择通过抓包分析或者申请法院抓包勘验来验证被诉侵权行为所涉及的作品实际来源于第三方网站。虽然对于事后抓包分析勘验并不能一概否定,但能够采信事后抓包分析勘验证据,通常需要一定的要求。

【典型案例132】

北京市高级人民法院审理的(2020)京民再142号乐视网(天津)信息技术有限公司(以下简称乐视公司)诉北京联想调频科技有限公司(以下简称联想公司)、飞狐信息技术(天津)有限公司(以下简称飞狐公司)侵害作品信息网络传播权纠纷一案中,针对乐视公司据以主张侵权的公证书记载显示,在"视频"软件所设置的"电视剧"栏目下可搜索并点播《被遗弃的秘密》电视剧,除剧集播放页面体现有“搜狐视频”水印外，整个过程中页面无跳转、无第三方来源链接标识等，法院认为联想公司在诉讼过程中申请通过事后抓包勘验的方式证明该剧实际来源于搜狐视频服务器，且飞狐公司对此予以否认的情况下，要使事后勘验结果成为乐视公司主张侵权事实的相反证据，应满足对被诉侵权事实充分客观地还原的要求。由于抓包勘验在软硬件设备、勘验过程方面均与侵权公证书中相对应的事实存在区别，在无其他证据佐证的情况下，经过勘验抓包并解析的数据缺乏与侵权公证书取证事实的可比性，无法证明涉案电视剧来自搜狐视频服务器，不足以证明联想公司对被诉侵权行为仅提供了搜索链接的网络服务，无法成为乐视公司主张联想公司通过联想手机“视频”软件直接提供涉案电视剧这一事实的相反证据。

在典型案例132中，事后勘验数据来源不仅未能证明联想公司实施了链接服务，也未能证明直接提供作品的人为搜狐公司，法院最终支持了乐视公司的主张。许多案件中，被告抗辩其仅提供了网络技术服务，但仅能提供所谓的被告网站后台数据或者提交与原告主张侵权内容完全不同的其他作品传播相关的证据，希望法院参考类似被诉侵权作品的传播情况，这种举证方式及内容一般不被认可。

如果被诉侵权作品有第三方水印，从查找或获得该作品的整个过程中页面无跳转、无第三方来源链接标识等可初步证明被诉侵权作品来源于被链网站的情形。被告在诉讼过程中通过事后抓包分析或申请法院勘验的方式证明被诉侵权作品实际来源于第三方控制的服务器，且第三方对此予以否认的情况下，要使事后抓包分析或勘验结果成为针对直接侵权证据的相反证据，应满足对被诉侵权事实充分客观地还原的要求。既应确保抓包所用软件、硬件设备以及抓包分析或勘验步骤等与侵权证据中所记载的相关事实具有可比性，还应尽量使抓包所形成的数据在不受干扰的环境下被固定并分析。

如上文所述，对于深层链接，被告在诉讼中举证证明链接服务的难度较大，但为何仍要对其施以相对较高的举证责任要求，原因主要有三项：

第一，被告在正常经营活动中，通过被诉网站或软件向公众提供包括被诉侵权作品在内的作品时并未设置跳转链接，亦未以有效方式提示用户作品的实际来源，相当部分的被告还会宣传其提供海量、优质的作品，以此吸引更多用户关注，包括权利人在内的公众有理由相信被告直接提供相关作品。只因发生侵权诉讼，被告才于事后否定其直接提供作品。此时，被告理应有更充分合理的解释及相应的证据，才能从根本上排除包括权利人在内的相关公众的信赖预期。

第二，被告在诉讼过程中已就原告的侵权主张及证据完全知晓并充分准备，且被告作为从事网络经营的主体，对于与网络相关的数据情况较之权利人等非专业人士更有解释分析的优势，对其事后抓包分析或申请的勘验，设定与被诉侵权行为具有可比性的要求并未过分增加其举证难度。

第三，被诉侵权行为涉及的网络数据主要由被告控制，且存在易修改、不留痕迹等特点，对相关作品数据文件来源情况的事后抓包或勘验应相对客观地还原被诉侵权行为当时的状态，才可形成足以推翻原告有关侵权主张的初步证据。

五、新类型网络服务提供者的认定及过错

《信息网络传播权保护条例》中规定了四种典型的网络服务提供者，实践中容易引发纠纷的系上文提及的信息存储空间服务提供者以及链接服务提供者。近年来，随着网络行业的快速发展，出现了一些新类型网络服务提供者，为法院查明争议事实、作出侵权判定增加了难度。

新类型网络服务提供者属于在网络行业细化分工的过程中，与软、硬件以及网络平台服务相关的一些基础性衍生服务，其与网络技术服务更接近，但与通过相关网络服务提供作品等内容亦不无关联。著作权人针对脱离其控制的传播作品的行为，在选择维权对象时，若无法准确找到直接侵权人，则会将与作品传播有关的网络服务提供者作为被告或共同被告一并提出主张。

部分新类型网络服务与信息存储空间或搜索链接服务存在一定的性质差异，使《信息网络传播权保护条例》所设定的侵权责任认定规则客观上存在适用难度，此时，可以回归到民法基本原则里，通过适用《民法典》等基本民事法律来判断此类网络服务提供者的过错以及责任认定问题。

（一）云服务器租赁服务

云服务器租赁服务属于云存储服务的一种表现形式。在技术特征层面，云服务器租赁服务提供者有技术能力对其出租的云服务器进行整体关停或空间释放（强行删除服务器内全部数据），却没有技术能力对存储在其出租的云服务器中的具体内容进行直接控制。根据原国家质量监督检验检疫总局、中国国家标准化管理委员会于2014年9月3日发布的《信息安全技术云计算服务安全指南》（GB/T

31167－2014）等资料，云计算行业按照提供的具体服务模式，可以分为三个层级：第一层级 IaaS（Infrastructure as a Service）、第二层级 PaaS（Platform as a Service）及第三层级 SaaS（Software as a Service）。

其中，第一层级 IaaS，基础设施即服务，即云服务提供者向用户提供虚拟计算机、存储、网络等计算资源，提供访问云计算基础设施的服务接口。用户可在这些资源上部署或运行操作系统、中间件、数据库和应用软件等。用户通常不能管理或控制云计算基础设施，但能控制自己部署的操作系统、存储和应用，也能部分控制使用的网络组件，如主机防火墙。IaaS（基础设施即服务）中，云服务提供者向用户提供的是电脑基础设施和虚拟设备等，用户是系统管理员，主要产品如 IBM 公司的 Blue Cloud 等。

从云计算的主要架构来看，云服务器租赁服务所在的 IaaS 处于仅高于硬件设施的基础服务提供者地位，其提供的虚拟计算、虚拟网络、虚拟存储和操作系统为 PaaS 和 SaaS 提供了最基本的云计算基础设施。从安全管理要求来看，在 IaaS、PaaS 和 SaaS 三种服务模式下，云服务提供者的控制能力依次提高，而用户的控制能力依次降低，也即云服务提供者提供的服务越基础，能够控制的范围越小越底层。相应地，对服务链顶层的应用环节中信息内容的控制越弱，以致 IaaS 仅有技术能力对服务器进行整体关停或空间释放（“强行删除服务器内全部数据”），而对用户利用云基础设施开设的网站和网络应用中存储的具体信息无法进行直接控制。云服务器租赁业务技术性质属于基础电信服务，与基于这一服务建立起来的网站、网络应用等提供的信息存储空间服务处于不同的技术层级，不能跨过层级对内容进行控制。

云服务器租赁服务只负责提供基础设施、保障租赁云服务的客户的合同利益，不参与也不可能参与其用户的经营活动，更无从对前者经营活动中产生的信息进行控制和管理。

按照相关国家标准和行业伦理，云服务器租赁服务提供者负有极为严格的安全保护义务、保密义务和隐私保护义务，不允许其接触用户存储的信息内容，更无法对内容进行核实、处理、删除。《信息安全技术云计算服务安全指南》（GB/T 31167－2014）第 7.3.2 条规定，云服务商未经客户授权，不得访问、修改、披露、利用、转让、销毁客户数据，并应采取有效管理和技术措施确保客户数据和业务系统的保密性、完整性和可用性。

另外，从服务层级相比来看，云服务器租赁服务属于较底层网络技术服务。从服务内容看，云服务器租赁服务仅相当于传统模式下为用户提供了服务器设施设备、机房环境、带宽资源，使用户具备了接入互联网的基础条件，不包括上层内容服务。从服务对象看，云服务器租赁服务对象是网站主办方、网络平台搭建者、网络应用提供者，而不是访问、获取、使用信息和服务的网络终端用户。

因此，对云服务器租赁服务提供者施加的法律责任，不能简单以信息存储空间服务提供者论之，而应回归到传统民法的侵权责任法律体系下考察。

【典型案例 133】

在北京知识产权法院审理的(2017)京73民终1194号北京乐动卓越科技有限公司(以下简称乐动卓越公司)诉阿里云计算有限公司(以下简称阿里云公司)侵害作品信息网络传播权纠纷一案中，法院认为，阿里云公司提供的云服务器租赁服务是典型的IaaS服务，应适用《侵权责任法》(已废止)第36条判断其法律责任(该案二审审结时《民法典》尚未施行)。必要措施的认定，应结合侵权场景和行业特点，秉持审慎、合理之原则，实现权利保护、行业发展与网络用户利益的平衡。根据阿里云公司提供的涉案云服务器租赁服务的性质，简单将"删除、屏蔽或者断开链接"作为阿里云公司应采取的必要措施和免责事由，与行业实际情况不符。

在典型案例133中，若乐动卓越公司的通知属于合格通知，则阿里云公司应负有转通知的义务，即将乐动卓越公司的投诉材料转达相关云服务器的承租人，并根据承租人收到投诉材料后的反馈情况，再行决定是否采取其他必要措施。若投诉通知合格，阿里云公司却没有在合理期间内进行"转通知"，则可能不符合免责条件，进而在直接侵权成立的情况下，构成帮助侵权并因此承担侵权责任。

(二)微信小程序服务

目前，腾讯公司经营微信小程序服务，该服务展现给用户的是一组基于移动端的网页页面，其技术实现原理总体包括"架构"和"接入"两方面：

1. 架构

小程序开发者使用微信小程序提供的框架、组件、接口等完成小程序页面的搭建。开发者完成页面设计开发后，在小程序平台提交小程序注册信息并发布小程序。小程序在此过程中提供的是一套页面开发技术方案，基于web开发原理，提供视图层描述语言 WXML 和 WXSS，以及 Java Script 逻辑层框架，使开发的小程序能接入微信运行，无须安装。同时，小程序框架安装了操作系统底层的接口能力，将安卓及 iOS 平台不同使用方式的接口，通过基础库统一成相同的实现方式，从而帮助开发者用一份代码，实现双平台运行效果。

2. 接入

小程序开发者通过小程序提供的链接服务直接向用户提供其页面和内容。一个小程序开发完成投入运行时，开发者通过小程序自行配置好的域名（唯一的网络通信接口）接收来自用户的信息请求指令，收到该指令的开发者服务器向用户返回服务器上存储的内容。通过微信客户端提供的接口，小程序可以发起网络请求。微信客户端收到小程序发起网络请求的调用之后，会有一段服务器安全域名校验逻辑，校验通过之后，调用操作系统提供的接口向小程序自身的服务器发起网络请求。在收到服务器响应的数据之后，再返回给小程序逻辑层，由小程序来处理。每个小程序需要事先设置一个通信域名，小程序只可以与指定的域名进行网络通信。包括普通 HTTPS 请求（request）、上传文件（uploadFile）、下载文件（downloadFile）和 WebSocket 通信（connectSocket）。从上述小程序技术原理看，小程序是开发者独立运营的一组框架网页架构，只通过指定域名与开发者服务器通信，开发者服务器数据不保存于微信经营者服务器中，开发者通过小程序直接向用户提供数据和服务。

按照微信小程序服务的要求，他人可以根据小程序架构要求开发小程序并接入微信小程序平台。如果微信中的小程序出现了侵权内容，微信服务提供者是否要履行相应的法定义务并承担法律责任，需要在分析小程序技术实现原理的情况下作出判断。在杭州市中级人民法院审理的（2019）浙 01 民终 4268 号杭州刀豆网络科技有限公司与深圳市腾讯计算机系统有限公司（以下简称腾讯公司）等侵害作品信息网络传播权纠纷一案中，法院认为，从腾讯公司所能采取的必要措施看，由于小程序内容均存储于开发者服务器，小程序只是通过开发者域名作为端口与开发者服务器之间进行通信，因此小程序平台技术上无法触及开发者服务器内容，更谈不上精准删除开发者服务器中侵权内容。腾讯公司作为小程序接入服务提供者，不应承担开发者小程序内容出现侵权时整体下架小程序的责任。

（三）网络直播平台服务

按照《互联网直播服务管理规定》，互联网直播是指基于互联网，以视频、音频、图文等形式向公众持续发布实时信息的活动;互联网直播服务提供者,是指提供互联网直播平台服务的主体;互联网直播服务使用者,包括互联网直播发布者和用户。

目前,网络直播行业如火如荼地发展,网络直播发布者,通常称为主播,所播内容为了尽可能吸引用户关注,难免会使用他人音视频作品作为直播内容。由于主播提供的直播内容存在即时性、随意性等特点,网络直播平台服务提供者对主播播放的侵害他人著作权的内容应当负有何种注意义务以及承担何种法律责任,需要结合具体情形判断。

【典型案例 134】

在北京知识产权法院审理的(2017)京 73 民终 2037 号北京爱奇艺科技有限公司(以下简称爱奇艺公司)诉珠海多玩信息技术有限公司(以下简称多玩公司)侵害作品信息网络传播权纠纷一案中,法院认为,多玩公司提供的网络平台为直播平台,考虑到直播行为具有即时性和随意性特点,平台提供者较难进行事前监管。而且从多玩公司提交的证据来看,涉案的 YY HD 直播平台用户数量巨大,故除非明显违反国家禁止性法律规定的涉黄赌毒等内容可采取事前添加黑词处理等方式进行过滤外,多玩公司客观上不可能对所有用户进行即时监管或全程实时监控。多玩公司作为网络服务平台提供者,已经明确提示平台用户需尊重他人知识产权并告知涉嫌侵权的法律责任,同时在该软件中也提供了知识产权保护投诉通道等保护机制,尽到了事前管理责任。从爱奇艺公司的投诉处理过程来看,多玩公司接到爱奇艺公司的投诉后于 2015 年 7 月 6 日即将被诉侵权作品名称列为"黑词",并对相关主播进行了惩戒,其处置并无不当。涉案侵权直播用户是利用直播平台屏幕捕捉技术进行侵权行为。法院最终否定了多玩公司对直播用户播放被侵权作品存在主观过错。

第四节　通知与删除规则的认定

一、通知与删除规则的规定

《信息网络传播权保护条例》中网络服务提供者满足相应条件时可以不承担侵权损害赔偿责任的"避风港"条款,通常也被称为"通知与删除"规则。通知与删除规则中,“通知”是指权利人发出侵权通知,“删除”是网络服务提供者接到权利人合格通知后及时采取“删除”等措施,网络服务提供者在没有过错的情况下可以免除损害赔偿责任。这一规则被纳入《民法典》,成为民法领域规范网络服务提供者的“通知与删除”规则,《民法典》第1195～1197条规定的“通知与删除”规则吸收了《侵权责任法》(已失效)第36条第2款、第3款的规定,但对《侵权责任法》作了进一步细化规定。在立法位阶上,《民法典》属于《信息网络传播权保护条例》的上位法。因此,在信息网络传播权纠纷中,网络服务提供者“通知与删除”规则的适用,也受《民法典》第1195～1197条规定的调整。

此外,《民法典》第1195条第3款也吸收了《电子商务法》中通知错误的法律责任以及网络用户的反通知、网络服务提供者的转通知义务,这是在《信息网络传播权保护条例》中未作规定的内容。这意味着权利人向网络服务提供者发出侵权通知,还应持谨慎态度,若因错误通知造成网络用户或者网络服务提供者损害的,则需承担侵权责任;网络用户可以向网络服务提供者提供不侵权声明,网络服务提供者有义务将网络用户的声明转送权利人,权利人未及时维权的,网络服务提供者应及时终止所采取的措施。这对网络服务提供者义务的规定更加全面,同时一定程度上为遏制权利人恶意投诉提供法律依据。

二、通知与删除规则的适用

通知与删除规则适用时,重点在于对“通知”和“删除”行为的认定。“通知”是权利人的义务,权利人只有首先发出有效的通知,网络服务提供者才有对相应侵权内容采取删除等措施的义务。“删除”行为一方面是考察网络服务提供者对于侵权内容是否存在过错的重要情节,另一方面是网络服务提供者最终可获得免责的重要条件之一。

(一)通知

虽然《信息网络传播权保护条例》第14条明确规定了权利人的书面通知应当包括的内容,但司法实践中,围绕不完全符合上述条例规定的权利人的“通知”是否属于“有效的通知”依然引发了较多争议。我们认为,若权利人提交的通知并不完全符合《信息网络传播权保护条例》第14条规定,此时,权利人提交的通知未包含被诉侵权的作品、表演、录音录像制品的网络地址,但网络服务提供者根据该通知提供的信息对被诉侵权的作品、表演、录音录像制品能够足以准确定位的,也可以认定为“确有证据的警告”,即有效的通知。《北京高院著作权审理指南》第9.21条对此作出了规定,同时对“足以准确定位”作了进一步明确,应当考虑网络服务提供者提供的服务类型、权利人要求删除或者断开链接的作品类型、作品名称是否具有特定性等具体情况。正如上文提及的我国公开发行影视剧的情况,相较其他作品的数量较为有限,权利人一般只需提供影视剧准确名称等有限信息,网络服务提供者就较容易发现其网站中使用该名称的影视剧文件,从而采取措施,但通过作品名称准确筛查过滤文字作品则难度较大。

前述典型案例133云服务器租赁案中,法院对原告发出的三次通知作了分析:对于第一次通知,在阿里云公司设置了较为简洁方便的投诉通道的情况下,原告通过“工单支持”板块发出通知进行投诉,不应视为有效通知;对于第二次通知,明显欠缺合格通知的必要信息,不符合合格通知的法定要件;对于第三次通知,没有提供准确定位侵权作品的信息,没有体现任何联系方式,亦无法被认定为有效的通知。

实践中,还有一类常见的权利人通知,即热播影视剧等作品公开发行之前,权利人自己或通过第三方向相关网络平台发送侵权警告函,告知这些平台即将发行作品的权利人、正版发行渠道等信息,要求各大网络平台提前做好监管预防侵权的工作。对于这类预防性的通知,与“通知与删除”规则中的“通知”不属于同一性质的通知。由于网络服务提供者对其经营网络中的侵权内容不具有事先审查的义务,权利人事先发出的侵权警告函则属于要求网络服务提供者提高侵权注意义务的情节,只有与其他侵权情节相结合才能认定网络服务提供者的过错以及间接侵权的责任。

(二)删除

网络服务提供者接到权利人的合格的侵权通知后,应及时采取“删除”等措施。此处的“删除”只是为了指代网络服务提供者所采取的措施,典型的措施是删除侵权内容的文件或链接,但不限于删除,还可以采取屏蔽、断开链接、阻止分享等措施,只要能实现阻止侵权内容传播的措施都可以认定为有效的措施。考虑到技术发展迅速,网络服务提供者可采取的措施可以随着技术发展而不断变化,包括及时性的认定,都需要根据具体案情进行判断。对于权利人而言,只要在其合理预期内达到被诉侵权作品不再传播即可，至于网络服务提供者采取何种措施并不在意，而除了部分时效性较强的直播类节目、热播期作品等，网络服务提供者只要不过分拖延删除侵权内容，一般都处于权利人可容忍的时间限度内。

三、反通知、转通知及通知错误

《信息网络传播权保护条例》所设置的通知与删除规则主要涉及"通知"及"删除"两个步骤的规则，此后的司法解释等规范性文件主要是对前述规则的进一步细化。《民法典》在吸收《电子商务法》所规定的通知与删除规则时，针对该规则适用过程中反映较多的问题进一步作了规定。主要涉及网络用户的反通知、网络服务提供者的转通知以及通知错误的责任认定问题。

（一）网络用户的反通知

《民法典》第 1196 条第 1 款规定，网络用户接到转送的通知后，可以向网络服务提供者提交不存在侵权行为的声明。声明应当包括不存在侵权行为的初步证据及网络用户的真实身份信息。《民法典》借鉴了《电子商务法》第 43 条中平台内经营者的反通知规定。需要说明的是，法律规定中所用的"网络用户"概念，不限于自然人，而是包括法人、其他组织在内的主体，之所以采用"用户"一词，我们认为是为了与网络服务提供者相对应、相区别。

侵害信息网络传播权案件中，如果权利人发现网络服务提供者经营的网络平台中出现了侵权内容，出于维权需要会向网络服务提供者发出侵权通知，满足合格通知条件的情况下，网络服务提供者有义务对侵权通知中可准确定位的信息采取删除、断链等措施，网络服务提供者不及时采取措施的，还可能面临对权利人扩大的损失承担侵权责任。这一规则主要从保护权利人利益角度出发设定，未考虑所谓的"权利人"通知错误，甚至恶意投诉的情况下，是否给被投诉人申辩反驳的机会。

反通知规则的建立进一步完善了通知与删除规则，即当被投诉的网络用户接到网络服务提供者转送来的"权利人"通知后，可以提交不侵权声明作为反通知，一定程度上抵销侵权通知发出后网络服务提供者对其采取措施而造成的不利后果。反通知的形式要件需要满足两项：第一项是网络用户不存在侵权行为的初步证据。这是反通知声明中最重要的内容，只有向网络服务提供者明确作出不侵权的意思表示,网络服务提供者才能对其已经采取或将要采取的措施另行评估必要性以及具体措施的方式。第二项是网络用户的真实身份证明。这项要求一方面便于网络服务提供者及发出侵权通知的权利人与之沟通联络,另一方面也是为了提高反通知可信度,不至于使反通知要求过于宽松而不必要地削减侵权通知的作用。因为反通知主体必须提供真实身份信息,一旦反通知错误,网络用户也需要根据其过错程度承担相应的法律责任。

(二)网络服务提供者的转通知

设置反通知规则后,网络服务提供者的转通知义务就十分必要。转通知将权利人的侵权通知和网络用户的反通知联系起来,也将网络服务提供者根据不同主体的通知内容所应采取或解除的相关措施联系起来。

《民法典》对网络服务提供者的转通知义务从两方面进行了规定:第一,转送侵权通知。网络服务提供者收到权利人发出的侵权通知后,应当及时转送给网络用户。转送侵权通知的同时,还应根据构成侵权的初步证据和服务类型采取相应的合理措施。第二,转送反通知。网络服务提供者收到网络用户的不侵权声明后,也要及时将之转送给权利人。转送反通知的同时,还涉及两项义务:其一,告知权利人可以向有关部门投诉或者向人民法院提起诉讼;其二,判断解除措施的合理期限。在转通知送达权利人之后的合理期限内,网络服务提供者没有收到权利人已经投诉或者提起诉讼通知的,应当及时停止此前所采取的合理措施。这里的"合理期限",可以参考"删除"侵权内容的合理期限处理,需要根据案件具体情况作出判断。

因此,转通知是权利人与网络用户之间的利益平衡器。网络服务提供者的转通知需要满足及时性要求。网络环境下维权固定证据的成本较高,而通过传统的诉讼查明事实程序烦琐,为了提高维权效率,及时性往往是侵权通知发挥最大效用的条件。通过向私主体发出侵权通知就能实现停止侵权,产生法律效力,对于权利实现大有裨益。同样地,如果发生侵权通知错误,及时转送反通知也是尽量维护网络用户利益的重要措施。网络服务提供者不合理拖延转通知,是否会产生相应的法律责任,则值得探讨。

(三)通知错误

《民法典》第1195条第3款规定,权利人因错误通知造成网络用户或者网络服务提供者损害的，应当承担侵权责任。法律另有规定的，依照其规定。此规定来源于《电子商务法》第42条第3款。《电子商务法》中未对通知错误的主体进行规定，所以从法律规定字面理解，通知错误的责任主体可以包括发出通知的权利人，也可以包括进行转通知的网络平台，即有证据证明网络平台经营者转通知错误且存在过错的，不排除其需要对所产生的损害承担相应的责任。

电子商务环境下，较早引发的知识产权纠纷是与"假货"相关的纠纷，即电商平台卖家销售侵害商标权的商品，权利人向电商平台经营者投诉卖家侵权，要求电商平台采取下架等措施。因此，发出侵权通知是权利人维护自身权利的方式之一，但实践中，部分竞争对手为了不当利益，恶意发出侵权通知，通过电商平台对当事人的商品采取下架等措施，特别是在"双十一"等特殊时期，即使此后当事人通过反通知由电商平台解除措施，往往也会遭受巨大损失。为了防止通知错误造成不必要的损失，也为了规范发出侵权通知以及电商平台对侵权通知的处理行为，《电子商务法》首先规定了通知错误的法律责任，即应当对此承担相应的赔偿责任。而且，恶意发出侵权通知的，不仅要承担与损失相符的赔偿责任，还需要承担惩罚性赔偿的责任，加倍赔偿受害人的损失。

《民法典》中关于通知错误的责任主体作了一定的限缩，仅规定权利人需要对通知错误造成的损害承担侵权责任。同时，《电子商务法》依然有效，因此，发生在电商平台中的侵害信息网络传播权的行为，如一些卖家通过电商平台销售电子书、销售使用他人美术作品的商品、在网络店铺中突出展示体现他人美术作品的商品图片等，权利人因通知错误产生的法律责任，是适用《电子商务法》还是适用《民法典》存有争议。产生分歧的原因在于《电子商务法》第2条第3款规定，利用信息网络提供新闻信息、音视频节目、出版以及文化产品等内容方面的服务，不适用《电子商务法》。因此，我们认为，在侵害著作权纠纷案件中，通知错误的法律责任适用《民法典》似乎更为妥当。

如果通知错误，比如最终认定发出侵权通知的"权利人"并非真正的权利人，由于网络平台经营者已经对被投诉者采取了下架、删除链接等措施，给被投诉者造成了的经济损失，发出侵权通知的人应当予以赔偿。如果有证据证明系恶意发出错误通知的，还可以适当提高赔偿损失数额。作出此项规定的目的是防止错误通知，特别防止以维权之名随意向网络用户和网络服务提供者发出侵权通知，来打击竞争对手的行为。针对"权利人"的错误通知，如果网络平台经营者明知或应知该通知错误，而未妥善处理，仍然对被投诉者简单粗暴地采取下架、删除链接等措施的，也需要承担相应的侵权责任。

第五节　技术措施的类型与认定标准

一、技术措施的类型

为履行国际条约义务，我国著作权法领域最早对技术措施作出规定的是2001年《著作权法》。此后的《信息网络传播权保护条例》将信息网络传播领域的技术措施问题作了进一步具体化。该条例第4条规定："为了保护信息网络传播权，权利人可以采取技术措施。任何组织或者个人不得故意避开或者破坏技术措施，不得故意制造、进口或者向公众提供主要用于避开或者破坏技术措施的装置或者部件，不得故意为他人避开或者破坏技术措施提供技术服务。但是，法律、行政法规规定可以避开的除外。"同时，《信息网络传播权保护条例》在法律责任条款中明确规定了故意避开或者破坏技术措施的行为属于侵权行为之一。

技术与著作权的关系是如影随形的，著作权制度的产生和发展，以及著作权保护范围的由小到大，莫不与技术发展息息相关。① 网络环境下，网站经营过程中出于安全、效率、商业模式优化等需要，无一例外涉及相关技术措施，但著作权领域的技术措施，一般仅限于对著作权法保护客体所采取的技术措施，此类技术措施必须用于作品等特定客体，并防止未经许可以复制、传播等方式加以利用，或者防止未经许可以阅读、欣赏或运行等方式进行接触。②

有些视频网站针对VIP会员提供免除片头广告的服务，而非VIP会员观看视频时则无法跳过片头广告，此类技术措施用于网站经营的需要，并不是针对作品或制品的著作权保护而采取，则不应视为著作权法意义上的技术措施。当然，对于主要经营视频节目等著作权法保护客体的网站而言，哪些技术措施属于著作权法意义上的技术措施，哪些应排除在外，并不清晰。《北京高院著作权审理指南》第9.26条规定，《信息网络传播权保护条例》第26条规定的技术措施是指为保护权利人在著作权法上的正当利益而采取的控制浏览、欣赏或者控制使用作品、表

---

① 参见孔祥俊：《知识产权法律适用的基本问题——司法哲学、司法政策与裁判方法》，中国法制出版社2013年版，第385页。

② 参见王迁：《版权法对技术措施的保护与规制研究》，中国人民大学出版社2018年版，第3页。

演、录音录像制品等的技术措施。

【典型案例 135】

在北京市第一中级人民法院审理的(2009)一中民终字第7878号北京世纪超星信息技术发展有限责任公司(以下简称超星公司)诉北京书生数字图书馆软件技术有限公司(以下简称书生公司)侵犯著作权及不正当竞争纠纷一案中,法院查明,超星公司将其经授权取得信息网络传播权的《心理学研究方法》等作品电子化,仅可使用"超星阅览器"打开其制作的PDG格式的电子文件。书生公司通过破坏超星公司对"超星数字图书馆"所采取的技术保护措施,复制涉案图书电子文件并将其转换为书生公司开发的"SursenReader阅览器"可以打开的格式。法院认定书生公司故意破坏了超星公司对"超星数字图书馆"所采取的技术保护措施,侵害了超星公司享有的著作权。

与典型案例135相类似,北京市第一中级人民法院审理的(2010)一中民终字第9152号超星公司诉书生公司侵害著作权及不正当竞争纠纷一案中,由于超星公司主张书生公司破坏技术保护措施的《苏联音乐论文集》等六种图书均已超过著作权保护期,虽然书生数字图书馆中的图书文件与超星公司的原始文件在扫描角度、页面污点、复印噪点及藏书章等细节方面完全相同,法院最终认定书生公司故意避开超星公司的技术保护措施,复制了超星公司的电子图书文件,构成不正当竞争。

2020年《著作权法》对技术措施作了明确规定,指用于防止、限制未经权利人许可浏览、欣赏作品、表演、录音录像制品或者通过信息网络向公众提供作品、表演、录音录像制品的有效技术、装置或者部件。由此可见,《北京高院著作权审理指南》对技术措施的规定基本符合2020年《著作权法》中的相关规定。

为了便于理解,《北京高院著作权审理指南》第9.26条第2款还就不属于受著作权法保护的典型技术措施作了列举式规定:第一种是用于实现作品、表演、录音录像制品与产品或者服务的捆绑销售。例如,中国联通在中国独家引入iPhone 4后,为了防止用户在从中国联通购入附资费套餐的iPhone 4中插入中国移动或中国电信的SIM卡,就利用技术措施对iPhone 4与中国联通的通信服务加以绑定。一旦用户在 iPhone 4 中插入了中国移动或中国电信的 SIM 卡，iPhone 4 将被自动锁定。①

第二种是用于实现作品、表演、录音录像制品价格区域划分。这与经营者区域经营策略有关。虽然网络时代基本实现了全民互联互通，但不同区域的用户存在消费习惯、消费能力等特点差异，网络经营者依然可以按照地域对不同作品定不同的价格。此类价格差异的技术措施一般属于经营策略，不属于对著作权行使的限制。

第三种是用于破坏未经许可使用作品、表演、录音录像制品的用户的计算机系统。此类技术措施所针对的是侵权使用作品用户的计算机系统，这与受著作权保护的作品等对象不同。

上述技术措施是对经营行为设置某些限制和特定要求，主要是为了满足经营模式、经营策略、网络安全等的需要，与著作权保护不直接相关。所以，涉及技术措施的案件中，首先要分辨技术措施所保护的对象，是否属于对作品复制、传播等受著作权控制的行为。

二、技术措施的认定标准

受著作权法保护的技术措施，除了该措施所保护的对象应属于作品等客体外，还应满足技术措施的有效性要件。只有有效的技术措施被故意规避或破坏，权利人才能对此追究相应的侵权责任。如何理解技术措施的有效性，涉及技术措施的认定标准。我们认为，技术措施是否有效，应以一般用户掌握的通常方法是否能够避开或者破解为标准。

一般用户，可以理解为非专业技术人员，如果一般用户通过常规手段可以使相关技术措施失效，则此类技术措施不属于有效的技术措施，对被告行为不起作用，不能认定属于被规避或破坏。当然，技术措施的有效性也不应设置过高的标准，专业技术人员能够通过某种方式避开或者破解的，不影响技术措施的有效性。

实践中，关于技术措施有效性的主张，一般属于被告的抗辩理由，被告会对原告提出其设置的技术措施有效性提出质疑并进行举证。此时，需要审查的是，被告是以一般用户的身份举证相关技术措施的效力，还是以技术人员的身份进行举证。若以技术人员身份进行举证，即便能证明原告设置的技术措施无效，也不足

---

① 参见王迁：《版权法对技术措施的保护与规制研究》，中国人民大学出版社 2018 年版，第 362 页。

以形成有效的抗辩。

【典型案例136】

在北京市朝阳区人民法院审理的(2015)朝民(知)初字第44290号乐视公司诉上海千杉网络技术发展有限公司(以下简称千杉公司)侵害著作权及不正当竞争纠纷一案中,法院认定,乐视公司的视频资源服务器无法直接链接访问,视频资源的绝对URL地址经乐视公司技术处理,包含多个可变参数,而其中设置的KEY值经乐视公司加密处理,上述措施目的在于防止未经权利人许可播放视频资源,应认定为著作权法的技术措施。对于普通互联网用户而言,在设置上述障碍后,其使用已有的计算机知识,无法破解或获取KEY值,绕过乐视公司的限制性环节,实现直接访问乐视公司视频资源的效果。千杉公司虽指出了乐视公司技术措施的可解析性,以及乐视公司为防止其作品未经许可的访问而设置的部分参数及参数值的可获得性,但这种解析是一种破解行为,且使用其获取上述信息的手段与方法已远远超过普通用户的能力,印证了乐视公司的技术措施对普通用户的有效性。

三、避开或者破坏技术措施设置链接的行为认定

"链接"型侵害信息网络传播权案件,在被链接网站为侵权网站时,通常通过间接侵权责任即可解决。但随着聚合平台的出现,通过避开技术措施或者破坏技术措施设置链接到合法授权网站的行为已经出现并引发诉讼,实践中称该种链接行为为"盗链","盗链"行为是技术发展引发的侵权类型。由于该类行为严重损害了著作权人的利益,必须予以规制是理论界和实务界的共识,但如何进行规制,实践中主要有三种观点:

一是破坏技术措施的特殊侵权。该观点认为,判断是否侵害信息网络传播权应当坚持"服务器标准",但"服务器"不应狭窄理解为计算机硬件,而应理解为具有网络传输功能的计算机硬件与软件的结合体。视频聚合平台采取破坏技术措施实施"盗链"行为应当进行规制,但该行为不属于信息网络传播权控制的"提供行为"。对于破坏技术措施设置链接的行为,可以适用《著作权法》的有关规定予以调整,即上述行为构成破坏技术措施的特殊侵权行为。

二是侵害信息网络传播权。此类观点认为"服务器标准"并非认定提供作品

行为的唯一标准。《信息网络传播权司法解释》中对于提供作品行为的判断适用的是法律标准,结合该解释第 5 条使用了"实质替代",应通过"实质替代"的经济分析方法对提供作品行为进行扩大解释,且该解释第 3 条第 2 款中的"等"字也给予了扩大解释的空间。破坏技术措施设置链接的行为,其主观上存在过错,客观上通过一系列行为的结合实现了在聚合平台上向公众提供涉案作品播放等服务的实质性替代效果,对作品超出授权渠道、范围传播具有一定的控制、管理能力,导致独家信息网络传播权人本应获取的授权利益在一定范围内落空,因此应认定构成提供作品的行为,侵害了权利人的信息网络传播权。与上述观点结论相同,但理由略有不同的另一种观点认为,单一的以"服务器标准"认定提供行为在当前的技术与规范环境下存在局限性。破坏技术措施实施链接的行为中,破坏技术措施是手段,目的在于给其网络用户提供作品,效果上实现了用户获得作品、作品传播得以实现的效果。因此,视频"盗链"聚合平台是在原来的作品传输之外开辟了新的获取作品的通道,达到了"初始提供"、实现作品传播的效果,应当认定为提供作品的行为。

三是不正当竞争行为。此观点认为"盗链"行为不构成提供作品的侵害信息网络传播权的行为,但是设链网站与被链接网站之间具有竞争关系,且"盗链"行为损害了被链网站的授权模式、减少了用户付费、造成了广告损失、挤占了网站带宽、抢夺了市场份额,可以根据《反不正当竞争法》的相关规定认定为构成不正当竞争行为。

《北京高院著作权审理指南》第 9.16 条基本上采纳了侵害信息网络传播权的观点。《信息网络传播权司法解释》的起草者在相关文章中对法律标准进一步阐述,"侵害信息网络传播权的本质是未经许可擅自行使权利人的信息网络传播权,或者直接破坏权利人对其专用权的控制。其侵权判断标准的确定应当从这种本质出发,而不能缘木求鱼。破坏他人合理技术措施而擅自扩大他人作品传播权限的深度链接行为,其本质在于对权利人的信息网络传播权造成直接侵害,构成未经许可的作品再提供,该再提供行为使作品传播超出了权利人本来的控制权范围,构成对于权利人控制权的直接侵害,在法律属性与侵害效果上与初始提供无异,同样应当构成作品提供行为,只不过属于在原始提供基础之上的再提供,可以构成直接侵权""至于是通过链接技术实施的,还是因原始提供的存在而存在、原始提供的删除而删除等技术特征,并不影响侵害专有控制权的本质属性,对于再提供行为而言足以定性为直接侵权”。[1]

另外，对于法律标准的解释，还有“所谓的法律标准，既包括事实要素，又包括评价因素，即通过对于特定事实的评价为行为进行定性。评价因素既可以成为扩张事实因素的依据，又可以是限缩事实因素的依据，也即法律评价需要以事实因素为基础，但不简单地受特定事实所左右，且可以根据法律评价或者法律调整的需要扩张或者限缩事实。仅仅考量事实因素而忽略评价因素，往往不能抓住法律定性的实质”。[2] 因此，在法律标准之下，《信息网络传播权司法解释》第 3 条第 2 款中的“等”字应当是开放式的理解，并不局限于“等”字之前列举的同类性质的技术手段和方式。

需要注意的是，原告主张被告实施破坏技术措施设置链接侵害其信息网络传播权，应当就其网站或合法授权网站采取了技术措施以及被告实施了破坏技术措施的行为承担初步举证证明责任。若原告未能进行上述举证，但仍坚持主张被告侵害信息网络传播权的，由法院根据举证证明责任分配规则，对在案证据予以综合判断认定。

---

① 王艳芳：《论侵害信息网络传播权行为的认定标准》，载《中外法学》2017 年第 2 期。

② 孔祥俊：《网络著作权保护法律理念与裁判方法》，中国法制出版社 2015 年版，第 298 页。

第十一章　侵害视听作品著作权的认定

2010 年《著作权法》第 15 条规定:“电影作品和以类似摄制电影的方法创作的作品的著作权由制片者享有,但编剧、导演、摄影、作词、作曲等作者享有署名权,并有权按照与制片者签订的合同获得报酬。电影作品和以类似摄制电影的方法创作的作品中的剧本、音乐等可以单独使用的作品的作者有权单独行使其著作权。”

2020 年《著作权法》第 3 条将电影作品和类电作品修改为视听作品,同时第 17 条规定:“视听作品中的电影作品、电视剧作品的著作权由制作者享有,但编剧、导演、摄影、作词、作曲等作者享有署名权,并有权按照与制作者签订的合同获得报酬。前款规定以外的视听作品的著作权归属由当事人约定;没有约定或者约定不明确的,由制作者享有,但作者享有署名权和获得报酬的权利。视听作品中的剧本、音乐等可以单独使用的作品的作者有权单独行使其著作权。”

2020 年《著作权法》和 2010 年《著作权法》相比,视听作品权利归属的规定体现在以下三点变化:第一,从权利归属的统一规则到权利归属的区分规则。2020 年《著作权法》中电影、电视剧作品的权利归属规则和其他视听作品的权利归属规则有所区分;2010 年《著作权法》中电影作品和类电作品的权利归属规则是统一无差异的。该项修改属于实质性的修改。第二,从“制片者”到“制作者”。2020 年《著作权法》规定电影、电视剧作品的著作权由“制作者”享有;2010 年《著作权法》规定电影作品和类电作品的著作权由“制片者”享有。该项修改属于措辞调整的修改。第三,从“法定”到“约定”。2020 年《著作权法》下,除电影、电视剧作品之外的其他视听作品,权利归属遵循约定优先,无约定或约定不明时,由制作者享有。

第一节 影视作品[1]权属的司法认定

无论是2020年《著作权法》下的“制作者”，还是2010年《著作权法》下的“制片者”，司法审判实践绝大部分情况下都需要“二次转换”予以认定，即影视作品中较少采用制作者、制片者的署名方式，而多采用出品方、摄制方、联合出品方等署名方式，故须将署名主体实际“身份”确定后，再认定谁为《著作权法》上的“制作者”或“制片者”。

一、影视作品署名的现状辨析

（一）影视作品的署名现状

与其他作品不同，影视作品创作通常需众人合作完成，制作过程复杂，制作成本较高，且与意识形态密切相关，行政监管较为严格。具体而言：第一，设立影视作品制作单位实行审批制。《广播电视管理条例》（2020年修订）第35条规定：“设立电视剧制作单位，应当经国务院广播电视行政部门批准……”2002年施行的《电影管理条例》第9条第1款规定：“申请设立电影制片单位，由所在地省、自治区、直辖市人民政府电影行政部门审核同意后，报国务院广播电影电视行政部门审批。”第16条第1款规定：“电影制片单位以外的单位独立从事电影摄制业务，须报经国务院广播电影电视行政部门批准，并持批准文件到工商行政管理部门办理相应的登记手续。”第二，制作、发行、公映、放映影视作品实行许可制度，内容实行审查制。电影拍摄需取得《摄制电影许可证》或《摄制电影片许可证（单片）》，法人、其他组织应当将其摄制完成的电影送国务院电影主管部门或者省、自治区、直辖市人民政府电影行政主管部门审查；电视剧制作拍摄取得《电视剧制作许可证》（甲种证或乙种证）；电影、电视剧的上映和播出须分别取得《电影片公映许可证》《电视剧发行许可证》；电视剧、电影的内容须经广播电影电视主管行政部门审查；电影发行单位须具有《电影发行经营许可证》，电影放映单位须具有《电影放映经营许可证》。第三，从事互联网视听节目服务，应当取得广播电影电视主管

---

① 本节的影视作品主要对应2020年《著作权法》下的电影、电视剧作品。在2010年《著作权法》下，影视作品对应的是电影作品和类电作品。

部门颁发的《信息网络传播视听节目许可证》或履行备案手续。

影视作品制作、拍摄、发行环节较多,而其又具有独特的艺术展现力,高投资、高风险使其具有强有力的市场盈利能力。影视作品运行不断的市场化,吸引越来越多的市场主体参与到影视作品的开发运营中,部分党政机关的相关宣传部门也会参与影视作品的制作。因此,基于多种原因,影视作品署名的现实情况较为复杂,甚至有些混乱,具体而言:

第一,署名名称多样。以涉诉影视作品的署名为例,电视剧《小鱼儿与花无缺》的署名有:总监制、总策划、制片人、出品人、总制片人(以上署名均为自然人);特约制作、联合摄制、出品承制(以上署名均为法人)。电影《七剑》的署名有:出品人、监制、制片、策划(以上署名均为自然人),联合出品、联合摄制、协助拍摄(以上署名均为法人)。电影《天下无贼》署名有:出品、联合发行(以上署名均为法人),出品人、总监制、总策划、策划、监制、执行制片(以上署名均为自然人)。部分影视作品还以导演、编剧等命名,如"张艺谋作品""冯小刚作品"。

第二,署名单位名称不规范。司法实践中,部分案件出品单位署名中出现"某工作室",而该工作室并未有任何工商登记信息;部分案件中,出现电视播放版本的署名单位与网络播放版本的署名单位不一致的情形;部分案件署名的出品单位仅显示了某些电视台的台标或者电影公司的专属标志;部分案件的署名单位包括了党政机关单位的内设机构等。

第三,署名单位众多。影视作品是众人合作的作品,应仅由与权属密切相关的主体署名,部分案件中,出现联合出品或者联合摄制的署名单位多达几十家。

(二)影视作品上相关署名的辨析

由于极少数影视作品上会直接署名"制片者",判断著作权法上的"制片者"或者"制作者"到底指向的主体是谁,则需要对影视作品实际署名进行辨析。下面,结合影视作品相关行政法规、部门规范的规定进行分析。

1. 出品人

2000 年通过的《电视剧管理规定》(已废止)第 11 条第 1 款规定:"制作电视剧实行出品人(即制作单位的法定代表人)负责制。出品人对本电视剧制作单位的全部制作活动负责。"《国产电影片字幕管理规定》第 3 条第 2 款规定:"获得《摄制电影许可证》和《摄制电影许可证(单片)》的单位,可独立或联合署名为出品单位、其法人[①]署名为出品人。”可见，出品人是自然人，通常是制作单位或出品单位的法定代表人。

2. 制片人

著作权法上的“制片者”“制作者”与影视行业中的“制片人”含义大相径庭。2001 年原国家广播电影电视总局曾颁布《电视剧制片人持证上岗暂行规定》（已废止），其中对电视剧制片人定义为，电视剧生产、经营活动过程的核心组织管理者。中国电影制片人协会 2017 年审议通过的《中国电影制片人协会行业自律公约（草案）》第 11 条提及，“作品产品的单位出品人与项目执行制片人要共同承担作品产品的政治责任和社会责任，承担联合投资人、合伙人的经济责任，对所聘演职及劳务人员承担劳动人事等法律责任”。该公约（草案）将出品人与制片人并列，故制片人也是自然人。

“制片人”与过去特定时期的“制片主任”有类似之处，制片主任是对拍摄剧目的经费使用、制作质量负责的角色。我国的制片人是对影视作品全面负责决策的角色，包括前期剧本的选择、资金筹集、作品的摄制和发行，从艺术质量和经济效益两个方面对投资者负责。[②]

（三）出品单位

出品单位，或称为出品方，是影视作品署名中最接近《著作权法》规定的“制片者”或者“制作者”的。《电影管理条例》第 15 条规定：“电影制片单位对其摄制的电影片，依法享有著作权。”第 17 条规定：“国家鼓励企业、事业单位和其他社会组织以及个人以资助、投资的形式参与摄制电影片……”

2004 年原国家广播电影电视总局和商务部联合颁布《电影企业经营资格准入暂行规定》（已被修改）明确规定了境内的公司、企业和其他经济组织可以设立电影制片公司，其中第 5 条规定，未取得《摄制电影许可证》的境内公司、企业和其他经济组织（不包括外商投资企业），首次拍摄电影片时须设立影视文化公司，由影视文化公司申请领取《摄制电影片许可证（单片）》。取得《摄制电影片许可证（单

① 该处的“法人”指法定代表人。

② 参见李丹林：《电视剧法律问题研究》，中国传媒大学出版社 2007 年版，第 149 页。

片)》的单位,享有影片一次性出品权。出品人①可独立出品,也可与其他制片单位(含影视文化单位)联合出品。《国产电影片字幕管理规定》第 3 条规定,获得《摄制电影许可证》和《摄制电影许可证(单片)》的单位可独立或联合署名为出品单位。根据上述部门规章的规定,出品单位应持有《摄制电影许可证》,持证的出品单位可以联合其他单位作为联合出品方。虽然对出品单位、出品方没有具体定义,但基于电影和电视剧拍摄的许可证制度,通常出品单位与影片的投资拍摄最为相关。

(四)摄制单位

摄制单位,就字面含义而言,是具体负责影视作品摄影、拍摄、剪辑的单位。《国产电影片字幕管理规定》第 4 条规定,电影制片单位以外的单位,其投资额度达到该影片总成本 1/3(合拍影片占国内投资额度 1/3)的,可署名为联合摄制单位。《中外合作摄制电影片管理规定》第 5 条规定了中外合作摄制电影片的形式,其中一种为联合摄制,即由中外双方共同投资(含资金、劳务或实物)、共同摄制、共同分享利益及共同承担风险的摄制形式。电视剧制作分类也分为国产剧、合拍剧和引进剧,合拍剧的形式也包括联合摄制。因此,联合摄制单位也可能是对影视作品制作进行投资、分享收益的单位。

二、影视作品署名现状对司法审判的影响

署名推定作者规则是《著作权法》确定作者,进而确定著作权人的基本规则。署名推定规则在影视作品中同样适用,即通常依据署名推定制片者或者制作者。但是,鉴于影视作品署名不规范的现状,对司法审判造成如下困扰。

(一)署名推定作用大打折扣

影视作品中署名不规范,与《著作权法》上的“制作者”“制片者”产生严重脱节,造成法院依据署名判断影视作品著作权人困难。由于署名不规范,部分法院也曾尝试通过鼓励当事人提交影视作品拍摄协议、合作制作协议等方式确定著作权人,但是由于继受权利人作为原告主张权利的案件较多,往往很难提供原始制

---

① 该规章使用的“出品权”并不是严格的法律概念,同时该规章的“出品人”不应指出品单位的法定代表人。

作协议。即使原始权利人提起诉讼,也常常以涉及商业秘密等拒绝提供,或者提供遮挡合同条款的合同文本,这种形式上的瑕疵导致对方当事人通常不认可文本的真实性。

(二)确定适格原告、被告困难

影视作品上存在联合出品、联合摄制等众多署名单位时,当影视作品的权利人作为原告,只有部分出品单位或摄制单位提起诉讼时,是否需要追加其他署名出品单位、荣誉出品单位、联合摄制单位作为共同原告,存在不同的认识。当影视作品权利人作为被告时,面临同样的问题。在杨钦诉北京新画面影业有限公司、精英集团(2003)企业有限公司侵犯《十面埋伏》著作权案件中,杨钦最开始仅起诉了北京新画面影业有限公司,一审法院作出判决后,二审法院认为,根据电影《十面埋伏》联合摄制的署名,应当认为北京新画面影业有限公司和精英集团(2003)企业有限公司是这个电影的著作权人,遂将案件发回重审。重审时,一审法院追加了精英集团(2003)企业有限公司作为共同被告。①

(三)不同法院判定同一部影视作品的权属不统一,对不同权属证据的证明效力认定标准不一

基于对影视作品署名单位身份的不同认识和理解,不同法院根据署名推定著作权人时出现不同的判断标准。以电影《七剑》为例,原告北京慈文影视制作有限公司提供了正版光盘、《著作权登记证书》、《合作拍摄书的补充协议》作为权属证据,北京市海淀区人民法院在判断权属时注意到了正版光盘封套署名与电影播放片尾的署名并不一致,原告在封套上署名为联合出品方之一,而在片尾播放时署名为联合摄制方。因此,北京市海淀区人民法院认为,虽然封套署名和片尾署名不一致,但联合出品单位、联合摄制单位、协助拍摄单位、联合协助拍摄单位署名不能确认为著作权法意义上的制片者,但是《著作权登记证书》《合作拍摄书的补充协议》成为封套署名和片尾署名的相反证据,并相互印证,最终确认原告享有著作权。② 北京市第一中级人民法院在对电影《七剑》权属判定中,根据光盘封套联合出品方署名、《著作权登记证书》和《合作拍摄书的补充协议》,确认原告为著作

---

① 参见北京市第一中级人民法院民事判决书,(2006)一中民初字第2815号。

② 参见北京市海淀区人民法院民事判决书,(2007)海民初字第21822号。

权人。[①] 再以电视剧《奋斗》为例，北京市海淀区人民法院、北京市东城区人民法院、北京市第一中级人民法院依据电视剧发行许可证，认定了电视剧的制作机构鑫宝源公司是原始权利人，[②]但北京市朝阳区人民法院认为电视剧《奋斗》片尾署名既有联合摄制东方红公司和鑫宝源公司，又有出品鑫宝源公司，署名和发行许可证出现矛盾，故仅凭发行许可证上的署名无法确定权利人，又让当事人补充了东方红公司的权利声明，才确定了鑫宝源公司是原始权利人。[③]

从上述两案例来看，不同法院对影视作品著作权权属把握的判断标准是不同的。有观点认为，发行许可证即可证明著作权人；也有观点认为，联合出品方的署名可以证明著作权人；还有观点认为，署名不能作为判断著作权权属的最终证据，需要提交拍摄合同。

三、影视作品权属认定的司法规则

基于影视作品署名的不规范，司法实践中不同法院在判断影视作品权属证据时采用不同的认定标准。因此，为了司法裁判标准统一，有必要对影视作品权属的司法确认规则作深入探讨，一方面是根据影视行业通常惯例和共性认识作出符合立法本意的判断，进一步拨清实践中的署名单位与著作权法上的著作权人之间的对应关系；另一方面是能够确定更加明晰的规则和导向，使影视作品的署名能够更加规范。

在侵害影视作品著作权纠纷案件中，原告权属证据类型主要包括：(1)影视作品中片头或片尾署名或者权利声明，主要以出品单位、摄制单位的署名为依据；(2)影视作品制作许可证、拍摄许可证、发行许可证或公映许可证，主要依据上述许可证上载明的制作单位、出品单位等；(3)我国著作权登记部门颁发的著作权登记证书；(4)我国认可的国外认证机构出具的版权认证文件；(5)拍摄协议、制作协议等；(6)相关署名单位出具的权利说明或者权利声明。原告在诉讼中多采用上述证据的组合来证明影视作品的著作权归属。

上述权属证据在证明效力上是否有所区分，《著作权民事纠纷司法解释》第7

---

① 参见北京市第一中级人民法院民事判决书，(2008)一中民初字第4129号。

② 参见北京市海淀区人民法院民事判决书，(2008)海民初字第4015号；北京市东城区人民法院民事判决书，(2008)东民初字第7342号；北京市第一中级人民法院民事判决书，(2008)一中民终字第5314号。

③ 参见北京市朝阳区人民法院民事判决书，(2008)朝民初字第4679号。

条规定,“当事人提供的涉及著作权的底稿、原件、合法出版物、著作权登记证书、认证机构出具的证明、取得权利的合同等,可以作为证据。在作品或者制品上署名的自然人、法人或者非法人组织视为著作权、与著作权有关权益的权利人,但有相反证明的除外”。根据上述规定,署名、著作权登记证书、认证机构证明、拍摄协议均属于同一证明效力层次的证据,即上述证据均可作为影视作品著作权权属的初步证据,除非有相反证据推翻。司法实践面临的问题是:(1)基于署名推定规则,以署名为主的证明模式下,署名单位与《著作权法》上“制片者”“制作者”的对应性问题;(2)当署名单位、著作权登记证书、行政许可证等记载的相关单位出现不一致时,如何判断权利归属的问题。结合司法审判实践,我们对具体处理规则作如下分析。

(一)权利声明

权利声明是指当事人在影视作品上明确标注的著作权归属信息,典型情形如影视作品的片尾标注“©”或者标注“著作权归某公司享有”。2018 年 2 月,原国家新闻出版广电总局改革办公室制定并颁布了《新闻出版广播影视企业版权资产管理工作指引(试行)》,其中第 9 条明确要求,企业自主使用方式使用版权资产,应在传播的最终产品显著位置注明“××(单位名称)版权所有”等类似的声明或版权管理信息。《北京高院著作权审理指南》第 10.4 条第 1 款规定:“除有相反证据外,可以根据电影、电视剧等影视作品上明确标明的权属信息确定著作权人。”其实,实践中被许可权利人现在也常常在影视作品的片尾作出权利声明,如标注“独家信息网络传播权归某公司享有”。权利声明实质上就是“署名”+“权利归属”的具体呈现,该种权利声明从某种角度上可以视为“署名”的“升级版本”,其能够更加简单、明确、直观地体现影视作品的权利归属,在影视作品署名不规范、混乱的现状下,通过该种权利声明的方式可以有效地明确权利归属。

【典型案例 137】

在北京市东城区人民法院审理的(2015)东民(知)初字第 15582 号华视网聚(常州)文化传媒有限公司诉天脉聚源(北京)传媒科技有限公司侵害信息网络传播权一案中,涉案电视剧《石敢当之雄峙天东》片尾播放画面显示“本剧信息网络传播权由华视网聚(常州)文化传媒有限公司独家享有”“出品山东卫视传媒有限公司、北京完美影视传媒有限责任公司、天津完美文化传播有限公司”。该剧的发行许可证载明:申报机构为山东卫视传媒有限公司。

2015年1月23日,山东卫视传媒有限公司出具版权声明函,声明其作为涉案电视剧的联合出品方及署名单位,只享有该片出品方署名权及该片投资收益的分配权,其不享有该片其他任何版权,该片(含剧本)的所有版权及其他衍生权利归北京完美影视传媒有限责任公司。同日,天津完美文化传播有限公司出具类似的版权声明函。2015年1月26日,北京完美影视传媒有限责任公司出具授权书,将涉案电视剧的信息网络传播权以独占专有的形式授予华视网聚(常州)文化传媒有限公司。

在典型案例137中,涉案影视作品同时出现了出品单位署名、独家信息网络传播权授权的权利声明、发行许可证、版权声明函。其中出品署名单位与发行许可证载明单位并不一致,发行许可证仅载明申报机构为山东卫视传媒有限公司,出品单位则出现了包括山东卫视传媒有限公司在内的三家公司。如果根据出品单位署名确认著作权人,则著作权人应为三家公司,本案原告应取得三家公司的授权,仅一家出品单位的授权不足以证明原告获得了独家信息网络传播权,即使在片尾进行了相关权利声明。由于山东卫视传媒有限公司和片尾署名的其中一家出品单位出具版权声明函,表明其仅享有署名权和收益权,并不享有其他著作权权利,故本案原告的授权链条才得以成立。加之片尾的独家信息网络传播权的相关“权利声明”,可认定独家信息网络传播权的归属。

需要注意的是,原告为专有使用权的被许可人时,能否仅依据片尾的权利声明证明权利归属?比如典型案例137中,华视网聚(常州)文化传媒有限公司能否仅依据电视剧片尾出现的“本剧信息网络传播权由华视网聚(常州)文化传媒有限公司独家享有”的权利声明,来主张其为适格权利主体进而享有相关权利的依据?我们认为,对于著作权人的被许可人而言,通常不能仅依据影视作品片尾相关的“权利声明”来主张权利。著作权的许可使用,除了具体权项的授权之外,许可人和被许可人通常还会对具体许可使用范围,如传播渠道、传播平台;具体许可使用的期限;具体许可使用的方式,如点播、定时播放等作出约定。同时,影视作品的授权许可,难免会因为合同履行而出现变化,如提前解除合同、变更新的授权主体。因此,当专有使用权人作为原告提起诉讼时,还应提交相应的授权合同或者许可人(著作权人)的声明、说明等证据,用以佐证在片尾署名的享有独家使用权的主体系被诉侵权行为的适格主体。

(二)署名推定

若影视作品中无相关权利声明,则仍需要依据影视作品的署名来判断权利归属,署名推定规则是《著作权法》中推定作者进而推定著作权人的基本方法和基本规则。《伯尔尼公约》第 15 条第 2 款规定,“以通常方式在电影作品上署名的自然人或法人,除非有相反的证据,即推定为该作品的制作人”。[①] 虽然影视作品署名现状较为混乱,但影视行业署名的相关行业惯例还是有规律可循的。通过司法审判经验的总结和梳理,根据署名推定规则确定我国《著作权法》上的“制片者”或“制作者”时,可以遵循以下判断思路。

1.“出品单位”可以被首先推定为制片者或制作者

根据上文分析及司法审判实践,通常在影视作品上署名的“出品单位”“联合出品单位”多是影视作品的投资方,在影视作品的制作过程中起到核心作用,故可以被认定为影视作品的制片者。但有时在影视作品中会出现“荣誉出品”的署名,荣誉出品亦需要具体分析,若仅有荣誉出品单位的署名,也可以认为其系出品单位。若不仅有“荣誉出品”的署名,还有“出品单位”“联合出品单位”等署名的,则需要当事人作出进一步的说明和举证,因为当荣誉出品单位与其他出品单位同时出现时,荣誉出品单位可能是仅挂名署名的单位,并不参与影片的投资、制作、权益分享等。

【典型案例 138】

在北京知识产权法院审理的(2015)京知民终字第 97 号北京盛世骄阳文化传播有限公司诉酷溜网(北京)信息技术有限公司侵害信息网络传播权纠纷一案中,电视剧《女人如花》(以下简称涉案电视剧)又名《厂花》的发行许可证载明,制作机构为青岛名扬影视传播有限公司,合作机构为青岛广播电视台。涉案电视剧片尾署名为:“本剧独家信息网络传播权属于北京盛世骄阳文化传播有限公司”“本剧完整著作权属于青岛名扬影视传播有限公司所有”“荣誉出品青岛名扬影视传播有限公司　青岛市广播电视台”“联合摄制青岛名扬影视传播有限公司　齐鲁

---

① 《伯尔尼公约》中制作者的英文为“the maker of the said work”。

电子音像出版社　北京五洲佳世传媒有限公司　西安贝尼影视文化传播有限公司　北京星梦缘影视策划有限公司。”此外,北京五洲佳世传媒有限公司、齐鲁电子音像出版社、北京星梦缘影视策划有限公司、西安贝尼影视文化传播有限公司、青岛市广播电视台分别出具版权证明,声明该公司仅享有涉案影视作品的署名权和投资收益,该影视作品的完整著作权由青岛名扬影视传播有限公司所有。

【典型案例139】

在北京知识产权法院审理的(2020)京73民终460号乐视网(天津)信息技术有限公司诉长城宽带网络服务有限公司等侵害信息网络传播权纠纷一案中,涉案电视剧《老严有女不愁嫁》,电视剧发行许可证显示申报机构为天罡风华(北京)影视文化有限公司。涉案电视剧的片尾署名:“联合摄制江苏广播电视总台、安徽华星传媒投资有限公司、海宁天罡风华影视文化有限公司、北京幸福家人影视文化有限公司、河北天龙大丰影视制作有限公司。荣誉出品江苏广播电视总台、安徽广播电视台、天罡风华(北京)影视文化有限公司、北京幸福家人影视文化有限公司。”河北天龙大丰影视制作有限公司出具版权声明书,内容为:“作为电视剧《老严有女不愁嫁》的署名单位,本单位仅享有该电视剧的署名权,其他一切版权均归天罡风华(北京)影视文化有限公司所有,与我单位无涉。”北京幸福家人影视文化有限公司、海宁天罡风华影视文化有限公司分别出具授权书,将涉案电视剧的所有著作权以独占专有的形式授予天罡风华(北京)影视文化有限公司,并授权其全权处理,授权期限为无限期。安徽华星传媒投资有限公司、安徽广播电视台分别出具授权书,将涉案电视剧的发行权、信息网络传播权及维权权利授权天罡风华(北京)影视文化有限公司独家享有。江苏广播电视总台出具《授权书》,将涉案电视剧的发行权、信息网络传播权及维权权利授权天罡风华(北京)影视文化有限公司独家享有。天罡风华(北京)影视文化有限公司出具《授权书》,将涉案电视剧的信息网络传播权以独占专有的形式授予乐视网(天津)信息技术有限公司。

在典型案例138中,同时出现了权利声明、独家授权的声明、联合摄制单位、荣誉出品单位。实际上,从减轻当事人举证负担的角度来看,该案基于有明确的权利声明,可以根据权利声明确定涉案电视剧的著作权人。联合摄制单位出具的版权说明仅是更加确定了著作权的归属。本案中出现的荣誉出品单位并不当然是著作权人。在典型案例 139 中,有联合摄制和荣誉出品的署名,由在案授权书可以看出,联合摄制单位、荣誉出品单位均享有涉案电视剧的著作权。

2. 无“出品单位”署名时,摄制单位可以被推定为制片者或制作者

对于“联合摄制”署名单位,虽然部门规章中提及投资达到一定份额可署名联合摄制,但从实际案例来看,常有影视作品出现十几家甚至几十家联合摄制单位,但通常并非全部摄制单位均为《著作权法》上的著作权人。另外,摄制单位、联合摄制单位既有可能与出品单位同时出现,也可能单独出现,如某些纪录片。如果没有权利声明、出品单位的署名,则摄制单位或联合摄制的署名单位可以被推定为著作权人。

影视作品适用署名推定原则,需要注意三点:其一,署名推定应该是根据影视作品片头或片尾的署名,不应是音像制品封套包装的署名。因为封套包装印刷的随意性较大,且本身并不是作品的一部分。其二,出品单位、摄制单位的署名与《著作权法》上的著作权人密切相关。影视作品是多人合作的产物,故“署名”若干,但有权在影视作品上“署名”的自然人、法人或其他组织,并非均与著作权人的身份相关。影视作品上出现的“编剧”“策划”“剧本统筹”“摄影”“道具”“化妆”“服装”“司机”等署名,与著作权人身份的确定无关。其三,当署名的出品单位、联合出品单位等与著作权登记证书记载的著作权人不一致时,通常情况下未登记为著作权人的其他署名单位应当出具“说明”或者“声明”,对其是否对涉案影视作品享有相关著作权,还是仅在影视作品上署名而并不享有除署名权之外的其他著作权作出说明。著作权登记证书是作品权利归属的证据,但由于作品登记系自愿登记,登记机构对作品登记事项仅作形式审查,故影视作品上署名单位与著作权登记证书记载的著作权人不一致即可成为著作权登记证书的相反证据。

(三)域外版权认证机构证书

对于源自域外的影视作品,根据《电视剧管理规定》《电影管理条例》《境外电视节目引进、播出管理规定》《音像制品管理条例》的相关规定,需要严格审核,否则不能在国内影院和电视台上映播出。目前,国家版权管理机关认可八家域外国家和地区权利认证机构,包括美国电影协会(MPA)、香港影业协会(MPIA)、韩国著作权委员会(KCC)、社团法人台湾著作权保护协会、国际作者和作曲者协会联合会(CISAC)、国际唱片业协会(IFPI)、商业软件联盟(BSA)、日本唱片协会

(RIAJ)。上述机构对在我国国内使用这些国家和地区的作品著作的权合法性予以确认。国家版权管理机关指定认证机构对域外引进版权合同进行权利认证,其目的是防止域外假授权,避免国内作品使用者的侵权风险,确保涉外版权交易合法进行。

影视作品版权认证是国际通行的认定境外作品著作权人身份的判断依据之一。我国加入国际条约或者双边条约认可的外国或者地区的各类影视权利人认证机构出具的版权认证书,是国际互认的证据,认证机构对其出具的“权利证明书”的内容承担法律责任,认证不准确给权利人或者被许可人造成损失的,由认证机构承担法律责任。

经国家版权局同意批准的域外著作权认证机构或国家版权局同意批准的域外著作权认证机构的驻华代表机构出具的证明文件,可以作为认定著作权归属的初步证据。但需要注意的是,上述八家域外著作权认证机构在中国境外的代表机构、分支机构、会员团体等以自己的名义出具的证明文件,不能作为认定著作权归属的初步证据。

司法实践中,一直将认证机构的认证证明作为域外影片权利人判定的重要证据。不同版权认证机构出具的认证证明不尽相同,部分版权认证证明通常记载了作品版权的先后归属、权利流转过程。当作品署名与版权认证中的权利人一致时,可以根据版权认证证明确定著作权权利归属;当版权认证与署名不一致时,除非互为相反证据,在没有确实依据的前提下,法院不宜以与署名不符为由否定其证据效力。

司法实践中,曾出现了关于“韩国著作权委员会驻北京办事处”是否具有认证权利归属资质的问题。部分案件中,法院认可了该办事处的认证权利,但在后续案件中,经过与国家版权局的沟通,认为其仅具有认证相关工作的联络职能,不具有出具认证证明的职能。

【典型案例140】

在北京知识产权法院审理的(2019)京73民终997号乐视公司诉优酷公司侵害信息网络传播权一案中,乐视公司作为原告主张权利,提交了韩国著作权委员会出具的证明,但并未进行公证认证,同时生效判决认定载明韩国著作权委员会出具的证明系韩国著作权委员会北京代表处加盖印章,并非域外形成的证据,无须翻译，证据形式符合法律规定，能够证明JTBC公司系涉案影片的著作权人，乐视公司经一系列受让后获得涉案影片独占专有的信息网络传播权，对发生在授权期限内涉嫌侵害涉案影片著作权的侵权行为有权提起诉讼，要求侵权人承担相应的法律责任。

为证明韩国著作权委员会北京代表处加盖公章文件的法律效力，乐视公司另提交：国家版权局网站中《韩国著作权委员会（KCC）简介》的网页打印件，其中载明韩国著作权委员会是根据著作权法第112条第1项成立的法定委员会，主要工作包含著作权认证等，韩国著作权委员会北京代表处是2006年11月被中国国家版权局指定为海外著作权认证机构并签发对韩国著作物的权利人证书。

优酷公司认为，JTBC公司仅为策划单位而非著作权人，且乐视公司只有韩国著作权委员会北京代表处的证明，而该证明无权对中国境内的涉案影片权利归属问题进行说明；并为此提交国家版权局于2006年11月15日发布的文号为国权〔2006〕39号的《国家版权局关于批准韩国著作权审议调停委员会在京设立常驻代表机构的函》，其中载明同意韩国著作权审议调停委员会在京设立常驻代表机构，从事协会会员的音乐、电影、录音录像权利认证联络工作；同时提交国家版权局办公厅于2009年向最高人民法院出具的国版办字〔2009〕9号复函，该复函载明："经批准设立的韩国著作权审议调停委员会常驻代表机构在京只能从事与认证工作有关的联络工作，著作权认证工作应以韩国著作权审议调停委员会的名义进行。"

（四）行政许可证

国家有关行政管理部门颁发的影视作品制作许可证和摄制许可证是对拍摄单位是否具有资质的审查，是对进入影视剧市场准入资格的审查；发行许可证和公映许可证则是对影视作品内容的审查。国家有关行政管理部门对影视作品颁发证照时并不对影视作品著作权归属作出审查。因此，影视作品制作许可证、发行许可证、公映许可证上载明的制作单位、出品单位、摄制单位，在无其他证据佐证的情况下，可作为判断影视作品著作权权属的参考，不宜单独作为认定影视作品著作权权属的证据。

【典型案例 141】

在北京市朝阳区人民法院审理的(2018)京 0105 民初 68529 号北京爱奇艺科技有限公司(以下简称爱奇艺公司)诉北京京瑞房产有限公司、深圳市盛阳科技股份有限公司侵害作品信息网络传播权纠纷一案中,涉案电影《功夫瑜伽》的影片公映许可证上显示出品单位为:上海太合影业有限公司、耀莱公司、北京闪亮影业有限责任公司、北京太合娱乐文化发展股份有限公司、耀莱文娱发展有限公司、Top Entertainment PVT Lvd(印度)、中国电影股份有限公司、华夏电影发行有限责任公司、霍尔果斯太合数娱文化发展有限公司、北京礼想境界影视传媒有限公司、喀什嘉映文化传媒有限公司、青年电影制片厂、西安曲江影视投资(集团)有限公司、北京太合泽若文化投资合伙企业(有限合伙)、中影(上海)国际文化传媒有限公司共 15 家。《功夫瑜伽》在中国上映,该电影片尾载明:"霍尔果斯太合数娱文化发展有限公司、耀莱公司、北京闪亮影业有限责任公司、耀莱文娱发展有限公司为版权所有人,保留一切权利,独家信息网络传播权由爱奇艺公司享有。"

在典型案例 141 中,影片公映许可证上虽然有出品单位的署名,且有 15 家署名单位,但影片片尾有明确的权利声明,故权利声明可以作为优先证据来确定影片的著作权归属。

(五)拍摄协议

拍摄协议或者制作协议是投资拍摄制作影视作品中的合同。由于投资拍摄所涉及单位可能较多,故完成一部影视作品的制作可能需要多份拍摄协议或者制作协议。对于拍摄协议或者制作协议,第一种情形是协议中对影视作品的著作权权利归属作出明确约定,则属于当事人合同约定,或者说意思自治的范畴,应当遵循当事人对于影视作品的权利归属的安排,特别是拍摄协议的约定和署名单位不一致时,可以优于署名作为确定著作人的依据。通常掌握拍摄协议或者制作协议的为原始权利人,但大部分影视作品的起诉主体为被授权许可人,故作为被授权许可人一般不太容易举证影片制作的拍摄协议或者制作协议。

【典型案例 142】

在北京市第一中级人民法院审理的(2006)一中民终字第 13332 号国家广播

电影电视总局电影卫星频道节目制作中心(以下简称电影频道中心)诉中国教育电视台侵犯著作权纠纷一案中,涉案电影为《冲出亚马逊》。电影频道中心向法院提交了其与八一厂于2001年4月签订的合作协议书,该协议书约定双方出品、拍摄《冲出亚马逊》,双方共同投资855万元。该片国内外永久电视播映权及网络传播权归电影频道中心独家享有,该影片自电影局影片通过令之日起8个月后即可播出,影片带来的其他所有利益双方按投资比例5:5共同享有。

第二种情形是拍摄协议或制作协议并未对影视作品的著作权归属作出约定或者约定不明确。该种情形下,应当依据署名等其他证据确定著作权归属。实践中,有当事人经常以商业机密或商业秘密为由,对提交的拍摄协议或者制作协议的部分条款予以遮挡后提交法院,当对方当事人对遮挡的拍摄协议或者制作协议不予认可时,协议的证明效力减弱,有可能不被法院采信。

第二节 涉影视作品侵权的认定

涉影视作品的侵权案件,除侵害信息网络传播权外,最为典型即为抄袭剽窃类案件。2001年《著作权法》修订时将1990年《著作权法》中"抄袭、剽窃他人作品"修改为"剽窃他人作品",删除"抄袭"二字,理由在于抄袭和剽窃属于同义词。[①] 2020年《著作权法》第52条延续保留了"剽窃他人作品"的侵权行为类型,并规定侵权人应当根据情况,承担停止侵害、消除影响、赔礼道歉、赔偿损失等民事责任。涉影视作品"剽窃"类案件的核心问题均涉及被诉侵权作品是否使用了权利作品,从而构成对权利作品复制权或改编权的侵害。

一、"剽窃"行为与侵害复制权、改编权行为

2020年《著作权法》第52条规定:"有下列侵权行为的,应当根据情况,承担停止侵害、消除影响、赔礼道歉、赔偿损失等民事责任:(一)未经著作权人许可,发表其作品的;(二)未经合作作者许可,将与他人合作创作的作品当作自己单独创作的作品发表的;(三)没有参加创作,为谋取个人名利,在他人作品上署名的;(四)歪曲、篡改他人作品的;(五)剽窃他人作品的;(六)未经著作权人许可,以展

① 胡康生主编:《中华人民共和国著作权法释义》,法律出版社2002年版,第194页。

览、摄制视听作品的方法使用作品，或者以改编、翻译、注释等方式使用作品的，本法另有规定的除外；（七）使用他人作品，应当支付报酬而未支付的；（八）未经视听作品、计算机软件、录音录像制品的著作权人、表演者或者录音录像制作者许可，出租其作品或者录音录像制品的原件或者复制件的，本法另有规定的除外；（九）未经出版者许可，使用其出版的图书、期刊的版式设计的；（十）未经表演者许可，从现场直播或者公开传送其现场表演，或者录制其表演的；（十一）其他侵犯著作权以及与著作权有关的权利的行为。”

2020 年《著作权法》第 53 条规定：“有下列侵权行为的，应当根据情况，承担本法第五十二条规定的民事责任；侵权行为同时损害公共利益的，由主管著作权的部门责令停止侵权行为，予以警告，没收违法所得，没收、无害化销毁处理侵权复制品以及主要用于制作侵权复制品的材料、工具、设备等，违法经营额五万元以上的，可以并处违法经营额一倍以上五倍以下的罚款；没有违法经营额、违法经营额难以计算或者不足五万元的，可以并处二十五万元以下的罚款；构成犯罪的，依法追究刑事责任：（一）未经著作权人许可，复制、发行、表演、放映、广播、汇编、通过信息网络向公众传播其作品的，本法另有规定的除外；（二）出版他人享有专有出版权的图书的；（三）未经表演者许可，复制、发行录有其表演的录音录像制品，或者通过信息网络向公众传播其表演的，本法另有规定的除外；（四）未经录音录像制作者许可，复制、发行、通过信息网络向公众传播其制作的录音录像制品的，本法另有规定的除外；（五）未经许可，播放、复制或者通过信息网络向公众传播广播、电视的，本法另有规定的除外；（六）未经著作权人或者与著作权有关的权利人许可，故意避开或者破坏技术措施的，故意制造、进口或者向他人提供主要用于避开、破坏技术措施的装置或者部件的，或者故意为他人避开或者破坏技术措施提供技术服务的，法律、行政法规另有规定的除外；（七）未经著作权人或者与著作权有关的权利人许可，故意删除或者改变作品、版式设计、表演、录音录像制品或者广播、电视上的权利管理信息的，知道或者应当知道作品、版式设计、表演、录音录像制品或者广播、电视上的权利管理信息未经许可被删除或者改变，仍然向公众提供的，法律、行政法规另有规定的除外；（八）制作、出售假冒他人署名的作品的。”

根据上述规定，2020 年《著作权法》第 52 条和第 53 条规定的绝大部分侵权行为与 2020 年《著作权法》第二章规定的权利、第四章规定的与著作权有关的权利相对应，比如第 52 条第 6 项规定了侵犯改编权的行为、侵犯展览权的行为，第 53 条第 4 项规定了侵犯复制权、发行权、信息网络传播权的行为。而“剽窃他人作品”(以下简称“剽窃”)的行为并未直接与前面的权利规定相对应，因此，“剽窃”行为不是典型意义上从被保护权利的角度界定侵权行为，而是从行为特征的角度界定侵权行为。

“剽窃”与侵犯复制权、改编权之间是何种关系？所谓“剽窃”，是指将他人的作品或者作品的片段窃为己有发表。有观点认为，“剽窃”与侵犯复制权的区别在于是否注明出处，能否让读者明了作品的创作者是谁；“剽窃”与侵犯改编权的区别在于是否注明出处，是否在非法改编的同时表明原作者的身份。[①] 从被侵犯权利的角度来看，侵犯复制权或侵犯改编权的行为的侵权构成要件确实不包括未署名或未注明出处，仅需要未经许可的复制行为、改编行为即可。但在实际案件中，未经许可复制或改编的行为能够注明原作者或原出处的较少，更多的案件都是未注明原作者或者原出处——同一被诉行为既未经许可复制或改编也未署名。此时，一方面，被诉行为侵犯了复制权或改编权，也侵犯了署名权(当然这也与原告主张的权利基础有关)；另一方面，被诉行为也可称为“剽窃”行为。

我们认为，“剽窃”行为和侵犯复制权、改编权的行为虽然同时出现在《著作权法》规定的相关侵权行为条款中，但系对侵权行为的不同分类。“剽窃”行为对应被侵犯的权利根据具体案情会有不同，一般均是同时侵犯著作财产权和著作人身权，具体权项涵盖复制权、发行权、改编权、翻译权和署名权等。

二、涉影视作品“剽窃”类侵权案件的审理方法

(一)法院审理涉影视作品“剽窃”类案件的情况

涉影视作品“剽窃”类侵害著作权纠纷，多需要进行比对。但作品之间的比对烦琐复杂，定性标准具有一定的裁量性，属于著作权审理中的疑难复杂案件。法院审理涉影视作品“剽窃”类侵害著作权纠纷案件的总体情况如下。

1. 涉诉作品类型。主要包括剧本与剧本之间的“剽窃”、剧本与小说之间的“剽窃”、剧本与影视作品之间的“剽窃”、影视作品之间的“剽窃”，其中涉及剧本与剧本、剧本与影视作品之间“剽窃”的案件居多。

---

① 陈锦川：《著作权审判原理解读与实务指导》，法律出版社 2014 年版，第 315 ~ 316 页。

2. 主张权利类型。原告主张的权项主要是署名权、改编权和摄制权。基于上述主张的权利类型,原告多是请求被告承担停止侵权的民事责任,包括停止影视作品的公映、复制、发行播放等;澄清事实、公开赔礼道歉的民事责任;赔偿经济损失的民事责任。

3.“剽窃”的认定。法院均从两部作品是否构成实质性相似进行比对,主要涉及主题和题材、故事梗概、人物设置及人物关系、场景对白、具体情节之间的比对。由于原创文学类作品之间的抄袭多属于“高级抄袭”,且实质性相似的判断标准较为模糊,法官对是否构成抄袭的认定有较大的自由裁量权。

4. 侵权责任的承担方式。被诉作品构成侵权时,法院对于被告是否承担停止侵权、赔礼道歉的责任,做法不一。赔偿损失的责任均可获得支持,但赔偿数额差距较大。

(二)涉影视作品“剽窃”类案件的审理步骤

由于该类案件涉及作品之间的比对,为了能够顺畅完成比对,通过当事人、法院之间的互动配合,法院在审理过程中可以指导当事人完成比对,使对于是否构成侵权(主要涉及实质性相似的认定)能够进行充分争辩,进而使法院判定结论的获得能够更加被信服。有观点认为,涉影视作品“剽窃”类案件的比对,应当采取“同质比对”的方法,比如,原告以小说等文学作品主张被诉影视作品构成“剽窃”,应将原告的小说和被告的剧本进行比对,这种观点主要考虑到影视作品的表达是连续的画面,文字与画面难以进行比对。

我们认为,“同质比对”方法是否具有普适性值得商榷,影视作品虽然在外在表达上是连续画面,但影视作品多次演绎后形成的视听综合体——画面是影视作品的“皮”,内容是影视作品的“骨”,表演是影视作品的“血”,影视作品独创性的表达不局限于画面的层次,内容也可以成为影视作品独创性的表达。当文字作品著作权人主张影视作品侵害其改编权时,通常不会指画面和文字作品构成实质性相似,而是指影视作品的内容与文字作品构成实质性相似,比如,原告小说中的某个情节在被诉影视作品中亦出现。因此,在尊重当事人诉讼请求的前提下,非同质作品亦可进行比对。

通过审判经验总结,我们认为,法院可以采取以下步骤指导和推进作品之间比对的进行:首先,应当确定原告主张的权利作品。原告是基于小说、剧本还是影视作品主张权利。其次,需要确定被诉侵权的内容。影视作品的创作过程具有一定的特殊性,一般在拍摄之前先有剧本,导演和演员会按照剧本进行拍摄和表演,而剧本的产生常常根据小说或其他在先作品改编而来。因此,需要原告明确其主张侵权行为是影视作品的剧本侵权,还是影视作品侵权,还是两者均侵权。此步骤也会涉及是否追加当事人的问题。最后,双方当事人通过提交对比列表等方式进行内容比对。确定权利作品和侵权作品是否构成实质性相似,可以先由原告通过列表方式①将其认为被诉侵权作品构成"剽窃"权利作品之处逐一列明并作出比对,之后由被告对原告比对列表发表具体质证意见,辩称有第三方来源的应当在列表中标明,辩称有公有领域的也应在列表中标明。

三、"剽窃"类案件侵害著作权的判断思路

在原告主张权利的内容和被控侵权的内容确定之后,按照著作权侵权判定中"接触+实质性相似"的规则进行判断。对于文学作品"剽窃"的判断,还应当明晰《著作权法》对于文学作品作为保护对象的规定。

(一)文学作品中著作权法保护的对象

根据2020年《著作权法》第3条的规定,著作权的对象是作品。作为著作权法保护客体的作品具有两个特征:一是作品是思想和感情的表达,不是思想和感情本身。思想与表达二分法是《著作权法》的基本原理,即《著作权法》保护的不是作品所体现的思想、感情、主题等,而是作者对思想、感情、主题等的具体表达。二是作品具有独创性。独创性强调独立完成和创作性,独立完成是指作品由作者通过独立思考创作产生。创作性是指作品应当具有一定的创造性,能够体现作者独特的判断与选择。在文学作品著作权侵权纠纷案件中,以对原作品完整照搬照抄的方式实施侵权的情形较为鲜见,在更多案件中权利人主张原作品的一部分被侵权使用,或者原作品的全部或部分内容以某种变化的形式被侵权使用,这种情况下就需要明确《著作权法》所要保护的对象,根据前述分析,《著作权法》对作品的保护是对其中具有独创性的表达的保护。

文学作品是内容与形式的有机统一体,其创作要素有涉及思想领域的创作要

---

① 虽然列表方式不是唯一方式,但是从司法审判经验来看,列表方式更为清晰。

素和涉及表达领域的创作要素之分，常见的涉及思想领域的创作要素主要包括题材、主题、原理等，涉及表达领域的创作要素主要包括人物设置及人物关系、情节、情节串联整体等。衡量这些表达是否属于《著作权法》保护的对象，需要具体分析：人物设置及人物关系作为文学作品展现人物冲突、推动事件发展的主要因素，属于作品中的表达，如果这种表达与作品的情节紧密对应，即作品以特定的人物设置及人物关系为基础形成情节安排，特定的情节安排使人物设置及人物关系与特定作品形成足够具体的对应关系，则可认定其具有独创性，因此文学作品中具有独创性的人物设置及人物关系是《著作权法》保护的对象。

情节是叙事性文学作品的基础表达，基于特定的素材选择、事件设计、人物安排，以特定的因果关系及逻辑关系搭建具体故事情节融入了作者的独创智慧，特别是对于虚构的文学作品，作者通过自身的想象力、结合特有的思维表达和逻辑安排形成足够具体的、具有个性特点的独创性内容，因此，文学作品中具有独创性的情节是《著作权法》保护的对象。大多数叙事性文学作品的内容并非单一情节，而是由前后衔接、逻辑严密的诸多情节贯穿而成，作者通过对作品情节选择、情节展开、结构安排进行推演设计，这种情节整体串联反映出作者的个性化判断和取舍，体现出作者的独创性思维成果，并成为《著作权法》保护的表达，因此，文学作品中具有独创性的情节串联整体属于《著作权法》保护的对象。

【典型案例 143】

在北京市高级人民法院审理的(2015)高民(知)终字第1039号陈喆(笔名:琼瑶)诉余征(笔名:于正)、湖南经视文化传播有限公司(以下简称湖南经视公司)、东阳欢娱影视文化有限公司(以下简称东阳欢娱公司)、万达影视传媒有限公司(以下简称万达公司)、东阳星瑞影视文化传媒有限公司(以下简称东阳星瑞公司)著作权权属、侵权纠纷一案(以下简称琼瑶诉于正案)中，琼瑶主张被告于正创作的剧本《宫锁连城》以及其他四被告共同摄制的电视剧《宫锁连城》侵害了原告创作的剧本《梅花烙》及同名小说《梅花烙》(以下统称原告涉案作品)的著作权。具体包括：原告主张剧本《梅花烙》的21个情节(小说《梅花烙》的17个情节)构成实质性相似，同时主张整体构成实质性相似。请求法院认定五被告侵害了原告涉案作品的改编权、摄制权，停止电视剧《宫锁连城》的一切电视播映、信息网络传播、音像制售活动，连带赔偿原告2000万元及为本案支出的合理费用31.3万元，判令被告于正公开道歉。法院经审理查明,剧本《梅花烙》于1992年10月创作完成,未以纸质方式公开发表。小说《梅花烙》系根据剧本《梅花烙》改编而来,于1993年6月30日创作完成,1993年9月15日起在中国台湾地区公开发行,同年起在中国大陆公开发表,小说《梅花烙》作者是本案的原告。电视剧《梅花烙》于1993年10月13日起在我国台湾地区首次播出,并于1994年4月13日起在中国大陆首次播出,电视剧《梅花烙》内容与剧本《梅花烙》高度一致。电视剧《梅花烙》片头字幕显示署名编剧为林久愉,林久愉于2014年6月20日出具经公证认证的声明书,称其仅负责记录原告的创作讲述,执行剧本的文字统稿整理工作,剧本《梅花烙》系由原告独立原创形成。被告于正系剧本《宫锁连城》载明的作者,系电视剧《宫锁连城》的署名编剧。剧本《宫锁连城》创作完成时间为2012年7月17日,首次发表时间为2014年4月8日。电视剧《宫锁连城》根据剧本《宫锁连城》拍摄,剧情内容与剧本《宫锁连城》基本一致,于2014年4月8日在湖南卫视首播,片尾出品公司依次署名为:湖南经视公司、东阳欢娱公司、万达公司、东阳星瑞公司。剧本《宫锁连城》、电视剧《宫锁连城》在人物设置及人物关系、情节上与原告涉案作品均存在对应关系。剧本《宫锁连城》与原告涉案作品在整体的情节排布及推演过程基本一致。法院经审理认定:剧本《宫锁连城》侵害了著作权人陈喆的摄制权。

在典型案例143中,法院认定原告主张的剧本《梅花烙》、小说《梅花烙》的人物设置及人物关系与作品的特定情节存在不可分割的关系。原告主张剧本《梅花烙》的21个情节(小说《梅花烙》的17个情节)中,有9个情节包含时间、地点、事件起因、经过发展、结果等细节,对整个故事情节起到了重要作用。剧本《梅花烙》、小说《梅花烙》基于特定素材的选择以及特定的排列组合形成情节串联整体,这种情节串联整体在前后衔接、逻辑顺序上已经紧密贯穿为完整的个性化表达。这些人物设置及人物关系、情节、情节串联整体均属于原告的独创性表达。

(二)接触

认定被诉侵权作品是否构成侵权要考虑“接触”。实践中,判断“接触”的发生有以下两种情况:一是有证据证明被告实际接触到了原告的作品;二是原告的作品已经发表,处于公之于众的状态进而推定“接触”的发生。判断作品是否发表的核心是作品内所含受《著作权法》保护的对象是否以作品为载体实现了公之于众。即使变换了载体形式(如观众通过影视作品了解了剧本内容),仍然可以实现作品中受《著作权法》保护的对象的发表和公之于众。

在“接触”的判断中,“实际接触”需要用证据予以证明,而权利人要证明被控侵权人实际接触过在先作品较为困难,所以大多数情况下“接触”指的是具有接触的可能性,进而推定接触发生。《北京高院著作权审理指南》第10.8条规定,在先作品已经公开或虽未公开发表,但存在其他接触的事实如双方作者之间有投稿、合作洽谈等沟通,可以视为具有“接触的可能性”。

另外,还有一种较为特殊的推定情形,如果两部作品表达相同或高度近似,在无证据证明实际接触,但在双方均独立创作情形下难以达到如此惊人相似的,若被告未能作出合理解释,《北京高院著作权审理指南》第10.8条规定,可以推定被告接触过原告的在先作品。

【典型案例144】

在北京市第三中级人民法院审理的(2014)三中民终字第13101号张恒国诉北京派格太合泛在文化传媒有限公司(以下简称派格太合公司)、孙建军侵犯著作权纠纷一案中,张恒国系自由编剧,曾参加北京电影学院文学系2008年春季班(总第一期)编剧进修班,其在学习期间创作完成了《博弈图》剧本,并将该剧本作为结业作品交由北京电影学院文学系存档留存。2011年1月4日,国家版权局颁发著作权登记证书,该证书载明如下内容:申请者孙建军提交的文件符合规定要求,对其于2010年10月18日创作完成的文字作品《〈富春山居图〉(暂定名)电影文学剧本》,申请者以作者身份依法享有著作权。2011年1月5日,孙建军出具授权书,授权派格太合公司使用《富春山居图》剧本进行创作、改编并以摄制电影的方式拍摄成电影。孙建军和派格太合公司均表示电影《富春山居图》系根据孙建军提供的剧本拍摄完成,只是在拍摄过程中存在个别修改。张恒国主张孙建军抄袭其创作的《博弈图》剧本。法院经审理认为,张恒国创作的剧本《博弈图》并未公开发表,其在创作完成后于2008年6月底由北京电影学院文学系存档。张恒国在一审中提交了一封发给案外人侯堃的电子邮件称将剧本发给了侯堃,而侯堃和孙建军熟悉,因此孙建军有接触到其剧本的可能。但是,在该份邮件中无法确认其所发送的邮件附件中的剧本与其主张权利的剧本是一致的,也无法证明侯堃与孙建军存在何种关系。同时,张恒国在二审期间提交的邮件亦不能证明是全国剧本征集,不能证明该邮件附件内容与张恒国主张权利的《博弈图》一致,更不能证明孙建军已经接触过该剧本或有接触该剧本的可能。现无证据证明孙建军和派格太合公司接触过《博弈图》剧本,因此,张恒国主张孙建军和派格太合公司接触过其剧本的主张不能成立。

(三)实质性相似

"实质性相似"的认定是著作权侵权判定的核心,也是难点。理论界和实务界存在两种不同方法:一种是抽象分离法,是指通过抽象的手段,将作品中的思想、事实或通用元素等不受保护的部分予以分离,将作品中受保护的部分进行对比,从而判定两部作品是否构成实质性相似;另一种是整体观察法,是指以普通观察者对作品整体上的内在感受来确定两部作品之间是否构成实质性相似。我们认为,判断文学作品实质性相似时,单一的抽象分离法或整体观察法均具有一定的局限性,根据案件具体情况,可以将两种方法结合使用。

以典型案例 143 琼瑶诉于正案为例,首先采用抽象分离法将思想和表达进行区分,并在表达层面对两部作品分别进行比对,得出剧本《宫锁连城》在人物设置及人物关系上是以剧本《梅花烙》、小说《梅花烙》为基础进行的改编及再创作,剧本《宫锁连城》与剧本《梅花烙》、小说《梅花烙》在 9 个情节上构成实质性相似的结论。然后采用整体观察法从情节整体串联角度对两部作品整体进行比对,虽然原告主张的情节在剧本《宫锁连城》中所占比例不高,但是包含了剧本《梅花烙》、小说《梅花烙》的故事架构,即其包含的情节设置已经占到原告作品的足够充分比例,会使受众感知到来源于原告作品,得出剧本《宫锁连城》在整体情节排布及推演过程与剧本《梅花烙》、小说《梅花烙》基本一致的结论,构成改编的事实。

在综合使用两种方法判断实质性相似时,存在两个需要解决的问题:一是如何将思想和表达进行抽象分离;二是如何对情节串联进行整体比对。

1. 关于如何将思想和表达进行抽象分离

金字塔理论具有一定的参考价值,该理论将文学作品中的内容比作一个金字塔,金字塔的底端是由最为具体的表达构成,金字塔的顶端是最为抽象的思想,当权利人起诉他人的作品侵害其著作权时,需要通过对比的方式予以确认,可以参照相似内容在金字塔中的位置来确定相似的部分属于思想还是表达,在表达的层面判断是否构成实质性相似。如果人物身份、人物关系、人物与特定情节的对应关系等设置已经达到足够细致、具体的层面，那么人物设置及人物关系就构成具体的表达。如果情节具体到了一定程度，足以产生感知特定作品来源的特有的欣赏体验就构成具体的表达。

2. 关于如何对情节串联进行整体比对

文学作品中以情节为基础表达，并以情节整体串联组合成最终的作品整体表达。在文学作品情节串联整体比对时，应当结合个案特征，考虑将作品的情节整体保留比对，无须先行剔除公共素材、固定场景、有限表达等不具独创性内容，否则将无法呈现作品整体内容。关于整体串联情节构成实质性相似的认定，所占比例具有一定的参考价值，如果情节整体串联在被诉侵权作品中达到一定数量或比例或者情节整体串联已经占到了权利人作品的足够比例，即使其在被诉侵权作品中所占比例不大，但足以使受众感知到来源于特定作品，可以认定构成实质性相似。当然，所占比例并不意味着被剽窃的情节整体串联必须要达到一定比例或者足够比例，即使所占比例不大，但却为原告作品的核心内容，仍可认定构成实质性相似。

此外，《著作权法》并不禁止对他人作品的合理借鉴，在判断著作权侵权时，应当将合理借鉴排除在外，主要包括以下三种情形：第一，对他人作品中的思想的借鉴；第二，对他人作品中足够具体化但不具独创性内容的借鉴；第三，对他人作品中具体化且具有独创性的表达的借鉴。此种情况下是否构成合理借鉴要结合个案情况综合考量，不仅要结合借鉴内容在原作品中所占的比例及在新作品中所占的比例进行量化考量，也要结合借鉴内容的重要性、表达的独创性进行质的考量。

综上所述，我们认为，在涉及影视作品实质性相似的判断中应注意以下几方面：

（1）应将思想和表达予以区分。应比较作者在作品表达中的取舍、选择、安排、设计等是否相似，不应从主题、创意、情感等思想层面进行比较。一般来说，影视作品的主题属于思想的范围，具体的语言表达属于表达的范围。在部分作品中，思想和表达的界限并不清晰明确，表达的范围也并不局限于具体的语言，情节设计、人物关系也会属于表达的范围。如琼瑶诉于正案中，两个故事的主线发展情节、主人公之间的背景、人物发展的主从关系、支线中的人物关系、有关人物的情感线等方面已经达到足够细致具体的层面，足够产生感知特定作品来源的特有欣赏体验，此种人物设置和情节设置应属于表达的范围。

(2)应进行个别要素和整体判断的结合比对。在将原告作品和被控侵权作品进行比对时,应考虑作品中的个别要素如台词、旁白、人物设置、人物关系、具体情节的逻辑编排、特殊的细节设计;同时,对于“我错你也错”的内容也要考虑,如存在相同的语法表达、逻辑关系、历史史实等错误。与此同时,不能简单地将上述个别要素割裂开来,如不能将人物设置、人物关系同具体情节隔离考量,应将人物同叙事结合起来进行整体判断。

(3)应考虑构成相似的表达是否属于原告作品的核心内容。在著作权侵权案件中,强调的是实质性相似。当被剽窃的内容在权利作品的表达中属丁核心内容时,被告行为构成侵权。对于实质性相似,是否应当具有一定的“量”的要求,实质性相似的内容是否必须在权利作品或者侵权作品中达到一定比例,存在不同观点。有观点认为,“相似表达在权利作品和被控侵权作品中所占的比例不大,也可以根据实际情况认定作品是否构成实质性相似”。也有观点认为,“实质性相似的表达应当在被诉侵权作品中达到一定的数量与比例,或者即使其在被控侵权作品中所占比例不大,但已经占据了权利作品的足够比例的,方可认定为构成实质性相似”。因具体的侵权比例个案有所不同,实践中所谓的“数量与比例”客观上无法具体量化,若将之作为绝对的侵权判断标准,势必导致“同案不同判”现象,甚至可能导致纵容“分散抄袭”行为的后果。例如,在“小说《锦绣未央》”侵害著作权系列案中,涉案侵权小说《锦绣未央》抄袭了温瑞安等12位知名作者的16部在先作品,共存在763处语句、21处情节相同或实质性相似,共计114千字。该案是认定“分散抄袭”行为构成侵权的典型案例,反映了当前新技术条件运用下抄袭的便利性和隐蔽性。[①] 尽管相对于单部在先作品,二者实质性相似内容的数量少、比例低,但该类行为对文学创作具有极其恶劣的影响。若在侵权判断中,要求实质性相似必须达到一定的数量与比例,将不利于制止类似的侵权行为,也不利于实现鼓励原创的立法目的和政策导向。况且确实存在比例很小但确为原告主张权利作品最为核心和精华的部分,因此,强调“核心”内容,而不以比例大小认定是否侵权,重点在于被诉侵权部分是否为权利作品的“核心”内容。当然,“数量与比例”作为侵权情节、后果的具体考量因素之一,在确定侵权责任时应予以考虑。

(4)需要进行被控侵权内容的比对。原告需要明确其主张权利的作品与被控

---

① 参见北京市朝阳区人民法院民事判决书,(2017)京0105民初62752号。该案入选2019年度北京法院知识产权司法保护十大案例。

侵权作品的内容在哪些方面存在相同或实质性相似,该部分属于事实查明部分的重要内容,原告必须明确说明或予以列表说明。但在部分案件中,会出现原告不明确指出被控侵权作品中构成实质性相似的部分,或者原告指出后被告提出异议,或者两部影视作品比对较为复杂等情形,《北京高院著作权审理指南》第10.9条规定,可以采取专家辅助人参加诉讼或委托鉴定的方式予以查明。

四、相同历史题材影视作品的判断规则

历史题材影视作品在影视剧创作中占有很重要的一席之地。因历史题材创作中会涉及历史事件、历史人物等属于公有领域的信息,如何避免公有素材被个人垄断和独占,如何平衡著作权人的利益和社会公共利益之间的关系系该类型作品关注的重点。因此,《北京高院著作权审理指南》第10.11条单独规定了有关历史题材作品的判断规则。

【典型案例145】

在最高人民法院审理的(2013)民申字第1049号张晓燕诉雷献和、赵琪、山东爱书人音像图书有限公司侵害著作权纠纷一案中,原告张晓燕诉称:其于1999年12月开始改编创作《高原骑兵连》剧本,2000年8月根据该剧本筹拍20集电视连续剧《高原骑兵连》(以下将该剧本及其电视剧简称"张剧"),2000年12月该剧摄制完成,张晓燕系该剧著作权人。被告雷献和作为《高原骑兵连》的名誉制片人参与了该剧的摄制。被告雷献和作为第一编剧和制片人、被告赵琪作为第二编剧拍摄了电视剧《最后的骑兵》(以下将该电视剧及其剧本简称"雷剧")。2009年7月1日,张晓燕从被告山东爱书人音像图书有限公司购得《最后的骑兵》DVD光盘,发现与"张剧"有很多雷同之处,主要人物关系、故事情节及其他方面相同或近似,认为"雷剧"对"张剧"构成侵权。故请求法院判令:三被告停止侵权,雷献和在《齐鲁晚报》上公开发表致歉声明并赔偿张晓燕剧本稿酬损失、剧本出版发行及改编费损失共计80万元。

法院经审理查明:"张剧"、"雷剧"、《骑马挎枪走天涯》、《天苍茫》均系以20世纪80年代中期精简整编中骑兵部队撤(缩)编为主线展开的军旅、历史题材作品。短篇小说《骑马挎枪走天涯》发表于《解放军文艺》1996年第12期(总第512期);长篇小说《天苍茫》于2001年4月由解放军文艺出版社出版发行;"张剧"于

2004 年 5 月 17 日至 5 月 21 日由中央电视台第八套节目在上午时段以每天四集的速度播出;“雷剧”于 2004 年 5 月 19 日至 29 日由中央电视台第一套节目在晚上黄金时段以每天两集的速度播出。法院依法委托中国版权保护中心版权鉴定委员会对“张剧”与“雷剧”进行鉴定,结论如下:(1)主要人物设置及关系部分相似;(2)主要线索脉络即骑兵部队缩编(撤销)存在相似之处;(3)存在部分相同或者近似的情节,但除一处语言表达基本相同之外,这些情节的具体表达基本不同。语言表达基本相同的情节是指双方作品中男主人公表达“愿做牧马人”的话语的情节。“张剧”电视剧第四集秦冬季说:“草原为家,以马为伴,做个牧马人。”“雷剧”第十八集常问天说:“以草原为家,以马为伴,你看过电影《牧马人》吗? 做个自由的牧马人。”

最高人民法院认为,《著作权法》保护的表达不仅指文字、色彩、线条等符号的最终形式,当作品的内容被用于体现作者的思想、情感时,内容也属于受《著作权法》保护的表达,但创意、素材或公有领域的信息、创作形式、必要场景或表达唯一或有限则被排除在《著作权法》的保护范围之外。必要场景,指选择某一类主题进行创作时,不可避免而必须采取某些事件、角色、布局、场景,这种表现特定主题不可或缺的表达方式不受《著作权法》保护;表达唯一或有限,是指一种思想只有唯一一种或有限的表达形式,这些表达视为思想,也不受《著作权法》保护。

历史题材文学作品有别于纪实类文学作品,但与故事文艺类文学作品类似,仍具有自己独特的“历史性”的特点。历史题材的文学作品围绕某一历史事实或者历史人物展开创作,既要有戏剧性,又要有历史性,需要将历史事实与文艺创作结合起来。在《千古功臣张学良》著作权纠纷一案中,法院曾对历史题材文学作品的创作进行精彩评述,认为“在相关资料和作品内容繁多、异同并存的情况下,哪些内容为史实,哪些内容系杜撰,哪些内容又是因流传广泛而被公众所接受并信以为真的事实,通常不易辨别。而史实与杜撰的边界,也往往随着时间的推移而渐渐模糊。相应地,在著作权领域,就有关同一历史题材的作品而言,作者独立创作的部分、取材于史料的部分和使用前人作品的部分也往往交织在一起”。

根据同一历史题材创作的作品中的题材主线、整体线索脉络,是社会共同财富,属于思想范畴,不能为个别人所垄断,任何人都有权对此类题材加以利用并创作作品。《著作权法》保护作者具有独创性的表达即思想或情感的表现形式,对创意、素材、公有领域信息、创作形式、必要场景以及具有唯一性或有限性的表达形式,则不予保护。因此,对涉及历史题材的作品进行实质性相似比对时,应当注意其保护范围排除公有领域和“必要场景”要素。

关于“必要场景”,是指在处理某一类戏剧、小说主题时,实际上不可避免而必须采用的某些事件、角色、布局、布景。虽该事件、角色、布局、布景的表达方法与他人雷同,但因为是处理特定主题不可或缺或至少是标准的处理方式,故其表达方法不构成著作权侵害。在影视作品创作过程中,如果选择同一主题进行创作,则不可避免地采用某些要素,因这种表现特定主题不可或缺的表达是根据同一主题进行创作时不可避免所必须采用的,所以此种“必要场景”不受《著作权法》保护。因此,在相同历史题材作品的侵权判断中,排除“必要场景”要素,在作品的比对方面应着重审查是否使用了在先作品在描述相关历史时的独创性表达。

我们认为,历史题材文学作品“必要场景”之情形包括:

(1)单纯的历史事实。历史事实是业已发生并客观存在于公知领域的属于全人类均可以自由利用的社会资源,其具有社会公共属性,不应不恰当地为任何人所垄断,且任何人在任何作品中对史实的记载或还原也无法体现出作者的独创性成分,因此作品中对史实的真实利用不能进入《著作权法》的保护范围。该种对单纯历史事实的表达,极可能是“必要场景”。

(2)创作空间有限的表达。历史剧本类文字作品由于是对历史事实的还原再现,无论故事主线、人物设置还是情节设计,都脱离不了相关历史背景,针对相应史实的表达方式(即使加入了艺术创作手法)在很多时候是有限的甚至是唯一的。此种有限或唯一的表达方式由创作空间先天决定,并非因作者的独创性劳动而形成,也非责难在后创作难以与前作区分的理由。同时辅以社会利益方面的考量,不宜对此种有限或唯一表达给予著作权保护。①

五、侵权责任的承担方式

(一)涉影视作品侵权的停止侵权责任

在涉影视作品侵权案件中,适用停止侵权责任的难点问题是,当被诉侵权的作品系依据侵权文学作品制作的影视作品时,适用停止侵权责任的裁量标准。北

---

① 参见许波:《著作权保护范围的确定及实质性相似的判断——以历史剧本类文字作品为视角》,载《知识产权》2012年第2期。

京市各级人民法院对是否判令影视作品制片方承担停止侵权责任有不同做法。有的法院认为，依据侵权剧本拍摄完成的影视作品，由于影视作品是在制片方的投资下、导演及演员的表演下、其他创作人员的共同劳动下形成的，相比于剧本，已构成新作品，停止影视作品的使用将不可避免地损害其他劳动者的利益，且若上述作品业已播出，要求一概停止将造成远远大于可保护利益的其他方的损失，故对停止影视作品使用的责任不予支持。如果不支持停止侵权责任，可以通过提高经济损害赔偿的判赔数额的方式予以弥补。另有法院认为，2020 年《著作权法》第 13 条规定，改编作品作为著作权法意义上的演绎作品，受到法律保护，但改编作者对演绎作品行使著作权权利，不得侵犯原作者的合法权利，结合《伯尔尼公约》第 14 条规定的原则及精神，任何对改编作品的使用，也将同时构成对原作品的使用，不得损害原作品著作权人的权利，发行基于原作品改编、摄制的影视作品也应获得原作品著作权人的许可。若原告作为在先作品的著作权人，对其作品权利的控制力及于其作品的演绎作品，包括对演绎作品的改编、复制、摄制、发行等权利。只有当权利人行使处分权将过度损害社会公共利益和关联方合法权益时，才能加以适度限制，以保障法律适用稳定性与裁判结果妥当性的平衡。

停止侵权责任是著作权侵权中基本的责任承担方式，侵权人不承担停止侵权责任是一种基于利益衡量之后的选择，是一种例外情形，应当予以严格限制。是否对权利人的停止侵害请求权予以限制，主要考量的是个人利益之间的平衡以及个人利益和社会利益之间的平衡，具体包含以下因素：

第一，权利人和侵权人之间是否具有竞争关系。如果权利人和侵权人之间具有竞争关系，侵权人使用权利人作品会导致权利人和侵权人利益冲突或者导致权利人利益减损，则不宜对停止侵害请求权进行限制。

第二，侵权人的市场获利是否主要基于对权利人作品的使用。如果侵权人的商业产品获得成功缘于权利人作品，或者权利人作品的使用占侵权人市场获利的较大部分时，基于利益平衡，则不宜对停止侵害请求权进行限制。

第三，权利人的主观意图和侵权人的实际状况。即权利人是否怠于行使权利、侵权人停止侵害是否具有现实可能性。如果权利人积极主张权利，侵权人停止侵害并非不可能实现或者实现困难，则不宜对停止侵害请求权进行限制。

第四，社会公共利益。《著作权法》的根本宗旨是鼓励作品的创作和传播，促进社会文化和科学事业的发展，信息作为一种公共产品，赋予其专有权的目的在于激励创作,停止侵权责任将强化著作权保护,更符合长远的社会公共利益。如果对停止侵害请求权进行限制已经损害了社会公共利益,则不宜判令侵权人承担停止侵权的责任。

(二)侵害摄制权的责任主体

未经许可将他人作品摄制为影视作品,影视作品的制片人应当承担侵害摄制权的责任。如果多家署名单位通过合同约定仅某家单位对外承担责任,该种约定通常不能对抗合同之外的人,因此也难以成为有效的抗辩事由。

编剧是否承担侵害摄制权的责任,主要看编剧是否实质性参与或者主导了影片的拍摄活动。部分编剧是参与现场影片拍摄剧本的修改的,该类编剧的话语权往往比较大,属于编剧主导性拍摄方式,除编剧身份外,可能还兼有制片人等其他身份,此种情形下,编剧可能会根据其具体职务以及负责的事务与影视作品的制作者(制片者)承担连带责任。如果编剧并未参与影片的拍摄活动,如在接受委托创作完成剧本之后即不再参与拍摄,而是由导演根据需要对剧本进行修改的,编剧对于摄制行为与制作者并无意思联络,通常不承担侵害摄制权的连带责任。

第三节　影视作品的衍生开发及其保护

随着创意文化产业的蓬勃发展,由核心 IP 不断衍生开发系列产品已经成为影视娱乐行业的常见商业模式,越来越多的商家将影视作品中的作品名称、角色形象进行多方位的立体化、商业化利用。如华谊兄弟公司、上海电影集团诉广州千琪动漫公司"风声"一案①中,原告系电影《风声》的著作权人,被告未经原告许可,在其经营的"风声"在线游戏、"风声"桌面游戏、"风声"纸质游戏中使用原告电影名称的字体设计、电影剧照、人物形象、人物名称、剧情等。此类案件中,权利人除了寻求不正当竞争保护之外,也会对作品名称、角色形象主张著作权的保护。因此,影视作品中的上述元素能否构成著作权保护的客体成为司法实践中需要统一的问题。

---

① 参见北京市东城区人民法院民事判决书,(2011)东民初字第 8214 号。

一、具有较高知名度作品名称的保护

通常认为，影视作品名称一般不宜认定为具有作品的独创性。因为简短标题往往是处于公有领域的词汇或短语，且作品名称表达简单，往往难以将思想同思想的表达区分开来。因此，作品名称基于特殊属性难以获得著作权的保护。《北京高院著作权审理指南》第10.1条规定，《反不正当竞争法》对具有较高知名度的作品名称的保护可以发挥一定作用。2019年修正的《反不正当竞争法》第6条第1项规定，擅自使用与他人有一定影响的商品名称、包装、装潢等相同或者近似的标识，引人误认为是他人商品或者与他人存在特定联系的构成不正当竞争行为。按照《最高人民法院关于审理不正当竞争民事案件应用法律若干问题的解释》的相关规定，认定知名商品应当考虑该商品的销售时间、销售区域、销售额和销售对象，进行任何宣传的持续时间、程度和地域范围，作为知名商品受保护的情况等因素，进行综合判断。根据影视作品的行业特点，可以根据影视作品投入市场前后的宣传情况、所获得的票房成绩、相关公众的评价以及是否具有持续的影响力等因素判断影视作品的名称能否获得《反不正当竞争法》的保护。如果影视作品名称具有一定的独特性，具有能够区分商品来源的显著性，在相关公众和市场上已经形成一定的识别力和影响力，则可以构成受《反不正当竞争法》保护的"具有一定影响的商品名称"。

【典型案例146】

在北京市高级人民法院审理的（2013）高民初字第1236号武汉华旗影视制作有限公司（以下简称华旗公司）诉北京光线传媒股份有限公司（以下简称光线传媒公司）、北京光线影业有限公司（以下简称光线影业公司）、北京影艺通影视文化传媒有限公司（以下简称影艺通公司）、北京真乐道文化传播有限公司（以下简称真乐道公司）、徐峥不正当竞争纠纷一案，华旗公司享有《人在囧途》电影、剧本和音乐等的著作权，被告投资拍摄出品的电影《人再囧途之泰囧》，属于使用与"人在囧途"特有名称相同或相近似名称，容易导致相关公众混淆、误认的不正当竞争行为。法院经审理认为，华旗公司（原告）的电影《人在囧途》在先具有一定的知名度。被告选取基本相同的演员拍摄相同类型的电影本无可厚非，但是被告在知晓原告筹拍电影《人在囧途2》的情况下，仍将其电影名称由《泰囧》变更为《人再囧途之泰囧》,主观攀附原告电影《人在囧途》已有商誉的意图十分明显,同时多次公开表达《人再囧途之泰囧》是《人在囧途》的“升级版”等观点,造成相关公众对两部电影产生混淆误认。被告不当地利用原告电影《人在囧途》在先获得的商誉,损害了原告基于《人在囧途》的成功所拥有的竞争利益,构成不正当竞争。

二、影视作品中角色形象的保护

影视作品中的角色形象,是指创作性作品中塑造的具有个性特征的艺术形象,可分为卡通角色形象和人物角色形象。卡通角色是卡通作品创作者通过手工绘制,结合线条、色彩等要素塑造出的独特的具有视觉图像性质的卡通人物、动物以及其他充当主要角色的虚构形象。对于卡通角色形象,如果符合美术作品构成要件的,可作为美术作品受《著作权法》保护。人物角色是指由真人扮演的,通过影视媒介展现出来的电影、电视剧中的影视角色形象,例如,《哈利·波特》电影的主要人物“哈利·波特”等。人物角色形象的组成要素较多,常包含肖像、人物姓名、服饰、发型等,上述各要素能否单独成为《著作权法》保护的客体尚存在争议,故对于整体人物角色形象的著作权保护要采取谨慎的态度。《北京高院著作权审理指南》第10.2条规定,对于与真实演员所扮演的角色肖像部分相同或高度近似的,可以寻求民法中有关肖像权的保护。如章金莱诉蓝港在线(北京)科技有限公司有关“孙悟空”形象一案所指出的“当某一形象能够充分反映出个人的体貌特征,公众通过该形象直接能够与该个人建立一一对应的关系时,该形象所体现的尊严以及价值,就是该自然人肖像权所蕴含的人格利益”。[①] 因此,对于相关公众来说,如果一看到某个角色形象就能认出该形象的扮演者,且该对应关系是唯一的,则该角色形象与扮演者自然人之间便具有一一对应关系,则该角色形象应属于肖像权的范畴。

三、影视作品的截图、剧照、海报的保护

影视作品的截图、剧照、海报作为影视作品的相关图片招贴,被剧方大量使用在影视作品的宣传推广中。同时,作为能够直观显示影视作品内容的招贴,也存在较大的侵权风险。剧方在进行维权时,往往因为其图片招贴的表现形式,将其

① 参见北京市高级人民法院民事判决书,(2013)高民初字第1236号。

统一作为摄影作品进行维权。在北京市朝阳区人民法院审理的东阳市乐视花儿影视文化有限公司诉北京豆网科技有限公司侵害作品信息网络传播权纠纷一案[①]中,法院明确影视作品的截图、剧照、海报是否构成《著作权法》意义上的作品、构成何种作品以及权属如何认定的规则。影视作品作为一种前后连贯的视听作品,表现为有伴音或无伴音的连续动态画面,该连续动态画面是由一帧一帧的静态画面所组成。影视作品的截图系从连续动态画面中截取出来的一帧静态画面,从本质上来说,该静态画面是影视作品连贯画面的组成部分,并非与之相独立的摄影作品。

影视作品的剧照,是剧照师为了完成宣传和记录工作而专门拍摄的照片。剧照是在影视作品摄制之外,通过对演员外形、服装、道具的设计和调整,结合影视作品的拍摄场面、背景情节等,概括表现影视作品主要情节、人物形象以及影视作品拍摄时工作状态的照片。因此,从《著作权法》的作品类型来说,剧照是一种独立于影视作品之外的摄影作品。根据《著作权法》的相关规定,摄影作品由拍摄者享有著作权。由于剧照系为影视作品的宣传、营销而制作,实践中为便于宣传使用,剧照拍摄者往往将作品著作权授予影视作品权利人,但并不能据此倒推,只要是影视作品权利人就必然取得了剧照的著作权。

影视作品的海报,是通过对剧照、绘画、图形、色彩、文字等要素进行创造性的有机整合形成的一种视觉传达设计形式,具有传达作品信息、吸引观众注意、刺激影视作品收视率及票房的重要作用,同时兼具了美学和商业价值。因此,海报作为影视作品的宣传招贴,如果其具备独创性,形成了具有审美意义的平面造型艺术作品,在《著作权法》意义上,应当是一种独立于影视作品之外的美术作品。作为独立于影视作品之外的美术作品,海报著作权应当由海报制作者享有。实践中,海报作为影视作品的重要宣传资料,大多由制片单位的专门人员或宣发单位委托专业的制作机构、人员负责制作完成。此外,由于海报本身推介影视作品的宣发特性,鲜有在海报上对海报制作人员进行署名的情况。故仅凭海报原件,往往难以确定海报制作者及权属情况,还需要出具海报创作底稿、委托创作合同、授权书等材料,方可对海报著作权归属情况予以认定。

而对于使用截图、剧照、海报的行为是否构成合理使用,与前文所述合理使用的判定标准一致,不应机械地局限于著作权明确列举的合理使用行为,还应当结

① 参见北京市朝阳区人民法院民事判决书,(2017)京0105民初10028号。

合合理使用制度进行综合考量。

第四节 “其他视听作品”的认定

根据2020年《著作权法》的分类,除电影和电视剧作品外,“其他视听作品”涵盖范围必将是广泛的。目前,视听类作品已经成为日常生活中不可或缺的文化娱乐生活的一部分,智能手机的普及和技术更新使得公众有更多碎片时间欣赏更为短小的视频。电影和电视剧的制作成本高、制作周期长,电视台网站及相关影视娱乐产业的公司纷纷制作综艺节目、体育赛事节目、直播节目等吸引观众观看和关注。因此,2020年《著作权法》规定的“其他视听作品”将是一个庞大视听类作品的集合。基于以往司法实践,已经出现的MV、综艺节目视频、体育赛事节目视频、短视频、网络游戏,在2010年《著作权法》下可以被归类为类电作品,在2020年《著作权法》施行后,被归类为“其他视听作品”。

一、“其他视听作品”的权属认定

2020年《著作权法》第17条规定,电影和电视剧作品以外的视听作品的著作权归属由当事人约定;没有约定或者约定不明确的,由制作者享有,但作者享有署名权和获得报酬的权利。

在《著作权法》第三次修改过程中,2020年8月8日,第十三届全国人大常委会第二十一次会议对第二次审议稿进行审议并向社会公开征求意见,其中对视听作品的分类、著作权归属及后续利用作品的获酬权等方面作了重大修改,其第17条第1款、第2款规定:“视听作品中的电影作品、电视剧作品的著作权由组织制作并承担责任的制片者享有,但编剧、导演、摄影、作词、作曲等作者享有署名权,并有权按照制片者签订的合同获得报酬。前款规定以外的视听作品构成合作作品或者职务作品的,著作权的归属依照本法有关规定确定;不构成合作作品或者职务作品的,著作权的归属由制作者和作者约定,没有约定或者约定不明确的,由制作者享有,但作者享有署名权和获得报酬的权利。制作者适用本款规定的视听作品超出合同约定的范围或者行业惯例的,应当取得作者许可。”

对于视听作品分类规定权利归属始于第二次审议稿,但是由于该条对于“其他视听作品”的权利归属设置规则过于复杂,最终在2020年11月10日第十三届全国人民代表大会常务委员会第二十三次会议审议通过2020年《著作权法》时进行了简化和修改。因此，在2020年《著作权法》下，如MTV、短视频、网络游戏画面、综艺节目影像、体育赛事节目影像等，均应被划为“其他视听作品”的范畴，对于著作权归属首先遵循意思自治原则，即鼓励当事人对著作权归属作出明确约定。

二、“其他视听作品”的具体类型分析

(一)综艺节目视频和体育赛事节目视频

综艺节目和体育赛事节目是近年来出现的新类型客体。不管是综艺节目还是体育赛事节目，应当区分现场活动和节目视频。作出上述区分之后，再分别分析现场活动和节目视频是否属于著作权法上的作品。目前，司法实践中主要争议集中在节目视频的性质认定。我们认为，对于符合视听作品构成要件的节目视频，受《著作权法》保护。

1. 综艺节目视频是指将现场综艺活动进行拍摄完成后固定在物质载体上的信息。以中央电视台直播“春晚”为例，并非一个简单的节目选择编排，其有整台节目的文字脚本、分镜头剧本，导播室有导播导演进行镜头的切换编辑，制作过程复杂程度不亚于其他视听类作品的拍摄。婚恋交友类节目、选秀类节目均有类似的拍摄制作模式。因此，对于综艺节目视频，若系根据文字脚本、分镜头剧本，通过镜头切换、画面选择拍摄、后期剪辑等过程完成，其连续的画面反映出制作者的构思、表达了某种思想内容的，可以认定为2010年《著作权法》下的类电作品、2020年《著作权法》下的视听作品；若系以机械方式录制完成，在场景选择、机位设置、镜头切换上只是进行了简单调整，或者在录制后对画面、声音进行了简单剪辑，可以认定为录像制品。

2. 体育赛事节目视频。体育赛事是指现场观众观赏到的比赛场面。体育赛事节目视频是指观众通过电视、网络等媒体观看到的针对体育赛事的直播或转播，画面是由电视台或网络媒体导演根据事先设置在比赛场地的不同角度摄像机位，选择切换赛场画面而形成的，在画面呈现上不仅仅是对比赛场面的记录，有时还会附带一些在比赛现场无法获取的信息。因此，通过电视台、网络媒体等传播媒介制作并播放的所有以体育赛事为基本内容的节目统称为体育赛事节目视频。体育赛事本身是体育活动，一般难以成为著作权法保护的客体。但对于体育赛事

节目视频能否受到著作权法保护,关键在于独创性的判断。体育赛事节目视频的性质不宜一概而论。对于由多个机位拍摄的体育赛事节目视频,如果导演在机位的设置、镜头的切换、拍摄画面的选择和剪辑方面能够反映其构思,体现创作者的个性,具有一定程度的智力创造性,该体育赛事节目视频符合著作权法独创性要求,则可以认定为2010年《著作权法》下的类电作品、2020年《著作权法》下的视听作品。但对于由简单机位拍摄的体育赛事节目视频,如棋类比赛,导演在镜头的切换、画面的选择等方面可发挥的空间有限,该体育赛事节目视频智力创造性较低,则不宜认定为作品。

(二)网络游戏

网络游戏并非严格的法律概念,通常是指以个人电脑、平板电脑、智能手机等为游戏操作平台,以游戏运营商服务器为处理器,以互联网为数据传输媒介,通过广域网网络传输方式来实现多用户同时参与的游戏。网络游戏是通过对游戏人物角色或场景的操作实现娱乐、休闲、交流、取得虚拟成就为目的的游戏方式,是具有可持续性的个体性多人在线游戏。网络游戏由软件程序、游戏名称、商标标志、游戏规则、故事情节、场景地图、人物形象、文字介绍、对话旁白、背景音乐等多种元素组合而成。网络游戏可以将美术作品、音乐作品、文字作品、视听类作品以及软件作品等多种作品以一定手段集合起来。涉及网络游戏争议问题较多,如网络游戏属于何种作品类型、电子竞技画面直播问题、主播直播画面问题、玩家打赏问题等。

实践中,大部分涉及网络游戏的著作权侵权案件中,权利人通过拆分方式进行保护,即将网络游戏中可单独受著作权法保护的元素分别提炼出来主张权利,主要包括:(1)可作为美术作品保护的元素。比如,游戏角色的形象、服装、道具、地图、场景等。(2)可作为音乐作品保护的元素。比如,网络游戏中的主题曲、插曲、背景音乐、片头或片尾音乐等。(3)可作为文字作品保护的元素。网络游戏中的背景介绍、角色简介、任务介绍、故事叙述、台词、旁白等均可能构成文字作品。对短小词语构成的角色或者道具的名称,因其文字过短,通常不符合独创性要求,不宜认定为作品。(4)可作为视听作品保护的元素。比如,网络游戏中片头、片尾及过场动画、视频等。

（三）短视频

短视频是随着短视频 App 发展而流行的微型视听作品。在北京互联网法院审理的北京微播视界科技有限公司诉百度在线网络技术（北京）有限公司、百度网讯科技有限公司侵害作品信息网络传播权纠纷一案[①]中，法院指出：短视频具有创作门槛低、录影时间短、主体明确、社交性和互动性强、便于传播等特点，上述特点一般会使短视频制作过程简化，制作者以个人或小团队居多。基于短视频的创作和传播有助于公众的多元化表达和文化的繁荣，故对于短视频是否符合创作性要求进行判断之时，对于创作高度不宜苛求，只要能体现出制作者的个性化表达，即可认定其有创作性。在该案中，短视频被认定为 2010 年《著作权法》中的类电作品予以保护。

实践中，短视频表现形式多样，不同形式的短视频可能属于不同的《著作权法》上的作品形式。比如，短视频仅是简单的视频录制，不具有独创性的，则可能构成著作权上的录像制品，录制者可以主张录像制作者权；如果短视频是对他人视频、图片等的剪辑编排，当对他人视频、图片等内容的选择或者编排具有独创性时，短视频又可能构成汇编作品受著作权法保护。

三、利用他人作品元素改编网络游戏行为的认定

从近年来司法判例的情况来看，未经许可改编他人作品引发的网络游戏侵权案件大致可以分为两种类型：一类是整体改编他人作品，行为人在改编过程中大量使用原告作品中的人物、情节、场景等具体内容；另一类是部分改编他人作品，行为人仅利用原告作品中部分人物角色、情节等作品元素进行改编。对于第二种情形的判定，是实务中的难点问题，个案中往往存在较大分歧。

以网络游戏改编侵犯著作权纠纷为例，存在以下三种观点：

第一种观点认为，未使用他人作品情节，仅使用人物名称、人物关系等创作元素的行为不构成侵犯改编权行为。例如，在“六大门派”一案中，法院认为，涉案《六大门派》游戏对原告主张著作权的《倚天屠龙记》文字作品相关元素的使用，主要体现为张三丰等人物名字和人物之间的关系相同。从构成改编最重要的故

---

① 参见北京互联网法院民事判决书，(2018)京 0491 民初 1 号。

事情节及脉络发展来看,《六大门派》游戏公证内容没有体现出与《倚天屠龙记》相同的故事情节。《六大门派》游戏仅在襄阳战场游戏场景中以列表方式出现丐帮诸长老等人名,亦未出现与《射雕英雄传》《神雕侠侣》文字作品相同的故事情节。因此,《六大门派》游戏不构成对《倚天屠龙记》《射雕英雄传》《神雕侠侣》小说的改编侵犯。①

第二种观点认为,少量使用他人作品的内容或表达,与原有作品无法形成整体对应关系的,不构成侵犯改编权行为。例如,在"大武侠物语"一案中,法院认为,对于没有利用授权作品的故事情节,仅使用人物名称和/或武功名称,或者仅少量利用了授权作品的故事情节和/或人物名称、武功名称而形成的新作品,由于其表达与授权作品已经无法形成对应关系,不构成近似,无法认定属于授权作品的改编作品,该使用行为不受改编权控制。② 在"武侠 Q 传游戏"一案中,法院认为:改编作品应当与原有作品的基本脉络和主要情节相符或者相适应,对于仅仅使用了原有作品的少量内容或表达,整体上与原有作品无法形成对应关系的,则不构成改编作品。涉案游戏对于涉案作品相关元素的使用主要体现为人物名称及性格特征、兵器、武功招式、阵法、场景设置等。从构成改编最重要的故事情节及脉络发展来看,涉案游戏中未包含足够具体的单部涉案小说的表达,且与单部涉案小说相对应的情节设置在涉案游戏中未达到较高的数量与比例,涉案游戏中包含的与涉案单部小说相对应的情节设置亦未占到涉案单部小说作品足够的比例。据此,认定涉案游戏不构成对涉案作品的改编。③

第三种观点则认为,对他人作品中构成独创性表达的人物等创作元素的改编,构成侵犯改编权行为。

【典型案例 147】

在北京市海淀区人民法院(2015)海民(知)初字第 32202 号温瑞安诉北京玩蟹科技有限公司(以下简称玩蟹公司)侵犯著作权一案中,温瑞安系"四大名捕"系列武侠小说作者,该系列小说与多位知名武侠作家创作的武侠小说齐名。2012 年,玩蟹公司开发的卡牌手机网络游戏《大掌门》上线,该游戏中的"神捕无情"

① 参见上海市杨浦区人民法院民事判决书,(2015)杨民三(知)初字第 55 号。

② 参见北京知识产权法院民事判决书,(2015)京知民终字第 2256 号。

③ 参见北京市第一中级人民法院民事判决书,(2014)一中民初字第 5146 号。

“神捕铁手”“神捕追命”“神捕冷血”“诸葛先生”5个人物的游戏界面信息、卡牌人物特征、文字介绍和人物关系等,与温瑞安“四大名捕”系列小说中的“无情”“铁手”“追命”“冷血”“诸葛先生”5个人物存在高度对应性。温瑞安认为,玩蟹公司未经其许可,将其文学作品中的主要人物改编成游戏人物,并作为噱头广为宣传,侵害了其享有的作品改编权。玩蟹公司辩称:温瑞安对其小说中5个人物不享有著作权;《大掌门》游戏中仅使用了涉案5个人物名称、人物特点,并未展现温瑞安小说的人物关系、故事情节、场景描写等基本表达,不侵害温瑞安的作品改编权。法院认为,温瑞安创作的“四大名捕”系列小说中,“无情”“铁手”“追命”“冷血”“诸葛先生”是贯穿始终的灵魂人物,是经精心设计安排,有着离奇身世背景、独特武功套路、鲜明性格特点,与众不同的外貌形象以及相互之间密切关系的重要小说人物,承载了“温派”武侠思想的重要表达,是温瑞安小说中独创性程度较高的部分。涉案《大掌门》卡牌游戏充分还原了“四大名捕”系列小说5个重点人物,是以卡牌类网络游戏的方式表达了温瑞安小说中的独创性武侠人物,属于对温瑞安作品中独创性人物表达的改编,侵害了温瑞安对其作品享有的改编权。

通过对比上述观点,可以发现产生分歧的原因在于对著作权保护范围的确定及侵权认定标准的理解存在差异。因此,有必要对此作进一步分析。根据“思想与表达二分法”,“著作权只保护表达,不保护思想”或者“著作权保护作品的表现形式,不保护作品的内容”等类似表述被学术界视为通行原则或者著作权法的基本原理。根据文艺创作的一般理论,作品是内容与表现形式的有机统一体,其创作要素有涉及思想领域的创作要素和涉及特殊表达领域的创作要素之分。从思想内容到特殊表达,创作要素表现了抽象与具体的区分。抽象创作要素如题材、体裁、主题、事实等,不宜由某一特定主体所独占,人们可以采用不同创作手法进行个性化表述;而具体创作要素如结构、情节、角色、名称等,如果具备独创性以及法律规定的要件,则应受著作权法的保护。① 一般来讲,对于一部由主题、故事脉络、情节设计、人物关系等要素组成的作品而言,故事的主题、单纯的人物关系应归于“思想”的范畴;但围绕故事主题展开的特定情节、人物关系的具体化,则可能因其具体到一定程度而应归为“表达”。但是在实践操作层面,对于“思想”“表达”或者“内容”“形式”的划分缺乏科学性的操作标准,实践中极易产生争议。

---

① 郑成思:《版权法》,中国人民大学出版社2009年版,第67页。

从国外司法实践来看,美国汉德法官早在20世纪30年代就指出,思想与表达之间的临界点,从来也没有人确立过,而且也没有人能够确立其分界线,必须依据作品的种类、性质、特点等个案进行处理。[①] 21世纪初,"内容与形式两分法"的观点也一度在德国占据主导地位。但是,当代德国学者论及该问题时主张放弃传统方法,而着眼于区分作品中的有个性特征和属于公有领域的因素,只有前者是受到著作权保护的。可以把这种观点进一步归纳为"哪里有独创,哪里就有著作权"。当作品中的思想是独创性的,则作者对该思想享有著作权。当作品内容或形式具有独创性时,则作者对其内容与形式享有著作权。[②] 鉴于思想与表达之间界线的模糊性、争议性,国内学者也对"思想与表达二分法"在著作权法上的地位进行了反思。有学者认为,思想与表达的区分是隐喻性的,各自指涉著作权法应当保护和不应当保护的对象。[③] 思想与表达之区分,实际上是一种关于哪些作品元素为权利人独占、哪些元素可为他人自由复制的政策导向性区分。"思想与表达二分法"的实际功能在于提供了一个解释的基础,当法官经过利益衡量,认为某些元素不宜保护时,会将其解释为"思想",反之则解释为"表达"。[④] 将著作权的保护范围限定为作品中的独创性表达,既符合"思想与表达二分法",也便于裁判者在案件中作出解释和阐述。

根据上述分析,对利用他人作品元素改编行为的判定,关键在于判断被控侵权人对他人作品元素的使用是否属于以改编方式使用了涉案作品的独创性表达。著作权人针对利用作品元素改编行为提起诉讼的目的,并不在于确认相关作品元素能够独立享有著作权的保护,而在于制止该类改编行为。但是为论述判决的合理性,裁判者不得不在判决中对相关作品元素是否属于作品中作者具有独创性的表达作出阐释和认定。对于影视、游戏改编涉及的角色、情节、场景等作品元素,必须结合具体案件中被告的使用方式、使用后果作具体分析。孤立的作品元素如作品名称、人物名称等,通常难以作为作品受到著作权保护。例如,在"我叫MT"一案中,法院认为,涉案的"哀木涕""傻馒""劣人""呆贼""神棍德"五个人物名

---

① Nichols v. Universal Pictures Corp. ,45F. 2d119 ,7USPQ 84(2d Cir. 1930). 转引自李明德、许超:《著作权法》,法律出版社2003年版,第31页。

② 参见韦之:《著作权法原理》,北京大学出版社1998年版,第19~20页。

③ 参见李雨峰:《中国著作权法:原理与材料》,华中科技大学出版社2014年版,第66页。

④ 参见李琛:《"法与人文"的方法论意义——以著作权法为模型》,载《中国社会科学》2007年第3期。

称，公众仅看到上述名称的情况下，无法对其所表达的含义有所认知，上述名称并未表达较完整的思想，未实现文字作品的基本功能，故不能给予著作权的保护。①

【典型案例148】

在广州市天河区人民法院审理的(2016)粤0106民初12068号查良镛(笔名：金庸)诉杨治(笔名：江南)等侵犯著作权及不正当竞争纠纷一案中，查良镛(原告)系海内外知名作家，于1955年至1972年创作并发表了《射雕英雄传》《天龙八部》《笑傲江湖》《神雕侠侣》等15部武侠小说，汇集为《金庸作品集》，在海内外出版发行。

2015年，原告发现在中国大陆出版发行的小说《此间的少年》所描写人物的名称均来源于原告作品《射雕英雄传》《天龙八部》《笑傲江湖》《神雕侠侣》等，且人物间的相互关系、人物的性格特征及故事情节与原告上述作品实质性相似。原告认为，原告作品中的人物名称、人物关系、人物形象、故事情节等元素，均系原告所独创，受《著作权法》的保护。被告杨治未经原告许可，照搬原告作品中的经典人物，包括人物名称、人物关系、性格特征等，在不同环境下量身定做与原告作品相似的情节，对原告作品进行改编后不标明改编来源，擅自篡改原告作品人物形象，严重侵害了原告的改编权、署名权、保护作品完整权及应当由著作权人享有的其他权利。

被告主要的抗辩理由是《此间的少年》在作品类型、主题、时代背景、人物面貌、人物关系、故事结构、故事情节上，均与原告的武侠小说作品存在根本、明显的区别，也未使用原告作品中具有独创性的表达部分，不构成实质性相似；原告作品中的人物名称、抽象人物特征、抽象人物关系不具有《著作权法》要求的独创性，不应当受到《著作权法》的保护，故不构成对原告著作权的侵害。

法院认为，《此间的少年》与原告作品的人物名称、人物关系、性格特征和故事情节在整体上仅存在抽象的形式相似性。《此间的少年》并没有将情节建立在原告作品基础上，基本没有提及、重述或以其他方式利用原告作品的具体情节，而是在不同的时代与空间背景下重新创作的文字作品，并非根据原告作品改编的作品，并未侵害原告所享有的改编权。

---

① 参见北京知识产权法院民事判决书，(2014)京知民初字第1号。

司法实践中,结合当事人的争议内容,将诉争作品元素是否属于作品中独创性表达的争议,置于作品整体与部分的语境下进行阐释,往往更具说服力。原因在于,任何一件作品都是一个相对独立的整体,它通常由若干具体的部分所组成。作品整体的独创性,一方面反映在其整体构思和布局上,另一方面常常体现在其中的各个部分所体现的个性中。所以,作者对其作品的著作权不仅仅局限于作品的整体,还往往及于作品的一部分。当作品的一部分具有相对独立的使用价值时,该部分还会给其作者带来一部分权利。[①] 具体而言,对于作者就作品的一部分主张著作权的,该部分应符合以下条件:一是该部分具有独创性,系作者独立创作完成,体现了作者个人的选择、判断和个性;二是该部分具有相对独立的使用价值。[②] 简言之,只有在诉争作品元素同时符合上述条件时,才能认定其构成作品中具有独创性的表达。

判断侵权与否的基本原则是被诉侵权作品是否以非独创的方式包含了著作权人原作品中的独创性成果。[③] 被控侵权人以改编方式使用了权利作品中具有独创性的表达是对侵害改编权认定的实质性要求。相较于实质性相似的"数量与比例",被告在何种层面上使用原告作品对于被诉行为的定性更具有决定性意义。如前所述,在文学作品中,孤立的人物名称、道具、场景以及单纯的人物关系难以被认定为作品中的独创性表达,但如果上述要素之间以特定形式的组合,塑造了特定的人物特征、设计了特定的故事情节,则另当别论。在具体案件中,不仅要从作品整体与部分的视角审视原告请求保护的作品内容是否构成作品中的独创性表达,还要结合考虑双方之间相应内容的相似程度和被告的具体使用方式。

【典型案例 149】

在北京市高级人民法院审理的(2018)京民终 226 号明河社出版有限公司(以下简称明河社)、完美世界(北京)软件有限公司(以下简称完美世界公司)诉北京火谷网络科技股份有限公司(以下简称火谷网公司)、昆仑乐享网络技术有限公司(以下简称昆仑乐享公司)、昆仑万维科技股份有限公司(以下简称昆仑万维公司)侵害著作权及不正当竞争纠纷一案中,明河社是《金庸作品集》在中国境内除

---

① 参见韦之:《著作权法原理》,北京大学出版社 1998 年版,第 21 ~ 22 页。

② 参见陈锦川:《著作权审判:原理解读与实务指导》,法律出版社 2014 年版,第 8 页。

③ 参见郑成思:《版权法》,中国人民大学出版社 2009 年版,第 239 页。

以图书形式出版发行简体字中文版本以外的其他专有使用权人。完美世界公司受让取得了特定区域、特定期间内移动终端游戏软件改编权及改编后游戏软件的商业开发权独家授权。《武侠Q传》游戏是(以下简称涉案游戏)由火谷网公司开发,由昆仑乐享公司、昆仑万维公司负责运营的卡牌类手机游戏。该款游戏包括人物卡牌、武功卡牌、配饰卡牌和阵法卡牌四类卡牌。经比对,涉案游戏使用了涉案小说中76个核心人物、82种武功,均占涉案游戏相关设置的70%以上,此外还使用了多个故事场景。并且,涉案游戏在人物描述、武功描述、配饰描述、阵法描述、关卡设定等多个方面与《金庸作品集》中《射雕英雄传》《神雕侠侣》《倚天屠龙记》《笑傲江湖》四部作品(以下简称涉案作品)中的相应内容存在对应关系或相似性。火谷网公司认可开发涉案游戏时参考借鉴了涉案作品的相关元素。二原告认为三被告的行为侵害了涉案作品改编权,并构成不正当竞争,请求判令停止侵权、赔礼道歉、消除影响、赔偿经济损失1亿元等。

一审法院认为,三被告未侵犯二原告的改编权,但违反诚实信用原则,构成不正当竞争。二审法院根据明河社和完美世界公司提交的侵权比对内容以及在此基础上进行的相关归纳,认定涉案游戏中的人物卡牌、武功卡牌、配饰卡牌、阵法卡牌以及关卡等在名称设定、具体事项描述上与涉案作品中的相应内容具有极强的对应性,尤其是人物角色、武功种类的相似数量达数十个,在涉案游戏中的占比达70%以上。二审法院认定,三被告的行为侵害了二原告对涉案作品享有的改编权。

在典型案例149中,二审法院从以下三个层面对被告的行为是否构成侵犯改编权行为进行了论述。首先,涉案游戏对涉案作品相关内容的使用是以卡牌网络游戏形式对涉案作品中独创性表达进行的截取式、组合式使用。二原告主张涉案游戏使用的涉案作品内容是涉案四部武侠小说中的人物角色、人物特征、人物关系、武功招式以及武器、阵法、场景等具体的创作要素,上述要素以特定形式相结合相对完整地表达了作者对特定人物塑造或情节设计的构思,体现了作者在作品表达中进行的取舍、安排和设计,属于涉案作品独创性表达的有机组成部分。涉案游戏在卡牌组合规则设计中直接使用了涉案作品对人物角色、武功、配饰、阵法以及具体场景相互有关联关系的设计和安排,使涉案游戏能够体现涉案作品中有关人物的性格特征、独特经历、人物关系以及与之有关的武功、武器、阵法、场景等具体情节和场景设计。因此,涉案游戏构成了对涉案作品独创性表达的使用,只是这种使用不是一般意义上的整体性或局部性使用,也不是对涉案作品中相对独立元素的孤立使用,而是将涉案四部武侠小说中的独创性表达进行了截取式、组合式的使用。其次,涉案游戏对涉案作品中独创性表达的使用仅是改变了涉案作品中独创性表达的表现形式,并未形成脱离于涉案作品的新表达。涉案游戏对于涉案作品中人物角色、人物特征、人物关系、武功招式以及武器、阵法、场景等具体创作要素的使用,仅是以卡牌游戏这一新的表现形式进行再现,并未形成脱离于涉案作品中独创性表达的新表达。最后,若对涉案游戏的改编行为不予制止,将导致涉案作品的移动终端游戏改编权及相关权益难以实现。作品的财产性利益最终需要通过市场交易来实现。对于武侠小说的游戏改编而言,以小说人物为中心的武功、配饰、阵法、场景及其相互关系设计等内容是体现作者选择、安排和设计的核心创作元素。涉案游戏对涉案作品的具体创作要素进行了截取式、组合式的使用,能够使涉案游戏相关用户通过游戏卡牌的形式部分获得对涉案作品的体验,若对该行为不予制止,则二原告所获得的有关涉案作品移动终端游戏改编权授权及相关权益将难以实现。本案中,二审法院采用了"整体比对法",并未先行剔除属于公有领域或不受著作权法保护的成分,也未对单部武侠小说中被利用的内容进行量化计算,而是在引导当事人充分举证、阐述的基础上,根据高度盖然性证明标准和证据优势原则对实质性相似内容作出认定和归纳,在该事实基础上,对相似性内容是否属于受著作权法保护的独创性表达和被告涉案使用行为的属性进行分析,并在进行价值判断和利益衡量后,最终得出了涉案游戏构成侵犯涉案武侠小说改编权的认定结论。

第十二章 侵害计算机软件著作权的认定

计算机软件系著作权法上典型的作品类型。2001 年颁布的《计算机软件保护条例》系针对计算机软件著作权保护的专门行政法规。在法律适用上,《计算机软件保护条例》相对于《著作权法》属于特别规定。2020 年《著作权法》第 10 条关于出租权的规定,将之前 2010 年《著作权法》中“计算机软件”修改为“计算机软件的原件或者复制件”,该修改属于明确型修改,内容实质上未发生根本变化。涉及计算机软件的著作权纠纷主要包括侵害计算机软件著作权纠纷和计算机软件开发合同纠纷。本章主要是对侵害计算机软件著作权纠纷的案件类型、审理思路、实操做法进行梳理。

第一节 侵害计算机软件的具体行为

一、计算机软件作品的形式与内容

(一)计算机软件成为著作权客体的条件

根据 2020 年《著作权法》第 3 条的规定,著作权的客体须为文学、艺术和科学领域内具有独创性并能以一定形式表现的智力成果,且须属于 2020 年《著作权法》第 3 条中规定的作品类型之一。根据 2020 年《著作权法》第 3 条的规定,计算机软件属于特定的作品类型之一。据此,计算机软件可以成为著作权的客体。

根据 2020 年《著作权法》与《计算机软件保护条例》的相关规定,成为著作权保护对象的计算机软件应满足以下三个条件:一是独创性,即受著作权保护的计算机软件必须是软件开发者独立开发的。计算机软件同其他作品一样应具有独创性,而这种“独创性”仅要求计算机软件是软件开发者的原始独立创作,而非对他人软件和作品的抄袭或复制,并不要求“独创性”达到《专利法》中“三性条件”

对创造性要求的程度。二是可感知性,即受著作权保护的计算机软件应该是已经固定在某种有形物体上,如光盘、磁介质等。受我国《著作权法》保护的是计算机软件的表达或表现形式,并不延及开发软件所用的思想、处理过程、操作方法或者数学概念等。只有当计算机软件通过客观手段表达出来并为人所知悉时才能受法律保护。三是可再现性,即把软件转载至有形物体上的可能性。因此,计算机软件符合上述独创性、可感知性、可再现性,属于文学、艺术和科学领域的智力成果的要求,即可以作为著作权的客体受到我国《著作权法》、《计算机软件保护条例》及相关法律法规的保护。

(二)计算机软件的主要形式

根据《计算机软件保护条例》第2条的规定,计算机软件是指计算机程序及其有关文档。换言之,即计算机软件的主要表现形式是计算机程序及其有关文档。

根据《计算机软件保护条例》第3条的规定,计算机程序,是指为了到某种结果而可以由计算机等具有信息处理能力的装置执行的代码化指令序列,或者可以被自动转换成代码化指令序列的符号化指令序列或者符号化语句序列。简言之,计算机程序,是指以源程序或者目标程序表现的,用于电子计算机或者其他信息处理装置运行的指令。源程序是指为了得到某种结果而可以由计算机等具有信息处理能力的装置执行的代码化指令序列。目标程序是指可以被自动转换成代码化指令序列的符号化指令序列或者符号化语句序列。同一计算机程序的源程序和目标程序为同一作品。文档,是指用来描述程序的内容、组成、设计、功能规格、开发情况、测试结果及使用方法的文字资料和图表等,如程序设计说明书、流程图、用户手册等。虽然文档可以作为文字作品或图形作品受到我国《著作权法》保护,但是计算机程序与该程序相关文档是一项软件不可分割的组成部分,故《计算机软件保护条例》把包括程序和文档所组成的软件整体作为著作权保护对象。[①] 司法实践中,著作权法对于计算机软件的保护对象为其程序和文档。

【典型案例150】

在上海市第一中级人民法院审理的(2006)沪一中民五(知)初字第134号北

① 参见陈锦川:《著作权审判原理解读与实务指导》,法律出版社2014年版,第94页。

京精雕科技有限公司诉上海奈凯电子科技有限公司侵害计算机软件著作权纠纷一案中对“计算机软件”所涵盖的内容(受保护范围)作了明确规定。本案中,原告北京精雕科技有限公司自主开发了精雕 CNC 雕刻系统,该系统由三大部分组成,即精雕雕刻 CAD/CAM 软件即 JDPaint 软件、精雕数控系统、机械本体三大部分。该系统的使用通过两台计算机完成,一台是加工编程计算机,另一台是数控控制计算机。两台计算机运行两个不同的程序需要相互交换数据,即通过数据文件进行。具体而言,JDPaint 软件通过加工编程计算机运行生成 Eng 格式的数据文件,再由运行于数控控制计算机上的控制软件接收该数据文件,将其变成加工指令。北京精雕科技有限公司对上述 JDPaint 软件享有著作权,该软件不公开对外销售,只配备在其自主生产的数控雕刻机上使用。而被告上海奈凯电子科技有限公司所开发的一款名为 Ncstudio 的软件能够读取北京精雕科技有限公司 JDPaint软件输出的 Eng 文件,即 Ncstudio 软件与 JDPaint 软件所输出的 Eng 文件兼容。

原告诉称,被告的 Ncstudio 软件读取 Eng 文件属于故意避开或者破坏原告为保护软件著作权而采取的技术措施的行为,侵犯了原告的软件著作权。本案的争议焦点在于被告的 Ncstudio 软件能够兼容原告 JDPaint 软件输出的 Eng 格式文件是否构成对原告软件著作权的侵犯,换言之,原告的 JDPaint 软件输出的、采取加密措施的 Eng 格式数据文件是否属于计算机软件的保护范围。

法院认为,现行法律对于计算机软件只保护其程序和文档。原告提供的计算机软件著作权登记证书证明其享有著作权的是 JDPaint 软件,该软件中的程序和有关文档应受法律保护。原告现主张被告的 Ncstudio 软件读取 JDPaint 软件所输出的 Eng 文件之行为侵犯其软件著作权,Eng 文件是否属于法律保护的 JDPaint 软件的组成部分是本案的审查重点。经审查,JDPaint 软件所输出的 Eng 文件是数据文件,其所使用的输出格式即 Eng 格式是计算机 JDPaint 软件的目标程序经计算机执行产生的结果,该格式数据文件本身不是代码化指令序列、符号化指令序列或者符号化语句序列,也无法通过计算机运行和执行。此外,根据原告的陈述,Eng 文件是 JDPaint 软件在加工编程计算机上运行所生成的数据文件。可见,该文件所记录的数据并非原告的 JDPaint 软件所固有的,而是软件使用者输入的雕刻加工信息生成的。因此,Eng 格式数据文件中包含的数据和文件格式并不属于 JDPaint 软件的程序,不属于计算机软件的保护范围,不应受到法律保护。最终,法院对于原告的诉讼请求不予支持。

二、侵害计算机软件著作权的行为类型

我国关于计算机软件保护的法律规定,主要集中在《著作权法》和《计算机软件保护条例》中。其中《著作权法》赋予了计算机软件著作权并对其进行更高法律效力和一般性的保护。根据 2020 年《著作权法》第 10 条的规定,各类作品的著作权人所可能享有的权利包括 17 项。但由于计算机软件自身特性,其中某些权利(如表演权)对其并不适用。而《计算机软件保护条例》则细化了对于计算机软件的保护,明确了计算机软件著作权人所享有的具体权利,同时明确了相应权限的具体内容。根据《计算机软件保护条例》第 8 条的规定,计算机软件著作权人享有以下权利:发表权、署名权、修改权、复制权、发行权、出租权、信息网络传播权、翻译权、应当由软件著作权人享有的其他权利。

著作权通常遵循"根据受控行为界定权利内容"的原则,因此任何人未经著作权人的许可,实施了受著作权控制的特定行为,又不属于合理使用或法定许可,均属侵犯著作权的行为。由于受保护的权利类型众多,在侵害计算机软件著作权案件中,侵害计算机软件著作权的行为也多种多样。《计算机软件保护条例》第 23 条、第 24 条总结了计算机软件的特殊性侵权行为,同时明确了一般性侵权行为在计算机软件著作权侵权方面的具体体现,规定了 11 种侵害计算机软件著作权的行为。根据《计算机软件保护条例》第 23 条、第 24 条的规定,可构成侵害计算机软件著作权的行为包括未经软件著作权人许可,发表或登记其软件的;将他人软件作为自己的软件发表或登记的;未经合作作者许可,将与他人合作开发的软件作为自己单独完成的软件发表或登记的;在他人软件上署名或者更改他人软件上的署名的;未经著作权人许可,修改、翻译其软件的;复制或者部分复制著作权人的软件的;向公众发行、出租、通过信息网络传播著作权人的软件的;故意避开或者破坏著作权人为保护其软件著作权而采取的技术措施的;故意删除或者改变软件权利管理电子信息的;转让或者许可他人行使著作权人的软件著作权的等。

虽然侵害计算机软件著作权的行为繁多,但一般而言,在司法实践中,计算机软件著作权侵权行为具有类型化特点。我们认为,可以将侵害计算机软件著作权的行为概括分为六类,即单纯传播类、最终用户类、抄袭剽窃类、破坏技术措施类、出租类、其他类(除前述五种类型外,其他侵害计算机软件著作权的行为)。

(一)单纯传播类

单纯传播类侵权案件中,被告并未改变原告计算机软件的内容,而是通过复制、发行、信息网络传播等方式向公众提供计算机软件,通常侵犯计算机软件著作权人的复制权、发行权、出租权以及信息网络传播权。

此类案件主要具有以下两个特点:(1)取证较为简单。在此类案件中,由于被告并未改变原告计算机软件的内容,几乎不涉及技术比对,原告可通过下载或购买并进行公证的方式进行取证。(2)特殊性低。由于未体现计算机软件著作权的特性,此类案件的审理规则与侵害其他类型作品复制权、发行权或信息网络传播权等纠纷并无差别。

(二)最终用户类

最终用户类案件中,被告并未改变原告计算机软件的内容,而是作为计算机软件的最终用户,在商业活动中使用计算机软件。此类行为侵权的法律依据主要是《计算机软件保护条例》第 30 条和《著作权民事纠纷司法解释》第 21 条。

在我国,计算机软件著作权不包含"运行权",所以对于被告的这种行为侵犯了计算机软件著作权人的何种权利一直存在争议。《著作权民事纠纷司法解释》第 21 条规定,"计算机软件用户未经许可或者超过许可范围商业使用计算机软件的,依据著作权法第四十八条第(一)项、《计算机软件保护条例》第二十四条第(一)项的规定承担民事责任"。由上述规定可知,最终用户类案件中被告的行为侵犯了计算机软件著作权人的复制权。

根据《计算机软件保护条例》第 30 条的规定,软件的复制品持有人不知道也没有合理理由应当知道该软件是侵权复制品的,不承担赔偿责任;但是,应当停止使用、销毁该侵权复制品。如果停止使用并销毁该侵权复制品将给复制品使用人造成重大损失的,复制品使用人可以在向软件著作权人支付合理费用后继续使用。由此条规定可知,对于最终用户使用软件行为的侵权认定规则。

最终用户类侵权案件的审理,我们认为,需要注意以下问题:

1. 关于在"商业活动"中使用。在商业活动中使用计算机软件是构成侵权的前提,因此在确定被告是否侵害了计算机软件著作权人的著作权时,首先需要判断被告是否在商业活动中使用了原告的计算机软件。

2. 关于最终用户的确定。“最终用户”并非法律中明确规定的概念,《计算机软件保护条例》第 30 条使用了“软件的复制品持有人”的概念,《著作权民事纠纷司法解释》第 21 条使用了“计算机软件用户”的概念。从字面含义看,“最终用户”的含义相对狭窄清晰,《北京高院著作权审理指南》亦采用了“最终用户”的概念,体现出处理此类案件的谨慎态度。

3. 关于最终用户承担法律责任的法律依据。如上所述,对于最终用户,《计算机软件保护条例》第 24 条对相关法律责任作了规定,其中第 1 项对于未经著作权人许可,复制或者部分复制著作权人的软件的侵权行为,应当根据情况,承担停止侵害、消除影响、赔礼道歉、赔偿损失等民事责任或行政、刑事责任。《著作权民事纠纷司法解释》第 21 条规定,计算机软件用户未经许可或者超过许可范围商业使用计算机软件的行为侵犯了计算机软件著作权人所享有的著作权中的复制权,应当据此承担相应的民事责任。

4. 关于被告主观过错的认定。根据《计算机软件保护条例》第 30 条的规定,可以看出被告主观上是否存在过错对其是否承担损害赔偿责任具有实质性影响。因此,应当注意审查被告作为最终用户主观上对于软件属于侵权复制品是否构成“明知”或“应知”。

5. 关于最终用户应承担的主要法律责任。根据《计算机软件保护条例》第 24 条、《著作权民事纠纷司法解释》第 21 条、2020 年《著作权法》第 52 条第 8 项之规定可知,计算机软件最终用户侵犯计算机软件著作权,应承担停止侵害、消除影响、赔礼道歉、赔偿损失等民事责任;同时损害社会公共利益的,还要承担停止侵权、没收违法所得、没收销毁侵权复制品及并处罚款等行政责任;触犯刑律的,依照刑法关于侵犯著作权罪、销售侵权复制品罪的规定依法追究刑事责任。

(三)抄袭剽窃类

抄袭剽窃类案件中的侵权行为是指被告复制、修改或改编原告计算机软件的内容,作为被告开发的计算机软件向公众提供的行为。此类行为,直接侵犯了计算机软件著作权人的复制权、修改权。

2020 年《著作权法》第 10 条规定的“修改权”是著作人身权,是指“修改或者授权他人修改作品的权利”。而《计算机软件保护条例》第 8 条规定的“修改权”是指“对软件进行增补、删节,或者改变指令、语句顺序的权利”。从前述法律条文中可以看出两者在内涵上存在一定差异,《计算机软件保护条例》中的"修改权"更加接近于《著作权法》中的"改编权"。值得注意的是,《计算机软件保护条例》第8条规定的软件著作权人享有的各项权利中没有"改编权",因此,此处的"改编"应当是指侵犯计算机软件著作权人"修改权"的行为。同时,不同于单纯传播类行为,被告在修改或改编原告计算机软件行为之后,以自己的名义向公众提供,也可能侵犯计算机软件著作权人的发表权、发行权。

(四)破坏技术措施类

被告故意避开或者破坏著作权人为保护其计算机软件而采取的技术措施,或者故意为他人提供专门用于避开或者破坏技术措施的技术服务,或者为避开或者破坏技术措施为目的制造、进口或者向公众提供有关装置或部件。

对于破坏技术措施类侵权行为,其构成要件包括:(1)技术保护措施所保护的计算机软件仍在我国《著作权法》规定的著作财产权保护期限内;(2)技术保护措施应具有技术意义上的有效性,但并不要求其是不可破解的;(3)行为人破坏技术保护措施具有主观方面的过错,通常为故意;(4)行为人破坏技术保护措施后的行为既不属于合理使用,也不属于法定许可。

(五)出租类

出租类行为是指未经计算机软件著作权人同意,被告有偿许可他人临时使用计算机软件原件或者复制件的行为,但计算机软件不是出租的主要标的除外。此类行为侵犯了计算机软件著作权人的出租权。

判断出租类行为是否构成侵害计算机软件出租权,主要考虑以下因素:(1)被告客观上存在未经权利人许可,擅自商业性地出租他人的计算机软件原件和复制件的行为。(2)被告主观上具有过错。根据《计算机软件保护条例》第28条的规定,"软件复制品的出版者、制作者不能证明其出版、制作有合法授权的,或者软件复制品的发行者、出租者不能证明其发行、出租的复制品有合法来源的,应当承担法律责任"。由此可见,在侵害计算机软件出租权案件中,出租者的过错认定上采取了过错推定原则。

(六)其他类

其他类指其他侵害计算机软件著作权的行为。此为兜底类型款,可以涵盖除上述五类典型侵害计算机软件著作权行为之外的其他行为,如侵犯计算机软件著作权人的发表权、署名权、翻译权等权利的行为。具体表现为,未经软件著作权人许可,发表或者登记其软件的行为、将他人软件作为自己的软件发表或登记的行为等。在以上六类侵权行为中,最终用户类、抄袭剽窃类涉案数量较多,法院在审理此两类侵害计算机软件著作权案件时,对于最终用户类案件事实的查明、最终用户侵害复制权的认定、抄袭剽窃类案件软件版本的确定等,专业性较强也较为复杂,是审判的难点和重点,在下文中对这两类侵权案件进行展开分析。

三、侵害计算机软件著作权案件概述

整体而言,由于计算机软件作品的自身特性,侵害计算机软件著作权案件具有以下特点:

首先,当事人方面的特点。涉外案件虽然不多,但一般均涉及国际著名公司,受国际关系影响较大。

其次,审理环节及审理周期方面的特点。此类案件存在送达困难、管辖权异议等程序性障碍,需要作出管辖权异议裁定并等待二审结果,需要进行涉外送达和公告送达;大量案件提出及作出证据保全、财产保全和行为禁令且审理周期较长。

最后,案件自身特点。包括:(1)最终用户类、抄袭剽窃类涉案数量较多。在审理这两类侵害计算机软件著作权案件时,对于最终用户类案件事实的查明、抄袭剽窃类案件软件版本的确定,是审判的重点和难点。最终用户类案件中,被告在自身商业活动中使用计算机软件,并未改变原告计算机软件的内容,也未向公众提供原告计算机软件。因此,在此类侵权纠纷案件中,侵权证据往往具有隐蔽性、易毁性和不稳定性等特点,且通常难以取得和容易灭失。多数情况下,原告在取证方面具有很大的困难,案件事实的查明比较困难。抄袭剽窃类案件中,涉及复制、修改或者改编原告计算机软件的内容,需要确定进行技术比对的软件版本,通常需要获得被告计算机软件的源程序,而被告计算机软件的源程序具有更深程度的隐蔽性,一般不易取得,这也增加了案件审理的难度。(2)涉及网络游戏的比例较高。根据北京知识产权法院的统计数据,侵害计算机软件著作权纠纷案件中,诉讼涉及网络游戏的有 486 件,占比达 42.37%。案件当事人集中在科技公司,如北京萝卜特科技有限公司、游戏天堂电子科技(北京)有限公司、北京娱乐通科技发展有限公司等。网络通信的便捷为游戏市场提供了发展条件,游戏项目从单机游戏逐渐发展为网络游戏,而网络游戏的兴盛,使得侵害计算机软件著作权纠纷案件中,涉及网络游戏的比例较高。(3)案件调撤率较高。根据北京知识产权法院的统计数据,在1147件侵害计算机软件著作权纠纷案件中,以判决方式结案的有78件,以调解方式结案的有179件,以裁定撤诉方式结案的有890件,调撤率高达93.2%。调撤率较高的原因主要有以下两个方面:一是技术事实复杂,当事人对胜诉可能性的预期较低。侵害计算机软件著作权纠纷案件,需要审查源程序与目标程序的对应性,对原告主张权利的计算机软件源程序、文档等文件与被诉侵权的计算机软件源程序、文档等文件进行比对,判断二者是否构成实质性相似,源程序或目标程序的比对在技术上具有难度,当事人对胜诉可能性的预期很难明确,促使当事人选择调撤方式解决纠纷。二是损害赔偿数额的举证困难。法律规定的损害赔偿的三种计算方式中,关于权利人实际损失,原告往往很难举证证明自己的实际损失,关于侵权人获利,被告也很少会向法院提供自己真实的侵权获利情况,因此,法院更多的是采用法定赔偿方式计算原告的经济损失。由于法定赔偿受到最高幅度的限制,对于高额诉讼标的的案件,当事人在举证困难的情况下,一般会选择调撤方式解决纠纷。

第二节　最终用户类案件的审理与认定

一、最终用户类案件的事实查明

在审理最终用户侵权案件时,首先需对侵权事实进行查明,以确认被告是否在未经许可的情况下非法对涉案计算机软件进行了使用。此类事实由于具有一定的隐蔽性,因而查明具有一定困难。并且,原告自行获取的证据可能无法满足相关证据要求,且较为容易灭失。针对此种情况,《北京高院著作权审理指南》中提供了此类案件事实查明相关方法,以规范司法实践中的审理路径,同时为当事人提供一定参考。

《北京高院著作权审理指南》第11.2条规定,在最终用户类案件中,可以通过证据保全或者勘验的方式查明被告使用计算机软件的类型、版本及数量等侵权事实。在进行证据保全或者勘验时,如果需要检查的计算机数量过大,可以在征得双方当事人同意的情况下进行抽查,并由双方当事人明确确认抽查结果(侵权计算机的类型、版本及其比例)适用于全部检查范围。此外,也可以采取远程取证的方法,但要注意通过远程取证方法获得的证据应当符合《民事诉讼法》的规定。

(一)证据保全

针对此类侵权行为的特点,结合上述规定,采取证据保全措施、注意保全证据能够有效解决最终用户类案件的事实查明问题。在最终用户侵权类案件中,证据保全措施对于事实查明有着至关重要的作用。“从证据保全的制度功能上看,该制度是对可能灭失或者以后难以取得的证据予以提取、复制等,以达到客观、真实地反映证据情况及证明案件事实的目的,从而对该证据材料的证据形式与证明力加以保护的一种制度。其法律价值在于保护证据,使与案件有关的证据材料能得以最大真实性程度的保存和固定,以满足当事人证明其主张以及法院查明事实的需要。”①在最终用户类侵害计算机软件著作权案件中,由于许多证据有灭失可能,因此适合采取证据保全措施,以达到及时固定证据、便于查明事实的目的。具体而言,此类案件的审理重点在于被告使用计算机软件的类型、版本及数量,可以通过证据保全或者勘验的方式查明相关事实。

此类案件中,审查判断是否进行证据保全,可以考虑以下几个方面的因素:(1)原告是涉案计算机软件的著作权人或者是其他合法权利人。(2)原告提交了被告使用涉案计算机软件的初步证据。通常为被告网站或宣传资料中关于其使用涉案计算机软件的种类及规模的证据。例如,被告宣称其能够提供房屋装修的软件设计服务、提供网站设计服务、提供网络电子交易平台服务;被告发出招聘信息,要求应聘人员能够熟练掌握涉案计算机软件。(3)根据原告及其代理商的记录,被告没有购买过涉案计算机软件,或虽然购买过涉案计算机软件,但型号及数量与其宣称的使用情况具有较大差异。(4)原告能够提出有针对性的科学有效的证据保全步骤的建议。

进行证据保全时,还应做以下准备程序:尽可能全面了解保全场所情况;进行人员分工和技术培训;准备清洁的保全设备:照相机、摄像机、优盘等。

此类案件中,实施证据保全程序重点包括以下环节:(1)确认保全场所与被告的唯一对应性。要求当事人明确其确实在此办公,确定在该办公场所并无其他单

① 杨建成、黄雪梅、刘婕:《知识产权民事诉讼证据保全制度理论探析》,载《人民司法》2007年第21期。

位,可以要求被告提交该办公场所的房屋租赁合同并明确该办公场所内各部门的区分。(2)抽样保全。如果需要保全的计算机数量过大,在取得被保全人同意并确定的条件下(必须用笔录的方式予以确定),可采取抽样的方法(建议按照1/10的比例进行抽样,但应保证对于同一单位的每个部门至少抽样保全一台计算机)进行证据保全。(3)证据保全的证据交换程序和质证程序。保全结束后,应将保全笔录、列表、照片及工具全部带回法院,及时进行整理,然后将保全笔录、列表和照片送达给双方当事人,要求分别发表意见。在以往的司法实践中,由于保全证据的内容较多,且在此类案件的审理中占有重要的地位,因此建议组织双方当事人专门就保全证据发表质证意见。在证据保全或者勘验时,如果需要检查的计算机数量过大,可以在征得双方当事人同意的情况下进行抽查,并由双方当事人明确确认抽查结果(侵权计算机的类型、版本及其比例)可以推广至全部检查范围。

【典型案例151】

在北京市第二中级人民法院审理的(2003)二中民初字第6227号Autodesk股份有限公司诉北京龙发建筑装饰工程有限公司侵犯计算机软件著作权纠纷一案中,法院结合案件情况以及原告的申请,对相关证据进行了保全,为后续确定赔偿金额奠定了基础。本案中,Autodesk股份有限公司(原告)是计算机软件3ds Max3.0、3ds Max4.0、3ds Max5.0、AutoCAD14.0和AutoCAD2000的著作权人,3ds Max系列软件是一种三维建模、动画及渲染解决方案软件,AutoCAD14.0和AutoCAD2000是二维制图和三维设计工具。北京龙发建筑装饰工程有限公司(被告)是一家专业从事住宅及公用建筑装饰设计及施工的企业。2002年4月23日和2003年10月11日,北京市版权局(北京市新闻出版局)执法人员对被告在北京的9个经营网点使用计算机软件的版权状况进行检查,发现被告未经著作权人许可擅自安装并使用3ds Max3.0共2套,3ds Max4.0共10套,3ds Max5.0共2套,AutoCAD14.0共31套,AutoCAD2000共16套。2003年6月17日,原告向北京市第二中级人民法院申请对被告的另外4家经营网点进行诉前证据保全,发现被告未经著作权人许可擅自安装并使用3ds Max4.0共7套,3ds Max5.0共6套,AutoCAD14.0共9套,AutoCAD2000共11套。原告称被告上述行为侵犯其对上述计算机软件享有的合法著作权,应承担相应的侵权责任。最终,法院根据证据保全所查明的被告对于涉案计算机软件的使用情况,此前相关执法机关所查明的侵权情况,以及原告所提供的各套计算机软件的价格,综合计算出了149万元的侵权损害赔偿额。

【典型案例152】

在北京知识产权法院审理的(2015)京知民初字第56号奥多比公司、欧特克公司诉东方风行(北京)传媒文化有限公司、东方风行(北京)商贸有限公司侵害计算机软件著作权纠纷一案中,奥多比公司、欧特克公司(原告)诉称,其享有涉案7款计算机软件的合法著作权,东方风行(北京)传媒文化有限公司(被告)、东方风行(北京)商贸有限公司(二被告)擅自复制、安装并商业使用了原告依法享有著作权的上述系列软件,侵犯了原告享有的著作权,依法应承担相应的法律责任。北京知识产权法院受理上述案件后,原告提出证据保全申请,要求对两被告经营场所内的计算机上非法复制、安装并使用上述系列计算机软件及计算机软件的相关信息进行证据保全。接到申请后,北京知识产权法院充分考虑计算机软件最终用户侵权案件中权利人取证难等因素,在原告提供了初步侵权证据线索的基础上,裁定批准了原告的证据保全申请,对于两被告经营场所内的300台计算机相关软件试用信息进行了证据保全,为有效快捷地进行事实查明奠定了基础。

在典型案例151中,法院为查明侵权事实提供了另外一个思路,即从行政执法的角度查明侵权事实。在权利人凭借自身能力进行事实查明具有一定困难时,可借助行政机关进行一定的事实查明工作。与自行调查相比,借助行政机关进行事实查明的优势在于行政机关更具权威性,可通过查访侵权现场、问询相关人员等公权力方式对于侵权事实进行有效查明。一般而言,权利人应向相关行政机关提供初步证据及线索,请求其协助进行事实查明。

初步证据包括权利人对于涉诉计算机软件享有合法有效著作权的权属证明、被控侵权人的初步侵权线索,如包含涉诉计算机软件的招聘信息。而初步线索一般可包括被控侵权人办公场所所在地、使用涉诉计算机软件的电脑位置等。上述线索可便于相关行政机关对于侵权行为进行初步了解与判断,并准确找到侵权场所、侵权位置,以便进行事实查明。

还需注意的是,由于行政执法所查明的事实和收集的证据并不具有绝对的证据上的可靠性,因此也并不当然地被法院采纳。但在司法实践中,此类证据在满足民事诉讼证据基本要求的条件下被法院采纳的情况并不少见。

（二）远程取证

在最终用户类侵害计算机软件著作权案件中，也可以采取远程取证的方法。对于某些服务器软件采取远程取证的方法就是借助 Telnet 网络远程登录服务协议确定使用软件身份信息。运用 Telnet 远程登录取证的核心在于：当用户在本地计算机上运行 Telnet 命令申请登录目标服务器的某个端口后，目标服务器会将该端口服务所使用的软件信息返还给本地计算机。

通过远程取证方法获得的证据应当符合《民事诉讼法》的规定。知识产权的客体具有无形性，侵权行为多样、复杂且隐蔽性强，权利人在维权诉讼中不易举证，特别是涉及最终用户类案件，相关证据容易灭失，因而证据保全更显重要。《TRIPS 协定》第 3 节第 50 条第 1 款规定，司法部门应有权采取及时和有效的临时措施以便保存有关被控侵权行为的证据。

【典型案例 153】

在江苏省高级人民法院审理的（2015）苏知民终字第 108 号磊若软件公司诉捷奥比电动车有限公司（以下简称捷奥比公司）侵害计算机软件著作权纠纷一案中，磊若软件公司为查明案件侵权事实，使用 Telnet 指令方式查看并连接被控侵权服务器域名远程目标服务器端口以查询服务器所提供服务相关软件的信息。而捷奥比公司对于使用 Telnet 进行取证的有效性进行了质疑。一审法院认为，磊若软件公司通过使用 Telnet 指令方式查看并连接被控侵权服务器域名远程目标服务器端口，以查询服务器所提供服务相关软件的信息，该检测方式和检测结果均具有客观性，应当认定其证明力。捷奥比公司对 Telnet 指令的有效性提出质疑，但并未就此举证证明，因此对其主张不予支持。二审法院认为，通过 Telnet 检测服务器的 21 端口，其反馈信息具有较高的确定性，已经可以达到民事诉讼证据高度盖然性的标准。磊若软件公司通过使用 Telnet 指令方式查看并连接被控侵权服务器域名远程目标服务器端口，以查询服务器所提供服务相关软件的信息，并通过公证取证得到了涉案服务器的反馈信息，证明在 21 端口存在有涉案软件服务，即已完成了初步举证，且该证据具有客观性，应当认定其证明力。

二、最终用户侵害复制权的认定

《北京高院著作权审理指南》第 11.3 条规定，被告虽未复制原告计算机软件，但知道他人为其复制原告的计算机软件，且该计算机软件的使用属于被告正常商业经营活动范围，则可以认定被告与该他人共同侵害了原告计算机软件的复制权。

最终用户是末端群体，只使用软件，而不向公众展示或发行软件。[①] 对于个人购买、持有和使用盗版软件的行为，目前达成的共识是不需要承担民事责任的，而应由道德规范来约束。现在权利人关注的是最终用户未经许可商业性使用软件的法律责任。

《著作权法》《计算机软件保护条例》未规定软件著作权人享有"软件使用权"，即独立于复制权、发行权、信息网络传播权等专有权利外的"软件使用权"，《著作权法》中虽有"未经作者许可不得使用作品"等表述，但只有当使用作品的行为进入专有权利的调整范围时，如对作品进行复制、发行、改编时，作者才有权禁止该行为。[②]《著作权民事纠纷司法解释》第 21 条对商业使用软件的侵权行为作了规定。由此，权利人需举证他人商业性使用软件的行为构成复制行为。[③]

一般情况下，复制行为分为两种情形：一是被告自己安装软件，此时，计算机硬盘中已形成软件复制件，这属于常见的复制行为；二是他人安装软件的情况（购买或租用已预装软件的计算机或被告员工安装软件）。此时，被告没有安装软件，只在使用软件时产生了"临时复制"。[④]《著作权民事纠纷司法解释》第 21 条并未明确他人安装软件，且软件的使用属于被告正常商业经营活动范围的情况是否构成侵权。我们认为，该情形仍构成侵权，这就意味着软件运行时产生的"临时复制"被认为受复制权控制。[⑤] 早在微软诉大众保险一案[⑥]中，被告抗辩其计算机中的软件并非由其自行安装，而是由其公司员工或供应商等其他公司安装，法院认为被告在购买计算机时应当知晓计算机中是否有正版操作系统等软件，如果被告

---

① 参见金国中：《国家版权局许超副司长谈使用盗版软件问题》，载《经济参考报》1999 年 7 月 7 日，第 6 版。转引自宋健、顾韬：《计算机软件侵权认定若干问题论述》，载《人民司法》2013 年第 13 期。

② 参见刘鹏：《商业使用软件著作权问题分析——兼评"微软诉大众保险案"》，载《山东审判》2012 年第 6 期。

③ 参见刘鹏：《商业使用软件著作权问题分析——兼评"微软诉大众保险案"》，载《山东审判》2012 年第 6 期。

④ 参见刘鹏：《商业使用软件著作权问题分析——兼评"微软诉大众保险案"》，载《山东审判》2012 年第 6 期。

⑤ 参见刘鹏：《商业使用软件著作权问题分析——兼评"微软诉大众保险案"》，载《山东审判》2012 年第 6 期。

⑥ 参见上海市浦东新区人民法院民事判决书，(2009) 浦民三(知)初字第 128 号。

明知购买的计算机中装有侵权的计算机软件仍继续使用，则构成对该软件著作权的侵害。

根据《计算机软件保护条例》第30条的规定，最终用户只有在知道或者应当知道其使用的软件是侵权复制品而使用的情况下，才会承担赔偿责任。正是基于上述规定，一般被控侵权最终用户会据此辩称其不知道或没有合理理由知道所使用的相关软件为侵权复制品。因此，对于如何判断"不知道"或者"没有合理理由应当知道"相关软件是侵权复制品问题也是司法实践中亟待解决的。对于该问题的判断，通常应以一般消费者的标准来衡量，并考虑以下三个方面的因素：一是最终用户购买相关软件时所支付的价款是否为合理价格。如果支付了合理对价，就可以认定其"没有合理理由知道"；如果最终用户在购买时所支付的价款明显低于正版软件销售价格，则应认定其"应当知道"所使用的软件为侵权复制品，具有主观恶意。二是从最终用户购买相关涉案软件的渠道、销售商的情况来予以认定。如果最终用户购买的软件是从正规的软件销售公司购得，则不能直接认定其知道使用的软件为侵权复制品，因为软件销售公司在销售其他正版软件的同时，可能存在销售盗版软件的行为，而作为购买者是无从判断其所购买的软件是否为侵权复制品的；反之，如果最终用户自大量销售盗版软件的零售商处购买相关软件，就应推定其应当知道所购软件为侵权复制品。三是从最终用户对相关软件的认知能力来判断。司法实践中，法官一般会根据个案的具体情况，以一般购买者的认知能力进行判断，因此软件专业人员甄别盗版的能力相对较强，以此标准衡量一般购买者难免有些苛刻。

关于计算机软件的使用属于正常商业经营活动范围的理解，是指软件最终用户使用软件是以营利为目的，希望通过软件的使用、帮助获取商业利益。因此，任何以营利为目的使用软件的行为都将属于商业经营活动范围。应注意的是，判断时需要避免简单地从使用软件的主体性质和使用软件的终端所在地出发，认为单位使用就是商业使用，个人使用就不属于商业使用。就主体而言，有的主体虽为个人，但其本身即从事营利活动，或者是为完成单位的工作任务而使用软件，则属于商业使用软件。就使用终端而言，终端虽然在个人家中，但个人使用软件是为完成单位工作任务，亦属于商业使用；即使终端在单位，但使用者系为个人学习和研究软件而使用，亦不属于商业使用。

三、最终用户类侵权案件的审理思路

（一）程序问题

1. 原告是否适格的问题

一般而言，在著作权侵权纠纷案件中，原告的身份一般可分为著作权人、著作权使用许可合同的被许可人及著作权人的继承人。关于计算机软件著作权人身份的认定问题。根据《著作权民事纠纷司法解释》第 7 条的规定，计算机软件著作权登记证上的记载，以及在载有计算机软件的光盘或其他介质上的署名，均可以作为认定计算机软件著作权人身份的初步证据。

2. 被告是否适格的问题

在计算机软件最终用户侵权纠纷案件中，由于被告使用计算机软件通常是在其经营场所，具有隐蔽性，这一点与前述的“传播类”侵权纠纷案件的情况完全不同。我们认为，与其他类型的知识产权案件相比，此类案件的被告是涉案计算机软件的最终用户，通常不会出现多个被告的情形。

司法实践中，此类案件需要原告掌握被告使用计算机软件的初步证据才能成功立案。单从法律规定上来看，适格被告的确定问题是与确认被告实际使用涉案计算机软件以及使用计算机软件的型号和数量是不同层面的问题。但实践中，这些问题却往往是通过同一程序来确定的。我们认为，其原因在于上述问题从“隐蔽”状态转变为“查明”状态具有手段上的高度有限性和内容上的高度重合性，上述问题的“查明”过程具有高度的“伴随性”特点，也就是说，上述问题在司法实践中通常是“一明俱明”的。

一般而言，通常是原告注意到被告的经营内容应当使用原告的某种计算机软件，但被告并未购买过，从而引起了原告的注意。原告可能委托调查公司进入被告经营场所进行核实，得到肯定的答案并经过价值评估认为被告擅自使用了原告较大价值的计算机软件后，才会采取提起民事诉讼的方式维权。

（二）实体问题

1. 证据认证

司法实践中，对于最终用户类案件的审理，通常从以下三个方面对双方当事人提交的证据材料进行认证。

(1)关于权利人主张权利的依据

一般而言,软件权利人为证明其为涉案软件的著作权人,可能会提供包括正版软件登记证明、正版软件源程序及相关文档、销售的正版软件等证据材料。

根据《计算机软件保护条例》第7条的规定,软件著作权人可以向国务院著作权行政管理部门认定的软件登记机构办理登记。软件登记制度是《计算机软件保护条例》所规定的,软件登记机构发放的登记证明文件(软件登记证书)是登记事项的初步证明。目前,我国计算机软件登记机构为中国版权保护中心。因而,软件权利人一般提交软件登记证明(软件登记证书)和正版软件本身来证明其为软件著作权人,而很少通过提交源程序和文档来证明其为软件著作权人。

如果软件权利人并未向国务院著作权行政管理部门认定的软件登记机构办理登记,未取得相关软件登记证明,则自然无法提供,而只提供其在市场上销售的正版软件来证明其为涉案软件的著作权人。能否就此认定其为涉案软件的著作权人? 根据我国《著作权法》的相关规定,如无相反证明,在作品上署名的公民、法人或者其他组织即作者。如果被控侵权方无反驳证据证明其非软件权利人,则应考虑确认正版软件上所标示的权利人为涉案软件的著作权人。

(2)侵权证据

软件权利人为证明被控侵权方实施侵权行为,一般会通过向相关版权行政管理部门或是工商行政管理部门投诉,由相关部门通过行政程序进行查处,同时就查处过程进行公证等方式取得相关证据。如果软件权利人在诉讼前未提起行政程序,或未在行政查处程序中进行公证,则通常会向法院提起诉前证据保全,以取得被控侵权方使用软件侵权复制品的证据。

司法实践中,在最终用户类案件中原告提供了初步权利证明以及证明被告实施侵权行为的初步证据后一般会考虑采取证据保全措施。证明被告实施侵权行为的证据通常包括权利人提供被告散发的相关宣传材料证明其从事与涉案软件相关的业务服务,权利人自被告处取得使用该软件所获得的文件等。①

如果原告提供了上述公证取得的涉案软件或是法院采取证据保全措施保全了相关涉案软件,而被告不能举证说明其使用该软件的合法根据,也不属于不知

---

① 参见游闽键:《论最终用户侵权案证据保全申请的受理条件》。转引自张晓津:《软件最终用户法律责任问题研究——关于最终用户侵权案件审理的司法实践》(下),载《电子知识产权》2004年第7期。

道或没有合理理由应当知道所使用的软件为侵权复制品的情况，且被告使用软件属于商业经营性质的使用行为的，则应当判定被告承担相应的侵权责任。

(3)关于索赔依据

很多案件中，原告会提供与他人签订的合同及其履行情况来证明其正版软件的市场销售价格，并在此基础上请求 2 至 5 倍的赔偿数额。司法实践中，有的法院会参考原告所提供的证据资料所载明的其正版软件的市场销售价格来判定赔偿金额。同时，鉴于根据被告获利计算赔偿数额的计算方式在此类案件中不宜适用，法院通常对于软件权利人要求查封被告账册进行审计的证据保全申请也不予准许。

2. 可能的抗辩事由

在最终用户类案件中，被告最常用的抗辩事由就是其不是涉案计算机软件的安装使用者。这种抗辩特别可能出现在行政机构进行行政检查的情况下，在法院进行证据保全的情况下也可能出现。这就从反面给法院的证据保全工作提出了更为严格的要求，除了前面提到的全面严谨的提问、记录并由被告签字确认以及提供房屋租赁合同外，还应注意对于能够证明使用者身份的信息进行记录和拍照(如计算机上粘贴的或被告提交的固定资产登记表)。

3. 侵权责任的确定

(1)侵权责任的具体方式

由于最终用户类案件中被告的侵权行为仅为未经许可的"安装"行为，即侵害的只是著作财产权利中的复制权。这里的"复制"就是指被告将涉案计算机软件"安装"到其使用的计算机中的行为。值得注意的问题是，未经许可擅自"运行"，也就是"功能性使用"计算机软件的行为并不是侵害著作权的行为。因此，其相应的侵权责任的具体方式应为停止侵害和赔偿损失。

(2)赔偿损失的范围和数额的确定

赔偿损失是侵犯他人著作权的计算机软件最终用户，主要是软件恶意持有人应当承担的一种民事责任。对于善意持有人，根据《计算机软件保护条例》的规定，其只承担停止使用并销毁软件的责任，而不承担赔偿责任，只有在其基于可能造成重大损失而要继续使用该软件时，才出现向软件著作权人支付合理费用后继续使用的问题。关于赔偿损失的数额，最终用户类侵害计算机软件著作权纠纷案件，在既往的司法实践中，通常按照涉案正版软件的销售价格与被告安装使用该软件数量的乘积来计算。

第三节　抄袭剽窃类案件的审理与认定

一、抄袭剽窃类案件的审理思路

(一)抄袭剽窃类案件的审理内容

抄袭剽窃类侵害计算机软件著作权纠纷案件的审理重点在于查明被告计算机软件与原告计算机软件之间的关系,其中最重要的是计算机程序的源程序。与其他著作权侵权案件较为相似,抄袭剽窃类案件的构成要件可以用公式表示为:“实质相似+接触-其他来源”。

1. 接触的查明

接触是指接触的可能性。就计算机程序而言,一般情况下公众难以接触原告计算机程序的源程序,因此通常需要查明被告是否具有接触原告计算机程序的可能性。

2. 实质性相似的查明

(1)查明方法

可以采用“抽象—过滤—比较”法判断被告与原告的计算机程序是否构成实质相似。在“抽象”环节中,应当将计算机程序中的思想部分予以排除。在“过滤”环节中,应当将原告、被告计算机程序中相同但具有其他来源的部分以及符合有限表达的部分予以排除。在“比较”环节中,应当对于排除思想及其他来源及有限表达部分后的内容进行对比。一般来说,被告计算机软件中包含原告及其计算机软件中特有信息或者相同错误且不能说明正当理由的,应认定二者具有实质相似性。

(2)比对客体

由于不同的计算机软件可以产生相同或实质相似的软件结果(包括软件界面、运行参数、数据库结构等),因此,通常情况下应当将原告主张权利的计算机软件源程序与被诉侵权的计算机软件源程序进行比对,也可以将原告主张权利的计算机软件目标程序与被诉侵权的计算机软件目标程序进行比对。

在进行源程序比对之前,应当首先审查原告及被告计算机软件源程序与目标程序的对应性问题;只有在满足源程序与目标程序具有对应关系的前提下,才能将原告主张权利的计算机软件源程序与被诉侵权的计算机软件目标程序进行比对。

在被告拒不提供被诉侵权软件的源程序及目标程序的情况下，如果原告能够举证证明两者在软件结果（包括软件界面、运行参数、数据库结构等）方面相同或者实质相似，也可以判定被诉侵权软件与原告主张权利的计算机软件构成实质相似。

（3）考量因素

在被告拒不提供被诉侵权软件的源程序及目标程序的情况下，被诉侵权软件与原告主张权利的计算机软件在权利管理信息、设计缺陷、冗余设计或者其他特有信息等方面相同的事实，是判定被诉侵权软件与原告主张权利的计算机软件构成实质相似的重要考量因素。

3. 其他来源的查明

其他来源包括公有领域的内容、先于原告计算机软件的他人计算机软件等情况。如果原告计算机软件是在开放源代码软件的基础上开发的，则还应当依据该开放源代码软件的有关协议或标准确认原告计算机软件及被诉侵权行为的性质。

4. 软件移植的排除

软件移植是指被告学习研究原告计算机软件的技术方案后，根据该技术方案采用其他编程软件重新编写计算机软件的行为。构成软件移植的前提是原告、被告分别采用了具有重大差别的编程软件，导致原告、被告的计算机软件在表达形式方面具有实质性差异。由于《著作权法》只保护表达，不保护思想，因此软件移植不是我国《著作权法》意义上的侵权行为，但该行为可能构成侵害商业秘密或者其他违法行为。

另外，关于专门技术问题的查明。在抄袭剽窃类侵害计算机软件著作权纠纷案件中，为了查明专门技术问题，可以采取由当事人委托专家辅助人、法院指派技术调查官、证据保全以及鉴定等方法。在抄袭剽窃类侵害计算机软件著作权纠纷案件中，根据案件具体情况，可以通过出具民事裁定书或者其他方式责令被告在指定期限内提交被诉侵权计算机程序的源程序及目标程序，被告无正当理由拒不提交的，应当依照《民事诉讼法》及相关司法解释的有关规定执行。在符合举证妨碍制度规定的前提下，可以推定被告的计算机软件与原告的计算机软件构成实质性相似。

综上所述，在被诉侵权计算机软件与权利人的软件构成相同或实质性相同，且被控侵权人具备接触权利人作品条件的情形下,如果被控侵权人不能证明被控侵权软件是其独立创作,或该软件具有其他合法来源,则应当认定其行为构成侵权,需承担相应的赔偿责任。

【典型案例 154】

在重庆市第四中级人民法院审理的(2019)渝04民初1383号重庆跃医通科技有限公司(以下简称跃医通公司)诉重庆市黔江区妇幼保健计划生育服务中心(以下简称妇幼保健中心)、成都弘扬安云科技有限公司(以下简称弘扬安云公司)等侵害计算机软件著作权纠纷一案中,原告跃医通公司于2014年10月9日完成了计算机软件"跃医通孕产妇保健管理系统V1.0"的设计开发,并于2014年10月22日取得了国家版权局颁发的计算机软件著作权登记证书。该软件主要用于各大医院产科管理病人档案。2018年原告发现被告妇幼保健中心未经许可,擅自使用与原告"跃医通孕产妇保健管理系统"雷同的"产科管理系统",该软件界面显示有"弘扬安云"字样。经了解,该软件是由被告弘扬安云公司销售给被告妇幼保健中心的。原告主张被告侵犯了其享有的著作权。被告弘扬安云公司辩称,被告的软件属于BS系统,原告的软件属于CS系统,且被告弘扬安云公司也提交了计算机软件著作权登记证书,证明其为"围产保健管理系统"的著作权人。

法院采取了"接触+实质相似"的标准,对于被告所开发的"产科管理系统"是否构成对原告计算机软件的抄袭剽窃进行了判断。首先,关于接触,法院认为,虽然原告成立时间以及计算机软件登记时间均在前,但不能当然推定被告有接触原告享有著作权的案涉软件源代码的情形。庭审中原告主张被告具有接触其软件的情形,但其对该陈述并未举示相关证据证明,故现有证据并不能证明弘扬安云公司能够接触到跃医通公司案涉计算机软件的源代码。关于实质性相似,法院认为,计算机软件程序包含源程序和目标程序,同一软件程序的源程序和目标程序为同一作品。源程序是目标程序的基础,当源程序向目标程序转换时,由计算机按照十分有限的方式自动完成,不存在发挥创造的空间,如果两个软件的源程序实质相同,则目标程序也实质相同,据此可以认定侵权成立。经质证,原告对被告提交的源代码予以认可,并确认己方提交的用于比对的源代码完整、有效。同时被告也同意可以将该目标程序与涉案软件的目标程序进行比对。但因原告提交的案涉软件缺少程序依赖的数据库,导致源代码不能正常运行,不能验证源代码的完整性,进而导致无法对两款软件是否构成实质性相似进行鉴定。由于在案证据无法证明“接触 + 实质性相似”的前提,法院最终驳回了原告的全部诉讼请求。

(二)抄袭剽窃类案件的审理程序

《北京高院著作权案件审理指南》第 11.4 条规定,抄袭剽窃类侵害计算机软件著作权的审理顺序为:(1)确定原告主张权利的计算机软件的名称和版本;(2)确定被诉侵权的计算机软件的名称和版本;(3)查明被诉侵权的计算机软件与原告计算机软件之间的关系。

此三项审理内容可以被视为“接触 + 实质性相似”标准的具体体现。这需要确定原告主张权利的计算机软件的名称和版本、被诉侵权的计算机软件的名称和版本,以明确所需对比的对象,以免出现由于对象不清而导致比对出现瑕疵的情况。此外,还需查明被诉侵权的计算机软件与原告计算机软件之间的关系,包括其是否存在实质性相似等情况。

二、确定软件版本的方法

在抄袭剽窃类案件中,原告应当分别明确其主张的权利及被诉侵权的计算机软件的名称、版本。如果原告计算机软件存在多个版本,可以进行释明,在满足接触条件的前提下选择最相近似的计算机软件版本作为原告主张权利的计算机软件版本。

软件版本号是人们用来描述软件的功能、性能等技术特征、对应软件的法律状况,以及鉴别不同软件的一种参数。软件版本号具有两个作用:第一个作用是体现软件著作权的法律关系。首先,确定软件著作权的主体,不同版本号的同一名称软件因开发者不同,以及受授权情况等因素的影响,软件著作权的主体可能不同。其次,确定软件是一个原始创作的软件,还是一个演绎的软件,明确了权利的内容以及各版本相互之间的法律关系。第二个作用是体现软件的基本技术特征。不同版本号的软件,软件的功能和性能不完全一致,升级版本的软件在功能和性能上一般会优于原有的版本。软件的功能和性能不同,其表现形式也会不同。因此,即使从字面上看给人一种同属一个系列软件的感觉,但可能不仅在软件的功能、性能、表现等方面,而且在软件著作权的归属上,都有可能发生了根本的变化。所以不同版本号的软件,可能形成演绎作品的关系;可能升级版仅仅作了小修改,没有形成新的软件作品;也可能二者之间的表现形式已根本不同,两个不同版本的软件已不存在任何关系。从主体上来说,也可能由不同开发者开发,著作权归属于不同的开发者。因此,应当注意版本号的意义和作用。不同版本号的软件是否可以起到证明著作权归属的作用,应根据案件具体情况来确定。

三、软件的具体对比

(一)软件对比的内容

在进行软件的对比时,应当将原告主张权利的计算机软件源程序与被诉侵权的计算机软件源程序进行对比,被告拒不提供被诉侵权的计算机软件源程序时,也可以将原告主张权利的计算机软件目标程序与被诉侵权的计算机软件目标程序进行对比。

关于实质性相似的比对客体,由于不同的计算机软件可能产生相同或实质相似的软件结果(包括软件界面、运行参数、数据库结构等),因此,通常情况下,比对指的是将原告主张权利的计算机软件源程序与被诉侵权的计算机软件源程序进行比对,进行源程序比对是最直接、最有说服力的侵权比对方法。但司法实践中,主动提交源程序以供对比的情形很少,直接进行源程序对比只能是理论上最佳但实际上难以得到实施的方法。另外,即便被告提供源程序,如果双方源程序各自采用不同的编写语言,也无法进行源程序对比。因此,进行目标程序对比是退而求其次的方法,目标程序是经编译后产生的能被计算机直接识别的二进制代码。在同样的编译环境下,一个源程序只能转换为唯一对应的目标程序,相同的目标程序一般源于相同的源程序。当然,理论上也存在相同的目标程序源于不同源程序的可能性,但这种可能性很小。如果原、被告的目标程序实质性相同,被告又无正当理由拒绝源程序或者双方源程序因编写语言不同无法对比的,可以结合案件其他证据认定原、被告软件是否构成实质性相同,[①]也可以将原告主张权利的计算机软件目标程序与被诉侵权的计算机软件目标程序进行比对。

案件审理中,通常需要原、被告分别提交各自的计算机程序(包括源程序和目标程序两部分)。根据案件具体情况和当事人的请求,可以由当事人将载有计算

---

① 参见宋健、顾韬:《计算机软件侵权认定若干问题论述》,载《人民司法》2014 年第 13 期。

机程序的光盘、优盘或移动硬盘等进行封存后提交法院。法院组织双方当事人进行技术比对时,首先由提交封存证据的当事人确认封存状态完好,再行拆封。

双方当事人可以在现场对双方提交的计算机程序进行技术比对,不得保留对方提交的计算机程序;也可以在作出保密承诺并由法院记录在案或者提交保密承诺书后,复制对方当事人提交的计算机程序,然后说明质证意见。

(二)源程序与目标程序的对应性

《北京高院著作权审理指南》第 11.7 条规定,在进行源程序对比之前,应当审查原、被告计算机软件源程序与目标程序的对应性。

源程序是使用人可识别的编程语言编写的、以系列化指令的形式表现出来的计算机程序,它是计算机程序的最初表现形式。目标程序通常是将源程序转换成二进制代码所获得的结果。因此,就两者的关系而言,源程序与目标程序是同一作品的两种不同表现形式。目标程序与源程序相比,并未产生任何新的独创性,仍是同一作品。

另外,需要注意的是,一个源程序只能转换成唯一形式的目标程序,但一个目标程序却有可能来自多种语言以及同种语言多种写法的源程序。因此,源程序具有计算机程序这一作品的“原件”的作用。

在进行源程序比对之前,应当首先审查原告及被告计算机软件源程序与目标程序的对应性问题,只有在满足源程序与目标程序具有对应关系的前提下,才能对于原告主张权利的计算机软件源程序与被诉侵权的计算机软件目标程序进行比对。

(三)实质性相似的认定

《侵害著作权案件审理指南》第 11.8 条规定,在案证据能够证明原告主张权利的计算机软件源程序、文档等文件与被诉侵权的计算机软件相同或者相近似的,可以认定二者构成实质性相似;被告拒不提供被诉侵权的计算机软件源程序,原告能够举证证明二者目标程序相同或者相近似的,或者虽不相同或者相近似,但被诉侵权的计算机软件目标程序中存在原告主张权利的计算机软件特有内容,或者在软件结果(包括软件界面、运行参数、数据库结构等)方面相同或者实质性相似,可以认定原、被告的软件构成实质性相似。

软件的实质性相似有两类：一是文字部分相似，即两个对比软件的源程序代码、目标程序代码相似，以所引用的百分比为依据进行判断；二是非文字部分的相似，这一部分定量分析比较困难，主要依据定性分析，然而在近年的案例中，纯粹通过非文字成分的相似判断两个程序实质相似的做法逐渐被否定。总体来说，实质性相似强调的是两个对比软件整体上的相似，不单纯以文字部分的量化占比或非文字部分的定性来决定，应将两者结合，结合软件的组织结构、处理流程、所用数据结构、所产生的输出方式、所要求的输入形式等方面的相似来进行综合判定。

关于计算机软件著作权侵权的判断标准，美国的系列判例具有参考意义。美国作为实质性相似法则的发源地，主要总结出了逐句对照法、整体感觉法、逐层分析法等。

逐句对照法是一种较为传统的方法，即将软件作品进行逐字逐句对照，对比包括两段源程序对比、源程序和目标程序之间的对比、两段目标程序间的对比。整体感觉法主要是通过对该两件软件作品所呈现出来的全部观念及感觉是否具有相似性来加以判定。逐层分析法的内涵为判断两个软件是否构成实质性相似，不能拘泥于将两段程序作直接的比较，以相似之处的数量多寡来认定，而是要从系统设计、功能设计、结构顺序、结果的输入输出等方面逐层分析。有人认为，运用这种判定方法所保护的不仅仅是软件的表达，而且包括了软件的部分设计思想，违背了《著作权法》的基本原则和软件保护的初衷，在美国法院的判例中，该方法逐步得到完善。

早期的 Apple 公司诉 Franklin 公司案①中，法院认为计算机软件中受著作权保护的对象为表达，且不受存储形式改变的影响。后来的 Whelan 公司诉 Jaslow 公司案②中，确立了"序列、结构与组织"（SSO）法则，该法则解决了如何区分哪些受著作权保护，哪些不受著作权保护的问题。该案中，原告以 EDL 语言设计出一款软件，被告聘用曾参与原告该款软件设计的程序设计师，以 BASIC 语言编写出一款具有同样功能的同类型管理软件，并进行销售。该案中，运行于两款软件的编写语言不一样，并且两者之间并无完全相同的现象，然而法院以两种程序序列、结构及组织相同为由判定侵权成立。法院认为软件的序列、结构及组织是程序的一种思想表达，其解释理由在于"对于一项实用作品而言，其创作的目的和作品的

---

① See Apple Computer, Inc. v. Franklin Computer Corp. 714 F. 2d 1240 (3d Cir. 1983).

② See Whelan Assocs., Inc. v. Jaslow Dental Laboratory, Inc. (3rd Cir. 1986).

功能是该作品的思想概念。而对于目的和功能的实现并非绝对必需的任何东西则都是该思想概念的表现”。[①]

然而,SSO 判定法则存在缺陷,其过于注重形式,而缺乏实证分析。首先,软件的程序内容十分复杂,而该法则的判断标准过于简单,没有进行深入分析;其次,该法则缺乏对软件产业中实际情况及利益关系的深入考量,这难免阻碍创新和软件行业的发展。此外,我国《计算机软件保护条例》第 6 条明文规定了著作权保护的软件的外延范围,对软件著作权的保护不延及开发软件所用的思想、处理过程、操作方法或者数学概念等。由于 SSO 原则使计算机软件的客体不适当地扩大,增大侵权行为认定难度,最终被三步法否定。

Computer Associates International, Inc. v. Altai 一案确立了“抽象、过滤和比较”三步(AFC)判断法则。在“抽象”环节中,应当将计算机程序中的思想部分予以排除。在“过滤”环节中,应当将原告、被告计算机程序中相同但具有其他来源的部分以及符合有限表达的部分予以排除。在“比较”环节中,应当对于排除思想及其他来源及有限表达部分后的内容进行对比。一般来说,被告计算机软件中包含原告及其计算机软件中特有信息或者相同错误且不能说明正当理由的,是认定二者实质相似的重要因素之一。

除去整体感觉法以外,剩下的方法具有很强的专业性,一般由鉴定机构完成,我国现有的鉴定技术基本上依赖于原、被告双方提交的源程序。通常情况下,实质性相似的比对客体应当是原告主张权利的计算机软件源程序与被诉侵权的计算机软件源程序,也可以是原告主张权利的计算机软件目标程序与被诉侵权的计算机软件目标程序。

如上所述,在进行源程序比对之前,应当首先审查原告及被告计算机软件源程序与目标程序的对应性问题。只有在满足源程序与目标程序具有对应关系的前提下,才能对于原告主张权利的计算机软件源程序与被诉侵权的计算机软件目标程序进行比对。

在被告拒不提供被诉侵权软件的源程序及目标程序的情况下,如果原告能够举证证明两者在软件结果(包括软件界面、运行参数、数据库结构等)方面相同或者实质性相似,可以判定被诉侵权软件与原告主张权利的计算机软件构成实质性

① 应明:《计算机软件版权保护》,北京大学出版社 1991 年版,第 151 页。

相似。

在被告拒不提供被诉侵权软件的源程序及目标程序的情况下,被诉侵权软件与原告主张权利的计算机软件在权利管理信息、设计缺陷、冗余设计或者其他特有信息等方面相同的事实,是判定被诉侵权软件与原告主张权利的计算机软件构成实质相似的重要考量因素。

《北京高院著作权审理指南》第 11.8 条原则性规定了被告拒不提供被诉侵权的计算机软件源程序时,被诉侵权的计算机软件目标程序中存在原告主张权利的计算机软件特有内容的,可以认定原、被告的软件构成实质性相似。原告主张的"计算机软件特有内容"包含了冗余设计、设计缺陷。冗余设计、设计缺陷是指软件所特有的、不具备普遍意义的缺陷。这种缺陷通常是因软件设计时的疏漏而造成,表现形式是软件运行时会发生不属于原有设计范围的特别状态。这种缺陷带有很强的偶然性,不同软件之间产生相同特征性缺陷的概率极低。如果存在相同的缺陷性特征,而被告无正当理由拒绝提供源程序或目标程序的,则应充分考虑此类案件原告举证的客观困难,合理推定原、被告软件实质性相同,由被告承担败诉责任。①

---

① 参见宋健、顾韬:《计算机软件侵权认定若干问题论述》,载《人民司法》2014 年第 13 期。

第十三章　著作权合同纠纷的审查与认定

著作权合同一般包括著作权许可使用合同、委托创作合同、出版合同、演艺经纪合同、计算机软件合同等。对著作权合同纠纷进行审查与认定，既需要遵从《民法典》中合同编的相关规定，又要注意《著作权法》中的特殊规定。此外，仍有一些诸如作品验收标准、委托创作合同的定性、解除权的法律适用等问题，在学界及实务界存在争议，在处理相关合同纠纷时应予注意。

第一节　著作权许可使用合同

一、著作权许可合同及其内容

（一）著作权许可合同

著作权许可使用是指著作权人授权他人以法律规定的方式，在一定的时期内和一定的地域范围内商业性利用其作品的行为。[①]

著作权许可使用合同是著作权人与被授权人之间就许可的权利、期限、方式等内容签订的合同。许可他人使用著作权的主体必然是享有著作权的主体，其中既包括原始著作权人，又包括有权对外进行著作权授权的主体。许可使用的客体是著作权，包括全部或部分著作权。

（二）著作权许可合同的内容

根据 2020 年《著作权法》第 26 条的规定，著作权许可使用合同包括下列主要内容：

---

① 参见刘春田：《知识产权法》（第 5 版），中国人民大学出版社 2014 年版，第 108 页。

(1)许可使用的权利种类。著作权许可使用合同必须明确约定著作权人授予被许可人使用的权利种类,2020 年《著作权法》第 10 条第 2 款规定,著作权人可以许可他人行使第 1 款第 5 项至第 17 项规定的权利。这些权利主要包括复制权、发行权、出租权、展览权、表演权、放映权、广播权、信息网络传播权、摄制权、改编权、汇编权等权利。实践中,根据使用人的不同需要,以及著作权人许可使用的意愿,许可使用的著作权的权利种类是不同的。例如,授予被许可人改编权,则被许可人只能通过改编作品的行为使用作品,如被许可人汇编了该作品,则超出了双方在合同中约定的权利种类,则该行为就属于侵犯著作权的行为。

(2)许可使用的性质。许可使用权可以区分为专有使用权或者非专有使用权。专有使用权是一种独占的排他的权利,指著作权人授权被许可人在约定期限和范围内以特定方式使用作品,在合同约定的上述期限和范围内,其他任何人,包括著作权人本人都不能够行使这些权利。2013 年《著作权法实施条例》第 23 条规定,使用他人作品应当同著作权人订立许可使用合同,许可使用的权利是专有使用权的,应当采取书面形式,但是报社、期刊社刊登作品除外。也就是说,著作权许可使用合同中未明确约定授予专有使用权的,使用者仅取得非专有使用权。2013 年《著作权法实施条例》第 24 条规定,专有使用权的内容由合同约定,合同没有约定或者约定不明的,视为被许可人有权排除包括著作权人在内的任何人以同样的方式使用作品;除合同另有约定外,被许可人许可第三人行使同一权利,必须取得著作权人的许可。

(3)许可使用的地域范围、期间。许可使用的地域范围是指被许可使用的著作权在地域上的效力,通常表现在作品的复制或发行、播放等范围,也是作品的使用和传播范围。例如,电影作品的著作权人只允许某某电视台在某某地区播放该电影,其他地区不得播放。又如,某图书的著作权人只允许出版社在国内发行,不允许向国外发行,这些都属于使用作品的地域范围问题。

许可使用的期间是指使用作品的人享有使用作品的期限,也可以说是使用人享有使用权的存续期间,一般表示为从某年某月某日到某年某月某日,也可以表示为从订立合同的时间起到某年某月某日止。期间长短由当事人根据作品的性质以及许可使用的权利种类等在合同中明确约定。

(4)付酬标准和办法。付酬标准和付酬办法之间既有联系,也有区别。付酬标准一般是确定付酬多少的问题,付酬办法一般是确定怎样付酬的问题。例如,出版图书的稿酬按每千字多少元计算等问题属于付酬标准;是预付还是出版之后再付,一次性付酬还是分期付酬,付现金还是支票、汇票支付以及何种货币支付等问题则属于付酬办法。2020 年《著作权法》第 30 条规定:"使用作品的付酬标准可以由当事人约定,也可以按照国家著作权主管部门会同有关部门制定的付酬标准支付报酬。当事人约定不明确的,按照国家著作权主管部门会同有关部门制定的付酬标准支付报酬。"

(5)违约责任。违约就是违反合同约定的义务,违约责任系一方当事人或双方当事人未按约定履行义务时应承担的法律责任。违约责任的具体内容包括违约的具体情形、违约金的计算标准、支付方式、起算时间等,由当事人协商后在合同中确立。

(6)双方认为需要约定的其他内容。上述五项著作权许可使用合同的内容是普遍适用于所有的著作权许可使用合同的,但为了适应各种不同的著作权许可使用合同的特点或需要,《著作权法》还规定,当事人还可以在合同中约定其他需要约定的内容,如解决纠纷的办法、仲裁条款。

二、合同文本约定不明的解释规则

虽然我国《著作权法》规定了著作权许可使用合同应包括的主要内容,但实践中由于多种因素的影响,著作权许可使用合同的内容可能存在约定不明的情况。

由于著作权许可使用合同本身属于合同的一种,因此,关于合同的成立条件、履行、解除、终止、效力、违约责任等都适用《民法典》第三编合同编的内容及相关法律规定。但是由于著作权许可使用合同中涉及的核心内容是许可使用"著作权"这种无形财产,所以,在合同的约定和履行等方面也具有一定的特殊性。因此,对于著作权许可使用合同中约定不明的内容,应根据 2020 年《著作权法》、《民法典》及相关法律法规的规定进行解释。

(一)《民法典》中关于"约定不明"的相关规定

《民法典》第 510 条规定:"合同生效后,当事人就质量、价款或者报酬、履行地点等内容没有约定或者约定不明确的,可以协议补充;不能达成补充协议的,按照合同相关条款或者交易习惯确定。"

《民法典》第 511 条规定:"当事人就有关合同内容约定不明确,依据前条规定仍不能确定的，适用下列规定：（一）质量要求不明确的，按照强制性国家标准履行；没有强制性国家标准的，按照推荐性国家标准履行；没有推荐性国家标准的，按照行业标准履行；没有国家标准、行业标准的，按照通常标准或者符合合同目的的特定标准履行。（二）价款或者报酬不明确的，按照订立合同时履行地的市场价格履行；依法应当执行政府定价或者政府指导价的，依照规定履行。（三）履行地点不明确，给付货币的，在接受货币一方所在地履行；交付不动产的，在不动产所在地履行；其他标的，在履行义务一方所在地履行。（四）履行期限不明确的，债务人可以随时履行，债权人也可以随时请求履行，但是应当给对方必要的准备时间。（五）履行方式不明确的，按照有利于实现合同目的的方式履行。（六）履行费用的负担不明确的，由履行义务一方负担；因债权人原因增加的履行费用，由债权人负担。”

根据上述规定，著作权许可使用合同生效后，当事人就质量、价款或者报酬、履行地点等内容约定不明确又不能达成补充协议的，按照合同相关条款或者交易习惯确定，如仍不能确定的，则适用《民法典》第 511 条的规定予以解释。

（二）著作权法及相关法律法规中关于“约定不明”的相关规定

2020 年《著作权法》第 29 条规定：“许可使用合同和转让合同中著作权人未明确许可、转让的权利，未经著作权人同意，另一方当事人不得行使。”因此，在著作权许可或转让合同中，若双方在合同中对许可或转让的权利范围约定不明，根据前述规定，应当作出有利于著作权人的解释，即推定约定不明的权利或受让不明的权利仍然保留在著作权人手中。

此外，关于稿酬计算标准约定不明的情况，2020 年《著作权法》第 30 条规定：“使用作品的付酬标准可以由当事人约定，也可以按照国家著作权主管部门会同有关部门制定的付酬标准支付报酬。当事人约定不明确的，按照国家著作权主管部门会同有关部门制定的付酬标准支付报酬。”2013 年《著作权法实施条例》第 24 条规定：“著作权法第二十四条规定的专有使用权的内容由合同约定，合同没有约定或者约定不明的，视为被许可人有权排除包括著作权人在内的任何人以同样的方式使用作品；除合同另有约定外，被许可人许可第三人行使同一权利，必须取得著作权人的许可。”

【典型案例155】

在北京市高级人民法院审理的(2019)京民终79号北京合力亿捷科技股份有限公司(以下简称合力亿捷科技公司)、合力亿捷(北京)信息技术有限公司(以下简称合力亿捷信息公司)诉北京容联七陌科技有限公司(以下简称容联七陌公司)、蔡质彬侵害计算机软件著作权纠纷一案中,合力亿捷信息公司是“整合移动互联网接入的云计算电子商务平台”软件(以下简称权利软件)的著作权人,合力亿捷科技公司是权利软件的专有被许可使用人。合力亿捷科技公司、合力亿捷信息公司(以下简称二原告)主张容联七陌公司销售与其权利软件相同的软件产品,且该公司法定代表人蔡质彬曾是二原告的员工,有机会掌握二原告权利软件的全部代码。二原告认为容联七陌公司的行为侵害了其对权利软件的复制权、信息网络传播权。蔡质彬辩称,合力亿捷科技公司已在与蔡质彬签订的《竞业禁止协议》中将权利软件许可给蔡质彬使用。一审法院经审理认为,合力亿捷科技公司没有将权利软件许可给蔡质彬使用的意图,权利软件并未包含在《竞业禁止协议书》中合力亿捷科技公司许可给蔡质彬使用的“企业通信业务类全部知识产权”中,容联七陌公司、蔡质彬应停止侵权。容联七陌公司、蔡质彬不服,提起上诉。二审法院认为,许可使用合同和转让合同中著作权人未明确许可、转让的权利,未经著作权人同意,另一方当事人不得行使。根据上述规定,在著作权许可使用合同对许可范围约定不明的情形下,推定约定不明的权利仍然保留在著作权人手中。鉴于《竞业禁止协议》未对“企业通信业务类全部知识产权”作出明确约定,依据现有证据也难以得出呼叫中心业务属于“企业通信业务类全部知识产权”的明确结论,难以认定容联七陌公司、蔡质彬的使用行为获得了著作权人的许可。

三、超出许可范围使用的情形与认定

实践中,超出许可范围使用的情形包括超出许可使用的期限、超出许可使用的地域范围、超出许可使用的权利种类、超出许可使用的方式使用许可作品等情形。一般而言,被许可人可能会同时出现上述超出许可使用范围使用的几种情形。

(一)超出许可期限、权利、方式使用

超出许可期限是指被许可方在授权期限届满后仍旧使用许可作品的情形;超

出许可权利是指被许可人行使了著作权许可合同中未授予的权利;超出许可方式是指在合同指定作品使用方式的情况下,被许可人在许可方式以外使用作品。

一般而言,被许可人超出协议许可的范围使用作品,会导致著作权人行使著作权受到阻碍,既违反合同约定,也对著作权人的权益造成损害。司法实践中,著作权人可以向被许可人要求赔偿,在西安芳和影视传播有限公司诉北京乐影网络科技有限公司著作权合同纠纷一案[①]中,法院认为北京乐影网络科技有限公司未经西安芳和影视传播有限公司许可,超出许可期限范围转授权涉案影片,构成违约,应当承担赔偿责任。在叶肇鑫诉上海浦睿文化传播有限公司、湖南电子音像出版社有限责任公司等著作权权属纠纷一案[②]中,法院认为湖南电子音像出版社有限责任公司存在超出叶肇鑫授权范围复制、发行涉案作品的行为,构成侵权。

(二)超出许可范围使用、生产、销售商品

司法实践中,对于超出许可协议范围生产、销售商品的性质存在以下三种观点:

(1)超出许可范围生产、销售的商品本质上并未侵犯著作权人的权利,应当认定为违约;

(2)超出协议范围生产的商品为侵犯著作权的商品,而超出协议范围销售的商品是在著作权人许可的情况下生产出来的,并未攫取作者投入的创造性智力劳动,不构成著作权侵权;

(3)超出许可协议范围生产、销售商品攫取了本应属于著作权人的商业利益,构成违约责任和侵权责任的竞合,著作权人有权择一主张权利。[③]

我们认为,我国《著作权法》意义上的作品具备独创性,侵犯著作权的本质在于窃取了作者的创造性劳动,攫取了著作权人的商业利益,从而对著作权人造成了实质性的损害,因此超出协议约定的范围使用作品,不但是违反合同约定的行为,更是侵害著作权人权利的行为,著作权人有权请求侵权人承担侵权责任。此外,处于同行业的竞争者不正当地攫取他人商业利益的行为,也是侵犯他人的合法权益

① 参见北京市海淀区人民法院民事判决书,(2017)京0108民初53869号。

② 参见上海市普陀区人民法院民事判决书,(2016)沪0107民初17557号。

③ 参见马宁、洪靖:《法官以案说法:超出许可范围使用作品亦构成侵权》,载上海知识产权频道2020年6月10日,http://www.shzgh.org/zscq/yasf/u1ai26057.html。

的不正当竞争行为。

【典型案例156】

在浙江省高级人民法院审理的(2018)浙民终346号维亚科姆国际公司诉宁波雅格投资管理有限公司(以下简称雅格投资公司)等侵害其他著作财产权及不正当竞争一案中,维亚科姆国际公司依法享有海绵宝宝系列作品的著作权,维亚科姆国际公司所属公司于2011年4月与北京麦幼优投资有限公司(以下简称麦幼优公司)签订《商品许可协议》,将海绵宝宝系列作品授权麦幼优公司使用,约定麦幼优公司无权授予第三方使用授权作品,雅格投资公司、象山雅格主题乐园管理有限公司(以下简称雅格乐园公司)系关联公司,上述两公司共同设立并经营的游乐园在外部装修及内部装饰和陈设上使用了海绵宝宝系列作品,经了解,雅格乐游乐园由麦幼优公司2014年授权加盟,维亚科姆国际公司认为三被告构成侵权。法院认为,麦幼优公司虽然于2011年4月1日与维亚科姆公司签订了《商品许可协议》,但该协议授权许可的产品仅限于七类游戏及游乐设备,并不包含被诉侵权行为所涉的主题公园使用许可资产、名称、商标及角色肖像的权利等权利,麦幼优公司在《商品许可协议》的授权期限届满后授权雅格投资公司使用授权作品,主观恶意十分明显,并且在签订该授权协议后,麦幼优公司又向雅格投资公司销售使用了涉案作品的设备,同时亦许可雅格投资公司和雅格乐园公司使用包含涉案作品的特许系统。因此,麦幼优公司不仅自己实施了著作权侵权行为,对雅格投资公司和雅格乐园公司的著作权侵权行为具有共同的意思联络和侵权故意,应承担相应责任。

四、著作权人不得对专有使用权进行重复许可

(一)著作权人无法律依据对专有使用权进行重复许可

专有使用权具有明确的排他性。在被许可的使用方式、使用时间和地域范围内,作品只能由专有使用权人单独使用,专有使用权人有权排除包括著作权人在内的任何第三人以被许可的同样方式使用作品。因此,专有使用权是一种独占的和排他的权利。换言之,著作权人对专有使用权进行重复许可是无法律依据的。

除此之外,著作权人将专有使用权进行重复许可,既损害了被授权人的利益,也会扰乱市场的秩序,不利于社会稳定。因此,著作权人不得对专有使用权进行

重复许可。

（二）关于专有使用权重复许可的处理

尽管根据我国《著作权法》的相关规定，著作权人不得对专有使用权进行重复许可，但司法实践中不乏重复许可的案例，例如，在乐视网信息技术（北京）股份有限公司诉央视国际网络有限公司侵害作品信息网络传播权纠纷一案①中，法院认为著作权人通过合同授权他人专有使用的，著作权人无权就相同的权利再次处分。原著作权人就相同权利重复进行许可的，应当支持在先被许可人取得专有使用权。在乐视网（天津）信息技术有限公司诉一九零五（北京）网络科技有限公司侵害作品信息网络传播权纠纷一案②中，法院认为著作权人通过合同转让其著作权或授权他人专有使用的，受让人或被许可人取得合同约定的著作权或专有使用权，原著作权人在合同约定范围内无权就相同的权利再次处分。原著作权人就相同权利重复进行转让或许可的，法院应当依法支持在先受让人或被许可人取得著作权或专有使用权。

司法实践中，对著作权许可中专有使用权的重复授权问题，都采取了保护在先被许可人专有使用权的处理方式，理由为：一是保护在先获得的专有使用权权利，对于许可在后的被许可人，法院认为原著作权人在合同约定范围内无权就相同的权利再次处分。原著作权人就相同权利重复进行许可的，法院应当依法支持在先被许可人取得专有使用权。二是根据权利冲突解决中保护在先权利的原则进行处理，当在后获得的独占许可使用权与在先获得的许可使用权产生了权利冲突时，应当依据权利冲突解决中保护在先权利的原则进行处理。

第二节　委托创作合同

一、委托创作合同类型的判断

委托创作合同即委托人与受托人之间就委托人委托受托人创作作品所签订的合同。委托创作合同可以用书面形式，也可以用口头形式；委托创作合同可以

---

① 参见北京知识产权法院民事判决书，（2018）京 73 民终 394 号。

② 参见北京互联网法院民事判决书，（2019）京 0491 民初 1096 号。

是有偿合同,也可以是无偿合同。

(一)确定合同类型的意义

《民法典》合同编分为通则、典型合同和准合同。通则的规定适用于所有类型的合同,典型合同对 19 种常见的合同作出系统、全面且有针对性的规定,就是为了在确定合同类型后,直接适用不同类型合同的相关规定。

“鉴于大多数之任意规定及强行规定,存在于各种之债,即法定有名契约类型中,故关于契约之法律适用,传统上,大陆法系之思考习惯,系以契约之定性为问题解决之出发点。”[①]在审理合同纠纷案件时,认定合同的类型通常是审理的开端。如果能够根据合同中的某些条款将合同归类于典型合同中规定的某一种合同,就能够直接适用相关的规定进行裁判,确定各方当事人应当享有的权利和应当承担的义务,保证合同各方当事人对合同权利义务有合理的预期;如果无法认定合同类型,或者合同类型认定错误,则可能造成只能适用通则中的一般性规定,甚至适用法律错误的情况发生,从而损害合同各方当事人的利益。

关于委托创作合同,首先要分析的是这种合同究竟属于《民法典》中规定的哪一类合同。对此,司法实践中有两种观点:一种观点认为是委托合同,如孙午良与陈廷一委托创作合同纠纷一案中[②],法院认为“委托创作合同属于合同法委托合同的范畴,合同法关于委托合同的相关规定适用于委托创作合同”。另一种观点认为是承揽合同,如宝鸡新汉飞汽车用品配件商城有限公司与李锐合同纠纷一案[③]中,二审法院确认了一审法院关于“本案证据足以证实原被告双方已达成委托创作合同,原告为承揽人”的认定。关于委托合同和承揽合同,《民法典》分别为合同双方设置了迥然不同的权利义务。在委托合同中,如果委托人同意受托人转委托,则受托人不需要对转委托的第三人的行为承担责任;在承揽合同中,即使定作人同意承揽人将承揽的工作交给第三人完成,承揽人仍然要对第三人的成果负责,而不是仅对第三人的选任负责。在经定作人同意的第三人对合同的履行有瑕疵且没有偿付能力时,如果将一个承揽合同错误地认定成一个委托合同,定作人将无法从承揽人处获得赔偿,从而蒙受不必要的损失;如果将一个委托合同错误

---

① 王泽鉴:《债法原理》,北京大学出版社 2009 年版,第 89 页。

② 参见最高人民法院民事裁定书,(2013)民申字第 2353 号。

③ 参见陕西省高级人民法院民事判决书,(2015)陕民二终字第 00140 号。

地认定为承揽合同，则将使受托人遭受“飞来横祸”，承担莫须有的赔偿责任，因此确定合同的类型在合同纠纷的审判实践中意义重大。

（二）合同类型的认定规则

《民法典》对有名合同种类作出了明确的规定，包括买卖合同、借款合同、租赁合同、承揽合同、委托合同等。但问题是，现实生活中合同双方或多方签订的合同成千上万种，如何判定这些合同究竟属于法律规定的哪一类合同呢？我们认为，在合同类型的认定问题上，应当综合考量合同的名称和合同的权利义务内容，在两者发生冲突的情况下，后者优先。

1996 年《最高人民法院关于经济合同的名称与内容不一致时如何确定管辖权问题的批复》中指出：“一、当事人签订的经济合同虽具有明确、规范的名称，但合同约定的权利义务内容与名称不一致的，应当以该合同约定的权利义务内容确定合同的性质，从而确定合同的履行地和法院的管辖权。二、合同的名称与合同约定的权利义务内容不一致，而且根据该合同约定的权利义务内容难以区分合同性质的，以及合同的名称与该合同约定的部分权利义务内容相符的，则以合同的名称确定合同的履行地和法院的管辖权。”2001 年 6 月 15 日《全国法院知识产权审判工作会议关于审理技术纠纷合同案件若干问题的纪要》第 33 条规定：“技术合同名称与合同约定的权利义务关系不一致的，应当按照合同约定的权利义务关系内容，确定合同的类型和案由，适用相应的法律、法规。”

由此可知，合同名称对合同类型有一定的限定作用，但仅限于无法从合同的权利义务内容中认定合同类型或者合同权利义务内容与合同名称表述不一致时。要最终确定合同类型，还要看当事人约定的权利义务的具体内容究竟符合法律规定的哪一类合同的特征。

（三）委托创作合同的定性

如上所述，对于委托创作合同的性质尚存争议，主要有以下观点：（1）委托创作合同是一种委托合同，即委托人和受托人约定，由受托人处理委托人事物的合同。① （2）委托创作合同具有承揽合同的性质。这种观点认为，虽然习惯上把应

① 参见金勇军：《知识产权法原理》，中国政法大学出版社 2002 年版，第 289 页。

人之约创作的作品认定为委托作品，我国《著作权法》也称之为委托作品，但是受约人依约定向出约人提供的不是劳务，也不是处理或管理事务，而是特定的文学艺术作品。这种特征反映了承揽合同的性质，以这种方式创作完成的作品实际上是定作作品，双方是一种承揽合同关系。[①] (3)委托创作合同属于委托合同或者承揽合同。在1999年11月11日《国家版权局关于〈快乐大本营〉一案给长沙市开福区人民法院的答复》中称委托作品为“在民法的委托或者承揽关系下创作的作品”。(4)委托创作合同系不同于民法意义上的“委托”的特殊委托合同，只有在极少数场合中，才可将委托创作合同认定为承揽合同。(5)委托创作合同既不属于委托合同也不属于承揽合同，而是一种无名合同。由上述观点可见，各家理论分歧集中在委托创作合同与委托合同、承揽合同之间的关系中。

单从名称上看，委托创作合同似乎是一种委托合同，出版界习惯地将应人之约创作的作品称为委托作品，我国《著作权法》也使用了“受委托创作的作品”这一称谓，但这并不意味着委托创作合同就当然属于委托合同。我们认为，委托创作合同究竟是属于委托合同的范畴，还是具有承揽合同的性质，还需要综合考量两种合同的权利义务内容。

与委托合同相比，首先，委托合同是委托人和受托人约定，由受托人处理委托人事务的合同。可见，委托合同是提供劳务以完成一定任务的合同，目的在于处理委托人的事务。而委托创作合同中，“委托人”并没有民事权利可以交给“受托人”代为行使和处分，也并不在于以受托人提供的劳务为委托人处理或管理事务，其目的在于受托人能够向委托人交付符合要求的作品。其次，由于委托合同不以交付工作成果为目的，通常不涉及成果验收的问题。而委托创作合同中，成果验收是合同履行的一个重要环节，也是极易发生争议引起纠纷的合同事项。最后，委托合同中受托人接受委托人的委托后，代为处理事务时将对外发生代理关系。而委托创作合同中，作者完成创作任务时一般不会再对外产生其他法律关系。综上，我们认为，委托创作合同与委托合同相比，多有性质不符之处。

《民法典》第770条规定：“承揽合同是承揽人按照定作人的要求完成工作，交付工作成果，定作人支付报酬的合同。承揽包括加工、定作、修理、复制、测试、检验等工作。”相对委托合同来说，承揽合同与委托创作合同的特征更为贴近。如委

---

① 参见刘春田主编：《知识产权法》(第2版)，中国人民大学出版社2002年版，第92～93页。

托剧本创作的合同,通常片方会给出剧本的主题、人物设置、人物关系、大事件时间线、故事大纲和分集大纲(电视剧)等,要求作家进行创作,作家会根据片方的要求创作剧本并将创作的成果交付给片方,片方向作家支付报酬,这些都与承揽合同的定义十分相似。而且剧本委托创作合同中,作家通常需要保证自己创作的剧本质量,对自己创作的剧本负责,如果创作的剧本不符合质量要求,片方还可以要求其修改。这些特征也符合《民法典》关于承揽合同的规定。

我们认为,委托创作合同是一种受《著作权法》与《民法典》同时规制的特殊合同,其与《民法典》中规定的有名合同确有不同,但对于其法律适用,可以根据其特点借鉴和参考《民法典》中与之最为相似的承揽合同的相关规定。

二、委托创作成果的归属

2020 年《著作权法》第 19 条规定:"受委托创作的作品,著作权的归属由委托人和受托人通过合同约定。合同未作明确约定或者没有订立合同的,著作权属于受托人。"

受委托创作的作品,著作权的归属由委托人和受托人通过合同约定。在委托创作合同中,委托人和受托人可以约定著作权归属于委托人,或者归属于受托人,或者由委托人、受托人共同享有,或者各自享有一部分权利。在此,委托人并不是作者,其之所以可能获得著作权,完全是双方约定的结果。委托创作合同没有约定的,著作权的归属应该遵从"创作作品的为作者,作者享有著作权"的《著作权法》基本原则,由受托人即创作者享有委托作品的著作权。

三、创作成果的质量标准及判断

(一)创作成果的质量标准

将委托创作合同认定与承揽合同更为贴近,可以很好地解释为什么有的受托人创作的作品价值高,有的价值低;为什么委托人邀请这个受托人,而不邀请另一个受托人。原因就在于《民法典》第 772 条第 2 款规定:"承揽人将其承揽的主要工作交由第三人完成的,应当就该第三人完成的工作成果向定作人负责;未经定作人同意的,定作人也可以解除合同。"第 780 条规定:"承揽人完成工作的,应当向定作人交付工作成果,并提交必要的技术资料和有关质量证明。定作人应当验收该工作成果。"第 781 条规定:"承揽人交付的工作成果不符合质量要求的,定作人可以合理选择请求承揽人承担修理、重作、减少报酬、赔偿损失等违约责任。”正是由于这些规定,才使委托人(定作人)能够合理地预期受委托创作人(承揽人)未经片方同意不会让第三人代作,即使让第三人代作,也要达到委托人委托的受托人应达到的创作水平。如果受托人交付的作品不符合质量标准,委托人可以要求受托人修改、重作,如果受托人拒绝修改,则可以减少受托人的报酬。但是在司法实践中,关于委托创作合同工作成果的质量标准经常出现争议,法院很难找到一个能够平衡各方利益的标准。由此可见,为委托创作合同找到最为贴近的有名合同相关规定进行适用,合同的责任关系、责任对象、转包问题、交付义务、验收义务、修改义务都能够得到很好的厘清。

如何把握委托创作作品的交付质量标准,合同双方经常出现争议。根据《民法典》第 510 条及第 511 条的规定,合同生效后,当事人就质量、价款或者报酬、履行地点等内容没有约定或者约定不明确的,可以协议补充;不能达成补充协议的,按照合同有关条款或者交易习惯确定。对质量要求不明确的,按照强制性国家标准履行;没有强制性国家标准的,按照推荐性国家标准履行;没有推荐性国家标准的,按照行业标准履行;没有国家标准、行业标准的,按照通常标准或者符合合同目的的特定标准履行。

一般而言,在委托创作合同中,很难有国家标准或者行业标准可以作为参考依据,作品质量的评判标准本身就具有很强的主观性,所以在委托创作合同纠纷案件中,双方当事人都无法举证证明存在一个客观的国家标准或行业标准来作为委托创作作品交付质量的参考依据,创作成果的交付质量标准基本要依靠当事人之间的约定。譬如一份剧本委托创作合同中,当事人对交付质量标准通常会约定两种情形:一种情形是“剧本质量满足拍摄的需要”;另一种情形是“剧本要得到委托方的认可”。但是两种看似具体的创作成果质量标准的约定在实践中给当事人留下了巨大的解释空间,进而导致权利被滥用。

就第一种情形而言,什么样的剧本“符合电视剧的拍摄标准”?基本上所有的剧本都符合电视剧拍摄的标准,只要有矛盾冲突、人物、情节、对白、场景设置等剧本必备的要素,就可以拍出一部影视剧。一个编剧专业刚毕业的学生和一个著名的编剧都能写出一个“符合电视剧拍摄标准”的剧本,但很明显两者的质量有天壤之别。前述案件的标准无法有效地评价矛盾设计得是否巧妙,情节是否合理,主题是否鲜明,人物是否丰满,逻辑是否严密等对剧本非常重要的因素,更加无法解释为什么委托人要找著名作家或编剧，而不找一个编剧专业在校学生。我们认为，这个标准对委托人来说未免有失公允。

但是，就第二种情形而言，如果任由委托人按照自己的主观意图确定创作成果的质量标准，很容易造成委托人滥用权利，造成受委托创作人“赔了夫人又折兵”的后果。如果委托人可以按照主观判断制定质量标准，容易造成委托人用诸如“人物不够丰满”“情节不够巧妙”“逻辑不够严密”等一些并不具有实际意义的理由，且在实质上赋予委托人零成本解除合同权利的同时使受委托创作人承担相应的违约责任，这是违背公平正义的。尤其是在合同谈判的过程中，委托人通常处于强势地位，除了一些非常知名的作家，受委托创作人基本上是没有谈判筹码的，只能被动接受委托人提出的条件，因此诸如“获得委托方认可”之类的质量标准屡见不鲜。针对这种现象，更应该严格地限制委托人对创作成果质量标准的解释，限制委托人以质量不符合标准为由任意解除合同。

通过上述分析可知，即使委托创作合同中对质量标准作出了相关约定，这些约定也并不具有可操作性，仍然属于约定不明的情况。而且，考虑到影视作品创作的特点，合同中也很难准确、量化地给受委托创作人一个具体的质量标准，而委托创作合同的成果又没有国家标准或者行业标准，因此创作成果就应当达到“通常标准”。我们认为，“通常标准”应当是指相同价格对应的中等质量标准。如果受委托创作人能够举证证明其创作成果达到了与合同对价相当的其他承揽人创作成果的中等水平，则可以视为该受委托创作人的创作成果符合质量标准，进而履行了委托创作合同的义务。

（二）创作成果的质量判断

1. 约定优先

如委托人与受托人在委托创作合同中就创作成果质量的判断作出了明确约定（如剧本委托创作合同的脚本、故事大纲、故事梗概、分集大纲及其他具体要求），则根据该约定对受托人交付的创作成果的质量进行判断。

2. 适用《民法典》第511条的规定进行判断

如上所述，委托创作合同的工作成果一般没有国家标准或者行业标准作为判断标准，需要根据通常标准或者符合合同目的的特定标准进行判断。一般而言，通常标准是指相同价格对应的中等质量标准。

3. 约定不明,根据有利于受委托创作人的解释进行判断

委托创作合同中的受委托创作人具有人身性的特征,即签约时委托人就其委托创作事项充分信任受委托创作人,而委托事项具有独特性乃至唯一性,如果签约时没有就质量标准作出非常具体明确的约定,可以根据有利于受委托创作人的解释进行判断,不过受委托创作人应当举证证明其成果质量达到此类合同的一般水平,同时可以限制委托人以质量不符合要求为借口解除合同。

【典型案例 157】

在最高人民法院审理的(2019)最高法民申 331 号云南诱派光线影视制作有限公司(以下简称诱派公司)诉武义好运来门业有限公司(以下简称好运来公司)音像制品制作合同纠纷一案中,好运来公司与诱派公司签订委托创作合同,约定诱派公司为好运来公司创作宣传片,于 2016 年 5 月 25 日交付,好运来公司签字确认最终成片后的 5 个工作日内向诱派公司支付合同尾款 7 万元。后双方因宣传片的质量问题产生争议,遂诉至法院。好运来公司主张其对于交付的宣传片一直未签字确认,但其在多个场合下实际公开使用了诱派公司交付的宣传片。法院认为,即使未通过签字确认的方式对宣传片质量进行认可,但好运来公司以实际行为认可了宣传片的质量,据此可推定好运来公司以实际行为表示了对宣传片的认可,宣传片的质量基本符合合同目的。且好运来公司无证据证明诱派公司交付的宣传片质量不符合合同约定,因此,好运来公司不具有拒绝支付尾款的先履行抗辩权,应当按照约定向诱派公司支付尾款。

四、委托创作合同无效的典型情形

与《合同法》(已废止)不同,《民法典》对于合同无效的规定并不集中,而是散见于《民法典》的"第一编总则第六章民事法律行为"和"第三编合同"中。根据《民法典》的上述规定,委托创作合同无效(包括全部或部分无效)的典型情形可以分为以下几种:

1. 主体不适格者签订的委托创作合同无效

《民法典》第 144 条规定:"无民事行为能力人实施的民事法律行为无效。"第 20 条规定:"不满八周岁的未成年人为无民事行为能力人,由其法定代理人代理实施民事法律行为。"第 21 条规定:"不能辨认自己行为的成年人为无民事行为能力

人,由其法定代理人代理实施民事法律行为。八周岁以上的未成年人不能辨认自己行为的,适用前款规定。”根据《民法典》的上述规定,无民事行为能力人、不满8周岁的未成年人、不能辨认自己行为的成年人、不能辨认自己行为的8周岁以上的未成年人签订的委托创作合同无效。

2. 意思表示不真实者签订的委托创作合同无效

《民法典》第146条规定:“行为人与相对人以虚假的意思表示实施的民事法律行为无效。以虚假的意思表示隐藏的民事法律行为的效力,依照有关法律规定处理。”根据《民法典》的上述规定,意思表示不真实者签订的委托创作合同无效。

3. 违反法律、行政法规的强制性规定的委托创作合同无效

《民法典》第153条第1款规定:“违反法律、行政法规的强制性规定的民事法律行为无效。但是,该强制性规定不导致该民事法律行为无效的除外。”根据《民法典》的上述规定,违反法律、行政法规的强制性规定的委托创作合同无效。不过何谓强制性规定,比较复杂,需要根据个案的具体情况裁量。另外,对于强制性规定,通常指影响合同效力的强制性规定,并非所有的强制性规定均导致合同无效。

4. 违背公序良俗的委托创作合同无效

《民法典》第153条第2款规定:“违背公序良俗的民事法律行为无效。”根据《民法典》的上述规定,违背公序良俗的委托创作合同无效。

5. 恶意串通损害他人利益的委托创作合同无效

《民法典》第154条规定:“行为人与相对人恶意串通,损害他人合法权益的民事法律行为无效。”根据《民法典》的上述规定,恶意串通损害他人利益的委托创作合同无效。不过恶意串通是否导致合同全部无效,也需要根据个案的具体情况进行裁量。

6. 具有《民法典》规定格式条款无效情形的无效

《民法典》第497条规定:“有下列情形之一的,该格式条款无效:(一)具有本法第一编第六章第三节和本法第五百零六条规定的无效情形;(二)提供格式条款一方不合理地免除或者减轻其责任、加重对方责任、限制对方主要权利;(三)提供格式条款一方排除对方主要权利。”根据《民法典》的上述规定,具有前述情形的格式条款无效。不过格式合同的判断以及哪些条款属于上述影响合同效力的格式条款比较复杂,也需要结合个案进行判断。

7. 具有《民法典》规定免责条款无效的情形的无效

《民法典》第506条规定:“合同中的下列免责条款无效:(一)造成对方人身损害的;(二)因故意或者重大过失造成对方财产损失的。”根据《民法典》的上述规定,具有前述情形的免责条款无效。不过合同哪些条款属于影响合同效力的免责条款比较复杂,也需要结合个案进行判断。

8. 因具有被撤销情形而被撤销的委托创作合同自始无效

《民法典》第145条规定:“限制民事行为能力人实施的纯获利益的民事法律行为或者与其年龄、智力、精神健康状况相适应的民事法律行为有效;实施的其他民事法律行为经法定代理人同意或者追认后有效。相对人可以催告法定代理人自收到通知之日起三十日内予以追认。法定代理人未作表示的,视为拒绝追认。民事法律行为被追认前,善意相对人有撤销的权利。撤销应当以通知的方式作出。”第147条规定:“基于重大误解实施的民事法律行为,行为人有权请求人民法院或者仲裁机构予以撤销。”第148条规定:“一方以欺诈手段,使对方在违背真实意思的情况下实施的民事法律行为,受欺诈方有权请求人民法院或者仲裁机构予以撤销。”第149条规定:“第三人实施欺诈行为,使一方在违背真实意思的情况下实施的民事法律行为,对方知道或者应当知道该欺诈行为的,受欺诈方有权请求人民法院或者仲裁机构予以撤销。”第150条规定:“一方或者第三人以胁迫手段,使对方在违背真实意思的情况下实施的民事法律行为,受胁迫方有权请求人民法院或者仲裁机构予以撤销。”第151条规定:“一方利用对方处于危困状态、缺乏判断能力等情形,致使民事法律行为成立时显失公平的,受损害方有权请求人民法院或者仲裁机构予以撤销。”第155条规定:“无效的或者被撤销的民事法律行为自始没有法律约束力。”根据《民法典》的上述规定,具有撤销情形的民事法律行为,被撤销的,自始没有法律拘束力,即具有上述撤销情形而被撤销的委托创作合同自始无效。

五、委托创作合同的单方解除权

如上所述,在认为委托创作合同可以参考适用承揽合同相关规定的前提下,能否认定作品创作的委托人享有单方解除权?《民法典》第787条规定,定作人在承揽人完成工作前可以随时解除合同,造成承揽人损失的,应当赔偿损失。根据该条规定,委托创作合同的委托人在受托人完成工作前可以随时解除合同,即委托人享有任意解除权,但如因委托人行使任意解除权造成受托人损失的,委托人应当赔偿受托人由此遭受的损失。法律赋予了定作人享有随时解除合同的权利,凭借单方解除权,定作人得以单方行为终止与承揽人的合同关系。

我们认为,委托创作合同原则上也可以适用上述法律规定,即创作作品的委托人享有单方解除权。但是,为了平衡委托人与作品创作者之间的利益关系,法律规定委托人行使单方解除权时必须满足一定条件。首先,单方解除权的行使,应当在受委托创作者完成工作成果之前行使。其次,委托人决定行使单方解除权时,应当通知作品创作者,以避免损失扩大。最后,委托人行使单方解除权给受委托创作者造成了损失的,应当赔偿其因此造成的经济损失。

第三节　出 版 合 同

一、“出版权”及出版合同

2020 年《著作权法》第 10 条规定了著作权人享有的著作权的各种权项,但并没有将“出版权”作为著作权的一项内容予以规定。实质上,著作权人的“出版权”包含内容完全可被 2020 年《著作权法》第 10 条中的复制权和发行权涵盖。从这个意义上讲,“出版权”是作者著作权的内容,作者对其作品享有是否出版,以及选择哪家出版机构予以出版的权利。“出版权”体现了作者对作品复制和发行的控制权。

根据 2020 年《著作权法》第 32 条的规定,图书出版者出版图书应当和著作权人订立出版合同,并支付报酬。出版合同是指著作权人将其作品交付出版者出版,出版者依法支付报酬的协议,属于著作权许可使用合同的一种。具有出版资格的只能是经国家有关部门批准登记享有出版经营权的正式出版单位,著作权人如果希望以出版形式行使 2020 年《著作权法》第 10 条规定的复制权和发行权,只能与出版者签订出版合同,著作权人向出版者让与复制和发行的权利,从而获得金钱补偿。

二、出版合同中优先签约条款

优先签约条款即优先签约权,是指作者与出版者在出版合同中签订的,在出版合同有效期限内或出版合同期限届满后,就作者新创作的作品或出版合同项下作品,在同等条件下该出版者享有优先与作者签约的权利。“优先签约权”不是法定权利,是基于合同双方意思表示一致而达成的出版社得以主张的请求权,如果作者违反该项约定,出版者可以依据合同向作者主张违约责任。实践中,“优先签约权”在出版合同中十分常见,基于请求权的性质,出版者仅能向作者主张违约责任,无权阻止作品的转让与授权。

【典型案例158】

在最高人民法院审理的(2016)最高法民再177号北京开维文化有限责任公司(以下简称开维公司)、阅读纪公司诉蒋春玲出版合同纠纷一案中,蒋春玲与开维公司签订《出版合作协议书》,就蒋春玲自2007年5月25日至2012年5月24日创作作品合作出版事宜达成协议。2011年3月11日,蒋春玲与开维公司、阅读纪公司签订《补充协议》,约定《出版合作协议》于2011年6月30日终止,蒋春玲新创作的作品,阅读纪公司在同等出版合作条件下享有优先签约的权利。合同中违约责任部分约定,如蒋春玲违反本补充协议,应向阅读纪公司支付违约金50万元。2012年4月10日,蒋春玲在未通知阅读纪公司的情况下签订《著作权许可使用合同》,将其新创作的作品《蚀心者》的出版发行权授予了他人,开维公司、阅读纪公司知晓后,与蒋春玲进行了协商,三方协商未果后诉至法院。一审法院认为,由于蒋春玲没有告知阅读纪公司,致使阅读纪公司丧失了就涉案作品《蚀心者》相互竞价的权利,也导致阅读纪公司丧失了优先签约权的基础。因此蒋春玲的行为侵害了阅读纪公司的优先签约权。二审法院认为,判断是否违背优先签约权首先应当明确“在同等条件下”的含义,依照《合同法》(已废止)的规定,“同等出版合作条件”的内涵依照双方的交易习惯确定,具体以蒋春玲与开维公司、阅读纪公司签订的出版合同为准,蒋春玲新签订的出版合同的合作条件与之并不相同,因而不符合“同等条件下”,涉案情形中阅读纪公司不享有优先签约权。最高人民法院再审认为,优先签约权的行使应当兼顾出版商利益的保护和作者创作积极性的维护,实现出版行业的健康有序发展。出版商行使优先签约权的基础是其知晓作者有新作品问世并准备出版,该事项的知晓有赖于作者的通知,因此,通知是优先签约权条款项下作者的合同义务,蒋春玲在没有通知阅读纪公司的情况下即与其他出版商合作出版其新作品,违反了《补充协议》中关于优先签约权的约定,应当承担相应的违约责任。

从上述案例中可以看出，二审法院将“同等条件”解释为出版者与作者签订的旧出版合同的条件，只要条件与之不符，出版者便不能主张优先签约权。这种观点错误地将“同等条件”进行了限缩解释，实践中作者完全可以避开原出版条件与他人签约，而在信息不对等的情形下，出版社并不会知晓作者新的签约条件，优先签约条款明显不可能适用，有违公平原则。因此，最高人民法院再审对此进行了纠正，还需要注意的是，合同中优先签约权条款的位置会影响违约责任的认定，该案中《补充协议》将优先签约权条款约定在其他事项中，二审、再审法院因此认定该条款独立于违约条款，不受违约责任条款约束，故最终酌定了5万元违约金。

三、出版合同的法律风险与注意事项

（一）出版机构合理注意义务

《著作权民事纠纷司法解释》第20条规定：“出版物侵害他人著作权的，出版者应当根据其过错、侵权程度及损害后果等承担赔偿损失的责任。出版者对其出版行为的授权、稿件来源和署名、所编辑出版物的内容等未尽到合理注意义务的，依据著作权法第四十九条的规定，承担赔偿损失的责任。出版者应对其已尽合理注意义务承担举证责任。”根据上述规定，出版者应对其出版行为的授权、稿件来源和署名、所编辑出版物的内容等尽到合理注意义务，具体包括以下两方面的审查。

1. 著作权归属和签约人的签约资格

签订出版合同时，出版者首先要确定授权人是否享有著作权，包括是否为作者，是否为转授权人。由于很多作者通常将作品委托他人代理出版，因此出版者在签约时要注意审查委托书或授权书的真实性，授权人的权利范围、期限等内容，当然还需要考察是否受到职务作品、合作作品限制。在上海书画出版社与吴思欧等侵犯著作财产权纠纷一案①中，法院就认为出版社签订的作品许可使用的版权协议，因授权人不适格，依法应认定无效。出版社作为专业出版单位，审查存在重大疏漏，负主要责任。

《著作权民事纠纷司法解释》第19条规定：“出版者、制作者应当对其出版、制作有合法授权承担举证责任。举证不能的，依据著作权法第四十七条、第四十八

---

① 参见江苏省高级人民法院民事判决书，(2009)苏民三终字第0101号。

条的相应规定承担法律责任。”据此，如果出版者提供的证据不能证明其出版行为亦得到原告的许可或者其已对授权手续尽到合理的审查义务，则可以认定出版者的出版行为侵犯了原告享有的著作财产权，应依法承担停止侵害、赔偿损失的民事责任。

2. 作品内容的合法性

对于内容的审查，主要包括三个方面：是否侵犯他人的著作权或其他合法权益；内容是否存在抄袭他人作品的情形；是否违反法律法规的强制性规定。

在签订出版合约时，出版者除了对作品内容进行审查外，可以在合同中约定保证条款，即作品不包含侵犯他人权利或违反法律强制性规定的内容，体现出版者尽到了提示义务。《北京高院著作权审理指南》第5.5条规定，判断出版者是否尽到合理注意义务，应当综合考虑原告主张保护的作品知名度、被诉侵权出版物类型、二者的相似程度、被诉侵权内容在原告主张保护的作品或者被诉侵权作品中所占比例等因素。

【典型案例159】

在北京知识产权法院审理的(2017)京73民终1656号中国医药科技出版社(以下简称中医药出版社)诉云南科技出版社有限责任公司(以下简称云南科技出版社)、北京希可尔世纪文化传播有限公司(以下简称北京希可尔公司)、合肥易满分网络科技有限公司(以下简称合肥易满分公司)著作权纠纷一案中，中国医药出版社经作者授权取得《国家执业药师资格考试应试指南》系列图书(第6~7版)的专有出版权，2014年1月，中国医药出版社出版了系列图书中的《药学综合知识与技能》及《药事管理与法规》两本图书，2014年7月，云南科技出版社出版了《药学综合知识与技能·药事管理与法规》一书，该图书由合肥易满分公司与北京希可尔公司以著作权人身份授权云南科技出版社出版发行，中国医药出版社发现该图书与其出版的两本图书内容高度雷同，遂诉至法院。法院认为，出版者对其出版的授权、内容来源和署名、出版物的内容都负有一定的注意义务，且该注意义务的程度应当与出版者所从事的专业出版活动的工作特点相适应，三被告签订的出版协议中将图书审校的责任交由著作权人，云南科技出版社作为专业的出版者，将对作品审校的义务置于著作权人而非自身，云南科技出版社对被授权人为何同时以著作权人身份授权并不知晓，未尽到合理的注意义务，应当承担侵权责任。

（二）出版单位仅提供书号仍对出版侵权行为承担责任

《出版管理条例》第28条第1款规定，出版物必须按照国家的有关规定载明作者、出版者、印刷者或者复制者、发行者的名称、地址，书号、刊号或者版号，在版编目数据，出版日期、刊期以及其他有关事项。据此，在我国出版图书必须附有书号。根据该规定，图书书号新闻出版行政管理部门核发，所有出版图书使用中国标准书号或者全国统一书号、图书条码以及图书在版编目。

我国禁止出售和转让书号的行为，根据《出版管理条例》的规定，出版单位出售、出租或者以其他形式转让本出版单位书号会受到相应的行政处罚。实践中，出版者与出版商合作出版图书，但出版者仅提供书号，其他工作由出版商完成，此时出版的实质主体是出版商而非出版者，该种情形下，出版者需承担共同侵权责任，即出版单位虽然仅提供书号，但仍应对出版侵权行为承担责任。

（三）未经作者许可转授出版图书构成侵权和违约的竞合

如作者与出版者直接签订的《图书出版合同》中并未授予出版者转授图书出版的权利，出版者与图书出版商合作出版图书属于违反合同约定的行为。同时，出版者未经许可向出版商提供作品进行复制、发行，侵犯了作者享有的著作权。此种情形下，出版者的行为构成侵权责任和违约责任的竞合。根据《北京高院著作权审理指南》中关于违约责任与侵权责任竞合时的起诉规定，著作权人授予被许可使用人的权利内容属于《著作权法》规定的范围，被许可使用人违反合同中关于权利行使方式等约定的，著作权人可以提起侵权之诉。

【典型案例160】

在最高人民法院审理的（2010）民提字第117号李长福诉中国文史出版社侵犯著作权纠纷一案中，法院认为，涉案图书由中国文史出版社以合作出版为名，向书商收取管理费，为书商办理有关手续，由书商自行排版、印刷、发行，致使书商以中国文史出版社的名义从事非法出版活动牟利，构成买卖书号行为，复制发行的主体实质上是书商而不是中国文史出版社。中国文史出版社与作者签订的《图书出版合同》中约定中国文史出版社无权许可他人复制发行涉案作品，因此，中国文史出版社既违反合同约定，又侵犯了作者的著作权，作者有权择一主张。

第四节　演艺经纪合同

一、演艺经纪合同及其性质

顾名思义,演艺经纪合同就是演艺人员与经纪公司所签署的合同。艺人与经纪公司的合作模式主要有全约[①]、分约[②]及共享经纪约[③]三种。艺人与经纪公司之间的上述合作模式,通常以演艺经纪合同予以固定。实践中,演艺经纪合同主要包括如下内容:经纪公司享有对演艺人员的经纪权,负责演艺人员在电影、电视剧、舞台剧、现场表演等中的演艺活动,代表演艺人员对外进行洽谈,安排并策划活动,通过经纪报酬的方式获取收益等。

对于演艺经纪合同的性质,学术界并无统一观点,主流观点为不应该将演艺经纪合同的性质单一化,即生硬地将其套入民法中的有名合同中。司法实践中,通常认为演艺经纪合同是一个集合了委托、居间、行纪、劳动等法律关系的综合性合同,简单将演艺经纪合同归入某一有名合同加以规范,无法真正解决在实务中出现的纠纷,也不符合法律适用及解释的相关原则。[④]

二、演艺经纪合同的法律风险与注意事项

(一)演艺经纪合同的解除

《民法典》第562条规定:"当事人协商一致,可以解除合同。当事人可以约定一方解除合同的事由。解除合同的事由发生时,解除权人可以解除合同。"根据《民法典》的相关规定,演艺经纪合同的解除有三种方式:一是协议解除,二是约定解除,三是法定解除。约定解除是基于当事人的合意,设定解除事由,当解除事由

---

① 全约是指艺人将其全部的演艺活动的代理权都授权给经纪公司,由经纪公司全权代理其全部演艺活动;一般年限较长,且大多会约定较高/极高额违约金。

② 分约是指艺人将不同的演艺活动的代理权授权给不同的经纪公司,如将影视、综艺、广告、宣传等分别进行授权。

③ 共享经纪约是指艺人在参加某节目时已有签约的经纪公司,经纪公司同时与该平台签约,约定艺人进入前几名,经纪公司可与平台分享经纪约,共同打造艺人、共享收益。

④ 参见上海市高级人民法院民事判决书,(2014)沪高民一(民)再提字第8号;上海市第二中级人民法院民事判决书,(2014)沪民二中民一(民)终字第2508号;北京市第一中级人民法院民事判决书,(2008)一中民终字第14677号;上海市第二中级人民法院民事判决书,(2008)沪民二中民一(民)终字第1830号;北京市高级人民法院民事判决书,(2013)高民终字第1164号。

成就时，当事人有权解除合同。

近年来，随着我国文化娱乐业的迅猛发展，经纪公司纷纷涌现，由于演艺经纪合同签订时，艺人通常处于弱势地位，经纪合约的条款对其十分不利，具体表现为不对等的权利义务、较长的签约期限、高额的违约金、苛刻的解除条款等。随着经纪合同的履行，双方关于工作安排、利益分配等内容的矛盾凸显，解约纠纷常常被呈上法庭。如上所述，司法实践中，法院认为演艺经纪合约是综合性合同，通常艺人不享有单方解除权。

在窦骁诉北京新画面影业有限公司演出经纪合同纠纷一案[①]中，法院认为涉案合约具有居间、代理、行纪的综合属性，属于演出经纪合同。此类合同既非代理性质亦非行纪性质，而是各类型相结合的综合性合同，因此不能依据《合同法》（已废止）关于代理合同或行纪合同的规定由合同相对方单方行使解除权。若允许艺人行使单方解除权，将使经纪公司在此类合同的履行中处于不对等的合同地位，而且违背诚实信用的基本原则，同时会鼓励成名艺人为了追求高额收入而恶意解除合同，不利于演艺行业整体运营秩序的建立，因此在演艺合同中单方解除权应当予以合理限制。

在蒋劲夫与天津唐人影视股份有限公司合同纠纷一案[②]中，法院认为，蒋劲夫主张的不支付报酬、未提供充足的演艺机会、未履行合同约定的培训义务等事实并不存在，双方虽在合同履行过程中产生了分歧，但并不存在合同无法履行的法定情形。双方当事人之间的信任虽是履行合同的重要基础，但缺乏信任并非享有合同解除权的法定理由。蒋劲夫以缺乏信任为由主张行使合同解除权，于法无据，不予采纳。

但是，也有法院提出了相反观点。在叶婧怡诉上海英恰文化传媒有限公司演出合同纠纷一案[③]中，法院认为，虽然涉案《演艺事业经纪合同》并不能由任何一方当事人单方解除，但考虑到该合同具有较强的人身属性，亦是基于双方的信赖关系所订立，基于叶婧怡坚持解除合同的意思表示，考虑到系争《演艺事业经纪合同》本应建立在诚实信用、自愿公平的基础上，才有利于双方共同发展；客观上，双方在履行系争合同的过程中已产生了不可调和的矛盾，可见双方已明显缺乏继续

① 参见北京市高级人民法院民事判决书，（2013）高民终字第1164号。

② 参见北京市第三中级人民法院民事判决书，（2016）京03民终13936号。

③ 参见上海市第一中级人民法院民事判决书，（2017）沪01民终5638号。

合作的信赖基础,合同亦难以继续履行,合同目的难以实现,故判决解除双方签订的《演艺事业经纪合同》。

(二)对策和建议

法律的作用不仅在于事后的补救,更在于事前的风险预测和防范。鉴于演艺经纪合同纠纷频发,当事人有必要在签订合同前做好风险预防工作。签约前,经纪公司要严格审核艺人的个人情况、签约能力等。签约时,经纪公司应当以合理方式提请艺人注意关于免除或者限制艺人责任的条款,并明确约定对于演艺经纪合同,艺人不享有单方的解除权。

演艺经纪合同中要明确保障艺人权益,确保艺人对工作安排的知情权。除了常规的表演活动安排,演艺经纪合同中还应当包含对艺人参加活动过程中突发情况的人身安全保障条款。艺人对于演艺经纪合同中的条款也应有权修改或建议。此外,收入分配的条款在合同中的地位非常重要。演艺经纪合同中还应当对艺人在合约有效期内所产生的著作权归属作出明确约定,避免后续因为作品归属不明而产生纠纷。

演艺经纪合同履行过程中,双方均应遵循诚实信用原则,经纪公司应当按照合同的约定兑现向艺人的承诺,包括提供演艺工作资源、培训等行为;艺人则应当保证工作质量,维护好个人形象等。

第五节　计算机软件合同

一、计算机软件合同纠纷案件的特点

按照案由不同,计算机软件合同纠纷案件可以分为计算机软件开发合同纠纷案件、计算机软件著作权许可使用合同纠纷案件、计算机软件著作权转让合同纠纷案件。以北京知识产权法院为例,2014 年以来,该院审结的计算机软件合同纠纷案件中,计算机软件开发合同纠纷案件的数量最多,占比 92.4% ,计算机软件著作权许可合同纠纷和计算机软件著作权转让合同纠纷案件数量相对较少。

(一)诉讼标的物以移动端计算机软件为主

随着经济增长和移动手机用户规模的快速增长,移动网络突破了传统 PC 端

网络的地域和时间的局限性，为网络应用带来前所未有的快捷方便。越来越多的人使用移动网络浏览新闻、搜索信息、收发邮件、购物、聊天、旅游、电子商务，移动网络的快速发展和市场的巨大商机，使移动应用需求快速增长。越来越多的企业和个人需要搭建移动WAP网站和手机应用App进行商业营销活动。在这样的背景下，涉移动网络和手机应用App的计算机软件合同纠纷案件数量激增，在法院受理的计算机软件合同纠纷案件中，大量的案件诉讼标的物涉及手机WAP端和手机应用App软件，功能涵盖游戏、医疗、教育、美妆、旅游、艺术等多个领域。

(二)争议焦点集中在合同履行中的事实和法律问题

计算机软件开发合同纠纷中，争议焦点不仅包括计算机软件的技术问题，还包括在合同履行过程中的事实和法律问题。法律关系与技术判断相互交织，法律关系复杂，涉及多项请求权与抗辩权。开发成果是否交付及交付内容是否符合合同约定、开发成果的在线测试及验收是否合格、当事人的违约责任如何承担等问题，是计算机软件合同案件审理中的重点和难点。

(三)反诉比例高，审理难度和工作量大

仍以北京知识产权法院为例，该院审结的计算机软件合同纠纷案件中，被告提起反诉的案件共39件，占结案数量的8%。提起反诉的案件中，部分原告起诉要求被告支付剩余的开发款项，被告反诉主张原告开发的软件不符合合同约定，要求解除合同，退还已经支付的款项。导致此类纠纷反诉比例较高的原因在于双方对交付的软件是否符合合同约定产生矛盾，或者委托方认为开发方并未完成交付义务。由于本诉案件和反诉案件具有各自的诉讼请求，会增加法院审理案件的工作量和查明事实的难度。

(四)申请财产保全比例高

计算机软件合同纠纷案件审理过程中，原告为了保障将来的胜诉判决能够得到顺利执行，加之目前法院接受财产保险公司以保函的方式为原告提供财产担保，减轻了原告提供财产担保的经济压力，原告往往会向法院提出财产保全的申请，要求法院冻结被告账户一定数额的资金。

(五)进行现场勘验的比例高

计算机软件合同纠纷案件审理过程中,重要的事实也是案件的难点,在于开发方完成开发成果后,委托方对开发成果的完成情况不太满意,常常以开发成果未全部完成或者开发成果不能使用作为抗辩。而合同约定的软件是否按照双方约定的模块、功能开发完成,开发到何种程度,是否可以实际使用等此类技术事实通常要通过庭审中的现场勘验进行查明。为方便法官对技术事实进行查明,法院可以引入技术调查官参与案件事实的审理。

(六)案件调解撤诉比例较高

计算机软件合同纠纷案件调撤率较高,其原因主要有以下两个方面:一是当事人举证能力较低,对案件胜诉预期较低。当事人对于保存固定技术事实的证据的能力较低,相应的软件成果在诉讼中可能已经无法还原,致使法院无法查清合同履行的客观情况,使客观事实处于真伪不明的状态。二是案件事实复杂,诉讼成本较高。计算机软件开发合同履行期限较长,且履行过程中通常会涉及需求的调整和变更,查明事实往往需要进行多次庭审。另外,有些技术事实需要勘验,审理时间较长和经济成本较高是当事人愿意和解的重要原因之一。

二、计算机软件合同纠纷的审理难点及对策

(一)关于合同文本与合同变更内容的确定

计算机软件开发合同在签订和履行过程中,当事人的需求往往会发生变化。当事人在合同中约定的需求内容,可能在其后的需求确认中有所变更,或者当事人在确认需求之后,开发方在开发过程中,委托方会根据软件市场运行的情况,提出增加或者减少需求,因此,合同文本与合同变更内容的确定是此类案件审理中首先需要认定的问题。

我国法律规定了书面合同的形式包括合同书、信件、数据电文(电报、电传、传真、电子数据交换、电子邮件)。如果当事人的邀约承诺之缔约过程是通过信件、数据电文的形式进行,只要当事人就合同内容达成了合意,即使没有将其合意书写在合同上,仍可认定合同成立,且由于该合同的主要内容可从书写于纸面的文字反映出来,仍属于书面合同文本。

合同变更指不改变合同的主体而仅改变合同内容的情形,它是在合同成立以后尚未履行或者尚未完全履行以前,基于法律规定、法院或者仲裁机构的裁判行为或者当事人的法律行为等,使合同内容发生变化的现象。就计算机软件开发合同而言,功能需求变更是最主要、最常见的合同变更。法院在软件开发功能是否发生变更的认定上,应着重审查当事人是否就合同变更协商一致。实践中,常常遇到当事人在合同文本中仅约定了软件名称和要实现的目的,没有约定软件的具体功能需求,当事人在合同履行中通过需求确认的流程,将具体的需求通过信件或数据电文的形式进行确认,该需求确认书应当视为合同文本内容变更的协商一致。

实践中争议较大的,是当事人一方提交微信聊天记录证明双方就需求变更协商一致,对方当事人对该证据不予认可,法院应当如何认定微信取证的法律效力。《电子签名法》第4条规定:"能够有形地表现所载内容,并可以随时调取查用的数据电文,视为符合法律、法规要求的书面形式。"第7条规定:"数据电文不得仅因为其是以电子、光学、磁或者类似手段生成、发送、接收或者储存的而被拒绝作为证据使用。"依据上述法律,微信聊天记录可以作为证据。法院在审查证据时,不能仅以微信聊天记录易被修改或者微信聊天记录未经公证,而拒绝将其作为证据使用。

实践中,对于一方当事人通过公证或可信时间戳等形式提交微信聊天记录证明需求变更的事实,对方当事人否认但未提交相反证据的情况下,法院对前述证据应当予以采信。如果当事人当庭提交了完整的微信聊天记录截图并提交了保存微信聊天记录的原始手机载体,法院应当通过当庭勘验的方式确定该聊天记录的真实性,进而确定当事人对软件功能需求变更是否达成了一致的意思表示。

【典型案例161】

在最高人民法院审理的(2020)最高法知民终222号乘如(上海)国际贸易有限公司(以下简称乘如公司)诉上海八图网络科技有限公司(以下简称八图公司)计算机软件开发合同纠纷一案中,根据法院现场勘验的结果,八图公司提交的计算机软件项目确实存在合同中有约定但未在该项目中完成的内容,乘如公司据此主张八图公司未完成交付。八图公司对此解释为双方对于原合同中约定的项目具体功能在实际履行中进行了变更。乘如公司主张基于一般的经验法则,涉案合同变更应由乘如公司主动提起,或者双方合意后变更,八图公司从未对上述事项提交任何证据，双方也没有删减、变更原约定功能的合意，涉案合同应当认定为未变更。法院认为，在计算机软件开发合同的履行过程中，对于原约定内容的增、减、变更均属于较为普遍的现象，双方当事人订立合同时在附件中已经对功能清单进行了详细约定，双方对于其中的内容均应知晓。而在八图公司开发项目的过程中，双方对于系统运行、测试、修改等问题保持高频率的沟通，乘如公司在此过程中并没有提出该项目存在未按合同约定完成的内容。结合乘如公司已经认可该项目已经正常运行且支付了全部项目款项的行为，八图公司对于该项目中存在部分未完成合同约定内容的解释具有一定的合理性。结合案件相关事实，法院认定双方对于合同内容的变更达成了合意。

（二）关于开发成果是否交付的认定

计算机软件开发合同案件中，合同的标的为计算机软件开发成果，由于计算机软件开发成果的类型多样化，涉及开发成果是否交付的认定一直是计算机软件开发合同纠纷的主要争议焦点，开发方常见的抗辩意见为委托方没有交付合同约定的开发成果，故不应支付对应的合同价款。实践中，大量案件的软件开发项目涉及移动 WAP 网站和手机应用 App 软件（iOS 和 Android 系统），也有部分案件的软件开发项目涉及企业信息化管理平台建设、云平台项目搭建等，因开发成果的内容、功能用途等存在差异，开发成果的交付方式也不尽相同。例如，中信网络科技股份有限公司诉山水文园凯亚房地产开发有限公司计算机软件开发合同纠纷一案[①]中，双方约定的合同标的物为山水文园集团信息化管理平台建设项目，交付方式为在山水文园凯亚房地产开发有限公司的服务器上进行信息化管理平台硬件安装，并交付系统安装确认；北京爱丰锦城文化艺术交流中心诉杭州桑蓝科技有限公司计算机软件开发合同纠纷一案[②]中，约定的合同标的物为拍卖系统（包括后台管理、苹果客户端、安卓客户端、HTML5 网站）、电子商城系统（包含商城后台管理、HTML5 网站、手机 App），交付方式为在北京爱丰锦城文化艺术交流中心服务器上搭建约定的网站，告知后台管理账号和密码，通过微信或邮件交付约定 App 的安装包。可见，正是由于软件成果类型的多样复杂，导致开发成果交付的认定成为司法实践中的难点问题。

---

① 参见北京知识产权法院民事判决书，(2016)京 73 民初 308 号。

② 参见北京知识产权法院民事判决书，(2016)京 73 民初 276 号。

同时,随着云技术的不断发展,在计算机软件开发过程中,开发方通常会将开发成果阶段性地部署在云服务器上,供委托方实时进行测试,最终交付成果也是通过在云服务器上部署代码。实践中,部署软件的云服务器既可能是以委托方名义申请并付费租用,也可能是以开发方名义申请并付费租用,待开发成果部署完成后,再将租用的云服务器转移给委托方。在诉讼时如果服务器能够正常登录,通常应登录服务器勘验确定软件是否已经完成部署,较为困难的情形是在诉讼中服务器已经无法正常登录。由于在开发过程中,为部署和测试的方便,通常双方都掌握云服务器的账号和密码,在诉讼中对于软件是否交付,以及由谁承担举证责任容易产生争议。

判断开发成果是否交付,实质上是一个证据判断的问题,熟练掌握并正确运用举证责任分配规则,是准确判断证据效力、认定事实的核心和关键。《民事诉讼法司法解释》第90条规定:"当事人对自己提出的诉讼请求所依据的事实或者反驳对方诉讼请求所依据的事实,应当提供证据加以证明,但法律另有规定的除外。在作出判决前,当事人未能提供证据或者证据不足以证明其事实主张的,由负有举证证明责任的当事人承担不利的后果。"交付行为是一个积极履行行为,由履行交付义务的开发方承担软件已经交付的举证责任在实践中并无异议。常见的争议问题是:在开发方已经提供了软件成果交付的初步证据,但在诉讼中基于各种原因,导致软件开发成果灭失,由此所产生的软件最终交付的举证责任应由何方承担。

有观点认为,由于开发方通常是在自己的服务器上编写代码,再通过合同约定的方式交付委托方,即使因委托方或者其他客观原因导致诉讼中已无法提供软件,开发方也应当提供备份软件以证明开发工作已经完成,否则应承担一定的不利后果。我们认为,当事人对于案件事实的查明都具有积极的举证义务,即使开发方在此情形下未提供备份软件,开发方亦不应承担不利后果,否则有违举证责任的分担规则。计算机软件代码具有可复制性,当开发方已将代码交付委托方后,其在法律上并无备份义务,相应的举证责任仍应由委托方承担。例如,司法实践中常见的委托方已经书面签署确认的,原则上应视为交付。

在开发成果通过云服务器交付的情形中,当事人在提起计算机软件开发合同纠纷诉讼时,合同履行往往已经处在停滞状态,由于服务器的租赁有一定的成本,实践中服务器无法登录主要是由于当事人未续费租赁所致。如果合同明确约定由某一方承担服务器的租赁费用,则该方应就服务器不能登录而无法查明软件是否交付承担举证责任。如果合同未就租赁费用由谁承担进行约定,原则上应推定由委托方承担相应的租赁费用,查明软件是否交付的举证责任应当由委托方承担。

(三)关于开发成果是否符合合同约定

开发成果是否满足合同约定是大多数计算机软件开发合同纠纷的主要争议点。委托方不予支付合同价款的常见理由是开发方交付的软件功能不符合合同约定,不能达到合同约定的使用目的。开发方常见的抗辩意见主要是委托方所主张的软件存在的技术问题并不存在,软件功能符合合同的要求,可以满足合同的使用目的。因此,判断软件开发成果是否符合合同约定,成为计算机软件合同纠纷案件中常见的疑难问题。

司法实践中,判断开发成果是否符合合同的约定,一般从两个方面进行:

一方面,结合合同关于软件功能的约定内容,查明开发方交付的软件在界面、模块、功能等方面是否能够符合合同的相关约定,这一查明过程是技术事实的查明过程。在审查过程中,首先要看合同中是否约定有明确具体的软件需求,或者双方在合同履行过程中,是否通过需求确认的流程将委托方的软件需求予以明确。计算机软件合同纠纷案件中,一部分案件的当事人会在计算机软件合同中或通过合同附件的形式,明确列明委托方所需求的软件的界面、模块、功能等内容,法院应当按照合同约定的内容,结合委托方交付的软件标的物,审查后者是否满足合同的软件需求。如果合同中没有对软件需求进行明确具体的约定,法院应当审查双方当事人在合同履行过程中,是否通过需求确认的流程将委托方的软件需求予以明确。如果双方当事人既未在合同中约定需求标准,受托方亦未在合同履行过程中对委托方的软件需求进行确认,则法院应当根据《民法典》的规定,按照国家标准、行业标准、通常标准、交易习惯等对交付的软件功能进行审查。

在原告北京维华嘉业信息技术有限公司(以下简称维华嘉业公司)诉被告北京鑫兴宝网络技术有限公司(以下简称鑫兴宝公司)计算机软件开发合同纠纷一案[①]中,双方在《安卓 App 应用程序软件开发合同》第 7 条明确约定了开发标准,

---

① 参见北京知识产权法院民事判决书,(2015)京知民初字第 2266 号。

软件包括会员中心、论坛、公益、商城等六大模块，每一模块内又详细约定了功能需求。法院通过现场勘验查明了鑫兴宝公司所完成的软件成果，包括涉案软件UI及前端的完成情况，并结合维华嘉业公司的付款情况，认定鑫兴宝公司交付的部分软件成果符合合同约定。

另一方面，在技术事实查明的基础上，法院适用法律规定对软件成果能否实现合同目的的判断和解释，是合同解释的法律适用过程。合同目的是双方当事人通过合同的订立和履行最终期望达到的效果，即当事人所欲实现的法律效果。合同目的反映了当事人的订约意图，而合同的标的、数量、质量等具体条款是为实现该目的确定的具体事项。当合同具体条款约定不明，或者合同具体条款相互矛盾或意思不唯一的情况下，结合合同目的进行符合双方真实意思的解释，是判断当事人是否全面履行合同义务的重要手段，也是认定是否存在违约行为的必要路径。就计算机软件开发合同而言，委托方的交易目的是取得开发成果，运用软件成果的技术功能，实现其商业或其他用途；开发方的交易目的是取得价款。判断开发方交付的软件成果是否符合合同约定，应当在查明案件技术事实的基础上，结合软件功能、合同条款和合同目的，运用文义解释、体系解释、目的解释等法律解释方法，综合进行事实和法律上的整体判断。

在朱勇钢与魏超计算机软件开发合同纠纷一案①中，双方在《添财乐项目建设合同》中约定以"网易一元夺宝网站"的功能为依据，由魏超为朱勇钢研发添财乐系统。就涉案软件应当具备哪些功能，双方合同仅约定了"以'网易一元夺宝网站'为准"，差异体现在视频直播、支付管理、虚拟货币管理等模块。但对于"网易一元夺宝网站"的具体功能包括哪些双方当事人并未明确约定。庭审中，双方明确涉案软件的功能应包括红包奖励、中奖开奖设置、商品展示、线上交易四个主要模块，故法院以能否实现上述功能作为判断涉案软件质量的依据。

（四）合同开具发票与付款义务的关系

实践中会遇到两种情况：第一种情况是合同约定甲方支付价款，乙方交付或转让或许可使用成果并向甲方开具与价款对应的发票，但是没有约定先后履行顺序。第二种情况是合同约定乙方必须先向甲方开具发票，甲方收到发票后再向甲

---

① 参见北京市高级人民法院民事判决书，(2018)京民终1号。

方支付价款。

如果乙方未向甲方开具发票,甲方也未向乙方支付价款。乙方起诉请求甲方向其支付价款,甲方以未开具发票不具备付款前提为由拒绝付款。在上述两种情况下,应当分别如何处理?

合同义务的层级分为主合同义务、从合同义务、附随义务。主合同义务是指合同关系中固有的、必备的、自始确定的、能够决定合同类型的基本义务。从合同义务是指在主合同义务之外、不具有独立意义的、只能辅助主合同义务发挥功能的义务。附随义务是指并非自始确定的,而是在合同履行过程中基于诚实信用原则而产生的、旨在更好地实现当事人利益的义务。

在第一种情况下,开具发票属于从合同义务。负有主合同义务的当事人不得以对方未履行从合同义务而行使同时履行抗辩权,即应当判令其支付合同价款,此后收款方应当开具发票,如果不开具发票则由付款方另诉收款方履行该合同义务。在第二种情况下,开具发票是付款的前提,付款方有权主张先履行抗辩权(有观点认为这属于广义的同时履行抗辩权),即收款方如果未开具发票,则应当判令驳回其付款请求。

(五)关于不安抗辩权的适用

《民法典》第527条规定:"应当先履行债务的当事人,有确切证据证明对方有下列情形之一的,可以中止履行:(一)经营状况严重恶化;(二)转移财产、抽逃资金,以逃避债务;(三)丧失商业信誉;(四)有丧失或者可能丧失履行债务能力的其他情形。当事人没有确切证据中止履行的,应当承担违约责任。"第528条规定:"当事人依照前条规定中止履行的,应当及时通知对方。对方提供适当担保时,应当恢复履行。中止履行后,对方在合理期限内未恢复履行能力并且未提供适当担保的,视为以自己的行为表明不履行主要债务,中止履行的一方可以解除合同并可以请求对方承担违约责任。"

关于不安抗辩权的适用,法院在审理中应当注意:(1)询问中止履行方是否提出不安抗辩权主张;(2)要求中止履行方提出确切证据证明对方"有丧失或者可能丧失履行债务能力的情形";(3)要求对方提供适当担保;(4)如果对方能够提供适当担保,则中止履行方应当履行;(5)如果对方不能提供适当担保,则中止履行方可以解除合同;(6)不能提供适当担保的法律后果不是改变双方当事人合同义务的履行顺序，而是赋予一方当事人解除权。

（六）关于根本违约与合同解除的认定

计算机软件开发合同纠纷案件中，最为常见的诉请是委托方主张开发方不履行交付软件成果的义务或者交付的软件成果不符合合同约定，致使不能实现合同目的，构成根本违约，要求解除双方的合同。是否构成根本违约是审理案件的重点。

根本违约是指当事人一方迟延履行债务或者其他违约行为将导致合同相对方合同目的落空的严重违约行为。当事人一方迟延履行其主要债务，不能称为根本违约，只有当迟延履行行为导致相对方合同目的不能实现时，才构成根本违约。《民法典》第563条第2项至第4项针对违约情形的规定，均可认定为构成根本违约。

如前所述，计算机软件开发合同中，委托方的交易目的是取得开发成果，运用软件成果的技术功能，实现其商业或其他用途；开发方的交易目的是取得价款。在判断委托方合同目的是否实现时，应着重判断软件的主体功能是否完成。如果软件主体功能已经完成，软件基本可以正常使用，个别功能缺失或者存在瑕疵，委托方不能据此主张解除合同。

需要指出的是，计算机软件开发合同中，合同解除后，是否适用恢复原状应当考虑合同的性质和履行情况。如果开发方开发的软件是根据委托方提出的功能需求量身定做的，当事人付出的成本和劳动凝结在已交付的软件中，不适用恢复原状的违约责任承担方式。前述朱勇钢与魏超计算机软件开发合同纠纷一案①中，魏超已经进行了涉案软件的开发，向朱勇钢交付了开发成果，涉案合同的性质决定了双方当事人付出的成本和劳动已经凝结在交付的涉案软件中，且涉案软件是为朱勇钢量身定做的，在因魏超迟延履行构成根本违约的情况下，解除合同后，本案不具备适用恢复原状的条件。

（七）关于解除权的行使条件

满足解除权实质条件的法律后果并不意味着合同当然解除，仅是使当事人享有解除权，当事人既可以选择解除合同，也可以选择不解除合同。通常情况下，约

---

① 参见北京市高级人民法院民事判决书，（2018）京民终1号。

定解除的解除权人是双方当事人,法定解除的解除权人是单方当事人。解除权人在满足解除权行使的实质条件时,可以选择解除合同。解除权人在行使解除权时,应当向对方发出解除通知,当对方收到解除通知时,合同才被解除。解除合同的主张在本质上应当是确认之诉,而非给付之诉或者变更之诉。

(八)关于合同解除的法律后果

关于合同的解除,应当正确理解和把握《民法典》第566条关于合同解除的效力和后果的规定,根据当事人的主张和具体情况,准确区分合同解除的两种后果,即"自始解除"和"部分解除"。区分的标准应当为"已经部分履行的内容对于实现合同目的有无独立的价值和意义",具有独立的价值和意义时,一般应当部分解除;不具有独立的价值和意义时,一般应当自始解除。尤其应当注重已经部分履行的成果的归属及其相应对价的问题,尽量减少价值减损。既应当避免出现将无法实现合同目的的"半成品"强加给委托人的结果;又应当避免出现将已经独立实现部分合同目的的成果返还给受托人的结果。

需要指出的是,计算机软件开发合同中,合同解除后,是否适用恢复原状应当考虑合同的性质和履行情况。如果开发方开发的软件是根据委托方提出的功能需求量身定做的,当事人付出的成本和劳动凝结在已交付的软件中,则不适用恢复原状的违约责任承担方式。

附录

北京市高级人民法院侵害著作权案件审理指南

目　录

2.1【是否构成作品的审查】
2.2【独创性的认定】
2.3【创作完成的认定】
2.4【简单图形、字母、短语】
2.5【作品标题、人物称谓】
2.6【实用艺术作品】
2.7【建筑作品】
2.8【图形作品】
2.9【模型作品】
2.10【新闻报道】
2.11【古籍点校】
2.12【综艺节目视频】
2.13【体育赛事节目视频】
2.14【网络游戏】
2.15【网络游戏组成要素】
2.16【表演者权的客体】

第三章　权利归属的审查

3.1【权属的证明】
3.2【署名的识别】
3.3【非真名署名与作者身份的对应】
3.4【临时创作组织作品权属的认定】
3.5【数码照片权属的认定】
3.6【职务作品权属的认定】
3.7【委托作品权属的认定】
3.8【利用民间文学艺术元素或者素材创作的作品权属】
3.9【录音制品的署名】
3.10【多重许可、转让的权属判断】

第四章　侵害著作人身权的认定

4.1【发表权与合同约定】
4.2【推定发表的情形】

6.5【广播组织的转播权】

6.6【版式设计权保护范围】

第七章　抗辩事由的审查

7.1【抗辩事由的内容】

7.2【抗辩事由的审查原则】

7.3【有限表达】

7.4【必要场景】

7.5【时事新闻】

7.6【公有领域】

7.7【在先其他作品】

7.8【独立创作】

7.9【合法授权】

7.10【个人使用】

7.11【适当引用】

7.12【课堂教学和科研使用】

7.13【报刊转载、摘编】

7.14【制作录音制品】

第八章　法律责任的确定

8.1【停止侵害的例外】

8.2【过错原则】

8.3【赔偿数额的确定原则】

8.4【赔偿数额的确定方法及适用顺序】

8.5【权利人的实际损失】

8.6【侵权人的违法所得】

8.7【举证妨碍】

8.8【裁量确定赔偿数额】

8.9【法定赔偿的考量因素】

8.10【恶意侵权】

8.11【合理开支】

8.12【合理开支的证明】

9.25【同步转播】
9.26【技术措施的类型】
9.27【技术措施的认定标准】
9.28【网购商品案件的管辖】
9.29【网站经营者的认定】

第十章　侵害影视作品著作权的认定

10.1【具有较高知名度的作品名称】
10.2【角色形象的保护】
10.3【未经行政审批的境外影视作品】
10.4【影视作品权属的认定】
10.5【境外机构证明文件的效力】
10.6【被诉侵权内容的确定】
10.7【侵权认定基本规则】
10.8【“接触”的判断】
10.9【作品表达的对比】
10.10【实质性相似的判断】
10.11【相同历史题材作品实质性相似的判断】
10.12【侵害改编权的责任主体】
10.13【侵害摄制权的责任主体】
10.14【摄制权与保护作品完整权】

第十一章　侵害计算机软件著作权的认定

11.1【侵害计算机软件著作权案件的行为】
11.2【最终用户类案件事实查明】
11.3【最终用户侵害复制权的认定】
11.4【抄袭剽窃类案件的审理顺序】
11.5【抄袭剽窃类案件确定软件版本的方法】
11.6【软件的对比】
11.7【源程序与目标程序的对应性】
11.8【实质性相似的认定】

附　则

第一章　基本规定

1.1【审理原则】

审理侵害著作权案件,在行使裁量权时,应当加大对著作权的保护力度,鼓励作品的创作,促进作品的传播,平衡各方的利益。

1.2【审理内容】

审理侵害著作权案件,一般审查如下内容:原告起诉的案由、受理法院是否具有管辖权、主体是否适格、原告的权利基础及范围、被诉侵权行为、被告抗辩事由是否成立、被告承担民事责任的形式。

1.3【审查案由】

同一案件中,原告既主张侵害著作权又主张侵害商标权、专利权的,可以分案处理,但应当符合有关管辖的法律规定。

1.4【审查案由】

同一案件中,针对同一被诉侵权行为,原告既主张侵害著作权又主张违反反不正当竞争法第二条的,可以一并审理。如果原告的主张能够依据著作权法获得支持,则不再适用反不正当竞争法第二条进行审理。如果原告的主张不能依据著作权法获得支持,在与著作权法立法政策不冲突时,可以依据反不正当竞争法第二条进行审理。

1.5【审查案由】

同一案件中,针对同一主体的多个被诉侵权行为,原告主张部分行为侵害著作权、部分行为构成不正当竞争的,可以根据案件情况决定是否一并审理。

1.6【审查权利客体】

审查原告的权利客体,一般审查如下内容:原告主张保护的是否为作品或者是否为邻接权的客体,该客体是否受到我国著作权法保护。

1.7【专有使用权的认定】

合同约定授予专有使用权的,可以直接认定被许可使用人在合同约定的范围内有权禁止著作权人使用作品,但有相反证据的除外。

合同中使用"独家使用权"等类似表述的,可以根据合同有关条款、合同目的、交易习惯等,结合在案证据认定是否属于专有使用权。

1.8【专有使用权范围与起诉】

著作权人将专有使用权授予他人,对于发生在专有使用权范围内的侵权行为,专有使用权人、著作权人均可以单独起诉,也可以共同起诉;著作权人能够证明存在实际损失,主张损害赔偿的,予以支持。

1.9【被许可使用人的起诉】

被许可使用人根据合同有权在约定范围内禁止他人(不包括著作权人)使用作品的,可以针对侵权行为单独起诉;著作权人已经起诉的,被许可使用人可以申请参加诉讼。

1.10【"授予起诉权利"的审查】

著作权人未将著作权转让或者许可他人,仅授权他人起诉的,不予支持;但对于转让或者许可之前发生的侵权行为,合同有明确约定的,受让人或者被许可使用人单独起诉,可以予以支持。

1.11【签订著作权集体管理合同后的起诉】

签订著作权集体管理合同后,对于侵害合同中约定的著作权权项的行为,著作权人不能提起诉讼,但有证据证明著作权集体管理组织怠于行使权利或者著作权集体管理合同有相反约定的除外。

1.12【一般职务作品的起诉主体】

作者享有著作权的职务作品,职务作品完成两年内,他人未经单位许可,以属于作者所在单位业务范围内的使用方式使用该作品的,作者和所在单位均可以单独起诉;他人未经作者许可,以属于作者所在单位业务范围以外的方式使用作品的,作者可以单独起诉,所在单位可以根据与作者的约定行使诉权;职务作品完成两年后发生侵权行为的,作者可以单独起诉。针对职务作品署名权的起诉主体,适用本指南第4.6条。

1.13【可分割使用的合作作品的起诉主体】

对于可分割使用的合作作品,作者可以单独对其享有著作权部分主张权利。

1.14【不可分割使用的合作作品的起诉主体】

对于不可分割使用的合作作品,如果能够查清权利人基本情况,以全部权利人作为共同原告。明确表示放弃实体权利的权利人,可不予追加;不愿意参加诉讼,又不放弃实体权利的,将其列为共同原告,其不参加诉讼,不影响对案件的审理。如果结合在案证据难以查清权利人基本情况,可以将已查清的部分权利人作为共同原告,但在判决论理部分为未参加诉讼的权利人保留相应的权利份额。

1.15【审查权利范围】

审理侵害著作权案件,一般审查原告主张保护的权利是著作权还是邻接权,并要明确具体权项。

1.16【授权内容的法定性审查】

著作权人授予被许可使用人的权利内容超出著作权法规定的范围,被许可使用人不能以此为依据对外提起侵权之诉。

1.17【违约责任与侵权责任竞合时的起诉】

著作权人授予被许可使用人的权利内容属于著作权法规定的范围,被许可使用人违反合同中关于权利行使方式等约定的,著作权人可以提起侵权之诉。

1.18【侵权责任的认定】

认定被诉侵权行为是否构成侵权、被告是否承担侵权责任,一般审查如下内容:被诉侵权行为的内容、被告是否实施了被诉侵权行为、被告有无过错、是否造成损害、被诉侵权行为与损害之间有无因果关系等。

1.19【涉外案件的审理】

审理侵害著作权案件时,应当根据民事诉讼法的相关规定确定是否属于涉外案件。

对于涉外侵害著作权案件,应当依据民法总则、民法通则、著作权法、民事诉讼法、涉外民事关系法律适用法及相关司法解释等进行审理。

第二章　权利客体的审查

2.1【是否构成作品的审查】

审理侵害著作权案件,需要主动审查原告主张著作权的客体是否构成作品,不能仅根据被告的认可即认定构成作品。

审查原告主张著作权的客体是否构成作品,一般考虑如下因素:

(1)是否属于在文学、艺术和科学范围内自然人的创作;

(2)是否具有独创性;

(3)是否具有一定的表现形式;

(4)是否可复制。

2.2【独创性的认定】

认定独创性,应当考虑如下因素:

(1)是否由作者独立创作完成;

(2)对表达的安排是否体现了作者的选择、判断。

认定表达是否具备独创性与其价值无关。

2.3【创作完成的认定】

作品创作完成,既包括整体的创作完成,又包括局部的创作完成。创作完成的部分能够以某种形式完整表达作者的思想,可以认定该部分属于创作完成的作品。

2.4【简单图形、字母、短语】

简单的常见图形、字母、短语等一般不作为作品给予保护。

2.5【作品标题、人物称谓】

作品标题、人物称谓一般不作为作品给予保护。

2.6【实用艺术作品】

实用艺术作品中具有独创性的艺术美感部分可以作为美术作品受著作权法保护。

专利法、商标法、反不正当竞争法能够提供保护的,不影响当事人对其中具有独创性的艺术美感部分主张著作权法保护。

2.7【建筑作品】

建筑物本身或者建筑物的外部附加装饰具有美感的独创性设计,可以作为建筑作品受著作权法的保护。

建筑材料、建筑方法、功能性设计等不受著作权法保护。

体现建筑作品外观美感的建筑设计图,可以作为美术作品予以保护。

2.8【图形作品】

工程设计图、产品设计图中包含的技术方案、实用功能、操作方法等,以及地图、示意图中包含的客观地理要素、事实等,不受著作权法保护。

仅用于施工的建筑设计图属于工程设计图。

2.9【模型作品】

根据已有作品制作的等比例缩小或者放大的立体模型不属于模型作品。

2.10【新闻报道】

仅包含单纯事实消息的新闻报道,不受著作权法保护。

在单纯事实消息基础上进行了创作，属于作品的，受著作权法保护。

以摄影、绘画、拍摄等非文字方式记录、报道新闻事实，属于作品的，受著作权法保护。

2.11【古籍点校】

对古籍进行校勘、注解而创作出的校勘记、注释等，满足独创性要求的，可以作为作品受著作权法保护。

对古籍仅划分段落、加注标点、补遗、勘误等，应当结合案件情况认定是否作为作品或者作为版式设计受著作权法保护。

2.12【综艺节目视频】

综艺节目视频是否构成作品与现场综艺活动是否构成作品无关。

综艺节目视频符合以类似摄制电影的方法创作的作品构成要件的，受著作权法保护。

2.13【体育赛事节目视频】

体育赛事节目视频是否构成作品与体育赛事活动是否构成作品无关。

体育赛事节目视频符合以类似摄制电影的方法创作的作品构成要件的，受著作权法保护。

2.14【网络游戏】

运行网络游戏产生的静态游戏画面符合美术作品要件的，受著作权法保护。

运行网络游戏产生的连续动态游戏画面，符合以类似摄制电影的方法创作的作品构成要件的，受著作权法保护。

网络游戏可以作为计算机软件受著作权法保护。

2.15【网络游戏组成要素】

网络游戏的组成要素可以单独构成作品，包括但不限于如下情形：

(1)人物形象、服装、道具、地图、场景等可以构成美术作品；

(2)片头、片尾及过场音乐，主题歌、插曲等可以构成音乐作品；

(3)台词、旁白、故事叙述、游戏介绍等可以构成文字作品；

(4)片头、片尾及过场动画、视频等可以构成以类似摄制电影的方法创作的作品。

2.16【表演者权的客体】

无论表演的内容是否相同，表演者对其每次的表演均享有表演者权。

二人以上共同表演，如果属于可以分割使用的表演，表演者可单独对其表演享有表演者权。如果属于不可分割使用的，则表演者对表演共同享有表演者权。

第三章　权利归属的审查

3.1【权属的证明】

在无相反证据的情况下，根据作品的署名推定权利归属。

当事人提供的涉及著作权的底稿、原件、合法出版物、著作权登记证书、认证机构的证明、取得权利的合同、符合行业惯例的权利人声明等可以作为证明权利归属的初步证据。

3.2【署名的识别】

在判断某一署名是否属于作者署名时，应当综合考虑如下因素：作品的性质、作品的类型、作品的表现形式、行业惯例、公众的认知习惯等。

3.3【非真名署名与作者身份的对应】

作者署非真名时，主张权利的当事人对该署名与作者身份之间存在真实对应关系负有举证证明责任。

通过互联网发表的作品，作者署非真名的，主张权利的当事人通过登录账号等方式能够证明该署名与作者之间存在真实对应关系的，可以推定其为作者。

3.4【临时创作组织作品权属的认定】

编委会等临时创作组织署名的作品，一般认定创作组织成员共同享有著作权，但有相反证据的除外。

3.5【数码照片权属的认定】

当事人提交原始数字文件、出版物等证据证明其权利归属，对方提出异议的，应当综合考虑如下因素：照片发表情况、照片拍摄器材、照片存储设备、电子文件信息等。

3.6【职务作品权属的认定】

法人或者非法人组织根据著作权法第十六条第二款第一项主张职务作品著作权的，应举证证明该作品主要是利用法人或者非法人组织的物质技术条件完成创作的。

3.7【委托作品权属的认定】

对于委托作品的权属，依据委托合同认定。委托合同未约定或者约定不明的，委托作品的著作权由受托人享有。

受托人与委托人对著作人身权的行使进行约定，未违反公序良俗的，不宜一概认定无效，可以根据合同内容进行审查。

3.8【利用民间文学艺术元素或者素材创作的作品权属】

利用民间文学艺术的元素或者素材进行后续创作，形成具有独创性作品的，作者对该作品享有著作权，但应说明素材的来源。

3.9【录音制品的署名】

当事人提供的录音制品明确载明的制作者、录制者或者加注 p 的民事主体信息，可以作为证明其为录音制作者的初步证据，但有相反证据的除外。

在无其他证据佐证的情况下，不能仅根据录音制品上标注的“提供版权”信息，认定该“提供版权”的主体为录音制作者。

3.10【多重许可、转让的权属判断】

受让人或者被许可使用人通过合同取得约定的著作权或者专有使用权，著作权人在合同约定范围内就相同的权利再次处分的，不予支持。

著作权人对相同权利重复进行转让或者许可的，在能够查清先后顺序的真实情况下，认定在先受让人或者被许可使用人取得著作权或者专有使用权，但有相反证据的除外。

第四章　侵害著作人身权的认定

4.1【发表权与合同约定】

合同仅约定被告行使发表权，但未对发表方式进行约定的，原告主张被告的发表方式侵害发表权的，不予支持。

被告发表作品方式违反合同约定的，原告可以提起违约之诉或者侵权之诉。

4.2【推定发表的情形】

作者将其尚未公开发表的美术作品原件转让给他人，可以推定作者同意受让人以展览方式发表其作品，但双方另有约定的除外。

4.3【发表权属于一次性权利】

即使作品的发表未经著作权人同意,但作品已经公之于众,他人使用该作品,著作权人主张侵害发表权的,不予支持。

4.4【署名权的内容】

作者有权决定在其作品上是否署名、是否署真名。对于该作品的演绎作品,作者享有相同的权利。

作者未在首次发表的作品上署名的,不能视为其放弃署名权。

4.5【署名方式的审查思路】

因署名方式发生的纠纷,判断是否侵害署名权,一般考虑如下因素:

(1)署名方式是否足以使公众知晓作者与作品之间的联系;

(2)署名方式是否符合行业惯例及公众的认知习惯;

(3)作品的类型、特点以及使用方式;

(4)当事人之间是否存在约定。

4.6【职务作品署名权的行使】

职务作品的署名权归作者享有,法人或者非法人组织就侵害署名权的行为提起诉讼的,不予支持。

4.7【使用作品内容与侵害署名权】

判断被告行为是否侵害署名权,应当以被告直接使用作品内容为前提。

4.8【侵害保护作品完整权的判断】

判断是否侵害保护作品完整权,应当综合考虑被告使用作品的行为是否获得授权、被告对作品的改动程度、被告的行为是否对作品或者作者声誉造成损害等因素。

作者将其著作权转让或者许可他人之后,受让人或者被许可使用人根据作品的性质、使用目的、使用方式可以对作品进行合理限度内的改动。

判断是否属于在合理限度内的改动,应当综合考虑作品的类型、特点及创作规律、使用方式、相关政策、当事人约定、行业惯例以及是否对作品或者作者声誉造成损害等因素。

第五章 侵害著作财产权的认定

5.1【复制权控制的行为】

将作品实现从平面到平面、从平面到立体、从立体到平面、从立体到立体的再现,未付出独创性劳动的,属于复制。

按照建筑设计图建造建筑作品,属于复制。

按照工程设计图或者产品设计图施工或者生产不受著作权法保护的工程或者产品,不属于复制。

未经许可复制他人作品但未发行或者以其他方式传播的,构成侵害复制权,但法律另有规定的除外。

5.2【发行权控制的行为】

发行权控制的是以出售、赠与方式向公众提供作品原件或者复制件的行为,不要求以营利为目的。

5.3【发行权的用尽】

作品原件和经授权合法制作的作品复制件经著作权人许可,首次以销售或者赠与方式转让所有权后,他人对该特定原件或者复制件再次发行的,不构成侵害发行权。

5.4【侵害专有出版权的认定】

未经许可出版他人享有专有出版权的作品的全部或者主要部分的,或者虽然排列顺序有所变化但作品内容相同或者实质性相似的,构成侵害专有出版权。

5.5【出版者合理注意义务的判断】

判断出版者是否尽到合理注意义务,应当综合考虑原告主张保护的作品知名度、被诉侵权出版物类型、二者的相似程度、被诉侵权内容在原告主张保护的作品或者被诉侵权作品中所占比例等因素。

5.6【出版者未尽到合理注意义务的判断】

具有下列情形之一的,可以根据案件情况认定出版者未尽到合理注意义务:

(1)出版合同中的被诉侵权作品的作者姓名与出版物实际署名不一致;

(2)被诉侵权作品属于演绎作品,出版者在签订合同时没有审查作者是否得到原作品著作权人的授权;

(3)被诉侵权作品中有大量内容与在先发表的具有较高知名度作品相同;

(4)其他可以认定出版者未尽到合理注意义务的情形。

5.7【出版者尽到合理注意义务的判断】

具有下列情形之一的,可以根据案件情况认定出版者尽到了合理注意义务:

(1)出版社经作者授权出版被诉侵权作品,但该作品的专用出版权事前已经转让或者许可他人使用且尚未出版发行，出版者对此不知情的；

(2)作者事前未告知出版者其作品属于演绎作品且原作品未发表，出版者无法判断该作品是否属于演绎作品；

(3)被诉侵权作品属于职务作品或者合作作品，作者事前未将创作过程如实告知出版者，出版者无其他途径知晓创作过程，无法判断该出版物是否属于职务作品或者合作作品；

(4)被诉侵权作品的授权链条完整，授权者身份及授权文件真实、合法；

(5)其他可以认定出版者尽到合理注意义务的情形。

5.8【表演权控制的行为】

表演权控制的行为包括现场表演和机械表演。前者是指表演者直接向现场观众表演作品的行为；后者是指通过机器设备等手段向公众传播作品的表演的行为，但下列情形不属于(机械)表演权控制的范围，可以适用著作权法其他规定予以调整：

(1)广播电台、电视台以无线方式传播对作品的表演或者后续的以无线或者有线方式转播该表演；

(2)通过互联网以交互式手段传播作品的表演；

(3)放映电影作品或者以类似摄制电影方法创作的作品等。

5.9【放映权控制的行为】

通过放映机、幻灯机等技术设备公开再现美术、摄影、电影和以类似摄制电影方法创作的作品等属于放映行为。

被告未经许可将来源于信息网络的电影等作品，通过放映机等设备向现场观众进行公开再现的，构成侵害放映权的行为，但法律另有规定除外。

5.10【广播权控制的行为】

广播权控制的行为包括：

(1)以无线方式传播作品的行为；

(2)以无线或者有线转播的方式传播广播的作品的行为；

(3)通过扩音器等类似工具向公众传播广播的作品的行为。

以有线方式直接传播作品，不属于广播权控制的行为，可以适用著作权法其他规定予以调整。

5.11【广播权与广播组织权】

广播权的权利主体是作品著作权人，广播组织权的权利主体是广播电台、电视台。

5.12【改编权控制的行为】

作者未经许可在被诉侵权作品中使用了原作品的表达,并创作出具有独创性的新作品,属于改编行为。

作者仅使用了原作品中不具有独创性的表达,原作品著作权人主张构成侵害改编权的,不予支持。

5.13【改编与作品体裁】

侵害改编权不以作品体裁、类型的变化为要件。未经许可,将他人作品改编为相同体裁的作品,可以依据本指南第5.12条的规定认定是否侵害改编权。

5.14【改编与复制】

作者未经许可在被诉侵权作品中使用了原作品的表达,但并未形成新的作品,属于复制行为。原作品著作权人主张构成侵害改编权的,不予支持。

5.15【改编作品权属和权利行使】

在原作品基础上再创作形成的改编作品,著作权由改编者享有。改编者有权禁止他人使用改编作品。

改编者行使其著作权应当取得原作品著作权人许可。他人使用改编作品应当同时取得改编作品著作权人和原作品著作权人许可。

5.16【汇编权】

汇编权属于被汇编作品的著作权人,而不是汇编作品的汇编者。

5.17【汇编权控制的行为】

将作品或者作品的片段等通过选择、编排汇集成新作品属于汇编行为。

5.18【"兜底"条款的适用】

适用著作权法第十条第一款第十七项规定的"由著作权人享有的其他权利"时,一般考虑如下因素:

(1)是否可以将被诉侵权行为纳入著作权法第十条第一款第一项至第十六项的保护范围;

(2)对被诉侵权行为若不予制止,是否会影响著作权法已有权利的正常行使;

(3)对被诉侵权行为若予以制止,是否会导致创作者、传播者和社会公众之间的重大利益失衡。

第六章　侵害邻接权的认定

6.1【表明表演者身份的方式】

表明表演者身份的方式应当体现表演者与其表演之间的联系。当事人对于表明表演者身份的方式发生争议的,一般考虑表演活动的特点、传播方式以及相关行业惯例等因素。

下列情形可以认定表明了表演者的身份:

(1)在演出广告、宣传栏、节目单或者文艺刊物刊登的剧照上标明表演者姓名(名称);

(2)在节目表演前后,由主持人介绍表演者的姓名(名称);

(3)广播电台、电视台播报表演者的姓名(名称);

(4)以屏幕上的字幕形式标明表演者的姓名(名称)。

6.2【电影作品与表演者权】

电影作品和以类似摄制电影的方法创作的作品中,表演者就其在作品中的表演主张财产性权利的,不予支持。

6.3【录音录像制作者权】

除法律另有规定外,未经许可使用他人受著作权法保护的作品制作录音录像制品,构成侵害著作权;未经该录音录像制作者许可使用该录音录像制品的,构成侵害录音录像制作者权。

被告未经许可翻录他人制作的录音制品,或者在翻录基础上编辑制作新的录音制品进行发行的,既侵害了相关的表演者权,也侵害了被翻录制品的录音制作者权。

6.4【音源同一性的证明】

当事人对于被诉侵权的录音制品是否来源于原告主张权利的录音制品发生争议的,原告应当举证证明双方录音制品音源相同。

原告举证证明双方的录音制品中的表演者、词曲、编曲等因素相同的,可以认定音源同一,但有相反证据的除外。

6.5【广播组织的转播权】

广播组织享有的转播权可以控制以有线和无线方式进行的转播,但是不能控制通过互联网进行的转播。

6.6【版式设计权保护范围】

被告使用了与原告相同或者基本相同的版式设计，出版同一作品的，构成侵害版式设计权。

将图书、报刊扫描复制后在互联网上传播的，构成侵害版式设计权。

第七章　抗辩事由的审查

7.1【抗辩事由的内容】

被告提出的抗辩事由一般包括如下情形：

(1)原告主张权利的客体不属于著作权法第三条规定的作品；

(2)原告主张权利的客体属于著作权法第五条规定的情形；

(3)原告主张的权利超过法定保护期；

(4)原告或者被告主体不适格；

(5)被诉侵权行为不属于原告主张的权利控制范围；

(6)被诉侵权作品创作有合法来源；

(7)被告使用原告的作品具有合法授权；

(8)被诉侵权行为属于合理使用或者法定许可的情形；

(9)其他情形。

7.2【抗辩事由的审查原则】

对于第7.1条规定的抗辩事由第(1)项至第(5)项，无论被告是否提出，均应予以审查。

7.3【有限表达】

被告能够举证证明被诉侵权作品由于表达方式极为有限而与原告主张权利的作品表达相同或者实质性相似的，可以认定有限表达抗辩成立。

7.4【必要场景】

被告能够举证证明被诉侵权作品与原告作品表达相同或者实质性相似系因表达某一主题必须描述某场景或者使用某场景的设计造成的，可以认定必要场景抗辩成立。

7.5【时事新闻】

原告能够举证证明其在单纯事实消息的基础上进行了创作并形成了作品，被告主张原告作品属于时事新闻，不受著作权法保护的，不予支持。

7.6【公有领域】

被告能够举证证明被诉侵权作品与原告作品存在相同或者实质性相似的表达部分来源于公有领域的，可以认定公有领域合法来源抗辩成立。

7.7【在先其他作品】

被告能够举证证明被诉侵权作品与原告作品存在相同或者实质性相似的表达部分来源于在先的其他作品，可以认定在先其他作品合法来源抗辩成立。

7.8【独立创作】

被告能够举证证明被诉侵权作品与原告作品虽存在相同或者实质性相似的表达部分，但属于对同一题材独自创作的巧合，可以认定独立创作抗辩成立。

7.9【合法授权】

被告能够举证证明其使用作品已经获得合法授权的，可以认定合法授权抗辩成立。

7.10【个人使用】

被告未经许可通过信息网络向他人提供作品，其提出属于"为个人学习、研究或者欣赏使用他人已发表作品"的合理使用抗辩，不予支持。

7.11【适当引用】

判断被诉侵权行为是否属于适当引用的合理使用，一般考虑如下因素：

(1)被引用的作品是否已经发表；

(2)引用目的是否为介绍、评论作品或者说明问题；

(3)被引用的内容在被诉侵权作品中所占的比例是否适当；

(4)引用行为是否影响被引用作品的正常使用或者损害其权利人的合法利益。

7.12【课堂教学和科研使用】

未经许可以营利为目的，在面向社会公众开展的教育培训中翻译或者复制他人已发表作品的，被告主张属于著作权法第二十二条第一款第六项规定的合理使用情形的，不予支持。

7.13【报刊转载、摘编】

被诉行为不属于报刊之间的转载、摘编的，或者虽属于报刊之间的转载、摘编但未能注明被转载、被摘编作品的作者和最初登载的出处，或者未按规定支付报酬的,被告主张法定许可抗辩,不予支持。

7.14【制作录音制品】

被告能够举证证明被诉侵权行为属于将他人已经合法录制为录音制品的音乐作品用于制作录音制品,且支付了报酬,被告主张法定许可抗辩的,予以支持,但有证据证明著作权人已声明不得使用其音乐作品制作录音制品的除外。

第八章　法律责任的确定

8.1【停止侵害的例外】

如果被告停止被诉侵权行为可能有悖公序良俗,或者违反比例原则的,可以不判令停止侵害,宜根据案件情况从高确定赔偿数额或者判令被告支付相应的对价。

8.2【过错原则】

被告承担损害赔偿责任,应当以被告存在过错为前提。

8.3【赔偿数额的确定原则】

确定赔偿数额应当以能够弥补权利人因侵权而受到的损失为原则,但法律另有规定的除外。

被告仅侵害著作人身权的,一般不判令承担损害赔偿责任。

8.4【赔偿数额的确定方法及适用顺序】

确定损害赔偿数额应当遵循权利人的实际损失、侵权人的违法所得、法定赔偿的顺序。

无法精确计算权利人的实际损失或者侵权人的违法所得时,可以根据在案证据裁量确定赔偿数额,该数额可以高于法定赔偿最高额。

无法精确计算权利人的实际损失或者侵权人的违法所得,也无法以合理方法裁量确定赔偿数额的,应适用法定赔偿确定数额。

8.5【权利人的实际损失】

计算“权利人的实际损失”可以依据如下方法:

(1)侵权行为使权利人实际减少的正常情况下可以获得的利润,但权利人能够举证证明其获得更高利润的除外;

(2)侵权行为直接导致权利人的许可使用合同不能履行或者难以正常履行,

从而产生的预期利润损失；

(3)参照国家有关稿酬规定计算实际损失；

(4)合理的许可使用费；

(5)权利人因侵权行为导致复制品销售减少的数量乘以单位利润之积；

(6)侵权复制品销售数量乘以权利人销售复制品单位利润之积；

(7)其他方法。

8.6【侵权人的违法所得】

通常依据侵权人因侵权行为获得的利润计算“侵权人的违法所得”。若在案证据证明侵权人存在明显侵权恶意、侵权后果严重的，可以直接依据因侵权行为所获得的营业收入计算其违法所得。

8.7【举证妨碍】

权利人的实际损失难以确定，但权利人就侵权人的违法所得提供了初步证据，而在与侵权行为相关的账簿、资料主要由侵权人掌握的情况下，可以责令侵权人提供与侵权行为相关的账簿、资料；侵权人不提供或者提供虚假的账簿、资料的，可以根据权利人的主张和提供的证据认定侵权所得的数额。

8.8【裁量确定赔偿数额】

按照权利人的实际损失、侵权人的违法所得均无法精确计算赔偿数额，裁量确定赔偿数额时，除根据当事人提交的证据外，还可以考虑如下因素：

(1)原告主张权利的作品市场价格、发行量、所在行业正常利润率；

(2)侵权商品的市场价格、销售数量、所在行业正常利润率以及作品对商品售价的贡献率；

(3)原告主张权利的作品类型、所在行业的经营主体盈利模式，如互联网流量、点击率、广告收入等对损害赔偿的影响；

(4)其他因素。

8.9【法定赔偿的考量因素】

确定“法定赔偿”数额，一般考虑如下因素：

(1)作品的类型、作品知名度和市场价值、权利人的知名度、作品的独创性程度等；

(2)被告的主观过错、侵权方式、时间、范围、后果等；

(3)其他因素。

8.10【恶意侵权】

适用法定赔偿时，被告具有下列情形之一的，可以在法定赔偿额限度内支持原告的赔偿请求或者从高确定赔偿数额：

(1)以同样的方式针对同一作品多次侵权；

(2)明知经营行为涉及大量侵权作品、表演、录音录像制品，仍实施、放任或者鼓励侵权行为；

(3)其他情形。

8.11【合理开支】

合理开支包括：

(1)律师费；

(2)公证费及其他调查取证费；

(3)审计费；

(4)差旅费；

(5)诉讼材料印制费；

(6)原告为制止侵权支付的其他合理费用。

8.12【合理开支的证明】

原告请求赔偿合理开支的，应当提交合同、票据等相应证据。经审查能够确定相关支出已经实际发生且具有合理性和必要性的，原告虽未能提交充分证据予以证明，也可以纳入赔偿范围。

8.13【赔偿合理开支】

被告应当赔偿原告为制止侵权支出的合理开支，该项内容应在损失赔偿数额之外单独列出。

适用法定赔偿方法确定赔偿数额的，被告应当赔偿原告为制止侵权支出的合理开支，不计入法定赔偿数额之内。

8.14【律师费】

确定律师费的支持数额，可以考虑实际支付的律师费数额、委托代理合同相关约定、案件专业性及难易程度、律师工作量、裁判结果等因素。

被告应当承担损害赔偿责任的，可以根据赔偿请求被支持的情况酌情确定计入合理开支的律师费数额。

被告不承担损害赔偿责任，但应承担停止侵害、赔礼道歉等民事责任的，可以根据原告诉讼请求被支持的情况酌情确定计入合理开支的律师费数额。

8.15【赔礼道歉的适用条件】

侵害著作人身权或者表演者人身权的,可以判令被告承担赔礼道歉的民事责任。

确定赔礼道歉方式、范围,应当考虑著作人身权受侵害的方式、程度等因素,并应当与侵权行为造成损害的影响范围相适应。

侵权行为情节轻微的,可以判令被告书面道歉;被告在诉讼中已主动道歉并记录在案的,可以不再判令其赔礼道歉。

8.16【精神损害赔偿的适用原则】

侵害著作人身权或者表演者人身权,造成严重精神损害,且适用停止侵害、消除影响、赔礼道歉仍不足以抚慰的,可以判令被告支付精神损害抚慰金。

法人或者非法人组织主张赔偿精神损害的,一般不予支持。

8.17【精神损害抚慰金数额的确定】

被告应当承担精神损害赔偿责任的,可以根据原告遭受精神损害的程度、被告侵权的主观过错、侵权方式、侵权情节、影响范围等因素综合确定精神损害抚慰金数额。

第九章　侵害信息网络传播权的认定

9.1【侵害信息网络传播权行为】

在侵害信息网络传播权案件中,应当将被诉侵权行为区分提供内容(作品、表演、录音录像制品)行为和提供技术服务行为。

9.2【原告举证责任】

原告主张被告单独或者与他人共同实施了提供作品、表演、录音录像制品行为的,应当承担举证证明责任。

原告初步举证证明通过被告网站能够播放、下载或者以其他方式获得涉案作品、表演、录音录像制品,被告仍主张其未实施提供内容行为的,由被告承担相应的举证证明责任。

原告可以采取公证等方式举证证明被告网站内容,但应保证其取证步骤及相关网页的完整性。

9.3【被告举证责任】

被告主张其仅提供自动接入、自动传输、信息存储空间、搜索、链接、文件分享技术等网络技术服务的，应承担举证证明责任，被告未提供充分证据证明其系仅提供自动接入、自动传输、信息存储空间、搜索、链接、文件分享技术等技术服务的，对其前述主张不予支持。

被告应当就涉案作品、表演、录音录像制品的提供主体或者其与提供主体之间的关系提供相应证据。被告未提交充分证据证明，但原告已经初步举证的情况下，被告主张未实施提供内容行为的，不予支持。

9.4【被诉侵权行为的查明】

查明被诉侵权行为，可以采取勘验的方式；对于被诉侵权行为性质，应根据在案证据，运用逻辑推理和经验法则等综合进行判断。

9.5【全面审查】

原告在起诉时未明确主张被告行为属于直接侵害信息网络传播权行为，还是属于为他人实施侵害信息网络传播权行为提供教唆、帮助，且在法庭辩论终结前仍未明确的，应根据在案证据对被告实施的行为性质进行全面审查。

9.6【直接侵权】

未经许可单独或者以分工合作方式共同提供作品、表演、录音录像制品的行为，属于直接侵害信息网络传播权的行为。

各被告之间或者被告与他人之间具有共同提供涉案作品、表演、录音录像制品的主观意思联络，且为实现前述主观意思联络客观上实施了相应行为的，可以认定构成前款所规定情形。

9.7【分工合作】

各被告之间或者被告与他人之间存在体现合作意愿的协议等证据，或者基于在案证据能够证明各方在内容合作、利益分享等方面紧密相连的，可以认定各方具有共同提供涉案作品、表演、录音录像制品的主观意思联络，但被告能够证明其根据技术或者商业模式的客观需求，仅提供技术服务的除外。

9.8【教唆、帮助侵权】

被告作为技术服务提供者构成教唆、帮助侵权的，应当以存在直接侵权行为为前提条件。

9.9【教唆、帮助侵权的过错】

被告实施教唆、帮助行为应承担侵权责任的，主观上应当具有"明知"或者"应知"的主观过错。"明知"指实际知道侵权行为存在；"应知"指因存在着明显侵权行为的事实，应当意识到侵权行为的存在。

上述过错的判断应当以网络服务提供者的预见能力和预见范围为基础，又要区别通常预见水平和专业预见水平等情况。

9.10【提供信息存储空间服务的认定】

被告主张提供信息存储空间服务的，一般综合下列因素予以认定：

(1)被告提供的证据可以证明其网站具备为服务对象提供信息存储空间服务的功能；

(2)被告网站中的相关内容明确标示了为服务对象提供信息存储空间服务；

(3)被告能够提供上传者的用户名、注册 IP 地址、注册时间、上传 IP 地址、联系方式以及上传时间、上传信息等证据；

(4)其他因素。

9.11【信息存储空间服务提供者"应知"的判断】

信息存储空间服务提供者同时符合下列条件的，可以认定其具有"应知"的过错：

(1)能够合理地认识到涉案作品、表演、录音录像制品在其存储空间传播；

(2)能够合理地认识到网络用户未经权利人的许可提供涉案作品、表演、录音录像制品。

9.12【信息存储空间服务提供者"应知"的判断】

有以下情形之一的，可以推定信息存储空间服务提供者"能够合理地认识到涉案作品、表演、录音录像制品在其存储空间传播"，但有相反证据的除外：

(1)涉案作品、表演、录音录像制品或者与其相关的信息位于首页、各栏目首页或者其他主要页面等可被明显感知的位置；

(2)对涉案作品、表演、录音录像制品的主题或者内容主动进行选择、编辑、修改、整理、推荐或者为其设立专门排行榜的；

(3)其他情形。

9.13【信息存储空间服务提供者"应知"的判断】

有以下情形之一的，可以推定信息存储空间网络服务提供者"能够合理地认

识到网络用户提供涉案作品、表演、录音录像制品未经权利人的许可”,但有相反证据的除外:

(1)网络用户提供的是专业制作且内容完整的影视作品、音乐作品、表演、录音录像制品,或者处于热播、热映期间的影视作品、知名度较高的其他作品以及相关的表演、录音录像制品;

(2)网络用户提供的是正在制作过程中且按照常理制作者不可能准许其传播的影视作品、音乐作品、表演、录音录像制品;

(3)其他明显的侵权事实。

9.14【提供链接服务行为的认定】

被告能够举证证明存在以下情形之一的,可以初步认定其提供的是链接服务:

(1)涉案作品、表演、录音录像制品的播放是自被告网站跳转至第三方网站进行的;

(2)涉案作品、表演、录音录像制品的播放虽在被告网站进行,但其提供的证据足以证明涉案作品、表演、录音录像制品置于第三方网站的;

(3)其他情形。

单独依据播放画面的水印或者影片介绍中播放来源的图标、文字等,不宜认定被告实施的是链接服务行为。

9.15【链接服务提供者“应知”的判断】

有下列情形之一的,可以认定链接服务提供者具有“应知”的过错:

(1)链接服务提供者对被链接的涉案作品、表演、录音录像制品进行了主动的选择、编辑、推荐,公众可以在设链网站上可以直接下载、浏览或者其他方式获得的;

(2)链接服务提供者设置定向链接,且被链接网站未经许可提供涉案作品、表演、录音录像制品侵权行为明显的;

(3)其他情形。

9.16【通过破坏或者避开技术措施设置链接的行为】

对于通过破坏或者避开技术措施设置链接的行为,原告依据著作权法第十条第一款第十二项主张权利的,可以根据案件情况予以支持。

9.17【侵权责任法第三十六条与避风港条款的关系】

侵权责任法第三十六条第二款、第三款属于网络服务提供者的侵权责任构成要件条款。

不符合信息网络传播权保护条例第二十条、第二十一条、第二十二条、第二十三条关于网络服务提供者侵权损害赔偿责任免责条款的,还应当根据侵权责任法第三十六条判断网络服务提供者是否应当承担相应的侵权责任。

9.18【“改变”的理解】

信息网络传播权保护条例第二十二条规定所称“改变”,是指对服务对象提供的作品、表演、录音录像制品的内容进行了改变。

下列行为不应视为对服务对象提供的作品、表演、录音录像制品进行了改变:

(1)仅对作品、表演、录音录像制品的存储格式进行了改变;

(2)对作品、表演、录音录像加注数字水印等网站标识;

(3)在作品、表演、录音录像之前或者结尾处投放广告以及在作品、表演、录音录像中插播广告。

9.19【直接获得经济利益的理解】

网络服务提供者因提供信息存储空间服务,按照时间、流量等向用户收取标准服务费用的,不属于信息网络传播权保护条例第二十二条第四项所称的“从服务对象提供作品、表演、录音录像制品中直接获得经济利益”。

网络服务提供者因提供信息存储空间服务而收取的一般性广告费,不认定为直接获得的经济利益。

9.20【链接服务提供者进入避风港的要件】

根据信息网络传播权保护条例第二十三条,免除提供搜索、链接服务的网络服务提供者的损害赔偿责任,应当同时具备以下两个条件:

(1)对被链接的作品、表演、录音录像制品是否侵权不“明知”并且不“应知”;

(2)接到权利人的通知后,及时断开与侵权作品、表演、录音录像制品的链接。

9.21【通知的认定】

权利人提交的通知应符合信息网络传播权保护条例第十四条的规定。

权利人提交的通知未包含被诉侵权的作品、表演、录音录像制品的网络地址,但网络服务提供者根据该通知提供的信息对被诉侵权的作品、表演、录音录像制品能够足以准确定位的,可以认定权利人发出了通知。

对被诉侵权的作品、表演、录音录像制品是否能够足以准确定位,应当考虑网络服务提供者提供的服务类型、权利人要求删除或者断开链接的文字作品或者表演、录音录像制品的文件类型以及作品、表演、录音录像制品的名称是否具有特定性等具体情况认定。

9.22【网页快照行为的认定】

网络服务提供者在提供搜索服务时以快照形式在其服务器上生成作品、表演、录音录像制品的复制件并通过信息网络向公众提供，使公众能够在选定的时间和地点获得作品的，构成提供内容的行为。

网页快照服务提供者以搜索、链接或者系统缓存为由提出不侵权抗辩的，不予支持。

网页快照服务提供行为侵权的认定，与快照来源网页内容是否侵权无关。

9.23【网页快照合理使用的认定】

判断网页快照提供行为是否属于不影响相关作品的正常使用，且未不合理损害权利人对该作品合法权益情形的，可以综合考虑如下因素：

（1）提供网页快照的主要用途；

（2）原告是否能够通过通知删除等方法，最大限度地缩小损害范围；

（3）原告是否已明确通知被告删除网页快照；

（4）被告是否在知道涉嫌侵权的情况下，仍未及时采取任何措施；

（5）被告是否从网页快照提供行为中直接获取利益；

（6）其他相关因素。

9.24【定时播放】

网络服务提供者未经许可通过信息网络按照事先安排的时间表向公众提供作品在线播放的，不构成侵害信息网络传播权，但著作权人依据著作权法第十条第一款第十七项主张权利的，应予支持。

9.25【同步转播】

网络服务提供者未经许可通过网络同步转播作品，著作权人依据著作权法第十条第一款第十七项主张权利的，应予支持。

9.26【技术措施的类型】

信息网络传播权保护条例第二十六条规定的技术措施是指为保护权利人在著作权法上的正当利益而采取的控制浏览、欣赏或者控制使用作品、表演、录音录像制品的技术措施。

下列情形中的技术措施不属于受著作权法保护的技术措施：

（1）用于实现作品、表演、录音录像制品与产品或者服务的捆绑销售；

(2)用于实现作品、表演、录音录像制品价格区域划分;

(3)用于破坏未经许可使用作品、表演、录音录像制品的用户的计算机系统;

(4)其他与权利人在著作权法上的正当利益无关的技术措施。

9.27【技术措施的认定标准】

受著作权法保护的技术措施应为有效的技术措施。技术措施是否有效,应当以一般用户掌握的通常方法是否能够避开或者破解为标准。技术人员能够通过某种方式避开或者破解技术措施的,不影响技术措施的有效性。

9.28【网购商品案件的管辖】

通过互联网购买被诉侵权商品的,不应仅以买受人指定的收货地为依据认定侵权行为地。

9.29【网站经营者的认定】

网站登记备案信息、网站中标示的信息载明的经营者,是网站经营者。上述经营者主体不一致的,可以认定为共同经营者,但有相反证据的除外。

第十章　侵害影视作品著作权的认定

10.1【具有较高知名度的作品名称】

具有较高知名度的影视作品名称在符合相关条件时可以适用反不正当竞争法予以保护。

10.2【角色形象的保护】

影视作品中的角色形象,属于肖像权保护范围的,可以适用民法通则、民法总则保护,符合美术作品构成要件的,也可以适用著作权法保护。

10.3【未经行政审批的境外影视作品】

原告主张保护的是境外影视作品的,不应以未经行政审批为由不予保护。

10.4【影视作品权属的认定】

除有相反证据外,可以根据电影、电视剧等影视作品上明确标明的权属信息确定著作权人。

未明确标明权属信息的,可以认定在片头或者片尾署名的出品单位为著作权人,无出品单位署名的,可以认定署名的摄制单位为著作权人,但有相反证据的除外。

制作许可证、拍摄许可证、发行许可证、公映许可证等行政机关颁发的证照，可以作为认定权属的参考，在无其他证据佐证的情况下，不宜单独作为认定权属的依据。

10.5【境外机构证明文件的效力】

经国家版权管理机关同意的境外机构对影视作品权属情况出具的证明文件，可以作为认定著作权归属的初步证据，但有相反证据的除外。

10.6【被诉侵权内容的确定】

当事人应说明主张权利作品的内容、被诉侵权作品的内容以及二者之间的对应关系，同时涉及影视作品、剧本、小说等多个作品的，还应说明上述作品之间的关系。

10.7【侵权认定基本规则】

被诉侵权作品与原告主张权利的在先作品的相关内容相同或者实质性相似，被告在创作时接触过原告主张权利的作品或者存在接触的可能，且被告不能举证或者说明被诉侵权作品合法来源的，可以认定被告侵害了原告著作权。

10.8【“接触”的判断】

判断被告是否接触过在先作品或者存在接触的可能时，一般考虑如下因素：

（1）在先作品是否已经公开发表；

（2）在先作品未发表的，但被诉侵权作品作者或者其关联主体与在先作者之间是否存在投稿、合作洽谈等情况；

被诉侵权作品与在先作品的表达相同或者高度相似，足以排除独立创作可能性，且被告未作出合理解释的，可以根据在案证据推定被告接触过在先作品。

10.9【作品表达的对比】

原告应当提交在先作品与被诉侵权作品之间的对比说明或者列表，具体列明二者相关内容的对应情况，被告对此有异议的，应当逐一说明理由或者提供相反证据。

经当事人申请或者认为确有必要的，具有专业经验的人员可以作为专家辅助人参加诉讼，也可以委托鉴定机构对在先作品与被诉侵权作品的表达进行对比。

10.10【实质性相似的判断】

判断作品是否构成实质性相似一般采用综合判断的方法。

判断作品是否构成实质性相似，应比较作者在作品表达中的取舍、选择、安排、设计等是否相似，不应从主题、创意、情感等思想层面进行比较。

判断作品是否构成实质性相似，一般考虑如下因素：

(1)台词、旁白等是否相似；

(2)人物设置、人物关系是否相似；

(3)具体情节的逻辑编排是否相似；

(4)是否存在相同的语法表达、逻辑关系、历史史实等错误；

(5)特殊的细节设计是否相同；

(6)两作品相似的表达是否属于原告主张权利作品的核心内容；

(7)其他因素。

10.11【相同历史题材作品实质性相似的判断】

根据相同历史题材创作作品中的题材主线、史实脉络，属于思想范畴。

选择某一类主题进行创作时，不可避免地采用某些事件、人物、布局、场景，这种表现特定主题不可或缺的表达不受著作权法保护。

在作品对比方面，应当着重查明被诉侵权作品是否使用了在先作品在描述相关历史时的独创性表达。

10.12【侵害改编权的责任主体】

被诉侵权作品的编剧对侵害改编权的行为承担侵权责任，制片者直接参与剧本创作，或者虽未参与剧本创作但具有主观过错的，可以认定构成共同侵权，承担连带责任，但有相反证据的除外。

10.13【侵害摄制权的责任主体】

被诉侵权作品的制片者未经许可使用原告作品拍摄影视作品的，应承担侵害摄制权的民事责任。

10.14【摄制权与保护作品完整权】

著作权人许可他人将其作品摄制成电影作品或者以类似摄制电影的方法创作的作品的，视为已同意对其作品进行必要的改动。因影视作品的特殊艺术表现手法所做的改动，以及因政策规定、技术水平、拍摄设备等所限而进行的改动，可以认定属于必要的改动。

第十一章　侵害计算机软件著作权的认定

11.1【侵害计算机软件著作权案件的行为】

除另有规定外，未经许可实施下列行为属于侵害计算机软件著作权的行为：

(1)单纯传播类:被告未改变原告计算机软件的内容,而是通过复制发行、信息网络传播等方式向公众提供计算机软件;

(2)最终用户类:被告未改变原告计算机软件的内容,而是作为计算机软件的最终用户,在商业活动中使用计算机软件;

(3)抄袭剽窃类:被告复制、修改或者改编原告计算机软件的内容,作为被告开发的计算机软件向公众提供;

(4)破坏技术措施类:被告故意避开或者破坏著作权人为保护其计算机软件而采取的技术措施;

(5)出租类:被告有偿许可他人临时使用计算机软件,但计算机软件不是出租的主要标的的除外。

(6)其他侵害计算机软件著作权的行为。

11.2【最终用户类案件事实查明】

在最终用户类案件中,可以通过证据保全或者勘验的方式查明被告使用计算机软件的类型、版本及数量。在进行证据保全或者勘验时,如果需要检查的计算机数量过大,可以在征得双方当事人同意的情况下进行抽查,并由双方当事人明确确认抽查结果(侵权计算机的类型、版本及其比例)适用于全部检查范围。

在最终用户类案件中也可以采取远程取证的方法。通过远程取证方法获得的证据应当符合民事诉讼法的规定。

11.3【最终用户侵害复制权的认定】

被告虽未复制原告计算机软件,但知道他人为其复制原告的计算机软件,且该计算机软件的使用属于被告正常商业经营活动范围,则可以认定被告与该他人共同侵害了原告计算机软件的复制权。

11.4【抄袭剽窃类案件的审理顺序】

抄袭剽窃类侵害计算机软件著作权的审理顺序为:

(1)确定原告主张权利的计算机软件的名称和版本;

(2)确定被诉侵权的计算机软件的名称和版本;

(3)查明被诉侵权的计算机软件与原告计算机软件之间的关系。

11.5【抄袭剽窃类案件确定软件版本的方法】

在抄袭剽窃类案件中,原告应当分别明确其主张的权利及被诉侵权的计算机软件的名称、版本。

如果原告计算机软件存在多个版本,可以进行释明,在满足接触条件的前提下选择最相近似的计算机软件版本作为原告主张权利的计算机软件版本。

11.6【软件的对比】

在进行软件的对比时,应当将原告主张权利的计算机软件源程序与被诉侵权的计算机软件源程序进行对比,被告拒不提供被诉侵权的计算机软件源程序时,也可以将原告主张权利的计算机软件目标程序与被诉侵权的计算机软件目标程序进行对比。

11.7【源程序与目标程序的对应性】

在进行源程序对比之前,应当审查原、被告计算机软件源程序与目标程序的对应性。

11.8【实质性相似的认定】

在案证据能够证明原告主张权利的计算机软件源程序、文档等文件与被诉侵权的计算机软件相同或者相近似的,可以认定二者构成实质性相似。

被告拒不提供被诉侵权的计算机软件源程序,原告能够举证证明二者目标程序相同或者相近似的,或者虽不相同或者相近似,但被诉侵权的计算机软件目标程序中存在原告主张权利的计算机软件特有内容,或者在软件结果(包括软件界面、运行参数、数据库结构等)方面相同或者实质性相似,可以认定原、被告的软件构成实质性相似。

附　　则

本指南自下发之日起执行,北京市高级人民法院以前发布的有关规定与本指南不一致的,以本指南为准。

图书在版编目(CIP)数据

著作权法原理解读与审判实务 / 杨柏勇主编 ; 北京市高级人民法院知识产权庭编著. -- 北京 : 法律出版社, 2021(2022.10 重印)
ISBN 978-7-5197-5642-0

Ⅰ. ①著… Ⅱ. ①杨… ②北… Ⅲ. ①著作权法-法律解释-中国②著作权法-审判-中国 Ⅳ. ①D923.41

中国版本图书馆 CIP 数据核字(2021)第 095156 号

著作权法原理解读与审判实务
ZHUZUOQUANFA YUANLI JIEDU YU SHENPAN SHIWU

杨柏勇 主编
北京市高级人民法院知识产权庭 编著

策划编辑 冯雨春 邢艳萍
责任编辑 冯雨春 邢艳萍
装帧设计 汪奇峰

出版发行 法律出版社
编辑统筹 法律应用出版分社
责任校对 朱海波
责任印制 刘晓伟
经　　销 新华书店

开本 710 毫米×1000 毫米 1/16
印张 32.25 **字数** 580 千
版本 2021 年 7 月第 1 版
印次 2022 年 10 月第 3 次印刷
印刷 北京金康利印刷有限公司

地址:北京市丰台区莲花池西里 7 号(100073)
网址:www.lawpress.com.cn
投稿邮箱:info@lawpress.com.cn
举报盗版邮箱:jbwq@lawpress.com.cn

销售电话:010-83938349
客服电话:010-83938350
咨询电话:010-63939796

书号:ISBN 978-7-5197-5642-0
定价:118.00 元